Allgemeine Gesellschaft für Philosophie in Deutschland e.V.
in Verbindung mit dem Institut für Philosophie,
Wissenschaftstheorie, Wissenschafts-
und Technikgeschichte
der TU Berlin

XVI. Deutscher
Kongreß für Philosophie

Neue Realitäten

Herausforderung der Philosophie

20.–24. September 1993
TU Berlin

Sektionsbeiträge II

Berlin 1993

Herausgeber: Allgemeine Gesellschaft für Philosophie in Deutschland
in Verbindung mit dem
Institut für Philosophie, Wissenschaftstheorie, Wissenschafts-
und Technikgeschichte
der Technischen Universität Berlin

Sekr. TEL 2
Ernst-Reuter-Platz 7, 10587 BERLIN
Telefon: (030) 314-22606, - 24841. Fax: (030) 314-25962
E-mail: ehkn0132@mailszrz.zrz.tu-berlin.de

ISBN 3 7983 1553 1

Druck: Offset-Druckerei Gerhard Weinert GmbH, 12099 BERLIN
Vertrieb: Technische Universität Berlin, Universitätsbibliothek
- Abt. Publikationen -

Straße des 17. Juni 135, 10623 BERLIN

Verkaufs- Gebäude FRA-B (Berlin-Tiergarten, Franklinstr. 15, 1. OG.)
stelle: Telefon: (030) 314-22976, -23676. Fax: (030) 314-24743.

Sektion 10

Zur Realismusdebatte in der analytischen Philosophie

REALISMUS-KRISE, NATURALISMUS UND DER "SKANDAL DER PHILOSOPHIE"

Julian Pacho
San Sebastián (Spanien)

"...das Reale,...ohne welches es auch gar nicht gedacht werden könnte" (*KrV*, B 610)

Im Jahre 1970 bat Popper um "eine Entschuldigung für die Philosophie", weil sie nicht den Mut hatte, "etwas auszusprechen, was —wie er meint— eine Trivialität sein sollte, nämlich den *Realismus*"[1]. Ist der Realismus wirklich als eine Trivialität einzusehen? Ist Poppers Entschuldigung heute noch angebracht?

1. Die Argumente zugunsten der antirealistischen Position scheinen in den letzten Jahren eher an Gewicht gewonnen zu haben; und zwar so sehr, daß das erstaunlich reiche Angebot der letzten Dekaden an Realismen (wissenschaftlich, sprachphilosophisch, kritisch, intern, hipothetisch...[2]) bereits im Jahre 1984 als eine Episode "in the process of mourning" entwertet wurde, denn der Realismus sei "well and truly dead"[3].

Hinter- oder vordergründige Argumente zugunsten der Realismus-Kritik liefern breit akzeptierte Acquisitionen der Erkenntnis- und Wissenschaftstheorie dieses Jahrhunderts, unter anderem: Der vielseitige Nachweis der "Theorienbeladenheit" der Erfahrung, die seit Kants Kritik der überlieferten Substanz-Begriffes nachweisbare onto-epistemische Unhaltbarkeit des Essentialismus[4] und des damit zusammenhängenden metaphysischen Realismus, die Unbegründbarkeit des strengen Fundamentalismus (in den formalen und *a fortiori* in der nicht-formalen Sprachen), die Preisgabe der semantischen Geschlossenheit bei der Bestimmung des Wahrheitsbegriffs und die Relativität jeder ontologischen Aussage hinsichtlich ihren Rahmens...

---

[1] *"Zwei Seiten des Alltagsverstands: Ein Plädoyer für den Realismus des Alltagsverstands..."*, in: *Objektive Erkenntnis*, Hamburg 1974 (2°), p.44 ff., p. 44-45; die englische, nicht veröffentlichte Version stammt aus dem Jahre 1970. Popper betrachtet —nicht anders als der Idealist Kant— die philosophische Realismus-Abneigung als den "größten Skandal der Philosophie" (p. 44).

[2] Allein unter der Rubrick "Analytischen Philosphie" zählt G. Abel dreizehn verschiedene Realismen (*"Realismus. III: Analytische Philosophie"*, in: *Histor. Wörterbuch d. Phil.*, Hrg. J. Ritter & K. Gründer, Bd. 8, 172-170.

[3] A. Fine: *"The Natural Ontological Attitude"*, in: *The Philosophy of Science*, ed. R. Boyd et al., Cambridge, Massachusetts, London 1991, 261-277, p. 271. Vgl. a. *Dialectica* 43 (1989).

[4] Vgl. z. B. *"Erste Analogie der Erfahrung"*, in: *KrV*, B 225 ff.

Teilweise der Ökonomie halber, obwohl nicht nur deshalb, subsummiere ich die antirealistischen Argumente unter die These (SAE-These) der kognitiven Autonomie des Subjekts bzw. der daraus abgeleiteten Subjektabhängigkeit jeder Erkenntnis, einschließlich der des Erkenntnissubjekts. Die SAE-These scheint freilich Nicht-Realisten und Realisten zu befriedigen. Die Autonomie des Erkenntnisubjektes wird in der Tat nicht nur von Theorien wie der des "radikalen Konstruktivismus"[5] in den Vordergrund gestellt, sondern auch von solchen, die, wie die "Evolutionäre Erkenntnistheorie", eine extrem naturalistische und unmißverständlich realistische Auffassung des Erkenntnisproblems vertreten[6]. Wie ich zu zeigen versuchen werde, ist die SAE-These zwar eine durchaus realistische, sie wird jedoch von Realismus-Kritikern immer —explizit oder nicht— in Anspruch genommen. Tatsächlich haben die antirealistischen Tendenzen transzendentale Wurzeln: Auf welche konkrete Art der Antirealist auch immer argumentiert, er neigt dazu, die (meinerseits trivial wahre) These der epistemischen Priorität des Subjektes ihrer Objekte gegenüber so zu interpretieren, daß die Konstitution des Objekts seitens des Subjekts immer betont und die Möglichkeit, den bei der Konstitution wirkenden Klirrfaktor bzw. den Brechungsgrad zu messen, entweder unterschätzt, ignoriert oder schlicht geleugnet werden. Und obwohl gegen diese flache Interpretation des transzendentalen Kritizismus gut begründete Einwände, thematisch wie historisch, zu melden wären, sie prägt die Kritik des Realismus nachhaltig. Aus ihrer Sicht erscheint *unsere* Welt nur als eine Welt-im-Spiegel der Vorstellung, der Sprache, des Denkens, und zwar so, daß je tiefer wir über den möglichen Unterschied zwischen ihren Spiegelungen und dem Widergespielten nachdächten, desto mehr bloße Spiegelungen dadurch geschaffen werden würden, die uns immer weiter und unweigerlich von der Realität distanzieren müßten. Unsere Welt sei also unserem Zeit-, Sprache-, Theorien-, Textrahmen[7] bzw. -spiegel "intern", und der Versuch, seine Rückseite sehen zu wollen, zu den peinlichsten Naivitäten der Philosophiegeschichte zuzuschreiben. Ein "radikaler Strukturalist" wie H. Maturana etwa würde sagen: "Wir erzeugen buchstäblich die Welt, in der wir leben (...). Wissenschaft ist kein Bereich objektiver Erkenntnis, sondern ein Bereich subjektabhängiger Erkenntnis, der die Eigenschaften des Erkennenden festlegt. Mit anderen Worten, die Gültigkeit wissenschaftlicher Erkenntnis beruht auf ihrer Methodologie, die

---

[5] Vgl. als Beispiel die im Sammelband *Der Diskurs des Radikalen Konstruktivismus*, hersg. v. S. J. Schmidt, Frankfurt a. M., 1987, enthaltenen Beiträge.
[6] Vgl. u. a. G. Vollmer: *Was können wir wissen, Bd. I: Die Natur der Erkenntnis*, Stuttgart 1985, insbs. pp. 251-252, 285-289; K. Lorenz: Die Rückseite des Spiegles, München 1980 (4ª), insb. pp. 17-26.
[7] H. Albert ("*Der Mythos des Rahmens am Pranger*", In: Zeitschrift f. philo. Forschung, 44 (1990), 85-97) hat diese Ansicht als den Mythos der gängigen Wahrheits- und Wissenschaftstheorie(n) charaktesiert und kritisiert.

die kulturelle Einheitlichkeit der Beobachter bestimmt, und nicht darauf, daß sie eine objektive Realität widerspiegelt"[8].

Man könnte angesichts dieser Einstellung meinen, die alte Frage der Philosophie "Unter welchen (realen und formalen) Bedigungen ist das Faktum der Erkenntnis möglich, i. e., zu erklären" sei nunmehr so umzuformulieren: Wie denn wäre wahre Erkenntnis möglich, *wenn die Spezialwissenschaften unsere Wissenschaftstheorie ernst nehmen würde*. (So naiv ist allerdings der Realismus-Kritiker freilich nicht, daß er die Pointe dieser ironischen Frage nicht gleich mit der Gegenfrage abstumpfen würde, was sei eben unter "Erkenntnis" zu verstehen, bzw. wie seien die Spezialwissenschaften hinsichtlich deren Wahrheitsgehalts zu bewerten, was denn unter "wahre Erkenntnis" zu verstehen sei. Und das alles mit dem Hinweis auf die allerseits anerkannte Abhängigkeit der Wahrheit von der Rechtfertigung, auf die radikale Veränderung also des Wahrheits-Begriffs, —eine Veränderung, die bekanntlich nicht weniger als einen *linguist turn* bzw. eine "Transformation" der Philosophie mit sich gebracht habe.)

2. Daß bei alledem die Realismusdebatte noch dauert[9], führe ich auf den Mangel an Klarheit über den genauen referentiellen Wert des Ausdrucks "Subjektabhängigkeit der Erkenntnis" und deren Folgen zurück, d. h. auf entsprechende Konfusionen in der metatheoretischen Anwendung der SAE-These. Und darin sehe ich zudem eine Folge der Resistenz, das Erkenntnisproblem zu naturalisieren. Was die Konfusionen in metatheoretischen Bereich betrifft, da läßt sich ein dreifaches Mißverständnis nachweisen:

(a) *Extrapolation vom Epistemischen aufs Ontologische*, i. e, von der subjekt-abhängigen Erkenntnis der Welt auf die subjektabhängige Welt

(b) *Extrapolation vom Ontologischen ins Epistemische*, i. e, von der subjektunabhängigen Welt auf die subjekunabhängige Erkenntnis

(c) *Extrapolation vom Metatheoretischen ins Objektsprachliche*, i. e, von der (vermeintlichen) Eigentümlichkeit des Erkenntnisfalls, der die Erkenntnistheorie darstellt, auf die Erkenntnis der Welt etwa in den Naturwissenschaften.

Wer behauptet:

(1) *Es gibt* subjektunabhängige *Gegenstände und sie sind* erkennbar,

---

[8] *Der Diskurs des Radikalen Konstruktivismus*, ed. zit., aus dem Buchrücken; signiert H. Maturana.

[9] Vgl. als Beispiel den dem Realismus gewidmete Bd. 43 von *Dialectica* (1989) und die in *The Philosophy of Science*, ed. R. Boyd etc., dargebotene *Bibliographie*, pp. 783-785.

der ist sicherlich ein Realist, aber er verpflichtet sich *nicht*, der These des metaphysischen Realismus beizustimmen:

(2) *Es gibt subjektunabhängige Gegenstände und sie sind* subjektunabhängig und vollständig *erkennbar.*

Mit anderen Worten, realistische These (1) wird nämlich *nicht* widersprochen durch die These

(3) *Es gibt subjektunabhängige Gegenstände und sie sind* subjektabhängig *erkennbar.*

Ebenso steht die schlichte SAE-These

(4) *Die Welt ist nur subjektabhähngig erkennbar*

nicht in Widerspruch zu der Realismus-These (1)

Angenommen Satz (1) ist wahr, und folglich auch der Realismus, so würde der Satz auch unter der im Satz (3) vorgebrachten Form wahr bleiben"*Es gibt subjektunabhängige Gegenstände und sie sind* subjektabhängig *erkenbar".* Daß die Erkenntnis der Welt (immer oder gelegentlich) subjektabhängig sei, stellt eben keine Negation der Erkennbarkeit der Welt dar, sondern eben nur eine unter vielen Möglichkeiten, sie zu bejahen. Und insofern ist diese eine typisch realistische. Übrigens wäre auch die scheinbar nicht-realistische These

(5) *Die Welt ist nicht erkennbar,*

eine durchaus realistische, und insbesondere dann, wenn dieser Satz wahr wäre, denn dann wüßten wir ja, daß mindestenst ein Aspekt der Welt erkennbar ist, nämlich ihre Unerkennbarkeit für sonst erkenntnisfähige Subjekte unserer Art. Die Erkennbarkeit subjektunabhängiger Gegenstände bleibt prinzipiell also auch dann gewährleistet, wenn deren Erkenntnis subjektabhängig ist; und unter dieser Bedingung läßt sich auch jeder nicht-metaphysischer Realismus genügen —es sei denn, man schreibt dem Ausdruck "Erkennbarkeit subjektunabhängiger Gegenstände" die nicht zwingende Bedeutung von "Absolut fehlerfreie und vollständige Erkennbarkeit".

Man vergleiche:

(6) *Es gibt eine subjektunabhängige Welt*
(7) *Die Tatsache der Subjektunabhängigkeit der Welt ist bzw. ist nicht subjektunabhängig erkennbar*
(8) *Es gibt eine subjektunabhängige Welt und sie ist bzw. ist nicht subjektunabhängig erkennbar*

(9) Es gibt keine Welt, die als Gegenstand der Erkenntnis, subjektunabhängig sei, d. h., die erkannte Welt ist, als solche, als Gegenstand der Erkenntnis, subjektabhängig

(9_1) *Die Erkenntnis der Welt ist von der Welt der Erkenntnis nicht unabhängig*

($9_{1.1}$) *Die Erkenntnis der Welt ist von der Erkenntnis der Welt nicht unabhängig*

(9_2) *Unsere (Er)kenntnis darüber, ob etwas unabhängig von uns existiert, kann nicht unabhängig von uns erkannt werden*

($9_{2.1}$) *Unsere (Er)kenntnis darüber, ob etwas unabhängig von uns erkannt werden kann, kann nicht unabhängig von unserer Erkenntnis im allgemeinen erkannt werden.*

Die Sätze (9) und ff., die einige Anwendungen bzw. Paraphrasen der SAE-These darstellen, sind tautologisch. Andererseits kann der Realismus-Satz (6) auch unter der negativen Form von (7) und (8) (also unter Anwendung der SAE-These) vertreten werden.

Zusammenfassend gilt also zu sagen: Weder die Existenz noch die Erkennbarkeit einer subjektunbahängigen Welt werden durch die SAE-These widersprochen (Extrapolationen (a) und (b)). Anders ausgedrückt: Die Falschheit der Realismus-These (: Existenz und Erkennbarkeit einer subjekt*unabhängigen* Welt) ist aus der SAE-These nicht ableitbar. Auch die Subjektabhängigkeit der Erkenntnis muß nicht im realistischen Sinne des Wortes "unerkennbar" bleiben, *weil* der Erkenntnisbegriff bereits ein selbstdefinierendes Erkenntniskonstrukt sei (Extrapolation (c)). Vielmehr müßte die SAE-These im *realistischen* Sinne unentscheidbar bleiben, damit der Realimus-Kritiker sein Recht behält; und es ist nicht einzusehen, in welchem nicht-realistischen Sinne eine Tatsachenaussage wie die der SAE-These sonst entscheidbar wäre.

Der Nicht-Realist verfängt sich also in ein Paradoxon: Ist seine These wahr, so ist mindestens ein Aspekt der Welt, nämlich deren subjekabhängige Erkennbarkeit, und zwar so, wie er ist, erkennbar. Dieses Paradoxon zeigt erstens, daß die Realismus-Kritik nur unter einem realistischen Gebrauch des Wissens um die Natur der Erkenntnis möglich ist; zweitens, daß der Realismus-Kritiker eigentlich ein Realist bleibt, der die ontologische Position des Gegners ablehnt, weil diese die Rolle des Erkenntnissubjekts unterschätze. Auffallenderweise wird der Idelismus spontan als nicht-realistisch empfunden, obwohl er bloß eine andere Ontologie vertritt, und zwar oft eine hyperrealistische. Mit anderen Worten, der Nicht-Realist bleibt ein verkapter Realist, der für eine andere Ontologie plädiert als die des geständigen Realisten.

Daraus wird auch deutlich, daß die heutige Realismusdebatte eigentlich nicht darum geht, ob Realismus ja oder nein, sondern vielmehr darum, welche Art von

Ontologie bzw. von Realismus zu vertreten ist, damit die SAE-These gerettet werden kann, ohne die Position des metaphisischen Idealismus zu beziehen. Insofern deutet auch der Ausdruck "Realismus-Krise" auf ein falsches Problem hin. "Realismus" bezeichnet nicht nur eine erkenntnistheoretische, sondern auch eine ontologische Position, die den Wahrheitsbegriff zwar als einen epistemisch bedingten, nicht aber deshalb als einen ontologisch neutralen versteht. Wenn nun die Realismus-Kritik die (ontologische) Subjektabhängigkeit der Welt nicht zu bejahen wagt, sondern bloß die Subjektabhängigkeit *unserer* Erkenntnis der Welt meint, dann meint sie eigentlich nichts: letzteres ist nämlich tautologisch. Wenn sie also etwas meinen will, so sollte sie der ontologischen These, die Welt (nicht die Erkennbarkeit der Welt!) sei subjektabhängig, einen ontologisch kohärenten Sinn zuschreiben; und ebenso sollte sie in einem epistemisch kohärenten Sinn die These rechtfertigen, der Unterschied zws. den Ausdrücken "Die Welt" und "Die Erkennbarkeit der Welt" sei *nicht* denkbar. Bei dieser Aufgabe wäre wahscheinlich deutlich, daß, wenn wir die SAE-These verteidigen, bereits manches über diese Welt wissen, etwa über die kognitiven Fähigkeiten unseren Erkenntnissystems —ein Wissen, das wiederum nicht sehr glaubwürdig wäre, wenn wir es nicht anhand unseren Wissens über die Welt prüfen könnten. Denn wieso wissen wir etwa, daß unsere dreidimensionale, euklidische "Konstitution" der Außenwelt "subjektabhängig" und zwar falsch ist? Oder wissen wir das bereits in einem nicht-realistischen Sinne, wenn dieses Wissen uns zum Essentialismus *nicht* zwingt?. Ich meine damit: Entweder redet der Ralismus-Kritiker über die Art und Weise, wie wir die Welt kennen bzw. nicht-kennen, und dann ist er auch ein Realist, oder widerspricht er sich; d. h., wenn er nicht irgendeine Form vom Realismus (so exotisch dieser auch sein mag) vertritt, darf er auch nicht dem Realismus widersprechen. Und diese Aporie ist aus einem nicht-realistischen Standpunkt nicht lösbar.

3. Wie das Paradoxon des Nicht-Realisten zeigt, kann der Erkenntnisgegenstand "Erkenntnis" in erkenntnistheoretischen Fragen wie die altwürdige "Wie ist Erkenntnis möglich" nicht irrealistisch definiert werden, ohne vorher das Phänomen der Erkenntnis —in irdengendwelcher seiner Manifestationen— unter dem Realismus-Postulat untersucht zu haben. Sofern bzw. weil wir zu wissen glauben, daß die kritische Bewertung unserer Erkenntnis der Welt von unserem Wissen um die Natur der Erkenntnis abhängig ist, sollte also die These der Subjektabhängigkeit der Erkenntnis nicht ontologisch neutralisiert, als transzendentales Axiom referentiell entleert werden. Wenn aber dies geschieht, werden solche Fragen um die Bedingungen der Erekenntnis unendlich konfus.

Dilatorisches Verfahren transzendentaler Art, ausdrücklich deskriptiv und kausal-erklärend inhibiert[10], hat zur Folge, daß wir eben realistisch nicht wissen, wie denn die Welt von unserem Wissen abhängt. Wissen, das unsere Erkenntnis immer von uns abhängt, ohne zu wissen, wie diese Abhängigkeit geartet, das wäre tatsächlich ein gutes Argument gegen den Realismus. Das Gute dieses Argumentes ist also hier die Ignoranz um die effektive Tragweite unserer Prämisse, nämlich um die Subjektabhängigkeit der Erkenntnis. Aber dann bräuchte man bloß das Wissen um die SAE-These zu vertiefen, um wiederum ein Realist zu werden. Je weniger wir also über das Wie der SAE-These wissen, desto mehr Aufwind für den Antirealismus; es gilt aber auch: je mehr Kompromißlosigkeit bei der Bewertung der nicht-bloß-formalen Wahrheit unserer Theorien, desto mehr Konfusion um die SAE-These, um den effektiven Belang der Subjektabhängigkeit unserer Erkenntnis.

Die oben angegebenen Konfusionen und deren Folgen scheinen daher unvermeidbar, solange Fragen der Art "Wie ist Erkenntnis möglich" nicht wieder ein realistischer Sinn zugeschrieben wird und solche Fragen entsprechend behandelt. Die ontologische Attitüde, die der Realismus jeglicher Art und der Nicht-Realismus jeweils darstellen, ist auch im jeweiligen Fall, sei es als Folge oder als Ursache, von einer bestimmten Auffassung des Erkenntnisproblems bzw. der Erkenntnistheorie nicht trennbar (und insofern ist auch die verbreitete Ansicht, der Realist *müsse* der Wharheitsbegriff für einen nicht-epistemischen halten, zumindest fraglich). So werden die Skrupel dem Realismus gegenüber durch eine rein-philosophische Auffassung des Erkenntnisproblems teilweise flankiert, teilweise gefördert, die zur Folge die Überzeugung hat, die Erkenntnistheorie sei eine so sonderbare Realität, daß Fragen wie "Wie ist Erkenntnis möglich" unter Ausschluß der *realen* Bedingungen zu behandeln seien[11]. Das heißt: diese altwürdige Frage dürfte (vielleicht nicht zuletzt damit sie als eine Philosophie-spezifische gelte) nicht realistisch verstanden werden.

Sicherlich wird die Naturalisierung der Erkenntnistheorie nicht eine hinreichende Bedingung sein, um das Erkenntnisproblem ohne Rückgriff auf im vorkantischen Sinne erkenntnismetaphysische Annahmen realistisch aufzufassen. Der Naturalismus ist zwar nicht mit jeder Art von Realismus kompatibel,

---

[10] Vgl. z. B. *KrV*, B XIX (Fußnote).
[11] H. Alberts *Kritik der reinen Erkenntnislehre* (Tübingen 1987) argumentiert gegen eine solche Auffassung des Erkenntnisproblems; logischerweise verteidigt diese Studie ausdrücklich den Realismus.

aber auch ohne Realismus nicht möglich[12]. Als minimale Bedingung des epistemischen Naturalismus hinsichtlich des Realismus sehe ich die Annahme, folgende Sätze seien wahrscheinlich wahr, wenn auch nicht "beweisbar":

(a) *Es gibt eine subjektunabhängige* (wenn auch subjektabhängig erkennbare) *Welt* (: Minimal-Realismus);

(b) *Das Erkenntnissubjekt ist ein qualitativ realer Teil dieser Welt* (: ontischer Naturalismus);

(c) *Reale Beziehungen zwischen Welt und Erkenntnissubjekt —die kognitiven eingeschlossen— sind möglich, erkennbar und mit den Mitteln der normalen Wissenschaften —den Naturwissenschaften eingeschlossen— erklärbar* (: epistemischer Naturslismus).

Die Argumente gegen die Naturalisierung der Erkenntnistheorie wären dem nach Argumente zugunsten der Konfusion um die SAE-These.

3. Im bisher Gesagten scheinen mir stichhaltige Argumente eines Plädoyers zugunsten der Dringlichkeit enthalten zu sein, die SAE-These in einem posttranszendentalen aber realistischen Sinne zu interpretieren, was, wie angedeutet, auch die Naturalisierung der Erkenntnistheorie nach sich ziehen würde. Wenn die Erkenntnistheorie eine anders geartete Form von Erkenntnis als die der restlichen Wissenschaften für sich beansprucht, dann sollte sie auf den Anspruch verzichten, ihren eigentümlichen Erkenntnisbegriff auf andere Gebiete der Erkenntnis zu übertragen. Bleibt sie dennoch bei beiden Ansprüchen, so wäre der vom Kant angezeigte "Skandal der Philosophie" (der hinsichtlich des Hauptinteresses der Vernunft nur scheinbar "unschuldige" idealistische Standpunkt, aus dem folgt, daß die Außenwelt "bloß auf Glauben" angenommen werden muß, während die Welt ihrer Repräsentation als bewiesene Realität gilt[13]) heute aufdringlicher denn je: Die Philosophie würde jeden möglichen 'Widerstand der Wirklichkeit' kognitiv nicht zu überwinden trachten, sondern sich ihm vorsätzlich entziehen —insbesondere dem der Wirklichkeit der Erkenntnis.

---

[12] C. Matheson (*"Is the Naturalist really naturally a realist?"*, in: Mind XCVIII (1989), 247-258) behauptet hingegen, die "These, der Naturalismus ziehe den globalen Realismus", sei "falsch" (p. 256). Ich muß seinem Argument nicht folgen, da seine "Definition" des " globalen Realismus" den Realismus mit der SAE-These inkompatibel macht: Für dem Realismus gelte: "Truth is not an epistemological notion (...); truth is not relative to theory, conceptual scheme, or language" (p. 248).

[13] *KrV*, B XXXIX (Fußnote); vgl. a. B 275.

DIREKTER REALISMUS
Wahrnehmung, Intentionalität und der Status der Wirklichkeit
Marcus Willaschek

1. Die folgende Skizze soll in groben Zügen umreißen, was der sogenannte "direkte Realismus" in der Theorie der Wahrnehmung zur Lösung des ontologischen Realismusproblems beitragen kann.*

2. Zunächst einige Bemerkungen zur Problemstellung. Als (ontologischer) *Realismus* gilt im folgenden die Auffassung, daß die Wirklichkeit unserer Bezugnahme auf sie im allgemeinen vorhergeht und sie deshalb in ihrer Existenz und Beschaffenheit von Denken, Sprache und der Möglichkeit von Wissen unabhängig ist. (Als 'Bezugnahme' soll dabei nicht nur sprachliche Referenz im engeren Sinne, sondern jede Art von Intentionalität gelten.) Das Problem des Realismus liegt dann offenbar nicht in der Frage nach seiner Wahrheit. Da die Wirklichkeit von unserem Denken und Sprechen über sie, von bestimmten Kulturprodukten hier einmal abgesehen, weder kausal noch logisch-begrifflich abhängt und weitere Arten der Abhängigkeit nicht bekannt sind, sollte die Berechtigung eines so verstandenen Realismus außer Frage stehen.

Das eigentliche Problem ergibt sich erst, wenn man nun zu erklären versucht, wie es uns trotzdem gelingen kann, auf diese Wirklichkeit denkend und sprechend Bezug zu nehmen. (Eine ähnliche Charakterisierung des Problems gibt Horwich 1990). Je 'unabhängiger' die Wirklichkeit, desto rätselhafter erscheint die Intentionalität unserer Überzeugungen und Aussagen.

Zu diesem Problem gibt es unterschiedliche Lösungsansätze. - Wäre es möglich, Intentionalität auf andere, etwa physische Elemente der Wirklichkeit zurückzuführen oder ihre Existenz sogar schlichtweg zu leugnen, so wäre das Problem beseitigt. Gegen entsprechende Reduktionsprogramme (vgl. etwa Devitt 1981; Papineau 1984; Fodor 1990) und Leugnungsversuche (z.B. Churchland 1989) lassen sich jedoch überzeugende Einwände vorbringen (vgl. Putnam 1988; 1992b). - Als Alternative bietet sich vielleicht ein Platonismus der Art Freges an. Doch durch die Annahme eines weder physischen noch psychischen, aber dennoch "wirklichen" Reichs von Propositionen und Bedeutungen, das den Bezug zwischen Sprache, Denken und Wirklichkeit vermitteln soll, wird Intentionalität nicht erklärt, sondern als unerklärbar hingenommen. Die Möglichkeit, auf eine von menschlichen Fähigkeiten und Leistungen unabhängige Wirklichkeit Bezug zu nehmen, würde dadurch erkauft, daß auch die dafür fundamentale Beziehung zwischen Propositionen und Wirklichkeit - fälschlicherweise - als von menschlichen Leistungen unabhängig betrachtet werden müßte.

Läßt sich Intentionalität aber weder physikalistisch reduzieren noch metaphysisch verabsolutieren, dann wird unverständlich, wie intentionale Einstellungen sich auf eine Wirklichkeit

---

*Die folgenden Überlegungen sind in wesentlichen Teilen durch Arbeiten John McDowells (1990) und vor allem Hilary Putnams (1987; 1992a) angeregt. Einige der Argumente, die ich im folgenden nur benennen, aber wegen des begrenzten Umfangs nicht ausführen kann, finden sich in ihren Arbeiten ausführlich entwickelt. Dennoch sollte von den hier vertretenen Auffassungen nicht auf diejenigen Putnams und McDowells geschlossen werden.

beziehen können, die von dieser Bezugnahme unabhängig ist: Wenn Intentionalität weder in 'physischen' noch in 'metaphysischen' Relationen besteht, scheint es sich überhaupt nicht um wirkliche, sondern allenfalls um 'logische' oder 'grammatische' Relationen handeln zu können. Denken und Sprechen, so die dadurch nahegelegte Konsequenz, weisen nicht über sich hinaus; die Wirklichkeit, auf die wir uns beziehen, kann daher von dieser Bezugnahme nicht unabhängig sein. Daraus ergibt sich das Problem, um dessen Lösung es im folgenden gehen wird: Wie sind ein ontologischer Realismus und die Nicht-Reduzierbarkeit des Intentionalen im Rahmen einer plausiblen Gesamtkonzeption miteinander vereinbar?

3. Wie ich glaube, ist dieses Problem einer direkten Lösung nicht zugänglich: Hat man die Wirklichkeit dem Denken erst einmal auf diese Weise gegenübergestellt, lassen sich beide durch keine metaphysische Brücke mehr verbinden. Wird andererseits der relationale Charakter der Intentionalität erst einmal bestritten, so ist, wie Richard Rorty schon früh bemerkt hat, "the world well lost".

Der einzige Ausweg aus diesem Dilemma scheint darin zu bestehen, die Kluft zwischen Denken und Wirklichkeit, die das Intentionale überbrücken soll, aber nicht überbrücken kann, erst gar nicht auftreten zu lassen. Schließlich sind Denken und Sprechen Fähigkeiten von Wesen, die selbst ein Teil jener Wirklichkeit sind, auf die sie Bezug nehmen; Fähigkeiten zumal, die erst im sinnlichen und pragmatischen Umgang mit dieser Wirklichkeit erworben werden und die insofern keinesfalls davon unabhängig sind. Begreift man sie von vornherein als Teil der Interaktion zwischen Menschen und ihrer Umwelt, so kann der Eindruck einer Kluft zwischen Denken und Welt erst gar nicht entstehen.

4. Der berechtigte Hinweis, daß der *Weltbezug* von Denken und Sprache auf deren *Welteinbindung* beruht, führt jedoch leicht in die Nähe eines falschen Reduktionismus: Ist es das Naturwesen Mensch, das auf natürliche Weise Begriffe erwirbt und eine Sprache erlernt, und ist die Physik unsere Theorie der Natur, so scheint auch der Wirklichkeitsbezug von Denken und Sprache nur in physikalisch beschreibbaren Relationen bestehen zu können. Gerade das bestreitet aber die These der Irreduzibilität des Intentionalen. Doch wie kann man dem Reduktionismus entgehen, wenn man Intentionalität als *Fähigkeit* denkender und sprechender Wesen versteht und diese Fähigkeit durch deren *Kontakt* mit der Wirklichkeit und damit doch offenbar durch einen kausalen Zusammenhang erklären will?

5. An dieser Stelle kommt nun der sogenannte "direkte (Wahrnehmungs)-Realismus" ins Spiel. Der direkte Realismus läßt sich als Verbindung der folgenden vier Thesen verstehen: (i) Menschen sind unter dafür förderlichen Bedingungen normalerweise in der Lage, raum-zeitliche Gegenstände und Ereignisse sinnlich wahrzunehmen; (ii) ein solcher Vorgang ist 'epistemisch relevant', d.h. er kann zur Rechtfertigung von Überzeugungen dienen; aber (iii) er besteht nicht aus Teilen, die selbst epistemisch relevant sind oder über Intentionalität verfügen; und (iv) er kann nicht ohne Verwendung von Ausdrücken der Wahrnehmung erklärt werden. (Wahrnehmung ist danach ein *einfacher* Vorgang, dessen Intentionalität auf *Objekte* gerichtet ist, aber zur Rechtfertigung *propositionaler* Einstellungen dient.)

Der direkte Realismus wendet sich vor allem gegen zwei konkurrierende Wahrnehmungskonzeptionen: Zum einen gegen Zwei-

Stufen-Modelle der Wahrnehmung, insbesondere gegen die Vorstellung, daß ein "äußerer" Gegenstand zunächst ein "Sinnesdatum" hervorbringt, von dem aus dann mittels begrifflicher Verarbeitung auf den wahrgenommenen Gegenstand und seine Beschaffenheit geschlossen wird; zum anderen gegen die Auffassung, daß es überhaupt keine epistemisch relevante, sondern nur eine kausale Beziehung zwischen unseren Überzeugungen und der Wirklichkeit gibt.

6. Der Zusammenhang mit der Problematik von (ontologischem) Realismus und Intentionalität liegt auf der Hand. Zum einen ist zu erwarten, daß der Wahrnehmung eine zentrale Rolle in dem Versuch zukommt, die begrifflichen Fähigkeiten des Menschen als Teil seiner Interaktion mit der ihn umgebenden Wirklichkeit zu verstehen. Zum anderen aber kann der direkte Realismus der Wahrnehmung als Paradigma des ontologischen Realismus dienen, da er eine *unmittelbare* Welteinbindung intentionaler Einstellungen mit deren Irreduzibilität verbindet. Schließlich ist der direkte Wahrnehmungsrealismus Teil eines robust "realistischen" Weltbildes, in dem eine Wahrnehmung die Existenz des Wahrgenommenen voraussetzt.

Allerdings ist es gerade diese Nähe zu einer unreflektierten Alltagsmetaphysik, die den direkten Realismus unter Philosophen in Verruf gebracht hat. Vor allem zwei Einwände sind immer wieder vorgebracht worden: Erstens übersehe der direkte Realismus, daß auch in den einfachsten Wahrnehmungen begriffliches Denken eine Rolle spielt; zweitens spreche die Möglichkeit von Wahrnehmungsirrtümern unmittelbar gegen den direkten Realismus. Auf beide Einwände gibt es jedoch überzeugende Erwiderungen, deren Berücksichtigung zugleich zu Differenzierungen in der Formulierung des direkten Realismus führen.

7. In der oben eingeführten Form besagt der direkte Realismus nichts über die Rolle von Begriffen in der Wahrnehmung. Allerdings legt die These, Wahrnehmen sei ein in kognitiver Hinsicht irreduzibler Vorgang, die Vermutung nahe, daß es sich dabei um einen rein sinnlich-rezeptiven Prozeß handelt: Da Wahrnehmung offenbar ein rezeptives Moment enthält, würde mit einem begrifflichen Beitrag ein zweites Moment ins Spiel kommen, so daß es sich nicht mehr um einen in epistemischer Hinsicht einfachen Vorhang handeln könnte. Doch tatsächlich ist die Auffassung, daß sinnliche Rezeptivität und begriffliches Denken in der Wahrnehmung ineinandergreifen, mit dem direkten Realismus durchaus vereinbar. Die These, daß Wahrnehmen dennoch ein einfacher Vorgang ist, besagt dann lediglich, daß diese beiden Momente sich in keiner eindeutigen Weise in Faktoren auseinanderdividieren lassen, die selbst überzeugungsbegründende Funktion haben und über Intentionalität verfügen. Die Rolle von Begriffen in der Wahrnehmung kann man dann, wie John McDowell vorgeschlagen hat, als *passives* Einbezogenwerden jener begrifflichen Fähigkeiten verstehen, die wir im bewußten begrifflichen Denken aktiv ausüben und die wir (in grundlegenden Fällen) im sinnlichen Umgang und in pragmatischer Auseinandersetzung mit den Gegenständen der uns umgebenden Wirklichkeit erworben haben.

8. Ist dem Begrifflichen in der Wahrnehmung erst einmal eine Funktion eingeräumt, so stellen auch Wahrnehmungsirrtümer kein unüberwindliches Problem mehr dar. Deren Möglichkeit scheint gegen den direkten Realismus zu sprechen, da das wirkliche und das vermeintliche Sehen eines Baumes offenbar etwas

gemeinsam haben. Die traditionelle Erklärung dafür, längst selbst Teil unseres alltäglich-vorphilosophischen Weltbildes, lautet folgendermaßen: Was gelingende Wahrnehmung und Irrtum miteinander gemeinsam haben, ist ein bestimmter Zustand des Wahrnehmungssubjekts; zu diesem Zustand kommt im Erfolgsfall etwas hinzu, was im Fall des Irrtums fehlt - der "richtige" Bezug zur Wirklichkeit. Der intrinsisch charakterisierbare Zustand des Subjekts (sein 'Wahrnehmungseindruck') erscheint so als kleinster gemeinsamer Nenner, von dem ausgehend man die gelingende Wahrnehmung in einem zweiten Schritt als Spezifikation erklären muß. Unabhängig vom epistemischen Status des subjektiven Zustands (irrtumsresistent? unkorrigierbar?) ist gelingende Wahrnehmung dieser Auffassung zufolge in epistemischer Hinsicht auf jeden Fall ein mindestens zweiteiliger Vorgang.

Die Kritik an diesem traditionellen Bild hat inzwischen selbst eine vielgestaltige Tradition, zu der neben Kant und dem Deutschen Idealismus auch Heidegger, Austin, Sellars und Quine gehören. Sie hier zu rekapitulieren, würde zu weit führen. Es soll jedoch zumindest angedeutet werden, wie die Möglichkeit von Wahrnehmungsirrtümern im Rahmen des direkten Realismus Platz finden kann: Zunächst ist festzuhalten, daß eine "direkte" Theorie der Wahrnehmung nicht unbedingt mit einer "direkten" Erklärung für Wahrnehmungsirrtümer einhergehen muß. In Umkehrung der traditionellen Erklärungsrichtung betrachtet der direkte Realismus den Fall gelingender Wahrnehmung als Ausgangspunkt, von dem aus Wahrnehmungsirrtümer als defiziente Abweichungen gedeutet werden können. Es ist daher nicht verwunderlich, wenn sie eine komplexere Erklärung erfordern als der Standardfall, von dem sie abweichen. Mangelhafte Lichtverhältnisse oder Farbenblindheit, Störgeräusche und Müdigkeit sind einige der Faktoren, durch die sich Wahrnehmungsirrtümer erklären lassen. Doch selbst wo es sich um elementare physische Vorgänge handelt, können diese Faktoren fehlerhafte Wahrnehmung nur dann erklären, wenn sie als Abweichungen von den jeweiligen Standardbedingungen erfolgreicher Wahrnehmung betrachtet werden.

Natürlich hat das vermeintliche Sehen einer grünen Kugel mit dem tatsächlichen Sehen einer grünen Kugel sehr viel gemeinsam, wie daran deutlich wird, daß es sich nur unter Rekurs auf den Fall des Gelingens, von dem es abweicht, überhaupt angemessen beschreiben läßt ("Es sah aus wie eine grüne Kugel"). Aber diese Gemeinsamkeit läßt sich vollständig erklären, ohne anzunehmen, daß es einen wahrnehmungsartigen Zwischenschritt auf dem Weg zum Sehen grüner Kugeln gibt. Sie ergibt sich vielmehr daraus, daß dieselben Fähigkeiten, die zum Sehen grüner Kugeln erforderlich sind (insbesondere die komplexe Fähigkeit, zu erkennen, ob etwas grün und kugelförmig ist), auch im vermeintlichen Sehen grüner Kugeln zum Einsatz kommen - wenn auch irrtümlicherweise.

Wenn die These von der Irreduzibilität des Intentionalen und der "Direktheit" der Wahrnehmung berechtigt ist, dann dürfen wir jedoch nicht erwarten, an solchen Fähigkeiten ein begriffliches von einem rezeptiven Moment eindeutig unterscheiden zu können. (Das zeigen unter anderem die Argumente gegen eine absolute Synthetisch-Analytisch-Unterscheidung.) Natürlich ist die Fähigkeit, etwas Grünes zu sehen, normalerweise näher am rezeptiven Ende des Spektrums der Möglichkeiten als die, eine Nähmaschine zu erkennen. Doch das heißt nicht, daß irgendeine dieser Fähigkeiten sauber in einen sinnlichen und einen begrifflichen Bestandteil zerfiele. Ebenso trügerisch wäre die Hoffnung, daß sich die Ausübung dieser komplexen rekognitiven Fähigkeiten bis zu einem "Auslöser" zurückverfolgen ließe, dessen Beschreibung von den involvierten Begriffen ("grün", "kugelförmig") unabhängig wäre. Es gibt keinen Ort - nicht die Netzhaut, nicht die Hirnrinde und nichts, was dazwischen liegt - an dem aus einem solchen neutralen Auslöser eine Wahrnehmung werden könnte.

Während tatsächliches und vermeintliches Wahrnehmen also in der Tat vieles gemeinsam haben, ist dieses Gemeinsame kein erster, isolierbarer Schritt auf dem Weg zur Wahrnehmung. Es spricht deshalb auch nicht gegen die These des direkten Realismus.

9. Es scheint vielleicht, als laufe diese Argumentation darauf hinaus, den Anteil kausaler, vor-intentionaler Vorgänge in der Wahrnehmung ganz zu leugnen, was natürlich einer Widerlegung gleichkäme. Doch das ist nicht der Fall. Der direkte Realismus muß allerdings darauf bestehen, daß die kausalen und organischen Bedingungen des Wahrnehmens selbst als Teil eines intentionalen Vorgangs betrachtet werden, dessen Ursachen sich nicht angeben lassen, ohne von intentionalen Wendungen und den in der Wahrnehmung involvierten Begriffen Gebrauch zu machen. So gehört zu den kausalen Bedingungen dafür, einen Apfel zu sehen, nicht nur das von einer bestimmten Oberfläche reflektierte Licht, sondern eben auch ein *Apfel;* zu den organischen Bedingungen gehören nicht nur neuronale Reaktionspotentiale, sondern auch das *Sehorgan* Auge. Entsprechendes gilt auch für die Erklärung von Wahrnehmungsirrtümern.

10. Die Wahrnehmung, so die Grundthese des direkten Realismus, bringt uns in *unmittelbaren* Kontakt mit der Wirklichkeit. Dabei verhalten wir uns weitestgehend passiv, auch wenn einige der involvierten Fähigkeiten erst im aktiven Umgang mit der Wirklichkeit erworben werden müssen. Das 'Sein' geht seinem 'Wahrgenommenwerden' also eindeutig voraus und ist insofern von ihm unabhängig. Der direkte Wahrnehmungsrealismus verlangt deshalb nach einem ontologischen Realismus. Aufgrund der Unmittelbarkeit der Wahrnehmung ist er zugleich ein Fall der Irreduzibilität des Intentionalen. Der direkte Wahrnehmungsrealismus bietet sich daher als Paradigma und Eckstein einer Lösung des ontologischen Realismusproblems (das eigentlich ein Realismus-Intentionalitäts-Problem ist) geradezu an.

Es ergäbe sich folgendes Bild: Menschen, die in einer von Natur und Kultur geprägten Umwelt unter Anleitung ihrer Artgenossen heranwachsen, erwerben die Fähigkeit, an Berge, Bäume und Bücher zu denken und wahre oder falsche Aussagen über sie zu machen (normalerweise) im Umgang mit - Bergen, Bäumen und Büchern. Die Irreduzibilität des Intentionalen bedeutet daher nicht, daß es für die verschiedenen Fähigkeiten, Überzeugungen und Aussagen über die Wirklichkeit zu bilden, keine Erklärungen gibt. Allerdings sind solche Erklärungen in gewisser Hinsicht immer trivial, denn sie verwenden nicht nur intentionale Begriffe wie *Glauben, Sehen* oder *Lernen,* sondern auch die Begriffe (oder doch Begriffe derselben Art), deren Erwerb erklärt werden soll: "Man erwirbt den Begriff *Berg* (und damit die Fähigkeit, auf Berge als solche Bezug zu nehmen und Berg-bezogene Überzeugungen zu haben), indem man Erhebungen aus verschiedener Entfernung betrachtet; indem man auf sie hinaufsteigt und von oben heruntersieht;

indem man lernt, daß Berge vermessen werden können, sehr unterschiedliche Höhen haben und aus unterschiedlichen Materialien bestehen...".

Wie es zur sprachlichen Bezugnahme auf wahrnehmbare Gegenstände und Eigenschaften kommt, läßt sich vor dem Hintergrund des direkten Realismus vergleichsweise leicht, wenn auch auf philosophisch wenig erhellende Weise, erklären. Die Referenz singulärer Terme kommt in grundlegenden Fällen durch die Wahrnehmung des bezeichneten Gegenstandes zustande. Prädikate beziehen sich auf ihre Extension aufgrund ihrer Einbindung in ein komplexes Netz von theoretischen und praktischen Fähigkeiten, zu deren Ausbildung im Fall wahrnehmbarer Eigenschaften unter anderem der sinnliche und pragmatische Umgang mit den unter den entsprechenden Begriff fallenden Gegenständen gehört. Eine solche Einbindung erklärt vielleicht auch die Möglichkeit der Bezugnahme auf "theoretische" und abstrakte Gegenstände. Die Referenz wäre dann durch den Umgang mit jenen wahrnehmbaren Gegenständen vermittelt, zu deren Erklärung oder Beschreibung die unbeobachtbaren Gegenstände beitragen. - Auch wenn eine solche Erklärung unzählige Details offen läßt, wäre das Grundproblem, wie sich Sprache und Denken auf die Welt beziehen, auf triviale Weise gelöst. Sowohl der Unabhängigkeit der Wirklichkeit als auch der Irreduzibilität des Intentionalen wäre Rechnung getragen. Es bietet sich an, diese Position ebenfalls als *direkten Realismus* zu bezeichnen.

11. Es scheint jedoch noch eine erstzunehmende Schwierigkeiten bestehen zu bleiben. Die mit dem direkten Realismus verbundene Wiederbelebung der 'Lebenswelt' stellt nämlich die Unabhängigkeit der Wirklichkeit zugleich wieder in Frage. Wollen wir tatsächlich sagen, daß die Welt auch unabhängig von einer menschlichen Perspektive Farben und Klänge enthält und aus Bergen, Kugeln und ähnlichen 'Dingen' besteht? Muß eine solche Auffassung nicht mit den Naturwissenschaften in Konflikt geraten, ja bereits intern zwangsläufig zu Widersprüche führen?

Auf diese Schwierigkeit gibt es eine schnelle Antwort: Die Tatsache, daß wir auf Teile der Wirklichkeit als Berge, Gefäße oder Luft Bezug nehmen, schließt ja nicht aus, daß es sich dabei um Dinge handelt, die sich auf ihre physikalisch beschreibbaren Elemente reduzieren lassen. Doch wie ich glaube, beruht diese Antwort auf demselben Mißverständnis wie das Problem, das sie lösen soll. Ein Blick auf Putnams These der begrifflichen Relativität soll das zum Abschluß deutlich machen.

12. Vor dem Hintergrund unseres naturwissenschaftlich dominierten Weltbildes fällt es uns heute schwer, die Natur für so entgegenkommend zu halten, daß sie ohne unser Zutun gerade in die Kategorien und Arten zerfällt, von denen wir vor aller Wissenschaft im alltäglich-pragmatischen Umgang mit der Welt einen Begriff haben. Zeigen die Naturwissenschaften nicht deutlich genug, wie anthropozentrisch und wie wenig den tatsächlichen Verhältnissen in der Natur angemessen unsere alltäglichen Begriffe sind? Selbst wenn sich nicht alle wissenschaftlichen Aussagen auf die Sprache der Physik zurückführen lassen sollten: Begriffe wie *Gefäß* oder *Heim*, *Melodie* oder *Hintergrund* und unzählige mehr, deren wesentlicher Zusammenhang mit menschlichen Bedürfnissen und Fähigkeiten offensichtlich ist, finden in der Sprache keiner noch so "weichen" Naturwissenschaft Platz, sofern diese an dem Ideal interesseloser und standpunktunabhängi-

ger Beschreibung und Erklärung festhält. - Die verbreitete Konsequenz aus dieser Überlegung ist das mit Beschwichtigungen verbundene Eingeständnis, daß es so etwas wie Gefäße oder Heimstätten, Melodien oder Hintergründe eben nicht "wirklich" gibt. Natürlich hat unser alltäglicher Gebrauch der entsprechenden Begriffe seine Berechtigung. Wir dürfen nur eben nicht den Fehler machen, diese Dinge für Teile der Welt zu halten, wie sie wirklich und unabhängig von unseren Interessen und Fähigkeiten ist.

13. Hilary Putnam hat die Möglichkeit einer solchen Aufschlüsselung unserer Überzeugungen und Theorien in ihre subjektiven und objektiven Bestandteile und den damit verbundenen Begriff von einer Wirklichkeit "an sich", die unsere wahren Überzeugungen abbilden, mit einer Vielzahl von Argumenten kritisiert (vgl. Putnam 1981; 1983; 1987; 1990). Eines der wichtigsten Argumente ergibt sich aus Putnams These der *begrifflichen Relativität*. Dieses Phänomen besteht darin, daß es in manchen Bereichen unseres kognitiven Umgangs mit der Wirklichkeit alternative Begriffsrahmen gibt: Etwas, das man normalerweise als "dieselbe Situation" bezeichnen würde, kann dann unterschiedliche Beschreibungen zulassen; diese Beschreibungen sind (unter Bewahrung der Bedeutung der einzelnen Ausdrücke) nicht ineinander übersetzbar, können einander aber vollständig oder teilweise ersetzen. Putnam nennt als Beispiel die Alternative zwischen einem Begriff von 'Objekt', unter den nur Individuen fallen, und einem "mereologischen" Objekt-Begriff, der auch Summen von Individuen umfaßt. Haben wir in einer Situation also drei Individuen x, y und z vor uns, so stehen uns zwei Antworten auf die Frage, um wieviele Gegenstände es sich handelt, zur Auswahl: "drei" (x,y,z) und "sieben" (x,y,z,[x+y],[x+z], [y+z],[x+y+z]). Da es keine gegenüber den alternativen Begriffsrahmen neutrale Beschreibung der fraglichen Situation gibt, ist keine Antwort 'richtiger' als die andere. - Aber gibt es nicht doch eine neutrale Vermittlungsposition? Können wir nicht sagen, daß man als Objekte einmal nur Individuen, das andere Mal auch deren Summen zuläßt? Doch diese Position ist nicht neutral, denn sie unterscheidet sich nur in der Wortwahl von der eines 'Mereologen', der natürlich nicht bestreiten wird, daß man statt *aller* Objekte auch nur die Individuen zählen kann. - Die Frage, ob die Summe zweier Individuen mit diesen Individuen identisch ist, hat daher keine eindeutige Antwort. Dasselbe Phänomen läßt sich an vielen anderen Identitätsfragen aufzeigen (vgl. Putnam 1987; 1990).

14. Bei diesem Phänomen handelt es sich offenbar vor allem um eine Unschärfe in unserem Objekt-Begriff und den damit unmittelbar zusammenhängenden Begriffen der Identität und Existenz. Putnam zieht daraus die Konsequenz, daß das Projekt einer Ontologie als Inventarisierung der Objekte der Wirklichkeit ein Fehlschlag ist: Die Wirklichkeit enthält keine eindeutige Gesamtheit aller Gegenstände. Fragen nach dem Zusammenhang, insbesondere nach der Identität zwischen 'lebensweltlichen' und 'wissenschaftlichen' Gegenständen müssen deshalb nicht immer eine eindeutige Antwort haben. Ob ein Tisch mit dem Raum-Zeit-Gebiet, das er einnimmt, oder mit den Elementarteilchen, aus denen er besteht, oder vielleicht mit einem Kraftfeld im Raum identisch ist oder nicht, sind Fragen, auf die man vernünftigerweise ein "Je nachdem" oder allenfalls eine (kontextgebundene) Konvention als Antwort erwarten sollte.

15. Wie ich glaube, wäre es jedoch ein Mißverständnis, die These der begrifflichen Relativität nun auch unmittelbar auf die Kernbereiche unseres alltäglichen Weltbildes anzuwenden: Während es vielleicht nicht feststeht, ob eine Brille mit ihrem Gestell und ihren Gläsern identisch ist oder nicht, hat die Frage, ob dies die Brille ist, die ich gestern verlegt habe, normalerweise eine eindeutige Antwort. Die Feststellung, daß die Wirklichkeit mitunter alternative Beschreibungen zuläßt, ist daher keine Absage an den Realismus: Welches die richtigen Antworten auf die meisten Fragen nach Existenz und Identität sind, ist von unseren Begriffen und Überzeugungen logisch unabhängig; daß die meisten Gegenstände kausal davon unabhängig sind, liegt auf der Hand. - Allerdings spricht das Phänomen der begrifflichen Relativität unmittelbar gegen die Möglichkeit, die Wirklichkeit und unsere Überzeugungen über sie in "objektive" und "bloß subjektive" Faktoren zu zerlegen. Wie das Mereologie-Beispiel zeigt, leisten wir keinen isolierbaren "Beitrag" zu unserem Bild der Welt, dem ein Beitrag der Wirklichkeit gegenüberstünde. Die Wirklichkeit ist so bunt und vielgestaltig, wie unsere (wahren) alltäglichen Beschreibungen von ihr sie uns darstellen.

Während die begriffliche Relativität unser Vertrauen in die Unabhängigkeit der Wirklichkeit nicht erschüttern sollte, hat sie aber doch die bemerkenswerte Konsequenz, Fragen der Art "Gibt es X-Dinge wirklich?" ihre philosophische Brisanz zu nehmen. Es sollte uns daher auch nicht beunruhigen, wenn wir unsere Welt plötzlich wieder mit vielen der Dinge bevölkert sehen, die eine an den Naturwissenschaften orientierte Metaphysik ausgemerzt zu haben schien: Farben und Klänge, Personen, Ziele, Werte und vieles mehr. Gibt es das alles *wirklich?* In jedem denkbaren alltäglichen Sinn dieser Frage lautet die Antwort "Ja" - natürlich gibt es Farben, Klänge und Personen. Jeder Versuch, dieser Frage einen weiteren, spezifisch philosophischen Sinn zu geben, ist zum Scheitern verurteilt, da er eine Möglichkeit voraussetzt, die Welt und unser Bild von ihr in subjektive und objektive Faktoren zu zerlegen.

16. Die hier nur in groben Umrissen skizzierte Verbindung von begrifflicher Relativität und direktem Wahrnehmungsrealismus scheint also tatsächlich einen Rahmen bereitzustellen, in dem sich Realismus und die Irreduzibilität des Intentionalen vereinbaren lassen: Wenn Begriffe, mit einem Ausdruck McDowells, *gegenstandsinvolvierende* Fähigkeiten sind, deren Bezug zur Wirklichkeit sich nicht auf nichtintentionale Zusammenhänge zurückführen läßt, wird die Welt alltäglicher Gegenstände und deren Eigenschaften zum Objekt unserer Überzeugungen und Aussagen, mit dem wir im Wahrnehmen unmittelbar in Kontakt treten.

Literatur:

P. Churchland (1989), *A Neurocomputational Perspective*, Cambridge (Mass.).
M. Devitt (1984), *Realism and Truth*, Oxford.
J. Fodor (1990), *A Theory of Content and Other Essays*, Cambridge (Mass.).
P. Horwich (1990), *Truth*, London.
J. McDowell (1990), John-Locke-Lectures (noch nicht veröffentlicht).
D. Papineau (1987), *Reality and Representation*, Oxford.
H. Putnam (1981), *Reason, Truth, and History*, Cambridge.
H. Putnam (1983), *Realism and Reason*, Cambridge.
H. Putnam (1987), *The Many Faces of Realism*, LaSalle.
H. Putnam (1988), *Representation and Reality*, Cambridge (Mass.).
H. Putnam (1990), *Realism with a Human Face*, Cambridge (Mass.).
H. Putnam (1992a), Realism without Absolutes (noch nicht veröffentlicht).
H. Putnam (1992b), *Renewing Philosophy*, Cambridge (Mass.).

ERKENNTNISTHEORIE OHNE ERKENNTNISTHEORETISCHEN REALISMUS[*]

Dirk Koppelberg, Marburg

1. Einleitung: Die Totengräber der Erkenntnistheorie

Seit ungefähr zweieinhalb Jahrtausenden denken Philosophen über erkenntnistheoretische Fragen und Probleme nach. Vor dreihundertfünfzig Jahren formulierte Descartes das spezifisch philosophische Projekt einer Einschätzung der Gesamtheit unseres Wissens. Und seit gut zehn Jahren wird nicht nur vehement und kontrovers über die Frage diskutiert, ob das Cartesianische Projekt zu verabschieden ist, sondern darüberhinaus auch dafür votiert, die Erkenntnistheorie endgültig zu begraben. Für ein solches Begräbnis sind sehr unterschiedliche Argumente vorgebracht worden. Ich werde einen zentralen Gedankengang der philosophischen Totengräber verfolgen und zu zeigen versuchen, daß mit ihm die Grablegung der Erkenntnistheorie nicht zu rechtfertigen ist.

2. Erkenntnistheoretischer Skeptizismus

Am Anfang der Überlegungen, die zum Tod der Erkenntnistheorie führen sollen, mag eine möglichst allgemeine Bestimmung ihrer Aufgaben stehen: Erkenntnistheorie beschäftigt sich mit der Natur, dem Ursprung und dem Umfang menschlicher Erkenntnis. Um den Umfang unseres Wissens bestimmen und die Frage nach seiner Reichweite und seinen Grenzen beantworten zu können, versuchen traditionelle Erkenntnistheoretiker allererst die Möglichkeit von Erkenntnis aufzuweisen und zu verteidigen. Bei der nachzuweisenden Möglichkeit handelt es sich weder um eine rein logische, der mit einer adäquaten Begriffsanalyse von Wissen Genüge getan wäre, noch etwa um eine menschenmögliche, die dadurch zu erfüllen wäre, daß für die Bestimmung von Erkenntnis empirische Auflagen formuliert würden, die unsere kognitiven und sozialen Fähigkeiten nicht von vornherein überforderten. Diese Aufgaben sind nach Ansicht vieler Philosophen nicht hinreichend für ein rechtes Verständnis des traditionellen erkenntnistheoretischen Projekts, weil bei ihnen nicht deutlich wird, warum die

---

[*] Ich danke Elke Brendel für eine kritische und konstruktive Diskussion.

Möglichkeit von Erkenntnis ein Problem ist. Ein Problem mit der Möglichkeit von Erkenntnis ergibt sich dieser Auffassung zufolge nur deshalb, weil skeptische Argumente zu zeigen versuchen, daß Erkenntnis *unmöglich* ist.[1] Gäbe es keine skeptischen Zweifel, so benötigten wir auch keine Erkenntnistheorie, um sie auszuräumen.

Für die Überzeugungskraft skeptischer Zweifel ist es *entscheidend*, daß die Argumente zu ihrer Begründung in hohem Maße natürlich und intuitiv nachvollziehbar sind, denn würden sie von fragwürdigen und umstrittenen theoretischen Voraussetzungen wesentlich Gebrauch machen, wären ihre Schlußfolgerungen von eben diesen Annahmen abhängig und daher nicht dazu geeignet, unsere vorphilosophischen und alltäglichen Vorstellungen über unser Wissen von der Welt grundsätzlich in Frage zu stellen. Wenn diese Beschreibung zutreffend ist, steht dem Kritiker des erkenntnistheoretischen Skeptizismus neben den bislang in der Geschichte der Philosophie verfolgten Lösungs- und Auflösungsstrategien ein dritter Weg offen: eine theoretische Diagnose der im skeptischen Gedankengang implizit enthaltenen, substantiell philosophischen Annahmen, die für seine erfolgreiche Durchführung unabdingbar sind. Eine solche Diagnose ist in letzter Zeit tatsächlich häufig gestellt worden. Oft wurde dabei der erkenntnistheoretische Fundamentalismus als *die* theoretische Voraussetzung des Skeptikers ausgemacht.

3. Erkenntnistheoretischer Fundamentalismus

Diese Sicht der Dinge ist nicht ohne Widerspruch geblieben. So hat Barry Stroud darauf hingewiesen, daß die Kritik des Skeptizismus, welche die fehlerhafte fundamentalistische Annahme von der epistemischen Priorität unserer Sinneswahrnehmungen gegenüber unserem Wissen von der Außenwelt für die skeptischen Zweifel verantwortlich mache, nicht sehr tief zu dessen Wurzeln vordringe, ja, daß diese Art der Diagnose die wahren Verhältnisse fast vollständig auf den Kopf stelle.[2] Der erkenntnistheoretische Fundamentalismus sei keine Vorausset-

---

[1] Diese Auffassung wird exemplarisch von Michael Williams vertreten, dessen *Unnatural Doubts* die subtilste und differenzierteste gegenwärtige Auseinandersetzung mit dem erkenntnistheoretischen Skeptizismus darstellen, die ich kenne. Aus Platzgründen ist es mir hier nur möglich, einen ganz kurzen Abriß seiner komplexen Argumentation wiederzugeben, deren Schlußfolgerung ich gegen Ende meines Beitrags in Frage stelle.

[2] vgl. Stroud 1984b: 550.

zung für die skeptische Argumentation, sondern ihr Nebenprodukt, das sich allein aus allgemein akzeptierten Gemeinplätzen ergebe. Zur Beantwortung der zentralen Frage, ob skeptische Zweifel natürlich oder theoriegeladen sind, ist somit zu klären, ob der erkenntnistheoretische Fundamentalismus eine unverzichtbare Voraussetzung skeptischer Argumente ist oder erst durch sie entsteht. Ein Skeptiker, der die Natürlichkeit seiner Zweifel zu verteidigen bestrebt ist, mag durchaus zugestehen, daß die Annahme einer fundamentalistischen Position hinreichend für sein Vorgehen ist, der theoretische Diagnostiker muß dagegen zeigen, daß diese Annahme notwendig ist und der Skeptizismus infolgedessen vom Fundamentalismus abhängt. Um hier weiterzukommen, ist es wichtig, daß wir ein genaueres Bild der umstrittenen fundamentalistischen Auffassung gewinnen.

Abstrakt gesprochen besteht sie darin, daß unsere Meinungen und unser Wissen nach natürlichen Beziehungen epistemischer Priorität geordnet sind. Erfahrungen, Meinungen oder Erkenntnisse, denen epistemisch nichts vorausgeht, sind grundlegend; unser übriges Wissen wird durch Schlußfolgerungen aus diesen Grundlagen gewonnen. Die Beziehungen epistemischer Priorität werden deshalb "natürlich" genannt, weil sie *nur aufgrund* der Natur unserer Meinungen bestehen sollen, vollkommen unabhängig von den wechselnden und kontingenten Kontexten, in denen diese Meinungen eingebettet sind.[3] Es sind nur die eine bestimmte Meinung auszeichnenden Merkmale und nicht etwa auch Merkmale des Frage- und Problemkontexts, in dem diese Meinungen auftauchen, die für ihre erkenntnistheoretische Beurteilung relevant sind. Aufgrund ihrer Inhalte allein fallen Meinungen in natürliche epistemische Klassen. Der Fundamentalismus postuliert somit eine Ordnung von Gründen, die unabhängig von thematischen Einteilungen und kontextuellen Auflagen ist.

Im Zusammenhang mit der Untersuchung unseres Wissens von der Außenwelt werden fundamentalistische Ideen nun dadurch wirksam, daß unsere Sinneswahrnehmung bzw. unser Wahrnehmungswissen als epistemisch vorrangig gegenüber unserem Wissen von der Außenwelt betrachtet wird. Zu Beginn seiner *Meditationen* schreibt Descartes: "Alles ..., was ich bisher am ehesten für wahr gehalten habe, verdanke ich den Sinnen oder der Vermittlung der Sinne."[4] Im Anschluß daran ist es aufschlußreich zu verfolgen, wie ein Vertreter der These, daß das skeptische Räsonnement auf natürlichen Zweifeln beruht, diese zu

---

[3] vgl. Williams 1988: 419.

[4] Descartes 1641: 15f.

stützen versucht. Stroud stellt Descartes' Herausforderung an unser Wissen wie folgt dar: "What we gain through the senses is on Descartes's view only information that is compatible with our dreaming things about the world around us and not knowing anything about that world. How then can we know anything about the world by means of the senses?"[5] An dieser Darstellung ist vieles fragwürdig, doch Williams weist mit Recht darauf hin, daß der zentrale Punkt zu ihrer Kritik darin besteht, daß eine fundamentalistische Auffassung vorausgesetzt werden muß, um die skeptische Herausforderung an unser Wissen hinreichend zu motivieren.[6] Das vermeintlich intuitive und natürliche Argument für den Skeptizismus ergibt sich dann aus dem unstatthaften Übergang von dem eingängigen Gemeinplatz, daß all unser empirisches Wissen in irgendeinem Sinne von den Sinnen abhängt zu der fragwürdigen erkenntnistheoretischen Auffassung, daß all unser Wissen über die Welt aus grundlegenderem Wahrnehmungs- oder Erfahrungswissen abzuleiten ist. Eine nicht einmal unstrittige kausale Vorbedingung unseres Wissens ist keine epistemische Rechtfertigungsgrundlage für dieses Wissen. Bei näherer Betrachtung zeigt sich also, daß hier nicht nur kein intuitives oder natürliches Argument für den Skeptizismus vorliegt, es liegt *überhaupt kein* Argument, sondern die Vernachlässigung der wichtigen Unterscheidung zwischen Erfahrung als Ursache und Erfahrung als epistemischer Grund vor. Nur wenn diese Unterscheidung nicht beachtet wird, hat es den Anschein, als ergäben sich skeptische Schlußfolgerungen allein aus intuitiven oder natürlichen Erwägungen. Der Schein trügt und der theoretische Diagnostiker ist in seiner Ansicht bestärkt, daß die skeptische Argumentation ohne die fundamentalistische Lehre von der epistemischen Priorität unserer Sinneswahrnehmung gegenüber unserem Wissen von der Welt nicht auskommt.

4. Erkenntnistheoretischer Realismus

Der Fundamentalismus beruht nun seinerseits auf einer allgemeineren Auffassung, die Williams - vielleicht etwas mißverständlich - "erkenntnistheoretischen Realismus" genannt hat.[7] Dabei geht es nicht um eine bestimmte Position innerhalb der Erkenntnistheorie, sondern um eine realistische Sicht der Gegenstände erkenntnistheoretischer Forschung. Dieser Realismus ist dafür verantwortlich,

---

5   Stroud 1984a: 12f.
6   vgl. Williams 1991: 69f.
7   vgl. Williams 1988: 419f. und Williams 1991: 89-134.

daß der erkenntnistheoretische Fundamentalismus nicht allein durch eine Hierarchie epistemischer Beziehungen gekennzeichnet ist, sondern zudem durch eine bestimmte Vorstellung über den Status dieser Hierarchie. Die dem Fundamentalismus zugrundeliegenden Verhältnisse epistemischer Priorität sollen die allgemeingültige Struktur jeder Art epistemischer Rechtfertigung beinhalten und vollständig objektiv sein. Damit ist gemeint, daß die hierarchische Anordnung unserer Meinungen und unseres Wissens nicht zum Zweck einer bestimmten Art von Untersuchung, also etwa aus einer methodologischen Notwendigkeit vorgenommen wird, sondern einer objektiv vorgegebenen Struktur epistemischer Beziehungen entspricht. Das war die Pointe meiner Vorstellung des Fundamentalismus, bei der ich nicht sagte, daß *wir* zum Zweck einer erkenntnistheoretischen Untersuchung unser Wissen in unterschiedliche Arten *klassifizieren*; vielmehr charakterisierte ich den Fundamentalismus dadurch, daß unser Wissen nach natürlichen Beziehungen epistemischer Priorität geordnet *ist*. Es ist diese realistische Konzeption objektiver epistemischer Tatsachen, die durch Begriffe wie natürliche epistemische Beziehungen und natürliche epistemische Arten verdeutlicht werden soll.

Erkenntnistheoretische Kontextualisten haben demgegenüber immer wieder darauf verwiesen, wie im wahrsten Sinne des Wortes unglaublich die Vorstellung ist, daß epistemische Beziehungen objektiv durch die Natur und nicht durch unsere Fragen, Probleme und Interessen bestimmt werden. Wenn aber unsere Fragen und Interessen den Raum epistemischer Beziehungen mitbestimmen, ist nicht mehr allein der bestimmte Inhalt einer Meinung oder eines Satzes epistemisch relevant, sondern auch der spezifische Kontext, in dem sie geäußert werden. Ist diese Kontextsensitivität einmal zugestanden, gibt es keinen Grund mehr zu der Annahme, daß ein einzelner Satz über die Welt durch eine spezifische Art von Belegen zu rechtfertigen sei. Kein isoliert betrachteter Satz hat dieser kontextualistischen Sicht zufolge einen ihm eigenen epistemischen Status. Wenn diese Diagnose stimmt, wäre die Überzeugungskraft des erkenntnistheoretischen Realismus schwer angeschlagen.

Doch dabei allein bleibt es nicht. Es kann hier leider nur noch erwähnt werden, daß der Kontextualismus in seinem Angriff auf den erkenntnistheoretischen Realismus unerwartete Schützenhilfe durch Quines Holismus erfährt, der trotz eines ganz anderen Ausgangspunktes und völlig verschiedener Überlegungen zu dem Resultat gelangt, daß ein Satz über die Welt nicht immer oder gewöhnlich einen abtrennbaren Fundus von empirischen Konsequenzen sein eigen nennen kann.[8] Da die vorsichtige Einschränkung Quines sich nur auf holophrastische Beobachtungssätze bezieht, unterstützt sein Holismus weitgehend den Angriff auf eine traditionell verstandene Erkenntnistheorie. Der erkenntnistheoretische Realismus hat es also zumindest mit zwei voneinander unabhängigen ernstzunehmenden Gegnern zu tun. Wenn sich eine Form von erkenntnistheoretischem Kontextualismus oder eine Art Quinescher Holismus verteidigen lassen, ist der erkenntnistheoretische Realismus zu verwerfen.

5. Schluß: Für eine Reform der Erkenntnistheorie

Rekapitulieren wir den bisherigen Gedankengang, so ergeben sich zusammengefaßt die folgenden Schritte: Erste Prämisse: Ohne skeptische Zweifel keine Berechtigung für die Erkenntnistheorie. Zweite Prämisse: Ohne die fundamentalistische Lehre von der epistemischen Priorität unserer Sinneswahrnehmung gegenüber unserem Wissen von der Außenwelt keine skeptischen Zweifel. Dritte Prämisse: Ohne erkenntnistheoretischen Realismus keine fundamentalistische Lehre epistemischer Priorität. Vierte Prämisse: Der erkenntnistheoretische Realismus ist unhaltbar. Konklusion: Also keine Berechtigung für die Erkenntnistheorie.

Da ich die Konklusion ablehne, muß ich eine der vier Prämissen angreifen. Die dritte und vierte Prämisse akzeptiere ich, die ersten beiden halte ich für fragwürdig. Aus Platzgründen konzentriere ich mich auf eine kurze Auseinandersetzung mit der ersten Prämisse. Es hat sich gezeigt, daß die skeptische Herausforderung an unser Wissen von theoretischen Annahmen abhängt, die philosophisch problematisch oder gar unhaltbar sind. Wenn diese theoretische Diagnose richtig ist, entfällt somit für die Erkenntnistheorie die Aufgabe, dem skeptischen Zweifel erfolgreich zu begegnen. Wenn kein skeptischer Zweifel unser Wissen in Frage stellt, muß es auch nicht gegen diesen grundsätzlichen Zweifel verteidigt werden, und nur diese prinzipielle Verteidigung der Erkenntnis gegen den Skeptiker verschafft der Erkenntnistheorie in den Augen ihrer Kritiker eine überzeugende Legitimation. Ist diese Legitimation nicht aufrechtzuerhalten, ziehen radikale Kontextualisten wie Rorty und Michael Williams daraus die Konsequenz, die Erkenntnistheorie zu begraben.

---

8   Quine 1969: 82.

Im Gegensatz dazu halte ich an der Erkenntnistheorie fest und lehne den skeptischen Zweifel als eine notwendige Bedingung für ihre Berechtigung ab. Das bedeutet nicht, daß ich wie Quine glaube, skeptische Zweifel seien naturwissenschaftliche Zweifel und infolgedessen auch mit Hilfe der Naturwissenschaften zu widerlegen.[9] Ebensowenig stimme ich radikalen Naturalisten wie den Churchlands zu, die die Erkenntnistheorie durch einen Themenwechsel zu naturwissenschaftlichen Theorien über unser Gehirn neu beleben wollen. Die Erkenntnistheorie muß nicht neu belebt werden, weil sie nicht tot ist. Und sie ist deshalb nicht tot, weil ihr auch nach einer theoretischen Diagnose skeptischer Zweifel genug zu tun übrig bleibt. So ist die Klärung unserer epistemischen Position nach wie vor eine philosophisch wichtige Aufgabe.

Unsere epistemische Position liegt weder innerhalb der Naturwissenschaften, noch in einem archimedischen Punkt jenseits all unserer empirischen Meinungen. Die Totengräber der Erkenntnistheorie ziehen daraus einen radikalen Schluß: "The deep truth about our epistemic position is that we do not have one."[10] Verteidigbar ist dieser Schluß jedoch nur unter der Annahme, daß wir nur dann eine epistemische Position haben, wenn die Existenz sogenannter natürlicher epistemischer Beziehungen im Sinn des erkenntnistheoretischen Realismus gewährleistet ist. Doch warum sollten wir diese Auflage akzeptieren? Statt der Bedingung "Ohne erkenntnistheoretischen Realismus keine Erkenntnistheorie" zuzustimmen, sehe ich die philosophische Herausforderung darin, eine Erkenntnistheorie ohne erkenntnistheoretischen Realismus zu entwickeln. Eine solche Erkenntnistheorie wird bestreiten, daß die Wahrheit über unsere epistemische Position in der Welt darin besteht, daß es eine solche Position gar nicht gibt. Die Lehre, die sie aus der Auseinandersetzung mit den Skeptizismus, dem Kontextualismus und dem Naturalismus zieht, liegt vielmehr in der Einsicht, daß wir keine von kausalen und situativen Faktoren unabhängige epistemische Position einnehmen können. Diese Position genauer zu bestimmen, bedeutet jedoch nicht den Tod, sondern eine Reform der Erkenntnistheorie.[11]

---

[9] vgl. Quine 1975: 68.

[10] Williams 1991: 357.

[11] Erste Vorschläge für eine solche Reform habe ich vorgelegt in Koppelberg 1993 und 1994.

Literatur:

- Descartes, René, 1641, *Meditationen über die Grundlagen der Philosophie*, Hamburg: Meiner 1960.

- Koppelberg, Dirk, 1993, "Naturalistische Erkenntnistheorien und Probleme der Normativität", in Meggle, Georg und Ulla Wessels (Hgg.), *Analyomen*, Berlin, New York: de Gruyter.

- Koppelberg, Dirk, 1994, "Naturalismus, Pragmatismus, Pluralismus - Grundströmungen in der analytischen Erkenntnis- und Wissenschaftstheorie seit W.V. Quine", in: Stachowiak, Herbert (Hg.), *Pragmatik*, Band V, *Pragmatische Tendenzen in der Wissenschaftstheorie*, Hamburg: Meiner.

- Quine, W.V., 1969, "Epistemology Naturalized", in: *Ontological Relativity and Other Essays*, New York and London: Columbia University Press, 69-90.

- Quine, W.V., 1975, "The Nature of Natural Knowledge", in: Guttenplan, Samuel (ed.), *Mind and Language*, Oxford: Clarendon Press, 67-81.

- Stroud, Barry, 1984a, *The Significance of Philosophical Scepticism*, Oxford: Clarendon Press.

- Stroud, Barry, 1984b, "Scepticism and the Possibility of Knowledge", *The Journal of Philosophy* 81, 545-551.

- Williams, Michael, 1988, "Epistemological Realism and the Basis of Scepticism", *Mind* 97, 415-439.

- Williams, Michael, 1991, *Unnatural Doubts*, Oxford: Blackwell.

Wilhelm Lütterfelds (Passau)

Die Realismus-Kontroverse – ein Scheinproblem?

Zu Wittgensteins Versuch einer sprachanalytischen Problem-Therapie
(Wilhelm Lütterfelds – Passau)

Eines haben die unterschiedlichen Positionen des Realismus-Streites gemeinsam: Unabhängig davon, ob man einen kritischen, hypothetischen, kausalen, semantischen, internen, konstruktivistischen oder verifikationistischen Realismus der Erkenntnis vertritt oder nicht – es ist sinnvoll, über die Realität unserer personalen und physischen Außenwelt Behauptungen aufzustellen, Hypothesen zu formulieren und darin einen Wahrheitsanspruch zu erheben; wobei dies gleichermaßen auf der Basis einer negativ-skeptischen wie einer affirmativ-metaphysischen Einstellung geschehen kann. Inhalt derartiger Aussagen ist die Existenz der subjektunabhängigen Realität sowie ihrer mehr oder weniger erkennbaren, beschreibbaren und erklärbaren Strukturen. Ohne die Annahme, Aussagen über die Existenz und Struktur der Welt seien in ihrem Sinn bzw. propositionalen Gehalt theorie- und wahrheitsfähig, hätte es ebensowenig den traditionellen neuzeitlichen Streit zwischen Idealisten und Realisten samt ihren vielfältigen Spielarten geben können wie sein gegenwärtiges Wiederaufleben in der Kontroverse um Realismus und Antirealismus. Und dies gilt selbst dann, wenn man diese Kontroverse theoretisch für unentscheidbar hält; denn weder könne eine Spielart des Realismus bewiesen bzw. widerlegt werden, noch stünden überzeugende Argumente für irgendeinen Idealismus zur Verfügung, aber auch nicht gegen denselben. Selbst wenn z.B. der kritische Realismus eine unbeweisbare, aber auch unwiderlegbare Glaubensüberzeugung darstellt, so ist er doch als behauptbarer Gehalt aussagen-, wahrheits- und theoriefähig. Und dies gilt erst recht für das Ausmaß, in dem man etwa eine objektive Beschreibung und Erklärung der Strukturen der realen Welt für möglich hält, indem man diese von den verzerrenden Bedingungen subjektiver Wahrnehmungs-, Ausdrucks- und Begriffskonstruktionen trennt (z.B. von Perspektiven, sekundären Sinnesqualitäten, Sinnesdaten, Ding- und

Wilhelm Lütterfelds (Passau)

Ursachekategorien). Nicht zuletzt ist die Realismus-These als zumindest sinnvoller, wenn nicht gar wahrer Aussagegehalt auch dann unterstellt, wenn Theorien über die kausale Verknüpfung von Welt und Subjekt die Möglichkeit zu erklären versuchen, daß man sich z.B. in Wahrnehmungssätzen auf Dinge und Tatsachen dieser Welt beziehen kann; oder daß Tatsachen-Sätze unabhängig davon wahr oder falsch sind, ob man ihre Wahrheit oder Falschheit erkennt oder nicht.

Doch nicht erst für Frege, sondern bereits für Kant hatten Aussagen über die Realität und Existenz der Außenwelt nur scheinbar einen behauptbaren, wahren Gehalt. Kategorien der Realität und Existenz sind keine prädikativ verwendbaren Begriffe und Ausdrücke (wie auch "Außenwelt" keinen referentiell identifizierenden Gebrauch hat); sondern sie stellen transzendentale Möglichkeitsbedingungen unserer empirischen Urteile und Aussagen dar. Existenzaussagen über die Aussenwelt können dann aber weder wahr noch falsch sein, weil sie gar keine wahrheitsfähige Größe sind und "Existenz" in ihnen nicht als behauptbarer Gehalt impliziert ist – und das Problem, ob es eine bewußtseinsunabhängige, strukturierte Wirklichkeit gibt, ist ein Scheinproblem. Es kann nicht einmal eine sinnvolle Formulierung dieses Problems geben. Der Streit zwischen Realisten und Idealisten bzw. Antirealisten ist demnach gegenstandslos. Die erkennbare Existenz der Außenwelt ist eine Möglichkeitsbedingung und kein wahrheitsfähiger propositionaler Gehalt von Aussagen. Existenzbehauptungen bezüglich der physischen und interpersonalen Welt müssen demnach uminterpretiert werden, wie etwa Frege es vorschlägt oder auch schon Kant in seiner frühen Gottesbeweis-Schrift ausführt[1]. Kants subjektivitätstheoretische Begründung für die These der Existenz als Möglichkeitsbedingung lautet: Die Existenz der Welt, d.h. deren Unabhängigkeit vom Subjekt in Raum und Zeit, ist analytisch mit unserem empirischen Selbstbewußtsein verknüpft – beides voneinander zu trennen ist bereits logisch widersprüchlich und dann natürlich auch jeder Versuch, die Behauptung der Existenz der Welt durch irgendeine Argumentation in eine apriori wahre Aussage zu überführen. Und nur aufgrund dieser analytischen Verknüpfung, die unseren Urteilen und Behauptungen ihren empirischen Objektbezug und ihre Wahrheitsfähigkeit gibt, ist es möglich, einen Unterschied zwischen wahren und falschen Erfahrungsaussagen zu machen. Ist die kategoriale Existenzbedingung für unser Bewußtsein nicht

Wilhelm Lütterfelds (Passau)

realisiert, so bedeutet dies, daß unser Bewußtsein über kein gegenständliches Wahrnehmungsmaterial verfügt, und damit über keinen behauptbaren, wahren oder falschen Gehalt.

Natürlich enthält diese Konzeption bereits bei Kant eine Fülle von Problemen, ja Aporien. So hat Kant ja gleichzeitig in seiner Kritik des ontologischen Gottesbeweises die Auffassung vertreten, daß es durchaus sinnvolle Existenzsätze gibt, und daß diese darüber hinaus synthetisch seien. Denn darin werde die "Position" von etwas (bzw. eines Sachverhaltes) "an sich selbst" behauptet, nämlich daß derartige Entitäten auch außerhalb ihrer Vorstellung existieren[2]. Doch dies setzt offenbar die Möglichkeit voraus, die bewußtseinsunabhängige Existenz derartiger Entitäten nicht nur wahr oder falsch zu behaupten, sondern sie auch begrifflich von einem nur subjektiven Vorstellungsinhalt zu trennen. Es ist klar, daß mit all dem auch Kants Modaltheorie der Existenz unverträglich ist. Wenn nämlich das Existenz-Prädikat aussagen soll, daß eine begriffliche Vorstellung, über die wir verfügen, ihren Ursprung in der sinnlichen Wahrnehmung hat und nicht im bloßen Denken (denn dann dürften wir die bewußten Entitäten nur "möglich" nennen), so besagt "Existenz" weder jene absolute, d.h. bewußtseinsunabhängige "Position", noch ist sie eine Möglichkeitsbedingung unserer Wahrnehmung und ihres objektiv-gültigen Weltbezuges. Freilich, in derartigen Konzeptionen von Existenz wird gerade auch von Kant die Realismus-These als sinnvolle, wahrheitsfähige Behauptung wiederum rehabilitiert und indirekt gegenüber dem Vorwurf einer falschen, philosophischen Problemstellung in Schutz genommen. Doch offensichtlich wird damit Kants Theorie der Existenz der Außenwelt aporetisch, selbst wenn man sie im Sinne eines synthetischen Apriori versteht.

All dies soll hier nicht weiter verfolgt werden. Statt dessen möchten die folgenden Ausführungen zeigen, daß eine moderne positivistische Variante der Existenz-Theorie der Außenwelt den Kern der transzendentalen Konzeption Kants sprachanalytisch modifiziert; und daß sich insofern gerade auch ihr Versuch, die Philosophie der Existenz sprachkritisch zu bereinigen und die philosophische Theorie darin quasi einer Therapie zu unterziehen, als radikale Kant-Konsequenz begreifen läßt. In seinen "Bemerkungen über die Philosophie der Psychologie"[3], formuliert Wittgenstein die scheinbar triviale Tatsache, daß Realisten ihre Kinder nicht anders erziehen als Idealisten – jedenfalls was die

Wilhelm Lütterfelds (Passau)

Ralität der physischen und personalen Außenwelt betrifft. Diese gemeinsame Form der Erziehungspraxis ist jedoch mehr als ein Indiz dafür, daß es sich bei der Realismus-Antirealismus-Kontroverse lediglich um konträre Erklärungstypen für denselben phänomenalen Sacherhalt handelt; was ausschließt, daß es eine realistische Außenwelt gibt, die wir von einer idealistischen unterscheiden könnten, samt ihren verschiedenen alltäglichen Lebensformen. Was nämlich darin unterschiedlich erklärt wird, bleibt in seinem Wirklichkeitsstatus invariant. Aber dann können Realismus und Idealismus keine alternativen Wirklichkeitskonzeptionen sein, deren Anspruch auf objektiv-reale Geltung sich gegenseitig ausschließt, sodaß man sich für eine dieser beiden Theorien zu entscheiden hätte – ein übliches Mißverständnis vor allem des Idealismus (etwa im Sinne einer Reduktion der Welt auf eine Vorstellungskonstruktion im Kopf). Es wäre vielmehr durchaus möglich, beide Konzeptionen zu akzeptieren, falls der Erklärungsanspruch jeweils einer der beiden Theorien nicht hinreichend wäre. Diese dualistische, komplementäre Erklärungsfigur findet sich in der Tat ebenso bei Kant, der empirischer Realist und transzendentaler Idealist ist, wie etwa bei Fichtes frühem "Real-Idealismus". Und falls die gegenwärtige Realismus-Antirealismus-Kontroverse diese Theoriepositionen exklusiv-alternativ verstünde, würde sie den Wirklichkeitsstatus ihrer gemeinsamen alltäglichen und theoretischen Praxis im Diskursuniversum völlig verkennen.

Eine andere Konsequenz für die Realismus-Diskussion ist jedoch noch gravierender. Der Realismus als gemeinsame Lebensform erhält damit den Status einer transzendentalen Voraussetzung gerade auch der gegensätzlichsten Erklärungstypen. Als solcher ist er aber kein Inhalt oder propositionaler Gehalt einer philosophischen Konzeption mehr, der mit Wahrheitsanspruch behauptbar, als gültig nachweisbar und kritisierbar wäre. Im Gegenteil, derartiges unterstellen, beruht nach Wittgenstein auf einem Mißverständnis unserer Sprache. Und damit unterliegen gerade auch realistische bzw. antirealistische Theorien der Sprachkritik, sofern Aussagen über die Wirklichkeit der Außenwelt aufgrund ihrer sprachlichen Struktur gar kein theoriefähiges Problem formulieren können.

Wenn die realistische und die idealistische Position in Streit steht, dann scheint sich diese Kontroverse um Sinn, objektive Geltung und Wahrheit einer Existenzbehauptung zu drehen, nämlich der Aussage: "Es gibt eine

Wilhelm Lütterfelds (Passau)

bewußtseinsunabhängige, strukturierte und erkennbare Außenwelt". Und während die Realisten diese Behauptung verteidigen, selbst wenn sie sie wie Popper als Hypothese behandeln, wird sie von der Alternativ-Theorie eines empirischen, konstruktivistischen oder etwa auch psychologischen Idealismus massiv bestritten. Auf den ersten Blick könnte es nun scheinen, daß der sprachanalytische Positivist Wittgenstein sich natürlich in diesem Streit auf die Seite der Realisten stellt. Doch dies täuscht! Es ist die Voraussetzung der Kontroverse – die Existenzbehauptung der Außenwelt – , die nach Wittgenstein sprachlich irreführend ist, so daß Wittgensteins Position jenseits von Realismus und Idealismus liegt. Irreführend ist der Streit, weil er auf einem sprachlichen Mißverständnis beruht[4]. Denn bei der dem Streit zugrundeliegenden Aussage handelt es sich gar nicht um eine wahrheitsfähige Behauptung, also auch nicht um eine Existenzbehauptung. Und selbst wenn man Existenz im Sinne Freges uminterpretiert, derart, daß Existenzbehauptungen besagen, daß die darin vorkommenden Begriffe nicht "leer" sind, sondern etwas "bezeichnen" – worauf nimmt dann der Ausdruck "subjektunabhängige Realität" Bezug? Er bezeichnet nichts, weil er gerade kein sprachliches Zeichen sein kann, das für etwas anderes stehen könnte; denn dieses andere, wofür es stehen könnte, wäre das im selben sprachlichen Ausdruck als "Realität" bezeichnete. Die fragliche Realitätsbehauptung drückt demnach die apriorische Erfülltheit unserer sprachlichen Zeichenrelation aus, und d.h. eine prinzipielle Voraussetzung jeder wahrheitsfähigen Behauptung, nämlich daß die Welt es ist, von der unsere Sprache ihre Bedeutung erhält, so daß eine Sprache, "die nicht diese Welt darstellt", nicht einmal "denkbar" ist[5]. Erst recht dann, wenn man die fragliche Realitätsaussage als synthetischen Existenzsatz im Sinne einer behaupteten bewußtseinsunabhängigen Position der Welt auffaßt, ist das Dilemma dieser Aussage nicht zu übersehen. Weder ist der Wahrheitsanspruch dieser Realitätsbehauptung (wie auch ihres negativen idealistischen Gegenstücks) ohne Zirkularität zu belegen; noch kann man ohne Selbstwiderspruch den Sinn des Ausdrucks "bewußtseinsunabhängige Realität" bloß hypothetisch auffassen, um seine objektive Geltung dann erst synthetisch zu behaupten. Denn der "Sinn" dieses Ausdrucks negiert gerade sein bloß semantisch-reduktives Veständnis; im Gegenteil, er ermöglicht den Unterschied zwischen Sinn und realer Weltreferenz (Freges "Bedeutung"), indem er eine semantische Sinn-Transzendenz besagt.

Wilhelm Lütterfelds (Passau)

Die Realitätsaussage bezüglich der Außenwelt ist demnach keine – in irgendeinem Sinne uminterpretierbare – Behauptung, etwa über die Erfülltheit bestimmter sprachlicher Zeichen. Sie hat vielmehr die Funktion eines "grammatischen Satzes". Darin belehrt sie über den Gebrauch von sprachlichen Ausdrücken, und besagt, daß dieser Gebrauch die Form einer objektiv gültigen Darstellung mit aussagentranszendenter Referenz hat und zu Recht einen Wahrheitsanspruch erhebt, dessen Einlösbarkeit von Tatsachen abhängt. Entsprechend sagt z.B. der scheinbare Realitäts-Satz "Es gibt physikalische Gegenstände", daß der Ausdruck "physikalischer Gegenstand" als Basis-Ausdruck ein Instrument bzw. eine Möglichkeitsbedingung unserer sprachlichen Welt-Darstellung ist, dessen Gebrauch wahrheitsfähige (also auch falsche) Behauptungen ermöglicht, sodaß jener erkennbare Existenzsatz – ähnlich zu "A ist ein physikalischer Gegenstand" – "eine Belehrung über den Gebrauch von Worten" ist, bzw. andernfalls Unsinn[6]. Die Existenz physikalischer Gegenstände ist demnach kein Sachverhalt, den man als Realist behaupten könnte, während etwa ein semantischer oder begrifflicher Antirealist dies als falsch bestreiten müßte, indem er die Realität physikalischer Gegenstände auf begriffliche Konstruktionen reduziert oder mit dem beobachtbaren Gebrauch des entsprechenden Ausdrucks identifiziert. Demgegenüber bestünde ein sprachanalytisch-korrekter Antirealismus darin, den Ausdruck "physikalischer Gegenstand" nicht als Mittel sprachlicher, wahrheitsfähiger Darstellung, d.h. nicht als sprachliche Möglichkeitsbedingung zu verwenden und die eigene Weltdarstellung demnach an andere sprachliche Darstellungselemente zu binden, was wiederum bedeutet, ein anderes Sprachspiel als das der physikalischen Gegenstände zu spielen.

Wittgenstein geht sogar soweit zu bestreiten, daß man doch zumindest innerhalb des Realismus-Sprachspiels den Elementen desselben eine Realität oder ein "Sein" beilegen müsse; und zwar mit dem Hinweis, daß derartige Sprachspielelemente im anderen Falle nicht benannt werden könnten[7]. Dies würde nämlich bedeuten, daß wir uns auch außersprachlich auf die Welt beziehen könnten, sodaß die Frage des Außenwelt-Realismus gerade keine innersprachliche Auflösung im "grammatischen Satz" finden könnte. Doch die Sprache ist für Wittgenstein in sich geschlossen, sie sorgt für sich selber. Und dies bedeutet, daß gerade auch die Elemente bzw. Gegenstände eines Sprachspiels zur Sprache gehören, die eben selber für die "Harmonie" von

Wilhelm Lütterfelds (Passau)

Sprache und Welt aufkommt[e]. Daß etwas wirklich existiert, und zwar als Sprachspielelement notwendig, besagt dann jedoch lediglich, daß gewisse Wörter paradigmatische Ausdrücke sind bzw. sprachliche Instrumente, die die Funktion einer Möglichkeitsbedingung unserer sprachlichen Welt-Darstellung ausüben und die man als kriterielle Darstellungsmuster gebrauchen muß, wenn man ein bestimmtes Sprachspiel spielen will. Es besagt nicht, daß gewisse Gegenstände für die Möglichkeit der Verwendung sprachlicher Bezeichnung wirklich und notwendig existieren müssen, sodaß man eine philosophische Variante des Realismus zu vertreten hätte.

Daraus scheint in der Tat zu folgen, daß die Realismusdebatte Scheinprobleme diskutiert und daß Wittgensteins Sprachanalyse von diesem Problemdruck therapeutisch frei machen könnte. Beide, Realisten wie Antirealisten, mißverstehen die Struktur der Sprache. Sie übersehen, daß positive und negative Sätze über die Außenwelt-Realität keine wahrheitsfähigen Behauptungen sind, sondern die Funktion "grammatischer Sätze" haben und bestimmte Ausdrücke als elementare, paradigmatische Darstellungsmittel akzeptieren oder aber verwerfen. Und das Realismus-Antirealismus-Sprachspiele scheint sich in der Wahl zwischen verschiedenen Sprachspielen aufzulösen; wobei die gemeinsame alltägliche Praxis z.B. in der Erziehung der Kinder die Realismus-Antirealismus-Darstellung als komplementär und nicht als alternativ erweist, sodaß ähnlich wie in Kants Dualismus die Konzeption eines exklusiven, konträren Idealismus bzw. Antirealismus wegfällt.

Doch die These des Scheinproblems täuscht über etwas hinweg. Nämlich darüber, daß sie das Problem lediglich verschiebt, so daß Wittgensteins Therapie lediglich eine neue philosophische "Neurose" zur Folge hat. Und zwar wird das Realismus-Problem auf Wittgensteins metaphysische These verschoben, daß es nicht nur keine Sprache gibt, die ihre Bedeutung nicht von der Welt erhält; sondern daß eine weltlose Sprache bereits begrifflich nicht möglich sei, weil Sprache semantisch und referentiell apriori mit Welt verknüpft sei (gerade auch im Falle möglicher Welten). Dies besagt aber einen entschiedenen Sprachrealismus, für den etwa die cartesianische Position eines zunächst welt- und sprachlosen Subjekts, für das ein Wirklichkeitsbezug allererst durch Gott herzustellen und zu garantieren wäre, unsinnig ist. Doch dies ist eine metaphysische Behauptung mit Wahrheitsanspruch, die alternative Konzepte zumindest als "denkbar" zuläßt. Und zum anderen enthält Wittgensteins These

Wilhelm Lütterfelds (Passau)

ja gleichermaßen die Variante eines Sprach-Idealismus, sofern es die Sprache sein soll, die die apriorische Verknüpfung von Sprache und Welt selber leistet – eine Auffassung, die vor allem die schwierige Frage zu klären hat, was den Unterschied ausmacht zwischen dem Sinn des Ausdrucks "Welt" und der Welt als Referenz dieses Ausdrucks. Nicht zuletzt stellt sich die Frage, ob man nicht wahrheitsfähige Sätze braucht, um den realistischen oder antirealistischen Typ eines Sprachspiels festzulegen und mit ihm dasjenige, was darin "Welt" heißt.

1) **Kant, I.** (1963), Der einzig mögliche Beweisgrund zu einer Demonstration des Daseins Gottes; p. 7ff.; Hamburg
2) **Kant, I.** (1956), Kritik der reinen Vernunft; B 626f.; Hamburg
3) **Wittgenstein, L.** (1982), Bemerkungen über die Philosophie der Psychologie, Bd. 1,2; § 338f.; Frankfurt a.M.
4) Vgl. **Wittgenstein, L.** (1963), Philosophische Untersuchungen, § 402; Frankfurt a.M.
5) **Wittgenstein, L.** (1964), Philosophische Bemerkungen; § 47, Frankfurt a.M.
6) Vgl. **Wittgenstein, L.** (1971), Über Gewißheit, § 35ff.; Frankfurt a.M.
7) Vgl. **Wittgenstein, L.** (1963), Philosophische Untersuchungen, § 50. Frankfurt a.M.
8) Vgl. ebd. sowie **Wittgenstein, L.** (1969), Philosophische Grammatik, §§ 95, 112; Frankfurt a.M.

Vgl. ferner:
Abel, G. (1992), Artikel: "Realismus, III. Analytische Philosophie", in: Historisches Wörterbuch der Philosophie, hrsg. v. J. Ritter u. K. Gründer, Bd. 8, Sp. 162-69; Basel
Frege, G. (1969), Dialog mit Pünjer über Existenz; in: ders., Nachgelassene Schriften, hrsg. v. H. Hermes u.a.; Hamburg
Forum für Philosophie Bad Homburg (1992), Realismus und Antirealismus; Frankfurt a.M.
Kutschera, F.v. (1989), Bemerkungen zur gegenwärtigen Realismus-Diskussion; in: Tradtionen und Perspektiven der analytischen Philosophie, hrsg. v. W.L. Gombocz, H. Rutte u. W. Sauer;p. 490-521; Wien

Steffi Hobuß, Bielefeld

"Bloß noch Worte"? - Die neue Ontologiediskussion und die Aktualität des späten Wittgenstein

Seit einiger Zeit finden sich in der analytischen Philosophie wieder ontologische Überlegungen, die früher im Zuge dessen, was manchmal "sprachanalytischer Nominalismus" genannt wird, schon völlig überholt schienen. Mit ganz unterschiedlichen Argumentationen sind Vertreter ursprünglich heterogener philosophischer Richtungen zum Schluß gekommen, "die Überzeugung von vor- und außersprachlichen Realitäten" müsse dringend rehabilitiert werden. Auf der anderen Seite finden sich in der Realismusdebatte Vertreter von konstruktionistischen und relativistischen bzw. sprachrelativistischen Ansätzen, die dafür plädieren, man sollte die Vorstellung von den vor- bzw. außersprachlichen Realitäten besser heute als morgen ganz abschaffen. Die Philosophie des späten Wittgenstein scheint hier einfach und schnell eingeordnet zu sein: Zum einen spielt er die Rolle des Anti-Ontologen[1] und somit auch des Gegners der zuerst charakterisierten Überlegungen, während sich verschiedene Vertreter konstruktionistischer und relativistischer Ansichten auf ihn als Wegbereiter berufen. Ich möchte im folgenden zeigen, daß es sinnvoller ist, die Philosophie des späten Wittgenstein nicht pauschal als Anti-Ontologie zu bezeichnen, auch wenn sie eine scharfe Kritik mancher Fragen der traditionellen Ontologie darstellt.

Es geht also um die Frage, welche Bedeutung dem Thema "Ontologie" in der Philosophie des späten Wittgenstein zukommt. Was versteht Wittgenstein in den "Philosophischen Untersuchungen" unter "Ontologie"? Zunächst einmal ergibt das eine Fehlanzeige: Das Wort kommt hier überhaupt nicht vor. Trotzdem heißt das noch nicht, daß man zu unserer Frage in den "Philosophischen Untersuchungen" nichts findet. Es gibt sogar mehrere wichtige Abschnitte: erstens die Abschnitte 370-373, zweitens PU 92 und drittens PU 65-67.

1. PU 370-373 stehen am Ende einer kleineren Passage, die sich mit der Frage beschäftigt, was es bedeutet, sich eine Vorstellung von etwas zu machen. Vorstellungen sind eines von Wittgensteins Beispielen für Seelisches, es geht hier also, wenn man es ganz unwittgensteinianisch formulieren möchte, um die Ontologie psychischer Ereignisse. In PU 370 beginnt Wittgensteins Fazit aus diesen Überlegungen. Der erste Satz lautet:
> Nicht, was Vorstellungen sind, oder was da geschieht, wenn man sich etwas vorstellt, muß man sich fragen, sondern: wie das Wort "Vorstellung" gebraucht wird.

Das ist für sich genommen ein ziemlich klarer Fall einer in klassischer Weise anti-ontologischen Einstellung. Wittgenstein verweist den, der etwas über Vorstellungen erfahren will, auf die Untersuchung des Wortgebrauchs. Und das scheint ganz nach der Haltung zu klingen, die man Wittgenstein und seinen Schülern heute häufig als überholt zuschreibt: nach einem harten sprachanalytischen Nominalismus. Wittgenstein handelt hier zwar gar nicht von der Existenz oder Nichtexistenz von Vorstellungen, aber eindeutig scheint zu sein, daß er den Bereich sinnvoller Philosophie auf Wortuntersuchungen einschränken möchte. Nun folgt in PU 370 aber die überraschende Wendung:
> Das heißt aber nicht, daß ich nur von Worten reden will.

Steffi Hobuß, Bielefeld

Wittgenstein weist den Vorwurf zurück, der hier schnell bei der Hand ist: Wenn es nicht erlaubt sein soll, danach zu fragen, was Vorstellungen sind, oder gar die Frage nach dem Wesen der Vorstellung zu stellen, so könnte man doch berechtigterweise sagen, geht es tatsächlich bloß noch um Worte. Man stelle sich den Fall von jemandem vor, der sich mit der klassischen Frage nach dem Wesen der Erkenntnis beschäftigt und nun gesagt bekommt, all sein Mühen sei völlig sinnlos, er solle sich lieber damit beschäftigen, wie das Wort "Erkenntnis" gebraucht wird. Es ist sehr wahrscheinlich, daß er diesen Hinweis bestenfalls als nicht sehr hilfreich und seine Frage als gänzlich mißverstanden empfinden würde. Was man ihm hier vorschlägt, scheint doch wirklich zu sein, bloß noch von Worten zu reden. Wittgensteins letzter Satz wäre soweit eine bloße Behauptung gewesen. Sehen wir seine Begründung an, die in PU 370 folgt:

> Denn soweit in meiner Frage vom Wort "Vorstellung" die Rede ist, ist sie's auch in der Frage nach dem Wesen der Vorstellung. Und ich sage nur, daß diese Frage nicht durch ein Zeigen - weder für den Vorstellenden, noch für den Andern, zu erklären ist; noch durch die Beschreibung irgend eines Vorgangs. Nach einer Worterklärung fragt auch die erste Frage; aber sie lenkt unsere Erwartung auf eine falsche Art der Antwort.

Hier spricht Wittgenstein zum ersten Mal vom "Wesen" von etwas (in seinem Beispiel: vom Wesen der Vorstellung), und zwar vergleicht er die von ihm empfohlene Frage nach dem Wortgebrauch mit der kritisierten Frage nach dem Wesen. Ich werde im folgenden der Kürze halber von der "Wesensfrage" und der "Gebrauchsfrage" sprechen. Die beiden Fragen lauten also folgendermaßen.
Die *Wesensfrage*: Was ist das Wesen der Vorstellung? oder: Was sind Vorstellungen?
Die *Gebrauchsfrage*: Wie wird das Wort "Vorstellung" gebraucht?
Die Wesensfrage ist die klassische ontologische Frage, sie könnte also z.B. auch in der Formulierung auftreten, daß sie nach den allgemeinsten Bestimmungen der Vorstellung fragt. Dagegen geht es jemandem, der die Gebrauchsfrage stellt, eindeutig um ein metasprachliches Thema. Es scheint hier auf den ersten Blick so, als wolle Wittgenstein unmittelbar begründen, daß die von ihm favorisierte Gebrauchsfrage nicht bloß von Worten handelt, sondern einfach dasselbe leistet wie die alte Wesensfrage - ohne die Fehler zu wiederholen, die diese seiner Ansicht nach macht. Aber Wittgensteins Text hat gar nicht dieses Ziel, und insofern ist seine Behauptung, er wolle nicht nur von Worten reden, noch interpretationsbedürftig. Denn es geht hier gar nicht darum, daß Wittgensteins Gebrauchsfrage etwa dasselbe erreicht wie die Wesensfrage, sondern die Überlegung läuft umgekehrt darauf hinaus, daß die Wesensfrage eigentlich auch gar nichts anderes will als die Gebrauchsfrage. Wittgenstein stellt hier nicht etwa die Vorteile seiner Fassung der Frage heraus, sondern liefert eine sehr überraschende Zieldiagnose für die Wesensfrage - mit dem Ergebnis, daß diese auch nach einer Worterklärung frage. Im ersten Satz der zuletzt zitierten Passage, der mit "Denn" beginnt und in dem man deshalb eine Begründung dafür erwartet, warum auch Wittgenstein nicht nur von Worten reden will, sagt er, "soweit" es in der Gebrauchsfrage um das Wort "Vorstellung" gehe, gehe es auch in der Wesensfrage darum. Unter den möglichen Lesarten dieser Feststellung sind zwei hier interessant:
(1) In der Gebrauchsfrage geht es nur um die Lexikologie des Wort "Vorstellung", und deshalb geht es auch in der Wesensfrage (durch die Formulierung verdeckt) nur darum.

(2) Die Gebrauchsfrage beschäftigt sich zwar mit dem Gebrauch des Wortes "Vorstellung", aber in einer noch zu klärenden Weise geht die Antwort über rein lexikologische Feststellungen hinaus; die Wesensfrage fragt gleichermaßen nach dem Wort "Vorstellung", so daß Feststellungen über den Wortgebrauch zu ihrer Antwort gehören und helfen, das Wesen zu bestimmen.
Nur die zweite Lesart verträgt sich mit Wittgensteins Programm, nicht bloß von Worten reden zu wollen. Damit ist natürlich noch vieles offen, besonders, wonach denn die beiden Fragen über den Gebrauch des Wortes hinaus noch fragen sollen. Wenn Wittgenstein im folgenden Satz betont, er sage *nur*, daß die Frage nach dem Wesen der Vorstellung weder durch ein Zeigen auf etwas noch durch die Beschreibung eines Vorgangs zu beantworten ist, weist er darauf hin: Er will ein Mißverständnis derart abweisen, daß man ihm unterstellt, er wolle noch viel weitergehende Behauptungen äußern. Was für Behauptungen aber könnten das sein, die er nicht unterstellt bekommen möchte?

Wittgenstein sagt ("nur"): Die Wesensfrage ist hier nicht durch ein Zeigen für den Vorstellenden zu erklären.
    Die Wesensfrage ist hier nicht durch ein Zeigen für den Andern zu erklären.
    Die Wesensfrage ist hier nicht durch die Beschreibung irgend eines
    Vorgangs zu erklären.

Wittgenstein sagt damit nicht: Die Wesensfrage ist gar nicht zu beantworten.
    Die Wesensfrage ist sinnlos.
    Die Wesensfrage muß gestrichen werden.

Wittgensteins Vergleich der beiden Fragen läuft darauf hinaus, daß die Wesensfrage nicht gestrichen werden muß, sondern wie die Gebrauchsfrage interpretiert werden sollte; sie hat das gleiche Frageziel, wird aber normalerweise mißverstanden. Damit ist aber noch nicht klar, warum das nicht heißt, daß beide, sowohl Wittgenstein als auch der Wesensphilosoph, nicht doch bloß von Worten reden. Das Neue wäre nur, daß das nicht nur für Wittgenstein gilt, sondern auch für seinen Gegner, der es bloß nicht merkt. Um diese Überlegung zu beantworten, muß man beachten, daß bisher noch gar nicht zur Sprache kam, was es denn heißt, "nach dem Gebrauch eines Wortes zu fragen". Auch hier gibt es (mindestens) zwei Lesarten:
(1) Die Antwort auf die Gebrauchsfrage besteht in rein lexikologischen Angaben. Teil der Antwort im Fall des Wortes "Vorstellung" wäre z.B., daß der Plural in allen Kasus "Vorstellungen" lautet.
(2) Die Antwort auf die Gebrauchsfrage besteht in der Beschreibung, wie das Wort im Alltag gebraucht wird. Dazu gehören Beschreibungen von Handlungen, ganzen Äußerungen, Folgen dieser Äußerungen usw.
Wittgensteins Lesart ist die zweite; und das erklärt, warum es sich durchaus mit seinen Gedanken verträgt, daß er nicht bloß über Worte reden will: Die Beschreibung des tatsächlichen Wortgebrauchs erfordert es geradezu, nicht nur über Worte zu reden.[2] Die beiden Fragen können nach Wittgenstein deshalb ineinander überführt werden, weil ihre Antwort auf gleiche Weise gegeben werden kann. Daß die Wesensfrage eine "falsche Art der Antwort" erwarten läßt, bedeutet, daß man natürlich am liebsten auf geistige Vorgänge zeigen oder solche beschreiben möchte, denen etwas ganz Bestimmtes gemeinsam wäre und die sich deswegen als Vorstellungen erwiesen, und so beantworten möchte, was

Vorstellungen sind, worin das Wesen einer Vorstellung besteht, und was das Wort "Vorstellung" bedeutet. Daß dieses Verfahren nicht funktioniert, zeigt Wittgenstein im Kontext des hier interpretierten Abschnitts und allgemein für viele andere Wörter, die Seelisches bezeichnen, in den ganzen "Philosophischen Untersuchungen".[3]
Als Bestätigung meiner Interpretation lese ich PU 371:
Das *Wesen* ist in der Grammatik ausgesprochen.

Hätte Wittgenstein entgegen seiner (allerdings um mehrere Ecken herum begründeten) Behauptung wirklich nur noch von Worten handeln wollen, hätte er wohl keine Formulierung gewählt, die eine Beziehung zwischen dem Wesen und der Grammatik zum Inhalt hat. Dieser Satz sagt in allgemeiner Form, nicht auf das Beispiel der Vorstellung beschränkt, daß es durchaus nicht unsinnig sein muß zu fragen, wo sich das Wesen von etwas manifestiert (um es ganz unwittgensteinianisch auszudrücken). Der Ort, an dem man des Wesens habhaft werden kann, ist "die Grammatik". Hier muß man "Grammatik" in dem eigentümlichen Sinne verstehen, in dem es Wittgenstein verwendet und in dem es besagt: Die Grammatik eines Wortes besteht in den expliziten und impliziten Regeln seiner Verwendung.[4] Und nun schließt sich wieder der Gedankengang aus PU 370 an: Man kann das Wesen von x beschreiben, indem man die Verwendungsregeln des Wortes "x" beschreibt,[5] und das ist keineswegs ein Reden über bloße Worte, sondern schließt Beschreibungen aller möglichen Dinge ein. PU 373 liefert schließlich noch einmal fast dieselbe Formulierung, allerdings ohne den Ausdruck "Wesen", der nach Wittgensteins Diagnose in der Weise irreführend ist, als man die Antwort an der falschen Stelle sucht. Und insofern ist es natürlich nicht besonders geschickt, vom Wesen zu reden; das bedeutet aber wiederum nicht, daß es unsinnig wäre. Wittgenstein war also auch in seiner Spätphilosophie insofern kein Anti-Ontologe, als er zwar empfiehlt, die Wesensfrage in produktivere Fragen zu übersetzen und sie so kritisiert, was aber nicht heißen soll, daß sie verschwinden oder aus dem Bereich der sinnvollen Philosophie verbannt werden sollte.

2. Jetzt komme ich, wie zu Beginn angekündigt, zu PU 92, einem Abschnitt aus der Passage PU 89-133. Hier geht es zunächst einmal um etwas völlig anderes als in PU 370-373, nämlich nicht primär um die Logik der Wörter für Seelisches und Wittgensteins Verhältnis zur Ontologie psychischer Ereignisse, sondern darum, wie man die Rede vom "Wesen der Sprache" verstehen soll. Gemeinsam ist beiden Stellen, daß Wittgenstein hier wie dort über den Begriff des Wesens nachdenkt und Feststellungen trifft, deren Reichweite den Kontext des jeweiligen Beispiels überschreitet.
Zentral für unser Thema ist PU 92. Der Abschnitt beginnt mit einem Verweis auf eine in PU 91 abgelehnte Konzeption philosophischer Tätigkeit; das ist eine bestimmte Vorstellung davon, was "Sprachanalyse" ist, nämlich das Zerlegen der normalen Sprache, bis man einen Zustand vollkommener Exaktheit erreicht. Ausdruck dieser Konzeption ist nach Wittgenstein die "Frage nach dem *Wesen* der Sprache, des Satzes, des Denkens." Es sieht auch hier zunächst so aus, als wird die Wesensfrage der abgelehnten Konzeption zugeordnet und damit als sinnvolle Frage gestrichen. Bei näherer Betrachtung sieht man jedoch, daß Wittgenstein den ganzen Abschnitt PU 92 dem Ziel gewidmet hat, den Unterschied zwischen seiner eigenen und der abgelehnten Auffassung klar zu

Steffi Hobuß, Bielefeld

machen, wobei die Wesensfrage in beiden Auffassungen vorkommen *kann*, jeweils in unterschiedlicher Interpretation. Nach dem ersten Satz lautet der Rest des ersten Absatzes von PU 92:

> Denn wenn wir auch in unsern Untersuchungen das Wesen der Sprache - ihre Funktion, ihren Bau - zu verstehen trachten, so ist es doch nicht *das*, was diese Frage im Auge hat. Denn sie sieht in dem Wesen nicht etwas, was schon offen zutage liegt und was durch Ordnen *übersichtlich* wird. Sondern etwas, was *unter* der Oberfläche liegt. Etwas, was im Innern liegt, was wir sehen, wenn wir die Sache durchschauen, und was eine Analyse hervorgraben soll.

Hier muß man sich einfach klar machen, welche Aussagen auf das Wittgensteinsche Verständnis des Ausdrucks "Wesen", und welche auf das gegnerische zutreffen. Denn zunächst räumt Wittgenstein ja ein, daß auch er durchaus das Wesen der Sprache untersucht. Die Apposition zu "Wesen" erläutert, worum es dabei geht: Eine wittgensteinsche Untersuchung des Wesens der Sprache beschäftigt sich mit Bau und Funktion der Sprache. Selbst soweit könnte ein Vertreter der gegnerischen Wesenskonzeption noch ohne Probleme mitgehen: es wäre für ihn nichts Ungewöhnliches an der These "Das Wesen der Sprache liegt in ihrer Funktion" bzw. "in ihrem Bau", wobei allerdings - und nun kommt der Unterschied zwischen beiden - wesenhafte Funktion und wesenhafter Bau der Sprache nicht als an ihrer äußeren Erscheinung ablesbar gedacht sind, sondern sich erst erschließen wenn man hinter die Fassade blickt. Und so führt Wittgensteins Text denn auch weiter: Seiner eigenen Auffassung nach ist das Wesen "etwas, was schon offen zutage liegt und was durch Ordnen übersichtlich wird." Daß man hier erst noch ordnen und übersichtlich machen muß, zeigt, was man hier unter "offen zutage liegend" verstehen muß: Was offen zutage liegt, muß nicht etwas sein, was sich dem allerersten Blick erschließt. Mit dem Wesen kann es wie mit dem Wald sein, den wir vor lauter Bäumen nicht sehen, obwohl er doch keineswegs hinter einer Erscheinung verborgen, sondern gleich wie die Bäume da ist. (Natürlich kann man hier verschiedene Beschreibungsebenen o.ä. unterscheiden, darauf kommt es mir gar nicht an. Wichtig ist einfach, daß für die gegnerische - und das ist die klassische philosophische - Auffassung eine Erscheinung immer Erscheinung *von etwas* ist. Diesem Dualismus möchte Wittgenstein entgehen.) Für die gegnerische Konzeption hingegen wird das Wesen einer Sache erst sichtbar, wenn wir die Untersuchung nicht nur auf die Fassade beschränken, sondern z.B. nach der Tiefenstruktur der Sprache suchen. In diesem Sinne ist dann das Wesen etwas hinter der oberflächlichen Erscheinung Verborgenes - und damit beginnt der zweite Absatz von PU 92:

> '*Das Wesen ist uns verborgen*': das ist die Form, die unser Problem nun annimmt. Wir fragen: "*Was ist* die Sprache?", "*Was ist* der Satz?". Und die Antwort auf diese Fragen ist ein für allemal zu geben; und unabhängig von jeder künftigen Erfahrung.

Wenn auch Wittgensteins Untersuchung in einem gewissen, eben beschriebenen Sinne nach dem Wesen fragt, ist das kein Wesen, das uns verborgen wäre, auch wenn wir es manchmal nicht so leicht finden. Oder anders: Selbst wenn uns das Wesen manchmal verborgen ist, doch nicht durch etwas, in dem es erscheint und ohne das es gar nicht zugänglich wäre.

Eng mit dem Verborgensein des Wesens ist für die gegnerische Auffassung ein zweiter Zug dessen verknüpft, was unter "Wesen" verstanden wird: Man geht normalerweise nicht davon aus, daß zukünftige Erfahrungen mit bestimmten Sachen deren Wesen berühren könnten, vielmehr soll es ein und dasselbe Wesen sein, und zwar sowohl gleichzeitig in mehreren Sachen als auch in diachroner

Abfolge. Warum ist dieser Punkt der gegnerischen Auffassung wichtig für Wittgensteins Kritik? Das wird deutlich, wenn man sich den Textzusammenhang von PU 92 vergegenwärtigt: Der Abschnitt gehört zunächst zu der Passage PU 89-133, die zusammen mit PU 65-88 eine der größeren Einheiten zum Thema der Sprachregeln darstellt.[6] Wittgenstein macht hier deutlich, daß Sprachregeln nicht allem Gebrauch der Sprache vorausgehen und kein hinter dem Gebrauch der Sprache verborgenes Wesen angeben. Der Gebrauch der Wörter unserer Sprache ist nicht endgültig geregelt in der Weise, daß für alle zukünftigen Verwendungen die Regeln schon festlägen. Es hängt also durchaus von zukünftigen Erfahrungen mit dem Sprachgebrauch ab, wie man in Zukunft Funktion und Bau der Sprache beschreiben wird. In diesem Sinne ist das "Wesen" der Sprache für Wittgenstein nicht unabhängig von zukünftiger Erfahrung.

Die beiden Bestimmungen der gegnerischen Wesensauffassung, daß das Wesen erstens verborgen und zweitens in seinem Bestehen erfahrungsunabhängig sei, sind darüber hinaus nach Wittgensteins Diagnose in der Weise verknüpft, daß[7] man geneigt ist, eine Sache immer dann als "verborgen" (oder auch "innen") zu konstruieren, wenn das, was man beobachten kann, nicht endgültig durch explizite Regeln determiniert ist. Das Wesen der gegnerischen Konzeption wäre also genau deswegen als verborgenes gedacht, weil die Erscheinungen zu wenig geregelt sind gemessen am Verständnis des Gegners, für den Regelung immer explizite und endgültig determinierende Regeln braucht.

3. Nun möchte ich noch einen Blick auf ein Thema werfen, das in diesem Zusammenhang unvermeidlich ist: Wittgensteins Untersuchung des Spielbegriffs.[8] Wittgenstein schiebt diese Untersuchung in den "Philosophischen Untersuchungen" ausdrücklich deswegen ein, weil er erklären will, warum er nicht bereit ist, zum Anfang seiner ja schließlich sprachphilosophischen Untersuchungen anzugeben, worin seiner Ansicht nach das Wesen der Sprache besteht. In PU 65 formuliert er einen möglichen Einwand gegen sich selbst, daß er sich nämlich darum drücke, "die *allgemeine Form des Satzes* und der Sprache zu formulieren".[9] Die Antwort auf diesen Selbsteinwand lautet: Das stimmt; Wittgenstein will in der Tat keine allgemeine Form des Satzes und der Sprache mehr angeben. Der Einwand sagt die Wahrheit, er basiert aber aus Wittgensteins Sicht auf einem falschen Modell. Dem Modell nämlich, daß etwas deswegen unter den Begriff "Sprache" oder "Satz" fällt, weil es wesentliche Eigenschaften besitzt, die allem, was unter den jeweiligen Begriff fällt, gemeinsam sind. Gegen dieses Modell setzt Wittgenstein seine eigene Auffassung:
> es ist diesen Erscheinungen gar nicht Eines gemeinsam, weswegen wir für alle das gleiche Wort verwenden, - sondern sie sind miteinander in vielen verschiedenen Weisen *verwandt*."

Das Spielbeispiel in PU 66 soll diese Auffassung erklären, während die dann folgenden Abschnitte diesen Punkt dahin erweitern, daß die Anwendung eines Wortes nicht durch feste oder allgemeine Regeln vollständig begrenzt ist. Das Spielbeispiel läuft darauf hinaus: Eine sorgfältige Betrachtung all der Vorgänge, auf die wir das Wort "Spiele" anwenden, ergibt nichts, was allen Spielen gemeinsam wäre. Das Argument lautet also, daß die Erfahrung uns keine einheitlichen Merkmale der Dinge zeigt, die rechtfertigen könnten, daß wir all diese Dinge mit demselben Wort belegen. Zweimal weist Wittgenstein dabei zusätzlich auf die Gefahr hin, sich von einer vorgefaßten Theorie gewissermaßen verführen zu lassen und von vornherein zu unterstellen, es müsse doch etwas Gemeinsames geben, da man sonst nicht immer dasselbe Wort verwenden würde. Sein konstruktiver Vorschlag lautet dagegen folgendermaßen: Statt durch ein allgemeines Wesen sind die Sachen, die jeweils durch dasselbe Wort benannt werden, durch Ähnlichkeiten verbunden, die jeweils manche dieser Sachen umgreifen, andere wieder nicht. Durch ein "kompliziertes Netz von Ähnlichkeiten" sind schließlich alle miteinander verbunden. Für sein nächstes Beispiel, den Begriff der Zahl, wählt Wittgenstein im nächsten Abschnitt, PU 67, einen weiteren Vergleich:

> Und wir dehnen unseren Begriff der Zahl aus, wie wir beim Spinnen eines Fadens Faser an Faser drehen. Und die Stärke des Fadens liegt nicht darin, daß irgend eine Faser durch seine ganze Länge läuft, sondern darin, daß viele Fasern einander übergreifen.

In diesem Abschnitt zeigt sich Wittgenstein wohl am deutlichsten als Ontologiekritiker: Das zeigt sich daran, wie er mit einem gegnerischen Einwand verfährt. Der Einwand versucht geltend zu machen, daß man die Ähnlichkeiten unter den mit demselben Wort benannten Sachen in einer Disjunktion zusammenfassen kann. Dann könnte man, so der Einwand, durchaus davon sprechen, daß es etwas gibt, das all diesen Sachen gemeinsam ist: das mit der Disjunktion Bezeichnete. Diesen Einwand bezeichnet Wittgenstein als bloßes Spiel mit einem Wort, um ihn dann in einem Vergleich ad absurdum zu führen:

> Ebenso könnte man sagen: es läuft ein Etwas durch den ganzen Faden,- nämlich das lückenlose Übergreifen dieser Fasern.

Hier bedient sich Wittgensteins Kritik einer Methode, die er an etlichen weiteren Stellen der "Philosophischen Untersuchungen" nutzt: Eine Ontologisierung wird als mißverstandene Substantivierung eines Verbs entlarvt. Was da passiert ist, läßt sich an der Reihe der folgenden Sätze zeigen:

(1) Im Faden übergreifen die Fasern einander.
(2) Im Faden läßt sich ein Übergreifen der Fasern beobachten.
(3) Das Übergreifen der Fasern läuft durch den ganzen Faden.
(4) Das Übergreifen ist ein Etwas.

Während der erste Satz die harmloseste Formulierung gibt, hat im zweiten Satz eine Substantivierung stattgefunden: es ist von "dem Übergreifen der Fasern" die Rede. Abgesehen davon, daß das kein besonders gutes Deutsch ist, ist das noch nicht weiter schlimm. Im dritten Satz taucht "das Übergreifen" an der Subjektstelle auf. All dies sind noch keine Formulierungen, die Wittgenstein kritisieren würde; erst der vierte Satz, der die endgültige Ontologisierung liefert, zeigt, daß man (3) auf zweierlei Weise verstehen kann. Die Tatsache, daß "das Übergreifen" Subjekt eines Satzes sein kann, kann man als Argument dafür betrachten, daß es ein Etwas sein müsse, da ihm ja die Eigenschaft zugeschrieben werden kann, durch den Faden zu laufen. Dann übersieht man aber, daß das grammatische Subjekt eines Satzes überhaupt nichts darüber sagt, ob es ein Handlungssubjekt gibt und an welcher Stelle im Satz es vorkommt.

Wittgensteins Kritik lautet also: Hier wird eine sprachliche Form (die Möglichkeit, Verben in substantivierter Form zu gebrauchen) mißverstanden und fälschlicherweise als Beleg dafür gedeutet, es müsse eine mit diesem Wort bezeichnete Sache existieren.[10]

Steffi Hobuß, Bielefeld

4. Im ersten Teil über PU 370ff war zu sehen, daß Wittgenstein die Frage nach dem Wesen uminterpretiert, anstatt sie gar nicht mehr zu stellen. Seine Kritik an der gegnerischen Wesenskonzeption wurde so weit noch nicht berührt. Im zweiten Teil wurde das Ergebnis gestärkt durch die Interpretation von PU 92, wo Wittgenstein sein eigenes Vorgehen als Suche nach dem Wesen darstellt. Außerdem wurde hier Wittgensteins Kritik der gegnerischen Auffassung vom Wesen deutlicher. Der dritte Teil zeigte an einem Beispiel Wittgenstein als scharfen Kritiker von bestimmten Aspekten traditioneller Ontologie, insofern er deren Gegenstände entlarven möchte als Produktionen einer Phantasie, die sprachliche Konstruktionen mißversteht und nach dem Sein der von den Substantivierungen bezeichneten Sachen fragt. Allerdings ist er weder Anti-Ontologe noch Nominalist, wenn er nämlich die Fragen nach der Realität der von bestimmten Termini bezeichneten Sachen nicht streicht oder verbietet, sondern schlicht empfiehlt, die Fragen nüchtern zu interpretieren.[11]

---

[1] Der Titel "Anti-Ontologe" ist insofern etwas mißlich, als er doppeldeutig ist: Er kann jemanden bezeichnen, der die Auffassung vertritt, es gebe die in Frage gestellten Realitäten nicht, der Ausdruck kann aber auch den bezeichnen, der empfiehlt, sämtliche in der Ontologie geführten Diskussionen als unfruchtbar fallenzulassen. Keine dieser beide Auffassungen hat Wittgenstein vertreten.

[2] Vgl. ähnlich P.M.S. HACKER: Wittgenstein. Meaning and Mind (An Analytical Commentary on the *Philosophical Investigations* Vol.3).- Oxford (Blackwell) 1990, S.436f., der diese Interpretation allerdings nicht begründet, sondern einfach setzt: "a question about the nature of imagination (or thinking, sensation, etc.) is a question about a concept".

[3] Das kann ich hier aus Platzgründen nur behaupten. Wittgensteins Formulierung ist nicht ganz klar, wenn er schreibt, die Wesensfrage lasse sich nicht durch die Beschreibung irgend eines Vorgangs beantworten. Denn die von ihm vorgeschlagene Art der Antwort: wenn man beschreibt, in welchen Situationen jemand das Wort "Vorstellung" gebraucht, wie dabei handelt, wie darauf reagiert wird usw., gibt sehr wohl Beschreibungen von Vorgängen. Wittgenstein übt daran natürlich keine Kritik, sondern an der Konzeption, daß man definieren kann, was eine Vorstellung ist, indem man auf einen geistigen Vorgang zeigt. (Wenn man in "irgend eines Vorgangs" das "eines" betont, könnte man hervorheben, worum es Wittgenstein geht: Die Antwort auf die Wesensfrage besteht nicht darin, *einen* bestimmten geistigen Vorgang anzugeben.)

[4] Auch das kann ich hier nur behaupten, vgl. Wittgensteins Gebrauch von "Grammatik" z.B. in PU 182, 187, 257, 350.

[5] Diese Formulierung ist natürlich cum grano salis zu lesen.

[6] Vgl. dazu Eike von SAVIGNY: Wittgensteins "Philosophische Untersuchungen". Ein Kommentar für Leser. Band I, Abschnitte 1 bis 315.- Frankfurt/M. (Klostermann) 1988, S. 111-172, bes. S.111 u.145.

[7] Wieder ein Punkt, den ich hier nur andeuten kann. Wittgenstein begründet ihn vornehmlich in seinen späten unveröffentlichten Texten.

[8] Es ist allerdings umstritten, ob man diese Abschnitte überhaupt als Diskussion einer ontologischen Fragestellung interpretieren sollte, da es im Textzusammenhang um die Art der Geregeltheit unserer Sprache geht, vgl. Eike von SAVIGNY, a.a.O. S.111-116. Ich meine aber, daß hier in der Tat ontologische Überlegungen angesprochen sind, wenn nämlich der oben angedeutete Zusammenhang zwischen nicht abschließender Regelung und dem Postulieren von etwas Verborgenem besteht.

[9] Vgl. TLP 4.5; Wittgenstein bezieht sich hier explizit auf seine eigene frühere Philosophie. Wollte man die Überlegungen zu Wittgensteins Verhältnis zur Ontologie ausdehnen, könnte man zeigen, welche Auswirkungen auf die jeweilige Ontologie die Theorie des Satzes beim frühen Wittgenstein und die Kritik daran beim späten Wittgenstein haben.

[10] Weitere Beispiele für ähnliche Analysen Wittgensteins sind u.a. PU 148f ("das Wissen"), PU 152ff ("das Verstehen") sowie für die Fehlinterpretation der Subjektposition eines Wortes das berühmte Butterbeispiel in PU 693.

[11] Zitiert wurde nach der Wittgenstein-Werkausgabe, Frankfurt a.M. (Suhrkamp) 1984. "PU" steht für "Philosophische Untersuchungen" Teil I, gefolgt von der Nummer des Abschnitts, TLP für "Tractatus logico-philosophicus".

Thomas Zoglauer, Cottbus

Kann der Realismus wissenschaftlich begründet werden?

Der Realismus genießt als philosophische Position auch unter Nicht-Philosophen eine große Popularität, da er einem intuitiven Gefühl unseres gesunden Menschenverstandes Ausdruck verleiht, nach dem die Welt und die Dinge um uns herum kein Produkt unseres Geistes oder gar eine Einbildung unseres Verstandes sind, sondern eine reale objektive Existenz besitzen. Will man sich allerdings mit diesem intuitiven Gefühl nicht zufriedengeben und fragt man nach einer rationalen Begründung für diese These, so müssen schon sehr diffizile philosophische Argumente bemüht werden. In der analytischen Philosophie lassen sich vier Formen des Realismus unterscheiden, die Gegenstand einer aktuellen Debatte sind: der metaphysische Realismus, der interne Realismus, der semantische Realismus und der wissenschaftliche Realismus (scientific realism), auch konvergenter Realismus (convergent realism) genannt. Während der metaphysische, interne und semantische Realismus in der Regel erkenntnistheoretisch oder sprachphilosophisch begründet werden, glauben die Vertreter des wissenschaftlichen Realismus, ihre Position auch empirisch untermauern zu können. Der wissenschaftliche Realismus ist zumindest in den USA eine mächtige Mainstream-Philosophie, zu deren prominentesten Vertretern Hilary Putnam, Richard Boyd, Jarrett Leplin und Michael Devitt gehören. In Großbritannien wird diese Richtung durch William H. Newton-Smith und Rom Harré (beide Oxford) repräsentiert. Die Gegner des wissenschaftlichen Realismus, abschätzig meist "anti-realists" genannt, sind eindeutig in der Minderheit. Zu dieser Minderheit gehören z.B. Michael Dummett und Larry Laudan, die es gewagt haben, gegen das Bollwerk der Realisten anzukämpfen.

Der wissenschaftliche Realismus läßt sich durch 5 Hauptthesen charakterisieren:

1. Im Gegensatz zum common-sense-Realisten oder zum Instrumentalisten glaubt der wissenschaftliche Realist an die Existenz unbeobachtbarer theoretischer Entitäten wie z.B. Elementarteilchen oder physikalischer Grundkräfte. Denn nur die Annahme ihrer Existenz könne das beobachtbare Verhalten makroskopischer Objekte erklären.[1]

2. Der wissenschaftliche Realismus vertritt ebenso wie der semantische Realismus die These von der Referentialität theoretischer Terme. Theoretische Terme referieren auf reale Entitäten und diese Referenz auf Objekte, die unabhängig von unserem Bewußtsein existieren, verleiht dem Realismus seine semantische Bedeutung und Begründung. Dies setzt voraus, daß die Referenz theoretischer Terme auch bei einem Theoriewandel unverändert

Thomas Zoglauer, Cottbus

bleibt, daß also z.B. der Begriff der Kraft vor und nach Newton auf dieselbe Entität referiert. Angesichts des Bedeutungswandels physikalischer Begriffe bei wissenschaftlichen Revolutionen ist diese These nicht evident.[2] Schwierigkeiten hat der semantische Realismus auch bei der Erklärung des Erfolges nicht-referentieller Theorien, wie z.B. der Phlogistontheorie, obwohl die darin enthaltenen Begriffe (Phlogiston oder Wärmestoff) offensichtlich keine Referenz besitzen.[3]

3. Ebenso wie der metaphysische Realismus vertritt der wissenschaftliche Realismus eine korrespondenztheoretische Auffassung von der Wahrheit: Theorien sind wahr oder falsch, je nachdem ob sie eine korrekte Beschreibung der Wirklichkeit liefern oder nicht. Diese These gilt unabhängig davon, ob wir die Wahrheit einer Theorie tatsächlich erkennen können oder nicht. Es wird also eine Isomorphie zwischen theoretischen und realen Strukturen angenommen. Diese Korrespondenz zwischen Theorie (bzw. Sprache) und Welt ist eine nicht-epistemische Relation, da sie unabhängig von unserem momentanen Wissensstand ist. Für den Realisten ergibt sich aus dieser These allerdings ein ernsthaftes Problem, das Newton-Smith das "realist dilemma" genannt hat[4]: Alle bedeutenden wissenschaftlichen Theorien haben sich nämlich im Laufe der Zeit als falsch herausgestellt und wurden durch bessere Theorien abgelöst. Gemäß dem Induktionsprinzip läßt sich daraus die pessimistische Erwartung ableiten, daß sich auch unsere besten gegenwärtig verfügbaren Theorien in der Zukunft irgendwann als falsch erweisen werden. Ein möglicher Ausweg aus diesem Dilemma hat Karl Popper aufgezeigt: In seinem fallibilistischen Theoriemodell sind in der Tat alle Theorien falsch, aber einige sind falscher als andere. Popper führte den Begriff der <u>Wahrheitsähnlichkeit</u> (verisimilitude) ein, der jeder Theorie einen Wahrheitsgehalt und, reziprok dazu, einen Falschheitsgehalt zuordnet. Im Laufe der Geschichte werden immer bessere und erfolgreichere Theorien entwickelt, die einen zunehmenden Wahrheitsgehalt und abnehmenden Falschheitsgehalt aufweisen und dadurch der Wahrheit immer näher kommen. Gegenüber dem semantischen Realismus hat die Poppersche Erklärung des wissenschaftlichen Fortschritts den Vorteil, daß sie nicht an die These von der referentiellen Invarianz der theoretischen Begriffe gebunden ist. Auch das Auftreten von nicht-referentiellen Termen wie "Phlogiston" oder "Äther" bereitet der Theorie der Wahrheitsähnlichkeit keine Probleme: Eine Theorie kann approximativ wahr sein, auch wenn ihre Terme keine referentielle Bedeutung besitzen. Allerdings wird von vielen Kritikern des wissenschaftlichen Realismus darauf aufmerksam gemacht, daß es den Anhängern der verisimilitude-Hypothese bisher nicht gelungen sei, eine präzise Definition des Begriffs "Wahrheitsähnlichkeit" vorzulegen. Viele derartige Definitionsversuche sind gescheitert.[5]

4. Eine Verschärfung der 3.These stellt die sog. <u>Konvergenzthese</u> dar,

nach der die historische Folge von Theorien mit wachsender Wahrheitsähnlichkeit gegen eine wahre Beschreibung der Welt <u>konvergiert</u>, weshalb man gelegentlich auch von einem "konvergenten Realismus" spricht.[6] Dadurch wird ein teleologischer Fortschrittsbegriff eingeführt, der dem Forschungsprozeß ein Zielgerichtetheit unterstellt. Gerade die Fortschritte der modernen Physik in Richtung auf eine endgültige, allumfassende Theorie, eine sogenannte "theory of everything", legen den Gedanken an eine Konvergenz der Theorien gegen eine ultimative wahre Theorie nahe. Einen Vorläufer dieser Konvergenzthese findet man bei Ch. S. Peirce, der Wahrheit als das Ziel des Forschungsprozesses definierte.[7]

Die Konvergenzthese ist allerdings mit ähnlichen Problemen belastet wie die These von der Wahrheitsähnlichkeit: Die Vertreter des konvergenten Realismus sind bis heute eine präzise Definition des Konvergenzbegriffs schuldig geblieben. In der Mathematik bedeutet die Konvergenz einer Folge T_n, daß die Distanz des n-ten Folgenglieds T_n zum Grenzelement T gegen Null strebt: $d(T_n, T) \to 0$. (Weierstraßscher Konvergenzbegriff) Da wir aber diese endgültige Theorie T nicht kennen, können wir auch die Konvergenz von T_n nicht feststellen.[8] Einen möglichen Ausweg bietet der Konvergenzbegriff von Cauchy, der verlangt, daß die Distanz zweier beliebiger Folgenglieder T_m und T_n gegen Null strebt: $d(T_m, T_n) \to 0$. Doch auch hier werden wir mit noch ungelösten Problemen konfrontiert: Wie kann man je zwei Theorien T_m und T_n eine Zahl $d(T_m, T_n)$ zuordnen, die die "Distanz" der Theorien mißt? Ganz abgesehen davon ist nicht klar, aus welchen Gründen diese Folge konvergieren soll.[9]

Selbst wenn der teleologische Fortschrittbegriff sinnvoll präzisiert werden könnte, bliebe immer noch die paradoxe Situation bestehen, daß gleichzeitig mit der zunehmenden Wahrheitsähnlichkeit zukünftiger Theorien alte, längst verdrängte Theorien umso "wahrheitsferner" sind, je älter sie sind. Weshalb sollten so evidente Erfahrungssätze wie z.B. der Satz "Die Sonne geht jeden Morgen im Osten auf", die zu den ältesten Erkenntnissen der Menschheit zählen, weiter von der Wahrheit entfernt sein als moderne wissenschaftliche Hypothesen wie z.B. "Die Sonne sendet Neutrinos aus"?

5. Als wichtigstes Argument für den wissenschaftlichen Realismus wird von seinen Vertretern jedoch seine Fähigkeit angesehen, den Erfolg moderner wissenschaftlicher Theorien erklären zu können. Denn *nur* der Realismus könne zufriedenstellend erklären, weshalb unsere Theorien richtige empirische Prognosen machen können, weshalb dieser Erfolg im Laufe der Wissenschaftsgeschichte immer mehr zunimmt und weshalb es überhaupt einen Fortschritt in der Wissenschaft gibt.[10] Sollte dieses Argument richtig sein, so wäre die Realismus-These keine bloße metaphysische Annahme, sondern sogar empirisch überprüfbar.[11] Der Erfolg einer Theorie wäre ein Indiz für ihre Wahrheitsähnlichkeit.

Thomas Zoglauer, Cottbus

Diese These wurde zum ersten Mal von Hilary Putnam formuliert:[12]
"The positive argument for realism is that it is the only philosophy that doesn't make the success of science a miracle. That terms in mature scientific theories typically refer (this formulation is due to Richard Boyd), that the theories accepted in a mature science are typically approximately true, that the same term can refer to the same thing even when it occurs in different theories - these statements are viewed by the scientific realist not as necessary truths but as parts of the only scientific explanation of the success of science, and hence as parts of any adequate scientific description of science and its relation to its objects."

Der Realist wird offenbar von dem Alptraum verfolgt, daß eine phänomenalistische oder instrumentalistische Interpretation den unleugbaren Erfolg unserer Theorien zu einem unerklärlichen Wunder oder zum Ergebnis eines mirakulösen Zufalls degradieren würde und nur das Wissen um die Realität der Außenwelt könne uns von diesem Alptraum befreien.

Betrachten wir dieses Argument einmal etwas genauer: Das Argument tritt in Form einer Erklärung des pragmatischen Erfolgs unserer Theorien auf. Explanandum ist der prognostische Erfolg (predictive success) einer Theorie, als Explanans tritt die Wahrheitsähnlichkeit (approximate truth) der Theorie auf. Es muß also die folgende Implikation begründet werden:
"Wenn eine Theorie T_1 eine größere Wahrheitsähnlichkeit besitzt als eine andere Theorie T_2, dann besitzt sie auch einen größeren prognostischen Erfolg, kann also mehr Beobachtungstatsachen richtig voraussagen und erklären als T_2."

Larry Laudan bemerkte, daß dieser postulierte Zusammenhang nicht begründet werden kann, solange noch keine schlüssige Definition von Wahrheitsähnlichkeit vorliegt.[13] Je mehr sich Realisten bemühen, die Wahrheitsähnlichkeit von Theorien durch ihren Erfolg zu begründen, desto mehr setzen sie sich dem Verdacht aus, Wahrheit mit Erfolg gleichzusetzen. Damit wird stillschweigend von einem pragmatischen Wahrheitsbegriff Gebrauch gemacht, der nicht geeignet ist, Wahrheitsähnlichkeit als korrespondenztheoretisches Konzept zu begründen. Laudan zählt eine lange Liste historischer Beispiele von Theorien auf, die alle sehr erfolgreich waren, deren zentralen Begriffe nach unserer heutigen Auffassung jedoch keine referentielle Bedeutung besitzen, wie z.B. die Phlogistontheorie in der Chemie, die Theorie der Vitalkräfte in der Physiologie, die Äthertheorie und viele andere mehr.[14] Die Referentialität der theoretischen Terme ist aber eine notwendige Voraussetzung für die Wahrheitsähnlichkeit einer Theorie. Daher können die von Laudan genannten Theorien nicht approximativ wahr sein. Umgekehrt müssen approximativ wahre Theorien, deren Terme alle referentieller Natur sind, auch nicht automatisch erfolgreich sein.[15] Daher kann aus der Wahrheitsähnlichkeit einer Theorie nicht auf deren Erfolg geschlossen werden. Der Realist wird angesichts dieser Beispiele vor große Probleme gestellt, den von ihm postulierten Zusammenhang zwischen Wahrheit und Erfolg zu begründen.

Jerrold Aronson verteidigt diesen Zusammenhang durch ein metaphorisches Beispiel, in dem er den Naturwissenschaftler mit einem Automechaniker vergleicht, der Hypothesen darüber aufstellt, warum ein Auto nicht mehr fährt.[16] Eine dieser Hypothesen könnte z.B. sein, daß der Anlasser kaputt ist. Der Automechaniker wird aus dieser Hypothese eine Prognose ableiten, etwa von der Art: "Wenn das kaputte Teil ausgewechselt wird, dann wird das Auto wieder anspringen." Und tatsächlich könnte sich diese Hypothese als wahr erweisen, wenn sich die Prognose bestätigt. Aronson möchte damit sagen, daß im Alltag stets Wahrheit am Erfolg gemessen wird und vom Erfolg einer Hypothese auf deren Wahrheit geschlossen wird.

Das Beispiel von Aronson trifft sehr genau unsere intuitive Vorstellung von Wahrheit, es ist allerdings nicht mehr als ein common-sense-Argument und ist nicht geeignet, den wissenschaftlichen Realismus zu verteidigen. Es könnte nämlich durchaus sein, daß die Hypothese des Automechanikers doch falsch war und in Wirklichkeit ein einfacher Wackelkontakt in den elektrischen Anschlüssen der Batterien die Ursache für das Versagen des Anlassers war. Durch die Reparatur könnte der elektrische Kontakt unbemerkt wiederhergestellt worden sein, so daß das Auswechseln des Anlasserteils eigentlich überflüssig war. Dem Autofahrer kann es letzten Endes egal sein, ob die Hypothese des Automechanikers wahr ist oder nicht, Hauptsache ist doch, daß sein Auto wieder fährt.

Dieses Beispiel zeigt, daß wir uns über die Richtigkeit unserer Hypothesen jederzeit irren können und auch mit falschen Hypothesen Erfolg haben können. Es wäre möglich, daß sich in 100 oder 200 Jahren unsere besten verfügbaren physikalischen Theorien als falsch herausstellen werden, daß wir in Wirklichkeit der Wahrheit nicht nähergekommen sind, sondern uns weiter von ihr entfernt haben. Wie Kuhn gezeigt hat, verläuft die Wissenschaftsgeschichte nicht immer kontinuierlich in aufsteigender Linie; sie kann auch unerwartete Sprünge aufweisen, so daß wir nie mit Sicherheit sagen können, ob wir uns gegenwärtig in einer fortschrittlichen Phase oder einer Phase der Stagnation oder gar der Degeneration befinden.[17] Die Bewertung der Fortschrittlichkeit von Theorien geschieht immer post hoc, indem wir von unserem heutigen Standpunkt aus über den Wissensstand vergangener Epochen urteilen. Dieses Urteil hat jeweils den gegenwärtigen Wissensstand als Maßstab. Einen absoluten Bewertungsmaßstab gibt es nicht.

Ein Vergleich der Wissenschaftsentwicklung mit der biologischen Evolution mag an dieser Stelle hilfreich sein. Was in der Wissenschaftstheorie als Wahrheitsähnlichkeit bezeichnet wird, entspricht in der Evolutionstheorie einer Anpassung der Organismen an ihre Umwelt. Zunehmende Anpassung bedeutet evolutiven Fortschritt. Manchmal findet man in der Biologie

Thomas Zoglauer, Cottbus

auch die These, daß die Evolution einen Optimierungsprozeß darstelle.[18] Ein solcher teleologischer Fortschrittsbegriff würde der Evolution eine Zielgerichtetheit unterstellen, ähnlich wie dies im konvergenten Realismus der Fall ist. Die Vorstellung einer zielgerichteten Evolution wird von den meisten Biologen mit gutem Grund abgelehnt.

Ähnlich wie der wissenschaftliche Realismus vertritt die evolutionäre Erkenntnistheorie die Ansicht, daß die zunehmende Anpassung der Organismen an ihre Umwelt und der evolutive Fortschritt nur durch die Annahme eines Realitätspostulats erklärt werden könne.[19] Dieser hypothetische Realismus ist in den letzten Jahren einer umfassenden Kritik unterzogen worden.[20] Ohne auf diese Kritik näher eingehen zu können, sei nur auf einige wichtige Punkte hingewiesen, die in ähnlicher Weise auch auf den wissenschaftlichen Realismus zutreffen: Der Schluß von dem Überlebenserfolg einer Spezies auf ihre Angepaßtheit ist keineswegs evident. Die Natur selektiert schließlich blind ohne Rücksicht auf die Fitness der Individuen. Diesem Überlebensroulette können höchst angepaßte Lebewesen zum Opfer fallen, aber umgekehrt können auch Organismen überleben, gerade weil sie nicht besonders gut an die Umwelt angepaßt waren, weil ihre Unspezialisiertheit ihnen eine größere Flexibilität erlaubte und so einen Überlebensvorteil verschaffte. Es ist nicht sinnvoll, Anpassung als eine Übereinstimmung zwischen organischen und realen Strukturen aufzufassen, solange es keine objektiven Kriterien gibt, um diese Übereinstimmung festzustellen. Der Bauplan eines Lebewesens sagt nichts über die Welt aus wie sie "wirklich" ist. Der radikale Konstruktivismus hat dieses Problem erkannt und spricht anstatt von Anpassung von "Viabilität" (Tauglichkeit, Funktionalität).[21] Analog dazu können wir auch von der Viabilität von Theorien sprechen, wenn wir damit zum Ausdruck bringen wollen, daß sie erfolgreich sind. Die Selektionskriterien in der Wissenschaft sind Konsistenz, Einfachheit, Allgemeinheit, prognostischer Erfolg, Erklärungskraft, Problemlösungskapazität usw. Es ist nicht der Fall, daß uns eine Nichtübereinstimmung zwischen Theorie und Wirklichkeit zwingt, eine Theorie aufzugeben. Eine solche Übereinstimmung oder Nichtübereinstimmung können wir gar nicht feststellen, da die Wirklichkeit für uns epistemisch unzugänglich ist. Es sind ausschließlich die oben genannten innerwissenschaftlichen Kriterien, die über die Beibehaltung oder Verwerfung einer Theorie entscheiden. Selbst wenn wir an die Realität einer bewußtseinsunabhängigen Außenwelt glaubten, können wir nicht vom praktischen Erfolg auf die Wahrheit oder Wahrheitsähnlichkeit von Theorien schließen. Als Menschen sind wir blind gegenüber der Wirklichkeit, weil wir kein Sinnesorgan für die Wahrheit besitzen und uns nur auf den Erfolg unserer Theorien verlassen können.

Die Realismus-These ist in erster Linie eine ontologische These und kann empirisch nicht verifiziert oder falsifiziert werden. Nach Carnap kann

Thomas Zoglauer, Cottbus

die Wissenschaft in der Realismus-Debatte weder positiv noch negativ Stellung nehmen.[22] Die Frage nach der Existenz bewußtseinsunabhängiger Entitäten ist für Carnap eine <u>externe Frage</u>, während die empirische Wissenschaft nur <u>interne Fragen</u> beantworten kann. Eine interne Frage wäre z.B. die Frage, ob es Objekte gibt, die 10 Milliarden Lichtjahre von der Erde entfernt sind oder ob eine ausgestorben geglaubte Tierart wie z.B. der Quastenflosser tatsächlich existiert. Kant spricht in diesem Zusammenhang von einer *quaestio facti*, einer Sachfrage, die einen eindeutig bestimmten empirischen Sinn hat. Externe Fragen haben transzendentalen, metaphysischen Charakter und betreffen die Legitimität unserer Rede über bewußtseinsunabhängige Entitäten. Kant nennt dies eine *quaestio iuris*. Carnap beschreibt das Beispiel von zwei Geographen, von denen der eine ein Realist, der andere ein Idealist ist, die beide eine Expedition unternehmen, um herauszufinden, ob ein bestimmter Berg in Afrika real existiert oder nur Legende ist. Realist und Idealist werden in dieser Frage zu demselben Ergebnis kommen, da es sich um eine interne Existenzfrage handelt, die empirisch entscheidbar ist. Die Frage nach der ontologischen Existenz von Objekten ist dagegen eine externe Frage, die unsere Erfahrung transzendiert und mit empirischen Mitteln nicht beantwortet werden kann.[23] Der Skeptiker wird die Wahrheitsähnlichkeit unserer Theorien stets leugnen und er wird mit wissenschaftlichen Mitteln nicht angegriffen werden können, da der korrespondenztheoretische Wahrheitsbegriff, wie er im wissenschaftlichen Realismus verwendet wird, ein transzendentaler Wahrheitsbegriff ist, der eine nicht-epistemische Relation zwischen Sätzen und Tatsachen postuliert, die einer empirischen Überprüfung nicht zugänglich ist.

Wenn man den Realismus schon nicht wissenschaftlich begründen kann, so ist damit nicht ausgeschlossen, daß man ihn transzendentalphilosophisch, etwa durch ein transzendentales Argument, begründen kann. Man könnte das Realismusproblem aber auch als Scheinproblem abtun oder sich auf einen pragmatischen Standpunkt zurückziehen und sich damit zufriedengeben, daß unsere besten verfügbaren Theorien außerordentlich erfolgreich sind ohne damit den Anspruch zu erheben, diesen Erfolg wissenschaftlich erklären zu können.

Anmerkungen:

[1] Michael Devitt: Realism and Truth, Princeton 1984, S. 104 f.
[2] Eine überzeugende Kritik an der These der referentiellen Invarianz lieferte C. U. Moulines: Über die semantische Explikation und Begründung des wissenschaftlichen Realismus, in: Dialektik 1991/1, S. 163 - 178.
[3] James Robert Brown: Ist der Erfolg der Wissenschaft erklärbar?, Ratio 27 (1985) 42 - 57.

Thomas Zoglauer, Cottbus

4 W. H. Newton-Smith: Trans-theoretical truth without transcendent truth?, in: D. Henrich (Hrsg.): Kant oder Hegel? (Stuttgarter Hegel-Kongreß 1981), Stuttgart 1983, S. 466 - 478.
5 Siehe: P. Tichy: On Popper's definitions of verisimilitude, Brit. J. Phil. Sci. 25 (1974) 155 ff.; D. Miller: Popper's qualitative theory of verisimilitude, Brit. J. Phil. Sci. 25 (1974) 166 ff.; D. Miller: On the comparison of false theories by their bases, Brit. J. Phil. Sci. 25 (1974) 178 ff.; G. Andersson: Das Problem der Wahrheitsähnlichkeit, in: Andersson / Radnitzky (Hrsg.): Fortschritt und Rationalität der Wissenschaft, Tübingen 1980, S. 287 - 308.
6 Devitt, a.a.O., S. 113; J. Leplin (Ed.): Scientific Realism, Berkeley - Los Angeles 1984, S. 1 f.
7 Ch. S. Peirce: Die Festigung der Überzeugung (Hrsg. E. Walther), Frankfurt a. M. - Berlin - Wien 1985, S. 75.
8 Jay Rosenberg: Comparing the incommensurable: another look at convergent realism, Phil. Stud. 54 (1988) 163 - 193.
9 Ebd., S. 173.
10 Robert Almeder: Scientific realism and explanation, Am. Phil. Quart. 26 (1989) 173 - 185; J. Leplin: Truth and scientific progress, Stud. Hist. Phil. Sci. 12 (1981) 269 - 291.
11 J. Aronson: Testing for convergent realism, Brit. J. Phil. Sci. 40 (1989) 255 - 259.
12 Hilary Putnam: Mathematics, Matter and Method (Phil. Papers, Vol. 1), Cambridge 1975, S. 73.
13 Larry Laudan: A confutation of convergent realism, Phil. Sci. 48 (1981) 19 - 49.
14 Ebd., S. 32 ff.
15 Ebd., S. 24.
16 J. Aronson, a.a.O., S. 256.
17 Thomas S. Kuhn: Die Struktur wissenschaftlicher Revolutionen, Frankfurt a. M. 1979.
18 Th. Zoglauer: Optimalität der Natur?, Phil. Nat. 28 (1991) 193 - 214.
19 G. Vollmer: Evolutionäre Erkenntnistheorie, Stuttgart 1980, S. 34 ff.; K. Lorenz: Die Rückseite des Spiegels, München 1973, S. 24 f.
20 Siehe z.B.: E.-M. Engels: Was leistet die evolutionäre Erkenntnistheorie?, ZAW 16 (1985) 113 - 146; V. Hösle: Tragweite und Grenzen der evolutionären Erkenntnistheorie, ZAW 19 (1988) 348 - 377.
21 E. v. Glasersfeld: Wissen, Sprache und Wirklichkeit, Braunschweig 1985, S. 137 - 143.
22 R. Carnap: Scheinprobleme in der Philosophie, Frankfurt a. M. 1976, S. 61.
23 Barry Stroud: The significance of scepticism, in: Bieri / Horstmann / Krüger (Eds.): Transcendental Arguments and Science, Dordrecht 1979, S. 277 - 297.

Friedrike Schick, Hannover
Ähnlichkeit als letztes Universale? Überlegungen zu einem Argument Bertrand Russells

1. Zur Funktion des Ähnlichkeitsbegriffs für eine antirealistische Strategie

Im Rahmen des von der analytischen Philosophie neuaufgelegten Universalienstreits begegnet wiederholt der Begriff des "Ähnlichen" oder der "Ähnlichkeit". Er spielt seine Rolle innerhalb einer (nicht der einzigen) reduktionistischen Strategie im Dienste nominalistischer Positionen, d.h. Positionen, die man, grob gesprochen, auf folgenden kleinsten gemeinsamen Nenner bringen könnte: "Aus der Tatsache, daß wir allgemeine Terme verwenden, läßt sich nicht folgern, daß diese Terme je für ein Allgemeines stünden. Mit der Annahme "idealer Entitäten" hätte man den strukturellen Unterschied mißachtet, der zwischen der Weise, in der (echte) singuläre Terme, und der Weise, in der allgemeine Terme Bedeutung haben, besteht: Echte singuläre Terme beziehen sich auf genau ein wirkliches Einzelding, und dieser Objektbezug gibt ihnen, unabhängig von ihrem Erscheinen in Sätzen, Bedeutung. Für allgemeine Terme gilt dies nicht; sie erhalten Bedeutung, genauer: die Beziehung auf einzelne wirkliche Gegenstände, erst, indem sie im Satzzusammenhang als Prädikate auf singuläre Terme bezogen werden. Dieser strukturelle Unterschied mag durch die sprachliche Möglichkeit, allgemeine Terme wie "rot" in substantivierter singulärer Form und in Subjektposition zu gebrauchen ("das Rote", "die Röte" versus "rot"), verschleiert sein; doch läßt sich umgekehrt diese Möglichkeit des Sprachgebrauchs nicht als Indiz für das Bestehen wirklicher Abstraktionen, d.h. Universalien, requirieren."

Um eine nominalistische Position in diesem Sinne zu vertreten, muß man offensichtlich nicht schon den nicht-prädikativen Gebrauch allgemeiner Terme verurteilen oder die Zusammenfassung von Einzelnen unter Allgemeinbegriffen überhaupt aufgeben. Was der Nominalist ablehnt, ist nicht der gewöhnliche Sprachgebrauch, sondern eine bestimmte ontologische Deutung dieses Sprachgebrauchs, nämlich die "begriffsrealistische" Überzeugung, die sprachliche Zusammenfassung beziehe ihr Recht, ihren Objektivitätsanspruch daraus, daß singulär gebrauchte allgemeine Terme sich auf genau ein Objekt beziehen. Wenn der Nominalist die begriffsrealistische Rechtfertigung unseres Umgangs mit allgemeinen Termen zurückweist und zugleich die Objektivitätsfähigkeit unseres Prädizierens weiterhin rechtfertigen können will, wird er konsequenterweise versuchen, andere Strategien solcher Rechtfertigung zu entwickeln. Sollen unsere Klassifikationsschenata nicht willkürlich erscheinen, muß der Ausfall von als objektiv gedachten abstrakten Hinsichten kompensiert werden durch Anhaltspunkte unseres Klassifizierens, die in den Einzeldingen selbst fundiert sind - und zwar in den Einzeldingen, sofern sie nicht

Friedrike Schick, Hannover

schon *als etwas* begriffen, sofern sie nicht schon nach abstrakten Hinsichten bestimmt sind. Es ist also das Kunststück aufgegeben, die Einzeldinge als unbestimmt verschiedene und zugleich so zu denken, daß sie darin unseren Klassenbildungen objektive Orientierung geben können.

An diesem Punkt wird der Rekurs auf die Ähnlichkeit von Einzelnem virulent. Die leitende Intention dieses Rekurses läßt sich so fassen: Wenn es gelänge, die Zugehörigkeit eines Einzelnen zu einer Art und, allgemeiner, den Gedanken der Gleichheit-in-einer-Hinsicht zurückzuführen auf die Ähnlichkeit von Einzeldingen mit bestimmten (in Grenzen frei zu wählenden) Mustereinzeldingen, dann wäre sowohl der Gedanke unbestimmter Verschiedenheit und Selbständigkeit des Einzelnen bewahrt als auch der Gedanke einer in den Einzeldingen selbst gelegenen Basis unserer begrifflichen Operationen. Denn mit unspezifizierten Ähnlichkeitsurteilen sprechen wir keine Hinsichten mehr aus, in denen Einzeldinge gleich oder unterschieden sind, wir sprechen aber noch aus, daß sie von sich selbst her "näher" oder mit größerem Recht zusammengesehen werden können als andere. (Wenn i.f. von "Nominalismus" bzw. "Reduktionismus" die Rede ist, ist immer diese besondere Spielart, die man im Anschluß an Armstrong "Ähnlichkeits-Nominalismus" nennen könnte[1], gemeint, die den Gedanken eines vorausgesetzten abstrakten Kriteriums durch die Idee der Beziehbarkeit auf Muster-Dinge substituiert.)

2. Russells Widerlegung des "Ähnlichkeits-Nominalismus"

Gegen diesen nominalistisch gerichteten Rekonstruktionsversuch sind verschiedene Einwände erhoben worden. Einer der bekanntesten ist der Einwand, den Russell in *Problems of Philosophy* (1912) erhoben und in *Inquiry of Meaning and Truth* (1940)[2] profiliert ausgearbeitet hat. Die Pointe seines Arguments heißt: Mit der Analyse von Universalien in Ähnlichkeit(en) hat sich der Reduktionismus nicht der leidigen Universalien entledigt, sondern nur alle anderen Univeralien durch ein einziges, das Relationsuniversale Ähnlichkeit, substituiert. Damit hätte sich die Strategie eines strikten Reduktionismus selbst aufgehoben, und die Annahme zumindest einer idealen Entität wäre ex negativo als unabdingbar erwiesen.

Russells Rekurs auf Ähnlichkeit ist eingebettet in den Kontext der Frage: Können wir den Strukturen unserer Sprache Wissen über die Strukturen des Außersprachlichen, der Welt, abgewinnen? Am Ende von *Inquiry* kommt Russell zu der Antwort "that complete metaphysical agnosticism is not compatible with the maintenance of linguistic

---

[1] Vgl. D.M. Armstrong: *Nominalism and Realism*. (*Universals and Scientific Realism*, Bd. 1), Cambridge u.a. 1980, S. 44 - 57.

[2] Vgl. Bertrand Russell: *Probleme der Philosophie*, üb. v. E. Bubser, Frankfurt a.M. 1967, S.84-86 und Bertrand Russell: *An Inquiry into Meaning and Truth*, London u.a. 1980, S. 341-347, bes. S. 346f.

Friedrike Schick, Hannover

propositions" (347). Der Nachweis eines Universale - Ähnlichkeit - bildet den
Schlußstein der Argumentation, die Russell zu diesem Ergebnis führt.
Bezogen auf die Frage der Universalien heißt Russells "metaphysische" Frage: Wenn es
eine allseits anerkannte sprachliche Tatsache ist, daß wir zur Bildung der
überwältigenden Mehrzahl sinnvoller Sätze allgemeine Terme brauchen - was heißt das
(und heißt es überhaupt etwas) für die Struktur der außersprachlichen
Wahrheitsbedingungen dieser Sätze? Entspricht wenigstens einem allgemeinen Term
eine außersprachliche Entität als dessen satzunabhängige Bedeutung?
Seine positive Antwort auf diese Frage gewinnt Russell durch reductio ad absurdum der
Gegenthese. Russell stellt sich zunächst ganz auf den Standpunkt des strikten
Reduktionisten, dem alle allgemeinen Terme als in Ähnlichkeiten von Individuen
analysierbar gelten. Als Kandidaten für den Posten eines Universale sind damit die
klassischen Aspiranten: Eigenschaften oder Attribute und Relationen, ausgeschieden.[3]
Welchen Status hat unter diesen Konditionen aber die zum Substitut der Universalien
aufgerückte Ähnlichkeitsbeziehung selbst?
Russell betrachtet dazu den - wie er sagt - einfachstmöglichen Fall. Gesetzt, wir haben
zwei rote Farbflächen vor uns, und sagen - aufgefordert, ihre Farbe zu nennen - zweimal
"rot". Dann kann man sagen, sowohl die zwei Farbflächen als auch die zwei
Lautäußerungen seien jeweils einander ähnlich. Der Fall und seine Beschreibung sind
von Russell so gewählt, daß sie der Zustimmung des Nominalisten sicher sind und
zugleich der - nach Russells Meinung - für den Aubau einer Bedeutungstheorie
indispensablen Basisthese entsprechen, derzufolge ähnliche Reize ähnliche
Lautäußerungen stimulieren. Die Fallbeschreibung enthält keine Präsuppositionen über
ein seinen Anwendungsfällen vorausgesetztes singuläres Objekt "die Röte", das der
Reizähnlichkeit noch einmal zugrundeläge. Die einzige Verbindung, die zwischen der
Welt des Außersprachlichen (der Reize) und der Sprache angenommen wird, ist die
Strukturanalogie der Individuenkomplexe (der Sinnesreize bzw. Lautäußerungen)
hinsichtlich der Ähnlichkeit ihrer Elemente. Diese Übereinstimmung kann, so Russell,
auf zweierlei Weise interpretiert werden:
Entweder wir sagen von den Farbflächen und den Lautäußerungen *dasselbe* aus, wenn
wir für beide das Prädikat "ähnlich" verwenden. Dann muß die Bedeutung des Terms
"ähnlich" ein Universale sein. Denn er wird von verschiedenen Konkreten ausgesagt
und soll darin mit sich identisch bleiben. Damit wäre zugestanden, daß der
Nominalismus nicht umhin kommt, mit der Bedeutung von "ähnlich" wenigstens ein
Universale anzuerkennen, und damit hätte er sich selbst aufgehoben.

---

[3] Im Fall der Eigenschaften entspricht die Ablehnung Russells eigener Position, nicht dagegen im Fall der Relationen; für asymmetrische Relationen konzediert er nur hypothetisch die Möglichkeit der Rekonstruierbarkeit in Termini der Ähnlichkeit. Vgl. *Inquiry*, S. 345f.

Friedrike Schick, Hannover

Oder man kann, um dieser Konsequenz zu entgehen, versuchen, die Ähnlichkeitsanalyse noch einmal auf sie selbst anzuwenden. Dann wird man zu der Aussage kommen: Wenn ich die zwei Farbflächen einerseits und die beiden Lautäußerungen andererseits einander ähnlich nenne, so sage ich damit nicht dasselbe, sondern wiederum nur *Ähnliches* aus. Wenn zwei Individuen A und B als ähnlich wahrgenommen werden und ebenso zwei Individuen C und D, so sind die Ganzen AB und CD nach dieser Interpretation nicht gleich - nämlich gleich hinsichtlich der Ähnlichkeit ihrer Elemente -, sondern nur ähnlich. Man kann dann zwar sagen, die beiden Komplexe seien "von derselben Art", aber das ist nur eine facon de parler für den eigentlichen Sachverhalt, daß die beiden Komplexe (in *Problems of Philosophy*: die "Ähnlichkeiten") einander ähnlich sind.

Diese Alternative führt nach Russell zu einem unendlichen Regreß. Was genau aber macht diese Selbstanwendung der Ähnlichkeitsanalyse zu einem Regreß "of the vicious kind", wie Russell meint?[4] Er selbst führt das Argument - sowohl in *Problems* als auch in *Inquiry* - nur bis zu diesem Punkt, an dem der konsequente Reduktionist die Zusammenfassung der zwei ursprünglichen Ähnlichkeitsbefunde unter ein Universale "Ähnlichkeit" auflöst in eine bloße Ähnlichkeit der Ähnlichkeitsbefunde.

Dieser Schritt scheint für eine konsequent durchgeführte nominalistische Strategie zunächst ganz plausibel: Wie es nicht *das* Rote oder die Röte, sondern nur rote Dinge gibt, so gibt es eben auch nicht *das* Ähnliche oder die Ähnlichkeit, sondern nur Ähnliches. Warum sollte sich der sprachlich induzierte Schein der Gleichheit im Fall des allgemeinen Terms "ähnlich" nicht auf dieselbe Weise analysieren, d.h. zum Verschwinden bringen lassen wie in allen anderen Fällen vermeintlicher Universalien? Der (tolerantere) Reduktionist wird auch gern zugeben, daß er bei dieser Analyse wieder von dem allgemeinen Terms "ähnlich" Gebrauch macht. Aber wäre es nicht eine petitio principii, wenn man ihm daraus einen Strick drehen wollte - hat er doch nicht die Möglichkeit des Gebrauchs allgemeiner Terme bestritten, sondern nur dessen begriffsrealistische Deutung?[5] - Rollen wir Russells Beispielfall noch einmal auf: Wenn sich zwei farbige Scheiben einerseits, zwei Lautäußerungen andererseits ähnlich sind, dann kann man auch die Komplexe einander ähnlich nennen. Was der Reduktionist nicht zugeben darf, ist die Deutung dieses zweiten Ähnlichkeitsbefundes als Ähnlichkeit *in einer Hinsicht*. Die beiden ursprünglichen Ähnlichkeitsbefunde dürfen sich nicht zur bestimmten Identität eines Allgemeinen:Ähnlichkeit, integrieren lassen. Denn die

---

[4] Vgl. *Inquiry*, S. 347.
[5] Den Gegeneinwand einer petitio principii erhebt u.a. W.V.O. Quine (vgl. Quine: *Theorien und Dinge*, Frankfurt a.M. 1985, S. 102). Quine verweist auf das von ihm erarbeitete Kriterium für Existenzannahmen: Existenz werde nicht durch den prädikativen Gebrauch eines Terms, sondern erst mit der Einsetzung des Terms als Wert für quantifizierte Variablen reklamiert. Da eine nähere Auseinandersetzung mit seinem Einwand gegen Russells Ähnlichkeits-Argument die Diskussion dieses Kriteriums voraussetzen würde, verzichte ich hier darauf, auf sein spezifisches Argument einzugehen.

Friedrike Schick, Hannover

begriffliche Zusammenfassung unter Hinsichten soll Ähnlichkeitsbefunde zu ihrer Grundlage haben, und das ist nur denkbar, wenn die fundierenden Ähnlichkeitsbefunde 1. selbst unspezifiziert bleiben können und 2. nicht selbst als Hinsicht erscheinen. Nun war aber der Grund, die - ansonsten disparaten - Komplexe als ähnliche zusammenzusehen, die interne Ähnlichkeit ihrer Elemente. Streicht man diesen Grund, bieten sie auch keinen Anlaß mehr, sie zusammenzusehen, d.h. sie überhaupt "ähnlich" zu nennen. Der "Ähnlichkeits-Nominalist" möchte beides: Ähnlichkeit als Grundlage des Zusammensehens erhalten und sie zugleich nicht als bestimmte, mit-sich-identische, also *eine* Hinsicht denken. Folgerichtig insistiert er auf der Verschiedenheit der beiden ursprünglichen Ähnlichkeitsbefunde und hält zugleich fest, daß sie - irgendwie - die Grundlage für ihre Zusammenfassung unter dem allgemeinen Terms "Ähnlichkeit" böten. Um sich nicht selbst zu widersprechen, darf er dann weder distinkt angeben, worin sie sich unterscheiden noch worin sie vergleichbar sein sollen. Das heißt, er darf auf die Frage: Was macht die beiden Ähnlichkeitsbefunde zu Befunden der *Ähnlichkeit* und nicht zu irgend etwas anderem? - keine bestimmte Antwort mehr geben.

Damit sieht man sich vor folgende Alternative gestellt: Entweder man verzichtet auf den Anspruch, mit "ähnlich" überhaupt einen unterscheidbaren gedanklichen Inhalt, eine identifizierbare Bestimmung gegeben zu haben; dann kann Ähnlichkeit nicht mehr ins Spiel gebracht werden, um die Kluft zwischen bloßer Verschiedenheit der Individuen und unserer begrifflichen Vereinheitlichung zu überbrücken: "Ähnlichkeit" und "ähnlich" sind dann zu leeren Worthülsen geworden. Oder man hält diesen distinkten Inhalt fest, um dessentwillen der Term "ähnlich" schließlich überhaupt als nützliches Element in die reduktionistische Strategie aufgenommen worden ist. Was der Nominalist ausdrücken möchte, wenn er "ähnlich" sagt, ist, wenn ich recht sehe, dies: "Die Individuen sind voneinander verschieden; zugleich liefern sie, wenn man sie zusammensieht, Grundlagen dafür, sie so zusammenzufassen wie wir sie tatsächlich zusammenfassen."[6] Diesen Gedanken oder diesen Inhalt bringt der Nominalist in Anschlag, wenn er sagt:"Ähnlichkeiten oder Komplexe ähnlicher Individuen sind nicht gleich-in-einer-Hinsicht, sondern bloß ähnlich." Das heißt: Er ist auf die bestimmte, unterscheidbare Einheit seines eigenen Gedankens angewiesen auch bei dem Versuch, diese Einheit noch einmal zu zersetzen. Indem er diesen ersten Schritt des von Russell diagnostizierten Regresses tut, anerkennt er "ähnlich" als allgemeinen Term (nicht freilich Ähnlichkeit als Universale), d.h. als etwas, dessen scheinbare Einheit der Rückführung auf die Vielheit des unter ihm Befaßten bedarf; im selben Schritt, in dem

---

[6] Wenn ich den Gedanken damit nicht grob entstellt habe, dann zeigt sich, daß mit dem Rekurs auf Ähnlichkeit weniger die Lösung des theoretischen Problems, das sich dem Nominalismus stellt, angezeigt ist als vielmehr die Wiederholung der Problemstellung selbst - mit dem Unterschied, daß das Problem damit als "wirkliche" Bestimmung an die Dinge selbst weitergereicht ist.

Friedrike Schick, Hannover

er "ähnlich" zum *Gegenstand* der Analyse macht, gebraucht er ihn als *Mittel* der Analyse, d.h. gebraucht er ihn als allgemeinen Term im Vertrauen darauf, eine *wirkliche* Bestimmung gegeben zu haben. Damit ist der von der Gegenseite geltend gemachte Vorwurf der petitio principii zumindest nicht mehr in seiner allgemeinen Form geltend zu machen. Denn der Anspruch, mit Ähnlichkeitsaussagen eine objektive Bestimmung gegeben zu haben, ist damit als immanenter Anspruch des Reduktionismus gezeigt und nicht mehr nur durch eine unausgewiesene begriffsrealistische Vorentscheidung eingeführt.
Worauf Russell aufmerksam macht, scheint mir dieser - notwendige - Widerspruch zu sein zwischen dem, was der Reduktionist sagen will, und dem, was er tatsächlich sagt. Durch Russells Argument wird daran erinnert, daß auch die Abstraktion von bestimmter Identität - ein bestimmter Gedanke ist.

3. Zur Tragweite des Russellschen Arguments

Was hat man mit diesem Argument insgesamt gewonnen? Russell selbst formuliert sein Ergebnis so: "I conclude therefore, though with hesitation, that there are universals, and not merely general words. Similarity, at least, will have to be admitted; and in that case it seems hardly worth while to adopt elaborate devices for the exclusion of other universals." (*Inquiry*, S. 347) Weshalb er zögert, dieses Ergebnis festzuhalten, führt er nicht aus. Aber es lassen sich gute Gründe für dieses Zögern denken, einmal in bezug auf das nähere Ziel des Arguments, zum anderen in bezug auf sein allgemeineres Ziel:
1. Das nähere Ziel war, zu zeigen, daß der Ähnlichkeits-Reduktionist *dasselbe* meinen muß, wenn er zwei Farbscheiben einerseits, zwei Lautäußerungen andererseits ähnlich nennt. Die Pointe des Arguments liegt im Aufweis der notwendigen Unterstellung der Einheit und Objektivität der allgemeinen Vorstellung "Ähnlichkeit" innerhalb der reduktionistischen Argumentation. Wenn dieses Ergebnis eingeholt ist, läßt es sich jedenfalls nicht mehr einem nominalistisch inspirierten Welt- und Sprachbild integrieren. Man kann "Ähnlichkeit" nicht einfach das Hemd wechseln und in seiner alten Rolle, nur eben jetzt als Universale, weiterspielen lassen. Denn auf die Ähnlichkeit von Einzelnen sollten alle scheinbaren Universalien reduziert werden, und mit der Anerkennung von Ähnlichkeit als Universale hebt sich sowohl diese Reduktionsstrategie auf als auch die ausgezeichnete Stellung von Ähnlichkeit als Fundamentalkategorie. Es wäre offensichtlich unsinnig, Ähnlichkeit zum primären Universale dekretieren zu wollen, das alle näheren begrifflichen Unterscheidungen grundlegte; denn der Gedanke unspezifizierter Ähnlichkeit, d.h. der Gedanke unbestimmter Identität des Einzelnen und unbestimmter Beziehbarkeit, schließt eine immanente Entwicklung zu distinkten Unterscheidungen aus. Unter Ähnlichkeit subsumiert, erschiene alles in unterschiedsloser Gleichheit.

Friedrike Schick, Hannover

2. Auch in bezug auf das allgemeinere Beweisziel scheint das Ergebnis unbefriedigend. Das allgemeinere Ziel hieß: Es gibt Universalien, oder: Ohne die Annahme der Existenz von *realen* Abstrakta kommen wir nicht aus, wenn wir konsistente Meinungen über unsere *Sprache* beibehalten oder erreichen wollen. Versteht man diesen Existenzsatz vor dem Hintergund der traditionellen Nominalismus-Realismus-Disjunktion, wird man ihn wohl so verstehen: Wir wissen schon, daß es Einzelnes gibt; daneben gibt es nun auch abstrakte Entitäten, Entitäten, die, je für sich, eine objektive, sprachunabhängige Einheit darstellen und auf die wir mit generellen Termen nachträglich bezugnehmen. Was sich liest wie eine bloße Erweiterung, Ergänzung der ontologischen Minimalliste, bringt diese Liste selbst erheblich durcheinander. Die abstrakten Entitäten treten nämlich in Konkurrenz zu den - sicher geglaubten - einzelnen auf. Es wird sofort fraglich, wie sich ein Universale zu den Fällen seiner Anwendung verhält; wenn es als isolierbares Objekt, als wirkliches Eines, auftritt, wie kann es sich dann - was doch sein Kennzeichen sein sollte - auf mehreres beziehen? Wenn etwa eine Relation unabhängig für sich dingfest gemacht werden kann, wie ist sie dann noch Relation zwischen Einzelnen? Sind die Einzeldinge selbst dann nicht als überflüssige Verdopplungen der realen Universalien von der Liste zu streichen?

Ich kann für dieses Problem keine Lösung anbieten; aber ich möchte eine Vermutung darüber anstellen, woher das Problem rührt: Wenn man - wie im Fall des Allgemeinen - nach der Existenz von etwas fragt, mit dem man selbst dauernd umgeht, hat man meistens Gründe, dieses Etwas für selbstwidersprechend zu halten. Der Widerspruch, der die Frage nach der Existenz von Abstraktionen motiviert, scheint der zwischen der Einheit einer Abstraktion und ihres Auf-mehreres-Bezogenseins. Man scheint zu glauben, wählen zu müssen zwischen der Alternative, ihr *entweder* objektive Einheit zuzuschreiben *oder* sie zu negieren, indem man sie in die Vielheit des unter sie Gefaßten auflöst. Der Rekurs auf Ähnlichkeit ist der Versuch, das wirkliche Einzelne als Bedingung der Möglichkeit begrifflicher Einheit und damit die Einheit als auf Wirkliches gegründet, aber nicht selbst wirklich, nicht selbst objektiv zu sistieren. Wenn dieser Versuch fehlschlägt, sieht man sich offenbar in die andere Ecke gedrängt; es scheint nur die Möglichkeit offen, die objektive Einheit im Gegensatz zur Diversifikation in vieles festzuhalten. Dann erscheint jedes anerkannte Universale als unheilvoller platonistischer Wiedergänger, der die Verschiedenheit und individuelle Integrität des Einzelnen unterminiert.[7]

---

[7] Eingedenk dieser Konsequenz könnte man mit Russell sagen, sein Argument habe nur die Unverzichtbarkeit des Ausdrucks "ähnlich" erwiesen, nicht die des Ausdrucks "Ähnlichkeit" (vgl. *Inquiry*, S. 347). Nur läßt sich das Problem nicht klären, indem man Wörter durch andere ersetzt. Einerseits wird durch die Substantivierung allein das Allgemeine noch nicht zum einzelnen, selbständigen Objekt hypostasiert. Andererseits kann man, wenn als Maßstab der Objektivität eines sprachlichen Ausdrucks seine unmittelbare Zuordnung zu einzelnen Objekten zugrundegelegt wird, auch die Auskunft "Es gibt das Universale 'ähnlich'" gar nicht mehr anders als im Sinn dieser Hypostasierung verstehen.

Friedrike Schick, Hannover

Paradoxerweise konvergieren beide, als ausschließend gedachte Wahlmöglichkeiten in ihren Resultaten: Mit der Anerkennung existierender Referenzobjekte allgemeiner Terme denkt man das Allgemeine als getrennt von seinen Anwendungsfällen unmittelbar für sich Bestehendes, als Einzelnes. Dieselbe logische Struktur erhält man aber auch, wenn man das Allgemeine durch einzelne Standarddinge substituiert: Sub specie des reinen, unspezifizierten Ähnlichkeitsbefundes sind die Einzelnen als *unbestimmt* mit sich Identische wahrgenommen; sollen auf dieser Grundlage *bestimmte* Unterscheidungen gewonnen werden, müssen Standardfälle angesetzt werden, die dann selbst nicht als unbestimmt einfache Einzelne, sondern als unmittelbare Einheit von Einzelheit und allgemeiner Bestimmung gedacht werden müssen. Die paradigmatischen Einzelnen erweisen sich so als ziemlich platonistische Objekte. Man kommt also einmal bei allgemeinen Bestimmungen in der Form des nur unmittelbar Seienden, das andere Mal bei einem unmittelbar Seienden, das als solches die Bestimmungen des Allgemeinen tragen soll, heraus.

Das Dilemma dieses Resultats, in dem sich Affirmation und Negation des Universale treffen, läßt m.E. vermuten, daß schon die Alternative falsch gestellt sein muß. Weder einzelne Dinge noch deren allgemeine Bestimmungen lassen sich konsistent denken, wenn sie entweder als nur unvermittelte, einfache Einheit oder als Negation von Einheit, als Nur-Vieles, gedacht werden sollen. Wenn das zutrifft, ist die nächste Konsequenz, die im Anschluß an Russells Überlegungen zu ziehen wäre, einen Schritt hinter die Frage: "Gibt es Universalien?" zurückzugehen und die Ansicht vom Verhältnis des Einzelnen und Allgemeinen noch einmal zu überprüfen, die die Existenz von Universalien überhaupt erst fragwürdig hat werden lassen.

Helden, Dämonen und Gehirne im Tank.
Das Dilemma der Anschaulichkeit im erkenntnistheoretischen Skeptizismus

von Achim Engstler (Münster/W.)

I.

Auf einer allgemeinen Ebene lassen sich zwei Typen von Skeptizismus unterscheiden: der ethisch orientierte pyrrhonische Skeptizismus und der akademisch-cartesische, den ich im folgenden *erkenntnistheoretischen* Skeptizismus nenne. Anders als der pyrrhonische Skeptizismus, der aufgrund seiner Prätention, Weg zum Glück zu sein, unmittelbar interessiert, muß der erkenntnistheoretische Skeptizismus erst interessant *gemacht* werden. Die nackte Behauptung, wir könnten nichts wissen, weil wir nicht ausschließen könnten, einem unkalkulierbaren Irrtum zu unterliegen, bleibt, mit William James' Ausdruck, eine "tote Hypothese".[1] In dieser Form provoziert der erkenntnistheoretische Skeptizismus weder handgreifliche Mooresche Widerlegungen noch kühle Russellsche Zurechtweisungen noch gar Analysen in der Manier Ayers oder Austins.[2] In dieser Form präsentiert, ruft er überhaupt keine Reaktion hervor; man wird nicht die geringste intellektuelle Energie für eine Auseinandersetzung mit dieser Position mobilisieren.

Wer den erkenntnistheoretischen Skeptizismus zu einem Gegenstand der philosophischen Diskussion machen will, steht daher zunächst vor einem Darstellungsproblem: die Behauptung, wir könnten nichts wissen, weil wir nicht ausschließen könnten, einem unkalkulierbaren Irrtum zu unterliegen, muß als "lebendige Hypothese" entfaltet werden, als Behauptung, die in Betracht zu ziehen sich niemand enthalten kann.

Alle Versuche, dies Problem zu lösen, operieren mit bestimmten Beispielsituationen, die man im Anschluß an Robert Nozick[3] "skeptische Möglichkeiten" nennen kann. Skeptische Möglichkeiten[4] sind anschauliche Beschreibungen von Situationen, in denen einige oder alle der Meinungen, die jemand hegt, falsch sein können, ohne daß der Betreffende in der Lage wäre, seinen Irrtum zu entdecken.

Mit derartigen Beispielsituationen haben bereits die Skeptiker der neuen platonischen Akademie die Darstellung ihrer Position verknüpft. Ihre Fassung des erkenntnistheoretischen Skeptizismus - zugleich dessen erste systematische Formulierung - lautet: Wir können nichts wissen, weil keine Vorstellung, die wir für wahr halten, derart beschaffen ist, daß sie nicht auch falsch sein könnte.[5] Illustrierend werden Fälle angeführt wie der des Herakles, der seine eigenen Söhne tötet, weil er sie für die seines Feindes Eurystheos ansieht,[6] oder der des Menelaos, der Helenas Trugbild für Helena und die wirkliche Helena für ein Trugbild hält.[7] Skeptische Möglichkeiten werden daraus durch einen Rückschluß auf unsere Erkenntnissituation: Es könnte doch sein, daß die Art von Irrtum, die hier als Ausnahmefall erscheint, unser Normalfall ist.

Und das umso mehr, als die beispielhaft herangezogenen Irrtümer nicht zufälligerweise entstehen, sondern im Gegenteil planmäßig von einer überlegenen Instanz (in den genannten Fällen Hera) herbeigeführte *Täuschungen* sind. Die Möglichkeit, wir könnten Opfer einer von einer überlegenen Macht inszenierten Täuschung sein, liefert in Descartes' Fassung die für den erkenntnistheoretischen Skeptizismus klassische Beispielsituation: Es könnte doch sein, so Descartes' berühmte Formulierung, daß mich "irgendein böser Dämon (*genius aliquis malignus*), zugleich allmächtig und verschlagen", dazu bringt zu glauben, ich hätte einen Körper und sei von materiellen Dingen und anderen Menschen, die ich wahrnehme, umgeben, während in Wirklichkeit nichts dergleichen der Fall ist.[8]

Achim Engstler (Münster/W.)

In der Skeptizismus-Debatte im Rahmen der analytischen Philosophie sind seit Anfang der 70er Jahre verschiedene modernisierte Fassungen der cartesischen Situation entwickelt worden; die darin auftretenden, unsere Täuschung veranlassenden Instanzen - böse Außerirdische, böse Gehirnchirurgen, böse Computer -, werden zumeist ausdrücklich als "updated Evil Demon(s)"[9] begriffen.

Es könnte sein, so lautet eine von Keith Lehrer formulierte skeptische Möglichkeit, daß superintelligente Außerirdische, sog. "Googols", mein Gehirn aus einer Laune heraus telepathisch derart beeinflussen, daß meine Meinungen über die Wirklichkeit überwiegend unzutreffend sind, wobei die Googols die Beeinflussung so steuern, daß es mir trotz meiner falschen Meinungen möglich ist, zu überleben.[10] Eine andere, von Peter Unger bis in Einzelheiten ausgeführte skeptische Möglichkeit besagt: Es könnte doch sein, daß ich Opfer eines verspielten Gehirnchirurgen bin, der mir qua Stimulation meines Gehirns Wahrnehmungen und Bewegungen aller Art suggeriert, während ich in Wirklichkeit apathisch auf seinem Labortisch liege, an Elektroden angeschlossen.[11] Die wohl bekannteste skeptische Möglichkeit schließlich lautet: Es könnte doch sein, daß ich nichts als ein Gehirn bin, das im Labor in einem Tank künstlich am Leben gehalten und von einem bösen Gehirnchirurgen durch geeignete elektrische Reize dazu gebracht wird zu glauben, es sei ein körperliches Wesen, von materiellen Dingen und anderen körperlichen Wesen umgeben, oder das von einem bösartigen Computer (vielleicht dem Bruder von Kubricks HAL) mit komplexen, eine Lebensspanne abdeckenden Wahrnehmungsdaten gefüttert wird. Dies Szenario taucht, als skeptische Möglichkeit entwickelt, zuerst auf bei Gilbert Harman; populär geworden ist es durch Putnam.[12]

Daß diese Art der Darstellung dem erkenntnistheoretischen Skeptizismus "psychological power"[13] verschafft, steht außer Frage. Mittels skeptischer Möglichkeiten wird die Behauptung, wir könnten nichts wissen, weil wir nicht ausschließen könnten, einem unkalkulierbaren Irrtum zu unterliegen, lebendig, weil sie 'angebunden' wird an Lebenssituationen, an geläufige Erfahrungen und geteilte Überzeugungen. Zwar mag der erste Eindruck sein, daß die beschriebenen Situationen mit dem, was wir wahrnehmen und meinen, schlechterdings nichts zu tun haben. Tatsächlich aber ziehen die skeptischen Möglichkeiten nur Linien aus, die schon da sind; sie 'extrapolieren' sozusagen vorhandene Überzeugungen, Meinungen und Erfahrungen:

Wenn es den Zeitgenossen der akademischen Skeptiker zumindest im mythologischen Kontext plausibel erscheint, Helden wie Herakles könnten in Situationen geraten, in denen sie undurchschaubaren Irrtümern unterliegen - sollten sie es nicht für möglich halten können, daß *wir immer* in derartigen Situationen sind?

Wenn die Zeitgenossen Descartes' glauben, wir hingen von einem allmächtigen Geist ab, der es, weil er gut ist, so eingerichtet hat, daß unsere Meinungen die Wirklichkeit meistens treffen und wir nur selten irren - ist für sie nicht ebenso die Möglichkeit denkbar, wir hingen von einem allmächtigen Geist ab, der es, weil er *böse* ist, so eingerichtet hat, daß wir *immer* irren?[14]

In der aktuellen Diskussion bildet die Basis skeptischer Möglichkeiten nicht mehr Mythologie oder Religion, sondern Naturwissenschaft. Die modernen skeptischen Möglichkeiten sind, wie Unger sagt, "described to be in line with the most up to date developments of science".[15]

Die Basis für Lehrers 1971 entwickeltes Googol-Szenario bildet die Ende der 60er/Anfang der 70er Jahre systematisch begonnene Suche nach Signalen extraterrestrischer Intelligenzen.[16] 1971 schlug eine Gruppe der NASA das damals auf 10 Milliarden Dollar angesetzte Projekt "Cyclops" vor, ein System von mehr als tausend verbundenen, auf dieselbe Himmelsgegend gerichteten Radioteleskopen.[17] Auch wenn dies Projekt nicht realisiert wurde, zeigt es doch, daß man durchaus mit der Möglichkeit rechnete - und mancher rechnet immer noch damit -,

Signale von uns unter Umständen an Intelligenz und Technologie weit überlegenen Außerirdischen aufzufangen. Kämen derartige Signale nun tatsächlich auf uns, müßten wir sie, was selten bedacht wird, kritiklos glauben. Eine etwaige launige Täuschung bliebe für uns undurchschaubar. Wenn man den Empfang extraterrestrischer Botschaften für denkbar hält und damit auch den Glauben an das, was fremde Intelligenzen mitteilen - ist dann die Möglichkeit so abwegig, *bereits jetzt* könnte *alles*, was wir glauben, Resultat der Infiltration durch Außerirdische sein?

Die Basis des Gehirn-im-Tank-Szenarios bilden die seit den 60er Jahren gewaltigen und noch nicht ans Ende gekommenen Entwicklungen in Gehirnforschung und Gehirnchirurgie. Tatsächlich war die Gehirnchirurgie schon in den 60er Jahren in der Lage, durch geeignete elektrische Reizung bestimmter Gehirnpartien bei Patienten Wahrnehmungen, Gefühlsregungen, Meinungen, ja sogar Erinnerungen zu stimulieren. Der Gehirnchirurg José Delgado nennt in seinem 1969 erschienenen Buch "Physical Control of the Mind" die Möglichkeit physikalischer Kontrolle vieler Gehirnfunktionen "eine bewiesene Tatsache".[18] Er konstatiert ebenfalls die Möglichkeit, ein menschliches Gehirn, mit entsprechender Versorgung, eine Zeit lang unabhängig vom menschlichen Körper erhalten zu können,[19] und schließt die Simluierung komplexer Wahrnehmungs- und Handlungsabläufe in Gehirnen durch "irgendein[en] böse[n] Wissenschaftler" nur deshalb aus, weil sie - 1969, wohlgemerkt - "weit über die verfügbaren Methoden [der Steuerung und Steuerungsberechnung] hinaus" gehe.[20] Von dem von Delgado markierten Punkt aus ist es nur ein kleiner Schritt zu der zuerst 1973 von Harman skizzierten skeptischen Möglichkeit, ich könnte bloß ein Gehirn sein, unter Bedingungen entwickelter Technologie aus irgendwelchen Gründen im Labor für eine bestimmte Zeit am Leben gehalten und mit Wahrnehmungsdaten aus den Jahren 1959 ff. gefüttert.[21] -

Indem sie Resultat der *Extrapolation* von geläufigen Meinungen bzw. allgemein akzeptierten wissenschaftlichen Einschätzungen sind, beschreiben die skeptischen Möglichkeiten keine normalen Situationen mehr, sondern eben extrapolierte, d.h. *ausgefallene, exotische* Situationen.[22] Und dieser Aspekt ist in meinen Augen der zweite Grund ihres Erfolgs. Humes plausibler Darstellung zufolge hat unser Verstand nämlich die Eigenheit, *normale*, aber unwahrscheinliche Behauptungen zurückzuweisen, *ausgefallene* hingegen in Betracht zu ziehen - einfach deshalb, weil die Erwägung des Ausgefallenen "an agreeable emotion" verschafft.[23]

Freilich ist dies ein Effekt, der sich rasch abnutzt. Was einmal ausgefallen und damit interessant war, wird rasch zu etwas bloß Unwahrscheinlichem und damit Belanglosem. Das erklärt, warum in der aktuellen Diskussion jede skeptische Möglichkeit bald durch eine extravagantere überboten wurde: die Möglichkeit, unser Gehirn würde manipuliert, von der, wir seien gar nur manipulierte, in einem Tank am Leben gehaltene Gehirne, diese Möglichkeit schließlich von der, während unser Gehirn zur Wahrnehmung irdischer Umwelt stimuliert würde, trieben wir in einem Tank bei Alpha Centauri, dem mit 4,3 Lichtjahren Entfernung sonnennächsten Stern.[24]

II.

Ohne Veranschaulichungen wie die genannten kann man, so scheint es, in den erkenntnistheoretischen Skeptizismus nicht hineinkommen. Mit ihnen aber, fürchte ich, kann man in ihm nicht bleiben.

Denn die Beispielsituationen führen dazu, daß die eigentliche skeptische These auf doppelte Weise mißverstanden wird: zum einen hinsichtlich ihrer *Modalität*, zum anderen hinsichtlich ihrer *Bestimmtheit*.

a) Zunächst führen sie zu Mißverständnissen ihrer Modalität: Der erkenntnistheoretische Skeptizismus behauptet, daß wir die *Möglichkeit* nicht ausschließen können, einem Irrtum zu

unterliegen - durch die Formulierung der Beispielsituationen wird jedoch oft suggeriert, er behaupte, wir unterlägen *wirklich* einem (bestimmten) Irrtum.
So diskutiert Peter Unger den Fall, daß jemand aus irgendwelchen Gründen glaubt, er *sei* in der Situation, die der Skeptiker anführt. Diesen Fall hält Unger im Rahmen des erkenntnistheoretischen Skeptizismus für ein Problem, da er zeige, daß auch unter 'skeptischen Prämissen' wahre begründete Meinungen zustandekommen könnten. Und damit wäre die skeptische Folgerung, man könne, wenn man umfassend getäuscht werde, nichts wissen, falsch.[25] Aber zum erkenntnistheoretischen Skeptizismus gehört keineswegs die These, man unterläge wirklich einem bestimmten Irrtum oder werde faktisch auf bestimmte Weise getäuscht, sondern lediglich die Behauptung, man könne *die Möglichkeit nicht ausschließen*, einem Irrtum zu unterliegen. Und unter dieser Prämisse können wahre begründete Meinungen jedenfalls nicht dadurch zustandekommen, daß man einfach aus irgendwelchen Gründen glaubt, man könne diese Möglichkeit wirklich nicht ausschließen - denn dann kann man eben gerade nichts wissen.

Daß mit Peter Unger einer der gegenwärtig renommiertesten *Vertreter* des erkenntnistheoretischen Skeptizismus diesem Mißverständnis erliegt, ist Beleg für seine suggestive Kraft. Beleg für seine Verbreitung ist, daß die Behauptung, wir würden *de facto* von irgendeiner mächtigen, übelwollenden Instanz getäuscht, mittlerweile als *eigener Typ von Skeptizismus* betrachtet wird, so z.B. von Peter Klein in seiner "Refutation of Scepticism".[26] Descartes selbst begünstigt dies Mißverständnis, indem er die Überlegung, die er *skeptisch* entwickelt hat, zum Ende der ersten und zu Beginn der zweiten Meditation *dogmatisch* formuliert: "So will ich denn annehmen", schreibt er, "... daß irgendein böser Geist ... seinen Fleiß daran gewandt habe, mich zu täuschen" (I.16). Und: "Ich setze also voraus, daß alles, was ich sehe, falsch ist ..." (II.2). Das aber ist nicht die skeptische Behauptung, die vielmehr lautet, man könne die *Möglichkeit* nicht ausschließen, irgendein böser Dämon täusche einen, oder alles was man sehe, sei falsch. Für die Behauptung, das sei *faktisch* so, gibt es nicht den geringsten Grund, und Gassendi wendet daher zurecht ein: "niemand wird glauben, daß Du *überzeugt bist*, keine von allen Deinen Erkenntnissen sei wahr und ... ein böser Dämon hätte Dir immer eine Sinneswahrnehmung oder einen Traum gesandt".[27] Die Behauptung, wir unterlägen faktisch einem bestimmten Irrtum, ist keine *skeptische* Behauptung mehr - sie ist negativer Dogmatismus. Freilich räumt Descartes das durchaus ein, wenn er schreibt, er wolle aus methodischen Gründen, um seine Vorurteile ins Gleichgewicht zu bringen, an dieser Stelle seiner Überlegungen "alles ... *Zweifelhafte* ... als *falsch* gelten lassen" bzw. "die *Fiktion*" machen, seine Meinungen "seien durchweg falsch".[28] Die im Anschluß daran formulierte Dämon-Hypothese erscheint aber gleichwohl als *skeptische* Möglichkeit und Descartes will sie, wie z.B. seine Äußerung im Gespräch mit Burman zeigt, auch so verstanden wissen.[29]

b) Zweitens führen die cartesische Beispielsituation und ihre aktuellen Versionen zu Mißverständnissen hinsichtlich der *Bestimmtheit* der skeptischen These: Der erkenntnistheoretische Skeptizismus behauptet, daß wir die Möglichkeit nicht ausschließen könnten, einem *unkalkulierbaren* Irrtum zu unterliegen - durch die nicht selten bis in Einzelheiten gehende[30] Formulierung der Beispielsituationen wird jedoch oft suggeriert, die Behauptung sei, wir könnten die Möglichkeit eines *bestimmten* Irrtums nicht ausschließen.

Daraus resultiert zum einen die Meinung, es gebe verschiedene erkenntnistheoretische *Skeptizismen*, die durch die jeweils gewählte skeptische Möglichkeit charakterisiert seien. In diesem Sinne wird etwa vom brain-in-a-vat-Skeptizismus oder vom "Demon Skepticism" gesprochen.[31] Wer eine solche Position wirklich verträte, wer ernsthaft behauptete, *gerade das* nicht ausschließen zu können,. daß er nur ein Gehirn in einem Tank sei, den müßte man aber

wohl als von einer befremdlichen Obsession Heimgesuchten betrachten, nur einen Schritt entfernt von Descartes' Wahnsinnigen, die meinen, sie seien Kürbisse oder aus Glas.[32]
Zum anderen resultiert aus dem Mißverständnis hinsichtlich der Bestimmtheit der skeptischen These die Meinung, man habe *den* Skeptizismus widerlegt, wenn man *eine bestimmte* skeptische Möglichkeit ausgeschlossen habe. So wird beispielsweise erklärt, Putnam habe "the riddle of skepticism" gelöst "by proving that we are not brains in a vat".[33] Das ist jedoch völlig abwegig, und Putnam selbst versteht sein Argument auch keineswegs als Widerlegung des Skeptizismus. Denn Skeptizismus besteht *nicht* in der Behauptung, wir könnten die Möglichkeit nicht ausschließen, daß wir manipulierte Gehirne im Tank seien (und auch nicht in einer anderen Behauptung ähnlicher Bestimmtheit). Es gibt schlechterdings keinen Grund, diese Irrtumssituation *eher* anzunehmen als irgendeine andere. Weder über Intension des möglichen Irrtums - ob er z.B. eine inszenierte Täuschung sei oder ein Naturphänomen, ob er regelmäßig sei oder chaotisch - noch über seine Extension - ob er sich auf unsere Meinungen über die Außenwelt beziehe oder auf Meinungen über innere Zustände, ob auf alle unsere Meinungen oder nur auf manche - kann aus skeptischer Perspektive konsequenterweise irgendetwas präjudiziert werden.
Was der erkenntnistheoretische Skeptizismus behauptet, ist, daß wir die Möglichkeit nicht ausschließen können, einem wie auch immer gearteten, worauf sich auch immer erstreckenden und wodurch auch immer entstandenen, mit einem Wort: *unkalkulierbaren* Irrtum zu unterliegen. Und er behauptet weiter, und darin liegt dann seine hier nicht näher zu erörternde erkenntnistheoretische Pointe, daß wir deshalb nichts wissen können. Denn um etwas wissen zu können, müsse man in der Lage sein, die Möglichkeit, einem unkalkulierbaren Irrtum zu unterliegen, auszuschließen; andernfalls seien die für Wissen konstitutiven Bedingungen nicht erfüllbar.[34]
Insofern die grundlegende Idee des erkenntnistheoretischen Skeptizismus die Möglichkeit eines *unbestimmbaren* Irrtums betrifft, entzieht sie sich schlechthin jeder Veranschaulichung.
Da die angeführten Mißverständnisse und Verzeichnungen der skeptischen Idee offensichtlich Folgen der Darstellung mittels skeptischer Möglichkeiten sind, diese Darstellungsform aber unverzichtbar scheint, um den erkenntnistheoretischen Skeptizismus zu einer lebendigen Hypothese zu machen, entsteht ein Dilemma, das man *Dilemma der Anschaulichkeit* nennen kann: Die skeptische Idee bedarf der Anschaulichkeit, um lebendig zu werden - präsentiert man sie aber anschaulich, wird sie falsch.

III.

Für eine Lösung des Dilemmas käme es darauf an, einen Weg zu finden, der Idee der unausschließbaren Möglichkeit eines unkalkulierbaren Irrtums Anschaulichkeit zu geben, ohne sie zugleich auf diese oder jene Irrtumssituation *festzulegen*.
Ein Weg dazu wäre, verschiedene skeptische Möglichkeiten zu *häufen*. Es könnte doch sein - ließe sich sagen -, daß ich nur ein Gehirn bin, in einem Labortank künstlich am Leben gehalten und zu allerlei Meinungen gebracht, *oder* daß mein Gehirn von Natur aus mit Drogen gefüllt ist, die meine Meinungen die Wirklichkeit verfehlen lassen,[35] *oder* daß ich in Wirklichkeit jemand bin, der sich experimentellerweise in eine ganz andere Person hineinversetzt hat, mit dem Gelingen des Experiments aber vergaß, daß es sich um ein Experiment handelt, usf.[36]
Sofern die betreffenden skeptischen Möglichkeiten, wie die hier beispielshalber angeführten, keinen 'gemeinsamen Nenner' haben, sondern nach Art, Umfang und Ursprung völlig verschiedene Irrtumssituationen bieten, wird auf diese Weise die *Unkalkulierbarkeit* des in Betracht gezogenen Irrtums gut veranschaulicht. Zum anderen wird dadurch, daß man *inkompatible* Situationen anführt, deutlich gemacht, daß die einzelnen Veranschaulichungen *in der Sache beliebig* sind. Man bringt gleichsam alle und keine Irrtumssituation.

Daraus ergibt sich jedoch eine Schwierigkeit, die auch diesen Weg, die skeptische Idee lebendig zu machen, ungeeignet erscheinen läßt. Wenn man *irgendeine* Situation anführen kann, um den Irrtum zu veranschaulichen, dessen Möglichkeit der Skeptiker für unausschließbar hält, entsteht nämlich der Eindruck, der Skeptiker behaupte, man müßte *beliebig viele* Irrtumsmöglichkeiten ausschließen können, um etwas wissen zu können. Das aber scheint als Bedingung für Wissen schon deshalb inakzeptabel, weil es eine unabschließbare Prozedur wäre. Insofern bliebe der erkenntnistheoretische Skeptizismus, würde man seine zentrale Idee durch Häufung verschiedener skeptischer Möglichkeiten darstellen, wenn schon keine tote, so doch eine abwegige Hypothese.

Zusätzlich stellte sich ein psychologisches Problem: Denn es wird kaum gelingen, eine philosophische These lebendig zu machen, wenn man zugleich decouvrieren muß, daß die Mittel ihrer Präsentation in der Sache beliebig sind und nur dem Zweck dienen, sie interessant zu machen. Eher scheint es doch, als müsse die Absicht, durch eine bestimmte Darstellungsform für eine These zu interessieren, latent bleiben, um funktionieren zu können. Ein anderer Weg, das Dilemma der Anschaulichkeit zu lösen, wäre, die skeptische Idee 'meditativ' lebendig werden zu lassen. Das heißt, daß man von der geläufigen Einschätzung unserer epistemischen Situation ausgeht und sie schrittweise in eine skeptische überführt. Bei diesem Vorgehen wird die skeptische Idee nicht auf eine komplette, exotische Irrtumssituation bezogen, sondern auf unsere gewohnte Erkenntnissituation, die in einzelnen, plausiblen Schritten zu einer Situation unkalkulierbaren Irrtums entwickelt wird.

Descartes hat den Weg meditativer Veranschaulichung klassisch vorgeführt in der ersten seiner "Meditationen"[37] - der Darstellung wie der Sache nach im übrigen unabhängig von der Dämon-Hypothese. Descartes' Gedankengang läßt sich am besten rekonstruieren als Dialog zwischen einem die epistemische Normaleinschätzung vertretenden Proponenten und einem skeptischen Opponenten. Dabei zeigt sich, daß die meditative Veranschaulichung der skeptischen Idee nur gelingen kann, wenn der Proponent jeden skeptischen Schritt akzeptiert und seine Position im nächsten Schritt entsprechend einschränkt. Die elementare Voraussetzung dafür ist nun, daß er sich überhaupt genötigt sieht, zwischen seiner Auffassung und dem skeptischen Einwand *abzuwägen*, daß er - noch einmal mit William James - die Wahl zwischen geläufiger und skeptischer Einschätzung unserer epistemischen Situation als *echte Option* empfindet. Das wiederum setzt voraus, daß jeder skeptische Schritt eine lebendige Hypothese sein muß - die Lebendigkeit der zur Wahl stehenden Hypothesen ist nach James eine der Bedingungen dafür, daß eine Option zu einer echten wird.[38] Und damit wird das Darstellungsproblem nicht gelöst, sondern vielmehr iteriert: denn auf *jeder einzelnen Stufe* steht man jetzt in dem Dilemma, veranschaulichen zu müssen, ohne den Eindruck erwecken zu dürfen, die skeptische Idee hinge mit der Annahme einer bestimmten Irrtumssituation zusammen.

Wählt man als Ausweg den Weg der Häufung verschiedener Veranschaulichungen, erscheint die skeptische Position, wie gesehen, unsinnig und der Dialog bricht sofort ab. Wählt man hingegen wiederum den Ausweg meditativer Veranschaulichung, so entsteht ein infiniter Regreß, weil die skeptischen Schritte sich auf diese Weise ins Unendliche vermehren - der Versuch, die Idee des erkenntnistheoretischen Skeptizismus zu einer lebendigen Hypothese zu machen, käme nie an ein Ende.

Da somit eine klare Lösung des Anschaulichkeitsdilemmas nicht in Sicht zu sein scheint, bleibt mir, als dem Skeptizismus Nahestehendem, am Ende nur die Hoffnung, daß meine Ausgangsthese falsch ist, erkenntnistheoretischer Skeptizismus sei nicht *an sich* interessant, sondern müsse durch eine bestimmte Art der Präsentation erst interessant *gemacht* werden.

Anmerkungen

[1] William James, Der Wille zum Glauben - in: Ekkehard Martens (Hg.), Texte der Philosophie des Pragmatismus. Stuttgart 1975 [engl. [1]1896], 128-160, hier 129.

[2] Vgl. George Edward Moore, Proof of an External World (1939) - in: G.E.M., Philosophical Papers. London-New York 1959 [[3]1970], 127-150; Bertrand Russell, Human Knowledge. Its Scope and Limits. London 1948, 9; Alfred J.Ayer, Philosophical Skepticism - in: H.D. Lewis (Ed.), Contemporary British Philosophy. Third Series. London-New York 1956, 45-62; John L. Austin, Fremdseelisches [Other Minds] (1946) - in: J.L.A., Gesammelte philosophische Aufsätze. Übers. u. hg. v. Joachim Schulte. Stuttgart 1986, 101-152.

[3] Robert Nozick, Philosophical Explanations. Cambridge 1981, 198.

[4] Vielfach auch "skeptische Hypothesen" genannt; vgl. z.B. Peter Bieri, Einleitung [zu: III. Philosophischer Skeptizismus] - in: P.B. (Hg.), Analytische Philosophie der Erkenntnis. [2]Frankfurt a.M. 1992 [[1]Königstein/Ts. 1987], 293-308, hier 293 f. Der Begriff "sceptical hypothesis" in genannten Sinn wohl zuerst bei: Keith Lehrer, Why not Skepticism? (1971) - in: George S.Pappas/Marshall Swain (Ed.), Essays on Knowledge and Justification. Ithaca-London 1978, 346-363, hier 357.

[5] Sextus Empiricus, Adversus Mathematicos VII.164, vgl. 154, 248, 402 f.; Cicero, Academica II.77 f., 83 f. und öfter.

[6] Adversus Mathematicos VII.405; Academica II.89.

[7] Adversus Mathematicos VII.180. Eine Auflistung der verschiedenen Beispielsituationen bei Charlotte Stough, Greek Skepticism. Berkeley 1969, 43 f.

[8] René Descartes, Meditationen über die Grundlagen der Philosophie mit den sämtlichen Einwänden und Erwiderungen (1641). Übers. u. hg. v. Artur Buchenau. Hamburg 1972, I.16; vgl. Descartes, Gespräch mit Burman (1648). Lat.-dt. Übers. u. hg. v. Hans Werner Arndt. Hamburg 1982, 5.

[9] Thompson Clarke, The Legacy of Scepticism - in: Journal of Philosophy 69 (1972), 754-769, hier 767.

[10] Lehrer, Skepticism, 356.

[11] Peter Unger, Ignorance: A Case for Scepticism. Oxford 1975, 7 f.; vgl. Gilbert Harman, Thought. Princeton 1973, 5.

[12] Harman, Thought, 5 u. 16; Hilary Putnam, Vernunft, Wahrheit und Geschichte. Frankfurt a.M. 1982 [engl. [1]1981], 21. Die Idee des *in vitro* am Leben gehaltenen und zu Wahrnehmungen stimulierten Gehirns geht wohl zurück auf ein von J.J.C. Smart und D.M. Armstrong in den 60er Jahren zur Kritik des Behaviorismus benutztes Beispiel; vgl. J.J.C. Smart, Materialism - in: The Journal of Philosophy 60 (1963), 651-662, hier 659. - Den Hinweis auf Smarts Text verdanke ich Birger Brinkmeier (Münster).

[13] Unger, Ignorance, 7.

[14] Vgl. hier Nozicks Verschärfung: Könnte nicht auch ein *guter* Gott Ursache haben, uns in einem umfassenden Irrtum zu halten? (Nozick, Explanations, 202 n.)

[15] Unger, Ignorance, 7.

[16] Siehe dazu Carl Sagan/Frank Drake: The Search for Extraterrestrial Intelligence - in: Scientific American 232/5 (1975), 80-89.

[17] Sagan/Drake, 86.

[18] José M.R. Delgado, Gehirnschrittmacher. Frankfurt a.M.-Berlin 1971 [engl. Physical Control of the Mind. New York 1969], 66.

[19] Delgado, 33.

[20] Delgado, 168.

[21] Jahrzehnte früher ist diese Möglichkeit freilich schon in Science Fiction- und Horrorgeschichten dargestellt worden, z.B. in H.P. Lovecrafts "The Whisperer in Darkness" (1931).

[22] Unger bezeichnet die vom ihm ausgeführte skeptische Möglichkeit selbst als "exotic" (Unger, Ignorance, 7).

[23] David Hume, An Enquiry Concerning Human Understanding. Sect.X. Part II (Ed. Nidditch. Oxford 1975, 117).

[24] Nozick, Explanations, 198.

[25] Unger, Ignorance, 19.

[26] Anhand einer Interpretation von Lehrers skeptischer Möglichkeit (s. oben) unterscheidet Klein systematisch zwischen der These, "that the evil genius, googol, or other malevolent mechanism is, *in fact*, bringing it about that our belief that p is false", und der These, "that there is such a malevolent me-

chanism which *could* bring it about that our beliefs are false" (Peter Klein, Certainty: A Refutation of Scepticism. Brighton 1981, 20).

[27] Descartes, Meditationen, 234; meine Hervorhebung.

[28] René Descartes, Die Prinzipien der Philosophie (1644). Übers. v. Artur Buchenau. Hamburg 1965, I.7, und Descartes, Meditationen, I.15; meine Hervorhebungen.

[29] Gespräch mit Burman, 5.

[30] Vgl. Unger, Ignorance, 7 f.; Putnam, Vernunft, 21. - Die Ausformulierung der skeptischen Möglichkeiten kann lediglich rhetorischen Zwecken dienen, indem sie zum sog. "Simulationsirrtum" verleiten mag, d.h. der Annahme, je genauer und 'plausibler' irgendeine Möglichkeit ausgemalt sei, desto *wahrscheinlicher* sei sie. Tatsächlich aber ist das Gegenteil der Fall: Wahrscheinlichkeiten multiplizieren sich, und so macht jede weitere Einzelheit die Irrtumssituation umso *unwahrscheinlicher* (eine knappe Beschreibung dieses Sachverhalts und des "Simulationsirrtums" bei: Gero von Randow, Das Ziegenproblem. Denken in Wahrscheinlichkeiten. Hamburg 1992, 25 ff.).

[31] Z.B. bei Bredo Johnsen, Relevant Alternatives and Demon Scepticism - in: Michael D.Roth/Glenn Ross (Ed.), Doubting. Contemporary Perspectives on Skepticism. Dordrecht 1990, 29-37. Brueckner kennt eine spezielle "updated form of Cartesian skepticism", die durch die Hypothese gekennzeichnet werde, es sei möglich, "that all sentient creatures are brains in a vat" (Anthony L. Brueckner, Brains in a Vat - in: The Journal of Philosophy 83 (1986), 148-167, hier 148).

[32] Meditationen, I.4.

[33] Thomas Tymoczko, Brains Don't Lie: They Don't Even Make Many Mistakes - in: Michael D.Roth/Glenn Ross (Ed.), Doubting. Contemporary Perspectives on Skepticism. Dordrecht 1990, 195-213, hier 195.

[34] Diese Pointe ist einschlägig formuliert bei Unger, Ignorance, 7 f. Einschlägige kritische Diskussionen finden sich bei Nozick, Explanations, 204 ff., und Barry Stroud, The Significance of Philosophical Scepticism. Oxford 1984, ch.II.

[35] Nach Unger, Ignorance, 19.

[36] Erweiterung einer Idee Harmans (Harman, Thought, 5).

[37] Eine 'meditative' Entwicklung der skeptischen Möglichkeit mit fast denselben Schritten wie bei Descartes scheint schon von Karneades vorgeführt worden zu sein scheint: vgl. Adversus Mathematicos VII.160, 163, 171.

[38] James, Wille zum Glauben, 129.

Andreas Bartels, Gießen

Die Kopenhagener Interpretation der Quantenmechanik und der Realismus

(1) Einleitung

Wenn es darum geht, die postmoderne Überholtheit eines realistischen Wissenschaftsverständnisses zu illustrieren, muß meist die Quantenmechanik als Paradebeispiel herhalten. Die Quantenmechanik als die fundamentale Theorie der Materie zeige, daß den Objekten unserer Welt Eigenschaften nicht "absolut", sondern nur abhängig von der Erkenntnisperspektive des Menschen zugesprochen werden können. Tatsächlich ist die Quantenmechanik, wenigstens in ihrer Standardinterpretation, der Kopenhagener Interpretation, in ihrem Kern durch die Existenz relationaler probabilistischer Eigenschaften ausgezeichnet, die einem System nur relativ zu einer experimentellen Situation zugesprochen werden können. Daß damit die Akten über ein mögliches realistisches Verständnis der Quantenmechanik, selbst im Rahmen der Kopenhagener Interpretation, keineswegs geschlossen sind, wird eine genauere wissenschaftstheoretische Analyse des semantischen Gehalts dieser Theorie zu Tage fördern.

Die folgende Analyse des Begriffs der Wahrscheinlichkeit in der Quantenmechanik zeigt, daß die Kopenhagener Interpretation - gängiger Einschätzung entgegen - als realistische Interpretation verstanden werden kann. Daran mag deutlich werden, daß die Wissenschaftstheorie sich nicht darin erschöpft, das Innenleben wissenschaftlicher Theorien transparenter zu machen. Ihre begrifflichen Analysen können darüber hinaus vorschnellen und spekulativen "Synthesen" erkenntnistheoretischer oder metaphysischer Art entgegenwirken.

Mit der Möglichkeit, die Theorie realistisch zu deuten, sollten freilich keine übertriebenen Erwartungen hinsichtlich des grundsätzlichen Interpretationsproblems der Quantenmechanik verknüpft werden. Dessen Kern, der Meßprozeß, also der Übergang vom Möglichen zum Faktischen in der Mikrowelt, bleibt weiterhin unverstanden.

(2) Was heißt "realistische Interpretation" ?

Aus Sicht eines verbreiteten "inhaltlichen" Verständnisses von "realistischer Interpretation" einer Theorie (vgl. z.B. Bunge oder Selleri) gilt die Kopenhagener Interpretation der Quantenmechanik als eine nicht-realistische Interpretation. Nach diesem "inhaltlichen" Verständnis ist eine Interpretation nur dann realistisch zu nennen, wenn die Objekte, die in ihr als grundlegend eingeführt werden, bestimmte "inhaltliche" Forderungen erfüllen. Im wesentlichen handelt es sich dabei um Forderungen, die in klassischen Theorien erfüllt sind: raum-zeitliche Lokalisierbarkeit von Objekten, lokale Kausalität, Geltung von Erhaltungssätzen, Charakterisierbarkeit von Objekten durch "absolute", nicht auf experimentelle Situationen relativierte Eigenschaften u.s.w. An letztgenannter Forderung scheitern die Realismus-Ambitionen der Kopenhagener Interpretation. Für Hilary Putnam (1990) ist die Möglichkeit einer Beschreibung von Objekten, die keinen inneren Bezug auf den "Beobachter", die Beobachtungssituation oder die Bedingungen der Theorienkonstruktion enthält, das Kennzeichen des metaphysischen Realismus und die Quantenmechanik daher der Kronzeuge gegen den metaphysischen Realismus. Mit der Kopenhagener Interpretation, so Putnam, ist das Ende der Ära des metaphysischen Realismus gekommen, das Ende "<of> the dream of a picture of the universe which is so complete that it actually includes the theorist-observer in the act of picturing the universe"[1].

Andreas Bartels, Gießen

Im folgenden soll ein schwächerer Begriff von "realistischer Interpretation" verwendet werden, der anstelle "inhaltlicher" Forderungen nur die folgenden "formalen" Forderungen stellt: Die zentralen Begriffe der Theorie sollen referentielle Bedeutung besitzen, und die Eigenschaften, die den Referenzobjekten zugeschrieben werden, sollen diesen unabhängig von der Tatsache ihrer Messung zukommen.

(3) Borns probabilistische Deutung der Quantenmechanik

Max Born führte seine probabilistische Interpretation der Quantenmechanik zuerst 1926 für die Deutung von Streuversuchen von Elektronen an Atomen ein. Der reine Zustand ψ des gemeinsamen Systems aus Atom und Elektron ist nach der Streuung in einem Zustand der Superposition aus verschiedenen Zuständen ψ_r, die den verschiedenen möglichen Richtungen r entsprechen, in die das Elektron gestreut worden sein kann. Die Bornsche Interpretation ist nun, daß die Absolutquadrate der Entwicklungskoeffizienten c_r in der Entwicklung $\psi = \sum_r c_r \phi_r$ ($\psi_r = c_r \phi_r$) der Wellenfunktion ψ nach Impuls-Eigenzuständen ϕ_r die Wahrscheinlichkeit $P(r/\psi)$ dafür angeben, daß das Elektron in r-Richtung gestreut wurde:

$$P(r/\psi) = |\langle \phi_r/\psi \rangle|^2 = c_r^{\,2}$$

Im allgemeinen wird in der QM eine dynamische Variable R durch einen selbstadjungierten Operator $\hat{R}$ repräsentiert, dessen Eigenwerte die möglichen Werte von R sind:

$$\hat{R}/r_n\rangle = r_n/r_n\rangle$$

Die Wahrscheinlichkeit, den Wert $R=r_n$ zu messen, ist

$$P(R=r_n/\psi) = |\langle r_n/\psi \rangle|^2.$$

Borns probabilistische Interpretation der QM, die den Zustand ψ mit Wahrscheinlichkeiten $|\langle r_n/\psi \rangle|^2$ verbindet, impliziert zunächst noch keinen bestimmten Wahrscheinlichkeitsbegriff. Born selbst entscheidet sich für eine epistemische Deutung der Wahrscheinlichkeitsterme. Er ist überzeugt, daß die Elektronen sich beim Streuvorgang jeweils an exakt bestimmten Orten mit einem exakt bestimmten Impuls aufhalten. Sie sind also klassische Teilchen mit wohlbestimmten Trajektorien. Der Formalismus der QM gibt uns allerdings nicht die komplette Information über diese Trajektorien, sondern lediglich Wahrscheinlichkeitsaussagen über die Richtung, in die die Elektronen gestreut werden. Während jedes einzelne Elektron in einem bestimmten Winkel r gestreut wird, können wir dem Formalismus nur entnehmen, mit welcher Wahrscheinlichkeit c_r in diesem Winkel gestreut wurde. Die QM gibt uns in diesem Sinne nur unvollständige Information über die Quantenobjekte, ganz analog zur unvollständigen Information, die die statistische Mechanik uns über Mikrozustände thermodynamischer Systeme liefert. Ob allerdings die QM, ähnlich wie die statistische Mechanik durch eine deterministische Theorie unterbaut werden kann, bleibt zunächst offen.

Borns Deutung der QM als eine indeterministische Teilchentheorie impliziert eine bestimmte Verwendung des Wahrscheinlichkeitsbegriffs. Der Indeterminismus der QM ist nach Born epistemischer Natur, d.h. er betrifft unser Wissen von den Quantenobjekten, so wie es uns die Theorie zur Verfügung stellt. Die auftretenden Wahrscheinlichkeiten drücken also aus, in welchem Maß unser Wissen über den genauen Zustand der Quantenobjekte durch die Theorie begrenzt wird. Eine solche Deutung von Wahrscheinlichkeiten wird als epistemische- oder Ignorance-Interpretation der Wahrscheinlichkeit bezeichnet.

Andreas Bartels, Gießen

(4) Das Doppelspalt-Experiment und der Übergang zum relationalen Wahrscheinlichkeitsbegriff

Borns frühe Deutung der Quantenmechanik hat sich als unhaltbar erwiesen. Sehr klar wird dies durch das Ergebnis des Doppelspalt-Experiments demonstriert. Seine probabilistischen Interpretationsregeln für die Absolutquadrate der Entwicklungs-Koeffizienten (bzw. der Amplituden) sind jedoch in Kraft geblieben.

Was ist das Resultat des Doppelspalt-Experiments? Ein Elektronenstrahl mit identisch präparierten Elektronen trifft auf eine Platte mit zwei Spalten, die einzeln geöffnet und geschlossen werden können. Dahinter befindet sich ein Schirm, der die eintreffenden Elektronen registriert. Besitzt nun jedes Elektron zu jeder Zeit einen wohlbestimmten Ort und Impuls, wie von Born angenommen, so muß jedes Elektron, das am Schirm ankommt, entweder durch den einen oder den anderen Spalt hindurchgegangen sein. Betrachtet man ein kleines Gebiet G auf dem Schirm, so hängt die Wahrscheinlichkeit, mit der ein bestimmtes Elektron in G auftrifft, natürlich davon ab, welche Spalte offen waren. Den Situationen x (linker Spalt offen), y (rechter Spalt offen) und xy (linker und rechter Spalt offen) entsprechen die Wahrscheinlichkeiten $P_x(G)$, $P_y(G)$ und $P_{xy}(G)$ des Auftreffens in G. Man sollte erwarten, daß die folgende Gleichung erfüllt wird:

$$P_{xy}(G)=P_x(G)+P_y(G)$$

Dies ist bekanntlich nicht der Fall; es tritt ein zusätzlicher Interferenzterm $f(x,y)$ auf der rechten Seite der Gleichung auf.

Weshalb aber sollten wir überhaupt die Additivität der Wahrscheinlichkeiten erwarten?

Der Grund dafür liegt in der besonderen Art der Modellierung des Doppelspalt-Experiments als Anwendungsfall der Wahrscheinlichkeits-Theorie, die durch die Teilchen-Interpretation quantenmechanischer Objekte nahegelegt ist. Die Situation xy entspricht in dieser Modellierung einem disjunktiven Ereignis XvY (Durchgang durch den linken Spalt oder Durchgang durch den rechten Spalt), die Situationen x (bzw. y) den Ereignissen X (bzw. Y), aus denen XvY zusammengesetzt ist. Setzt man den von Born verwendeten Wahrscheinlichkeitsbegriff voraus, also die Ignorance-Interpretation, so ist $P_x(G)=P(G/X)$ das Maß unserer Gewißheit hinsichtlich des Auftreffens eines Elektrons in G, das durch den linken offenen Spalt gegangen ist und $P_x(G/C)=P(G/X)P(X/C)$ das Maß unserer Gewißheit hinsichtlich des Auftreffens eines Elektrons in G, wenn der Spalt x offen ist, wobei die Bedingung C den Präparationszustand des Elektrons repräsentiert.

Da X und Y aus Sicht der Teilchen-Interpretation sich gegenseitig ausschließende Ereignisse sind und der Gewißheitsgrad hinsichtlich eines Resultats sich additiv aus den Gewißheitsgraden zusammensetzt, die den unabhängigen Wegen zur Realisierung des Resultats entsprechen, muß daher gelten (*):

$$P(G/XvY/C)=P(G/X)P(X/C)+P(G/Y)P(Y/C)$$

Die Ignorance-Interpretation für die QM-Wahrscheinlichkeiten erfüllt damit das Axiom der endlichen Additivität der mathematischen Wahrscheinlichkeitstheorie (Kolmogoroff-Axiome):

$$P(XvY/C)=P(X/C)+P(Y/C)$$

(Wegen $P(G/XvY/C)=P(G/C)P(XvY/C)=P(G/C)$ $(P(X/C)+P(Y/C))=$
$=P(G/C)P(X/C)+P(G/C)P(Y/C)$ ist die obige Gleichung mit * äquivalent).

Da sie auch die anderen Axiome der Theorie erfüllt, stellt die Ignorance-Interpretation eine zulässige Wahrscheinlichkeits-Interpretation dar.

Andreas Bartels, Gießen

Daß die obige Beziehung durch das Ergebnis des Doppelspalt-Versuchs nicht bestätigt wird, kann nun zweierlei bedeuten:

(Hypothese 1): Das Axiom der endlichen Additivität wird durch die quantenmechanischen Wahrscheinlichkeiten verletzt.

oder:

(Hypothese 2): Der Doppelspalt-Versuch kann nicht in der angegebenen Art als Wahrscheinlichkeits-Versuch modelliert werden. Die zugrunde liegende Teilchen-Interpretation ist unhaltbar.

Hypothese (1) erklärt zwar das Ergebnis des Doppelspalt-Experiments ebenso wie (2). Sie ist aber logisch viel stärker als (2), behauptet sie doch, daß es keine mögliche Modellierung des Doppelspalt-Experimentes als Anwendung der Wahrscheinlichkeitstheorie gibt, während (2) lediglich die frühere Modellierung verwirft und durch eine andere ersetzen möchte.

Der Vorzug von (2) gegenüber (1) ist ein Beispiel für die wissenschaftstheoretische These Quines, nach der wir bei der Adjustierung unserer Theorien an die empirische Wirklichkeit stets die am wenigsten folgenreichsten und aufwendigsten Wege wählen sollten (Ökonomieprinzip der Abänderung von Theorien). Hypothese (1) hätte den Nachteil, daß das Scheitern der mathematischen Wahrscheinlichkeitstheorie in der QM ohne weitere physikalische Erklärung hingenommen werden müßte, während (2) ein verändertes Verständnis der quantenmechanischen Wahrscheinlichkeiten und, wie wir sehen werden, auch eine neue Interpretation der Theorie herausfordert.

Wir wählen also Hypothese (2). Was ist nun falsch an der ursprünglichen Modellierung des Doppelspalt-Experiments als Anwendung der Wahrscheinlichkeitstheorie ? Der Fehler liegt in der Verwendung eines identischen Ausdrucks C für den quantenmechanischen Zustand des Systems. Das Resultat des Doppelspaltversuchs lehrt, daß die quantenmechanischen Wahrscheinlichkeiten sich nicht auf einen solchen isolierten quantenmechanischen Zustand beziehen, sondern stets auf einen aus der Wellenfunktion der Elektronen und der Meßanordnung, d.h. dem Schirm mit den verschieden geöffneten Spalten, zusammengesetzten Zustand. Es ist stets eine Wahrscheinlichkeit des Elektrons bezogen auf einen bestimmten Öffnungszustand des Schirms, die durch einen Ausdruck wie $P_X(G)$ wiedergegeben wird. $P_X(G)$, $P_Y(G)$ und $P_{XY}(G)$ beziehen sich also nicht auf eine gemeinsame Systembedingung C, sondern auf verschiedene zusammengesetzte Systembedingungen C_X, C_Y und C_{XY}. Damit wird eine mögliche Verletzung des Axioms der endlichen Additivität blockiert, die Gleichung

$$P(G/X \vee Y/C_{XY}) = P(G/X/C_X) + P(G/Y/C_Y)$$

verletzt nicht die mathematische Theorie der Wahrscheinlichkeit.

Zum einen ist dies ein Vorschlag für eine geänderte Interpretation des Wahrscheinlichkeitsbegriffs. Quantenmechanische Wahrscheinlichkeiten sind generell wesentlich relationale Wahrscheinlichkeiten für einen bestimmten Zahlenwert einer Observablen (oder für ein bestimmtes Zahlen-Intervall), gegeben daß diese Observable tatsächlich an diesem System gemessen wird.

Der Zustand eines Elektrons, das einer Messung unterzogen wird, besteht aus drei Komponenten, der Quelle (Kathode), den Spalten und der Platte selbst, die die Spalte enthält. Die Zustandspräparation produziert daher drei verschiedene Zustände, je nach Öffnungssituation der Spalte:

Andreas Bartels, Gießen

ϕ_x: nur der linke Spalt ist offen.
ϕ_y: nur der rechte Spalt ist offen.
ϕ_{xy}: beide Spalte sind offen.

Die Theorie sagt nun, daß ϕ_{xy} eine Superposition von ϕ_x und ϕ_y ist, d.h. $\phi_{xy}=a\phi_x+b\phi_y$ (a und b komplexe Zahlen). Dabei ist $|a|^2$ nicht mehr wie in der Bornschen Interpretation die Wahrscheinlichkeit, daß das System ϕ_{xy} sich in Wirklichkeit im Zustand ϕ_x befindet, also eine Trajektorie besitzt, die durch den linken Spalt führt. Nach der Kopenhagener Interpretation bedeutet $|a|^2$ nun die Wahrscheinlichkeit für das Auftreffen des Elektrons für den Fall, daß wir eine andere Messung, nämlich eine an dem als ϕ_x präparierten Zustand machen würden.

Mit dem Übergang zu relationalen Wahrscheinlichkeiten, die sich nicht mehr auf das isolierte physikalische System und dessen Zustand beziehen, sondern auf einen gekoppelten Zustand aus Quantenzustand des Systems und der Observablen (Meßgerät), ist schon der zentrale Inhalt der Kopenhagener Interpretation der QM ausgedrückt: Quantenmechanische Systeme besitzen ihre probabilistischen Eigenschaften nicht an sich selbst, sondern nur in Hinblick auf bestimmte Meßsituationen. Ihre probabilistischen Eigenschaften sind objektiv, d.h. nicht-epistemisch, aber sie sind relationale Eigenschaften.

Da die probabilistischen Eigenschaften nur in Meßsituationen realisiert sind, liegt es nahe, die relationale Wahrscheinlichkeits-Interpretation näher auf die relative Häufigkeits-Deutung einzugrenzen: qm-Wahrscheinlichkeiten sind danach nichts anderes als relative Häufigkeiten eines Merkmals (z.B. eines Zahlenwertes) in konkreten Meßreihen.

(5) Die Häufigkeits-Interpretation der Wahrscheinlichkeit und ihre Probleme

Nach der Häufigkeits-Interpretation der Wahrscheinlichkeit bedeutet die Aussage P(E)=r (die Wahrscheinlichkeit des Ereignisses E hat den Wert r), daß in einer Folge gleichartiger Versuche das Ereignis E mit der relativen Häufigkeit r auftritt. Wahrscheinlichkeitsaussagen nehmen daher Bezug auf eine bestimmte Art von Versuchen, oder auf eine Bezugsklasse. Wenn ich von einer Leiter falle, so gehört dieses Ereignis zur Bezugsklasse menschlicher Leiterstürze, aber auch zu der anderen Bezugsklasse der Stürze von Lebewesen aus einer Höhe von weniger als 100 Metern. Das Verhältnis gebrochener Beine zur Gesamtzahl wird in beiden Bezugsklassen sicher unterschiedlich sein. Danach sind Wahrscheinlichkeitsaussagen nicht eindeutig bestimmt, solange keine spezifische Bezugsklasse angegeben ist. Zum Problem kann dies dann werden, wenn man nicht an statistischen Durchschnitts-Aussagen, sondern an Aussagen interessiert ist, die für ein Individuum charakteristisch sind. In diesem Fall geht es um die Auswahl relevanter Bezugsklassen.

Eine relevante Bezugsklasse ist die Klasse von Objekten, die durch einen Faktor (oder: Eigenschaft), bzw. durch den Durchschnitt endlich vieler Faktoren bestimmt wird, die für das Eintreten der in Frage stehenden Ereignisart E relevant sind. Ein Faktor F ist relevant für E, wenn die Wahrscheinlichkeit des Auftretens von E von F abhängt. Eine Wahrscheinlichkeitsaussage, die für ein Individuum bzw. für einen Einzelfall charakteristisch sein soll, ist nur dann aussagekräftig, wenn die Bezugsklasse relevant ist. So ist Meiers

Andreas Bartels, Gießen

Aussicht, in seinem Leben an Krebs zu erkranken, i.a. nicht durch die Häufigkeit von Krebserkrankungen unter Bundesbürgern gegeben, als Mitglied oder Nicht-Mitglied bestimmter Risikogruppen, etwa der Gruppe der Raucher, wird seine Aussicht höher sein als der statistische Durchschnitt.

Um die ideale relevante Bezugsklasse für Meiers Krebsrisiko zu bestimmen, die dem Durchschnitt aller relevanter Krebsfaktoren entspricht, müßte man zunächst alle Faktoren kennen, die kausal für die Krebsentstehung verantwortlich sind. Es ist klar, daß individuelle Wahrscheinlichkeitsaussagen unter diesen Umständen in hohem Maße unsicher sind.

Das eben skizzierte Problem ist aber nur für eine generelle Wahrscheinlichkeits-Theorie von Bedeutung[2], die eine Interpretation für jede Art von "everyday probability talk" anstrebt. Für das spezielle Interesse der Interpretation von Wahrscheinlichkeiten in der Naturwissenschaft ist das Problem deswegen nicht wichtig, weil wir, z.B. in der Quantenmechanik, über Präparationsverfahren für Zustände verfügen, die automatisch ideale Bezugsklassen festlegen, weil alle für das Verhalten eines Einzelsystems aufgrund der Theorie kausal relevanten Faktoren in die Definition des Zustands aufgenommen sind (es gibt keine hidden variables).

Das Problem der Bestimmung relevanter Bezugsklassen besitzt aber noch eine weitere Dimension. Nach J. Fetzer (1983) führt die relative Häufigkeits-Interpretation nämlich zu keiner vernünftigen Festlegung relevanter Bezugsklassen. Wenn Wahrscheinlichkeiten relative Häufigkeiten sind (und nicht nur durch sie getestet werden), dann muß in einer Folge von Emissionen von Elektronen aus einer Präparationsmaschine jedes einzelne Emissionsereignis seine eigene Bezugsklasse definieren, mit der Folge, daß alle Wahrscheinlichkeiten trivialerweise 1 werden. Denn jede einzelne Emission verändert in einer endlichen Folge von Emissionen die relative Häufigkeit für das Auftreten von Elektronen in einem bestimmten Punkt auf dem Schirm. Der Faktor Zeit, durch den sich die Emissionsereignisse unterscheiden, müßte danach als relevanter Faktor angesehen werden[3].

Das Problem könnte dadurch umgangen werden, daß man die Versuchsreihe idealerweise gegen Unendlich gehen läßt. Die theoretisch vorhergesagten Wahrscheinlichkeiten beziehen sich dann auf die relativen Häufigkeiten in the long run. Die korrekte Interpretation für die Wahrscheinlichkeit eines Ereignisses E in einer Reihe s wird durch die Funktion

$$\text{relf}(E, s) = \text{limit}_{n \to \infty} f(E, s, n)$$

wiedergegeben (f ist die relative Häufigkeit von E in s nach n Versuchen).

Problematisch daran ist, daß das sogenannte "Gesetz der großen Zahl" (Bernoulli) die Konvergenz der relativen Häufigkeiten gegen den Erwartungswert nur für "fast alle Versuchsfolgen" sichert, d.h. die Wahrscheinlichkeit, daß eine gegebene Folge einen "Ausreißer" darstellt, nimmt für $n \to \infty$ ab, sie wird aber niemals Null. Es gibt also keine mathematische Aussage, die die Existenz eines Grenzwertes für relative Häufigkeiten garantiert.

Fetzers Argument zeigt, daß die Festlegung von Bezugsklassen in der Quantenmechanik durch verschiedene Arten von Präparationverfahren nicht verständlich wäre, würde man Wahrscheinlichkeiten mit relativen Häufigkeiten identifizieren und daher die Relevanz eines Faktors allein anhand seines Einflusses auf die

Andreas Bartels, Gießen

relativen Häufigkeiten bestimmen. Das tatsächlich verwendete Kriterium der Relevanz orientiert sich am Begriff des quantenmechanischen Zustands; relevant ist ein Faktor nur, wenn er den Zustand ändert. Die für die Festlegung von Bezugsklassen entscheidenden Einheiten sind also die Zustände, deshalb charakterisiert der quantenmechanische Wahrscheinlichkeitsbegriff nicht relative Häufigkeiten in Versuchsreihen, sondern eine Eigenschaft der Zustände selbst. Damit wird der Übergang zu einem anderen Wahrscheinlichkeits-Begriff nahegelegt, dem propensity-Begriff der Wahrscheinlichkeit.

Wahrscheinlichkeitsaussagen beziehen sich nicht auf Bezugsklassen per se, sondern auf Bezugsklassen, insofern sie durch eine identische physikalische Situation oder Zustand, durch einen identischen "chance-set-up" hervorgebracht werden. Dies ist der Inhalt der Propensity-Interpretation der Wahrscheinlichkeit.

(6) Die Propensity-Interpretation der Wahrscheinlichkeit und die Quantenmechanik

Wie in Abschnitt (2) erläutert, beziehen sich Wahrscheinlichkeitsaussagen in der Quantenmechanik auf Eigenschaften von Zuständen, die ein physikalisches System mit einer Meßanordnung koppeln. Dies paßt gut zu der propensity-Interpretation. Im Allgemein besagt ja die propensity-Deutung, daß Wahrscheinlichkeiten durch die physikalische Beschaffenheit eines Objekts, einschließlich der Bedingungen der Versuchsdurchführung, bestimmt werden.

Nach Ballentine (1986) ist "the propensity interpretation... particularly well suited for application to quantum mechanics. ... It differs conceptually from the frequency theory in viewing probability as a characteristic of the physical situation...that may potentially give rise to a sequence of events, rather than a property of an actual sequence of events"[4].

Propensitäten kommen nicht als weitere Eigenschaften zu den grundlegenden physikalischen Eigenschaften eines Systems hinzu, sie werden stattdessen vollständig von diesen bestimmt und treten als deren Epiphänomene in Erscheinung. Sie sind damit eine spezielle Form von Dispositionseigenschaften. Ein Glas besitzt seine Disposition unter bestimmten Umständen zu zerbrechen nicht zusätzlich zu seinen physikalischen Eigenschaften, sondern als Resultat seiner physikalischen Eigenschaften.

Dispositionen sind Dispositionen für etwas. Wofür sind Propensitäten Dispositionen ? Sie sind Dispositionen für den Ausgang des jeweils nächsten Versuchs (single-case-propensity). Die qm-Wahrscheinlichkeiten liefern uns Erwartungswerte für einzelne zukünftige Messungen an einem System. Statistisch sind diese Erwartungswerte natürlich mit relativen Häufigkeiten verbunden. Für eine große Zahl von Einzelversuchen werden sich die relativen Häufigkeiten (mit hoher Wahrscheinlichkeit) den Erwartungswerten für den Einzelfall annähern. Propensitäten sind daher indirekt auch Dispositionen für relative Häufigkeiten.

Erklärungen mithilfe von Propensitäten ("Neigungen") können leicht dem Verdacht ausgesetzt sein, reine Verbalerklärungen zu sein. Ein berühmtes Beispiel ist die "vis dormitiva" bei Moliere als Erklärung der Wirksamkeit von Schlafmitteln. Popper[5] hat versucht, diesem Verdacht durch den Vergleich von Propensitäten mit Kräften oder Feldern in der Physik zu begegnen. Auch diese besitzen einen theoretischen Status, sind nicht direkt, d.h. unabhängig von ihren Wirkungen feststellbar, und haben dennoch einen sehr realen Einfluß auf beobachtbare Erscheinungen.

Andreas Bartels, Gießen

Was ist durch die Propensity-Interpretation der Wahrscheinlichkeit nun für die Interpretation der Quantenmechanik gewonnen ?

Die Propensity-Deutung der Wahrscheinlichkeit stellt sich als eine begrifflich adäquate Interpretation der quantenmechanischen Wahrscheinlichkeiten heraus. Sie behandelt Wahrscheinlichkeiten als Dispositionen, die einem physikalischen Objekt relativ zu einer Bezugsklasse von Versuchsbedingungen, aber unabhängig vom aktualen Vorhandensein dieser Versuchsbedingungen zukommen. Daher gibt sie nicht nur den Kern der Kopenhagener Interpretation der Quantenmechanik wieder, sondern führt auch zu einer im schwachen Sinne (vgl. Abschnitt 2) realistischen Darstellung der quantenmechanischen Eigenschaften. Während sich relative Häufigkeiten nicht auf messungsfreie Zustände beziehen können, können quantenmechanische Propensitäten als Dispositionseigenschaften feststehen, unabhängig davon, ob sie gerade in einer Meßanordnung aktualisiert werden.

Selbst durch eine realistische Rekonstruktion der Kopenhagener Interpretation ist jedoch für das zentrale Interpretationsproblem der Quantenmechanik noch wenig gewonnen. Der Übergang von den quantenmechanischen Dispositionen zu den "harten Fakten", die sich im Meßprozeß zeigen, bleibt weiterhin unverstanden.

Literatur:

(1) Ballentine (1986): L.E. Ballentine, Probability theory in quantum mechanics, American Journal of Physics 54 (1986), S.883-889.

(2) Born (1926): M. Born, Quantenmechanik der Stoßvorgänge, Zeitschrift für Physik 37 (1926), S.863-867, 38 (1926), S.803-827.

(3) Fetzer (1983): J.H. Fetzer, Probability and objectivity in deterministic and in indeterministic situations, Synthese 57 (1983), S.567-586.

(4) Van Fraassen (1980): B.C.van Fraassen, The Scientific Image, Clarendon: Oxford 1980.

(5) Popper (1957): K.R. Popper, The propensity interpretation of the calculus of probability, and the quantum theory, in: S. Körner (Hrsg.), Observation and interpretation, London 1957, S.65-70.

(6) Putnam (1990): H. Putnam, Realism with a human face, Harvard University Press: Cambridge Mass. 1990.

Anmerkungen:

1 *Putnam (1990)*, S.5.
2 vgl. *van Fraassen (1980)*, S.182.
3 vgl. *J. Fetzer (1983)*, S.379.
4 *Ballentine (1986)*, S.884.
5 *K. Popper (1957)*, S.69.

Zur Explikation Abstraktiver Vokabeln Im (Anti)Realismusstreit
Ein Vergleich Von Abstraktionsprozeduren

Geo Siegwart

§1 Orientierung: Die aktuelle (Anti)Realismusdebatte führt überkommene Auseinandersetzungen zwischen Realismen und Idealismen unter dem Vorzeichen des "linguistic turn" fort. Zum Einstieg lassen sich die bewegenden Streitsachen durch fünf Frageprovisorien markieren: Ist jede Aussage wahr oder falsch? Kann der Wahrheitswert einer Aussage jenseits seiner Erkennbarkeit liegen? Ist (die Bedeutung) eine(r) Aussage genau dann verstanden, wenn ihre Wahrheitsbedingungen erfaßt sind? Kommt einer Aussage dann und nur dann Wahrheit zu, wenn sie mit einem bestehenden Sachverhalt übereinstimmt? Existieren Tatsachen unabhängig von den sie beschreibenden Aussagen?

Um derartige Vorläufigkeiten in entscheidbare Fragen zu überführen, bedarf es rigoroser Explikation der verwendeten Redeteile. Einige *Leitvokabeln* wie etwa 'der Sachverhalt zu..', 'die Tatsache zu..', 'die Proposition von..', 'der Wahrheitswert von..', 'die Bedingung von..', 'der Begriff von..', 'die Bedeutung von..' usf. scheinen einer sogenannten *Einführung durch Abstraktion* fähig. Dieser Etablierungstypus verdient schon deshalb Aufmerksamkeit, weil zahlreiche Subkontroversen der angesprochenen Großdebatte abstrakten Gegenständen gelten. — Nachfolgend ist es darum zu tun, die faktisch vorliegenden Offerten zur Einführung durch Abstraktion einer kritischen Darstellung zu unterziehen, die sich zur Skizze einer alternativen Prozedur verdichtet (§4–§8). Vorangestellt sind Desambiguierungen der Abstraktionsrede sowie Hinweise zum Zusammenspiel von Gleichheit, Invarianz und Identität (§2,§3).

§2 'Abstrakt'/'Konkret': Das Prädikatorenduo '..ist abstrakt'/'..ist konkret', findet — auch bei Beschränkung auf die philosophische Fachsprache — vielfache Verwendung. Unter Verzicht auf eine (wünschenswerte!) Gesamtanalyse ist lediglich eine Ambiguität zu fokussieren: (i) Das Verhältnis von '..ist abstrakt' und '..ist konkret' ist im Falle der *absoluten* Verwendung durch Disjunktheit und Exhaustivität (relativ auf einen Grundbereich) charakterisiert. Weitere Bestimmungen ergeben sich im Rückgriff auf Attribute wie (Un)Veränderlichkeit, (Un)Zeitlichkeit, (Un)Zeigbarkeit, kausale (Un)Wirksamkeit usf. (↑KUNNE: Abstrakte Gegenstände, 44–95, HALE: Abstract Objects, 45ff). (ii) Im Falle der *relativen* Verwendung werden die Prädikatoren im Rückgriff auf die zweistelligen zueinander konversen Prädikatoren '..ist abstrakt bezüglich..' und '..ist konkret bezüglich..' durch Wegbinden definiert. Obgleich die zweistelligen Redemittel zueinander disjunkt sind, gilt dies für die einstelligen

Geo Siegwart (Essen)

bei Annahme von Abstraktionsabfolgen nicht: Ein Prädiktorentyp ist zugleich abstrakt (bezüglich der Token) und konkret (bezüglich der jeweiligen Begriffe). Das Beispiel zeigt auch, daß der Schnitt relativer und absoluter Abstrakta nicht leer ist.

Kommt das Ausdrucksduo im informellen Umfeld der Einführung durch Abstraktion vor, dann ist *in der Regel* die relative Bedeutung im Spiel. Der Umstand indes, daß das Projekt der Einführung durch Abstraktion von vielen Autoren nicht zuletzt deshalb betrieben wird, um die ontologischen und epistemologischen Standardkontroversen bezüglich der Abstrakta im absoluten Sinn in unorthodoxer Weise aufzulösen, läßt die aufgezeigte Zweideutigkeit als riskant und daher (auch im Folgetext) als beachtenswert erscheinen. Vielleicht ist es, anbei bemerkt, kein Zufall, daß Anzahlen ein *Prototyp* von Abstrakta im absoluten Sinne sind, daß der Anzahloperator ein *Paradigma* für eine Einführung durch Abstraktion darstellt (↑FREGE: Grundlagen der Arithmetik, v.a. §62–69), daß schließlich die Konvertierung der Frage nach der kognitiven Zugänglichkeit von Anzahlen in das Problem der Bedeutung von Anzahlworten als >Ort< des linguistic turn ausgemacht wird (↑DUMMETT: Frege, 167ff).

§3 Gleichheit und Invarianz: Ausgangspunkt einer Einführung durch Abstraktion (gleich welchen Typs) ist eine auf einem Bereich Φ^1 erklärte Gleichheit Π^2. Von den Φ^1-Startentitäten, den Konkreta (im relativen Sinn), gelten einige Charakteristika Π^2-invariant. Diese Sachlage veranlaßt Einführungen durch Abstraktion. Im Gelingensfall stehen abstraktive Redeteile zur Verfügung, mit denen man sich auf die Zielentitäten, die Abstrakta, beziehen kann. – Um diese vagen Verlautbarungen ein Stück weit zu präzisieren, sind zunächst Gleichheit und Invarianz für Standardsprachen erster Stufe zu charakterisieren. Hier und später wird folgende Notation verwendet:

[1] ω, ξ, ζ Variablen

   B^ω genau in ω offene Formel B

   Φ^1 1–stellige (Bereichs)Prädiktoren (für Konkreta)

   Π^2 2–stellige (Gleichheits)Prädiktoren

   K^2 2–stellige Darstellungsprädiktoren (zwischen Konkreta und Abstrakta)

   κ^1 1–stellige (Abstraktions)Funktoren

   $[\theta, \theta_1, B]$ das Ergebnis der Substitution des Terms θ für den Term θ_1 in B

Aus einer der üblichen Charakterisierungen von Gleichheitsprädiktoren:

[2] Π^2 <u>ist auf</u> Φ^1 <u>Gleichheitsprädiktor von</u> S
   gdw
   S ist eine Standardsprache erster Stufe, Π^2 ist zweistelliger und Φ^1 ist einstelliger Prädiktor von S, für die gilt:

   $\vdash_S \wedge\omega\wedge\xi\,(\omega\Pi^2\xi \rightarrow \Phi^1(\omega) \,\&\, \Phi^1(\xi))$ (Geschlossenheit)

   $\vdash_S \wedge\omega\,(\Phi^1(\omega) \rightarrow \omega\Pi^2\omega)$ (Reflexivität)

   $\vdash_S \wedge\omega\wedge\xi\wedge\zeta\,(\xi\Pi^2\omega \,\&\, \zeta\Pi^2\omega \rightarrow \xi\Pi^2\zeta)$ (Rechtskomparativität), ergibt sich Symmetrie, Linkskomparativität, Transitivität und Zirkularität. — Die Invarianz einer Formel ist so charakterisiert:

[3] B^ω ist invariant bezüglich Π^2 in S
gdw
S ist eine Standardsprache erster Stufe, Π^2 ist ein zweistelliger Prädikator von S und B^ω ist eine in ω offene Formel von S, so daß gilt:

$\vdash_S \wedge\omega\wedge\xi\,(B^\omega\,\&\,\omega\Pi^2\xi \to [\xi,\omega,B^\omega])$

Das *Principium Aqualitatis Indiscernibilium* hält fest, daß, was zueinander in einer Gleichheit steht, vermöge der bezüglich dieser Gleichheit invarianten Redemittel ununterscheidbar ist:

[4] Wenn Π^2 auf Φ^1 Gleichheitsprädikator von S ist, dann:

$\vdash_S \wedge\omega\wedge\xi\,(\Phi^1(\omega) \to (\omega\Pi^2\xi \leftrightarrow \text{Für alle } \Pi^2\text{-invarianten } B^\omega\colon B^\omega \leftrightarrow [\xi,\omega,B^\omega]))$

Als Spezialfall resultiert das *Principium Identitatis Indiscernibilium*:

[5] Wenn '..=..' Identitätsprädikator von S ist, dann:

$\vdash_S \wedge\omega\wedge\xi\,(\omega=\xi \leftrightarrow \text{Für alle } B^\omega\colon B^\omega \leftrightarrow [\xi,\omega,B^\omega])$

Gewinnt man eine Sprache S* dadurch aus einer Sprache S, daß man nur solche S—Formeln zuläßt, die bezüglich der betrachteten Gleichheit Π^2 invariant sind, dann übernimmt Π^2 in S* die Rolle der Identität. Da man in S* von allen Π^2—varianten Bestimmungen >absieht<, wird auch diese Operation gelegentlich unter den Titel 'Abstraktion' gestellt. Der Verwechslung und sogar Vermengung dieser *sprachbeschränkenden* mit der hier zu betrachtenden *spracherweiternden* Abstraktion ist nachdrücklich entgegenzutreten (↑Siegwart: "Die...fundamentale Methode der Abstraktion", §5) !

§4 Übersicht: Angenommen, auf einem Bereich Φ^1 sei eine Gleichheiit Π^2 erklärt, z.B. die interlinguale Synonymie zwischen Prädikatoren oder die Schweregleichheit zwischen Körpern. Unterstellt ferner das — wie immer motivierte — Bedürfnis, von den Konkreta zu passenden Abstrakta, im Beispiel zu Begriffen oder zu Gewichten, >überzugehen<, d.h. im Ausgang von Π^2 geeignete abstraktive Redeteile, also die Funktoren 'der Begriff von..' oder 'das Gewicht von..', einzuführen; dann bietet die einschlägige Literatur folgende Wege:

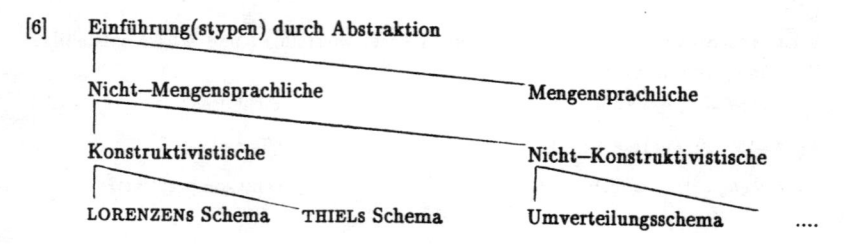

[6] Einführung(stypen) durch Abstraktion

      Nicht—Mengensprachliche   Mengensprachliche

      Konstruktivistische   Nicht—Konstruktivistische

      LORENZENs Schema   THIELs Schema   Umverteilungsschema   ....

Geo Siegwart (Essen)

§5 Mengensprachliche Abstraktion: Die erste unter [6] veranschlagte Einteilungsrücksicht stellt auf die je unterlegte Sprache ab. In einem mengensprachlichen Rahmen werden Abstrakta mit Äquivalenzklassen identifiziert. Genauer: Gegeben sei eine durch Π^2 bezeichnete Äquivalenzrelation; diese zerlegt ihr Feld vollständig und disjunkt in solche Klassen, die unter Π^2 geschlossen und deren sämtliche Mitglieder durch Π^2 verbunden sind. Ist Π^2 Äquivalenzrelation, dann ist $\{\xi | \xi\Pi^2\omega\}$ eine solche Äquivalenzklasse von ω unter Π^2. Das Abstraktum von ω unter Π^2 wird also durch:

[7] $[\omega]_{\Pi^2} = \{\xi | \xi\Pi^2\omega\}$

definiert. – Sei die Synonymierelation für Prädikatoren (=SY) bzw. die Schweregleichheit zwischen Körpern (=SG) in einer Mengensprache etabliert, dann läßt sich definieren:

[8]   der Begriff von $z = [z]_{SY} = \{y | ySYz\}$

[9]   das Gewicht von $z = [z]_{SG} = \{y | ySGz\}$

Mengensprachliche Einführungen durch Abstraktion sind Explizitdefinitionen und bringen mithin für die Konsistenz der Sprache, falls vorhanden, keine Gefahr mit sich. Sie stellen das Standardverfahren im Sinne der de facto am häufigsten verwendeten Prozedur dar. – Gegen die Abstraktion per Äquivalenzklasse werden folgende Bedenken geltend gemacht: (i) Der Aufbau von Mengensprachen läuft so–und–so beschaffenen Kriterien der Sprachkonstitution zuwider; damit ist der angebotene sprachliche Rahmen inakzeptabel. Insbesondere der Operator 'die Menge aller $\xi:...\xi$.' bedarf einer (bei Strafe des Zirkels) nicht–mengensprachlichen Einführung durch Abstraktion. (ii) Werden sämtliche Abstrakta mit Äquivalenzklassen identifiziert, dann findet eine >Gleichschaltung< statt, die der Pluralität des Abstraktaparks keine Rechnung trägt. (iii) Bei historischen Abstrakta, z.B. biologischen Arten, literarischen oder musikalischen Werken, ist die vorgenommene Gleichsetzung material inadäquat, weil der Veränderungsaspekt durch die Identifizierung mit atemporalen Mengen verlorengeht.

Wer einer dieser Einwendungslinien folgt, muß um eine alternative Abstraktionsprozedur besorgt sein. In diesem Kontext kann ihre Triftigkeit jedoch mit einem "Transeat!" versehen werden: Auch für den Proponenten der Abstraktion per Äquivalenzklasse ist die der Spracharchitektonik angehörende Frage, ob eine Einführung durch Abstraktion nicht schon mit *schwächeren Mitteln*, hier: in einer Standardsprache erster Stufe, also ohne die Mengensprechweise, einzurichten ist, vollständig legitim.

§6 Konstruktivistische Abstraktion: Die zweite in Übersicht [6] wirksame Einteilungsrücksicht stellt auf Schulzugehörigkeit ab und ist daher historisch–kontingenter Natur. Ihre Veranschlagung ist insofern gerechtfertigt, als dem Konstruktivismus (der Erlanger Schule) das Verdienst zukommt, die Breite des Anwendungsfeldes und den Stellenwert eines intakten Abstraktionsverfahrens (nicht nur für die Protoprogramme) klar erkannt zu haben. Zwei

Angebote werden unterbreitet: Die ältere, von LORENZEN vorgeschlagene Prozedur reglementiert die Abstraktoren so, daß eine bezüglich einer Gleichheit invariante Eigenschaft einem Abstraktum genau dann zukommt, wenn sie auch dem jeweiligen Konkretum eignet:

[10] Wenn Π^2 ein Gleichheitsprädikator von S ist und B^ω eine Π^2-invariante Formel von S darstellt, dann darf man eine Aussage der Form:
$$\wedge\omega\,([\kappa^1(\omega),\omega,B^\omega] \longleftrightarrow B^\omega)$$
in S kategorisch setzen.

Wählt man für B^ω gerade den Bereichsprädikator Φ^1, dann ergibt sich das unerwünschte Lemma der Gleichstellung von Abstrakta und Konkreta:

[11] $\wedge\omega\,(\Phi^1(\kappa^1(\omega)) \longleftrightarrow \Phi^1(\omega))$

Instanz: Der Begriff zu 'rot' ist genau dann ein Prädikator, wenn 'rot' ein Prädikator ist. Nun soll aber der Begriff zu 'rot' gerade kein Prädikator, sondern ein Begriff sein. Die prima facie einleuchtende Idee, die Invarianz der Rede schlicht durch Zusetzung des Abstraktionsoperators anzuzeigen, ist so nicht durchführbar. Sie widerspricht auch insofern konstruktivistischen Zielen, als mit der Einlagerung der Abstrakta in die Konkreta variante Aussagen über Abstrakta beweisbar werden (↑SIEGWART: Zur Inkonsistenz der konstruktivistischen Abstraktionslehre, 253f, HARTMANN: Ist die konstruktive Abstraktionstheorie inkonsistent?, 272–77, 283f, SIEGWART: Die..fundamentale Methode der Abstraktion, §2ff).

Zwei Konsequenzen liegen nahe: Kein Konkretum darf Abstraktum unter derselben Gleichheit sein: *Differenzpostulat*. Will man Invarianz signalisieren durch Vorsetzen des Abstraktors, dann muß auch der Prädikator angepaßt, adjustiert werden: *Adjustierungsforderung*. Die obige Instanz in adjustierter Lesart (mit '..ist Begriff' als Adustiertem für '..ist Prädikator') ist vollständig akzeptabel: Der Begriff 'rot' ist genau dann ein Begriff, wenn alle zu 'rot' synonymen Gegebenheiten Prädikatoren sind.

Die jüngere Einführungsalternative geht auf THIEL zurück: Das Abstraktum zu einem Konkretum besitzt ein bestimmtes Attribut genau dann, wenn alle zu dem Konkretum in der unterlegten Gleichheit stehenden Entitäten diese Eigenschaft aufweisen:

[12] Wenn Π^2 ein Gleichheitsprädikator von S ist, dann darf man eine Aussage der Art:
$$\wedge\omega\,([\kappa^1(\omega),\omega,B^\omega] \longleftrightarrow \wedge\xi\,(\xi\Pi^2\omega \to [\xi,\omega,\longmapsto B^\omega]))$$
in S kategorisch setzen.

Auch diese Formulierung hat unerwünschte Folgen: (i) Wählt man für B^ω die Formel $\omega=\kappa_1(\alpha)$, dann ergibt sich in wenigen Schritten, daß alle Φ^1-Entitäten, alle Konkreta ω, mit ihren Abstrakta $\kappa^1(\omega)$ identisch sind. (ii) Spezialisiert man B^ω zu $\Pi(\omega,a)$, dann werden alle Entitäten Konkreta, Φ^1 erweist sich als transzendentaler/universaler Prädikator (↑SIEGWART: Zur Inkonsistenz der konstruktivistischen Abstraktionslehre, 250–253). – Aus diesen Kontraintuitiva resultiert unter naheliegenden Zusatzprämissen: Der unter [12] vorgelegte Präzisierungsvorschlag ist zum einen nicht intentionentreu und die leitenden Intentionen sind zum anderen bislang unzureichend präzisiert (↑THIEL: Geo Siegwarts Szenario, 262ff, SIEGWART: Die..fundamentale Methode der Abstraktion, §8f).

Einer der von THIEL angekündigten Verbesserungsschritte besteht nun gerade in der oben schon geforderten Adjustierung der invarianten Prädikatoren (↑THIEL: Geo Siegwarts Szenario, 263). Beispiel: Der Begriff zu 'rot' wäre genau dann ein Begriff, wenn alle zu 'rot' synonymen Gegebenheiten Prädikatoren sind. Allerdings ist sich hier ein *Zirkularitätsbedenken* anzumelden: Einerseits muß der Adjustierungsschritt auf den Abstraktionsoperator rekurrieren, andererseits soll das adjustierte Redeteil bereits im Schema zur Einführung des Operators mitwirken (SIEGWART: Die..fundamentale Methode der Abstraktion, §9). Dieser Mißstand führt auf die Suche nach einem Einführungsschema, das nicht schon auf adjustierte Redeteile zurückgreifen muß.

§6 Das Umverteilungsschema

Fündig wird man diesbezüglich bei einem Ansatz, der die Äquivalenz zwischen Gleichsein der Konkreta und Identität der Abstrakta mit einführender Kraft versieht. Die klassische Beschreibung der zugrundeliegenden Intuition legt die auf dem Bereich der Geraden erklärte Parallelität zugrunde und gelangt durch folgende >Umverteilung< zu den Richtungen:

[13]   Das Urtheil "die Gerade a ist parallel der Gerade b", in Zeichen: a//b, kann als Gleichung aufgefaßt werden, Wenn wir dies thun, erhalten wir den Begriff der Richtung und sagen: "die Richtung der Gerade a ist gleich der Richtung der Gerade b" Wir ersetzen also das Zeichen // durch das allgemeinere =, indem wir den besondern Inhalt des ersteren an a und b vertheilen. Wir zerspalten den Inhalt in anderere als der ursprünglichen Weise und gewinnen dadurch einen neuen Begriff. (FREGE: Grundlagen der Arithmetik, §64).

Die materialen Anteile der Parallelität fallen an die Richtungen, die strukturellen, d.h. gleichheitsbildenden, werden von der Identität weitergetragen. — Die Präzisierung dieses Ansatzes liest sich so:

[14]   Wenn Π^2 auf Φ^1 Gleichheitsprädikator von S ist, dann darf man eine Aussage der Art:
$\Lambda\omega\Lambda\xi\,(\Phi^1(\omega) \to (\omega\Pi^2\xi \mapsto \kappa^1(\omega)=\kappa^1(\xi)))$
in S kategorisch setzen

Im Einführungsschema werden ersichtlich keine adjustierten/zu adjustierenden Prädikatoren verwendet; deren Bereitstellung ist eine wohlseparierte Aufgabe. Ihre Bearbeitung schafft zugleich die Möglichkeit, über Abstrakta außerhalb von Identitätskontexten zu sprechen (↑WRIGHT: Frege's Conception of Numbers as Objects, 29f).

Die Ausstattung des Verteilungsschemas mit einführender Kraft hat verschiedene Einwände auf sich gezogen (DUMMETT: Frege, 189ff), insbesondere die von SCHOLZ mit der gewohnten Pünktlichkeit geübte Kritik, mit [14] seien weder die für einen termbildenden Operator verlangte Eindeutigkeit noch die Existenz garantiert (↑SCHOLZ/SCHWEITZER: Die sogenannten Definitionen durch Abstraktion, 20f, 40ff). Um solche Fährnisse sekuristisch zu umgehen, sollte man der Explizitdefinition als Einführungsform den Zuschlag geben! — Auch wenn das Umverteilungsschema sich nicht als Bereitstellungsmodus empfiehlt, bleibt es doch als Theorem wünschenswert, insbesondere in seiner unstrittigen Rolle als Identitätskriterium für Abstrakta (KÜNNE: Abstrakte Gegenstände, 234ff, HALE: Abstract Objects, 55ff).

§8 **Eine Alternative:** Gesucht ist ein Einführungsweg ohne Rekurs auf mengensprachliche Hilfsmittel. Die Sichtung des Angebots leitet die Suche durch vier Maximen an: (i) Die Bereiche der Abstrakta und Konkreta (unter derselben Gleichheit) sind *disjunkt*. (ii) Invariante Redeteile sind zu *adjustieren*, bevor sie gemeinsam mit Abstraktoren verwendet werden. (iii) Die Adjustierung kann erst *nach* der Einführung der Abstraktoren erfolgen. (iv) Als Einführungsweg ist die *Explizitdefinition* zu wählen. — Da die Adjustierung bei Verfügbarkeit des Abstraktors keine Schwierigkeit bietet, gilt dessen Etablierung alle Aufmerksamkeit!

Zwischen Abstrakta und Konkreta wird üblicherweise eine Darstellungsrelation K^2 angenommen: Prädikatoren *drücken* ihre Begriffe *aus*, Aussagen *beschreiben* ihre Sachverhalte, Körper >*haben*< ihr Gewicht. Die (mit Ausnahme der Differenz unstrittigen) strukturellen Bestimmungen der Darstellungsrelation spiegelt folgendes Diagramm:

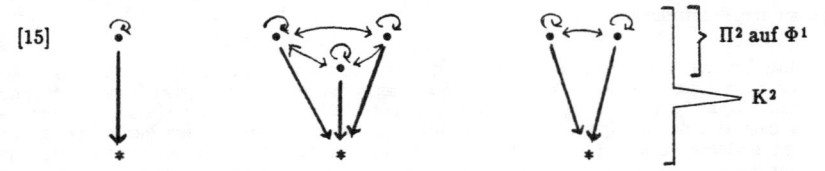

[15]   (diagram) $\Big\} \; \Pi^2 \text{ auf } \Phi^1$

K^2

Jedes Darstellende Φ^1 stellt wenigstens eine Gegebenheit dar. Steht ein erstes Konkretum zu einem zweiten und ein drittes zu einem vierten in der Darstellungsrelation, dann sind die darstellenden Entitäten genau dann durch die Gleichheit Π^2 verbunden, wenn die dargestellten Abstrakta identisch sind. Schließlich ist kein Darstellendes auch Dargestelltes. Um dieses Differenzpostulat durchsetzen zu können, muß man fordern, daß der Bereich Φ^1 der Gleichheit nicht universal ist; Gleichheiten mit nicht—universalem Bereich sind *normale* Gleichheiten. — Das Konzept des Darstellungsprädikators K^2 ist dann so definiert:

[16] K^2 ist mit Π^2 und Φ^1 Darstellungsprädikator von S
gdw
Π^2 ist auf Φ^1 normaler Gleichheitsprädikator von S, K^2 ist zweistelliger Prädikator von S, so daß gilt:

$\vdash_S \; \wedge\omega \, (\Phi^1(\omega) \to \vee\xi \; \omega K^2 \xi)$ (Existenz)

$\vdash_S \; \wedge\omega_1 \wedge\omega_2 \wedge\xi \wedge\zeta \; (\xi K^2 \omega_1 \; \& \; \zeta K^2 \omega_2 \to (\xi\Pi^2\zeta \leftrightarrow \omega_1=\omega_2))$ (Eindeutigkeit*)

$\vdash_S \; \wedge\omega \, (\Phi^1(\omega) \to \neg \vee\xi \; \xi K^2 \omega)$ (Differenz)

Auf Grundlage dieser Definition gilt insbesondere:

Geo Siegwart (Essen)

[17] Wenn K^2 mit Π^2 und Φ^1 Darstellungsprädikator einer Sprache S ist, dann:

$\vdash_S \wedge\omega\,(\Phi(\omega) \to \wedge\xi_1\wedge\xi_2\,(\omega K^2\xi_1 \,\&\, \omega K^2\xi_2 \to \xi_1=\xi_2))$ (Eindeutigkeit)

$\vdash_S \wedge\omega\,(\Phi(\omega) \to 1\xi\,\omega K^2\xi)$ (Einzigkeit)

In der mengensprachlichen Definition entspricht der Darstellungsrelation die auf das Feld der Äquivalenzrelation vor– und auf die Äquivalenzklassen nachbeschränkte Elementschaftsrelation. In den nicht–mengensprachlichen Ansätzen wird sie erst mit Hilfe des Abstraktionsoperators >nachträglich< definiert. Dagegen ist zu empfehlen, zunächst den jeweiligen Darstellungsprädikator einzuführen, um *dann erst* nach der Formel:

[18] $\wedge\omega\,(\Phi^1(\omega) \to (\kappa^1(\omega) = \xi \leftrightarrow \omega K^2\xi))$

eine bedingte Explizitdefinition für κ^1 vorzulegen. Um gleich auf eine Instanz zu gehen: Wenn die Ausdrucksrelation passend festgeschrieben ist, ist der Begriff 'rot' identifizierbar mit dem durch den Prädikator 'rot' (und alle seine Synonyme) Ausgedrücktem. Der Umstand, daß das Umverteilungsschema sowie die jeweils adjustierte Fassung der Schemata von THIEL und LORENZEN beweisbar werden, rechtfertigt die genauere Untersuchung dieses Ansatzes (↑ SCHOLZ/SCHWEITZER: Die sogenannten Definitionen durch Abstraktion, 37, HINST: Abstraktionstheorie).

LITERATUR

DUMMETT, M.: Frege. Philosophy of Mathematics; London 1991.

FREGE, G.: Grundlagen der Arithmetik. Eine logisch mathematische Untersuchung über den Begriff der Zahl; Breslau 1884 (Kritische Centenarausgabe von C. THIEL, Hamburg 1986).

HARTMANN, D.: Ist die konstruktive Abstraktionstheorie inkonsistent?; Z. philos. Forsch. 47 (1993), 271–285.

HALE, B.: Abstract Objects; Oxford 1987.

HINST, P.: Abstraktionstheorie (Konferenspapier); Weingarten 1991.

KÜNNE, W.: Abstrakte Gegenstände. Semantik und Ontologie; Frankfurt/M. 1983.

SCHOLZ, H./SCHWEITZER, H.: Die sogenannten Definitionen durch Abstraktion. Eine Theorie der Definition durch Bildung von Gleichheitsverwandtschaften; Leipzig 1935.

SIEGWART, G.: Zur Inkonsistenz der konstruktivistischen Abstraktionslehre; Z. philos. Forsch. 47 (1993), 246–260.

SIEGWART, G.: "Die..fundamentale Methode der Abstraktion". Replik auf Dirk Hartmann und Christian Thiel; Z. philos. Forsch. 47 (1993), im Erscheinen.

THIEL, C.: Geo Siegwarts Szenario. Eine katastrophentheoretische Untersuchung; zugleich ein Versuch, enttäuschte Kenner wieder aufzurichten; Z. philos. Forsch. 47 (1993), 261–270.

WRIGHT, C.: Frege's Conception of Numbers as Objects; Aberdeen 1983.

Sektion 11

Logik

Subjekt, Prädikat und Modalität

Ein Beitrag zur logischen Rekonstruktion einer kategorischen Syllogistik

Michael Astroh (Saarbrücken)

Eine begriffliche und formale Erforschung logischer Ordnung kann sich u.a. auf einem der beiden folgenden Wege entwickeln: Zum einen ist es möglich, *vorläufig* einen Kalkül zu definieren, um durch seine Anwendung Aufschluß über den darin artikulierten logischen Gehalt zu gewinnen. In einer heuristisch motivierten Revision seiner Regeln oder Axiome entwickelt sich allmählich ein System, das die intendierte Struktur adäquat zum Ausdruck bringt. Zum anderen ist es möglich, sich in der Gestaltung des Kalküls *von vornherein* durch den zu formalisierenden Begriff logischer Ordnung leiten zu lassen, seine grundlegenden Merkmale und Eigenschaften in die Architektur des formalen Systems zu übersetzen. Der hier vorliegende Beitrag zur Rekonstruktion einer kategorischen Syllogistik wird sich in dieser zweiten Perspektive organisieren, um ein Fragment eines konnexen Logiksystems *unabhängig* von einem vermeintlich klassischen Standard zu bestimmen, der als solcher insbesondere für die Geschichte der logischen Disziplin nicht offensichtlich ist.

Die nachfolgend maßgebliche Bestimmung einer im weitesten Sinne logischen, sowohl prädikativen als auch implikativen Struktur beruht erstens auf der Annahme, daß die Bedeutung eines sprachlichen Zeichens nur als Einheit seines informativen, wie auch kommunikativen Wertes adäquat zu erfassen ist. Zweitens wird vorausgesetzt, daß der wechselseitige Bezug dieser beiden Hinsichten aufeinander nur insoweit ersichtlich ist, wie Bedeutungen dynamisch, d.h. als diejenigen Momente sprachlicher Prozesse relevant werden, die inhaltlich betrachtet über ihre Richtung, kommunikativ betrachtet über den Wert ihres Verlaufs entscheiden. Die hier leitende, *prozessuale* Konzeption von Bedeutung ist insoweit dem kinematischen Bedeutungsbegriff verwandt, der nach J. VAN BENTHEM[1] spiel- und programmtheoretischen Semantiken, aber auch den Labelled Deduction Systems von D. GABBAY[2] zugrundeliegt. - Ist es auf diesem Hintergrund gelungen, den Begriff einer *spezifisch logischen Sequenz* zu entwickeln, so kann zweitens ein termlogisch interpretierbares System entworfen werden, dessen Regeln die formalen Eigenschaften dieser Art Zeichenreihen entweder als strukturelle Momente artikulieren oder als mögliche Setzungen logischer Konstanten explizieren. - Drittens wird sich erweisen, daß der einleitend entwickelte Begriff einer spezifisch logischen Zeichenfolge nicht nur zum Aufbau eines Systems führt, in dem sämtliche kategorischen Syllogismen als rein logisch gültige

---

[1] Siehe VAN BENTHEM, J.: Modelling the Kinematics of Meaning. In: *Prceedings of the Aristotelian Society* (1993), S. 105-122.

[2] Siehe GABBAY, D.M.: LDS - Labelled Deductive Systems. In: Department of Computing, Imperial College of Science, Technology & Medicine, 180 Queen's Gate, London SW7 2BZ (7th (expanded) Draft) (April 1992).

Schlüsse, d. h. unabhängig von Existenzannahmen darstellbar sind. Wie sich außerdem zeigen wird, artikuliert das hier vorgestellte Fragments einer *konnexen* Logik genau eindeutig die traditionelle Unterscheidung zwischen Qualität und Quantität eines Urteils. Gerade deshalb wird es abschließend gelingen, die syntaktische Unterscheidung zwischen modalen Aussagen *sensu diviso* und *sensu composito* so zu reproduzieren, daß sie als semantische Differenz zwischen Modalitäten *de re* und *de dicto* verständlich wird.

I. Begriffliche Bestimmungen, die im Einsatz prädikativer und gegebenenfalls auch nominaler Zeichen bestehen, haben für uns nur insofern einen Wert, als sie Stadien in sich geregelter Prozesse sind. Mit Hinblick auf die Art, wie darin Werte bestimmt werden, lassen sich prinzipiell zwei Arten begrifflicher Entwicklung unterscheiden: Entweder bereitet der sprachliche Prozeß eine Entscheidung über seinen begrifflichen Wert nur vor - das Ziel, aufgrund dessen er ausgeführt wird, ist ihm *äußerlich*. Oder es wird schon in der sprachlichen Entwicklung selbst über ihren Wert entschieden - sie hat ihr Ziel *in sich*. Im einen Fall führt die begriffliche Bestimmung zu einen synthetischen Urteil oder einem materialen Schluß, im anderen zu einem analytischen Urteil oder einem formalen Schluß.[3]

Unabhängig davon, ob eine begriffliche Entwicklung einem externen oder internen Zweck dient, läßt sich die Form solcher Prozesse wie folgt schematisieren: Im einfachsten Fall handelt es sich um einen Übergang von einem Stadium zum nächsten: $A \to B$. In der ersten Phase der Entwicklung werden die *fraglosen* Voraussetzungen angegeben, unter denen der Prozeß einen Wert bestimmt; in der zweiten Phase sind ferner sämtliche Bestimmungen getroffen, die das interne oder externe Ziel der begrifflichen Bewegung fixieren, somit hinreichende Kriterien für eine Entscheidung über ihren Wert festlegen. Beide Stadien können ihrerseits in einer Folge von Übergängen bestehen: $A_1, ..., A_n \to B_1, ..., B_m$.[4] Prädikation und Implikation werden somit als Varianten *einer* logischen Struktur begriffen. Der Repräsentationsprozeß, den sie prägen, ist im übrigen als ein *sozialer* Prozeß aufzufassen, der Sprecher und Hörer überhaupt erst gegeneinander abgrenzt.

Eine Entwicklung, deren Wert extern bestimmt ist, hat im einfachsten Fall die Form $a \to b$, wenn nur b ungleich a ist. Das Schema $a \to a$ stellt hingegen den einfachsten Prozeß dar, dessen positiver Wert intern bestimmt wird. Im Aufbau einer konnexen Logik, die eine rein formale Rekonstruktion starker Syllogismen erlaubt, sind nur in sich relevante Entwicklungen maßgeblich. Ihre schematischen Darstellungen sollen im weiteren auch als *logische Sequenzen* bezeichnet werden. Die strukturellen Eigenschaften, die eine konnexe Logik von anderen Systemen unterscheiden, ergeben sich jedoch aus Anforderungen, die an

---

[3] Diese Differenzierung geht zurück auf Aristoteles Unterscheidung zwischen Handlungen, die ihr Ziel in sich oder in etwas anderem haben. Vgl. ARISTOTELES: *Nikomachische Ethik* Stuttgart 1969, Kapitel 1.

[4] Der Pfeil zeigt die Richtung der schematisch dargestellten Prozesse an; das Komma trennt zwischen den einzelnen Stadien ihrer vorbereitenden, bzw. definitiven Phase. Die schematischen Buchstaben indizieren Stellen, an denen uniform entweder Terme oder Aussagen zu setzen sind.

eine schematische Wiedergabe *jeder* begrifflichen Entwicklung zu stellen sind. In einer Sequenz darf eine schematische Darstellung A nur dann aufgeführt werden, wenn eine entsprechende Bestimmung *effektiv* Bestandteil der schematisierten Entwicklung ist. Zwei äquivalente Sequenzen, die sich voneinander nur darin unterscheiden, daß einige, jedoch nicht alle Bestimmungen sowohl im Antezedens der einen als auch im Sukzedens der anderen Formelreihe aufgeführt sind, können nicht als Darstellungen verschiedener Entwicklungen gelten. Sind $A_1, ..., A_n, C \to B_1, ..., B_m$ und $A_1, ..., A_n \to C, B_1, ..., B_m$ äquivalent, so bleibt unentschieden, in welchem Sinne der Ausdruck C ein Stadium der schematisierten Entwicklung bezeichnet. Sequenzen dieser Art, aber auch die in ihnen enthaltenen, gleichgültigen Formel werden nachfolgend als *unspezifische* Einheiten bezeichnet.

II. Die Regeln eines *spezifischen* Sequenzenkalküls brauchen an dieser Stelle nur insoweit erörtert zu werden, wie sie zur Rekonstruktion kategorischer Syllogismen unverzichtbar sind. Zu diesem Zweck ist es nun weder erforderlich quantorenlogische Konstantenregeln zu berücksichtigen, noch unabdingbar, über Negation und Implikation hinaus weitere logische Partikel durch entsprechende Regeln einzuführen. Denn die traditionellen Urteilsformen

(1) SaP SeP SiP SoP

lassen sich aufgrund ihrer einfachen Struktur schon durch termlogisch verstandene, aussagenlogische Schemata wiedergegeben[5]:

(2) $s \supset p$ $s \supset \neg p$ $\neg . s \supset \neg p.$ $\neg . s \supset \neg \neg p.$

Unspezifische Zeichenreihen $\Sigma, C \to \Pi$ und $\Sigma \to C, \Pi$ sind u.a. in einem klassischen Sequenzenkalkül[6] aufgrund seiner Verdünnungsregeln ableitbar. In dem hier darzustellenden Fragment einer konnexen Logik werden diese Strukturregeln daher fehlen müssen. Mit Hinblick auf den vorgestellten Begriff einer spezifisch logischen Sequenz sind die Regeln der Vertauschung hingegen zulässig. Denn sie besagen, daß die Reihenfolge der partiellen Bestimmungen im vorbereitenden oder definitiven Abschnitt einer Entwicklung gleichgültig ist. Im einfachsten Fall einer formal gültigen Entwicklung reproduziert sich in ihrem zweiten Stadium nur die ihm vorausgehende, elementare Bestimmung. Die Anfangssesequenzen des Kalküls werden dementsprechend die Form $a \to a$ haben.

In einem kategorischen Syllogismus wird jeder Term genau zweifach, in je zwei Urteilsschemata aufgeführt. Jedes von ihnen setzt sich aus einem Subjekt, einem Prädikat sowie logischen Konstanten zusammen, die der Quantität und Qualität entsprechender Urteile eindeutig Ausdruck geben. Jede Formel einer entsprechenden logischen Sequenz enthält daher genau ein Implikationszeichen sowie maximal drei Negationszeichen. Da in

---

[5] Vgl. McColl, H.: The Calculus of Equivalent Statements (II). In: *Proceedings of the London Mathematical Society* 1877-78 (1878), Nr. IX, S. 177-186.

[6] Gentzen, G.: Untersuchungen über das logische Schließen I-II. In: *Math. Z.* 39 (1934 und 1935), S. 176-210 und 405-431.

keiner der maßgeblichen Ableitungen Formeln zu bilden sind, die mehr als ein Implikationszeichen enthalten und jeder schematische Buchstabe zur Wiedergabe einer Urteilsform genau zweimal zu setzen ist, wird es in keinem Fall erforderlich sein, Kontraktionsregeln anzuwenden.

Unabhängig von der expliziten Verdünnung einer *einzelnen* Sequenz können unspezifische Formeln allenfalls durch die *Verknüpfung* zweier Sequenzen relevant werden, die dasselbe Element einerseits im Antezedens andererseits im Sukzedens enthalten. In diesem Sinne wäre z.B. $a \supset \neg a \to \neg a$ unspezifisch, denn die Sequenz resultiert aus $a, \neg a \to$ und $a \to a$. Da in dem hier maßgeblichen Kontext sämtliche Ableitungen jedoch höchsten drei verschiedene Anfänge besitzen, die jeweils nur einmal angewandt werden, erübrigt es sich, für die einzige Sequenzen verknüpfende Regel, d.h. die Einführung der Implikation im Antezendens, die Bedingungen ihrer *spezifischen* Anwendung generell zu bestimmen. Das im weiteren maßgebliche Fragment **KF** einer spezifischen Logik setzt sich demnach aus folgenden Regeln zusammen:

K0   In einer Ableitung dürfen nur drei paarweise verschiedene Anfänge der in K1 mitgeteilteten Form höchstens je einmal zur Anwendung kommen.

K1 $a \to a$

K2.1 $\dfrac{\Sigma, A, B \to \Pi}{\Sigma, B, A \to \Pi}$ K2.2 $\dfrac{\Sigma \to A, B, \Pi}{\Sigma \to B, A, \Pi}$

K3.1 $\dfrac{\Sigma, A \to \Pi}{\Sigma \to \neg A, \Pi}$ K3.2 $\dfrac{\Sigma \to A, \Pi}{\Sigma, \neg A \to \Pi}$

K4.1 $\dfrac{\Sigma, A \to B, \Pi}{\Sigma \to A \supset B, \Pi}$ K4.2 $\dfrac{\Sigma_1 \to A, \Pi_1 \quad \Sigma_2, B \to \Pi_2}{\Sigma_1, \Sigma_2, A \supset B \to \Pi_1, \Pi_2}$

Da in **KF** von zwei Sequenzen $\Sigma, A \to \Pi$ und $\Sigma \to A, \Pi$ höchsten eine Formelreihe ableitbar ist, läßt sich das vorliegende System widerspruchsfrei um eine Regel der *konnexen Implikation* erweitern:

K5 $\dfrac{\Sigma, B, A \to \Pi}{\Sigma, A \supset B \to \Pi}$

Die Regel könnte in KF nur dann einen Widerspruch erzeugen, wenn außer einer spezifischen Sequenz Σ, $A \to B$, Π eine Formelreihe Σ, A, $B \to \Pi$ ableitbar wäre. Das aber ist ausgeschlossen. K5 ermöglicht es, *innerhalb* der von KF dargestellten logischen Ordnung zu artikulieren, daß Implikationsverhältnisse insoweit spezifisch sind, als Bedingungen oder Prämissen nicht gleichgültig, Bedingtes oder Konsequenzen nicht beliebig sind. Denn aufgrund dieser Konnexitätsregel werden in KF insbesondere die folgenden Sequenzen ableitbar:

(3) $\quad a \supset b \to \neg . a \supset \neg b$.
(4) $\quad a \supset b \to \neg . b \supset \neg a$.
(5) $\quad \to \neg . a \supset \neg a$.

U.a. ergibt sich aus der Formelreihe m, s, $m \supset p \to \neg . s \supset \neg p$. durch K5 unmittelbar das Analogon zu DARAPTI: $m \supset s$, $m \supset p \to \neg . s \supset \neg p$.

Werden die in (2) mitgeteilten logischen Verhältnisse wie auch die zugehörigen, konversen Beziehungen schematisch durch die Buchstaben ρ, σ, τ dargestellt[7], so hat eine logische Sequenz, die einen kategorischen Syllogismus wiedergibt, die Form:

(6) $\quad s \rho m \ m \sigma p \to s \tau p$

Wird ferner eine Schlußform, die sich von einem Syllogismus mit genereller Konsequenz nur dadurch unterscheidet, daß sie die zugehörige partikuläre Urteilsform aufführt, als dessen *subalterne Variante* bezeichnet, so ist folgender Satz beweisbar:

S Eine logische Sequenz der Form $s \rho m \ m \sigma p \to s \tau p$ ist in KF genau dann ableitbar, wenn sie einen kategorischen Syllogismus oder dessen subalterne Variante repräsentiert.

Daß in KF nicht allein sämtliche kategorische Syllogismen und ggf. deren subalterne Varianten rekonstruierbar, sondern die ihnen entsprechenden logischen Sequenzen als einzige Formelreihen der in (6) mitgeteilten Art ableitbar sind, ist über die Konstruktion ihrer Ableitung beweisbar. Die Regeln von KF lassen es nicht zu, in einer Sequenz der in (6) dargestellten Form Implikations- und Negationszeichen so anzuordnen, daß die betreffende Formelreihe weder einen kategorischen Syllogismus noch dessen subalterne Variante repräsentiert.

In den bisherigen Überlegungen blieben negative Termini vorsätzlich außer Acht. In formaler Hinsicht wäre auch nichts wesentliches gewonnen worden, denn KF kann gleichermaßen zur Ableitung genau derjenigen logischen Sequenzen

(7) $\quad \underline{s} \rho \underline{m} \ \underline{m} \sigma \underline{p} \to \underline{s} \tau \underline{p}$

herangezogen werden, in denen anstelle der unterstrichenen Buchstaben auch einfach negierte Primformeln gesetzt werden dürfen.

---

[7] Vgl. LORENZEN, P.: *Formale Logik* 4. Aufl. Berlin: W. Walter de Gruyter & Co., 1970.

III. An einem Schema $a \supset \neg b$ wird allerdings eine grundlegende, für das philosophische Verständnis der hier eingesetzten, formalen Sprache wesentliche Ambivalenz deutlich. Während nach der bisher praktizierten Lesart das Schema $a \supset \neg \neg b$ nur als Darstellung einer *generellen Negation* mit negativem Prädikat aufgefaßt werden könnte, bleibt es in jenem Fall offen, ob es sich um eine generelle Negation mit positivem oder um eine entsprechende Affirmation mit negativem Prädikat handelt. Syntaktisch gesehen unterscheiden sich die Alternativen nur insoweit, als dieselbe Formel anders *gegliedert* wird. Im einen Fall bilden Implikations- und Negationszeichen die logisch maßgebliche Einheit. Die Negation qualifiziert die generelle Verknüpfung zwischen Subjekt und Prädikat; d.h. P wird S generell abgesprochen. Im anderen Fall bilden Prädikat und Negationszeichen den logisch vorrangigen Kontext. Nicht die Verknüpfung der Terme, sondern das Prädikat P wird durch die Negation qualifiziert. Sie bestimmt dessen Komplement $\bar{P}$, das dem Subjekt generell zugesprochen wird: Jedes S ist *nicht-P*. Es dürfte nunmehr deutlich geworden sein, weshalb nicht $\neg.s \supset p.$, sondern nur $\neg.s \supset \neg \neg p.$ zur Darstellung von SoP verwendet wurde. Ein der Formel vorausgehendes Negationszeichen dient gemeinsam mit einem zweiten, dem Implikationszeichen direkt folgenden Negationszeichen lediglich zum Ausdruck der *Urteilsquantität*. Erst das dritte, dem Prädikat unmittelbar vorausgehende Negationszeichen artikuliert eine qualitative Bestimmung des Urteils. Ein Schema der Form $\neg.s \supset p.$ ist im gegenwärtigen Zusammenhang nicht interpretationsrelevant, da in diesem Fall Qualität und Quantität eines Urteils nicht mehr für sich genommen dargestellt werden.[8]

IV. Alethische Modalitäten können wie Negationen als Bestimmungen aufgefaßt werden, die einerseits die Verknüpfung zwischen Subjekt und Prädikat, andererseits die verknüpften Terme qualifizieren. Allerdings assoziieren zahlreiche Autoren die traditionelle Differenzierung[9] zwischen quantifizierten Modalaussagen *sensu composito* und *sensu diviso*, bzw. *de dicto* und *de re* mit der unterschiedlichen Stellung einer entsprechenden Konstanten vor oder innerhalb eines prädikatenlogischen Ausdrucks in der Sprache einer klassischen Modallogik. In diesem Sinne werden z.B. $\Box \forall_x.F(x) \supset G(x).$ und $\Diamond \exists_x.F(x) \wedge G(x).$ als Schemata modaler Aussagen *senso composito*, bzw. *de dicto* aufgefaßt, während $\forall_x.F(x) \supset \Box G(x).$ und $\exists_x.F(x) \wedge \Diamond G(x).$ als ihre Entsprechungen *sensu diviso*, bzw. *de re* gelten. Erstens sind derartige Assoziationen zumindest solange problematisch, wie das Verhältnis zwischen sprachlicher Erscheinung und logischer Form einer Aussage ungeklärt ist. Zweitens erlaubt es diese Schematisierung nicht, quantifizierte Aussagen, deren

---

[8] Weder H. McColl noch St. McCall haben diesen Aspekt in ihren Rekonstruktionen der kategorischen Syllogistik berücksichtigt. Vgl. McColl, H. , a.a.O., und MCCALL, S.: Connexive implication and the syllogism. In: *Mind* 76 (1967), S. 346-356.

[9] Siehe ABAELARDUS, P.: Glosse Magistri Petri Abaelardi super Periermeneias. In: MINIO-PALUELLO, L.: Twelfth Century Logic. Texts and Studies II Abaelardiana Inedita, 1. Super Periermeneias XII-XIV. Roma: Edizioni di storia e letteratura, 1958, S. 1-108, Abschnitt, S. 30, 27-30. Ferner Aristoteles, *De soph. el.* 4 (165b26-166a23-38).

Modalität negativ ist, genau eindeutig aufeinander zu beziehen. Diese Voraussetzung muß jedoch erfüllt sein, wenn es gelingen soll, zwischen ein logisches Verhältnis zwischen den genannten, modalen Alternativen prinzipiell zu bestimmen.[10] Drittens verhindert es diese Darstellungsform, den präsuppositionalen Aspekt modaler Aussagen *uniform* zu erfassen. Die Aussage "Es ist möglich, daß einige Menschen vernünftig sind." kann u.a. als ein Satz verstanden werden, der die Existenz von Menschen voraussetzt, ihnen jedoch nicht die Möglichkeit vernünftig zu sein zuspricht - vielmehr sagt, daß es möglich ist, daß unter ihnen einige vernünftig sind.[11] Viertens bleibt zu klären, ob eine modale Aussage, deren modale Bestimmung in Einheit mit der qualifizierten Verknüpfung ihrer Terme, d.h. sensu composito relevant ist und die insofern als Aussage de dicto aufgefaßt wird, nach dem Vorbild einer singulären Aussage zu verstehen ist. Wird in einer Aussage dieser Form von dem Inhalt, den der zugehörige modalfreie Satz mitteilt, oder von diesem Satz selbst behauptet, daß er z.B. notwendig oder möglich sei? Die angeführten, prädikatenlogischen Beispiele legen diese Auffassung zumindest nahe.[12]

Wie im vorangehenden Abschnitt zwischen einer satzinternen Negation und dem negativen Moment eines Terms differenziert wurde, so lassen sich nun auch die alternativen, modalen Qualifikationen unterscheiden. Alethische Modalitäten differenzieren einerseits die Qualität einer Aussage. An die Stelle der Opposition zwischen Bejahung und Verneinung tritt in dieser Hinsicht eine vierfache - und berücksichtigt man nicht nur eine, sondern von vornherein die beiden einfachen Modalitäten der Möglichkeit und Notwendigkeit, sogar eine achtfache Qualifizierung der Art und Weise, in der ein Prädikat dem Subjekt bei gleicher Quantität zukommen kann. Dieselben Bestimmungen können andererseits jedoch auch als Differenzierungen eines Terms verstanden werden. In diesem Fall wird nicht die Verknüpfung von Subjekt und Prädikat und auf diesem Umweg das, was durch ihr Verhältnis zueinander gesagt ist, qualifiziert. Stattdessen kommt es zu einer modallen Bestimmung dessen, was generell oder partikulär ausgesagt wird, bzw. des Gegenstands einer solchen Beurteilung. Die Modalität wird in diesem Fall *getrennt* von einer Qualifizierung der Verknüpfung maßgeblich, in der die Terme als Subjekt und Prädikat einer Aussage fungieren. Sie trägt im Gegenteil zur Bestimmung des Gegenstands bei, dessen Beurteilung infragesteht und wird daher zurecht als Modalität *de re* bezeichnet.

Zur Darstellung dieser historisch so wesentlichen Unterscheidung kann erneut auf prädikatenlogische Schemata verzichtet werden. Beide Lesarten für traditionelle, modale Aussagen lassen sich wiederum als alternative Gliederungen einer einzigen syntaktischen Ordnung unterscheiden. Wie im Fall der Negation kann die logisch maßgebliche Differenz

---

[10] Siehe P. Abaelardus, a.a.O., Abschnitt 47-48, S. 29ff.

[11] Siehe P. Abaelardus, a.a.O., Abschnitt 46, S. 29.

[12] Es ist an dieser Stelle nicht möglich, die Syntax entsprechender Aussageformen, insbesondere die erforderliche Differenzierung zwischen Namen und Saztz, Prädikat und logischem Operator eingehend zu diskutieren.

z.B. durch alternative Klammerungen artikuliert werden. Die den Abschnitt einleitenden Beispiele genereller Notwendigkeits- und partikulärer Möglichkeitsaussagen wären demnach uniform durch $s \supset \Box p$ und $\neg . s \supset \neg \Diamond p$. wiederzugeben. Um den Gegensatz zwischen den beiden, in diesen Schemata noch unberücksichtigten Auffassungen zu artikulieren, können u.a. Klammern gesetzt werden:

(8) $\quad\quad s[\supset \Box]p$ $\quad\quad$ (9) $\quad s \supset [\Box p]$
(10) $\quad \neg . s[\supset \neg \Diamond]p.$ $\quad\quad$ (11) $\quad\quad \neg . s \supset \neg [\Diamond p].$

Der hier skizzierte Vorschlag zur formalen Darstellung modaler Aussagen de dicto wie auch de re unterstellt erstens keine unverbindliche Assoziation von logischer Form und natürlicher Sprachgestalt. Er resultiert vielmehr aus einer sequentiellen Konzeption elementarer Aussageformen, die im ersten Abschnitt des Artikels unabhängig von der Struktur sprachlicher Erscheinungen gewonnen wurde. - Die genau eindeutige Zuordnung zwischen den beiden Spielarten alethischer Modalität erlaubt es zweitens, ABAELARDS Aussagen über ihr logisches Verhältnis zueinander[13] im wesentlichen zu rekonstruieren. Auf eine entsprechende Erweiterung von KF um Regeln zur Einführung modale Konstanten aber auch der zugehörigen Klammern muß an dieser Stelle verzichtet werden. - Die angezeigte Rekonstruktion beider Formen alethischer Modalität ermöglicht es drittens, die von STRAWSON im Sinne einer Existenzpräsupposition gedeutete Subalternation sogar unter der Voraussetzung einer Modalität de dicto als ein rein logisches Verhältnis aufzufassen. Überhaupt gelingt es auf der Grundlage des konnexen Implikationsbegriffs, das modale Verhältnis der Terme zueinander einerseits von seiner quantitativen, andererseits von seiner präsuppositionalen Bestimmung zu trennen. - Viertens war es zu diesem Zwecks nicht erforderlich, Sätze oder das, was sie behaupten, als Gegenstände eigenen Rechts anzuerkennen. An der hier vorgeschlagenen syntaktischen Disposition einer modalen Aussage de dicto zeigt sich unmittelbar, daß ihr *dictum* nicht Gegenstand einer modalen, ihrer logischen Form nach elementaren, ggf. aber metasprachlichen Prädikation ist. Die hier maßgebliche Bestimmung qualifiziert stattdessen die logische Struktur, in der Subjekt und Prädikat miteinander verknüpft sind. Es steht somit eine formale Sprache zur Verfügung, deren Gestaltung zumindest im Falle alethischer Modalitäten ABAELARDS Theorie *impersonaler* Aussagen[14] als eine Illustration seines Konzeptualismus bestätigen könnte. Obwohl es möglich ist, dicta zu bestimmen, ist es aufgrund der quasi adverbialen Form ihrer Bestimmung nicht zwingend vorauszusetzen, daß sie sich wie Gegenstände singulärer Aussagen benennen und beurteilen lassen. Welche Art Ontologie man mit FREGES Begriff eines Gedankens auch verbindet - gerade in dieser Hinsicht unterscheidet sich sein Ansatz wesentlich von ABAELARDS Konzeption eines *dictum propositionis*.

---

[13] Eine Möglichkeit de dicto impliziert logisch ihre Entsprechung de re; das im Falle der Notwendigkeit konverse Verhältnis ergibt sich durch Kontraposition.

[14] Vgl. P. Abaelard, a.a.O., Abschnitte 20-32.

Barbara Brüning, Frankfurt/Main

Identitätsaussagen in Natürlichen Sprachen

I. Der Ausdrucksreichtum der natürlichen Sprache und einer Sprache der engeren Quantorenlogik

Betrachtet man Standardwerke der Logik, die eine Sprache der engeren oder erweiterten Quantorenlogik beschreiben, so findet man meist einen Satz wie "Seien a_1, a_2, ... Gegenstandskonstanten ...". Die jeweils gewählten Buchstaben mögen andere sein, was man immer wieder trifft ist die Indizierung mit natürlichen Zahlen "$_1$", "$_2$", gefolgt von "...". Letzteres soll anzeigen, daß man die Reihe nach belieben fortsetzen kann, solange man noch eine natürliche Zahl zur Bezeichnung findet. Damit stehen dem Logiker abzählbar unendlich viele Zeichen zur Bezeichnung von Individuen des Universums, über das er Aussagen machen möchte, zur Verfügung. Für einen Sprecher einer natürlichen Sprache ist dies unerreichbar viel. Er kennt meist nur eine sehr kleine und in jedem Fall endliche Zahl von Namen für die Individuen, die ihn umgeben. Rechnet man all die vielen unbelebten Objekte in seiner Umgebung ebenfalls zu den Individuen – und von logischer Warte betrachtet, bleibt einem nichts anderes übrig – so hat er für die meisten Objekte keinen individuellen Namen. Diese Einschränkung hat ihre Ursache nicht nur in der begrenzten Aufnahmefähigkeit des Gedächtnisses der Sprecher dieser Sprache, sondern sie ist prinzipieller Natur: Der Sprecher einer natürlichen Sprache lebt in dem Universum, über das er *mit anderen Objekten des Universums* spricht. Wenn er außerdem auch über Mengen von Objekten sprechen will, so kann die zu jedem Zeitpunkt endliche Menge von Objekten nicht für alle Objekte und Mengen dieser Objekte ausreichen. Dies ergibt sich auch für den abzählbaren Fall aus dem Satz von Cantor. Wenn man eine natürliche Sprache mit den Mitteln einer Sprache der Quantorenlogik analysieren will, so muß man diesen Unterschied im Ausdrucksreichtum berücksichtigen, denn er hat insbesondere hinsichtlich der Analyse von Identitätsaussagen weitreichende Konsequenzen.

Im folgenden wird eine Sprache der engeren Quantorenlogik entwickelt, die als Grundausdrücke Konstanten für sogenannte Raumzeitschnitte enthält, die nur für einen Zeitpunkt an einem Ort existieren. Die Individuenausdrücke der natürlichen Sprachen, die Objekte bezeichnen, die über Zeitpunkt hinweg im Raum existieren, werden auf diese zurückgeführt. Es kann dann gezeigt werden, daß unter der Annahme, daß diese Sprache eine Art logische Tiefenstruktur der natürlichen Sprachen darstellt, für die der Ausdrucksreichtum der natürlichen Sprachen nicht ausreicht, eine Erklärung für die Problematik der Substituierbarkeit von Identischem in Natürlichen Sprachen gefunden werden kann.

Um dies zu zeigen erweitern wir eine Sprache der engeren Quantorenlogik mit Identität um eine endliche Menge von Raum-Zeitausdrücken. Mit diesen konstruieren wir zunächst ein Modell der Welt. Dieses werde durch eine Menge von Basissätzen dargestellt. Die Menge der Gegenstände sei zu jedem Zeitpunkt endlich. Die Benennung der Gegenstände der Welt erfolge systematisch. Es werde ein Koordinatensystem über der räumlichen Anordnung der physikalischen Welt angenommen, wobei jeder Knoten von zwei Linien durch zwei natürliche Zahlen bezeichnet werde, die durch ein Komma getrennt sind. Die erste dieser Zahlen bestimme den Ort auf der x-Achse und die zweite den der

Barbara Brüning, Frankfurt/Main

y-Achse. Zur Benennung der Objekte werden die Koordinaten der x-Achse auf die kleinen Buchstaben des lateinischen Alphabets abgebildet, so daß dem Punkt 0 der x-Achse das "a" zugeordnet wird, dem Punkt 1 der Buchstabe "b". Die Werte der y-Achse werden den Buchstaben als Index angefügt, so daß etwa dem Punkt 1,2 "b_2" zukommt. Wenn sich an einer Stelle der Welt, die z.B. durch die Koordinaten 2,1 beschrieben wird, ein Objekt befindet, so bezeichnen wir dieses mit "c_1".[1] Falls ein Objekt nicht exakt auf einen Punkt fällt, so kann es jenem Punkt zugeordnet werden, dem es am nächsten ist. Der Einfachheit halber wird angenommen, daß das Koordinatensystem derart der Größe der Objekte angepaßt sei, daß jedem Objekt eindeutig ein Punkt zugeordnet werden kann. Es muß sich umgekehrt nicht an jedem Punkt ein Objekt befinden. Die auf diese Weise gebildeten Gegenstandsnamen können nun in eine alphabetische Ordnung gebracht werden. Die Eigenschaftsausdrücke der Sprache werden ebenfalls in eine Ordnung (z.B. die alphabetische) gebracht und mit "F_1", "F_2", ... bezeichnet.[2] Die Anzahl der Eigenschaftsausdrücke sei endlich und betrage m, so daß F_m der letzte Eigenschaftsausdruck dieser Reihe ist. Man beginnt mit dem ersten Objekt und betrachtet der Reihe nach alle Eigenschaftsausdrücke. Wenn a_1 zum Zeitpunkt t_0 Element der Extension von F_1 ist, so wird "$_0a_1 \varepsilon \ _0F_1$" in die Menge der Sätze aufgenommen, die das Modell der Welt darstellen sollen, ist dies nicht der Fall, so wird "$_0a_1 \not\in \ _0F_0$" aufgenommen. Auf diese Art wird mit allen Objekten und allen Eigenschaftsausdrücken verfahren. Der Index, der dem Eigenschaftsausdruck vorangestellt wird, entspreche dem des Zeitpunkts t. Das Verfahren gilt als abgeschlossen, wenn jeder weitere Basissatz entweder bereits in der Menge vorkommt oder im Widerspruch zu einem bereits vorkommenden Satz steht, d.h. daß seine Negation (bzw. sein nicht negiertes Gegenstück) bereits vorkommt. Eine solche Menge von maximalkonsistenten Basissätzen werde im folgenden mit $\sum$ bezeichnet. Eigenschaftsausdrücke seien hier als Namen von Mengen von Objekten aufgefaßt. Es erhalten allerdings nicht alle Mengen einen Namen, sondern nur jene, deren Elemente sich in einem Merkmal gleichen, das auch in der natürlichen Sprache durch einen Eigenschaftsausdruck vertreten ist. Dieses Verfahren wird für einen Zeitpunkt t_1 und weitere Zeitpunkte t_2, t_3,... in regelmäßigen Abständen wiederholt.

II. Identität und Genidentität

Die natürlichen Sprachen enthalten in der Regel keine Individuenausdrücke für **Raumzeitpunkte**, sondern solche, die in Zeit und Raum kontinuierlich existierende Objekte bezeichnen. Es wird eine Funktion eingeführt, die jedem Objekt bestimmte Schnitte eindeutig zuordnen und jedem Schnitt ein Objekt zuordnen. Diese ermöglichen eine Übersetzung von Aussagen über Objekte und umgekehrt. Wir werden damit die These untermauern, daß in den natürlichen Sprachen den Aussagen über Objekte, die in der Zeit fortdauernd existieren, feiner strukturierende Aussagen über die Raumzeitteile dieser Objekte zugeordnet werden können.

---
[1] Da unser Alphabet nur 26 Buchstaben hat, beschränken wir uns in den Beispielen auf einen Teil dieser. Wir können die Menge der Zeichen dadurch vergrößern, daß wir die Buchstaben mit natürlichen Zahlen indizieren, was im vorgegebenen Fall allein deshalb unterbleibt, weil es die Lesbarkeit zusätzlich erschweren würde.
[2] Um der Darstellung nicht jede Überschaubarkeit zu nehmen, seien hier nur einstellige Eigenschaftsausdrücke betrachtet.

Barbara Brüning, Frankfurt/Main

Wir nehmen an, daß ein Objekt, das sich zum Zeitpunkt t_0 an einem Ort befindet, zu einem späteren Zeitpunkt an einem anderen Ort sein kann und zudem seine Eigenschaften geändert haben kann. Wir konstituieren dazu ein Objekt höherer Ordnung α, für das – im angenommenen Fall – gilt. daß $_0a_1$ und $_1b_1$ seine zeitlichen Teile darstellen. Das Symbol "o" stehe für die »zeitliche Teil-Relation«. Es gilt nun, die Relation eines Objektes zu seinen zeitlichen Ausschnitten zu explizieren. Ein Objekt α werde repräsentiert durch eine Menge von zeitlichen Schnitten, die bestimmte Bedingungen zu erfüllen haben. Dazu werden die Funktionen t, o und to benötigt, welche jeweils Zeitschnitte auf Zeitpunkte, Raumpunkte bzw. Raumzeitpunkte abbilden. Diese werden hier durch natürliche Zahlen bzw. Paare von natürlichen Zahlen dargestellt, sodaß gilt:

t: $_ia_j \mapsto \mathbb{N}$,
o: $_ia_j \mapsto \mathbb{N} \times \mathbb{N}$
to: $_ia_j \mapsto \mathbb{N} \times \mathbb{N} \times \mathbb{N}$.

Es sei $t(_ia_j) = i$; $o(_ia_j) = a,j$ und $to(_ia_j) = i,a,j$.

Die Eindeutigkeit und Existenz dieser Funktionen ist durch die Konstruktionsvorschriften des vorangehenden Abschnitts gewährleistet.

Die Relation "o" die zwischen den Ausschnitten und den Objekten besteht, soll den folgenden Axiomen genügen:

A_1: $\bigwedge_i x_j \bigvee \xi [_ix_j \circ \xi]$

Alle Zeitschnitte sind Ausschnitte eines Objekts. Da sich nicht allen Orten jederzeit ein Objekt im üblichen Sinne befindet, wählen wir ein Objekt, das hier "L" genannt wird, das alle jene Stellen anfülle, an denen sich sonst nichts befindet. L sei etwa unserer Luft oder dem, was in früheren Zeiten unter "Äther" verstanden wurde, zu vergleichen, die den Platz zwischen Objekten innehat und deren Platz einnimmt, wenn man sie entfernt. L werden jedoch außer Zeit- und Ortsprädikaten keine weiteren Eigenschaften zugeschrieben.

A_2: $\bigwedge_i x_j, _ky_l, \xi [_ix_j \circ \xi \wedge _ky_l \circ \xi \rightarrow t(_ix_j) \geq t(_ky_l) \vee t(_ky_l) \geq t(_ix_j)]$

Alle Zeitschnitte eines Objektes lassen sich in eine Quasiordnung bringen.

A_3: $\bigwedge \xi \bigvee_i x_j \bigwedge_k y_l [(_ix_j \circ \xi) \wedge (_ky_l \circ \xi) \rightarrow (t(_ix_j) = t(_ky_l) \vee t(_ix_j) < t(_ky_l))]$

Für alle Objekte gibt es einen ersten Zeitschnitt.

A_4: $\bigwedge_i x_j, \xi, \zeta [_ix_j \circ \xi \wedge _ix_j \circ \zeta \leftrightarrow \xi = \zeta]$

Jeder Zeitschnitt ist Zeitschnitt höchstens eines einzigen Objektes, d.h ein Zeitschnitt bestimmt ein Objekt eindeutig.

A_5: $\bigwedge \xi \bigvee_i x_j, _ky_l [(_ix_j \circ \xi) \wedge (_ky_l \circ \xi) \wedge (_ix_j \neq _ky_l)]$

Jedes Objekt enthält mindestens zwei Zeitschnitte.

A_6: $\bigwedge_i x_j, _ky_l [(_ix_j \circ \xi \wedge _ky_l \circ \xi \wedge t(_ix_j) \neq t(_ky_l)) \rightarrow$
$\bigvee_m z_n [(t(_ix_j) < t(_mz_n) < t(_ky_l)) \vee (t(_mz_n) < t(_ky_l) < t(_ix_j)) \wedge (_mz_n \circ \xi)]]$

Barbara Brüning, Frankfurt/Main

Für alle Zeitpunkte, die zwischen zwei Zeitschnitten eines Objektes liegen, existiert ein Zeitschnitt, der ebenfalls Zeitschnitt dieses Objektes ist.

Zwischen den zeitlichen Schnitten eines Objektes besteht die Relation der Genidentität "$\cong$"

Def.$_1$: $\bigwedge_i x_j,\, _ky_l, [\bigvee \xi[_i x_j \circ \xi \wedge\, _k y_l \circ \xi \leftrightarrow\, _i x_j \cong\, _k y_l]$

Die Genidentität stellt auf dem Bereich der zeitlichen Schnitte eine Äquivalenzrelation dar.

Setzt man in der Definition des Kennzeichnungsoperators

Def.$_2$: $\bigvee \xi(A(\xi)) \to B[\iota \xi(A(\xi) \leftrightarrow \bigwedge \xi(A(\xi)) \to (B(\xi))]$, wobei
$\bigvee \xi(A(\xi)) \leftrightarrow \bigvee \xi \bigwedge \zeta[(\xi = \zeta) \leftrightarrow (A(\zeta))]$. Ansonsten ist $B[\iota \xi(A(\xi))] \leftrightarrow B(L)$

für "A" den Satz "$_i a_j \circ \xi$" ein, so erhält man:

$\bigvee \xi(_i a_j \circ \xi) \to [B(\iota \xi(_i a_j \circ \xi)) \leftrightarrow \bigwedge \xi(_i a_j \circ \xi) \to B(\xi)]$

Da nach den Axiomen 1 und 4 jeder Zeitschnitt Teil genau eines Objektes ist, kann die Funktion k als Kennzeichnungsfunktion eingeführt werden, die jedem Raumzeitschnitt dasjenige Objekt zuordnet, dessen Teil er ist:

Def.$_3$: $\bigwedge_i x_j : k(_i x_j) = \iota \xi(_i x_j \circ \xi)$.

Wenn also genau ein Zeitschnitt eine Eigenschaft oder eine Eigenschaftskombination erfüllt, so kann man von *dem Objekt* sprechen, das diese Bedingung erfüllt. Durch die Kennzeichnungsfunktion wird die Unterscheidung zwischen Objekten und ihren Zeitschnitten durchlässig gemacht. Sie stellt eine Möglichkeit dar, zeitübergreifende Objekte durch Zeitschnitte zu identifizieren. Wenn im folgenden von Objekten die Rede ist, so sind damit solche vom Typ α gemeint.

Für Objekte muß unterschieden werden zwischen der Identität zu einem Zeitpunkt und der zu verschiedenen Zeitpunkten. Jene läßt sich auf die Identität der Zeitschnitte zurückführen:

Th$_4$: $\xi = \zeta \to \bigwedge_i x_j [_i x_j \circ \xi \leftrightarrow\, _i x_j \circ \zeta]$

Es gilt zu beachten, daß jedem Objekt eine Menge von Zeitschnitten entspricht, von denen jeder das Objekt bestimmt. Dennoch *ist* ein Objekt nicht eine Menge von Zeitschnitten.

III. Die Sprache N

Bei der Sprache N handelt es sich um eine Sprachfamilie. Mitglieder dieser Familie sind Sprachen N_{pj}, der Sprecher dieser Sprachen π_p zu den Zeitpunkten t_j. Gemeinsame Basis dieser Einzelsprachen sind die Raumzeitausdrücke $_i a_j$, die Eigenschaftsausdrücke $_i F$ und F, die Funktionen k, o, t, to sowie der Iota-Operator und die *Gegenstands*variablen $\xi, \xi_1, ..., \zeta, \zeta_1, ...$ Nicht in jedem Fall Terme aller Sprachen sind Eigennamen. Die genannte Funktionen und der Gebrauch der Relationskonstanten "=", "$\cong$", "o", wird durch die beschriebenen Axiome geregelt.

Interpretiert werden alle diese Sprachen über einem allen gemeinsamen – durch die Ausdrücke, die allen Sprachen gemeinsam sind, strukturierten – Universum: der physischen Außenwelt.

Da jeder Sprecher nur einen Teil dieser Welt kennt, ordnen wir jedem eine Welt W_{pj} zu, die durch

Barbara Brüning, Frankfurt/Main

die Sätze von $\sum_{pj}$ dargestellt wird, und die die Sätze enthält, die er über die Welt weiß.

Es gilt zu beachten, daß es in diesen Sprachen keine Raumzeitvariable gibt und daß daher keine Quantifikation über Raumzeitgegenstände möglich ist. Es kann aber durch die Funktion k zu jedem Raumzeitausdruck ein Gegenstandsausdruck gebildet werden, über den quantifiziert werden kann.

Beliebige Buchstabenkombinationen, die nicht bereits Ausdrücke des allen π_p gemeinsamen Teils der Sprache von N_{pj} sind, können als *Gegenstands*konstanten einer Sprache N_{pj} verwendet werden. Sie müssen dann mit dem Index "$_{pj}$" versehen werden. Als metasprachliche Variable für diese Ausdrücke verwenden wir kleine Buchstaben vom Anfang des griechischen Alphabets, gegebenenfalls mit zusätzlichen Indizes "$_1$", "$_2$". Für jede Gegenstandskonstante α_{pj} gilt entweder:

$\alpha_{pj} = k(_i a_m)$ oder

$\alpha_{pj} = \iota\xi(A(\xi))$.

für mindestens einen Raumzeitausdruck $_i a_j$ oder mindestens einen Satz $A(\xi)$.

Es sei W_{1j} die Welt vom Standpunkt der Person π_1, W_{2j} die Welt vom Standpunkt von π_2 zum Zeitpunkt t_j etc. Wie bisher werden diese Welten durch Satzmengen dargestellt. Jede dieser Satzmengen enthalte nur jene Sätze, die die jeweilige Person π_p weiß.[3] Diese Sätze seien die Elemente von $\sum_{pj}$ In diesem Sinne sei U_{pj} die Menge derjenigen Objekte, von denen π_p zum Zeitpunkt t_j mindestens einen Satz weiß, d.h. von denen sie wenigstens eine Eigenschaft kennt.

Für die Interpretation I der Ausdrücke der N_{pj} gelte:

- I ordnet allen Raumzeitausdrücken der N_{pj} einen Ort in Raum und Zeit zu.

- I ordnet allen Eigenschaftsausdrücken F der N_{pj} Mengen von Raumzeitschnitten zu.

- I ordnet allen Eigenschaftsausdrücken $_i F$ der N_{pj} Mengen derjenigen Objekte $k(_i a_j)$ zu, für die gilt, daß $_i a_j$ zum Zeitpunkt t_j der Eigenschaftsausdruck F zukommt.

- I ordnet n-stelligen Relationsausdrücken der N_{pj} n-Tupel von Gegenständen $k(_i a_j)$ zu

- Die Definition des Kennzeichnungsoperators wird auf die Welt einzelner Personen relativiert:
$\bigvee \xi(A(\xi))_{pj} \leftrightarrow B[\iota\xi(A(\xi))_{pj} \leftrightarrow \bigwedge \xi(A(\xi))_{pj} \rightarrow (B(\xi))_{pj})]$, wobei
$\bigvee \xi(A(\xi))_{pj} \leftrightarrow \bigvee \xi \bigwedge \zeta[(\xi = \zeta) \leftrightarrow (A(\zeta))]_{pj}$.
Ansonsten ist $B[\iota\xi(A(\xi))] \leftrightarrow B(L)$.

Die Wahrheitswerte der Sätze werden folgendermaßen bestimmt.

- Ein Satz $_i a_j \, \varepsilon \, F$ ist wahr, wenn $I(_i a_j)$ Element von $I(F)$ ist.

- Ein Satz $A(\alpha)$ ist wahr, wenn

---
[3] Wir nehmen an, daß alle Sprecher der Sprache wahrhaftig sind und daß sie die Regeln zum Gebrauch der Eigenschaftsausdrücke und der Raumzeitkonstanten beherrschen. Es sind dann diese Regeln der Sprache, die die Klassifikation einzelner Sinneseindrücke als von Objekten an Raum-Zeit-Punkten ausgelöst, festlegen. Die Sätze, die ein π_p weiß, sind also gemäß den Regeln der Sprache *wahr*.

Barbara Brüning, Frankfurt/Main

- $A(k(_ia_j))$ wahr ist   falls $\alpha = k(_ia_j)$.
- oder $A(\iota\xi(B(\xi))$ falls $\alpha = \iota\xi(B(\xi))$

Für zwei Sätze A und B gilt: $A \wedge B$ ist wahr gdw. A und B wahr sind.

- $A \vee B$ ist wahr, wenn A oder B wahr ist.
- $A \rightarrow B$ ist wahr, wenn A nicht wahr ist oder B wahr ist.
- $\neg A$ ist wahr, wenn A falsch ist.
- Ein Satz $\bigwedge \xi(A(\xi))$ ist wahr, wenn der Satz $(A(\xi))$ wahr ist bei allen Interpretationen I' über dem Universum U, die sich von I nur bezüglich der Interpretation von ξ unterscheiden.
- Ein Satz $\bigwedge x(A(x))_{pj}$ ist wahr, wenn der Satz $(A(x))_{pj}$ wahr bei allen Interpretationen I' über dem Universum U_{pj}, die sich von I nur bezüglich der Interpretation von ξ unterscheiden.
- Ein Satz $\bigvee \xi(A(\xi))$ ist wahr, wenn der Satz $(A(\xi))$ wahr ist bei mindestens einer Interpretation I' über dem Universum U, die sich von I nur bezüglich der Interpretation von ξ unterscheidet.
- Ein Satz $\bigvee x(A(x))_{pj}$ ist wahr, wenn der Satz $(A(x))_{pj}$ wahr bei mindestens einer Interpretation I' über dem Universum U_{pj}, die sich von I nur bezüglich der Interpretation von ξ unterscheidet.

Die perspektivische Betrachtung der Welt, die sich daraus ergibt, daß jeder, der *in* der Welt ist, nur das wahrnimmt, was ihn umgibt, und auch von diesem nur die ihm zugewandte Seite, führt zu einer prinzipiellen Halbinformiertheit des situierten Sprechers. Diese Halbinformiertheit wird durch die Verwendung von Objektnamen teilweise ausgeglichen. Weil der Objektname das Objekt mit all seinen Raumzeitteilen bezeichnet, kann auch derjenige es identifizieren, der völlig andere seiner Raumzeitteile kennt als der Sprecher.

Daß für die Objekte, die π_p aus sinnlicher Erfahrung kennt, jeweils mindestens eine Kennzeichnung oder ein Argument für die Funktion k existiert, macht folgende Überlegung plausibel: Wenn jemand ein Objekt wahrnimmt, so nimmt er Raumzeitschnitte wahr, die er als Raumzeitschnitte eines Objektes auffaßt. So kann ihm etwa jemand vorgestellt werden mit den Worten: "Dies ist Robert." und wir interpretieren "dies" als Abkürzung für einen Raumzeitschnitt-Term. In diesem Sinn können wir Tyler Burge[4] zustimmen, der behauptet, daß Eigennamen ein demonstratives Element enthalten. Ganz in seinem Sinne sehen wir dieses im Vertrauen auf einen außersprachlichen Kontext. Die Zeitschnitte, über die jeder Eigenname seinen Sinn enthält, sind diejenigen Objekte, die wahrgenommen werden und auf die mit einem Namen verwiesen wird. Die Möglichkeit Sätze über Dinge zu wissen, die einem jeweiligen π_p nicht sinnlich gegenüber standen oder stehen, bringt es mit sich, daß die Träger mancher

---

[4] Burge, T., Reference and Proper Names, in: Journal of Philosophy 70, 1973, S. 425-439, deutsch in; Wolf, U., (Hrsg.), Eigennamen, Frankfurt/M., 1985, S. 252-273, insbes. S. 262f.

Barbara Brüning, Frankfurt/Main

Eigennamen nur durch Kennzeichnungen identifiziert werden können.

Für jedes π_p soll gelten, daß eine beliebige Lautkombination als Abkürzung für $k(_ia_j)$ oder einen Kennzeichnungsausdruck verwendet werden kann, unter der Bedingung, daß die gleiche Kombination für $k(_ia_j)$ und $k(_kb_l)$ mit $_ia_j \neq {}_kb_l$ nur dann verwendet wird, wenn $k(_ia_b) = k(_kb_l)$.

IV. Identitätsaussagen

Wir nehmen im weiteren an, daß die Eigennamen der Natürlichen Sprachen durch die Funktion k in der berschriebenen Art mit Raumzeitausdrücken verbunden sind. Wir nehmen außerdem an, daß kein Sprecher dieser Natürlichlichen Sprache irgendein Objekt ununterbrochen beobachtet. Daraus ergibt sich, daß Identitätsaussagen in Natürlichen Sprachen intensionaler Natur sind. Dies liegt daran, daß die Objekte, die die Individuenausdrücke der Natürlichen Sprachen bezeichnen, nicht als Mengen von Raumzeitteilen gegeben sind, sondern über eine Regel zu ihrer Identifikation: $k(_ia_j)$ kann interpretiert werden als "das Objekt, das sich zum Zeitpunkt t_j am Ort ia befand". Nur eine intensionale Individuation der Objekte über eine solche Regel ermöglicht es, in sinnvoller Weise davon zu sprechen, daß zwei Personen über den gleichen Gegenstand reden, auch wenn sie ihn nur zu unterschiedlichen Zeitpunkten oder an verschiedenen Orten wahrgenommen haben. Die Menge der Raumzeitteile aller Objekte aller persönlichen Welten W_{pj} weisen Lücken auf, da nichts kontinuierlich beobachtet werden kann. Eine Identität der Mengen der Raumzeitteile ist nicht in jedem Fall erreichbar, wenn wir von dem gleichen Objekt aus der Sicht verschiedener Personen sprechen.
Das bekannte Problem der Substitution von Identischen in Quineschen opaken Kontexten ist eine direkte Folge dieses intensionalen Individuenbegriffs. Wäre mit dem Individuum direkt die gesamte Menge seiner Raumzeitteile gegebnen, so wäre jede Art der Bezeichnung gleichwertig und bneliebig substituierbar. Tatsächlich weiß aber jemand, der etwas auf eine Art identifizieren kann (etwa als $k(_ia_j)$) nichts über die anderen Arten. Da die Genidentitäten des $_ia_j$ logisch nicht aus $_ia_j$ und seinen Eigenschaften ableitbar sind, muß jede Identität zwischen den Funktionswerten von k ebenso wie die Genidentität ihrer Argumente explizit behauptet werden. Eine Rückführung der Identitätsaussagen zwischen Eigennamen auf die ihrer Raumzeitteile ist in Natürlichen Sprachen jedoch aus den eingangs erwähnten Gründen der Ökonomie der Ausdrücke nicht möglich. Man sieht jedoch, daß die Intensionalität der Individuenausdrücke und der dmit bildbaren Identitätsaushaben graduell vom Ausdrucksreichtum der Sprache abhängt. In der hier vorgestellten Sprache N *kann* jedes Objekt als Menge von Raumzeitteilen dargestellt werden, denn wir konstruieren N mit den Mitteln unserer Welt, ohne dabei konkret über *diese* Welt zu sprechen. Sobald man die Anzahl der sprachlichen Zeichen im Verhältnis zu den Objekten der Welt über die gesprochen wird, verringert, muß der Individuenbegriff intensional werden, denn ein Zeichen muß mehrere Raumzeitteile bezeichnen. Die Intensionalität, die innerhalb einer einzigen (der wirklichen) Welt als Regel zur Identifikation eines Objektes in Erscheinung tritt, äußert sich in modalen Kontexten darin, daß die gleichen Raumzeitteile unterschiedlichen Objekten zugerechnet werden können.

Barbara Brüning, Frankfurt/Main

Das Leibnizprinzip muß in N auf Welten von Personen eingeschränkt werden, d.h. wenn $(a = b)$ Element von $\sum_{pj}$ ist, so ist kann π_p zu t_j in Sätzen $A(a)$ "a" durch "b" ersetzen. Die Prädikate, die opake Kontexte erzeugen, – wir beschränken uns hier aus Gründen der Kürze auf "glaubt, daß" – beschreiben das Verhältnis einer Person zur Welt (im Unterschied zu "rechts von" oder "ist eifersüchtig auf ... wegen —", die Verhältnisse zwischen Objekten in der Welt beschreiben). Dabei gilt, daß für den Teilsatz, der auf "glaubt daß"folgt, nur dann Substitutionen von Ausdrücken für Identisches vorgenommen werden dürfen, wenn die Person, der der Glaube zugeschrieben wird, jene für die Substitution zugrundegelegte Identitätsaussage weiß, i.e., wenn sie Element von $\sum_{pj}$ ist.[5]

Will man zum Ausdruck bringen, daß jemand möglicherweise einen anderen (Lebens)Weg hätte gehen können, als er tatsächlich getan hat, so muß diese Person neben realen Raumzeitteilen auch mögliche besitzen. Von einem allwissenden Standpunkt – wie er in dem nichtindizierten $\sum$ beschrieben wird – ist es möglich, jeden dieser Wege lückenlos zu erfassen, so daß man die Transweltidentität auf die Identität eines gemeinsamen Raumzeitteils zurückführen kann. In den Welten der Sprecher einer natürlichen Sprache, die der hier verfolgten Argumentation gemäß stets unvollständig sind, ist jedoch nicht einmal die Genidentität in der wirklichen Welt restlos dokumentiert.

Da in natürlichen Sprachen nicht Raumzeitausdrücke sondern Objektnamen die grundlegenden Individuenausdrücke sind, bezeichnen Identitätsaussagen in natürlichen Sprachen nach unserer Analyse bereits Aussagen über Identitäten von Mengen.

Der beschränkte Ausdrucksreichtum der natürlichen Sprachen führt also dazu, daß der Individuenbegriff nicht ein Einzelding beschreibt, sondern eine Menge von Dingen, die in der Relation der Genidentität zueinander stehen. Im Lichte unserer Analyse ist daher die Identitätsrelation nicht die am feinsten individuierende, da mit einer Zerlegung in Raumzeitschnitte eine feinere aufgezeigt wurde.Eine Sprache, die diese als Grundausdrücke enthält ist somit implizit extensional, da sie Identitätsaussagen nur zwischen ihnen zuläßt. Dadurch, daß in natürlichen Sprachen Identitäten zwischen den Funktonswerten $k(_ia_j)$ zugelassen werden, ist die Sprache implizit intensional.[6] Aus logischer Sicht handelt es sich um einen gravierenden Nachteil, der nicht in Kauf genommen werden muß, da rein logisch genügend Zeichen erzeugt werden können, um alle Objekte der Welt zu benennen. Da die Objekte durch ihre Eigenschaften definiert werden, kann und muß die Identität aller Eigenschaften – das heißt hier extensional die Elementschaft in den gleichen Mengen –, einziges und somit sowohl hinreichendes als auch notwendiges Kriterium für die Identität eines Objektes sein.

---

[5]Genauer: von dem Weltwissen, das ein π_q ihm zuschreibt. $\sum_{qi}$ enthält also eine Teilmenge von Sätzen, von denen π_q weiß, daß sie auch π_p weiß. Behauptet also π_q, daß π_p glaubt, daß $A(a)$, und π_q weiß, daß π_p weiß, daß $a = b$, so kann er mit Recht schließen, daß π_p auch $A(b)$ glaubt. Weiß nur π_p von der Identität, so kann erschließen, daß π_p von b glaubt, daß $A(b)$. Zur Transformation von >Über< -Elementen in >daß< -Elemente vgl. Castañeda, H.-N., Sprache und Erfahrung. Texte zu einer neuen Ontologie, eingeleitet und übersetzt von Helmut Pape, Frankfurt/M., 1982.

[6]Die Terminologie orientiert sich an Barcan Marcus, R., Modalities and Intensional Languages, Synthese XIII, 1961, S. 303-323; implizit extensionale Sprachen sind solche, die als Einsetzungsinstanzen für die Variablen vor und nach dem Identitätszeichen nur Gegenstandsausdrücke zulassen, während in implizit intensionalen Sprachen an diesen Stellen auch Eigenschafts- bzw. Mengenausdrücke zugelassen sind.

Ulrich Metschl, Bayreuth

Konstruktive Wahrheitsbegriffe

Wahrheit als Verifizierbarkeit

Der folgende Beitrag beschäftigt sich mit verschiedenen Möglichkeiten, einen Wahrheitsbegriff formal zu definieren, der in einem eher konstruktivistischen Sinne Wahrheit als Verifizierbarkeit versteht. Im einzelnen wird dargelegt, daß eine anschaulich naheliegende und formal attraktive Definition von Wahrheit als Verifizierbarkeit auf der Grundlage der epistemischen Motivation der intuitionistischen Logik möglich ist, sich der Fall jedoch schwieriger gestaltet, wenn für den beteiligten Verifikationsbegriff eine andere logische Formulierung versucht wird. Der Beitrag schließt thematisch an die Arbeit von Rabinowicz [6] an und übernimmt damit eine Auffassung von Logik als Strukturrahmen von Information.

1. Einleitung

In den letzten Jahrzehnten sind innerhalb der analytischen Philosophie, insbesondere in ihrer Auseinandersetzung mit dem logischen Empirismus, zunehmend konstruktivistische Tendenzen erkennbar geworden. Diese betreffen alle philosophischen Bereiche, etwa auch Ethik, und sind nicht auf die bekannten Domänen konstruktivistischer Positionen wie Logik, Erkenntnistheorie oder Philosophie der Mathematik, beschränkt. Die Ursachen hierfür sind vielfältig und dürften zum Teil in Unzulänglichkeiten des logischen Empirismus selbst zu finden sein.

So geht Putnam (in [5]) bei seiner Formulierung des sogenannten 'internen Realismus' von der insbesondere von Quine formulierten, nicht-eindeutigen Festlegbarkeit sprachlichen Bezugs, der ontologischen Relativität, aus, die in ihrer holistischen Note Quines frühere Aufhebung der strikten analytisch-synthetisch-Dichotomie fortführt. Das Ziel Putnams dabei ist ein Rationalitätsbegriff, der weder einem reinen Instrumentalismus noch einem subjektiven Relativismus verfällt. Voraussetzung hierfür ist ein deutlich pragmatistisch gefärbter Wahrheitsbegriff, der Wahrheit als "Idealisierung rationaler Akzeptierbarkeit" versteht. Mit dieser Ablehnung eines (naiv) korrespondistischen Wahrheitsbegriffs nähert sich Putnam einer vor allem von M.Dummett vertretenen Auffassung, die aufgrund allgemein bedeutungstheoretischer Überlegungen den Wahrheitsbegriff zugunsten eines Verifikationsbegriffs zurückstellt. Statt der Wahrheitsbedingungen eines Satzes werden für seine Bedeutung seine Verifikationsbedingungen ausschlaggebend. Die darin enthaltene 'verfahrenstechnische', also konstruktive Note motiviert gleichzeitig Dummetts Bevorzugung der intuitionistischen Logik, die ihrerseits den üblichen Wahrheitsbegriff einem Beweisbegriff nachordnet.

Offensichtlich wird jedoch im Rahmen dieser Bemühungen Wahrheit in einem spezifisch Tarskischen Sinne verstanden, wie er sich niederschlägt in der derzeit 'orthodoxen' formalen Definition des Wahrheitsberiffs. Tarski gab für seine Definition ausdrücklich die 'klassische' Auffassung von Wahrheit als leitend an ("wahr - mit der Wirklichkeit übereinstimmend") und motiviert seine endgültige Definition mit der vorläufigen Formulierung:

(1) eine wahre Aussage ist eine Aussage, welche besagt, dass die Sachen sich so und so verhalten, und die Sachen verhalten sich eben so und so. ([9], 450)

Darin kommt insofern eine rein ontologische, also stark realistische Einstellung zum Ausdruck als kein Versuch gemacht wird, etwaigen epistemischen Aspekten von Wahrheit Rechnung zu tragen.

Doch hat es historisch an genau solchen Versuchen nicht gefehlt. So wird etwa in der vortarskischen Diskussion auch von logischen Empiristen immer wieder betont, daß wahre Aussagen auch grundsätzlich verifizierbare Aussagen sein müssen.

In diesem Sinne soll im folgenden Wahrheit als (prinzipielle) Verifizierbarkeit verstanden und untersucht werden, zu welchen formalen Wahrheitsdefinitionen dies Anlaß gibt. Die genaue Formulierung dieser Auffassung beruht dabei wesentlich auf zwei Komponenten, einem Verifikationsbegriff und einem Möglichkeitsbegriff, der mit Verifikation Verifizierbarkeit korreliert. Damit stehen wir vor zwei begrifflichen Erläuterungen, von denen die der Verifikation gegenüber der der Möglichkeit von Verifikation die grundlegendere ist. Für die Zwecke formaler Wahrheitsdefinitionen müssen allerdings gewisse Vereinfachungen in Kauf genommen werden, die gegebenenfalls bei einer philosophischen Nutzanwendung zu berücksichtigen sind.

Die betrachteten Präzisierungen gehen grundsätzlich von einem relativen Charakter von Verifikation aus: eine Aussage wird nicht schlechterdings bestätigt oder verifiziert, sondern nur in Abhängigkeit bestimmter 'Beobachtungen' (die auch nicht-sinnlicher Art sein können). Verallgemeinernd werde die Verifikation einer Aussage als relativ zu einem gegebenen *Informationsstadium* oder *Informationsstand* verstanden. Wie lassen sich daraus mit geeigneten Möglichkeitsbegriffen für Informationsstadien konstruktivistische Wahrheitsbegriffe destillieren?

2. Intuitionistische Wahrheit

Die einleitenden Bemerkungen folgen weitgehend den von W.Rabinowicz vorgetragenen Überlegungen für die Definition eines intuitionistischen Wahrheitsbegriffs. Die Gleichsetzung von Wahrheit mit Verifizierbarkeit wird dabei aus dem grundlegenden Anspruch

"(Int)   There is an essential connection between truth and verification (proof, argument, knowledge). A statement that evades verification cannot be true."([6], 191)
abgeleitet.

Für die zu leistende Definition kann unmittelbar auf die epistemische Motivation der intuitionistischen Logik zurückgegriffen werden. Hierbei werden im Rahmen der Kripke-Semantik Modelle definiert, die sich - bei leichter Dehnung der Einbildungskraft - als Präzisierung des Verifikationsbegriffs verstehen lassen. Für den aussagenlogischen Fall lautet die entsprechende

DEFINITION 1: Ein Kripke-Modell $M = \langle \Im, \leq, V \rangle$ ist ein Tripel bestehend aus einer nichtleeren Menge $\Im$ der Informationszustände, einer Präordnung (d.i. reflexiven und transitiven Relation) $\leq$ auf $\Im$ und einer Funktion $V: \Im \to \wp(VAR)$, die jedem Element i von $\Im$ eine Menge der, anschaulich, in i 'gewußten' oder 'ermittelten' Elementaraussagen bzw. Aussagenvariablen aus VAR zuordnet, so daß, für $i \leq j$, $V(i) \subseteq V(j)$.

Die in der Kripke-Semantik definierte Erzwingungsrelation kann sodann als die gesuchte Verifikationsrelation vorgeschlagen werden. Das heißt, die Relation 'i verifiziert A (in dem Modell M)' - $i \models^M A$ - wird rekursiv definiert durch die Bedingungen:

(1)   für eine Atomformel p: $i \models^M p$ genau dann, wenn $p \in V(i)$
(2) $i \models^M A \wedge B$ gdw $i \models^M A$ und $i \models^M B$
(3) $i \models^M A \vee B$ gdw $i \models^M A$ oder $i \models^M B$
(4) $i \models^M A \to B$ gdw   für alle j mit $i \leq j$: wenn $j \models^M A$, dann $j \models^M B$
(5) $i \models^M \neg A$ gdw   für kein j mit $i \leq j$: $j \models^M A$

Mit entsprechender Vorsicht gelesen gibt diese Definition einen aussichtsreichen Kandidaten für den gesuchten Bestätigungsbegriff, wonach eine Aussage relativ zu einem Informationsstadium verifiziert wird.

Offensichtlich sollte Verifikation in diesem Sinne eine hinreichende Bedingung sein für die Wahrheit einer Aussage; falsche Aussagen sollten grundsätzlich keine Verifkation gestatten. Das heißt, es sollte sich in Abhängigkeit einer geeigneten Definition zeigen lassen, daß

wenn $i \models^M A$,   dann ist A wahr (in i)

Da Wahrheit jedoch als Verifizier*bar*keit verstanden werden soll, kann Verifikation nicht auch eine notwendige Bedingung für Wahrheit sein, jedenfalls solange die modale Komponente in "verifizierbar" ernst genommen wird.

Bei der Darstellung der modalen Beziehung zwischen Informationsstadien muß einer naheliegenden Versuchung widerstanden werden: diese bereits durch die Präordnung ≤ zwischen Informationszuständen gegeben zu sehen, und zu definieren:

A ist wahr (in i)   gdw   für ein j mit $i \leq j$: $j \models^M A$

Denn nichts hindert, daß für ein M mit $i \leq j$ und $i \leq j'$ $j \models^M \neg p$ und $j' \models^M p$, so daß $p \notin V(i)$. Wir sollten jedoch vernünftigerweise nicht zulassen, daß p und ¬p beide wahr sind in i.

Während also grundsätzlich durch die Präordnung ≤ auf $\Im$ eine (epistemische) Modalität bestimmt ist, muß diese aber klar als der Bereich *möglichen* Informationszuwachses verstanden werden, wobei darunter auch falsche Information fallen kann. Wahrheit wird aber nicht durch jeden beliebigen möglichen Zuwachs gewährleistet, sondern - unvorsichtig ausgedrückt - nur durch richtigen Wissenszuwachs. Wie läßt sich diese leicht tautologische Formulierung mit dem materialen Aspekt, den sie zu fassen sucht, wenigstens partiell formal präzisieren?

Eine Bedingung für die epistemische Zugänglichkeitsrelation zwischen Informationsstadien, die für den angestrebten Wahrheitsbegriff bedeutsam ist, haben wir bereits kennengelernt: Reflexivität. Sie ergibt sich daraus, daß Verifikation für Wahrheit hinreichend ist. Eine weitere Bedingung ergibt sich aus der Überlegung gegen die Gleichsetzung der Präordnung der Informationsstadien mit der gesuchten, für Wahrheit konstitutiven epistemischen Relation: der Einwand, daß bei Zugrundelegung der Präordnung in einem Stadium i p und ¬p wahr werden können, da beides jeweils Bestandteil eines möglichen Informationszuwachses ist, wäre hinfällig gewesen, wenn für die betrachtete Relation zusätzlich zu Reflexivität und Transitivität auch Konvergenz gegolten hätte, wobei eine Relation $\Re$ konvergent heißt, wenn es für beliebige a,b,c mit a$\Re$b und a$\Re$c ein d gibt, so daß b$\Re$d und c$\Re$d. Man sieht unmittelbar, daß Konvergenz in obigem Modell M $j' \models^M \neg p$ verhindert hätte, gegeben $j \models^M p$.

Wie Rabinowicz in ähnlichem Zusammenhang bemerkt, hängt auch der wahrheitserhaltende Charakter des Modus Ponens mit der Konvergenz der Informationsstadien zusammen. Bevor wir uns diesem und weiteren Punkten des angestrebten Wahrheitsbegriffs zuwenden, wollen wir ihn definieren:

DEFINITION 2: $M = \langle \Im, \leq, \Re, V \rangle$ ist ein normales Modell, wenn $\langle \Im, \leq, V \rangle$ ein Kripke-Modell und $\Re \subseteq \Im$ ein reflexive, transitive und konvergente Relation auf $\Im$ ist.

Für eine Verifikationsrelation 'i verifiziert A (in M)' - $i \models^M A$ - wird die entsprechende Definition für Kripke-Modelle übernommen.

Die im Rahmen der intuitionistischen Logik zu bildende Definition von Wahrheit lautet dann

DEFINITION 3: A ist wahr (in M)   gdw   für ein j mit $i\Re j$: $j \models^M A$.

Aus den getroffenen Bestimmungen leiten sich folgende Konsequenzen ab:
(1) für beliebige $i, j \in \Im$ (in einem normalen Modell $M = <\Im, \leq, \Re, V>$) gilt:

(i) wenn A wahr ist in i und $i\Re j$, dann ist A wahr in j.

(ii) wenn A wahr ist in j und $i\Re j$, dann ist A wahr in i.

Beweis: (i) folgt aus der Konvergenz von $\Re$ und der Monotonie von $\models^M$.

(ii) folgt unmittelbar aus der Transitivität von $\Re$.

(2) Die Konvergenz von $\Re$ ist eine notwendige und hinreichende Bedingung für die Wahrheitserhaltung unter Modus Ponens.

Der wahrheitserhaltende Charakter des Modus Ponens scheint für einen brauchbaren Wahrheitsbegriff unverzichtbar. Auf der Grundlage der sonstigen bestehenden Vereinbarungen ist nach (2) die Konvergenz von $\Re$ unerläßlich. Doch was genau sind diese sonstigen Vereinbarungen? (1) gibt hierauf teilweise Antwort. Denn (1ii) zufolge expandiert die Menge der wahren Aussagen nicht, und (1i) zufolge verkleinert sie sich auch nicht. Die Menge der wahren Aussagen (relativ zu einem Zustand i) ist somit in gewisser Weise stabil. Inhaltlich entspricht diese Stabilität der üblicherweise geforderten Zeitlosigkeit wahrer Sätze. Wenn eine Aussage wahr ist, dann ist sie, zumindest in ihrem propositionalen Gehalt, immer wahr.

Obwohl diese Eigenschaft einer vertrauten Forderung entspricht, die angesichts deiktischer Sprachphänomene allenfalls dagegen verwendet wird, Wahrheit mit Aussagen statt zutreffender mit Äußerungen zu verbinden, kann eine relativistischere Position, die Wahrheit zeitlich (oder situativ) relativiert, nicht rundheraus zurückgewiesen werden. Rabinowicz selbst gelangt mit dem Verzicht auf die beschriebene Stabilität von Wahrheit und der Zulassung ihrer möglichen Expansion wie Kontraktion zu einer alternativen Charakterisierung der für Wahrheit konstitutiven epistemischen Zugänglichkeit. Die von Rabinowicz vorgeschlagenen Bedingungen sind Reflexivität und Quasikonvergenz: für beliebige $i,j,j' \in \Im$: wenn $i\Re j$ und $i\Re j'$, dann gibt es ein $h \in \Im$, so daß $i\Re h$ und $j \leq h$ und $j' \leq h$.

Wie Rabinowicz ausführt empfiehlt sich eine derart abgeschwächte Zugänglichkeitsrelation insbesondere dann, wenn sich das vorausgesetzte Wissens- oder Wahrheitsideal nicht an den Verhältnissen der Mathematik orientiert. Die durch Quasikonvergenz noch garantierte 'Additivität' von Informationsstadien, die auch die Abgeschlossenheit unter Konjunktionseinführung sicherstellt, könnte aber z.B. in quantenmechanischen Zusammenhängen immer noch eine zu starke Forderung sein. Gerade die damit verbundene 'Parakonsistenz' legt es jedoch nahe, von der Betrachtung des epistemischen Möglichkeitsbegriffs überzugehen zu anderen logischen Grundlagen des Verifikationsbegriffs.

3. Wahrheit und Wissenserwerb

Bekanntlich ist die epistemische Deutung der intuitionistischen Logik nicht ohne Schwierigkeiten.[1] Die vorgenommene Gleichsetzung der den intuitionistischen Folgerungsbegriff formulierenden Erzwingungsrelation Kripkes mit einem, wenn auch relativen und sehr positivistisch verstandenen Verifikationsbegriff ist insofern vielleicht etwas leichtfertig. Doch auch wenn die Semantik der intuitionistischen Logik keinen überzeugenden Kandidaten für einen anschaulichen Verifikationsbegriff darstellen sollte, bleibt die intuitionistische Logik ein bedenkenswertes Modell einer 'Informationslogik', die die Aufgabe der Logik und die Natur logischer Gesetze nicht in der Bestimmung eines (logischen) Möglichkeitsraums, sondern in der Darstellung der abstrakten Struktur informationaler Prozesse sieht. Als solches besitzt jedoch die intuitionistische Logik keinen Anspruch auf Einzigartigkeit. Wie die üblichen semantischen Darstellungen zeigen, teilt sie diesen heuristischen Ansatz etwa mit der Relevanzlogik. Die anhaltende Debatte um die 'richtige' Relevanzlogik belegt aber vielleicht auch die eher philosophische Schwierigkeit, einen unzweideutigen Informationsbegriff zu ermitteln.[2]

Ohne auf alle Einzelheiten der relevanzlogischen Semantik eingehen zu können, seien hier einige der grundlegenden Aspekte eher anschaulich erörtert. Soweit die epistemische Motivation der intuitionistischen Logik nicht rundheraus abgelehnt wird, beruht sie auf einer formal einfachen, inhaltlich jedoch sehr rohen Auffassung von informationaler Struktur: Informationsstadien werden durch eine mengentheoretische Inklusionsbeziehung (halb-)geordnet (modulo der in der Präordnung nicht vollzogenen Gleichsetzung von i,j bei $i \leq j$ und $j \leq i$). Diese Charakterisierung ist ungenau und unterschlägt etwa, daß für einen Informationszustand i (wobei wir i für den Augenblick mit der Menge der in i verifizierten Aussagen gleichsetzen, so daß $A \in i$ gdw $i \models^M A$) mit $p \in i$ $i \cup \{\neg p\}$ intuitionistisch keine zulässige Wissenserweiterung ist. Die nur bedingte Zulässigkeit mengentheoretischer Summen läßt sich algebraisch in der Struktur von Halbverbänden erfassen, wobei unter einem $\cap$- (bzw. $\cup$-)Halbverband ein Mengensystem M verstanden werde, so daß jede Teilmenge $\{a,b\} \subseteq M$ ein Infimum $a \cap b$ (bzw. Supremum $a \cup b$) besitzt.

Obwohl es naheliegend scheint, widersprüchliche Information als gar keine Information anzusehen und in solchen Fällen strikte Urteilsenthaltung zu propagieren, ist dies keine

---

1) Siehe hierzu etwa [7].
2) Vgl. [1].

zwingende Sichtweise. Inwiefern inkonsistente oder wenigstens inkohärente Aussagen dennoch informativ sein können, hat Billy Wilder in seinem Film "Das Appartment" demonstriert:

> Auf der betrieblichen Weihnachstfeier wird der einigermaßen ausgelassene C.C.Baxter (Jack Lemmon) von der von ihm verehrten Fran Kubelik (Shirley McLaine) gefragt, wieviel Whisky er schon getrunken habe. Seine Antwort: "Drei" - wobei er gleichzeitig vier Finger einer Hand hochhält. (Die Szene wiederholt sich mit vertauschten Rollen und der Frage Baxters nach der Zahl von Kubeliks früheren unglücklichen Liebschaften.)

Der Betrachter verspürt eine starke Neigung, wenigstens die Disjunktion der Aussage als (nicht-triviale) Information zu akzeptieren.

Dies kommt der orthodoxen relevanzlogischen Sichtweise nahe, die mit dem disjunktiven Syllogismus ($\neg A$, $A \vee B$ / B) auch auf die uneingeschränkte Verwendung des *ex falso quodlibet* verzichtet und damit inkohärente Informationsstadien nicht grundsätzlich verbietet. Technisch beruht diese Möglichkeit in den üblichen semantischen Darstellungen auf den Eigenschaften der sogenanten *-Operation Routleys, die die Negation relevanzlogisch von einem Booleschen Komplement (wie in der klassischen Logik) zu einem De Morgan-Komplement abschwächen. Die anschauliche Deutung der *-Operation, etwa mithilfe von 'Spiegelwelten', ist jedoch schwierig, ebenso wie die der für die relevanzlogischen Implikation betrachteten dreistelligen Verträglichkeitsrelation zwischen Informationsstadien.[3] Die Möglichkeit inkonsistenter Informationszustände verbietet jedenfalls eine gänzlich unkritische Übernahme des relevanzlogischen Erfüllungsbegriffs für die Darstellung intuitiver Verifikation.

Derzeit überblicke ich nicht die Möglichkeiten einer geeigneten Adaption der relevanzlogischen Semantik für diese Zwecke, doch verspricht einen bestimmte Art der in der Relevanzlogik bestehenden Monotonie entlang der mit einem ausgezeichneten Zustand verträglichen Informationsstadien zumindest Aussicht auf technischen Erfolg.

Doch die gegenüber der intuitionistischen Logik differenzierte Haltung der Relevanzlogik zu Informationszuständen läßt sich mit dem Übergang zu nicht-monotonen oder induktiven Logiken weiter fortsetzen. Wird hierbei zuerst an die 'Logik der Theorieveränderung' gedacht, liegt mit den dabei vorausgesetzten 'Überzeugungssystemen' die leitende epistemische Motivation offen zutage.[4] In der damit verbundenen pragmatistischen Tradition erhält der Wahrheitsbegriff aber eine deutlich idealistische Note, wie die eingangs zitierte Formulierung Putnams vielleicht erkennen läßt. Gemäß dieser Auffassung ist Wahrheit das, wogegen der Forschungsprozeß mit vernünftigen Theorieveränderungen durch Kontraktionen und Expansionen von Überzeugungssystemen konvergiert.

Daß sich ein entsprechender formaler Wahrheitsbegriff allerdings weniger deutlich abzeichnet als der oben formulierte intuitionistische mag seinen Grund in der philosophischen

---

3) Vgl. hierzu [2], sect. 4.
4) Für Einzelheiten siehe etwa [4].

Tradition haben. Die Feinheiten des Peirceschen Erkenntnismodells, das für die Logik der Theorieveränderung prägend wurde, sind weniger leicht zu durchschauen als die Details eines ganz anderen erkenntnistheoretischen Modells, das in erstaunlicher Weise dem intuitionistischen Wahrheitsbegriff zu entsprechen scheint. Dieses Modell ist das cartesianische, das mit seiner Irrtumsfreiheit (in einem erreichten Wissensstadium) und Monotonie (für jeden mögliche Wissenszuwachs) und schließlich auch seinem Optimismus (bei strikter Beachtung der einschlägigen Methode) zu Wahrheit in genau dem intuitionistischen Sinne von Verifizierbarkeit zu führen scheint. Auch wenn dieses Modell heute fraglos naiv erscheint, als ein Ideal jedenfalls dürfte es uns vertraut sein. Dabei mag es helfen, einen Wahrheitsbegriff zu umreißen, der auch dann noch unser Interesse verdient, wenn Wahrheit, wie von anti-realistischer Seite, nicht mehr als semantischer Grundbegriff angesehen wird.

Literatur

[1] Avron, Arnon: Wither Relevance Logic; in: *Journal of Phil. Logic* 21 (1992), 243-281

[2] Dunn, J. Michael: Relevance Logic and Entailment; in: Gabbay/Guenthner (eds.): *Handbook of Philosophical Logic, Vol. III*, 117-224

[3] Fitting, Melvin: Bilattices and the Theory of Truth; in: *Journal of Phil. Logic* 18 (1989), 225-256

[4] Levi, Isaac: *The Fixation of Belief and its Undoing*, Cambridge 1991

[5] Putnam, Hilary: *Reason, Truth and History*, Cambrigde 1981

[6] Rabinowicz, Wlodzimierz: Intuitionistic Truth; in: *Journal of Phil. Logic* 14 (1985), 191-228

[7] Read, Stephen: *Relevant Logic*, Oxford 1988

[8] Smorynski, Craig: Applications of Kripke Models; in: Troelstra A. (ed.): *Metamathematical Investigation of Intuitionistic Arithmetic and Analysis*, Berlin/Heidelberg 1973

[9] Tarski, Alfred: Der Wahrheitsbegriff in den formalisierten Sprachen; abgedr. in Berka/Kreiser (Hrsg.): *Logiktexte*, Berlin 1983, 445-546

[10] Tennant, Neil: *Anti-Realism and Logic*; Oxford 1987

Niels Offenberger, Münster

Zur Frage der Verneinung strikt partikulärer Urteilsarten.
Es gibt Urteilsarten, die in der gegebenen Urteilsqualität und Quantität verneint werden können, in der entgegengesetzten jedoch nicht.

Bei der Gelegenheit der Darstellung der Oppositionstheorie strikt partikulärer Urteilsarten aus der Sicht der Vierwertigkeit in der Monographie "Zur Vorgeschichte der mehrwertigen Logik in der Antike" (S. 133-146) wurde leider eben die Verneinung der strikt partikulären Urteilsarten nicht erörtert. 1 Das möchten wir hiermit nachholen.

Die Wahrheitswerttafeln der Verneinung der SuP - bzw. SuP-Aussagearten haben folgende Gestalt:

SuP	~(SuP)		SuP'	~(SuP')
Wp	Fp		Wp	Fp
Fp	Wu		Fp	Wu
Fu	Wu		Fu	Wu

Merkwürdig ist dabei die Abweichung dieser Wahrheitswerttafel im Vergleich zur Wahrheitswerttafel der Verneinung der vierwertigen assertorischen Aussagenlogik, die die strikt partikulären Aussagearten nicht berücksichtigt.

P	~P
Wu	Fu
Wp	Fp
Fp	Wp
Fu	Wu

Nämlich die Verneinung einer SuP-Aussagenart, die Träger des Wahrheitswertes Fp ist, ist nicht eine Aussagenart, die Träger des Wahrheitswertes Wp ist, sondern den Wahrheitswert Wu hat; 2) die SuP bzw. SuP'-Aussagearten, die Träger von verschiedenen Wahrheitswerten - Fp bzw. Fu sind -, werden durch Aussagearten verneint, die Träger desselben Wahrheitswertes - Wu - sind. 3) Aus syntaktischer Sicht ist wiederum "mirabilis", daß a) die Verneinung einer strikt partikulären Urteilsart durch eine Urteilsart derselben Urteilsqualität verwirklicht werden kann; - SuP kann man gegebenenfalls durch SaP verneinen, entsprechend SuP' durch SeP - ; kontraintuitiv ist wiederum, daß b) gegebenenfalls eine strikt partikuläre Urteilsart nicht nur durch eine Urteilsart derselben Urteilsqualität, sondern auch derselben Quantität verneint werden kann; d. h. SuP durch SiP bzw. Su'P durch SoP.

Die Definition der Wahrheitswerte $\ddot{o}\lambda\eta\ \dot{\alpha}\lambda\eta\vartheta\acute{\eta}\varsigma$ (Wu) (universell wahr), $\dot{\varepsilon}\pi\acute{\iota}\ \tau\iota\ \dot{\alpha}\lambda\eta\vartheta\acute{\eta}\varsigma$ (partikulär wahr) (Wp) $\dot{\varepsilon}\pi\acute{\iota}\ \tau\iota\ \psi\varepsilon\upsilon\delta\acute{\eta}\varsigma$ (partikulär falsch) (Fp) $\ddot{o}\lambda\eta\ \psi\varepsilon\upsilon\delta\acute{\eta}\varsigma$ (universell falsch) (Fu)

wurden von den Kommentatoren nicht durch "unam tantum significationem habens" gedeutet.

Da "contra principia negantem non est disputandum", verweisen wir auf die Definitionen der vier Wahrheitswerte, die wir in der erwähnten Monographie aufgrund der Aristotelischen Beweisführungen in der An. pr. II, 2-4, dargestellt haben (f. die erwähnte Monographie und Anmerkung 1).

Ad. Z.1 der Wahrheitswerttafel: Daß dann, wenn eine SuP- oder Su'P-Aussageart Träger des Wahrheitswertes Wp ist, ihre Verneinung eine universelle Urteilsart auch derselben Urteils-Qualität sein kann, folgt aus der Definition der Wahrheitswerte von Wp und Fp. Wenn nämlich die wahrheitsgemäße Prädikation einer Aussage - dem Wahrheitswert Wp entsprechend - auf die Partikularität beschränkt ist, dann entsteht aufgrund einer unerlaubten Verallgemeinerung in der gegebenen Urteilsqualität die Verneinung der strikten Partikularität in der Form einer universellen Aussage, die dann Träger des Wahrheitswertes Fp ist, da sie das, was über nur einige wahrheitsgemäß prädiziert werden kann, fälschlich universaliter prädiziert. Z.B. nur einige Menschen betreiben die Heilkunde = SuP = Wp; durch die unerlaubte Verallgemeinerung der Prädikation von Heilkunst über den Menschen entsteht eine Aussage, die Träger des Wahrheitswertes Fp ist. Merkwürdig ist dabei, daß eine Aussage durch eine andere entsprechende in derselben Urteilsqualität verneint wird. Allerdings ist auch die universelle Aussage der entgegengesetzten Urteilsqualität zu einer strikt partikulären Aussage, die Wp ist, gleichfalls eine Fp-Aussage, so daß auch diese letztere die Verneinung der Wp-wahren strikt partikulären Aussage verwirklichen kann. Alle anderen Aussagearten sind Träger desselben Wahrheitswertes wie die zu verneinende SuP = Wp-Aussage (Beispiele: "Einige Menschen betreiben die Heilkunst", SiP = Wp; "Einige Menschen betreiben nicht die Heilkunst", SoP. = Wp; "Nur einige Menschen betreiben die Heilkunst nicht", Su'P = Wp).

Ad Zeile 2 der Wahrheitswerttafel

Daß die Verneinung einer SuP- bzw. Su'P-Aussagenart, die Träger des Wahrheitswertes Fp ist, eine universelle Aussagenart derselben Urteilsqualität ist, die Träger des Wahrheitswertes Wu ist, folgt aus der Definition der Wahrheitswerte Fp und Wu. Eine strikt partikuläre Aussagenart ist dann, wenn sie Träger des Wahrheitswertes Fp ist, deswegen Träger dieses Wahrheitswertes, weil die wahrheitsgemäße universelle Prädikation in der gegebenen Urteilsqualität durch eine fallacia totum pro parte, der Definition des Wahrheitswertes Fp entsprechend, fälschlicherweise auf eine partikuläre Prädikation eingeschränkt wurde; die gesetzmäßige Allgemeingültigkeit, die keine Ausnahme zuläßt, wurde auf eine Zulassung von Ausnahmen herabgesetzt. Die Verneinung der fälschlichen Zulassung von bloßen Ausnahmen ist daher die universelle Prädikation in der gegebenen Urteilsqualität. Z. B.: "Nur einige Menschen sind Lebewesen" (SuP = Fp) wegen der fallacia totum pro parte; "Alle Menschen sind Lebewesen" (SaP = Wu) ist die Aussage, deren Universalität fälschlicherweise auf die strikte Partikularität eingeschränkt wurde. Das gleiche gilt für die verneinende Su'P = Fp-Aussagenart: "Nur einige Schwerverbrecher sind nicht ehrlich." (Su'P = Fp) - "Kein Schwerverbrecher ist ehrlich" (SeP = Wu). - N.B.: Die Verneinung der SuP = Fp- Aussagenart ist nicht eine SeP-Aussagenart - wie das zu erwarten wäre, per analogiam zur kontradiktorischen Opposition -, denn diese Aussagenart ist dann, wenn SuP = Fp ist, Träger des Wahrheitswertes Fu. Die Falschheit kann man aber durch eine Falschheit nicht verneinen: "Kein Mensch ist ein Lebewesen" (SeP = Fu) ist keine Verneinung der SuP = Fp-Aussage "Nur einige Menschen sind Lebewesen"; "Alle Verbrecher sind ehrlich" (SaP = Fu) ist keine Verneinung der Aussage "Nur einige Verbrecher sind nicht ehrlich" (Su'P = Fp).

Kontraintuitiv ist auch, daß die strikt partikuläre Aussagenart durch eine üblich *partikuläre* Aussagenart verneint werden kann, wenn sie Träger des Wahrheitswertes Fp ist. Hier kommen die syntaktischen Eigenschaften der strikt partikulären und üblich partikulären Prädikationsart zum Vorschein: Nämlich, die strikt partikuläre Prädikation schließt die universelle Prädikation in der gegebenen Urteilsqualität aus - die üblich partikuläre jedoch nicht. Daher kann man - aus syntaktischer Sicht - so kontraintuitiv das auch zu sein scheint - die Beziehung zwischen der strikt partikulären und der üblich partikulären Prädikation in derselben Urteilsqualität als eine kontradiktorische Beziehung bezeichnen; SuP schließt SaP aus; Su'P schließt SeP aus; SiP schließt SaP nicht aus; SoP schließt SeP nicht aus. Im Ausschließen und Nicht-Ausschließen der universellen Prädikation der gegebenen

Urteilsqualität kann man - wie gesagt, aus syntaktischer Sicht - eine kontradiktorische Opposition erblicken.

2 Wenn nun die SuP-Aussagenart Träger des Wahrheitswertes Fp ist, dann ist nicht nur die universelle Aussagenart der gegebenen Urteilsqualität Träger des Wahrheitswertes Wu, sondern auch die üblich partikuläre Urteilsart; z.B.: "Nur einige Menschen sind Lebewesen" = Fp; "Alle Menschen sind Lebewesen" = Wu, und via subalternationis "Es gibt Menschen, die Lebewesen sind" = Wu (Wir erinnern daran, daß auch die üblich partikuläre Aussagenart Träger des Wahrheitswertes Wu sein kann, wenn man mit den kategorematischen Termini der üblich partikulären Urteilsart auch die universelle Prädikation verifizieren kann). Die Urteilsarten in der entgegengesetzten Urteilsqualität zu einer SuP bzw. S.u'P-Urteilsart, die Träger des Wahrheitswertes Fp sind, sind Träger des Wahrheitswertes Fu - d.h. gleichwohl eines falschen Wahrheitswertes - und können daher nicht die Verneinung der SuP = Fp bzw. Su'P = Fp-Aussagenarten verwirklichen. Beispiele: "Nur einige Menschen sind Lebewesen" = SuP = Fp; "Es gibt Menschen, die Lebewesen sind" = SiP = Wu (weil mit den kategorematischen Termini "Mensch" und "Lebewesen" auch die SaP-Aussagenart "Alle Menschen sind Lebewesen" = Wu ist). - "Kein Mensch ist ein Lebewesen" = SaP = Fu; "Es gibt Menschen, die keine Lebewesen sind" = SoP = Fu; "Nur einige Menschen sind keine Lebewesen" = Su'P = Fu. - "Nur einige Schwerverbrecher sind nicht ehrlich" = Su'P = Fp; "Es gibt einige Schwerverbrecher, die nicht ehrlich sind" = SoP = Wu (weil mit den kategorematischen Termini "Schewrverbrecher" und "ehrlich" auch die SeP-Aussagenarten "Kein Schwerverbrecher ist ehrlich" eine Aussagenart zustande kommt, die Träger des Wahrheitswertes Wu ist). - In der entgegengesetzten - bejahenden - Urteilsqualität kann man aber mit den kategorematischen Termini "Schwerverbrecher" und "ehrlich" nur Aussagen bilden, die Träger des Wahrheitswertes Fu sind: "Alle Schwerverbrecher sind ehrlich" = SaP = Fu; "Es gibt Schwerverbrecher, die ehrlich sind" = SoP = Fu; "Nur einige Schwerverbrecher sind ehrlich" = SuP = Fu.

Ad Zeile 3 der Wahrheitswerttafel:

Wenn die SuP bzw. Su'P-Aussagenarten Träger des Wahrheitswertes Fu sind, dann sind per def. in der gegebenen Urteilsqualität alle Aussagenarten Träger dieses Wahrheitswertes; d.h., wenn SuP = Fu ist, dann sind auch SiP und SaP = Fu; wenn Su'P = Fu ist, dann ist auch SoP und SeP = Fu. Wenn nun SuP = Fu ist, dann ist SeP = Wu, weil aus SaP = Fu SeP = Wu folgt; aus SeP = Wu folgt aber auch SoP = Wu, während Su'P = Fp ist, wegen der fallacia totum pro parte. Ist SuP = Fu, dann sind also nur die Aussagenarten SeP und SoP = Wu, alle anderen Aussagenarten sind Träger eines falschen Wahrheitswertes. Die Verneinung von SuP = Fu kann also nur eine SeP oder

SoP-Aussagenart sein. Beispiele: "Nur einige Schwerverbrecher sind ehrlich" = SuP = Fu; "Alle Schwerverbrecher sind ehrlich" = SaP = Fu; "Kein Schwerverbrecher ist ehrlich" = SeP = Wu; "Es gibt Schwerverbrecher, die nicht ehrlich sind" SoP = Wu; "Nur einige Schwerverbrecher sind nicht ehrlich" = Su'P = Fp (wegen der fallacia totum pro parte). - "Nur einige Menschen sind keine Lebewesen" = Su'P = Fu; "Es gibt Menschen, die keine Lebewesen sind" = SoP = Fu; "Kein Mensch ist ein Lebewesen" = SeP = Fu; "Alle Menschen sind Lebewesen" = SaP = Wu; "Es gibt Menschen, die Lebewesen sind" = SiP = Wu; "Nur einige Menschen sind Lebewesen" = SuP = Fp (wegen der fallacia totum pro parte).

Aufgrund der obigen Darstellung könnte man folgende zwei Wahrheitswerttafeln der Verneinung der strikt partikulären Urteilsarten angeben, wobei man die Wahrheitswertverteilung allen fünf Urteilsarten, die kombinatorisch zu berücksichtigen sind, die entsprechenden Wahrheitswerte zuordnet.

SuP	SiP	SaP	SeP	SoP	Su'P
Wp	Wp	Fp	Fp	Wp	Wp
Fp	Wu	Wu	Fu	Fu	Fu
Fu	Fu	Fu	Wu	Wu	Fp

- die Verneinung einer SuP = Wp-Aussagenart können nur SaP- oder SeP-Aussagenarten verwirklichen;
- die Verneinung einer SuP = Fp-Aussagenart können nur SiP- und SaP-Aussagenarten verwirklichen;
- die Verneinung einer SuP = Fu-Aussagenart können nur SeP- und SoP-Aussagenarten verwirklichen.

Dasselbe gilt - mutatis mutandis - für die Wahrheitswerttafel der Verneinung der Su'P-Aussagenarten:

Su'P	SoP	SeP	SaP	SiP	SuP
Wp	Wp	Fp	Fp	Wp	Wp
Fp	Wu	Wu	Fu	Fu	Fu
Fu	Fu	Fu	Wu	Wu	Fp

- die Verneinung einer Su'P = Wp-Aussagenart können nur SaP- oder SeP-Aussagenarten verwirklichen.
- die Verneinung einer Su'P = Fp-Aussagenart können nur SoP- und SeP-Aussagenarten verwirklichen.
- die Verneinung einer Su'P = Fu-Aussagenart können nur SaP- und SiP-Aussagenarten verwirklichen.

Zusammenfassend: Wenn die SuP bzw. Su'P-Aussagenart Träger des Wahrheitswertes Wp ist, dann ist die Aussagenart, die ihre Verneinung verwirklichen kann, immer Träger des Wahrheitswertes Fp; wenn die SuP- bzw. Su'P-Aussagenart Träger des Wahrheitswertes Fp ist, dann ist die Aussagenart, die ihre Verneinung verwirklichen kann, immer Träger des Wahrheitswertes Wu; wenn die SuP- bzw. Su'P-Aussagenart Träger des Wahrheitswertes Fu ist, dann ist die Aussagenart, die ihre Verneinung verwirklichen kann, immer Träger des Wahrheitswertes Wu. - Die Wahrheitswerttafel der Verneinung der strikt partikulären Urteilsarten hat also die anfangs angegebene Gestalt. Strikt partikuläre Urteilsarten, wenn sie Träger des Wahrheitswertes Fp sind, kann man in derselben Urteilsqualität und Quantität verneinen, in der entgegengesetzten Urteilsqualität jedoch nicht.

Anmerkungen:

1) Die Wahrheitswerte Wu, Wp, Fp und Fu haben wir aufgrund der Textstelle An. pr. II.2-4 wie folgt definiert:

Wu = universell wahr. Dieser Wahrheitswert wird all den Aussagen zugeordnet, die in einer gegebenen Urteilsqualität eine wahrheitsgemäße universelle Prädikation verwirklichen. Daher sind alle universellen Aussagen, wenn sie wahr sind, Träger dieses Wahrheitswertes; aber auch üblich partikuläre Aussagen können Träger dieses Wahrheitswertes sein, wenn die kategorematischen Termini, die die üblich partikulären Aussagen verifizieren, auch die universelle Prädikation in der gegebenen Urteilsqualität in eine wahre Prädikation umwandeln können. Z.B. ist die SoP-Aussage "Einige Schwerverbrecher sind ehrlich" Träger des Wahrheitswertes Wu, weil die kategorematischen Termini "Schwerverbrecher" und "ehrlich" auch die universell negative Prädikation "Kein Schwerverbrecher ist ehrlich" verifizieren können.

Wp = partikulär wahr; d.h., ein Wahrheitswert, der die wahrheitsgemäße Prädikation auf die Partikularität einschränkt. Träger dieses Wahrheitswertes sind die strikt partikulären sowie die üblich partikulären Aussagenarten, wenn deren kategorematische Termini auch eine entsprechende universelle Prädikation nicht verifizieren können.

Fp = partikulär falsch, ist ein Wahrheitswert, der eine unerlaubte Universalisierung einer wahrheitsgemäßen partikulären Prädikation - fallacia pars pro toto - bzw. eine unerlaubte Einschränkung einer wahrheitsgemäßen universellen Prädikation durch Zulassung von Ausnahmen - fallacia totum pro parte - als falsch bezeichnet.

Fu = universell falsch, ist ein Wahrheitswert, der eine wahre Prädikation in einer gegebenen Urteilsqualität in keiner Aussageform zuläßt (Ist z. B. eine SuP-Aussagenart Träger des Wahrheitswertes Fu, dann sind auch die SiP- und SaP-Aussagearten Träger des Wahrheitswertes Fu).

2) Den Bezug auf den negativen Bestandteil aus syntaktischer Sicht in den strikt partikulären Urteilsarten, der im Ausschluß, in der Verneinung der universellen Quantifikation in der gegebenen Urteilsqualität besteht, verdanke ich einem Briefwechsel mit Vittorio Sainati (Pisa) und Mauro Mariani (Pisa).

Klaus Wuttich, Berlin

Eine Wertlückensemantik für die nichttraditionelle Prädikationstheorie

Sowohl die Wahrheitswertlückensemantik (WLS) als auch die nichttraditionelle Prädikationstheorie (NPT) sehen ihre Aufgabe darin, zur Lösung von logischen Problemen beizutragen, die mit sprachlichen Phänomenen wie nichterfüllten Präsuppositionen verknüpft sind, mit der Tatsache, daß sich Aussagen bilden lassen, in denen Subjekt und Prädikat ganz und gar nicht zusammenpassen und dem Fakt, daß es (zumindestens im gegebenen Moment) unbekannt und dadurch nichtentscheidbar sein kann, ob ein bestimmter Sachverhalt zutrifft oder nicht. Deshalb sollte es eigentlich nicht verwundern, daß sich zwischen beiden Theorien ein enger Zusammenhang herstellen läßt. Wie ich unten zeige, ist es dazu allerdings notwendig, die erstgenannte Theorie einer grundlegenden Modifikation zu unterziehen. Und man muß natürlich bereit sein, das Auftreten von Wahrheitswertlücken anzuerkennen.

Als Vorläufer und Wegbereiter der modernen WLS wird, obwohl er den Terminus "Wertlücke" nie verwendet hat, in vielen Arbeiten Gottlob Frege angesehen, demzufolge ein Eigenname, der keine Bedeutung besitzt, der also keinen Gegenstand bezeichnet, ebenfalls keine Bedeutung hat, obwohl er durchaus noch einen Sinn haben kann. Da Frege die Bedeutung des Satzes mit seinem Wahrheitswert gleichsetzt, ist es also nur folgerichtig, daß ein Satz, in dem ein bedeutungsloser Eigenname vorkommt (und das trifft genauso auf Kennzeichnungen zu), weder wahr noch falsch sein kann. Solche Aussagen werden von ihm bekanntlich aus der logischen Analyse ausgeschlossen.

Eine Möglichkeit, mit diesem Problem fertig zu werden, besteht darin, daß man die Existenz von Aussagen ohne Wahrheitswert nicht nur anerkennt, sondern auch in die logische Theorie einarbeitet, was dann, wenn diese auf semantischer Ebene entwickelt wird, zu einer WLS führt. Eine solche Theorie wurde auch von I. Ruzsa erarbeitet, bei dem im Unterschied zu anderen Konzeptionen das Gesetz der Wertlückenvererbung nicht mehr als universell gültig angesehen wird, sondern nur noch für extensionale, nicht aber für intensionale Kontexte gilt (vgl. Ruzsa 1984).

Meines Erachtens vererbt sich die Wertlücke aber auch in extensionalen Kontexten nicht automatisch, was sich an folgendem Beispiel verdeutlichen

Klaus Wuttich

läßt. Nehmen wir an, daß ein Schüler, dessen Großväter nicht mehr am Leben sind, seinen Lehrer mit dem Satz "Mein Großvater ist gestern überraschend angereist" zu belügen sucht, um sein Fehlen zu entschuldigen; und nehmen wir weiterhin an, daß folgende Definition des Terminus "erfolgversprechende Lüge" (vgl. Wuttich 1993) gelten möge:

$$L^e(a,p,t,b) =_{df} W(a,\sim p,t) \& A^ä(a,p,t,b),$$

(zu lesen als "die Person a belügt die Person b im Zeitintervall t mit der Aussage p genau dann, wenn a weiß, daß nicht-p und a dennoch gegenüber b im gleichen Zeitintervall behauptet, daß p"). Wenn nun, wie im Beispiel, der Satz $W(a,\sim p)$ wahr ist, obwohl p keinen Wahrheitswert hat, muß wegen der Faktizität des Wissens auch $\sim p$ wahr sein. Das steht aber im Widerspruch zum oben erwähnten Gesetz der Wertlückenvererbung, nach welchem sich die Wertlücke von p auf $\sim p$ vererben müßte. Die Negation von p ist also wahr, wenn p – etwa auf Grund einer verletzten Existenzpräsupposition – keinen Wahrheitswert besitzt. Ich glaube, daß sich die Wertlücke von p tatsächlich nicht auf den klassisch negierten Satz $\sim p$ überträgt, wohl aber auf eine andere Negation von p.

Diese andere Negation wurde von A. Sinowjew im Rahmen seiner NPT eingeführt (vgl. Sinowjew 1970), die in den Arbeiten von H. Wessel weiterentwickelt wurde (vgl. Wessel 1989). Im Unterschied zur klassischen, äußeren Negation wurde das neue Zeichen innere Negation genannt, und es ist kein selbständiger logischer Operator, sondern Teil des Operators des Absprechens. Positive einfache Aussagen lassen sich in der NPT in der Form $s<-P$ bzw. $s^1,...,s^n<-P$ (für den Fall mehrstelliger Prädikate) darstellen, wobei $s,s^1,...,s^n$ für Subjekte, P für beliebige Prädikate und $<-$ für den Operator des Zusprechens stehen. Wird s die Eigenschaft P abgesprochen bzw. abgesprochen, daß zwischen $s^1,...,s^n$ die Relation P besteht, so wird das symbolisch durch $(s\neg<-P)$ bzw. $(s^1,...,s^n\neg<-P)$ ausgedrückt ($\neg<-$ ist der Operator des Absprechens). Werden die Aussagen mit dem Operator des Zusprechens abkürzend durch die Ausdrücke $P(s)$ und $P(s^1,...,s^n)$ und die Aussagen mit dem Operator des Absprechens durch $\neg P(s)$ und $\neg P(s^1,...,s^n)$ ersetzt, wie das üblicherweise von Sinowjew und Wessel getan wurde, so entsteht der Anschein, daß es sich bei $\neg$, d.h. der inneren Negation, um einen selbständigen logischen Operator handelt. Die äußere (klassische) Negation von $s<-P$ bzw. $s^1,...,s^n<-P$ ist die Aussage $\sim(s<-P)$ bzw.

$\sim(s^1,...,s^n <\text{-}P)$, in anderer Schreibweise $\sim P(s)$ bzw. $\sim P(s^1,...,s^n)$.

Wenn also der Satz "Der gegenwärtige König von Frankreich ist kahlköpfig", symbolisch $P(s)$, keinen Wahrheitswert besitzt, dann hat meiner Behauptung zufolge dessen innere Negation "Der gegenwärtige König von Frankreich ist nicht kahlköpfig", also $\neg P(s)$, ebenfalls keinen Wahrheitswert, während seine klassische, äußere Negation "Es gilt nicht, daß der gegenwärtige König von Frankreich kahlköpfig ist", d.h. $\sim P(s)$, wahr ist, ebenso wie die äußere Negation der inneren Negation des ursprünglichen Satzes ($\sim\neg P(s)$), d.h. "Es gilt nicht, daß der gegenwärtige König von Frankreich nicht kahlköpfig ist". In der NPT ist natürlich das Gesetz vom ausgeschlossenen Dritten, $P(s)\vee\sim P(s)$, gültig, die ihm ähnelnde Formel $P(s)\vee\neg P(s)$ aber nicht, während der für Russells Beispielsatz relevante Ausdruck $P(s)\vee\neg P(s)\vee\sim P(s)\&\sim\neg P(s)$ wahr ist, auch wenn die ersten beiden Adjunktionsglieder keinen Wahrheitswert besitzen.

Die vorangegangenen Erörterungen zeigen, daß sich die These über die Vererbung einer Wertlücke von einem bestimmten Satz auf die Negation dieses Satzes erhalten läßt, wenn man diese Negation als die innere Negation der NPT versteht und somit die erweiterten Ausdrucksmöglichkeiten dieser Theorie nutzt.[1] Solch eine Korrektur zieht weitere Veränderungen in der WLS nach sich. So macht es m.E. nur bei einfachen Aussagen, die keine aussagenlogischen Operatoren enthalten, also nur aus Subjekt(en), Prädikat und den Operatoren des Zusprechens oder Absprechens bestehen, Sinn zu sagen, daß sie keinen Wahrheitswert besitzen. Das zeigen auch die einschlägigen Beispiele von Frege und Russell. Die Entscheidung dafür, daß beispielsweise die Konjunktion einer wahren Aussage mit einer Aussage ohne Wahrheitswert eine falsche Aussage ergibt, ist sicherlich weniger gut durch unsere Intuition gestützt, als die Entscheidung dafür, daß die äußere Negation einer Aussage ohne Wahrheitswert wahr ist und basiert mehr auf unserem klassisch-logischen Verständnis der Konjunktion. Sie ist aber auch eine pragmatische Entscheidung, zu der man gezwungen ist, wenn man die klassische Logik nicht außer Kraft setzen will.

Eine derart modifizierte WLS läßt sich, wie im weiteren gezeigt werden soll, für die NPT nutzbar machen. In seiner "Logik" bietet H. Wessel eine Semantik für diese Theorie an, zu der ich hier einen alternativen Entwurf vorlegen möchte, der mir in mancher Hinsicht einfacher zu handhaben scheint. Zur Kenntlichmachung des Umstandes, daß eine Wahrheitswertlücke vorliegt bzw. vorliegen könnte, führe ich das Symbol l ein. Dabei handelt

Klaus Wuttich

es sich nicht um einen dritten Wahrheitswert. Wenn unter einer Formel das Symbol 1 auftritt, so heißt das lediglich, daß diese Formel keinen Wahrheitswert besitzt bzw. daß angenommen wird, daß das der Fall ist. Die semantischen Regeln für die aussagenlogischen Operatoren der Negation und der Konjunktion werden folgendermaßen modifiziert (ergänzt):

A	~A
v	f
f	v
1	v

A&B	v	f	1
v	v	f	f
f	f	f	f
1	f	f	f

Mit Hilfe von Negation und Konjunktion lassen sich die Tabellen für die übrigen aussagenlogischen Operatoren erhalten, von denen ich die für Adjunktion, Subjunktion und Bisubjunktion anführe:

AvB	v	f	1
v	v	v	v
f	v	f	f
1	v	f	f

A->B	v	f	1
v	v	f	f
f	v	v	v
1	v	v	v

A<->B	v	f	1
v	v	f	f
f	f	v	v
1	f	v	v

Es ist leicht ersichtlich, daß man beim Weglassen der Wahrheitswertlücken die Wahrheitstabellen für die klassischen Operatoren erhält. Es geht ja in der nichttraditionellen Prädikationstheorie keineswegs darum, die klassische Logik außer Kraft zu setzen, sondern sie zu erweitern. In diesem Sinne ist die angeführte WLS eine Erweiterung der Semantik für die klassische Logik, in der der Umstand berücksichtigt wird, daß eine einfache Aussage unter Umständen keinen Wahrheitswert besitzen kann. Einwände der Art, daß eine so definierte Negation keine klassische mehr sei, weil für diese gelten müsse, daß eine doppelt negierte Aussage immer den gleichen Wahrheitswert wie die unnegierte Aussage hat, während hier ~~A den Wert f hat, falls A=1, beruhen auf der irrigen Annahme, daß 1 ein Wahrheitswert sei. Es ist offensichtlich, daß die von mir soeben definierte Negation ~ die genannte Bedingung erfüllt und somit die klassische ist.

Für die Formeln der NPT gelten folgende semantische Festlegungen:

R1. Den einfachen Aussagen mit dem Prädikationsoperator des Zusprechens werden in der gleichen Art und Weise wie den Aussagenvariablen die Wahrheitswerte v und f zugeschrieben. Da die Möglichkeit besteht, daß irgendwelche dieser einfachen Aussagen weder wahr noch falsch sind, muß als dritte Möglichkeit die Wahrheitswertlücke 1 berücksichtigt, d.h. zugeschrieben werden. Dabei werden zwei einfache Aussagen dieses Typs als verschieden angesehen, wenn sie sich graphisch unterscheiden. (So unterscheiden sich nicht nur P(s) und Q(s), sondern auch $P(s^1)$ und $P(s^2)$.)

R2. Die Werte von einfachen Aussagen mit dem Prädikationsoperator des Absprechens erhält man mit Hilfe der folgenden Tabelle:

A	¬A
v	f
f	v
1	1

Aus dieser Tabelle ist ersichtlich, daß die Wahrheitswertlücke von einfachen Aussagen mit dem Prädikationsoperator des Zusprechens auf die entsprechende einfache Aussage mit dem Prädikationsoperator des Absprechens vererbt wird und umgekehrt.

R3. ?A ist äquivalent mit ~A&~¬A.

Auch hier sind *Tautologien* Formeln, die immer den Wert v annehmen. Eine *Kontradiktion* nimmt immer den Wert f an und *logisch indeterminierte Formeln* nehmen mindestens einmal den Wert v und mindestens einmal den Wert f an.

Die NPT ist auch bezüglich der hier vorgestellten Semantik entscheidbar, d.h. von einer beliebigen Formel der NPT kann mit Hilfe der angegebenen Wahrheitstabellen nach einem einheitlichen Verfahren in endlich vielen Schritten entschieden werden, ob sie eine Tautologie, Kontradiktion oder logisch indeterminierte Formel ist.

Das Entscheidungsverfahren, welches gleichzeitig eins für die Aussagenlogik ist, besteht darin, daß zuerst alle Ausdrücke der Form ?A durch ~A&~¬A ersetzt werden und danach den Formeln der NPT die Wahrheitswerte v und f sowie die Wahrheitswertlücke auf die übliche Art und Weise zugeschrieben werden, d.h. derart, daß jede beliebige Kombination von Wahrheitswerten und Wahrheitswertlücken berücksichtigt wird. Den Wert der Formel erhält man durch Anwendung von R1 und R2.

Betrachten wir als Beispiel die Formel

(1) P(s) v ¬P(s) v ?P(s).

Zuerst ersetzen wir ?P(s) durch ~P(s)&~¬P(s) und erhalten

Klaus Wuttich

P(s) v ¬P(s) v ~P(s) & ~¬P(s).

Dieser Formel ordnen wir nun die Werte v und f sowie die Wahrheitswertlücke l in beliebiger Kombination zu.

```
P(s) v ¬P(s) v ~P(s) & ~¬P(s).
 v    v f   v v  f  v  f  vf  v
 f    v v   f v  v  f  f  fv  f
 l    f l   l v  v  l  v  vl  l
```

Diese Formel ist also eine Tautologie.

Es mag den Anschein haben, daß es völlig überflüssig ist, eine Semantik für eine logische Theorie auszuarbeiten, für die es schon eine gut funktionierende Semantik gibt, daß das nicht zu neuen Erkenntnissen über diese Theorie führt. Nun, man kann auch sagen, daß es überflüssig ist, überhaupt eine Semantik aufzubauen, daß die Logik keiner Semantik bedarf (vgl. Sinowjew 1992, 94). H. Wessel ist offensichtlich anderer Meinung, sonst hätte er wohl keine Semantik für die NPT entwickelt. Diese ist auch durchaus nicht unnötig, sondern gestattet uns, Begriffe wie *Tautologie* und *Kontradiktion* zu definieren, führt zu einem Entscheidungsverfahren usw. Da die NPT nicht im Gegensatz, sondern als Ergänzung zur klassischen Logik aufgebaut wurde, bei der kein Logiker (wohl auch Sinowjew nicht) am Wert semantischer Untersuchungen zweifelt, war die Ausarbeitung einer adäquaten Semantik für sie ein folgerichtiger Schritt.

Aber eine Semantik sollte - und darin sehe ich eine entscheidende Schwäche der Mögliche-Welten-Semantiken, die für modallogische Kalküle, Systeme der deontischen und epistemischen Logik u.a. entwickelt worden sind - zur Erklärung der verwendeten Termini beitragen. Die von mir vorgeschlagene WLS für die NPT leistet technisch das gleiche wie die Semantik von H. Wessel[2], aber sie entspricht m.E. besser der Intuition, die wir mit einfachen Aussagen verbinden. Eine von Wessels semantischen Regeln lautet: "Wenn A den Wert f hat, so hängt der Wert von ¬A nicht vom Wert von A ab, d.h., ¬A kann sowohl den Wert v als auch den Wert f haben." Aber wenn beispielsweise die einfache Aussage "Peter ist Student" falsch ist, so besteht doch für einen unvoreingenommenen Sprecher kein Zweifel daran, daß die entsprechende negative einfache Aussage "Peter ist kein Student" wahr ist. Voraussetzung dafür ist freilich die Anerkennung der Tatsache, daß solch ein Satz unter Umständen auch weder wahr noch falsch sein kann, d.h. ohne Wahrheitswert bleibt, wenn Peter etwa gar nicht existiert. Dann gilt weder das eine noch das andere, weder der positive, noch der negative Satz. (Aber *wenn* solch eine einfache Aussage falsch ist, dann *muß* ihre Negation wahr sein.)

Das Vorkommen solcher Situationen ist für Wessel nicht nur unbestritten, sondern bildet das Material für seine Beispiele, mit denen er die Motivation für den Aufbau der NPT erklärt. "Auch wenn ein Gegenstand, von dem in einer Aussage gesprochen wird, nicht existiert, tritt häufig der Fall ~(s<-P)&~(s¬<-P) auf. So werden von einem Atheisten sowohl die Aussage 'Gott ist allmächtig' als auch die Aussage 'Gott ist nicht allmächtig' (im Sinne von s¬<-P) verworfen." (Wessel 1989, 179)

Was kann das Verwerfen eines Satzes und seiner Negation aber anderes heißen, als daß man nicht gewillt ist, ihnen einen Wahrheitswert zuzuerkennen? Dann ist es jedoch sinnvoll, auch den nächsten Schritt zu tun und die Möglichkeit von Wahrheitswertlücken auf semantischer Ebene zu berücksichtigen. Meine Semantik erklärt, weshalb im Falle des soeben angeführten Beispiels, d.h. bei verletzter Existenzpräsupposition, weder s<-P noch s¬<-P wahr sind (akzeptiert werden), sondern ~(s<-P)&~(s¬<-P). Denn in diesem Falle haben sowohl s<-P als auch s¬<-P keinen Wahrheitswert, aber ihre äußeren Negationen sind wahr und somit ist es auch die Konjunktion von beiden.

Wessel scheint hier eine ähnliche Position wie Frege zu vertreten, demzufolge man nur bedeutungsvolle Sätze behaupten könne, d.h. Sätze, die entweder wahr oder falsch sind, schreibt er doch: "Wenn also der Satz 'Der Mond ist nicht ehrlich' von jemandem behauptet wird, so stets nur im Sinne von 'Es gilt nicht, daß der Mond ehrlich ist'." (Wessel 1989, 178) Man kann von bedeutungslosen Sätzen also nur sinnvoll behaupten, daß sie nicht gelten - und solch eine Behauptung ist m.E. durchaus wahr. Die Semantik einer Theorie, die auf syntaktischer Ebene das Problem der korrekten Darstellung von Aussagen über bedeutungslose Sätze meistert, sollte erklären können, weshalb die Aussage ~(s<-P) wahr ist, wenn s¬<-P kein bedeutungsvoller Satz ist, weshalb man letzeren nicht sinnvoll behaupten kann.

Anmerkung

1. Dieser Weg steht Ruzsa, welcher eine Reihe von Einwänden gegen die nichttraditionelle Prädikationstheorie geltend gemacht hat (vgl. Ruzsa 1987), natürlich nicht zur Verfügung. Da ihm klar ist, daß die Negation von Aussagen ohne Wahrheitswert zu Problemen führt, ist er jedoch ge-

zwungen, ebenfalls eine zweite Negation einzuführen; und weil er am Postulat der Vererbung der Wahrheitswertlücke in extensionalen Kontexten festhält, wählt er genau den entgegengesetzten Weg wie ich. Die von ihm neben der klassischen Negation, welche die Wertlücke vererbt, eingeführte Negation "non", die er "intensionale Negation" nennt, macht aus einem Satz ohne Wahrheitswert einen wahren Satz. Mir scheint, daß sich der Vorwurf, den Ruzsa in einer Diskussion mit mir gegen die Einführung der inneren Negation in der nichttraditionellen Prädikationstheorie erhoben hat, daß das nämlich nur eine Ad-hoc-Lösung zur Behandlung bestimmter Probleme sei, gegen seine intensionale Negation selbst kehrt. Im Gegensatz zur inneren Negation, die im Rahmen einer wohlfundierten logischen Theorie eingeführt wird, erfindet Ruzsa seine intensionale Negation, um mit einem konkreten Problem, der Negation von Sätzen ohne Wahrheitswert, fertig zu werden.

2. Den Beweis dieser Behauptung muß ich aus Platzgründen hier schuldig bleiben.

Literatur

Ruzsa, Imre, 1984, Semantic value gaps. *Doxa* 2, 60-83

Ruzsa, Imre, 1987, Van-e szükség belsö negációra? (dt.: Braucht man eine innere Negation) In: *Tertium non datur,* 4, Budapest, 201-211

Sinowjew, Alexander, 1970, *Komplexe Logik*, Berlin, Deutscher Verlag der Wissenschaften

Sinowjew, Alexander, 1992, Ein Resümee. *Wiss. Zeitschrift der Humboldt-Universität zu Berlin. Reihe Geistes- und Sozialwissenschaften,* 41(1992)9, 94-95

Wessel, Horst, [3]1989, *Logik*, Berlin, Deutscher Verlag der Wissenschaften

Wuttich, Klaus, 1993, Bedingungen für den Sprechakt des Lügens. In *Analyomen,* Hrsg. G. Meggle; U. Wessels, Berlin/New York, Walter de Gruyter

Sektion 12

Philosophie der Mathematik und Logik

Herbert Breger, Hannover

Mathematisches Sehen und Notation

Eine starke Strömung in der Philosophie der Mathematik des letzten halben Jahrhunderts interpretiert die Mathematik wesentlich von den ihr zugrundeliegenden logischen Strukturen her. Von dieser Position aus scheint Notation einen bloß technischen Charakter zu haben und kaum einer philosophischen Erörterung wert zu sein, während die Rede vom mathematischen "Sehen" gewisssermaßen von vornherein anrüchig ist und mit der Erwartung beladen wird, hier werde assoziativ und vage über formale Strukturen gesprochen. Ich möchte die Verdienste einer logizistisch orientierten Philosophie der Mathematik nicht schmälern ; mir scheint aber, daß das Phänomen des mathematischen Sehens einen blinden Fleck dieser Strömung bezeichnet. Dieser blinde Fleck verursacht übrigens eine häufige Kommunikationsstörung zwischen Mathematikern und Philosophen. Jedenfalls sprechen die Mathematiker vom Phänomen des Sehens als einer feststehenden Tatsache – es gibt so viele Belege dafür, daß Zitieren nicht erforderlich ist – , und die Philosophen antworten darauf in der Regel mit der Bemerkung, der Mathematiker habe soeben etwas Unklares oder Unverständliches geäußert. Diese merkwürdige Situation ist Grund genug, sich mit dem Phänomen des mathematischen Sehens näher zu befassen.

Die mathematischen Fähigkeiten, die im folgenden thematisiert werden, fallen unter den von Polanyi[1] geprägten Begriff des "tacit knowledge": Wir wissen mehr, als wir in Worten ausdrücken können. Die Fähigkeit, Rad zu fahren, ist ein ebenso einfaches wie schlagendes Beispiel. Ich möchte diesen globalen theoretischen Hintergrund hier nur erwähnen, ohne näher darauf einzugehen, da dies bereits an anderer Stelle [2] geschehen ist.

Mathematisches Sehen und Notation sind entgegengesetzte Pole, die sich wechselseitig erhellen können. Als philosophische Probleme werden sie erst erkennbar, wenn man sich tatsächlich mit Mathematik statt mit einer von Philosophen idealtypisch erdachten Mathematik befaßt. Ferner wird an beiden Problemkreisen klar, daß Philosophie der Mathematik in einem wesentlichen Sinne auf Geschichte der Mathematik angewiesen ist: In der jeweils gegenwärtigen Mathematik verfügen die Fachleute in der aktuellen Forschung über ein Wissen, das der Nicht-Fachmann, solange er Nicht-Fachmann bleibt, nicht verstehen kann. In der Geschichte der Mathematik läßt sich aber zeigen, daß die damaligen Fachleute

---

[1] Michael Polanyi: *Personal Knowledge*, London 1962 , vgl. auch Hubert L. Dreyfus/ Stuart E. Dreyfus:*Künstliche Intelligenz*, Reinbek 1987

[2] H. Breger:Know-how in der Mathematik, in: D. Spalt (Hrsg.):*Rechnen mit dem Unendlichen*, Basel. Boston, Berlin 1990, S. 43-57 ; H. Breger: Tacit Knowledge in Mathematical Theory, in: J. Echeverria/ A. Ibarra / T. Mormann (Hrsg.):*The Space of Mathematics*, Berlin 1992, S. 79-90

Herbert Breger, Hannover

etwas gesehen haben, das sich erst mit den Mitteln, die durch weiteren mathematischen Fortschritt zur Verfügung gestellt wurden, explizieren läßt. Schließlich läßt sich an den Problemkreisen des Sehens und der Notation zeigen, daß die Theorieentwicklung in der Mathematik nicht angemessen philosophisch verstanden werden kann, wenn Mathematik ausschließlich als eine formale Theorie ohne Einbeziehung der Meta-Ebene betrachtet wird. Erst auf der Metaebene wird nämlich die formale Theorie verstanden. Der Vergleich mit einem Computer ist instruktiv: Gibt man einem Computer die Axiome der Logik und der Topologie ein, so ist der Computer nicht in der Lage, ein Lehrbuch der Topologie zu schreiben, weil er nicht zwischen einem Theorem und einer richtigen Zeile in einem Beweis zu unterscheiden vermag.

Daß der Mathematiker mitunter mehr "sieht", als unmittelbar auf dem Papier steht, mag zunächst an einem sehr einfachen Beispiel aus der *Arithmetik* von Diophant erläutert werden. Im fünften Buch seiner *Arithmetik* stellt Diophant[3] folgende Aufgabe: Gegeben sind drei Quadratzahlen, gesucht sind drei rationale Zahlen mit der Eigenschaft, daß das Produkt von je zweien jeweils einer der gegebenen Quadratzahlen gleich ist. Entscheidend ist nun Diophants Notation. Die uns so vertraute Buchstabenschreibweise wurde erst mehr als tausend Jahre nach Diophant in die Mathematik eingeführt. Diophant verfügte zwar über ein Zeichen für eine Unbekannte – wir können dieses Zeichen getrost mit "x" übersetzen – , aber er verfügte über kein Zeichen für die zweite und die dritte Unbekannte, geschweige denn für eine gegebene Zahl. Man möchte also zunächst meinen, daß Diophant das Problem nicht in der Allgemeinheit lösen kann, in der er es gestellt hat. Tatsächlich beginnt Diophant seine Lösung, indem er für die gegebenen Quadratzahlen spezielle Werte annimmt, nämlich 4, 9 und 16. In wenigen Zeilen berechnet er dann, daß die gesuchten Zahlen $\frac{3}{2}$, $2\frac{2}{3}$ und 6 sind. Eine allgemeine Lösung für das allgemeine Problem ist dies natürlich nicht. Diophant setzt nun aber mit der Bemerkung "Ich will dies jedoch methodisch entwickeln" neu an. Er wiederholt seine Rechnung an Hand des speziellen Zahlenbeispiels, jedoch diesmal so, daß man "sieht", wie die Lösung von den gegebenen Quadratzahlen abhängt. Als erste gesuchte Zahl hatte sich $\frac{6}{4}$ ergeben. Diophant weist darauf hin, daß der Zähler 6 als Quadratwurzel aus dem Produkt von 4 und 9 entstanden ist, während der Nenner 4 als Quadratwurzel aus der gegebenen Quadratzahl 16 entstanden ist. Nirgendwo verläßt Diophant sein spezielles Beispiel, aber er macht seine Lösung so durchsichtig, daß der Leser, wenn drei andere Quadratzahlen gegeben wären, sofort ohne erneute Rechnung die gesuchten Zahlen hinschreiben könnte. Man wird nicht bestreiten können, daß Diophant die allgemeine Lösung des Problems gegeben hat.

Ein anderes Beispiel entnehme ich einem Lehrbuch der Gruppentheorie[4] von 1964.

---

[3] Diophant: *Die Arithmetik und die Schrift über die Polygonalzahlen*, Hrsg.: G. Wertheim, Leipzig 1890, S. 204 - 205

[4] Ludwig Baumgartner: *Gruppentheorie*, Berlin 1964, S. 76 - 77

Herbert Breger, Hannover

Gegeben sei eine Gruppe G, die einen Normalteiler N enthält, der einen weiteren Normalteiler M von G umfaßt. Dann gilt bekanntlich der "zweite" Isomorphiesatz G/N $\cong$ (G/M)/(N/M). Nach der Formulierung dieses Satzes heißt es im Lehrbuch von Baumgartner schlicht: "Den allgemeinen Beweis entnimmt man am besten dem folgenden Beispiel". Baumgartner schreibt dann zwei Normalteiler der symmetrischen Gruppe vierten Grades sowie die zugehörigen Restklassen und Quotientengruppen auf und fügt die Bemerkung hinzu, daß die als isomorph zu erweisenden Gruppen dieselben Elemente enthalten, "nur in verschiedener Auffassung". Auch dieser Hinweis bleibt natürlich kryptisch, sofern dem Leser nicht der Isomorphiesatz ohnehin klar ist oder ihm durch Versenkung in das spezielle Beispiel ein Licht aufgegangen ist. Dazu gehört zunächst eine allgemeine Vertrautheit mit Permutationsgruppen und insbesondere mit der symmetrischen Gruppe vierten Grades. Erst wenn die innere Struktur dieser Gruppe und ihrer Quotientengruppen dem Leser völlig klar und durchsichtig vor Augen stehen, beginnt der Beweis. Dazu gehören zwei Schritte, nämlich zum einen die Einsicht, daß der Isomorphiesatz für diese spezielle Gruppe gültig ist, sowie zum anderen die Einsicht, daß die Gültigkeit gar nichts mit dieser speziellen Gruppe zu tun hat. Anders als Diophant hatte Baumgartner durchaus die Notation (Zeichen für beliebige Elemente einer beliebigen Gruppe, Zeichen für abstrakte Gruppenoperation) zur Verfügung, um den allgemeinen Beweis auf das Papier schreiben zu können ; er verzichtete aber darauf, um beim Leser ein größeres Verständnis für konkrete Gruppen zu stimulieren.

Der Einwand liegt nahe, daß Baumgartners Ausführungen kein Beweis seien (genauer müßte der Einwand lauten: nicht geeignet sind, den Leser den Beweis sehen zu lassen). Mir scheint dieser Einwand nicht haltbar. Mathematische Beweise sind immer lückenhaft und immer auf das ergänzende "Sehen" des Mathematikers angewiesen ; die Mathematik wäre sonst unerträglich langweilig. Um ein möglichst primitives Beispiel zu wählen: Kein Mathematiker zögert, von der Aussage "$x + 3 \cdot 8 = 25$" unmittelbar zu "$x = 1$" überzugehen, obwohl das Ausfüllen der zwischen beiden Aussagen bestehenden Lücke durch Rekurs auf Definitionen, logische Axiome und Peano-Axiome sicherlich zwei Seiten erfordern würde. Logizistisch orientierte Philosophen pflegen sich durch zwei Standard-Argumente zu helfen: Erstens betrachten sie das Treiben der Mathematiker als unordentliche und mangelhafte irdische Realisierung jener platonischen Idee, die sie selbst als Mathematik definiert haben; zweitens erklären sie, daß die von den Mathematikern bedauerlicherweise offen gelassenen Lücken prinzipiell ausgefüllt werden könnten. Dieses Postulat der Ausfüllbarkeit von Lücken verdient nähere Betrachtung. Zunächst ist festzustellen, daß ein solches Ausfüllen der Lücken nicht stattgefunden hat. Mir ist kein Versuch bekannt, auch nur für ein Lehrbuch der Analysis, geschweige denn für aktuelle Forschungsliteratur, die Ausfüllbarkeit der Lücken nachzuweisen. Man muß also die Folgerung ziehen, daß die gesamte Mathematik auf einem unbewiesenen Postulat ruht. Will man dies vermeiden, so wäre es vom logizistischen Standpunkt aus wohl zweckmäßig, das Postulat in die Definition der Mathematik zu stecken: Nur wenn die Lücken ausfüllbar sind, liegt Mathematik vor. Da die Ausfüllbarkeit nur durch tatsächliches Ausfüllen der Lücken nachgewiesen werden kann, läuft dies auf Freges Forderung hinaus, daß die Lücken ausgefüllt werden: "Deshalb sind Wendungen wie 'eine leichte Überlegung lehrt, daß ' und 'wie man leicht sieht' zu verwerfen. Diese leichte Überlegung muß ausgesprochen werden, "[5] Dann freilich ist offen, ob das, was die Mathematiker treiben, "Mathematik" im Sinne der logizistischen Definition ist. Es ist dann zum Beispiel eine ungeklärte Frage, ob die siebente Auflage von Hilberts *Grundlagen der Geometrie* Mathematik ist. Die ersten Auflagen enthielten bekanntlich Fehler, waren demnach nicht Mathematik im Sinne der Definition[6].

Läßt man das logizistische Paradigma fallen, dann eröffnet sich ein naheliegender Ausweg: Das Postulat der Ausfüllbarkeit wird nicht benötigt, weil die Lücken eben nicht ausgefüllt zu werden brauchen. Anders gesagt: Der philosophisch interessante Punkt ist, daß die Fachleute auf einem Teilgebiet der Mathematik eine gemeinsame Fähigkeit besitzen, in vielen Fällen durch "Sehen" zu entscheiden, ob eine Lücke ausfüllbar ist oder nicht. Die Fähigkeit mag – wie jede andere menschliche Fähigkeit einschließlich des Rechnens mit Zahlen und des logischen Deduzierens – dem gelegentlichen Irrtum unterworfen sein, aber dies ändert nichts an der Existenz und der Bedeutung der Fähigkeit[7].

Die Fähigkeit der Mathematiker zu "sehen" ist historischen Wandlungen unterworfen. Der Mathematiker einer späteren Zeit kann in den Werken eines früheren Mathematikers mitunter mehr sehen, als dieser darin gesehen hatte. So hatte Pascal einen speziellen Satz über den Kreis mit Hilfe eines unendlichkleinen Dreiecks bewiesen, und Leibniz sah bei der Lektüre sofort, daß der Beweis eine allgemeine Methode enthält, die es erlaubt, den Satz für beliebige Kurven auszusprechen[8]. Ein besonders interessantes Beispiel für Wandlungen im Sehen sind Isaac Barrows Sätze von der wechselseitigen Umkehrbarkeit von Tangenten- und Flächenbestimmung. Nach der Erfindung der Differential- und Integralrechnung neigt man dazu, in diesen Sätzen mehr zu sehen als vorher (so schon Jakob Bernoulli zwei Jahrzehnte nach der Veröffentlichung von Barrows Sätzen). 1916 hat der Mathematikhistoriker

---

[5] G. Frege: *Schriften zur Logik und Sprachphilosophie*, Hamburg 1990, S. 95, vgl. auch S.106. Es ist interessant, daß auch Frege spürte, daß er nicht alles explizit machen konnte, vgl. S. 142 zur Definition der Funktion: "An die Stelle einer Definition muß eine Erläuterung treten, die freilich auf ein entgegenkommendes Verständnis rechnen muß."

[6] Vgl. H. Freudenthal: Zur Geschichte der Grundlagen der Geometrie,*Nieuw Archief voor Wiskunde* (4),V, 1957, S. 121.— Wenn Freudenthal von einem Ausfüllen der Lücken spricht, so handelt es sich natürlich nicht um ein Ausfüllen, das logizistischen Ansprüchen genügen würde.

[7] Vgl. dazu auch R. L. Wilder: The Role of Intuition, *Science* N. S. 156, 1967, S. 605 –610

[8] Leibniz: *Sämtliche Schriften und Briefe*, Reihe III, Band 2, Berlin 1987, S. 932-933

Herbert Breger, Hannover

Child[9] die These aufgestellt, weder Newton noch Leibniz, sondern Barrow sei der wahre Erfinder der Differential- und Integralrechnung. Child begründete dies damit, daß Barrows *Lectiones geometricae* eine Reihe von Rechenregeln des Differential- und Integralkalküls enthalten. Man kann mit guten Gründen argumentieren, daß Child unrecht hatte, aber es bedarf komplizierter, gewissermaßen hermeneutischer Interpretationsmethoden, um zu klären, was genau die Aussagen der Barrowschen Sätze für Barrow selbst gewesen sind und ob er gewisse andere Sätze seines Buches wirklich als Rechenregeln eines Kalküls verstanden hat[10].

Eines der Argumente in der mathematikhistorischen Diskussion des 20. Jahrhunderts über Barrows Sätze bezieht sich auf die Tatsache, daß Barrow keine besondere Notation für die Tangenten- und für die Flächenbestimmung eingeführt hat ; man folgerte daraus, daß Barrow keinen neuen Kalkül entwickelt habe. Dies Argument ist jedoch letztlich nicht schlüssig ; es läßt sich nämlich an historischen Beispielen zeigen, daß Mathematiker abstrakter denken ("mehr sehen") können, als in der von ihnen verwendeten Notation unmittelbar zum Ausdruck kommt. Daß dies für Diophants *Arithmetik* zutrifft, wurde bereits erwähnt. Ein anderes, ähnlich einfaches Beispiel ist die Kurvenlehre von Pierre de Fermat, insbesondere seine Methode zur Bestimmung von Maxima und Minima von Polynomen (ich übergehe hier, daß die Methode auch für zumindest einige algebraische Kurven anwendbar war).Fermat war mit der ihm zur Verfügung stehenden Notation nicht in der Lage, explizit die allgemeine Methode aufzuschreiben. Dazu hätte er nämlich ein beliebiges Polynom aufschreiben müssen, also etwa $\sum_{i=0}^{n} a_i x^i$ oder zumindest $a_0 + a_1 x + a_2 x^2 + \ldots + a_n x^n$. Da er dies nicht konnte, zeigte er seine Methode jeweils an einem konkreten Beispiel, wie etwa $ax^2 - x^3$. Natürlich konnte er erwarten, daß seine Leser daran exemplarisch sehen würden, wie in einem anderen Fall die Methode anzuwenden sei. Mit modernerer Notation läßt sich die Methode in einer allgemeinen Regel formulieren, nämlich $\sum_{i=1}^{n} i a_i x^{i-1} = 0$. Fermat hat diese Regel sicher auch *gesehen*. Ein noch instruktiveres Beispiel ist Fermats Abhandlung über die Flächenbestimmung höherer Parabeln und Hyperbeln. Dort finden sich ganze Formelgruppen, die für uns erst dann leicht durchschaubar werden, wenn wir sie mit Hilfe der erst später entstandenen Indexschreibweise umschreiben. Offenbar war Fermat in der Lage, etwas zu sehen, was wir erst erkennen, wenn wir es uns durch eine bequeme Notation gewissermaßen handgreiflich vor Augen geführt haben.

Notationsfragen haben offenbar keineswegs einen bloß technischen Charakter. Vielmehr ist in der Notation das "Sehen" der Mathematiker einer früheren Epoche sedimentiert. Es ist das typische Bild des mathematischen Fortschritts, das er zu höheren Ab-

---

[9] J. M. Child: *The Geometrical Lectures of Isaac Barrow*, Chicago, London 1916
[10] Vgl. Breger: Levels of Abstraction: Bernoulli, Leibniz and Barrow's Theorem, erscheint 1994 in J. Peiffer/M. Blay (Hrsg.): *Le travail scientifique dans les correspondances entre savants, au tournant des 17e/18e siecles*

Herbert Breger, Hannover

straktionsstufen führt ; die höhere Abstraktionsstufe wird durch die neue Notation für "jedermann" verfügbar. Insofern wird mathematisches Sehen durch die Einführung einer neuen Notation überflüssig und eliminiert. Auf der höheren Abstraktionsstufe werden jedoch neue mathematische Theorien entwickelt, so daß neue Formen des mathematischen Sehens entstehen.

Um meine Beispiele nicht nur aus jahrhundertealter Mathematik zu wählen, möchte ich mich abschließend erneut den Anfangsgründen der Gruppentheorie und insbesondere wieder dem zweiten Isomorphiesatz zuwenden. In dem erwähnten Buch von Baumgartner werden der Isomorphiebegriff und der zweite Isomorphiesatz eingeführt, bevor der Homomorphiebegriff und der Homomorphiesatz eingeführt werden. Mit dieser für uns merkwürdigen Reihenfolge folgt Baumgartner einer älteren Tradition des Rechnens mit Gruppenelementen ; auch van der Waerden führt in seinem klassischen Buch[11] den Begriff Isomorphismus vor dem des Homomorphismus ein. Er fügt sogar hinzu, daß kein fester Sprachgebrauch existiere und die Begriffe gelegentlich in der umgekehrten Bedeutung verwendet werden. Entsprechend findet sich weder bei Baumgartner noch bei van der Waerden eine Notation, die es erlauben würde, eine homomorphe Abbildung zu bezeichnen. Offenbar sind die Homomorphismen bei diesen Autoren noch keine Untersuchungsobjekte.

Auch in Spechts Lehrbuch ist dies mehr oder minder so. Der Begriff Homomorphismus wird erst nach dem Isomorphiebegriff definiert[12]. Das Schwergewicht von Spechts Buch liegt im Rechnen mit Elementen und Nebenklassen; so wird auch der zweite Isomorphiesatz bewiesen. Man wird darin geübt, mit Komplexen von Gruppenelementen zu rechnen[13] und zwischen solchen Komplexen Beziehungen zu sehen, die für den, der sein Sehen an neueren, abstrakteren Büchern geschult hat, überraschend und verwickelt erscheinen (zumindest auf den ersten oder zweiten Blick). Dieser traditionelle Aufbau der Theorie eröffnet dem Leser leichteren Zugang zu konkreten Gruppen, wie etwa Permutations- oder Matrizengruppen.

In den letzten Jahrzehnten ist man jedoch dazu übergegangen, den Begriff des Homomorphismus an den Anfang und in den Mittelpunkt der Gruppentheorie zu stellen. Die Notation ändert sich: Nicht nur werden Homomorphismen mit einem Buchstaben bezeichnet, sondern vor allem sind kommutative Diagramme ein wichtiger Teil der Notation. Das Rechnen mit Elementen und Nebenklassen tritt zurück, die Beweise werden kürzer und eleganter, weil der Homomorphiesatz von vornherein als strukturierendes Prinzip in Aufbau und Notation verwendet wird. In einem dieser Bücher wird der zweite Isomorphiesatz in drei Zeilen bewiesen, wobei der Beweis mit der Bemerkung eingeleitet wird: "Again we let

---

[11] B.L. van der Waerden: *Moderne Algebra*, Erster Teil, 2. Auflage, Berlin 1937, S. 28, S. 31-33. Ebenso noch in der 7. Auflage (*Algebra*, Berlin, Heidelberg, New York 1966), S. 27-32.

[12] W. Specht:*Gruppentheorie*,Berlin, Göttingen, Heidelberg, 1956, S. 71

[13] Vgl. etwa S. 26, S. 68-69 usw.

Herbert Breger, Hannover

the first isomorphism theorem (d.h. den Homomorphiesatz H.B.) do the dirty work."[14]. Daß der Homomorphiesatz den Isomorphiesätzen letztlich zugrunde liegt, haben auch die Autoren der älteren Lehrbücher gesehen. Sie sind aber offenbar davor zurückgeschreckt, ihre Darstellung durch eine ihnen vor dem Hintergrund des damaligen Stands der Mathematik übertrieben scheinende Abstraktheit und eine neu einzuführende Notation zu belasten. Diese allmähliche Gewöhnung an höhere Abstraktheit und parallel dazu neue Entwicklung der Notation ist ein typischer Aspekt des mathematischen Fortschritts.

Der nächste hier relevante Schritt in der Entwicklung der Notation besteht in der Verwendung exakter Sequenzen (dieser Schritt ist freilich auch schon ein halbes Jahrhundert alt). Mit dieser Notation kann man den Beweis des zweiten Isomorphiesatzes dem folgenden Diagramm sofort "ansehen":[15]

$$
\begin{array}{ccccccccc}
0 & \longrightarrow & N & \longrightarrow & G & \longrightarrow & G/N & \longrightarrow & 0 \\
& & \downarrow & & \downarrow & & \downarrow & & \\
0 & \longrightarrow & N/M & \longrightarrow & G/M & \longrightarrow & G/N & \longrightarrow & 0
\end{array}
$$

Die beiden ersten senkrechten Abbildungen sind die kanonischen, die dritte ist die Identität. Man sieht sofort, daß das Diagramm kommutativ ist. Die Exaktheit ist ebenfalls überall sofort zu sehen, außer an der Stelle G/M. Dort folgt die Exaktheit aber leicht aus der Kommutativität. Die Exaktheit an dieser Stelle ist aber nichts anderes als der zweite Isomorphiesatz.

---

[14] J.J.Rotman:*The Theory of Groups*, 2. Auflage, Boston 1973 (1. Auflage 1965), S. 24

[15] Vgl. Serge Lang:*Algebra*, Reading, Mass., 1965, S. 17

Partielle Welten und Paradoxien

Elke Brendel

1. Einleitung

Eine der bekanntesten und faszinierendsten Paradoxien der philosophischen Logik ist die *Antinomie des Lügners*, um deren Lösung sich bereits seit mehr als 2000 Jahren Philosophen den Kopf zerbrechen. Diese Paradoxie läßt sich durch einen Satz, der seine eigene Falschheit ausdrückt (im folgenden als "Lügner-Satz" oder "Lügner" bezeichnet), darstellen:

(*) "Dieser Satz ist falsch."

Ist (*) wahr, so besteht der durch (*) ausgedrückte Sachverhalt, d.h. (*) ist falsch. Ist (*) falsch, so trifft die in (*) aufgestellte Behauptung nicht zu, d.h. (*) ist wahr. Somit ist (*) genau dann wahr, wenn (*) falsch ist. Dies ist jedoch ein aus *prima facie* unproblematischen Schlüssen bewiesener Widerspruch, welcher die Inkonsistenz der zugrundegelegten Sprache aufzeigt.

Eines der wichtigsten philosophischen Einsichten, die man aus der Analyse dieser Antinomie gewinnen kann, besteht in der Tatsache, daß es kein universelles Sprachsystem geben kann, in dem alles, was prinzipiell sprachlich formulierbar ist, sich auch *innerhalb* dieses Sprachsystems ausdrücken läßt. Insbesondere läßt sich – wie Tarski gezeigt hat[1] – ein vollständiger Wahrheitsbegriff für eine Sprache L nicht innerhalb von L konsistent formulieren. Viele "Lösungen" der Lügner-Antinomie scheitern letztendlich an der Unhintergehbarkeit dieses Phänomens der semantischen Offenheit: Selbst wenn es diesen Lösungsansätzen gelingen sollte, die durch den Lügner erzeugte Inkonsistenz aufzulösen, so lassen sich andere Sätze bilden (mittels bestimmter metatheoretischer Begriffe), die zu erneuten Widersprüchen führen.[2] So können beispielsweise diejenigen Lösungsstrategien, die dem Lügner einen von "wahr" und "falsch" verschiedenen dritten Wahrheitswert (z.B. "unbestimmt") zuordnen oder Ansätze, die *Wahrheitswertlücken* annehmen,[3] den Begriff der *Nicht-Wahrheit* – im Sinne von "entweder falsch

---

[1] Alfred Tarski: "Der Wahrheitsbegriff in den formalisierten Sprachen", *Studia Philosophica* 1, 1936, 261-405, Nachdruck in Berka/Kreiser (Hrsg.): *Logik-Texte*, Berlin 1971, 455-559.

[2] In detaillierter Form wird dies in: Elke Brendel: *Die Wahrheit über den Lügner*, Berlin/New York 1992 nachgewiesen.

[3] Hierzu zählt z.B. die Kategorienlösung von Robert L. Martin: vgl. R.L. Martin: "Toward a Solution to the Liar Paradox", *Philosophical Review* 76, 1967, 279-311 und ders.: "A Category Solution to the Liar", in: R.L. Martin (Hrsg.): *The Paradox of the Liar*, New Haven/London 1970, 91-112. Auch Saul A. Kripkes Fixpunkttheorie der Wahrheit ist ein Wahrheitswertlückenansatz: vgl. S.A. Kripke: "Outline of a Theory of Truth", *Journal of Philosophy* 72, 1975, 690-716.

Elke Brendel, Frankfurt am Main

oder unbestimmt" – nicht in konsistenter Weise ausdrücken: Ein sogenannter "verstärkter Lügner", welcher – in diesem Sinne – seine eigene Nicht-Wahrheit behauptet, führt zu einem Widerspruch, da er genau dann wahr ist, wenn er falsch oder unbestimmt, d.h. nicht wahr, ist. Dies bedeutet, daß fundamentale Ergebnisse dieser Lösungsansätze, wie z.B., daß der Lügner *nicht wahr* ist (sondern unbestimmt ist oder in eine Wahrheitswertlücke fällt), sich nicht *innerhalb* dieser Ansätze formulieren lassen. In analoger Weise läßt sich auch für diejenigen Lösungsansätze, die den Lügner als in seinem Wahrheitswert *instabil* (d.h. z.B. zwischen "wahr" und "falsch" oszillierend) ansehen,[4] ein verstärkter Lügner formulieren: Der Satz "Dieser Satz ist nicht stabil wahr" führt zu einem Widerspruch. Selbst *parakonsistente* Ansätze,[5] welche neben "ausschließlich wahr" und "ausschließlich falsch" auch einen "inkonsistenten" Wahrheitswert "wahr-und-falsch" zulassen, fallen dem Problem des verstärkten Lügners anheim: Ein Satz, welcher von sich selbst behauptet, er sei nicht ausschließlich wahr, impliziert einen fatalen Widerspruch.

Das Phänomen der verstärkten Lügner zeigt somit meines Erachtens, daß Lösungsansätzen, welche die Annahme eines universellen Sprachsystems aufgeben, der Vorzug zu geben ist. Ein Ansatz, welcher semantische Geschlossenheit ablehnt, ist die *Theorie der Sprachstufenhierarchie* von Alfred Tarski.[6] Diese Hierarchie besteht aus einer unendlichen Folge von Sprachen $L_0, L_1, L_2, \ldots$, wobei jede Sprache L_i größere Ausdrucksstärke besitzt, als eine Sprache $L_{j<i}$. Insbesondere enthält jede Sprache L_i ein von den anderen Sprachen verschiedenes Wahrheitsprädikat, welches sich nur auf Sätze der Sprache $L_{j<i}$ anwenden läßt. Ein Lügner-Satz, der seine eigene Wahrheit verneint, läßt sich somit auf keiner Sprachebene formulieren, da der involvierte Wahrheitsbegriff sich auf einen Satz – nämlich den Lügner selbst – beziehen würde, der sich auf *derselben* Sprachstufe befindet.

Ein weiterer Ansatz, der ebenfalls ein universalistisches Sprachsystem verwirft, besteht in der *situationssemantischen Lösung* von Barwise und Etchemendy.[7] Die Situationssemantik[8] lehnt insbesondere die Auffassung der *Möglichen-Welten-Semantik* ab, nach der mögliche Welten als *maximal konsistente Mengen von Propositionen* und die wirkliche Welt als *maximal konsistente Menge aller Wahrheiten* angesehen werden. Dieser universalistischen Weltauffassung werden *Situa-*

---

[4]Ein Vertreter dieser Auffassung ist z.B. Anil Gupta: vgl. A. Gupta: "Truth and Paradox", *Journal of Philosophical Logic* 11, 1982, 1-60.

[5]Vgl. z.B. Graham Priest: "The Logic of Paradox", *Journal of Philosophical Logic* 8, 1979, 219-241.

[6]vgl. A. Tarski op.cit.

[7]Vgl.: Jon Barwise/John Etchemendy: *The Liar. An Essay on Truth and Circularity*, New York/Oxford 1987.

[8]Die Situationssemantik geht auf Jon Barwise und John Perry zurück: vgl. J. Barwise/J. Perry: *Situations and Attitudes*, Cambridge/London 1983. Sie ist mittlerweile stark modifiziert und weiterentwickelt worden.

Elke Brendel, Frankfurt am Main

tionen als bestimmte *Ausschnitte* der Realität, als *partielle* Mengen von Sachverhalten, entgegengesetzt. Im situationssemantischen Lösungsansatz lassen sich Lügner-Propositionen, welche stets auf bestimmte Situationen bezogen sind, formulieren. Aufgrund der Partialität der Situationen (und insbesondere aufgrund eines daraus folgenden nicht vollständigen Wahrheitsbegriffs) führen diese Lügner-Propositionen nicht zu Widersprüchen.

Im folgenden möchte ich nun eine semantische Theorie entwickeln, die in Auseinandersetzung mit der *Möglichen-Welten-Semantik* und der *Situationssemantik* enstanden ist. Sie wird als *Partielle-Welten-Semantik* (PWS) bezeichnet. Ihre Gemeinsamkeiten mit der Situationssemantik und ihre Unterschiede zur Möglichen-Welten-Semantik bestehen in den folgenden Punkten:

- Die Auffassung von Welten als Mengen, die die Gesamtheit aller Tatsachen enthalten, wird abgelehnt.

- Partielle Welten, die stets nur *echte* Teilbereiche eines zugrundegelegten Gesamtuniversums erfassen, dienen als semantische Basis.

- Diese partiellen Welten sind kontextuelle Bestandteile von Aussagen und bestimmen deren Wahrheit bzw. Falschheit.

- Trotz der Partialität ist die PWS *zweiwertig*: Jeder Satz A ist bezogen auf eine bestimmte Welt W entweder wahr oder falsch. Er ist wahr, wenn der durch A ausgedrückte Sachverhalt in W besteht; ansonsten ist er falsch.

- Die der PWS zugrundeliegende Sprache $\mathcal{L}$ erlaubt die Formulierung *selbstbezüglicher* Aussagen und enthält ein gewisses Analogon zum Wahrheitsbegriff, so daß sich bestimmte Lügner-Sätze in $\mathcal{L}$ bilden lassen.

- Eine befriedigende Lösung des Lügner-Problems wird (in Analogie zur situationssemantischen Lösung) erzielt. Dabei läßt sich insbesondere das Problem des "verstärkten Lügners" überwinden.

Mit der Möglichen-Welten-Semantik teilt die PWS ihren *extensionalen* und *modelltheoretischen* Charakter. Ihre wichtigsten Gemeinsamkeiten mit der Möglichen-Welten-Semantik und ihre Unterschiede zur Situationssemantik lassen sich folgendermaßen auflisten:

- Intensionale Begriffe der Situationssemantik wie "Eigenschaft", "Relation", "Situation", "Sachverhalt" werden *extensional* gedeutet.

- Eigenschaften und Relationen sind keine Grundkategorien, sondern Mengen bzw. Mengen von geordneten n-Tupeln von Objektausdrücken.

- Anstelle von Propositionen fungieren *Sätze* als Wahrheitswertträger.

Elke Brendel, Frankfurt am Main

- Die PWS besitzt *modelltheoretischen* Charakter. Partielle Welten werden als durch partielle Interpretationsfunktionen strukturierte Teilbereiche eines Gesamtbereichs von Gegenständen formal modelliert.

2. Die Partielle-Welten-Semantik

Die der PWS zugrundeliegende Sprache $\mathcal{L}$ ist eine Sprache der engeren Quantorenlogik mit einigen syntaktischen und semantischen Besonderheiten. Ihr Vokabular besteht aus runden und eckigen Klammern, den Junktoren "¬", "∧", "∨", "→" und "↔", einem Identitätszeichen "≡", einem All- und Existenzquantor "$\bigwedge$" und "$\bigvee$", Objektkonstanten und -variablen sowie Relationskonstanten. Ein ausgezeichnetes Prädikat (d.h. 1-stellige Relationskonstante) ist "T", welches den Wahrheitsbegriff repräsentieren soll. $\mathcal{L}$ verfügt des weiteren über ein Standardnamensymbol "st", welches Anführungsnamen der Terme, Relationsausdrücke und Sätze von $\mathcal{L}$ auszudrücken erlaubt. Darüber hinaus können mittels eines bestimmten Diagonalisierungsoperators D selbstbezügliche Sätze in $\mathcal{L}$ formuliert werden.[9] Insbesondere lassen sich daher in $\mathcal{L}$ bestimmte Lügner-Sätze ausdrücken. Außerdem bezieht sich jeder Satz von $\mathcal{L}$ stets auf eine partielle Welt, welche durch einen unteren Index $m \in \mathbb{N}$ gekennzeichnet ist. Die Grammatik von $\mathcal{L}$ sowie ein Diagonalisierungsschema, welches den Gebrauch des Diagonalisierungsoperators regelt, lassen sich folgendermaßen bestimmen:

(i) Jede Konstante und jede Variable ist ein Term.
(ii) Ist t ein Term, dann auch Dt.
(iii) Wenn $t_1,\ldots,t_n$ Terme sind, Π_i^n ein Relationszeichen und m ein partielles Welten Symbol, dann ist $[\Pi_i^n(t_1,\ldots,t_n)]_m$ ein Satz.
(iv) Wenn $[A]_m$ ein Satz ist, dann ist $[\neg A]_m$ ($m \in \mathbb{N}$) ein Satz.
(v) Wenn $[A]_m$, $[B]_m$ Sätze sind, dann auch $[A \wedge B]_m$, $[A \vee B]_m$, $[A \to B]_m$ und $[A \leftrightarrow B]_m$ ($m \in \mathbb{N}$).
(vi) Wenn $[A(\xi)]_m$ ein Satz ist, in dem die Variable ξ frei vorkommt, dann sind $[\bigwedge \xi\, A(\xi)]_m$ und $[\bigvee \xi\, A(\xi)]_m$ ($m \in \mathbb{N}$) Sätze.
(vii) Sind t_1, t_2 Terme and m ein partielles Welten Symbol, dann ist $[t_1 \equiv t_2]_m$ ein Satz.
(viii) Wenn E ein Term, Relationsausdruck oder Satz von $\mathcal{L}$ ist, dann ist st(E) ein Term.

Eine Variable ξ kommt in einem Satz genau dann frei vor, wenn a) ξ nicht durch einen Quantor gebunden wird, oder b) ξ nicht innerhalb von Klammern steht, denen ein Standardnamensymbol vorangeht.

---

[9] Die Verwendung eines solchen Diagonalisierungsoperators findet sich z.B. auch in: Raymond M. Smullyan: "Languages in Which Self-Reference is Possible", *Journal of Symbolic Logic* 22, 1957, 55-67 sowie in: Gary R. Mar: *Liars, Truth-Gaps, and Truth: a Comparison of Formal and Philosophical Solutions to the Semantical Paradoxes*, University Microfilms International: Ann Arbor Michigan, Dissertation, UCLA 1985.

Elke Brendel, Frankfurt am Main

Diagonalisierungsschema:

Sei $E(\xi)$ ein Term oder Satz von $\mathcal{L}$, in dem nur die Variable ξ frei vorkommt, dann gilt: $Dst(E(\xi)) \equiv st(E(st(E(\xi))))$, wobei $st(E(st(E(\xi))))$ dadurch entsteht, indem in $st(E(\xi))$ alle freien Vorkommnisse von ξ in $E(\xi)$ durch den Standardnamen von $E(\xi)$ ersetzt werden.

Die *Semantik von* $\mathcal{L}$ wird nun folgendermaßen festgelegt: Sei U das Universum (der Gegenstandsbereich), über das $\mathcal{L}$ interpretiert ist. Insbesondere enthält U alle Terme, Relationsausdrücke und Sätze sowie die Zahl 0 als Elemente. Eine partielle Welt w_m ist ein geordnetes Tupel $<J_m, U>$, wobei J_m eine Funktion ist, deren Argumentbereich ($dom(J_m)$) eine *Teilmenge* der Menge aller Terme und Relationszeichen von $\mathcal{L}$ und deren Wertebereich ($range(J_m)$) folgendermaßen bestimmt ist: $J_m(t)$ ist ein Objekt aus U für jeden Term t von $\mathcal{L}$ mit $t \in dom(J_m)$. Für jedes 1-stellige Relationszeichen (d.h. Prädikat) $\Pi_i^1 \in dom(J_m)$ von $\mathcal{L}$ ist $J_m(\Pi_i^1)$ eine Menge von Objekten aus U, und für jedes n-stellige Relationszeichen Π_i^n von $\mathcal{L}$ (mit $n > 1$), welches ein Element aus $dom(J_m)$ ist, ist $J_m(\Pi_i^n)$ eine Menge von geordneten n-Tupeln von Objekten aus U.

Die Interpretationen der Standardnamen von Termen, Relationsausdrücken und Sätzen sind folgendermaßen bestimmt:
(a) Wenn $st(t) \in dom(J_m)$, dann $J_m(st(t)) = t$, wobei t ein Term von $\mathcal{L}$ ist.
(b) Wenn $st(\Pi_i^n) \in dom(J_m)$, dann $J_m(st(\Pi_i^n)) = \Pi_i^n$, wobei Π_i^n ein Relationszeichen von $\mathcal{L}$ ist.
(c) Wenn $st([A]_n) \in dom(J_m)$, dann $J_m(st([A]_n)) = [A]_n$, wobei $[A]_n$ ein Satz von $\mathcal{L}$ ist.

Für den Spezialfall, daß ein Term Dt, in dem t nicht von der Form $st(E(\xi))$ ist, wobei $E(\xi)$ ein Term oder Satz von $\mathcal{L}$ ist, in dem nur die Variable ξ frei vorkommt, sei $J_m(Dt) = 0$.

Für jede partielle Welt w_m gibt es eine Evaluationsfunktion $Val_{\mathcal{L}}^{J_m, U}$, die jedem Satz über w_m einen der Wahrheitswerte TR oder FL zuordnet. Für atomare bzw. negierte atomare Sätze lautet diese Wahrheitswertzuweisung:[10]

a) $Val_{\mathcal{L}}^{J_m, U}([\Pi_i^n(t_1, \ldots, t_n)]_m) = \begin{cases} TR \text{ gdw.} \\ \quad J_m(t_i) \text{ ist definiert} \\ \quad \text{für jedes i mit } 1 \leq i \leq n, \text{ und} \\ \quad J_m(\Pi_i^n) \text{ ist definiert, und:} \\ \quad <J_m(t_1), \ldots, J_m(t_n)> \in J_m(\Pi_i^n) \\ FL \text{ ansonsten} \end{cases}$

(für alle Terme $t_1, \ldots, t_n$ und Relationsausdrücke Π_i^n von $\mathcal{L}$)

---

[10] Aus Platzgründen werden die Wahrheitswertzuweisungen der anderen Sätze von $\mathcal{L}$ nicht genannt. Der interessierte Leser findet sie in dem Aufsatz: Elke Brendel: "Partial Worlds and Paradox", Ms.

Elke Brendel, Frankfurt am Main

b) $\text{Val}_{\mathcal{L}}^{J_m,U}([\neg\Pi_i^n(t_1,\ldots,t_n)]_m) = \begin{cases} \text{TR} & \text{gdw.} \\ & J_m(t_i) \text{ ist definiert} \\ & \text{für jedes i mit } 1 \leq i \leq n, \text{ und} \\ & J_m(\Pi_i^n) \text{ ist definiert, und} \\ & <J_m(t_1),\ldots,J_m(t_n)> \notin J_m(\Pi_i^n) \\ \text{FL} & \text{ansonsten} \end{cases}$

(für alle Terme $t_1,\ldots,t_n$ und Relationsausdrücke Π_i^n von $\mathcal{L}$)

Um das Symbol "T" als *Wahrheitsprädikat* auszuzeichnen, werden nun Adäquatheitsbedingungen für Sätze, die dieses Symbol enthalten, formuliert: Wenn ein Satz, der die Wahrheit eines Satzes $[A]_m$ in der Welt w_m ausdrückt, wahr ist, dann sollte auch $[A]_m$ wahr sein. Umgekehrt sollte auch, wenn $[A]_m$ wahr ist, diese Wahrheit eine Tatsache in w_m darstellen, d.h. der Satz, welcher die Wahrheit von $[A]_m$ ausdrückt, sollte dann auch wahr sein. Ein Satz $[A]_m$ sollte falsch sein, wenn der Satz, der die Falschheit von $[A]_m$ in w_m ausdrückt, wahr ist. Die umgekehrte Implikationsrichtung ist jedoch in der PWS nicht allgemeingültig: Wenn ein Satz $[A]_m$ aufgrund von Undefiniertheit falsch ist, dann sollte ein Satz, der diese Falschheit *in derselben* Welt w_m ausdrückt – und der somit den Standardnamen eines Satzes enthält, dessen deskriptive Ausdrücke nicht interpretiert sind –, ebenfalls wegen Undefiniertheit falsch sein. Diese Adäquatheitsbedingungen können formal folgendermaßen wiedergegeben werden:
(i) $\text{Val}_{\mathcal{L}}^{J_m,U}([T(st([A]_m))]_m) = \text{TR} \Leftrightarrow \text{Val}_{\mathcal{L}}^{J_m,U}([A]_m) = \text{TR}$
(für alle Sätze $[A]_m$ von $\mathcal{L}$)
(ii) $\text{Val}_{\mathcal{L}}^{J_m,U}([\neg T(st([A]_m))]_m) = \text{TR} \Rightarrow \text{Val}_{\mathcal{L}}^{J_m,U}([A]_m) = \text{FL}$
(für alle Sätze $[A]_m$ of $\mathcal{L}$)
In $\mathcal{L}$ läßt sich ein Lügner-Satz, welcher in einer partiellen Welt w_m seine eigene Unwahrheit ausdrückt, folgendermaßen formulieren:
(**) "$[\neg T(Dst([\neg T(Dx)]_m))]_m$"
Aufgrund des Diagonalisierungsschemas gilt:
"$Dst([\neg T(Dx)]_m) \equiv st([\neg T(Dst([\neg T(Dx)]_m))]_m)$" – und dies ist der Standardname von (**). Interpretiert man "T" als Wahrheitsprädikat, so ist (**) ein Satz, der seine eigene Falschheit in der partiellen Welt w_m ausdrückt, d.h. (**) repräsentiert in $\mathcal{L}$ einen Lügner-Satz.

In Übereinstimmung mit Barwise and Etchemendys situationssemantischem Ansatz gilt auch in der PWS, daß Lügner-Sätze von $\mathcal{L}$ stets *falsch* sind:
$\text{Val}_{\mathcal{L}}^{J_m,U}("[\neg T(Dst([\neg T(Dx)]_m))]_m") = \text{FL}$
für jede partielle Welt w_m
Beweis:
Angenommen, es gelte $\text{Val}_{\mathcal{L}}^{J_m,U}("[\neg T(Dst([\neg T(Dx)]_m))]_m") = \text{TR}$.
Da "$Dst([\neg T(Dx)]_m) \equiv st([\neg T(Dst([\neg T(Dx)]_m))]_m)$" wegen des Diagonalisierungsschemas, folgt mit Adäquatheitsbedingung (ii):

$\text{Val}_{\mathcal{L}}^{J_m,U}("[\neg T(\text{Dst}([\neg T(Dx)]_m))]_m") = \text{FL}$ – im Widerspruch zur Annahme.

Zu beachten ist, daß es *keine* Interpretationsfunktion J_m geben kann, welche den Standardnamen eines Lügner-Satzes *über die Welt* w_m in ihrem Argumentbereich enthält: Sei "L_m" ein Lügner-Satz über die partielle Welt w_m. Wäre "L_m" falsch, weil $J_m("st(L_m)")$ und $J_m("T")$ definiert wäre und $J_m("st(L_m)") \in J_m("T")$, so würde hieraus folgen, daß $\text{Val}_{\mathcal{L}}^{J_m,U}("[T(st(L_m))]_m") = \text{TR}$, und somit würde aufgrund von Adäquatheitsbedingung (i) $\text{Val}_{\mathcal{L}}^{J_m,U}("L_m") = \text{TR}$ im Widerspruch zu obigem Theorem gelten. Dies bedeutet, daß ein Lügner-Satz über eine partielle Welt w_m deshalb stets falsch ist, weil seine deskriptiven Ausdrücke nicht definiert sind. Der Argumentbereich einer Interpretationsfunktion J_m ist somit immer eine *echte Teilmenge* der Menge aller Terme und Relationsausdrücke von $\mathcal{L}$. Eine partielle Welt kann daher niemals eine totale Welt sein.

Auch wenn sich die (metatheoretisch erwiesene) Falschheit eines Lügners über eine Welt w_m *nicht in* w_m mittels eines wahren Satzes ausdrücken läßt, bedeutet dies keine prinzipielle Einschränkung der Ausdrucksstärke der PWS. Die Falschheit eines jeden Lügner-Satzes "L_m" über eine partielle Welt w_m kann nämlich mittels eines *reflektierenden* Lügner-Satzes, welcher in einer *erweiterten* partiellen Welt w_n, die die Falschheit des Lügners "L_m" als Tatsache enthält, formuliert werden. Eine partielle Welt $w_n = <J_n, U>$, welche diese Bedingung erfüllt, kann folgendermaßen konstruiert werden:

$J_m(E) = J_n(E)$ für alle Ausdrücke $E \in \text{dom}(J_m)$, "T" $\in \text{dom}(J_n)$, und es gelte:
$\{st([A]_m) | \text{Val}_{\mathcal{L}}^{J_m,U}([A]_m) = \text{TR}$ oder $\text{FL}\} \subseteq \text{dom}(J_n)$,
$J_n("T") \supseteq \{[A]_m | \text{Val}_{\mathcal{L}}^{J_m,U}([A]_m) = \text{TR}\}$,
$J_n("T") \cap \{[A]_m | \text{Val}_{\mathcal{L}}^{J_m,U}([A]_m) = \text{FL}\} = \emptyset$.

Ein *reflektierender Lügner-Satz*, der in der partiellen Welt w_n die Falschheit des Lügner-Satzes "L_m" ausdrückt, ist *wahr*:

$$\text{Val}_{\mathcal{L}}^{J_n,U}("[\neg T(st([\neg T(\text{Dst}([\neg T(Dx)]_m))]_m))]_n") = \text{TR}$$

Die Möglichkeit, daß die erwiesene Nicht-Wahrheit eines Lügner-Satzes sich *innerhalb* der PWS durch einen wahren Satz ausdrücken läßt, ist ein entscheidender Vorteil dieses Ansatzes gegenüber den eingangs erwähnten Lösungsansätzen, in denen bestimmte metatheoretische Einsichten über den semantischen Status des Lügners nur *außerhalb* dieser Ansätze erkannt werden konnten.

3. Widerlegt die PWS sich selbst?

Eine *allgemeine* Darstellung *der* PWS steht im Widerspruch zu der grundlegenden Annahme der PWS: der Verneinung universalistischer Sprachsysteme und totaler Welten. Die meisten Sätze dieses Vortrages (und hierzu zählt insbesondere auch der Satz, den Sie gerade hören) sind mit dieser Grundidee der PWS unverträglich. Sätze wie "*Keine* partielle Welt kann eine totale Welt sein" oder "Der Lügner-Satz

Elke Brendel, Frankfurt am Main

ist für *jede* partielle Welt falsch" machen Aussagen über *alle* partielle Welten, d.h. sie beziehen sich auf eine totale Welt und können deshalb niemals als Sätze von $\mathcal{L}$ formuliert werden. Patrick Grim, der ebenfalls semantische Ansätze bevorzugt, die eine universalistische Weltenauffasuung ablehnen, versucht dieses Problem dadurch zu lösen, indem er behauptet, daß die Einsicht in die Unmöglichkeit und Inkohärenz des Begriffs "die Menge *aller* Wahrheiten" *keine* Allaussage über diesen Begriff (der dann natürlich auf der Ebene einer totalen Welt formuliert sein müßte) impliziert: "But the denial that there is any such things as "all truths" or "all propositions" should not itself be thought to commit us to quantify over all truths or all propositions, any more than the denial that there is such thing as "the square circle" should be thought to commit us to referring to something as both square and circle."[11] Diese Lösung halte ich jedoch für wenig überzeugend. Hat man erkannt, daß sich die Begriffe "quadratisch" und "Kreis" gegenseitig ausschließen, so daß *der quadratische Kreis* ein Ding der Unmöglichkeit ist, so folgt daraus, daß es kein Objekt geben kann, welches zugleich quadratisch und ein Kreis ist – und dies ist ein negierter existenzquantifizierter Satz. Grims Vergleich zwischen dem Begriff "die Menge aller Wahrheiten" und dem Begriff "der quadratische Kreis" halte ich in einem entscheidenden Punkt für inadäquat. Die Ausdrücke "quadratisch" und "Kreis" sind wohldefiniert. Ihre Interpretationen sind Mengen von Objekten, deren Schnittmenge leer ist. Deshalb ist der Satz "Es gibt keine quadratischen Kreise" sinnvoll und darüber hinaus wahr. Anders verhält es sich mit dem Ausdruck "Die Menge aller wahren Sätze": In der PWS ist der Begriff "wahr" nur im Kontext einer *partiellen* Menge von Sätzen interpretiert. Somit ist der scheinbar sinnvolle und wahre Satz "Es gibt keine Menge aller wahren Sätze" im Rahmen der PWS eine *sinnlose Zeichenkombination*.

Eine konsequente Anhängerin der PWS muß demnach die Wittgensteinsche Leiter, mit der sie zu der Erkenntnis der Sinnlosigkeit aller Sätze über *die* PWS gelangte, wegstoßen. Es lassen sich nur auf der Ebene von partiellen Welten Sätze und Theoreme innerhalb der PWS *exemplarisch* aufzeigen. Aussagen in diesem Vortrag, die scheinbar über die Gesamtheit aller partieller Welten quantifizieren, sollten deshalb als solche exemplarischen Aussagen interpretiert werden, d.h. als Sätze, die in einer bestimmten partiellen (und vielleicht sehr umfangreichen) Welt über die *partielle* Menge aller *in ihr geltenden Tatsachen* etwas aussagen.

---

[11] Patrick Grim: *The Incomplete Universe. Totality, Knowledge, and Truth*, Cambridge/London 1991, 123.

Uwe Meixner, Regensburg

FORMALE LOGIK OHNE MODELLTHEORIE

Ich setze die modelltheoretische Begründung der elementaren Prädikatenlogik, der modalen (klassischen) Aussagenlogik und der nichtklassischen Aussagenlogik (z.B. der intuitionistischen) als bekannt voraus. Demgegenüber gebe ich hier deren Begründung in der ontologisch äußerst sparsamen *Wahrheitsgesetzsemantik*, die sich aller modelltheoretischen Mittel entschlägt. Der Begriff der *Interpretation*, aber auch der der *Bewertung*, der für die *Wahrheitswertsemantik*[1] zentral ist, spielt in der Wahrheitsgesetzsemantik keine Rolle. Jede Bezugnahme auf unendlich große Mengen entfällt. Außerdem wird soweit als möglich die Bezugnahme auf nichtsprachliche Entitäten vermieden

Seien L_1, L_2 und L_3 Sprachen, deren Sätze bereits ein Bedeutung haben. L_1 ist eine Sprache der modalen Aussagenlogik mit den logischen Konstanten ¬,⊃,L; L_2 eine (nichtklassisch interpretierte) Sprache der Aussagenlogik mit den logischen Konstanten ¬,⊃,∧,∨; L_3 eine Sprache der Prädikatenlogik (ohne freie Variablen) mit der auszeichenbaren einstelligen Prädikatkonstanten E und den logischen Konstanten ¬,⊃,(). Die metasprachlichen Variablen x,y,z,... beziehen sich jeweils auf die Sätze von L_1, bzw. L_2, bzw. L_3 (je nach dem, von welcher Sprache gerade die Rede ist). α,β,... sind Variablen für die Objekt-Konstanten von L_3, ν,υ,... Variablen für die Variablen von L_3. "gdw" und "wenn,dann" werden im Sinne der materialen Äquivalenz bzw. Implikation verstanden, "Λx" ist kurz für "für alle x"; in der Reihe "nicht", "und", "oder", "wenn,dann", "gdw" nimmt die Bindungsstärke in Leserichtung ab.

Die Wahrheitsgesetze für die logischen Konstanten von L_1 relativ zu L_1 lauten:

$$W(L_1, ¬, ⊃)$$

L_1 ¬   NΛx(W[¬x] gdw nicht W[x])
L_1 ⊃   NΛxΛy(W[x⊃y] gdw nicht W[x] oder W[y])
L_1 L   NΛx(W[Lx] gdw NW[x])

N ist hierbei der metasprachliche Modaloperator der analytischen Notwendigkeit. Für ihn gelten die S5-Gesetze und die Barcan-Formel. Dies ist einsichtig, ohne daß man sich hierzu auf die Mögliche-Welten-Semantik berufen müßte.

Uwe Meixner, Regensburg

Die Wahrheitsgesetze für die logischen Konstanten von L_2 relativ zu L_2 lauten:

$$W(L_2, \neg, \supset, \wedge, \vee)$$

$L_2 \neg$ $K \wedge x(W[\neg x]$ gdw Knicht $KW[x])$

$L_2 \supset$ $K \wedge x \wedge y(W[x \supset y]$ gdw $K($wenn $KW[x]$, dann $KW[y]))$

$L_2 \wedge$ $K \wedge x \wedge y(W[x \wedge y]$ gdw $K(KW[x]$ und $KW[y]))$

$L_2 \vee$ $K \wedge x \wedge y(W[x \vee y]$ gdw $K(KW[x]$ oder $KW[y]))$

K ist hierbei der metasprachliche Modaloperator des Wissens (der Person π zum Zeitpunkt t). Für ihn gelten die S4-Gesetze und die Barcan-Formel (was wiederum ohne MW-Semantik einsichtig ist). Daher kann man statt "$K(KW[x]$ und $KW[y])$" auch logisch äquivalent "$KW[x]$ und $KW[y]$" setzen, und statt "$K(KW[x]$ oder $KW[y])$" "$KW[x]$ oder $KW[y]$". In L_2 werden die vertrauten aussagenlogischen Konnektoren in einer gewissen Weise epistemisch interpretiert. Es ist keineswegs die einzig plausible Weise. Zwei andere solche Weisen erhält man, indem man in $W(L_2, \neg, \supset, \wedge, \vee)$ "K" vor "W" wegläßt oder das (von links nach rechts) jeweils zweite "K" streicht.

Der Alloperator in der prädikatenlogischen Sprache L_3 kann *substitutionell*, *klassisch* oder *existenzial* (im Sinne der Freien Logik) gedeutet sein. $L_3 \neg$ und $L_3 \supset$ sehen aus wie $L_1 \neg$ und $L_1 \supset$. Aber nach den drei möglichen Deutungen des Alloperators haben wir drei verschiedene Versionen von L_3 E und L_3 ().

Bei substitutioneller Deutung

1-L_3 E   fehlt (denn E ist nicht ausgezeichnet)

1-L_3 () $\wedge x \wedge \alpha \wedge \nu($wenn α in x und ν nicht in x, dann

$(W[(\nu)x[\nu/\alpha]]$ gdw $\wedge \beta W[x[\beta/\alpha]]))$

($x[\nu/\alpha]$ ist das Resultat der Ersetzung von α durch ν an gewissen Stellen in x.)

Bei klassischer Deutung

$\alpha, \beta, \ldots$ beziehen sich nun auf die *potentiellen* Objekt-Konstanten. Die potentiellen Objekt-Konstanten sind die Objekt-Konstanten (im normalen Sinn) zusammen mit den *virtuellen Objekt-Konstanten*. Virtuelle Objekt-Konstanten sind Objekte im Gegenstandsbereich von L_3, die nicht durch eine Objekt-Konstante bezeichnet werden (sie sind normalerweise *keine* Objekt-Konstanten). *Virtuelle Sätze* (von L_3) gehen aus Sätzen hervor, indem man eine virtuelle Objekt-Konstante für eine Objekt-Konstante in diesen substituiert. (Das Resultat wird gewöhnlich etwas sein, das man nicht an eine Tafel schreiben kann.) Die potentiellen Sätze sind die Sätze

Uwe Meixner, Regensburg

zusammen mit den virtuellen Sätzen; auf die potentiellen Sätze beziehen sich nun die Variablen x,y,...

2-L₃() lautet dann wie 1-L₃() (nur daß eben die Variablen α,β und x anders gedeutet sind). 2-L₃E fehlt, da E nicht ausgezeichnet ist.

Bei existenzialer Deutung
Die Belegung der metasprachlichen Variablen ist wie im vorausgehenden Fall. Es wird aber eine zusätzliche Unterscheidung eingeführt: *fiktive* Objekt-Konstanten sind Objekt-Konstanten (im normalen Sinn), die nichts bezeichnen; *genuine* Objekt-Konstanten sind Objekt-Konstanten, die etwas bezeichnen; *nichtfiktive* Objekt-Konstanten sind die genuinen Objekt-Konstanten zusammen mit den virtuellen.

3-L₃ E Λα(W[E(α)] gdw α ist eine nichtfiktive Objekt-Konstante)
3-L₃ () ΛxΛαΛν(wenn α in x und ν nicht in x, dann
         (W[(ν)x[ν/α]] gdw Λβ(wenn β eine nichtfiktive
         Objekt-Konstante, dann W[x[β/α]])))

Für Sprachen, deren *Valenz* Wahrheit (und nicht z.B. Beweisbarkeit) ist, lautet dann das generelle Schema für die Definition der *logischen Wahrheit*: Ist x ein Satz von L₁:
x ist L₁-logisch wahr := W[x] ist logisch (im Sinne der Logik der Metasprache) herleitbar aus den Wahrheitsgesetzen für die logischen Konstanten von L₁ relativ zu L₁.
Jede Bezugnahme auf überabzählbar viele unendlich große höchst komplexe Entitäten (Interpretationen im modelltheoretischen Sinn, übrigens aber auch Bewertungen) entfällt.

Sei K nun ein (Satz-)Kalkül für L₁:
K ist *semantisch widerspruchsfrei* bzgl. der Logik von L₁ gdw jeder in K beweisbare Satz von L₁ L₁-logisch wahr ist.
K ist *semantisch vollständig* bzgl. der Logik von L₁ gdw jeder L₁-logisch wahre Satz von L₁ in K beweisbar ist.

Wie können wir nun ohne modelltheoretische Mittel Widerspruchsfreiheit und Vollständigkeit eines Kalküls beweisen?
Zur Widerspruchsfreiheit: Sei x ein Satz von L₁, der in beweisbar ist; also gibt es einen Beweis in K für x; wir zeigen, daß sich jeder Beweis in K für x "übersetzen" läßt in eine logische Herleitung von W[x] aus den Wahrheitsgesetzen für die logischen Konstanten von L₁ relativ zu L₁; folglich ist x L₁-logisch wahr.
Zur Vollständigkeit: Sei x ein Satz von L₁, der L₁-logisch wahr

Uwe Meixner, Regensburg

ist; also gibt es eine logische Herleitung von *W[x]* aus den Wahrheitsgesetzen für die logischen Konstanten von L_1 relativ zu L_1; wir zeigen, daß sich jede solche Herleitung "übersetzen" läßt in einen Beweis in K für x; folglich ist x in K beweisbar.

Entscheiden wir uns für die klassische Deutung des Alloperators, so läßt sich in der Wahrheitsgesetzsemantik zeigen, daß jeder *geeignete* Kalkül für L_3 semantisch vollständig ist bzgl. der Logik von L_3 (der klassischen elementaren Prädikatenlogik):

Angenommen *W[x]* kann aus W(L_3,¬,⊃,()) logisch hergeleitet werden; dann gibt es eine Standard-Herleitung[2] von *W[x]* aus W(L_3,¬,⊃,()): beginne mit nicht *W[x]* und konstruiere unter Verwendung von W(L_3,¬,⊃,()) (wobei die objektsprachliche Komplexität Schritt für Schritt vermindert wird) einen Herleitungsbaum, der in jedem Ast einen Widerspruch enthält. Was eine Standard-Herleitung aus W(L_3,¬,⊃,()) ist, läßt sich durch ein Beispiel besser ersehen als durch eine exakte Definition (die natürlich angegeben werden kann): W[(o)(F(o)⊃F''(o))⊃(¬(o)¬F(o)⊃¬(o)¬F''(o))] soll standardgemäß aus W(L_3,¬,⊃,()) hergeleitet werden. Eine seiner Standard-Herleitung aus W(L_4,¬,⊃,()) ist:

    nicht W[(o)(F(o)⊃F''(o))⊃(¬(o)¬F(o)⊃¬(o)¬F''(o))]   1
        W[(o)(F(o)⊃F''(o))]   2(1,L_3⊃)
      nicht W[¬(o)¬F(o)⊃¬(o)¬F''(o)]   3(1,L_3⊃)
        W[¬(o)¬F(o)]   4(3,L_3⊃)
      nicht W[¬(o)¬F''(o)]   5(3,L_3⊃)
        W[(o)¬F''(o)]   6(5,L_3¬)
      nicht W[(o)¬F(o)]   7(4,L_3¬)
      nicht W[¬F(β)]   8(7,L_3(),β eine neue
                                    Variable)
        W[¬F''(β)]   9(6,L_3(),Instanziierung
                              durch β)
        W[F(β)]   10(8,L_3¬)
      nicht W[F''(β)]   11(9,L_3¬)
        W[F(β)⊃F''(β)]   12(2,L_3(),Instanziierung
                              durch β)
13a1(12,L_3⊃)   nicht W[F(β)]   W[F''(β)]   13b1(12,L_3⊃)

Wenn *W[x]* aus W(L_3,¬,⊃,()) logisch herleitbar ist, so ist es auch standardgemäß aus ihm herleitbar. Auf dieser Voraussetzung ruht der Beweis der semantischen Vollständigkeit jedes geeigneten Kalküls für L_3 hinsichtlich der Logik von L_3 in der Wahrheitsgesetzsemantik. Sollte diese Voraussetzung ungerechtfertigt erscheinen (mir ist sie evident), so vergleiche man sie zunächst mit den eher problematischeren Voraussetzungen, auf denen ein Henkin-Beweis basiert, und dann urteile man abermals.

Sei K ein geeigneter Kalkül für L_3. Für einen *geeigneten* Kalkül für L_3 sind die Regelschemata und Meta-Theoreme beweisbar, die unten genannt sind. Ein bekannter geeigneter Kalkül für L_3 ist beispielsweise:

A1 $A \supset (B \supset A)$
A2 $(A \supset (B \supset C)) \supset ((A \supset B) \supset (A \supset C))$
A3 $(\neg A \supset \neg B) \supset (B \supset A)$
A4 $(\nu)A[\nu] \supset A[\delta]$
R1 $A, A \supset B \vdash B$
R2 $A \supset B[\delta] \vdash A \supset (\nu)B[\nu]$ (δ nicht in $A \supset (\nu)B[\nu]$)

Jeder Ast einer Standard-Herleitung von $W[x]$ aus $W(L_3, \neg, \supset, ())$ (im Beispiel sind es zwei) kann mechanisch übersetzt werden in eine (redundante Schritte enthaltende) Ableitung in K von $\neg((o)F(o) \supset (o)F(o))$ (oder einer anderen Kontradiktion der Gestalt $\neg(B \supset B)$, die keine Objekt-Konstanten enthält):

$W[y]$ wird y, und *nicht* $W[y]$ wird $\neg y$. Die Ableitungsschritte die nicht Annahmen sind, werden gerechtfertigt durch die in K (als geeigneten Kalkül) beweisbaren Regelschemata $\neg(A \supset B) \vdash A$, $\neg(A \supset B) \vdash \neg B$, $\neg\neg A \vdash A$, $A \vdash A$, $(\nu)A[\nu] \vdash A[\delta]$; $A, \neg A \vdash B$ wird verwendet, um den letzten Schritt zu rechtfertigen. $\neg(A \supset B) \vdash A$ entspricht der Anwendung von $L_3 \supset$ auf *nicht* $W[x \supset y]$ mit dem Resultat $W[x]$; $\neg(A \supset B) \vdash \neg B$ entspricht der Anwendung von $L_3 \supset$ auf *nicht* $W[x \supset y]$ mit dem Resultat *nicht* $W[y]$; $\neg\neg A \vdash A$ entspricht der Anwendung von $L_3 \neg$ auf *nicht* $W[\neg x]$ mit dem Resultat $W[x]$; $A \vdash A$ entspricht der Anwendung von $L_3 \neg$ auf $W[\neg x]$ mit dem Resultat *nicht* $W[x]$; $(\nu)A[\nu] \vdash A[\delta]$ entspricht der Anwendung von $L_3 ()$ auf $W[(\nu)x[\nu]]$ mit dem Resultat $W[x[\beta]]$ ("β" steht hier repräsentativ für die jeweils verwendete Variable). Der erste Schritt ist eine Annahme; "Annahme" mit Einführung einer *neuen* Objekt-Konstanten entspricht der Anwendung von $L_3 ()$ auf *nicht* $W[(\nu)x[\nu]]$ mit dem Resultat *nicht* $W[x[\beta]]$ ("β" steht hier repräsentativ für die jeweils verwendete *neue* Variable); "Annahme" entspricht der Anwendung von $L_3 \supset$ auf $W[x \supset y]$, sei das Resultat im betrachteten Ast *nicht* $W[x]$ oder $W[y]$.

Somit läßt sich der linke Ast der obigen Standard-Herleitung übersetzen in:

Uwe Meixner, Regensburg

1	$\neg((o)(F(o)\supset F''(o))\supset(\neg(o)\neg F(o)\supset\neg(o)\neg F''(o)))$	Annahme
2	$(o)(F(o)\supset F''(o))$	$1;\neg(A\supset B)\vdash A$
3	$\neg(\neg(o)\neg F(o)\supset\neg(o)\neg F''(o))$	$1;\neg(A\supset B)\vdash \neg B$
4	$\neg(o)\neg F(o)$	$3;\neg(A\supset B)\vdash A$
5	$\neg\neg(o)\neg F''(o)$	$3;\neg(A\supset B)\vdash \neg B$
6	$(o)\neg F''(o)$	$5;\neg\neg A\vdash A$
7	$\neg(o)\neg F(o)$	$4;A\vdash A$
8	$\neg\neg F(a)$	Annahme mit neuer Objekt-Konstante a
9	$\neg F''(a)$	$6;(\nu)A[\nu]\vdash A[\delta]$; Instanziierung von a
10	$F(a)$	$8;\neg\neg A\vdash A$
11	$\neg F''(a)$	$9;A\vdash A$
12	$F(a)\supset F''(a)$	$2;(\nu)A[\nu]\vdash A[\delta]$; Instanziierung von a
13	$\neg F(a)$	Annahme
14	$\neg((o)F(o)\supset(o)F(o))$	$10,13;A,\neg A\vdash B$

Die zweite Ableitung, in die der rechte Ast der betrachteten Standard-Herleitung übersetzt werden kann, sieht wie die erste aus, außer daß wir am Ende haben:

13	$F''(a)$	Annahme
14	$\neg((o)F(o)\supset(o)F(o))$	$13,11;A,\neg A\vdash B$

Demnach:
(a) $\neg((o)(F(o)\supset F''(o))\supset(\neg(o)\neg F(o)\supset\neg(o)\neg F''(o))),\neg\neg F(a),\neg F(a)\vdash \neg((o)F(o)\supset(o)F(o))$;
(b) $\neg((o)(F(o)\supset F''(o))\supset(\neg(o)\neg F(o)\supset\neg(o)\neg F''(o))),\neg\neg F(a),F''(a)\vdash \neg((o)F(o)\supset(o)F(o))$;

Für den Kalkül K (als geeigneten Kalkül) können nun die folgenden Meta-Theoreme bewiesen werden, die dazu hinreichen, sich von jeder Annahme außer der ersten in jeder K-Regel zu befreien, die einer K-Ableitung entspricht, die die Übersetzung eines Astes einer Standard-Herleitung von $W[x]$ aus $W(L_3,\neg,\supset,())$ ist.

(1) $\Gamma,\neg A\vdash C;\Gamma,B\vdash C \ \Vvdash\ \Gamma,A\supset B\vdash C$;
(2) $\Gamma,A\vdash B;\Gamma\vdash A \ \Vvdash\ \Gamma\vdash B$;
(3) $\Gamma,\neg A[\delta]\vdash B;\ \delta$ nicht in $\Gamma,\neg(\nu)A[\nu],B \ \Vvdash\ \Gamma,\neg(\nu)A[\nu]\vdash B$.

Schließlich wende man an:
(4) $\Gamma,\neg A\vdash \neg(B\supset B) \ \Vvdash\ \Gamma\vdash A$ (was für K ebenfalls beweisbar ist).

Für unser Beispiel haben wir also:

Uwe Meixner, Regensburg

"*zuerst*" sei die Abkürzung für (o)(F(o)⊃F''(o))⊃(¬(o)¬F(o)⊃ ¬(o)¬F''(o)); "*zuletzt*" sei die Abkürzung für ¬((o)F(o)⊃(o)F(o)). Aufgrund von (1) aus (a) und (b): ¬*zuerst*,¬¬F(a),F(a)⊃F''(a) ⊢ *zuletzt*; also aufgrund von (2), da ¬*zuerst*,¬¬F(a) ⊢ F(a)⊃F''(a) (siehe die obige Ableitung), ¬*zuerst*,¬¬F(a) ⊢ *zuletzt*; also aufgrund von (3) ¬*zuerst*,¬(o)¬F(o) ⊢ *zuletzt*; also aufgrund von (2), da ¬*zuerst* ⊢ ¬(o)¬F(o) (siehe die obige Ableitung), ¬*zuerst* ⊢ *zuletzt*; also schließlich aufgrund von (4) ⊢ *zuerst*, was zu beweisen war.

Fußnoten:

[1] Hugues Leblanc zeigt in "On Dispensing with Things and Worlds", daß die Wahrheitswertsemantik, die die Quantifikation prinzipiell substitutionell behandelt und Mengen möglicher Welten durch Bewertungsmengen repräsentiert, hinsichtlich dessen, was man von einer logischen Semantik üblicherweise erwartet, dasselbe zu leisten vermag wie die orthodoxe modelltheoretische Vorgehensweise; er hält dann dafür, daß sie aufgrund ihrer größeren ontologischen Sparsamkeit der letzteren vorzuziehen sei. Die Wahrheitsgesetzsemantik ist ontologisch noch sparsamer als die Wahrheitswertsemantik. Ob sie dasselbe zu leisten vermag, bleibt zu untersuchen. Ich zeige hier jedenfalls wie Vollständigkeitsbeweise in der Wahrheitsgesetzsemantik für Kalküle der elementaren Prädikatenlogik aussehen.

[2] Die besonders durchsichtige und elegante Standardform, die ich hier betrachte, beruht auf Raymond Smullyan, *First-order Logic*.

Literatur:

Leblanc, H.: "On Dispensing with Things and Worlds", in M. K. Munitz (Hrsg.), *Logic and Ontology*, New York University Press: New York 1973, 241-259.

Smullyan, R.: *First-order Logic*, Springer: Berlin 1968.

W.F.Niebel, Frankfurt am Main

Hat Frege einen Paradigmenwechsel im Quantifikationskonzept vollzogen?

Trotz des 100-jährigen Anniversariums von Freges Begriffsschrift in diesem Jahr, sofern man die zweite Fassung derselben in den "Grundgesetzen der Arithmetik" von 1893 (Band I) zugrundelegt, besteht in der logischen Grundlagenforschung noch immer kein Konsensus über das vom Begründer der modernen Logik entwickelte Konzept der Quantifikation. Dieses Defizit ist freilich umso gravierender, als die Quantifikation ja gerade Freges "eigentliche Erfindung" (Invention), wie W. und M. Kneale sie genannt haben, ist, mit deren Hilfe u.a. allererst die "Erneuerung" (Innovation) der überkommenen Logik unternommen werden konnte. Und dies-wie bekannt- auf der Basis der Suspendierung des traditionalen, grammatischen Schemas von Subjekt und Prädikat oder Hypokeimenon und Kategoroumenon, wie es einst Aristoteles der Analyse des "semantischen und apophantischen Logos" zugrundegelegt hatte, und seiner Substituierung durch das moderne, mathematische Konzept von Argument und Funktion. Ohne nun einleitend in einem Rück- und Überblick eine Synopse der Interpretationen des Fregeschen Quantifikationskonzepts in seiner einhundertjährigen bzw., wenn man die erste Fassung der Begriffsschrift von 1879 mitberücksichtigt, sogar mehr als hundertjährigen Geschichte vornehmen zu können, beschränke ich meine Auseinandersetzung mit der Literatur auf einen repräsentativen und häufig zitierten, jedoch selten rezipierten Aufsatz zu diesem Thema und Problem, den Leslie Stevenson in "The Philosophical Quarterly" 1973 unter dem Titel "Frege's Two Definitions of Quantification" (Vol.23, p.207-223) veröffentlicht hat. Hier hat der Autor nämlich die Auffassung vertreten, daß Frege in seinen beiden Begriffsschrift-Fassungen zwei verschiedene und unvereinbare (inkommensurable) Definitionen der Quantifikation aufgestellt und somit also einen Paradigmen-Wechsel im Quantifikationskonzept vollzogen habe, nämlich den Wechsel von der "substitutionellen" zur "objektuellen" oder "ontischen Quantifikation. Und dieser Wechsel sei seinerseits nun wiederum als notwendige Folge einer von Frege bereits anfangs der neunziger Jahre eingeleiteten Wende in seinem Denken und Oeuvre anzusehen, die in der philosophischen Literatur gewöhnlich als semantisch-realistische Wende apostrophiert wird. Das damit über Frege verhängte Verdikt einer dualistischen und ambivalenten Quantifikations-Konzeption, dem die Forschung weitgehend sich angeschlossen zu haben scheint, soll im folgenden nun einer Revision unterzogen werden. Und zwar durch die Klärung und Entscheidung der Frage, ob die in Freges "Entwickelung" seiner "logischen Ansichten" (Theorie) erfolgte "Umwandlung" der Konzeptualität mit immanenter Notwendigkeit auch einen paradigmatischen Wechsel im Modus wie Konzept der Quantifikation herbeizuführen und zu legitimieren vermocht hat. Wiewohl dafür eine gewisse Plausibilität zumindest prima facie besteht, so sprechen doch secunda facie gewichtige Gründe gegen eine solche Annahme und ihre Verteidigung, wie sie Stevenson unternommen hat, Gründe, die sowohl logisch-semiotischer als auch sprachphilosophischer Natur sind und zudem mit Freges Selbstverständnis wie Selbstverständigung übereinstimmen. - Damit ist die Themen- und Problemstellung der nachfolgenden Untersuchungen bezeichnet, der ich mich anhand einer Analyse und Rekonstruktion der Quantifikationskonzeptionen in beiden Begriffsschrift-Fassungen nunmehr zuwenden möchte. Dabei bemühe ich mich, auf technische Details soweit möglich zu verzichten, zumal mein Beweisziel, die Widerlegung und Zurückweisung eines Paradigmen-Wechsels im Quantifikationskonzept Freges, die Beschränkung auf das Grundsätzliche oder Prinzipielle erlaubt.

I

Ohne in diesem Rahmen nun den konstruktiven, logisch-semiotischen Aufbau der "Begriffsschrift" als "Formelsprache des reinen Denkens" - mit ihren drei grundlegenden Operatoren für die "Bedingtheit", die "Verneinung" sowie die "Allgemeinheit" und deren diagrammatischer Darstellung durch die Symbole des "Bedingungsstrichs", des "Verneinungsstrichs" sowie der "Höhlung im Inhaltsstrich"- explizit darlegen zu können, sei hier nur gesagt, daß Frege zunächst die Konzeption der Junktoren auf der Grundlage der Bedingtheit (Subjunktion) und Verneinung (Negation) vornimmt, wobei die "Inhaltsgleichheit" oder Identität einen besonderen Stellenwert besitzt, um sich sodann der Definition der Quantifikation bzw. der Quantoren zuzuwenden. Und zwar zuerst der des Allquantors, welcher ihm als ursprünglich oder primitiv

W.F.Niebel, Frankfurt am Main

erscheint, während der Existenzquantor, der mit Hilfe der Negation ausge= drückt wird, daher als derivativ gilt. Die Definition der Allquantifikation, die im System der Begriffsschrift unter dem Titel der logischen "Allgemein= heit" steht, welche ihrerseits von der dem Buchstabengebrauch immanenten semiotischen "Allgemeinheit" zu unterscheiden ist, wird nun im § 11 der er= sten Begriffsschrift-Fassung von 1879 in der folgenden Weise vorgenommen: "In dem Ausdrucke eines Urtheils kann man die rechts von ⊢ stehende Ver= bindung von Zeichen immer als Function eines der darin vorkommenden Zeichen ansehen. Setzt man an die Stelle dieses Argumentes einen deutschen Buchsta= ben, und giebt man dem Inhaltsstriche eine Höhlung, in der dieser selbe Buchstabe steht, wie in

$$\vdash \stackrel{a}{\frown} \phi(a),$$

so bedeutet dies das Urtheil, daß jene Function eine Thatsache sei, was man auch als ihr Argument ansehen möge".
Im Unterschied zu den uns geläufigen formalen Sprachen der Mathematik und Logik ist Freges Formelsprache des reinen Denkens logisch-semiotisch da= durch gekennzeichnet, daß ihr mindestens zwei zusätzliche (diagrammatische) Symbole immanent und für sie konstitutiv sind. Dabei handelt es sich zum einen um den "Inhaltsstrich", der im ersten Entwurf der Begriffsschrift ei= ne bloß notationstechnische Aufgabe erfüllt, während er als sog."Wagrech= ter" in der Neufassung derselben zu einem funktionalen Zeichen avanciert, nachdem Frege den "beurteilbaren Inhalt" in den "Gedanken" und den "Wahr= heitswert" ausdifferenziert hat. Zum anderen handelt es sich sodann um den "Urteilsstrich", der in beiden Begriffsschrift-Systemen gleichermaßen die genuin sprachlogische, d.h. sprechakttheoretische Aufgabe der "Aner= kennung" bzw. "Zuerkennung der Wahrheit" und damit die der "Behauptung" (Assertion) erfüllt. Somit erweist sich das Symbol des Urteilsstri= ches" als Behauptungs-Indikator und, da es allen Urteilen qua Behauptungs= sätzen wesentlich und eigentümlich ist, zugleich auch als Satz-Indikator. Indem nun "die behauptende Kraft" "nicht im Prädicat enthalten ist", zumal ja das grammatische Subjekt-Prädikat-Schema eliminiert und durch das mathe= matische Konzept von Argument und Funktion substituiert worden ist,bedarf es Frege zufolge eines eigenen Zeichens oder Symbols zum Ausdruck der Be= hauptung, nämlich des Behauptungs- oder Urteilsstriches, durch dessen Ge= brauch der Anspruch der "Wahrheit" erhoben und damit zugleich der Inhalt als "eine Thatsache" behauptet wird. Auf dieser Folie vermag es Frege die These zu formulieren, daß "allen Urtheilen" seiner "Formelsprache des rei= nen Denkens" "ein einziges Prädicat" immanent und daher "gemeinsam" sei, nämlich "ist eine Thatsache" (§3), womit zugleich ein Terminus seiner Quan= tifikations-Definition-wie rudimentär auch immer-erläutert ist.(Im übri= gen sinddiese Ausführungen zu Freges Urteils-, Behauptungs- und Wahrheits= begriff nicht zuletzt deshalb erforderlich, weil dieser (letztere) vom sog. semantischen Wahrheitsbegriff Tarskis radikal verschieden ist, auf welchen allerdings Stevenson seinerseits rekurrieren wird zur Reformulierung oder vielmehr "Paraphrasierung" des späteren Quantifikationskonzepts Freges).
Wie der angeführten Quantifikations-Definition nun des weiteren zu entneh= men ist, werden hier die Kategorien der "Function" und des "Arguments"noch ganz im Sinne der Mathematik, nämlich der Analysis, verwendet und erweisen sich daher als wesentlich semiotisch sowie syntaktisch bestimmt. Diese vor= nehmlich semiotisch-syntaktische Konzeption wird nun zusätzlich bestätigt durch die Auffassung der "Function" als einer "Verbindung von Zeichen",die als funktionale Verknüpfung allerdings die überkommene, kopulationale Ver= knüpfung in der Logik ablöst und mit ihr gleichzeitig das traditionale"Syn= thesis"- wie "Hypothesis"-Konzept des "semantisch-apophantischen Logos-Pa= radigmas". Die Auffassung der Funktion als einer Zeichen-Verbindung,von der Frege dann sich lösen wird, ist indessen darin begründet, daß die Funk= tion eine oder auch mehrere Leerstellen für die sie ergänzenden Argumente mit sich führt und somit als ergänzungsbedürftiger Ausdruck mit Argument= stellen per se eine Verbindung von Zeichen darstellt.
Wenn man nun -Freges Anweisung im § 11 der Begriffsschrift von 1879 fol= gend-die Argumentstelle einer Funktion mit einem deutschen Buchstaben(To= ken) besetzt und gleichzeitig denselben Buchstaben(Typus) in die Höhlung

des Inhaltsstriches inseriert, so erhält man das Urteil : ⊢—α— φ(α) , welches besagt, daß die Funktion eine Tatsache ist, was man auch immer als als ihr Argument ansieht. Da das "Argument" im Rahmen der ersten oder ur= sprünglichen Begriffsschrift-Fassung nun als linguistische bzw. semioti= sche Kategorie konzipiert ist und daher als ("veränderliches") "Zeichen"ex= pliziert wird, "welches den Gegenstand bedeutet" (§ 9), drückt das genann= te Urteil Frege zufolge die "Geltung" oder Gültigkeit der Funktion φ(α) für alle "Einsetzungen bzw. "Ersetzungen" (Substitutionen) von α durch ein solches Zeichen, also durch "Namen" (Eigennamen) resp. singuläre Ter= mini   (genauer gesagt für alle nominalen Einsetzungs-Instanzen) , aus. Das heißt aber nichts anderes als die Allgemeingültigkeit oder die logische Allgemeinheit der Funktion. "Aus einem solchen Urtheile kann man daher immer eine beliebige Menge von <u>Urtheilen mit weniger allgemeinem In= halte</u> herleiten, indem man jedes Mal an die Stelle des deutschen Buchsta= bens etwas Anderes einsetzt, wobei dann die Höhlung im Inhaltsstrich wie= der verschwindet" (Allspezifikation). "Der links von der Höhlung befindli= che wagrechte Strich ... ist der Inhaltsstrich dafür, daß φ(α) gelte, was man auch an die Stelle von α setzen möge, der rechts von der Höhlung be= findliche ist der Inhaltsstrich von φ(α), wobei an die Stelle von α etwas Bestimmtes eingesetzt gedacht werden muß" (§ 11).
Ohne das Prinzipielle verlassen und weiter ins Detail gehen zu wollen, ist auf der Folie der vorangegangenen Explikationen unschwer zu erkennen, daß das von Frege in die Logik und ihre Geschichte eingeführte(originäre)Kon= zept der Quantifikation im substitutionellen oder Einsetzungssinne bestimmt ist. Dieser Quantifikationsmodus bleibt, wie die weiteren Ausführungen des § 11 belegen, indessen nicht auf die erste Stufe der Quantifikation be = schränkt, sondern wird auch für höherstufige Quantifikationen als verbind= lich erwiesen. Im Rahmen dieser inventorischen wie innovatorischen Etab= lierung der Quantifikation führt nun Frege gleichzeitig -implizit- die Un= terscheidung zwischen gebundenen Variablen, die durch deutsche Buchstaben symbolisiert werden, und freien Variablen, die durch lateinische Buchsta= ben charakterisiert sind, ein; wobei in Parenthese allerdings anzumerken ist, daß er den Begriff der "Variablen" aufgrund der ihm immanenten Konno= tationen der "Veränderlichkeit" sowie der "Veränderung in der Zeit" nicht ohne Kritik beläßt.
Während die durch das Höhlungs-Symbol mit eingeschriebenem deutschen Buch= staben ausgedrückte Allquantifikation oder "Allgemeinigung" (wie sie spä= ter auch genannt wird) Freges Terminologie und Konzeptualität zufolge nun "die Abgrenzung des Gebiets bewirkt", "auf welches sich die durch den Buchstaben bezeichnete Allgemeinheit bezieht" (§ 11), wird diese Aufgabe im Falle der Verwendung lateinischer Buchstaben, also freier Variabler, indessen auf das Urteilsstrich-Symbol übertragen. Denn dieses Symbol be= sitzt "außer" der ihm immanenten "behauptenden Kraft" zugleich"die Fähig= keit, das Gebiet der Allgemeinheit der lateinischen Buchstaben abzugren= zen", und erfüllt somit analog zum Allquantor die Funktion des Vollzugs wie des Ausdrucks der "Allgemeingültigkeit" eines Urteils oder Behauptungs= satzes. Daher besteht im System der Begriffsschrift als Formelsprache des reinen Denkens auch eine Äquivalenz zwischen den Sätzen
⊢— X (a)
und
⊢—α— X (α).
Auf die weitere Entfaltung der logisch-semiotischen wie philosophischen Im= plikationen des originären, substitutionellen Quantifikationskonzepts muß hier zunächst verzichtet werden.

II

Im Zuge des "Fortschritts" und der "Entwickelung" seiner logischen Theorie, wie sie Frege anfangs der neunziger Jahre mit der Veröffentlichung von drei berühmt gewordenen Aufsätzen ("Funktion und Begriff", "Über Begriff und Ge= genstand", "Über Sinn und Bedeutung") begonnen und mit der "neuen" "Dar le= gung der Begriffsschrift" als Propädeutik und Prolegomenon zu den "Grund= gesetzen der Arithmetik" von 1893 vollendet hat, erfährt nun auch die Quan-

W.F.Niebel, Frankfurt am Main

tifikation eine Neufassung oder Rekonzeptualisierung. Sie erfolgt im Rah=
men einer "inneren Umwandlung" der logischen Konzeptualität Freges, die in
der Literatur gewöhnlich als semantisch-realistische Wendung angesprochen
wird. Ob diese Wendung ihrerseits nun eine Modifikation bzw. Transformation
des ursprünglichen Quantifikationsmodus induziert und somit eine Abweichung
(Deviation) vom substitutionellen Konzept der Quantifikation im Sinne ei=
nes Paradigmen-Wechsels nezessitiert hat, ist indessen die Frage.
Im Rahmen der Rekonzeptualisierung der "logischen Grundbegriffe" erfahren zu=
nächst "Function und Argument" eine grundlegende Neukonzeption, die eine
Deviation von ihrer ursprünglichen "Auffassungsweise" darstellt. Waren die=
se Grundkonzepte in der ersten Begriffsschrift-Fassung vornehmlich als se=
miotische und syntaktische Kategorien eingeführt worden, wie sie Frege aus
der Mathematik entlehnt und sodann auf die Grammatik übertragen hat , so
ändert sich diese Auffassungs- und Verwendungsweise in der zweiten Fassung
des Begriffsschrift-Systems radikal, indem diese Konzepte nunmehr eine on=
to-logische Grundlegung erfahren und daher jetzt als logisch-semantische
Kategorien expliziert werden. Innerhalb des neuen kategorialen Rahmens un=
terscheidet Frege sodann streng zwischen dem "Ausdruck" oder "Namen" und
seiner "Bedeutung" bzw. zwischen dem "Zeichen" und dem von ihm "Bezeichne=
ten". Das heißt hier nun zwischen dem "Ausdruck" oder "Namen der Function"
und der "Function" selber sowie des weiteren zwischen der (durch einen
griechischen Buchstaben symbolisierten oder vielmehr indizierten) "Argument-
Stelle", dem (lateinischen oder deutschen) "Argument-Buchstaben", dem "Ar=
gument-Zeichen" oder "-Namen" und schließlich dem "Argument" selber als dem=
jenigen, "dessen Zeichen (Name) in einem gegebenen Falle diese Stelle (scil.
"die Argumentstelle") einnimmt" (§1). Damit bestätigt sich aber, daß "Func=
tion und Argument" nicht länger als logisch-semiotische und syntaktische
Kategorien (zur Analyse und Artikulation von Ausdrücken oder Sätzen) auf=
gefaßt , sondern nunmehr als die logisch-semantischen resp. onto-logischen
Korrelate oder Substrate der "Functions- und Argument-Zeichen" ("-Namen") be=
griffen werden. Während nun die "Function" (wie der "Functionsausdruck"
selber) wesentlich und intrinsisch durch die Konzepte der "Ungesättigkeit",
"Unvollständigkeit" sowie der "Ergänzungsbedürftigkeit" bestimmt wird, ist
es das "Argument", welches seinerseits komplementär dazu die "Sättigung",
"Vervollständigung" oder die "Ergänzung der Function" vornimmt; und das
Resultat dieser Ergänzung ist dann "der Werth der Function für das Argu=
ment"(§1). Indem Frege die significativen oder semantischen Beziehungen ein
und derselben Zeichen-Relation, nämlich der Name-Bedeutungs- bzw. Name-
Träger-Relation (name/bearer relation) unterwirft, vermag er demnach zu
sagen: "Wir erhalten also einen Namen des Werthes der Function für das
Argument, wenn wir die Argumentstellen des Namens der Function mit dem Na=
men des Argumentes ausfüllen" (ibidem). Im Zuge der Neukonzeption der lo=
gischen Grundbegriffe sowie der inventorisch-innovatorischen Einführung
der Kategorie des "Functionswerthes" zusammen mit der des "Werthverlaufes
der Function" erfährt nun gleichzeitig auch das frühere Konzept des "be=
urteilbaren Inhalts" eine notwendige Revision. Indem es nämlich einer
zweifachen semantischen Analyse und Explikation unterworfen wird, "zerfällt",
wie Frege zutreffend und selbstkritisch formuliert, ihm der einstmals
sog. "Inhalt" nunmehr in den (objektiven) "Gedanken", der wiederum von der
(subjektiven) "Vorstellung" unterschieden wird, und in den "Wahrheitswerth".
Beide, "Gedanke" und "Wahrheitswerth", verhalten sich zu einander wie "Sinn"
und "Bedeutung" eines Ausdrucks oder Satzes (X, § 2, § 5). Aufgrund der
doppelt-semantischen Unterscheidung erfährt dann schließlich auch der frü=
here "Inhaltsstrich" eine logische wie semiotische Modifikation, das heißt
seine Transformation in den sog. "Wagrechten". Hatte das Symbol des "In=
haltsstrichs" in der ersten Begriffsschrift-Konstruktion eine bloß notati=
onstechnische Aufgabe zu erfüllen, die in der koordinativen Verbindung der
übrigen Strich-Symbole des diagrammatisch aufgebauten Zeichensystems be=
stand, so gewinnt es als "Wagrechter" in der Neukonzeption der Begriffs=
schrift den Status eines funktionalen Zeichens. Dem gemäß wird der "Wag=
rechte" jetzt von Frege als "Functionsname" aufgefaßt und in der Weise ge=
deutet, "dass

W.F.Niebel, Frankfurt am Main

das Wahre ist, wenn Δ das Wahre ist, dass es dagegen das Falsche ist, wenn Δ nicht das Wahre ist" (§5). Auf der Grundlage und nach Maßgabe dieser lo= gischen wie semiotischen Innovationen vollzieht das "Urteil" seinerseits nun schließlich den "Fortschritt" bzw. das "Fortschreiten vom Gedanken zu seinem Wahrheitswerth", da es in der "Anerkennung, daß der Wahrheitswerth das Wahre sei", besteht (X). Diese "Anerkennung" erfährt ihre (sprachli= che) "Äußerung" oder Manifestation in der "Behauptung", die ihrerseits wiederum ausgedrückt wird durch das Symbol des "senkrechten Urteils-oder Behauptungsstriches", welches allen Begriffsschrift-Sätzen eigentümlich und beiden Begriffsschrift-Fassungen gemeinsam ist.

Vor diesem -hier nur mehr skizzierten als explizierten- Hintergrund wird sodann im § 8 der neuen "Darlegung der Begriffsschrift" in den "Grundge= setzen der Arithmetik" von 1893 die Neufassung oder Rekonzeptualisierung der Allquantifikation in der folgenden Weise vorgenommen: "... es bedeute $\underset{a}{\longrightarrow} \phi(a)$, das Wahre, wenn der Werth der Function $\phi(\xi)$ für jedes Argument das Wahre ist, und sonst das Falsche", wobei die "zugehörige Function" durch die An= gabe präziser Regeln bestimmt wird, die hier allerdings nicht aufgeführt werden können. Zunächst fällt hierbei sofort auf, daß die Neufassung der Allquantifikation im Unterschied zur Urfassung derselben nicht die Gestalt eines Urteils oder Behauptungssatzes aufweist, sondern vielmehr in der Form einer schlichten "Zeichen-Erklärung" erfolgt, also ohne den für Be= griffsschriftsätze obligatorischen und konstitutiven Urteilsstrich. Die= sem Umstand entspricht auch der Gebrauch des griechischen Buchstabens ξ in dieser Erklärung, der nämlich im begriffsschriftlichen Zeichensystem kein Symbol der Objektsprache ("Hilfssprache"), sondern der Metasprache ("Darlegungssprache") ist. Zudem besteht die semiotische Eigentümlichkeit der griechischen Buchstaben bei Frege in der bloßen "Offenhaltung der Stelle" (für ein Argument-Zeichen) und unterscheidet sich damit a limine von der "Vertretung der Stelle" ("einer unbekannten Zahl" etwa) ebenso wie freilich von der den lateinischen oder deutschen Argument-Buchstaben als freien oder gebundenen Variablen immanenten Eigentümlichkeit bzw. Aufgabe des "Ausdrucks der Allgemeinheit". Sodann ist die auf der Grundlage der Wahrheitswert-Theorie erfolgte terminologische wie konzeptuelle Abwei= chung der Neufassung der Allquantifikation von der Urfassung nicht zu übersehen. Denn nunmehr ist zum einen vom "Werth der Function" die Rede sowie zum anderen davon, daß dieser "Werth" "das Wahre" sei. An die Stelle des früher sog. "Prädicates" "ist eine Thatsache" tritt daher jetzt die Kategorie "ist das Wahre", ohne daß diese Differenz hier weiter zu entfal= ten wäre. Dies umso weniger, als beide Formulierungen gleichermaßen eine onto-logische Dimension aufweisen, die im Tatsache-Sein der Funktion bzw. im Wahr-Sein des Wertes der Funktion besteht. Demzufolge "bedeutet" nun der Ausdruck $\underset{a}{\longrightarrow} \phi(a)$, genau dann "das Wahre", "wenn der Werth der Function $\phi(\xi)$ für jedes Argument das Wahre ist". Und gerade in der Wen= dung "für jedes Argument" manifestiert sich indessen die spezifische Dif= ferenz der neuen Zeichen-Erklärung bzw. Begriffsbestimmung der Allquanti= fikation gegenüber der ursprünglichen Definition. Indem -wie ausgeführt- das "Argument" in der zweiten Begriffsschrift-Fassung nämlich nicht mehr als semiotische und logisch-syntaktische, sondern vielmehr als logisch-se= mantische Kategorie konzipiert ist und daher nicht länger als("veränderli= ches")"Zeichen", welches den Gegenstand bedeutet, sondern umgekehrt als das von einem solchen Zeichen "Bezeichnete" oder "Bedeutete" explizitiert wird, intendiert der Terminus "Argument" somit den "Gegenstand" bzw. "Gegenstände überhaupt" (§ 2) - ohne daß der Begriff des Gegenstands, der bei Frege auch Wahrheitswerte und Wertverläufe umfaßt, hier in diesem Zu= sammenhang weiter entfaltet werden könnte.

III

Diese auf den ersten Blick objektualistisch erscheinende Fassung des Argu= mentkonzepts hat nun Leslie Stevenson veranlaßt, eine Wende von der substi= tutionellen zur objektuellen oder ontischen Quantifikation im Denken und

W.F.Niebel,Frankfurt am Main

Oeuvre Freges anzunehmen und somit einen Paradigmen-Wechsel im Quantifika= tionskonzept- bzw. -modus zu unterstellen. Unter Hinweis auf die angeführ= te Zeichen-Erklärung der Allquantifikation begründet er diese Annahme zu= nächst mit der lapidaren Feststellung, daß, "da Argumente und Funktionen nicht mehr als Ausdrücke, sondern als das durch sie Bezeichnete definiert werden..., diese Definition objektuell im modernen Sinne" sei" (l.c.p. 212). Da der im Argumentkonzept enthaltene Gegenstands-Begriff von Frege nun aber nicht ontologisch, sondern semantisch gefaßt wird und daher sei= nerseits wiederum rückgebunden ist an den Gegenstands-Bezug bzw. an die Gegenstands-Bezugnahme referenzieller Zeichen, nämlich singulärer Termini oder "Eigennamen", deren "Bedeutung" die "Gegenstände" bilden (§ 1, § 2), muß Stevensons Annahme freilich als höchst problematisch und fragwürdig erscheinen. Denn die der Zeichen-Erklärung bzw. Begriffsbestimmung der All= quantifikation immanente und für sie konstitutive Formulierung "für jedes Argument" erweist sich Freges Konzeptualität zufolge als synonym mit der Wendung oder dem Ausdruck "für jeden durch einen Eigennamen bezeichneten Gegenstand", durch welchen sie daher ersetzt werden kann. Somit läßt aber die Allquantifikation auch in der Fassung, die sie in der neuen Darlegung der Begriffsschrift erfahren hat, nur wiederum in substitutioneller Weise sich vornehmen; sei es, daß die Namen-Zeichen (Eigennamen) in die Argu = ment-Stelle ξ "eintreten", oder daß sie für den deutschen Argument-Buch= staben α als durch den Allquantor gebundene Variable "eingesetzt" (sub= stituiert) werden.
Dies gilt nun freilich umso mehr, als die -gebundenen wie auch die freien- Buchstaben-Variablen bei Frege keinerlei Gegenstands-Bezug (Referenz) auf= weisen und daher auch nicht als Variable im objektuellen oder ontischen Sinne, das heißt als Gegenstands-Variable begriffen werden können, wie es indes= sen bei Quine der Fall ist, dem zufolge "die Variablen" -im Gegensatz zu den "schematischen Buchstaben"- "auf irgendwelche Gegenstände als ihre Werte referieren". Dagegen "bezeichnen und bedeuten" Freges Buchstaben- Variablen "nichts", sondern "deuten" nur mehr "einen Gegenstand" bzw."Ge= genstände" "unbestimmt" "an". Das heißt, wie die Zeichenrelation der "un= bestimmten Andeutung von Gegenständen" zu explizieren und gleichzeitig zu präzisieren ist, sie>"deuten" Gegenständliches bzw. Gegenständlichkeit "an" und "dienen" dieser Eigentümlichkeit gemäß gerade "zum Ausdruck der All= gemeinheit" "des Inhalts oder des Sinnes". (Das logische wie semiotische Analogon zur›Referenz der Variablen‹bei Quine wäre die›unbestimmte Bedeu= tung der Buchstaben‹bei Frege; doch diese Zeichenrelation ist Freges Ter= minologie und Konzeptualität fremd und käme überdies einer contradictio in adjecto gleich). Im Unterschied, ja Gegensatz zur Relation der "bestimmten Bezeichnung" von Gegenständen, die den Eigennamen immanent und wesentlich ist, erweist sich die Relation der"unbestimmten Andeutung" von Gegenständ= lichem oder Gegenständlichkeit, wie sie den (lateinischen und deutschen) Buchstaben-Variablen eigentümlich ist, somit nicht als extensional- bzw. referenzsemantische, sondern vielmehr als intensionalsemantische(Zeichen-) Beziehung. Und sie ist es, die bei Frege gerade "das Gebiet des über der Höhlung stehenden deutschen Buchstabens", der gebundenen Variablen also, definiert, über dem der Allquantor operiert (§ 8). Da dieses Gebiet so= mit nicht, wie indessen in der Literatur gewöhnlich angenommen wird, ob= jektualistisch als Objekt- oder Gegenstandsbereich der Variablen bestimmt ist, sowenig wie diese ihrerseits referenzialistisch als Gegenstandsvari= able begriffen werden, scheidet damit für Frege freilich der objektuelle oder ontische Quantifikationsmodus, das heißt die Gegenstandsquantifika= tion, a limine und, wenn man so will, a fortiori aus. An ihrer Stelle steht indessen mit innerer Notwendigkeit die substitutionelle oder Ein= setzungsquantifikation, die vermittels nominaler Einsetzungsinstanzen al= lererst den Gegenstandsbezug (Referenz) herstellt und somit den Bereich der Gegenstände eröffnet.

Nach all dem läßt nun die im Rahmen der Neufassung der Begriffsschrift von Frege vorgelegte Zeichenerklärung bzw. Begriffsbestimmung der Allquan= tifikation dahingehend sich explizieren und zugleich reformulieren, daß

W.F.Niebel, Frankfurt am Main

der (mit dem Höhlungs-Symbol im Waagrechten versehene) Ausdruck:
$$\underset{a}{\,\vdash\!\!-\!\!\frown\!\!-\!\!}\phi(a),$$
genau dann wahr ist oder -genauer- das Wahre ist, wenn der Wert der Funktion $\phi(\xi)$ für jeden durch ein Namen-Zeichen (Eigennamen) bezeichneten Gegenstand das Wahre ist. Das heißt für jeden Gegenstand, der durch einen Eigennamen bezeichnet ist, welcher seinerseits wiederum in die Argument-Stelle ξ dieser Funktion eintritt bzw. eingesetzt wird. Auf der Folie dieser Reformulierung besteht, zumindest was den Quantifikationsmodus anlangt, nun aber keine Divergenz oder Differenz zur ursprünglichen Definition der Allquantifikation, wie sie Frege im Rahmen der Erstfassung seiner Begriffsschrift vorgelegt hat. Denn ihr zufolge ist die Allquantifikation, das heißt das (mit dem Höhlungs-Symbol im Inhaltsstrich versehene) Urteil:
$$\underset{a}{\,\vdash\!\!-\!\!\frown\!\!-\!\!}\phi(a),$$
genau dann wahr, wenn die Funktion $\phi(a)$ für alle Ersetzungen des Argument-Buchstabens a dieser Funktion durch ein Namen-Zeichen, welches den Gegenstand bezeichnet (bedeutet), also durch einen Eigennamen, eine Tatsache ist. Somit können beide Quantifikations-Definitionen, die ihrerseits unter der Präsupposition stehen, daß jeder Name einen Gegenstand bezeichnet und daher keine leeren Namen existieren, und daß umgekehrt jeder Gegenstand durch einen Namen (Eigennamen) bezeichnet ist, als gleichwertig oder äquivalent angesehen werden - zumindest, wie gesagt, was den Modus der Quantifikation angeht . In beiden Fällen erweist sich dann die Allquantifikation als eine Konjunktion der nominalen Einsetzungsinstanzen, während die Existenzquantifikation als eine Disjunktion solcher Instanzen sich darstellt. Was nun schließlich die Möglichkeit der substitutionellen Quantifikation in überabzählbaren Mengen betrifft, so sei hier auf die Untersuchungen von Kripke in seiner Auseinandersetzung mit Quine verwiesen (S. Kripke, "Is there a Problem about Substitutional Quantification" in: Evans, McDowell (eds.), Truth and Meaning, Oxford 1976).

Wenn die beiden Quantifikationskonzepte, wie sie Frege in den Begriffsschrift-Fassungen von 1879 und 1893 entwickelt hat, nun aber im Verhältnis oder der Beziehung der Äquivalenz zu einander stehen, die als solche ihre Kommensurabilität wie Kompatibilität notwendig einschließt, so ist damit **gleichzeitig** die **Existenz** zweier verschiedener und inkommensurabler Paradigmen der Quantifikation im Denken und Oeuvre Freges ausgeschlossen. Und somit freilich auch ein Paradigmen-Wechsel im Quantifikationskonzept bzw. -modus, wie ihn Stevenson allerdings glaubt nachweisen zu können . Indessen findet die hier vorgetragene Auffassung eine zumindest implizite und indirekte Bestätigung durch Frege selber; nämlich durch den Umstand, daß er die Quantifikation gerade nicht in den Katalog der von ihm - aufgrund der "Entwickelung" seiner "logischen Ansichten"- vorgenommenen "Erneuerungen", die zugleich "Abweichungen"von der ursprünglichen Theorie darstellen, aufgenommen hat (Cf. "Vorwort" zu den "Grundgesetzen der Arithmetik"), so daß seinem Selbstverständnis zufolge eine "Veränderung" des (originären) Quantifikationskonzepts nicht stattgefunden hat und, wie die vorangegangenen Ausführungen gezeigt haben, auch nicht stattfinden konnte.

IV

All dessen ungeachtet unternimmt es Stevenson gleichwohl, sein Verdikt eines Paradigmen-Wechsels im Quantifikationskonzept Freges zu rechtfertigen. Und dies geschieht in der Weise einer "Paraphrasierung" der zweiten Quantifikations-Definition, die die offensichtliche argumentative Strategie verfolgt, die Freges Argumentbegriff immanente und für ihn konstitutive (Eigen-)Name-Gegenstand-Relation aus dem Konzept der (All-) Quantifikation zu exstripieren, um so eine "objektuelle" oder "ontische" Konzeption derselben zu legitimieren. Zu diesem Zweck nimmt er nun die Dekonstruktion bzw. Destruktion gerade der von Frege im Zuge der Neufassung seiner Begriffsschrift eingeführten Innovationen vor; nämlich einmal die Suspendierung der "Auffassung, daß Sätze Wahrheitswerte bedeuten oder benennen" sowie zum anderen die Substituierung des "Konzepts der Funktion, die für ein Argument den Wert ⟩ das Wahre ⟨ hat", durch das "Konzept des Begriffs,

W.F.Niebel, Frankfurt am Main
der für ein Argument <u>wahr</u> ist" (l.c.p. 212), wobei er auf Freges Konzep=
tion des "Begriffs" glaubt sich berufen zu können, der zufolge dieser ei=
ne Funktion darstellt, deren Wert stets ein Wahrheitswert ist. Durch die=
sen Modus procedendi gelangt Stevenson nun freilich nicht zu einer adä=
quaten und konsistenten Rekonstruktion bzw. Reformulierung von Freges
Quantifikations-Definition, sondern eben nur zu einer Paraphrasierung der=
selben, die er dann als "objektuelle Deutung" deklariert, da sie die Form
aufweist:
' (x) $\phi(x)$ ' ist genau dann wahr, wenn der durch ' $\phi(x)$ ' bezeichnete
Begriff für jedes Argument wahr ist.
Ohne hier in eine explizite Kritik eintreten zu können, sei in diesem Ra=
men nur angemerkt, daß Stevensons Paraphrasierung freilich eine Umformung
sowie eine Umformulierung der Quantifikations-Definition vornimmt, die mit
Freges Konzeption und Konzeptualität indessen unvereinbar ist. Dies be=
trifft nicht nur das Quantifikations- und Variablenkonzept, sondern auch
den Wahrheitsbegriff Freges, der -wie eingangs ausgeführt- nämlich gerade
nicht mit dem semantischen Begriff der Wahrheit koinzidiert und durch die=
sen ersetzt (substituiert) werden kann. Dabei sei einmal ganz abgesehen
von der nicht unproblematischen, zumindest aber inkorrekten Formulierung,
daß "der Begriff ... wahr" sei. Allenfalls ließe sich sagen, daß der
durch ' $\phi(x)$ ' bezeichnete Begriff für jedes Argument "erfüllt" sei, so=
fern eben jeder Gegenstand 'x' "unter den Begriff fällt". Doch durch die=
se Reformulierung würde die Pointe der Paraphrasierung wieder eliminiert,
die ja gerade auf dem Ausdruck "ist wahr" insistieren muß, um, wenn schon
nicht vereinbar, so doch wenigstens vergleichbar zu sein mit Freges Defi=
nition der Allquantifikation.
Indessen läßt es Stevenson bei der Diagnose zweier inkommensurabler Quan=
tifikationskonzepte oder -paradigmen keineswegs bewenden, sondern bietet
gleichzeitig eine Therapie des von ihm diagnostizierten Symptoms bzw. Syn=
droms an, indem er nämlich den Nachweis der Koextensionalität beider Kon=
zepte oder Paradigmen zu erbringen versucht - ein Versuch, der hier nicht
mehr kritisch geprüft werden kann und dessen Überprüfung sich indessen
auch erübrigt. Auf der Folie dieser Koextensionalitäts-These stellt sich
nun aber Frege-immanent das Problem bzw. die Frage nach dem Vorrang oder
der Prävalenz eines der beiden Paradigmen vor dem anderen. Und diese Fra=
ge beantwortet Stevenson wenigstens im Ansatz mit der Spezifizierung eines
Entscheidungs-Kriteriums, bei dessen Formulierung er nolens-volens -wie
könnte es anders sein- zu dem kriteriologischen Aspekt des Primats der
Namen-Kategorie vor dem Gegenstands-Konzept in Freges Logik und Sprach=
philosophie gelangt. Diese -wie immer auch rudimentäre- Einsicht enthält
nun aber das Potenzial einer Kritik (reflexiv gewendet sogar einer Selbst=
kritik) an Stevensons gesamter Argumentation, da es die Rücknahme aller von
ihm aufgestellten Thesen geradezu erzwingt: der Koexistenz und damit auch
der Koextensionalität zweier inkommensurabler Quantifikations-Paradigmen
ebenso wie des Paradigmen-Wechsels selber. Denn auf der Basis des Primats
der Kategorie des Namens (als Archetypus und Prototypus von Referenz oder
Gegenstandsbezug) vor dem Konzept des Gegenstands erfährt die Einzigkeit
wie die Ausschließlichkeit des substitutionellen Quantifikations-Paradig=
mas im Denken und Oeuvre Freges ihre definitive Legitimation. Die Annah=
me eines objektuellen Paradigmas der Quantifikation erweist sich daher
als eine Subreption.

Pirmin Stekeler-Weithofer, Leipzig

WAS SIND MODELLE AXIOMATISCHER THEORIEN? ZUM PROBLEM DER KONSTITUTION KONKRETER MATHEMATISCHER STRUKTUREN.

1. Einleitung

Die folgenden Fragen, mit denen sich der Vortrag beschäftigt, betreffen die Grundbegriffe der formalen Semantik, nämlich den Begriff einer modelltheoretischen Interpretation von Formeln und den Begriff der Wahrheitsbedingungen von Sätzen:
a) Wie ist der Gegenstandsbereich "aller möglichen Modelle" oder "aller möglichen Interpretationen" für formale Axiomsysteme konstitutiert?
b) Wie kann man *einzelne, konkrete* (Standard-)Modelle etwa der Arithmetik oder der euklidischen Geometrie oder einer Hierarchie der Mengenlehre 'vollständig' beschreiben?
c) Welche Probleme hat eine solche 'vollständige Beschreibung' zu lösen?

2. Formale Syntax und formale Semantik

2.1 Formale Wahrheitsbedingungen

Im folgenden benutzen wir die Buchstaben "n","m","k" als (syntaktische) Vertreter für irgendwelche Zahlbenennungen und schreiben : "$^2P_0(n,m)$" bzw. "$P_=(n,m)$" für "n=m", "$^2P_1(n,m)$" bzw. "$P_<(n,m)$" für "n < m", "$^2P_1(n,m)$" bzw. "$P_S(n,m)$" für "n = m+1", "$^3P_1(n,m,k)$" bzw. "$P_+(n,m,k)$" für "n = m+k", "$^3P_2(n,m,k)$" bzw. "$P_x(n,m,k)$" für "n = m·k" und ""$^3P_3(n,m,k)$" bzw. "Pot(n,m,k)" für "n = m^k". Ersetzt man dann die Platzhalter n, m, k durch (elementare) Zahlnamen, also durch Ziffern, Dezimalzahlen usw., so ist offenbar jeder 'Satz' der betrachteten Formen wahr oder falsch. Es gilt, wie wir in solchen Fällen sagen wollen, das (zweiwertige) Wahrheitsprinzip **WP** für die elementaren Sätze der Arithmetik. Denn weil wir zählen und rechnen können, wissen wir, was für die Wahrheit der genannten Sätze festgelegt ist. Wir wissen hier sogar, wie (d.h nach welchem allgemeinen Verfahren) man vorgehen muß, um zu entscheiden, ob ein gegebener Satz der genannten Art wahr ist oder falsch.

> Voraussetzung für diese Entscheidbarkeit ist freilich, daß die Zahlnamen hinreichend elementar sind, das heißt, daß keine allzu komplexen Zahlkennzeichnungen vorkommen, etwa keine Kennzeichnungen der Art: (*) "die größte Primzahl n, für die auch n+2 eine Primzahl ist", deren 'Wert' wir nicht einfach

nach einem schon bekannnten Rechenverfahren ausrechnen können. Wir wissen im Fall unseres Beispiels noch nicht einmal, ob der Ausdruck (*) überhaupt eine Zahl kennzeichnet, geschweige denn, welche.

Wenn für die Elementarsätze das *Wahrheitsprinzip* gilt, dann lassen sich auch allerlei komplexe Sätze S syntaktisch zusammensetzen und deren Wahrheitsbedingungen semantisch aufbauen, und zwar so, daß dann auch für sie das Wahrheitsprinzip in folgender Form gilt: Jeder syntaktisch wohlgebildete Satz S ist wahr oder falsch. Die definitorischen Prinzipien dieses rekursiven Aufbaus der Junktoren- und Quantorenlogik sind:

(*) Elementarsätze sind wohlgebildet und wahr oder falsch. (Das ist die Voraussetzung des wahrheitslogischen Aufbaus.)

(¬) Ein Satz der Form "nicht-S" oder "¬S" ist wohlgebildet genau dann, wenn S wohlgebildet ist. Ist S wohlgebildet, so ist nicht-S (*per definitionem*) wahr, genau wenn S falsch ist; S ist falsch genau dann, wenn S wahr ist.

(&) Ein Satz der Form "(A und B)" oder "(A&B)" ist wohlgebildet genau dann, wenn A und B wohlgebildet sind. Er ist wahr genau dann, wenn A und B wahr sind, falsch, wenn A falsch oder wenn B falsch ist (oder wenn beide falsch sind).

Die wahrheitslogische Bedeutung der Quantoren ist, wie als erster Wittgenstein in Explikation des Vorgehens Freges bemerkt hat, immer in Bezugnahme auf Satzklassen bzw. Aussageformen definiert. Es sei z.B. A ein wohlgebildeter Satz, in welchem an einer oder mehreren Stellen ein (in Bezugnahme auf einen bestimmten Satz- und Aussagebereich G zulässiger) 'Gegenstandsname' N_g vorkommt. Wir sagen dann, A habe *die Form* 'A(x)'.

Hier bedarf es der praktischen Einübung in den richtigen Umgang mit Platzhaltern für Namen, deren Gebrauch aus Sätzen Formeln machen: Ersetzen wir nämlich einen Gegenstandsnamen N_g an einigen oder allen Vorkommen (Stellen) in A durch einen der (ggf. indizierten) Buchstaben x bzw. x_i (die "Gegenstandsvariable" heißen), so erhalten wir eine (einstellige) *Satz- bzw. Aussageform* A(x).

Einer Aussageform oder einstelligen Formel mit einer einzigen Gegenstandsvariable korrespondiert, wie wir sagen, genau dann eine *Eigenschaft*, ein *Prädikat* oder ein *Begriff* in G, *wenn* für *jeden* Satz der Form $A(N_g)$ festliegt, daß er entweder wahr oder falsch ist, *sofern* N_g ein zu G passender Name, oder, wie wir dann auch sagen, eine Benennung eines Gegenstandes in G, ist. Es muß also das folgende Allgemeine Substitutionsprinzip **AS** gelten:

Pirmin Stekeler-Weithofer, Leipzig

AS: Ist $A(N_q)$ ein wohlgebildeter Satz und entsteht $A(N)$ aus $A(N_g)$ durch Ersetzung einiger oder aller Vorkommen des G-Namens N_g durch den G-Namen N, so ist auch $A(N)$ wohlgebildet.

AS garantiert, daß auch komplexe Eigenschaften oder Begriffe den Gegenstandsbereich G *immer in genau zwei Teile* teilen.

Die Wahrheitsbedingungen quantifizierter Aussagen ist dann durch folgende Erläuterung definiert:

($\bigwedge$) Ist $A(x)$ eine syntaktisch und semantisch wohlgebildete einstellige Aussageform, so ist die 0-stellige bzw. 'geschlossene' Formel bzw. der 'Satz' "Für alle x gilt $A(x)$" oder kurz: "$\bigwedge_x.A(x)$." ebenfalls wohlgebildet. Er ist (*per definitionem*) wahr, genau wenn $A(N_g)$ wahr ist für *jede beliebige* (korrekte!) Benennung N_g eines G-Gegenstandes g. Dabei muß entweder formal, über ein Namenproduktionssystem, oder inhaltlich schon festgelegt sein, was ein G-Gegenstandsname N_g ist. Ein Satz der Form "Für alle x gilt $A(x)$" oder "$\bigwedge x.A(x).$" ist (*per definitonem*) falsch, genau wenn *nicht* für alle G-Gegenstandsnamen $A(N_g)$ wahr ist, und das heißt, wenn es ein N_g gibt (ohne daß dieses auch schon gefunden sein müßte), für das $A(N_g)$ falsch, oder, was nach unseren Fordungen dasselbe ist, $\neg A(N_g)$ wahr ist.

($\bigvee$) Der Satz "Es gibt ein x, so daß $A(x)$ gilt" oder kurz "$\bigvee_x.A(x)$." ist in diesem semantischen Rahmen *per definitionem* wahr genau dann, wenn der Satz $\bigwedge x.\ A(x).$ falsch ist.

Nur wenn **AS** generell gilt, gilt für quantorenlogisch komplexe Sätze (in G) allgemein das zentrale Wahrheits(wert)prinzip **WP**:

WP: Jeder wohlgebildete Satz ist wahr oder falsch.

WP garantiert, daß einem Satz nicht etwa kein Wert und auch nicht beide Wahrheitswerte zugeordnet sind. Wäre dies nicht der Fall, dann würde seine Behauptung keinen Unterschied artikulieren zu seiner Verneinung.

Alle nach (*), (¬), (&) und ($\bigwedge$) bzw. ($\bigvee$) aufgebauten Sätze heißen (wohlgebildete) G-Sätze, *wenn* die zentralen Bedingungen **AS** und **WP** für die elementaren Sätze erfüllt sind. Man kann dann nämlich parallel zum syntaktischen Aufbau der G-Sätze einsehen, daß (bzw. in welchem Sinne) für sie das Wahrheitsprinzip und das Allgemeine Substitutionsprinzip gilt. Der hier nicht vorgeführte (aber ganz naheliegende, freilich nicht etwa schematisch-deduktive) Beweis zeigt, wie die Wahrheitswertzuordnungen auf der Basis *eines hier schon unterstellten Verständnisses der Rede von allen (elementaren) G-Gegenstandsnamen* zu deuten sind. Im Falle der elementaren Arithmetik ist daher die Grundlage der Definition der Wahrheit arithmetischer Sätze die Annahme, daß klar sei, was eine *elementare* Benennung einer natürlichen Zahl ist. Der Fall ist ganz analog, wenn wir über reelle Zahlen sprechen, nur daß hier die Angabe der elementaren Benennungen nicht mehr ganz so einfach ist: Was hier als wohlgeformte Benennugn zählt, läßt sich nicht rein konfigurativ, durch ein schematisches Namenbildungssystem festlegen, sondern fußt auf semantischen Aussonderungen aus einem Bereich möglicher Benennungsversuche, die ihrerseits als situationsbezogene Benennungsakte zu begreifen sind. Damit wird die kategoriale Differenz zwischen abzählbaren und nicht abzählbaren Gegenstandsbereichen in ihrer logischen Basis verständlich: Abzählbar ist ein Bereich, wenn die Eigenschaft, eine zulässige Gegenstandsbenennung zu sein, 'im Prinzip' durch eine semantische Bedingung in einem rekursiv definierten Namenbildungssystem definierbar ist. Es ist daher angesichts der Überabzählbarkeitsbeweise der Mengenlehre nicht etwa die substitutionelle Deutung der Quantoren aufzugeben, wie man gemeinhin glaubt, sondern es ist der Begriff der möglichen Benennung eines Gegenstandes besser zu begreifen als dies üblich ist.

2.2 Formale oder abstrakte Gegenstandsbereiche

Damit läßt sich folgende wichtige Einsicht gewinnen: Die höhere Arithmetik, d.h. die Analysis, Funktionen- und Mengenlehre braucht weder konstruktivistisch noch axiomatizistisch reformiert zu werden, um einem *ontologischen Platonimsus* zu entgehen, der die Existenz von Gegenstandsbereichen, etwa der intendierten Standardmodelle der Analysis und Mengenlehre einfach hypostasieren muß. Es ist ohne weiteres möglich, konkrete Gegenstandsbereiche und Strukturen G schlicht dadurch zu konstituieren, daß man erläutert, welche Bedingungen semantisch wohlgeformte elementare Gegenstandsbenennungen in G qua *kontext- und situationsbezogene Äußerungsakte* (und nicht etwa bloß qua Elemente eines konfigurativen Systems) erfüllen müssen, und daß man weiter sagt, wann eine Gleichung zwischen zwei derartigen Benennungen formal als wahr gelten soll. Des weiteren müssen elementare Prädikate so definiert sein, daß die Prinzipien **AS** und **WP** erfüllt sind. Dann kann man zu der façon de parler übergehen, durch welche die Rede von *abstrakten Gegenständen konstituiert* ist: *Man sagt*, daß zwei G-Benennungen N_1 und N_2 *den gleichen G-Gegenstand* benennen genau dann, wenn für die Gleichung $N_1 = N_2$ der Wert das Wahre definiert ist. *Man sagt* ferner, daß sich 'der Gegenstand g' benennen läßt durch irgendeine der möglichen g-Benennungen N_i. Dabei ist dieses "g" zunächst unbedingt als *Variable* zu verstehen, es sei denn, es ist schon durch eine zulässige G-Benennung ersetzt worden.

Für die Gleichungen zwischen G-Benennungen muß, wenn **G** ein (formaler) *Gegenstandsbereich* sein soll, in bezug auf die **G**-Prädikate das folgende *Leibnizprinzip* **LP** gelten:

(**LP**) Für jede **G**-Aussageform A(x) und jede **G**-Benennung N und N^*, für die der Gleichung "$P_=(N,N^*)$" der Wert das Wahre zugeordnet ist, ist A(N^*) wahr genau dann, wenn A(N) wahr ist.

Damit sind alle Bedingungen genannt, welche erfüllt sein müssen, damit **G** als ein *Gegenstandsbereich* wohldefiniert ist. Der Bereich der natürlichen Zahlen ist z.B. in bezug auf die oben beschriebene Grundprädikatoren ein wohlkonstituierter Gegenstandsbereich - wenn wir unterstellen, daß klar sei, was alles *als elementare Zahlbenennung zugelassen* ist. Die Rede über eine *Belegung* B einer Variablen x (oder g) in einem Gegenstandsbereich G ist jetzt immer so aufzufassen: Ein metastufiger Ausdruck wie "B(x)" bzw "B(g)" vertritt eine wohlgeformte G-Benennung. Konkrete Belegungen machen also aus Variablen konkrete G-Benennungen.

Zum Streit um eine richtige Abstraktionstheorie ist vielleicht noch das folgende zu bemerken: Es ist eine *petitio principii*, die Abstraktionstheorie in einer Mengentheorie fundieren zu wollen, etwa auf der Grundlage eines Vorschlags der Art: Ein abstrakter Gegenstand ist *die Menge seiner Repräsentationen*. Wie nämlich ist die Rede von Mengen, die ja im Unterschied zu Haufen und Ansammlungen von Dingen selbst schon abstrakte Gegenstände sind, ihrerseits konstituiert? Die Antwort, die im Grunde schon bei Frege zu finden ist, lautet ganz allgemein: Abstrakte Gegenstände gibt es nur in einem ganzen System G, das konstituiert ist durch die Erläuterung der zulässigen Gegenstandsbenennungen, der wahren Gleichungen und der durch eine Festsetzung für zulässig erklärten G-Aussagen. Dabei müssen die globalen Bedingungen einer derartigen Konstitution eines abstrakten Gegenstandsbereiches **AS** und **WP** erfüllt sein.

Für eine konkrete Definition eines formalen Gegenstandsbereiches, der übrigens nichts anderes ist als eine *konkrete modelltheoretische Interpretation einer formalen Sprache 1. Stufe*, muß keineswegs jede G-Eigenschaft A(x) und jeder wohlgebildete Satz A(N) *entscheidbar* sein. Wir müssen, heißt das, nicht schon ein Verfahren kennen, das uns sagt, ob ein gegebener G-Gegenstand g die betreffende Eigenschaft hat bzw. ob der betreffende Satz "A(N_g)" wahr ist oder nicht. Wir kennen z.B. noch kein Verfahren, das uns zu entscheiden erlaubte, wie viele Primzahlzwillinge es gibt, endlich viele oder unendlich viele. Der Wahrheitsbegriff der Arithmetik, wenn man ihn recht versteht, zeigt damit schon zweifelsfrei, daß sinnvolle Urteile weder (effektiv) verifizierbar, noch (effektiv) falsifizierbar zu sein brauchen.

3. Axiomatik

Die schematischen, d.h. als rekursive oder berechenbare syntaktische Transformationsregeln definierten Schluß- oder Deduktionsregeln irgendeines der vielen Varianten eines korrekten Quantoren- oder Prädikatenkalküls *der ersten Stufe* ermöglichen es bekanntlich, aus einer *Liste* von als wahr erkannten Sätzen eine ganze Klasse weiterer wahrer Sätze zu deduzieren. Man kann nun versuchen, eine geeignete, möglichst kleine oder einfach beschreibbare, zumindest rekursiv aufgezählte Liste von (geschlossenen) Grundformeln zu wählen, um durch diese eine möglichst große Klasse von wahren Sätzen deduzierbar zu machen. Man kann sogar weiter gehen und die Wahl der Axiome und des Prädikatenkalküls als *Definition* der deduzierbaren Klasse von Formeln betrachten. In dieser Betrachtung der Dinge brauchen wir zunächst den Wahrheits- und Modellbegriff überhaupt nicht und damit auch keine formale Semantik.

3.1 Semantische Unvollständigkeit

Die Frage, die sich in diesem Zusammenhang Gödel und Tarski im Anschluß an Überlegungen Hilberts bzw. an Lesniewski und andere Logiker der polnischen Schule gestellt hatte, lautet: Wann ist ein System von Axiomen semantisch vollständig? D.h. (in grober und erster Wiedergabe): Wann teilt der Begriff der Deduzierbarkeit das System der Sätze (geschlossenen Formeln) S einer formalen Sprache L gerade so in zwei Klassen T und F, daß S in T liegt genau wenn $\neg S$ in F liegt und S in F liegt genau wenn $\neg S$ in T liegt? Im Fall, daß ein *Axiomensystemen semantisch vollständig* ist, läßt sich einfach das folgende Definitionsschema für zwei *Wahrheitsprädikate* "'S' ist wahr" und "'S' ist falsch" adjungieren:
'S' ist wahr <--> S.
'S' ist falsch <--> $\neg S$.
Man könnte, freilich grob vereinfachend, sagen, daß sowohl Tarski als auch Gödel die Frage untersuchten, wann eine solche Adjunktion eines Wahrheitsprädikates möglich ist, ohne daß das axiomatische System dadurch inkonsistent wird. Das gerade ist die Frage nach der Möglichkeit einer axiomatischen Definition des Wahrheitsprädikates. Der 1. Gödelschen Unvollständigkeitssatzes besagt dann, daß alle Axiomensysteme, in denen ein gewisser minimaler Teil der Arithmetik repräsentierbar ist, semantisch unvollständig

sind. Dieser Satz und ein in gewisser Weise analoges Ergebnis Tarskis (beide aus dem Jahre 1931) geben damit eine eindeutig negative Antwort auf die Frage Hilberts, ob man auf den Begriff der Wahrheit nicht zugunsten des 'exakteren', weil schematisch definierten Begriffs der *axiomatischen Deduktion* ganz verzichten könnte. Obwohl damit ein Teil des 'Hilbertprogramms' scheitert, war die Fragestellung als solche für die Entwicklung der Logik und Rekursionstheorie äußerst wichtig. Jetzt wird nämlich erst vollends klar, *warum* Frege *Recht* hatte mit seiner Kritik an Hilberts Versuch, die Mathematik und dabei insbesondere die Geometrie als rein axiomatisch-deduktive Theorie zu verstehen. Frege hatte auf der Notwendigkeit einer *formal-semantischen Deutung* der Wörter (der 'nichtlogischen Konstanten') und der Gegenstandsvariablen bestanden. Um eine solche Interpretation *konkret* zu machen und sie nicht bloß als irgendwie existent zu behaupten ist eine Angabe *aller elementaren Aussagen* und ihrer Wahrheitsbedingungen verlangt. Diese umfaßt, wie wir gesehen haben, wegen des Postulats **AS** und **WP** notwendigerweise die Angabe, *was alles als zulässige Gegenstandsbenennung* zählt. Die oben gegebene Erläuterung der Bedeutung der logischen Worte legt dann die Definition der Wahrheit komplexer Sätze und Aussagen bzw. die Interpretation quantorenlogisch komplexer Formeln fest.

3.2 Vollständigkeit des Logikkalküls

Im Rückblick sieht man jetzt auch deutlicher, was der schon 1930 von Gödel veröffentlichte Beweis der Vollständigkeit für geeignete Quantorenkalküle der ersten Stufe besagt: Wenn in einer formalen Sprache L der ersten Stufe ein Axiomensystem A deduktiv konsistent ist, und das heißt, wenn für keine Formel S sowohl S als auch S deduzierbar ist, dann *gibt* es *ein Modell* für A, d.h. eine wahrheitslogische Interpretation der Sprache L, in der alle Sätze aus A wahr werden. Diese *Existenzaussage* ist freilich 'klassisch' oder 'platonistisch' zu lesen: Es wird Bezug genommen auf eine als gegeben unterstellte *Klasse aller möglichen wahrheitslogischen Interpretationen* der formalen Sprache L und damit zugleich auf die Klasse aller möglichen Gegenstandsmengen, die als Variablenbereiche in Frage kommen. Dabei ist ein Variablenbereich V, wenn man ihn konkret machen will, durch die Angabe möglicher *Benennungen* N,M und der Wahrheitsbedingungen für die Sätze "$P_0(N,M)$" bzw.

"$P_=(N,M)$" zu definieren. Zu diesen Benennungen sind auch die Variablenbelegungen B(x) zu zählen, die auf die schon erläuterte Weise *konkret* zu machen sind, wenn B nicht *bloßer Buchstaben* oder *metastufige Variable* bleiben soll, *die ihrerseits wieder zu interpretieren* (zu 'belegen') wäre.

3.3 Mögliche Interpretationen

Es ist also zwischen dem Begriff einer *konkreten* und dem einer *möglichen* Interpretation einer formalen Sprache erster Stufe zu unterscheiden. Die Standardarithmetik, wie sie oben beschrieben wurde, oder die Standardmenge der reellen Zahlen ist eine konkrete Intepretation, während z.B. alle Nonstandardmodelle der Peano-Arithmetik und die Modelle einer Nonstandard Analysis mit ihren infinitesimalen Zahlen nur *klassisch* als existent beweisbar sind. Keine derartige Interpretation ist als *einzelnes konkretes* Modell *vollständig* beschreibbar. Die Bedeutsamkeit dieser Differenz liegt nicht so sehr in den verschiedenen Graden der effektiven Entscheidbarkeit der Wahrheit von Sätzen, als in der *Bestimmtheit* bzw. *der variablen Unbestimmtheit* der Wahrheitsbedingungen. Während die konkrete Beschreibung eines formalen Gegenstandsbereiches eine vollständige Erläuterung der semantisch wohlgeformten Benennungen und Aussagen verlangt, wird dies für einen metastufigen Beweis der möglichen Existenz eines solchen Bereiches nicht gefordert. 'Klassische' Existenz- oder Möglichkeitsausagen im metastufigen Bereich der Rede über die Existenz von Modellen für erststufige Axiomensysteme werden nicht etwa nur dann als 'wahr' bewertet, wenn ein derartiges Modell konkret beschreibbar ist. (Man könnte einen Typus 'konstruktivistischer' Logik und Mathematik durch diese Forderung definieren.) Existenzaussagen dieser Art werden vielmehr schon dann als 'wahr' bewertet, wenn ihre Nicht-Existenz nicht mit Sicherheit ausgeschlossen werden kann.

Sektion 13

Probleme der Realität

Die Neukonstitution der philosophischen Wissenschaften als Nietzsches Lösung des Bewusstseinsproblems

Endre Kiss, Budapest

Indem wir über eine Neukonstitution der philosophischen Wissenschaften reden, müssen wir diesen Begriff im engeren Sinne des Wortes verstehen. Diese Neukonstituierung im Rahmen des kritizistisch werdenden Positivismus ist naemlich der Endpunkt einer sowohl immanenten wie von den aeusseren Motiven diktierten Entwicklung, welche mit der Auflösung und Verdraengung der Hegelschen Philosophie ihren Anfang nahm (Kiss, 1993). Diese Entwicklung der 50-er und 60-er Jahre verlief unter den heute im wesentlichen nicht mehr bekannten Relationen der philosophischen Possibilitaet und Plausibilitaet in einem völlig neuen gedanklichen Raum, für welchen unter anderen bereits das eindeutige Vergessen der Hegelschen Philosophie charakteristisch war. Für uns gilt diese Konzeption, nicht zuletzt wegen ihrer Neukonstituierung der philosophischen Wissenschaften als die bedeutendste und universellste neue Philosophie dieses neuen philosophischen Universums. Diese Philosophie ist nicht nur aus dem Grunde neu, weil sie viele neue Positionen aufweist, sondern auch deshalb, weil sie in jeder ihrer Komponenten den neuen Konflikten einer neuen Gesellschaft, sowie einem neuen Stand der Beweisbarkeit wissenschaftlicher Grundthesen entwachsen ist. Sie ist grundsaetzlich neu, auch weil Nietzsche im wesentlichen saemtliche Herausforderungen dieser neuen historischen und philosophischen Situation wahrnimmt (obwohl diese Tatsache wegen des Mangels an einer expliziten Sozial- und politischen Philosophie nicht genügend transparent werden konnte).

Die einander gegenseitig bekaempfenden philosophischen Richtungen sind aber trotz ihrer fundamentalen historischen und theoretischen Position von der reifen Form der Nietzscheschen Philosophie meilenweit oder, mit anderen Worten, durch qualitative Differenzen entfernt. Dies aendert aber an der Tatsache nicht, dass Nietzsche ausschliesslich und unmittelbar nur im Kontext dieser beiden Jahrzehnte verstanden werden kann. Auf ein Wort Karl Löwiths hinspielend bedeutet es, dass es kein Weg 'von Hegel zu Nietzsche' führt. Der Weg führt vielmehr von Hegel in ein philosophisches Vakuum, von wo dann die Entwicklung ihre reifste Form in der Philosophie Friedrich Nietzsches erreicht. Die qualitative Differenz zugusten Nietzsche dabei ergibt sich unter anderen aus dem Umstand, dass Nietzsche in diese Diskussion die Wertsetzungen, Einstellungen und Evidenzvorstellungen jener deutschen klassischen Philosophie mit elementarer Kraft mitbringt (bzw. in vielen Faellen 'wiederentdeckt'), die Wilhelm Windelband 'aesthetisch-philosophisches Bildungssystem' (Windelband, 1909) genannt hat, die die spezifisch Nietzscheschen Kombination von kritischer Wissenschaftlichkeit und 'ökumenischer', m.a.W. gesamtmenschlicher Fragestellung ausmacht. Nicht irrelevant ist aber in diesem Zusammenhang auch die Tatsache, dass Nietzsche es schafft, in seiner Jugend sich intensiv mit allen drei wichtigsten neuen philosophischen Richtungen auseinanderzusetzen, die die spaetere Entwicklung fast vollstaendig gepraegt haben. Ausser der lange Zeit geradezu überbetonten Schopenhauer reflektiert er somit den in jener Zeit neu entstehenden Neukantianismus eines Friedrich Albrecht Lange oder den damals sehr modernen Positivismus eines Eugen Dühring.

In dieser Beleuchtung erscheint die philosophische Konzeption des MENSCHLICHES-ALLZUMENSCHLICHES nicht nur als auf seine neue Weise kohaerent, sondern auch als 'zeitgemaess' und 'aktuell'. Wir kennen zwar schon an der Jahrhundertwende Persönlichkeiten, die sich der wahren philosophischen Bedeutung Nietzsches im klaren waren. Unter ihnen gilt die Relation Max Webers zu Nietzsche bis heute als eine, die mit viel geistigem Nebel umgeben ist. Ernst Troeltsch schrieb kein bedeutenderes selbstaendiges Werk über Nietzsche, in Georg Simmels 'Philosophie des Geldes' gibt es mehr nietzscheanische Impulse als in seinen thematisch um Nietzsche gehenden Arbeiten. Und wenn es möglich ist, erweist sich die Nietzsche-Wirkung bei Max Scheler als noch enigmatischer, indem Scheler den Kampf gegen (auch Nietzsches) kritizistischen Positivismus bewusst aufnimmt, waehrend er auf das Tiefste ins Wesen dieser Denkweise hineinschaut und die Ergebnisse dieser Einsicht für sich selber produktiv zu machen sucht. Vaihinger's Nietzsche-Bild (Vaihinger, 1902) ist auf seine Art wieder eine kaum nachvollziehbar singulaeres Phaenomen. Er artikuliert vielleicht auf das Deutlichste die wahren Dimensionen des kritizistischen Szientismus Nietzsches, waehrend er mit den zeitgenössischen (und höchst inadaequaten!) 'politischen' und 'soziologischen' Interpretationen Niétzsches nicht scharf genug durchschauen und entlarven kann, wodurch seine Nietzsche-Deutung bald vergessen wird.

Der qualitative Sprung Nietzsches (auch im Vergleich der Philosophen der 50-er und 60-er Jahre) besteht in seiner einmalig erfolgreichen Vereinigung von Positivismus und philosophischem Kritizismus, der wohl eine grosse historische Bedeutung zugesprochen werden muss. Bereits der Dühring der 60-er Jahre hat einen aehnlichen Versuch gemacht, ebenfalls bekannt sind die diesbezüglichen Versuche des Nietzsche-Zeitgenossen Ernst Mach. Einen für unseren Gedankengang sehr wichtigen Versuch stellt ein sensationell frühes Werk Vaihingers dar (Vaihinger, 1876), in dem er die Entfaltung der Philosophie nach 1848 in der sich voneinander trennenden, selbstaendig werdenden Realisierung der in Schopenhauer noch in einer (zwar ohne jeden Zweifel schon bei ihm EKLEKTISCH) koexistierenden Tendenzen erblickt. Hier wird Eduard von Hartmann als Fortsetzer der idealistischen Metaphysik Schopenhauers, Friedrich Albert Lange-t als Fortsetzer von Schopenhauers Kritizismus und Eugen Dühring als Fortsetzer von Schopenhauers Positivismus interpretiert.

Bereits im Augenblick seiner Konstitution des Paradigmas des kritizistischen Positivismus dehnt Nietzsche schon das Programm dieser Richtung grundsaetzlich aus. Die wesentlichste und sprungartige Ausdehnung (der Sprung innerhalb des Sprunges) besteht bei Nietzsche darin, dass er - gemaess des bereits in den 50-er und 60-er Jahren auftauchenden philosophischen Programms des NEBENEINANDERS wissenschaftsorientierter und wertkonstituierter Fragestellungen - vor allem auf der Linie der moralischen

Wertung die Thematisierung der Frage der HISTORISCHEN IDENTITAET DES MENSCHEN auf einer ökumenisch-gesamtmenschlichen Ebene thematisch macht. Es gibt keinen zweiten Vertreter dieser Richtung des kritizistisch gemachten Positivismus, der - wie Nietzsche - in expliziter Form ein Programm der 'Umwertung der Werte' angekündigt haette.

Die Rekonstruktion der Neuordnung der philosophischen Wissenschaften bei Friedrich Nietzsche entstand durch eine Analyse der Texte des MENSCHLICHES, ALLZUMENSCHLICHES, wobei die durch Analyse erschlossene Texte in die leitenden philosophischen, bzw. wissenschaftlichen Perspektiven des kritischen Positivismus aufgenommen worden sind. Die im Laufe dieser Erschliessungsarbeit Gestalt annehmenden Relationen haben wir mit je einer philosophischen Wissenschaft in Entsprechung gebracht. So entstand sowohl eine REIHE wie auch eine STRUKTUR von philosophischen Wissenschaften, die wir dann im ganzen als die Nietzschesche Neuordnung der philosophischen Wissenschaften ansehen.

Die einzelnen konstitutiven Motive liessen sich waehrend dieser Arbeit der Analyse in drei Gegenstandssphaeren einordnen: a) die ERKENNTNIS (die gegenwaertige Erkenntnis, die in der Vergangenheit durchgeführte, historisch gewordene Erkenntnis; b) die (gegenwaertigen und in der Vergangenheit ihre Existenz gehabten, historischen WIRKLICHKEITSKOMPLEXE sowie c) die (ebenfalls gegenwaertig-aktuellen, bzw. vergangenen, d.h. historisch gewordenen) IDENTITAETSKOMPLEXE.

Der naechstfolgende Schritt uhserer Rekonstruktion

bestand in einer Erschliessung der Relation der einzelnen Komplexe zueinander. Dabei ging es in der ersten Linie nicht darum, dass wir es gewesen waeren, die die bereits identifizierten Komplexe miteinander in verschiedene Relationen gebracht haetten, wir verfolgten auch hier das Prinzip, die zu rekonstruierenden Relationen auf die Aeusserungen des Denkers selbst zu gründen. Auf diesem Wege kamen wir zu einzelnen konkreten Relationen, die wir dann wieder mit konkreten philosophischen und nicht-philosophischen Wissenschaften in Entsprechung gebracht haben. Auf diese Weise war unsere Definition über die Neuordnung der 'philosophischen Wissenschaften' zu verstehen gewesen. Es entstand naehmlich ein Konglomerat von philosophischen und nicht-philosophischen Wissenschaften, welches aber ALS dieses Konglomerat selber wieder in unserem Kontext als 'philosophisch' zu nennen war. Waehrend also die Wirklichkeitskomplexe ohne eine innere, 'ontologische' Hierarchie existieren, entstand aufgrund der Analyse der wichtigsten Relationen dieser Komplexe ein neugeordnetes Modell philosophischer Wissenschaften.

DAS MODELL DER NEUORDNUNG PHILOSOPHISCHER WISSENSCHAFTEN

Im Laufe des soeben dargestellten Verfahrens liessen sich im philosophisch-szientistischen Universum des MENSCHLICHES-ALLZUMENSCHLICHES die folgenden relevanten Elemente konstituieren:

Ek = Die Erkenntnis in der Gegenwart

Ev = Die Erkenntnis in der Vergangenheit

WK = Wirklichkeitskomplex

WKg= Wirklichkeitskomplex in der Gegenwart

WKv= Wirklichkeitskomplex in der Vergangenheit

WKgv=Wirklichkeitskomplex in der Gegenwart und in der Vergangenheit

Ig = Identitaet in der Gegenwart

Iv = Identitaet in der Vergangenheit

Die rekonstruierten Relationen zwischen diesen Konstituenten wurden dann zu einzelnen Wissenschaften, bzw. philosophischen Wissenschaften in Beziehung gesetzt. Da es in dieser kurzen Zusammenfassung aus Gründen des zur Verfügung stehenden Umfanges nicht möglich war, die einzelnen Relationen zwischen den Konstituenten des Wissens ausführlich darzustellen, so folgt jetzt das zu diesen Relationen bereits in Entsprechung gesetzte Komplex der in dieser Konzeption neugeordneter philosophischer Wissenschaften:

Relation 1: methodische wissenschaftliche Erkenntnis, Normalwissenschaft;

Relation 1a: synchrone Erkenntnis, mit einem aktuellen Gegenstand;

Relation 1b: synchrone Erkenntnis eines Gegenstandes (Wirklichkeitskomplexes), welches gleichzeitig wesensmaessig sowohl zur Vergangenheit wie auch zur Gegenwart gehört, dessen Existenzmodus also 'historisch' (auch in der Gegenwart) ist;

Relation 2: kritische Wissenschaftstheorie;

Relation 3: Hermeneutik, Interpretation, breit verstandene Wissenssoziologie;

Relation 4: positive Wissenschaftsgeschichte;

Relation 5: positive Geschichtswissenschaft;

Relation 6: historische Wissenschaftlichkeit;

Relation 7: historische Interpretation, historische Hermeneutik;

Relation 8: die gegenwartig-aktuelle Interpretation der historischen Interpretation, eine Art 'Metainterpretation', eine im breiten Sinne des Begriffes verstandene Soziologie des Wissens;

Relation 9a: Mangel an Diskursivitaet, an der Möglichkeit systematischer Verkoppelung;

Relation 9b: eine Relation der positiven Wechselwirkung, die durch eine praktische Aufklaerung herzustellen ist.

LITERATUR:

Friedrich Nietzsche's Auesserungen wurden aus der folgenden Ausgabe zitiert: Saemtliche Werke. Kritische Studienausgabe, 1-15 kötet. Berlin - New York, 1980.: die genannten Werke: Abel, Günter, Nietzsche. Die Dynamik des Willens zur Macht und die ewige Wiederkehr. 1984; Deleuze, Gilles, Nietzsche et la philosophie. 1962; Vaihinger, Hartmann, Dühring und Lange. 1876; Vaihinger, Hans, Nietzsche als Philosoph. 1902; Windelband, Wilhelm, Philosohie im deutschen Geistesleben. 1910.

Der Gedankengang ist eines der Kapitel der Nietzsche-Monographie des Verfassers (E. Kiss, Friedrich Nietzsche filozófiája. Kritikai pozitivizmus és történeti identitás. Budapest, 1993).

Rainer Marten, Freiburg

PRAKTISCHE REALITÄT - PRAKTISCHE HERMENEUTIK

Die Skepsis eines Gorgias hat dagegen gestimmt, daß Wirkliches existiert, daß es gar Erkenntnis des Wirklichen und Mitteilung dieser Erkenntnis geben könnte. Platon hat es anders gesehen: Emphatisch bejaht er, daß es Wirkliches gibt, auch Erkenntnis des Wirklichen, ja selbst menschliche Gemeinsamkeit in Anbetracht des Wirklichen und Erkennbaren, so weit nur dialogisch-dialektisch das LOGON DIDONAI KAI DECHESTHAI reicht. Aristoteles hat es ebenfalls anders gesehen: Der menschlichen Seele ist es gegeben, in jedem Ding die ihm eigentümliche Wirklichkeit zu erkennen, ja sich sogar den Gedanken eines Wirklichen vorzunehmen, das rein als Wirklichkeit selbsthaft wirkliches Wesen ist.

Das traditionelle Interesse an 'wirklicher' und 'reiner' Wirklichkeit darf jedoch nicht davon ablenken, daß es die Frage nach der Realität der Außenwelt ist, sie sich - unbewußt oder bewußt - als maßgebliche Version der philosophischen Realitätsfrage 'bewährt'. Es ist, als wollte das erkennende Subjekt als erkennendes auf keine Fall mit sich selbst allein bleiben. Noch Wittgenstein erinnert uns in Über Gewißheit an märchenhafte Träume der europäischen Philosophie des Einen Subjekts und seiner Erkenntnisart, sich des 'äußeren' Wirklichen als eines Wirklichen zu versichern - z.B. per Telefon mit New York (ÜG, 208; 210).

> Es gibt keine subjektive Sicherheit, daß ich etwas weiß. Subjektiv
> ist die Gewißheit, aber nicht das Wissen. (ÜG, 245)

So spricht das sich aufklärende Bewußtsein einsam zu sich selbst, so spricht überhaupt die filosofia a solo, d.i. die herrschende Form der Philosophie, die sich im wesentlichen auf ein und nur ein Bewußtsein, auf eine und nur eine Person einstellt.

Die neu ins Spiel zu bringende filosofia in compagnia dagegen, die prinzipiell vom gelingenden lebensteiligen Einander des Menschen ausgeht, stellt sich in ihrem Realitätsdenken um einen Himmel anders dar. Für sie ist das Interesse am Subjekt-Objekt-Verhältnis, wie es die traditionelle philosophische Antiskepsis zeigt, nicht etwa im postmodernen Nebel verschwunden, sondern vielmehr dem Interesse an den Sachen des Menschen gewichen. Realität ist ihr, was für den Menschen 'Sache' ist. In der Liebe, in der Erziehung, im Unterricht, vor Gericht, in der Forschung, im Handel, in der Nachbarschaft, im Krieg - überall sind die Sachen des Menschen zu Hause, zeigt sich das, was für den Menschen Sache und das eben heißt Realität ist.

Die Frage nach Gewißheit, ob sie nun die nach der des eigenen Selbst und Seins ist oder ob sie darüber hinaus nach der von etwas Anderem und Fremdem zielt, gilt der filosofia in compagnia von Grund auf als suspekt. Die Sache des Menschen kennt keine - subjektive - Gewißheit von Realität, braucht keine. In ihr und für sie geht es einzig und allein um die - gemeinsame - praktische Vergewisserung von Realität und d.h. um die Vergewisserung von praktischer Realität. Diese praktische Vergewisserung aber hat ein einziges 'reales' Ziel: sich wechselseitig des je Anderen bzw. der je Anderen zu vergewissern. Die Trennung von Subjekt und Objekt (von Ich und Nicht-Ich usw.) bestimmt das Schicksal des menschlichen Solisten (der im übrigen auch gut im Vernunft-Wir als Solist zu agieren vermag: d.h. in der universellen Orchestrierung des solus ipse). Für den Menschen in compagnia gibt es dagegen eine ganz andere Sache, die ihn bewegt: die unaufhebbare Trennung vom Anderen und zugleich bleibende Angewiesenheit auf ihn.

Leitbild von Realität ist ab sofort nicht mehr - gut traditionell - die Wand, an der man sich 'wirklich' den Kopf stößt, schon gar nicht der überhimmlische Ort, an dem die wirklich denkende Denkseele als Wirkliches wirklich auf ihr verwandtes Wirkliches stößt, sondern das einige Selbst des lebendigen Einander. Praktisch gibt es nur eine einzige Intention, die freilich als praktische diesen subjektivitäts- und erkenntnistheoretisch gebrauchten Terminus als Kennzeichnung eigentlich gar nicht verdient: die 'Intention' des Anderen. Es praktisch auf den Anderen abzusehen: als Schüler auf Mitschüler und Lehrer, als Pole auf Polen und z.B. Deutsche, als Frau auf Frauen und Männer, als Kind auf Kinder und Erwachsene - so und nur so steht es praktisch um die Sache des Menschen. Es praktisch und in gelingender Weise auf den - signifikant unterschiedenen und gleichen - Anderen abzusehen, - das ist die Grundart jeder gelingenden Lebensteilung. Genau in dieser aber steckt auch das eigentliche, das meint das für die filosofia in compagnia einzig interessante und auch einzig voll verständliche Realitätsproblem. Lebensteilung ist

die Sache des Menschen, ist das Humanum, ist die praktische Realität.
Als diese praktische ist sie das gründende Verständnis von Realität
überhaupt.

Nicht Freuds Realitätssinn ist gemeint, da selbst diese an gelingender
Individuation und Sozialisation orientierte Deutung menschlicher Lebensbefähigung noch maßgeblich das Individuum aus der Perspektive der Selbstbehauptung seines Individuiertseins (um nicht zu sagen: das Funktionieren des isolierten psychosomatischen Apparats) im Blick hat, nicht aber
das selbsthafte Einander, das allein im Einander des je einen und anderen
Selbst zu seiner Realität findet - nicht als zu einer theoretisch gewissen, wie zu erinnern, sondern /als/ zu einer sich praktisch vergewissernden.

Ohne die unaufhebbare Trennung des Einen vom Anderen und zugleich ohne
die bleibende Angewiesenheit aufeinander (um von der sich wiederholenden
Zuwendung zueinander und Abwendung voneinander hier nicht /näher/ zu reden) gäbe
es keine Realität, fände der Mensch zu keiner lebensbefähigten und lebensbefähigenden Praxis. Die gründende Art von Realität überhaupt ist
das Einander des Menschen in seinem Auseinander und Zueinander. Ich nenne
sie darum die 'erste' Realität. Wer sich dagegen /'selbst'/ als alle Realität weiß,
ist praktisch nicht lebensfähig. Die Realität 'implodiert'. Geschlossene
Anstalten wissen davon. Damit erweist sich als Grundart lebensrelevanter
Realität die praktische. Jedes weitergehende Interesse an Realität kann
nur von hier seinen Ausgang nehmen und muß sich in seinem Verständnis
von Realität an ihm messen.

Dasselbe gilt im übrigen für die Wahrheit. Ihre Sache ist nicht ursprünglich im Verhältnis von Subjekt und Objekt, Denken und Sein, Sprache und
Welt zu orten, sondern im Verhältnis des Einen und Anderen, die lebensteilig einander brauchen. Wahrheit stellt im ersten und letzten nicht
das Problem, wie sie überhaupt zu haben ist, sondern ob sie in das
menschliche Einander eingebracht wird. Die 'erste' Wahrheit ist allemal
die Wahrhaftigkeit, wie sie schon früh im griechischen Schriftwerk als
ALETHEIA gemeinsam mit DIKAIOSYNE auftritt.

Fragen wir nach dem Kriterium für praktische Realität als Realität, dann
sind wir auf gemeinsam gegründete, bewährte und gestärkte Lebensbefähigung verwiesen. Diese ist kein diagnostizierbares Faktum, sondern ist

vollends praxisdefinit. Die Gründung, Bewährung und Stärkung von Lebensbefähigung ist je zugleich Grund und Resultat gelingender Lebensteilung. Was damit allem zuvor Sache des Menschen ist und allem zuvor den Namen der Realität verdient, gibt sich als gelingende Lebensteilung zu erkennen. Ihr Gelingen ist die alles tragende Realität. In ihm findet der Realitätsbezug nicht nur seinen Grund, sondern auch schon seine Erfüllung. Zum völligen Unverständnis der filosofia a solo, jedoch im vollen Verständnis der filosofia in compagnia gibt es die das Leben und Handeln gründende Realität, wie sich klar zeigt, allein als eine praktische.

Praktische Realität gibt es nicht von selbst, wenn auch vielleicht wie von selbst. Sie verdankt sich jeweils der Realitätsbedürftigkeit und -fähigkeit des Einen und Anderen und damit auch schon ihrem lebensteiligen Handeln, wie es Realität gründend ist. Was die eigentliche Realitäts-'Erfahrung' anbelangt, so ist sie genauer in der Erfahrung von Halt und Einhalt zu sehen. Jedes gelingende Einander gewährt dem je eigenen Leben des Einen und Anderen Halt und gebietet ihm zugleich Einhalt. Halt bedeutet hier die praktische Erfahrung, sich nicht verlieren zu können, weil am Anderen nicht nur nicht vorbeizukommen, sondern gerade durch ihn auf sich selbst zurückzukommen ist. Einhalt wieder bedeutet die praktische Erfahrung, als je Einer zum Glück nicht selbst alles zu sein und zu vermögen, entsprechend nicht überall und nicht für immer zu sein.

Das Reale, wie es als unabhängig vom eigenen Bewußtsein und vom Bewußtsein des Anderen existierend angesehen wird, muß, wenn das Realitätsverständnis als solches gegründet sein soll, als praktische Leistung und praktisches Gelingen gedeutet werden: "Ich bin nicht der Andere" - das eben schließt ein, selbst nicht alles, nicht überall, nicht für immer zu sein. Etwas als unabhängig vom eigenen Bewußtsein anerkennen zu können, basiert auf der gelingenden Auflösung der Symbiose von Mutter und Kind und d.h. auf der gelingenden Praxis von "du" und "ich". Was vom "ich" getrennt ist und insofern 'unabhängig' von ihm existiert, ist eigens dazu freigegeben. Das Reale gibt es als solches nicht von selbst. Es gründet vielmehr in der Praxis der Trennung des Einen und Anderen, wie sie Sache gelingender Lebensteilung ist.

Es gibt auch Leben ohne - lebensbefähigende - praktische Realität: Es ist das mißlingende, das keinen Halt findet und keinen Einhalt weiß. Es ist das in seinem Selbstsein enteignete, das nicht zur Sache des Menschen kommt und aus sich nichts zum Humanum beizutragen hat. Das Verhältnis zu den - vorgegebenen - Realitäten der Gemeinschaft, Gesellschaft und überhaupt Lebenswelt ist für dieses Leben von Grund auf gestört.

Realität, praktisch gesehen, ist somit nichts, womit der Mensch rechnen könnte und müßte. Sie ist gemeinsam gelebte Unmittelbarkeit. Es gibt hier demnach weder Organe, die einem Selbst oder Ich Realität in unterschiedlicher Gradualität vermittelten, noch ein Realitätsgefühl, das sich in einem Selbst aus ihm selbst produzierte. Das praktische, Realität gründende Einander ist die praktische Realität selbst. Sollte an etwas zu denken sein, was je 'hinter' dem Einen und Anderen die jeweilige Realitätsmächtigkeit des eigenen Selbst garantiert, dann kommt dafür allein der je eigene Tod des Einen und Anderen in Frage, den ich darum auch den "anderen Anderen" nenne. Ohne den je eigenen Tod ist in der Tat im letzten weder der lebensbefähigende Halt noch der lebensbefähigende Einhalt zu denken, was besagt, daß ohne den Tod der Gedanke der praktischen Realität im letzten grundlos wäre.

Ist gelingendes menschliches Einander - nicht als theoretisch fixierbare, sondern eben als praktische - die 'erste' Realität, dann muß sich nun auch die Praxis näher bestimmen lassen, die diese Realität als solche konstituiert und erfüllt.

Der Eine und Andere, die gelingend ihr selbsthaft-einiges Einander praktizieren, treten nie anders als im Verhältnis selbsthafter Eigenheiten auf. Ein Kranker z.B., der sich als Kranker versteht und annimt, als Kranker verstanden und angenommen weiß, hat praktisch zu seinen Anderen andere Kranke und Gesunde, letztere etwa in der Gestalt von Pflegern, Ärzten und Besuchern. Daß der Eine rein die Seinsart des Einen, der Andere entsprechend die Seinsart des Anderen hätte, ist nicht zu denken. Ebensowenig kommt es in Frage, bei beiden auf die reine Seinsart des Menschen zu erkennen. Kommen Menschen in eigener Sache zusammen, dann handelt es sich vielmehr jeweils um Verhältnisse gleicher und unterschiedener Eigenheitlichkeit, man denke an Kinder und Erwachsene, Polen und Deutsche, Männer und Frauen, Studenten und Dozenten.

Polen z.B., die in Nachbarschaft zu Deutschen leben, verhalten sich als Polen zu Polen und zu Deutschen (ich gehe dabei von einer staatlich, nicht notwendig auch ethnisch verstandenen Nachbarschaft und einem entsprechenden Selbstverständnis beider Nachbarn aus). Ein Mensch, der ein Pole oder eine Polin ist, wird in seinem Pole- oder Polinsein stets allein das sein, als was er sich praktisch in das Einander einbringt. Ich spreche von Inszenierung. Um Pole zu sein und d.h. um sich praktisch als Pole einzubringen, bedarf es eben der Inszenierung. Es gibt Polen - praktisch - allein als inszenierte Polen. Der inszenierte Pole ist keine bloße Spielform des Polen, sondern ist der Pole, der praktisch als Pole wirklich ist: im Verhältnis zu anderen Polen (als solchen) und, wie es das Beispiel will, zu Deutschen (als solchen).

Denken wir das Einander von Polen und Deutschen als gelingende Nachbarschaft, dann haben wir diese als eine Form gelingender Lebensteilung zu verstehen und d.h. als eine Form praktischer Realität. Nun scheint jedoch gelingende Nachbarschaft ihre deskriptiven Möglichkeiten zu haben: Friedfertigkeit, blühender Handel, kultureller Austausch bis hin zu gemeinsamer kultureller Produktion und Heiraten untereinander. Das ist nicht abzustreiten. Allein diese auflistbaren Merkmale erfassen die gemeinte Realität nicht als solche, nämlich nicht als praktische. Was in der filosofia a solo die Schau ist, die allein der Einzelne als der Einzelne besteht und die sich nicht vermitteln läßt, so daß ein Anderer (Weiterer) an ihr partizipierte, ist in der filosofia in compagnia die Praxis, die dem Einen und Anderen die - praktische - Realität allein zugleich eröffnet: als gemeinsame Praxis und eben gemeinsames Gelingen.

Die Praxis wechselseitiger Selbstinszenierung läßt das verdeutlichen. Ein Pole z.B., der sich vor Deutschen als Pole aufführt, eröffnet sich dem Anderen als das, was er - sich inszenierend - ist. Sich zu eröffnen heißt hierbei: sich zur praktischen Deutung freizugeben. Im Falle gelingender Lebensteilung (und nur um diesen Fall ist es hier zu tun) antwortet der Deutsche mit der eigenen Selbsteröffnung als Deutscher. Das "als" ist bei dieser theoretischen Erörterung strikt festzuhalten und zu ihrer Erleichterung auch nicht zu komplizieren. So soll z.B. nicht in Betracht kommen, daß der Pole sich ggf. als handeltreibender Pole und der Deutsche sich als kaufinteressierter Deutscher inszeniert. Der Grundton des Polen sei demnach 'wir Polen', der des Deutschen 'wir Deutschen'. Geht es um das praktische Einander von Polen und Deutschen, dann ist die je selbsthafte Eigentlichkeit gerade nicht herunterzuspielen. Gelingende Praxis lebt als solche von klar vertretener selbsthafter Eigentlichkeit gegenüber eigenheitlich Unterschiedenen und Gleichen (was ein ambivalentes Verhältnis zur Identifikation mit der eigenen Eigenheitlichkeit nicht nur nicht ausschließt, sondern überhaupt erst inszenierbar, deutbar und praktisch wirklich macht).

Gelingt Lebensteilung, dann ist die Antwort auf eine Selbstinszenierung nicht von der Art einer zeitlichen und kausalen Folge, sondern ist ihrerseits schon praktisch-konstitutiv für das, worauf sie 'antwortet'. Im Sich-voreinander-Inszenieren und Sich-einander-Eröffnen ist im gelingenden Fall die Antwort des Einen und Anderen je schon gegeben. Lebensteilung herrscht. Diese aber kann bei der von Polen und Deutschen z.B. in der Teilung von Geschichte bestehen: Auf gemeinsam lebensbefähigende Weise ist Geschichte zu teilen – geschichtliche Vergangenheit und geschichtliche Zukunft. So ist an die praktische Realität gemeinsam praktizierter Versöhnung und Zuversicht zu denken, dies aber auf eine Weise, daß in beidem nicht Abstrakta zur Realität erklärt werden. Stets ist allein die gemeinsam gelingende Praxis die Realität: das Gelingen des lebensbefähigenden Praxis als solches.

Wechselseitige Selbsteröffnungen im eigenheitlichen Sichinszenieren sind jeweils bereits in sich selbst praktische Deutungen. Das liegt daran, daß vom praktischen Gelingen aus die Frage, wer eigentlich praktisch angefangen hat, nicht mehr sinnvoll ist. (Dazu beachtenswert Andrej Bitow, <u>Das Puschkinhaus</u>, Darmstadt 1988, 221 f.) Wer Leben miteinander teilt, versteht sich praktisch darauf, einander zu brauchen, d.h. einander nötig zu haben und die Beziehung fruchtbar zu machen. Nur wer einen Anderen selbsthaft zu brauchen versteht, versteht es auch, mit ihm Leben zu teilen. Das jedoch besagt, daß der Eine und Andere (z.B. Polen und Deutsche) in wechselseitiger Selbsteröffnung sich als einander brauchend deuten. Diese Deutung des einander Brauchens ist aber einsichtigerweise bereits das einander Brauchen selbst.

Praktische Realität, wie sie sich als 'erste' erweist, entdeckt, daß praktisches Deuten seine Deutung je schon in sich selbst wahrmacht. Hier ist

Verstehen und Auslegen kein theoretisches, das sich vom praktischen Anerkennen und Annehmen um eine Welt unterscheidet. Lebensteilung, wie sie wechselseitige Selbstinszenierung ist, kennt keine Zeichen des Einen und Anderen, die Bedeutung bloß hätten, nicht aber selbst Bedeutung wären. Zeichen und Bedeutung können überhaupt nur darum im theoretischen Verstande auseinandertreten, weil sie in der Praxis der 'ersten' Realität eins sind. Hermeneutik ist, lebenspraktisch und d.h. in der Perspektive der filosofia in compagnia geurteilt, in ihrem Ursprung kein theoretisch-mentales, sondern ein praktisches Vermögen.

Lebensteilig einander zu brauchen heißt, einander brauchend je des Anderen zu sein. Bei aller unaufhebbaren Trennung des Einen vom Anderen herrscht praktische Unmittelbarkeit. Sich je selbst als den Anderen brauchend und als von ihm gebraucht zu eröffnen ist nur möglich, wenn in dieser Selbsteröffnung und Selbstinszenierung sich bereits das einander Brauchen vollzieht. Die praktische Deutung (als brauchend und gebraucht) kann insofern nicht fehlgehen: Sie ist je schon ihre praktische Wahrheit. Zur Erläuterung: Eine Mutter mag zwar das Schreien ihres Säuglings falsch deuten (er hatte nicht Hunger, sondern war naß). Ihr fehlgehendes Schreiverstehen verkehrt dann aber doch nicht ihr praktisches Deuten des Brauchens und Gebrauchtseins, in dem die Lebensteilung selbst besteht. Zugleich ist es für die praktische Deutung weder möglich noch nötig, sich als das, was sie ist, zu Bewußtsein zu bringen und dem je Einen und Anderen zur - vermeinten - Gewißheit zu verhelfen. Praktisch im einander Brauchen je des Anderen zu sein, gibt es niemals als Gewißheit des Bewußtseins, sondern allein im Zuge praktischer Vergewisserung, die so lange währt, wie Lebensteilung praktisch gelingt.

Praktisch zu deutende und selbst als praktische Deutung bestehende Realität hat die Existenzart gemeinsamer praktischer Vergewisserung. Sie ist damit keine mental auszulegende und zu erfassende, keine kausal zu erwirkende Realität, kein sozialer Tatbestand, wie er nach Durkheim aus Vorstellungen und Handlungen besteht, auch kein "reales psychisches Phänomen", wie es Verfassungsrechtler z.B. im Gewissen sehen. All das sind Kategorien, die die filosofia a solo am Werk zeigen. Gefragt ist hier aber die filosofia in compagnia, die ihren methodischen Stand in gelingender menschlicher Lebensteilung hat.

Peter L. Oesterreich

**Kulturnation ohne Nationalstaat?
Die Idee politischer und kultureller Selbstbestimmung
im Denken des Deutschen Idealismus**

Das Problem nationaler Staatlichkeit bestimmt gegenwärtig - wenngleich mit umgekehrtem Vorzeichen - die politischen Entwicklungen in Europa. Während Osteuropa anscheinend eine Renaissance des Nationalstaates erlebt, zeigen sich im west- und mitteleuropäischen Raum Ansätze zur Aufhebung nationaler Staatlichkeit bis hin zur politischen Union. Europa erscheint somit entzweit in die entgegengesetzten Tendenzen der Stärkung des Nationalstaates einerseits und seiner Relativierung andererseits. Dieses uneinheitliche Bild der neuen politischen Realität in Europa bildet den Anlaß für mein Referat, das eine Klärung der Nationalidee ausgehend vom Denken des Deutschen Idealismus beabsichtigt. Dabei möchte ich erstens auf die Konzeption der politischen Selbstbestimmung bei Fichte, und zweitens der ästhetischen Selbstbestimmung bei Schelling hinweisen, um dann drittens ihre Bedeutung für die gegenwärtige Situation herauszustellen.

1. Fichtes sprachkulturelle Bestimmung der Nation

In seinen *Reden an die deutsche Nation*, die im Winter 1807/8 in Berlin gehalten wurden, macht Fichte auf die sprachliche Vermitteltheit politischer Selbstbestimmung aufmerksam. Er entwickelt hier den für das Selbstverständnis der Deutschen bis heute maßgeblichen sprachkulturellen Begriff der Nation, deren Zusammengehörigkeit in der gemeinsamen Sprache gründet. Die Sprache hat demnach einen "unermesslichen Einfluss auf die ganze menschliche Entwicklung eines Volks"(*SW* VII,326). Sie bestimmt sich - im Unterschied zu linguistischen und (post)strukturalistischen Modellen - nicht bloß als vorfindliches Zeichen- und Text*system*, sondern als gemeinschaftsstiftende Rede*tätigkeit*, die die politische Selbstvermittlung eines geschichtlichen Volkes ermöglicht. Sprache dergestalt in ihrer

Peter L. Oesterreich, Essen

Subjektivität als Redetätigkeit ist in erster Linie nicht *ergon*, sondern *energeia*. Dabei entwickelt Fichte in den *Reden* - im Gegensatz zur grammatologisch-sprachbauorientierten Ausrichtung Humboldts - eine rhetorisch-politische Akzentuierung energetischer Sprachphilosophie.

Demnach ist es vor allem die ständige Kommunikation in der eigenen Nationalsprache, die die Identität eines Volkes in der Geschichte ermöglicht. Die Nationalsprache dient dabei nicht in erster Linie zur Verständigung über einzelne empirische Sachverhalte, sondern tradiert als "ewiger Vermittler und Dollmetscher"(*SW* VII,316) die Weltsicht - den 'Umkreis der Anschauungen' - und die Wertorientierungen - die 'sittliche Denkart' - eines Volkes. In der Metaphorik der jeweiligen Nationalsprache geschieht in präreflexiver Weise die Überlieferung der imaginativen und intelligiblen Hintergrundüberzeugungen, die die gemeinsame Mentalität einer Nation ausmachen. Dieser mentalitätsstiftende Symbolismus der Nationalsprache, in dem Selbst- und Weltdeutung eines Volkes im Laufe der Geschichte niedergelegt wurden, ist nach Fichte "keinesweges von willkürlichen Beschlüssen und Verabredungen"(*SW* VII,314) abhängig und entfaltet gerade durch seine zumeist unbewußte Redetätigkeit ihre überindividuelle Wirksamkeit, so daß "weit mehr die Menschen von der Sprache gebildet werden, denn die Sprache von den Menschen"(*SW* VII,314).

Nationen sind also nach Fichte keine reinrationalen Verständigungsgemeinschaften, sondern geschichtlich gewordene Überzeugungsgemeinschaften, deren Grundkonsens durch weitgehend präreflexive sprachliche Mentalitätsbildung geschieht, die bei Fichte am Modell der rhetorischen Redetätigkeit gedacht wird. Analog zur klassischen Rhetorik, die über die Verstandesbildung hinausgehend auch die Gefühls- und sittliche Willensbildung berücksichtigt[1], beschreibt er die Wirksamkeit der Nationalsprache, "welche den Einzelnen bis in die geheimste Tiefe seines Gemüths bei Denken und Wollen begleitet"(*SW* VII,326).

---

1) Die Phänomene der Gefühls- und sittlichen Willensbildung, die in der klassischen Rhetorik unter dem Thema *pathos* und *ethos* behandelt werden (s. Aristoteles, *rh.*, 1355^{b}f.) und auch in nationalen Überzeugungsgemeinschaften eine wesentliche Rolle spielen, finden in reinrationalen 'Diskurstheorien' der Gegenwart zuwenig Berücksichtigung.

Peter L. Oesterreich, Essen

Damit nähert sich Fichtes dynamisches Sprachdenken einer fundamentalrhetorischen Theorie der nationalen Identität, in der das ethnische Moment der Abstammung zugunsten gemeinschaftsstiftender Sprachtätigkeit völlig in den Hintergrund tritt.[2] Dies belegt schon die rein sprachkulturelle Definition des Volkes als die "unter denselben äusseren Einflüssen auf das Sprachwerkzeug stehenden, zusammenlebenden und in fortgesetzter Mittheilung ihre Sprache fortbildenden Menschen"(SW VII,315). Fichte betont ferner ausdrücklich seine entschiedene Ablehnung des ethnischen Nationalismus: "noch kommt es an auf die vorige Abstammung derer, die eine ursprüngliche Sprache fortsprechen, sondern nur darauf, dass diese Sprache ohne Unterbrechung fortgesprochen werde ..." (SW VII,314). Nicht ethnische Merkmale, sondern der Erwerb und ständige Gebrauch der Nationalsprache integriert den Einzelnen in das politische Leben der Nation und stellt ein ebenso zwangloses wie sicheres Mittel kultureller Assimilation dar.[3]

Die weitgehend präreflexive Wirksamkeit des nationalsprachlichen Symbolismus bildet nach Fichte die notwendige Möglichkeitsbedingung für den jeweiligen situativen Vollzug politischer Selbstbestimmung.[4] Durch die Grenzen der Sprachnation sind nach Fichte auch die "natürlichen Grenzen der Staaten"(SW VII,460) vorgezeichnet. Die Formen staatlicher Organisation bilden demnach keine willkürlich konstruierbaren Institutionen, sondern sollten der "durch gemeinschaftliche Sprache und Denkart"(SW VII,460) konstituierten Kulturnation angemessen sein, die ihnen als relativnatürliche politische Einheit zugrundeliegt: "Was dieselbe Sprache redet, ... versteht sich untereinander, und ist fähig, sich immerfort klarer zu verständigen, es

---

2) Zum Begriff der 'Fundamentalrhetorik' und ihrer Bedeutung für eine Theorie der Konstitution der politischen Lebenswelt s. P.L. Oesterreich, *Fundamentalrhetorik. Untersuchung zu Person und Rede in der Öffentlichkeit*, Hamburg 1990, 82ff.

3) Zur Differenz des ethnischen und des - u.a. hier von Fichte vertretenen - politischen Volksbegriffs s. F. Heckmann, *Ethnische Minderheiten, Volk und Nation. Soziologie inter-ethnischer Beziehungen*, Stuttgart 1992, 214f.

4) Fichtes *Reden an die deutsche Nation* stellen den Versuch aktueller Rhetorik dar, die sich - und das macht ihren philosophischen Charakter aus - ihrer eigenen fundamentalrhetorischen Bedingungen bewußt ist. Zu seiner *Rhetorik der Aufforderung* s. P.L.Oesterreich, "Aufforderung zur nationalen Selbstbestimmung. Fichtes *Reden an die deutsche Nation*" in: *Zeitschrift für philosophische Forschung* 46 (1992), 44-55 und ders., "Politische Philosophie oder Demagogie? Zur rhetorischen Metakritik von Fichtes *Reden an die deutsche Nation*" in: *Fichte Studien* 2 (1990), 74-88.

Peter L. Oesterreich, Essen

gehört zusammen, und ist natürlich Eins und ein unzertrennliches Ganzes"(*SW* VII,460).

2. Charakteristische Kunst:
Schellings Konzeption ästhetischer Selbstbestimmung

Schellings Münchener Rede *Ueber das Verhältnis der bildenden Künste zu der Natur* (1807) thematisiert die über die politische Dimension hinausreichende ästhetische Selbstbestimmung. Dabei entwickelt Schelling eine Konzeption charakteristischer Kunst, die die Originalität und Produktivität der Natur in der öffentlichen Kultur des Staates symbolisieren soll. Der Ausdruck 'charakteristisch' verweist dabei auf die ethische Dimension der neuen Kunst. 'Charakter' steht in Schellings *Münchener Rede* als Übersetzung für *'ethos'*, dessen maßvoll sittliche Energie das unmäßig-leidenschaftliche *'pathos'* beherrschen sollte. Das charakteristische Kunstwerk zeigt somit exemplarisch, wie die entfesselten "Kräfte der Leidenschaften" durch die "Gewalt des Charakters niedergehalten werden"(*SW* VII,310). Von der sinnlichen Sittlichkeit charakteristischer Kunst, der 'Gewalt der Schönheit', soll eine erneuernde Kraft für das gesamte öffentliche Leben ausgehen.

Insbesondere am Ende der *Münchener Rede* wird deutlich, daß Schelling nicht nur als Ästhetik-Theoretiker, sondern vor allem als politischer Lehrer spricht, dem es gerade in seiner Kritik des Klassizismus darum geht, in Deutschland eine von fremden Vorbildern freie Kultur zu entwickeln. "Dieses Volk, von welchem die Revolution der Denkart in dem neueren Europa ausgegangen, ..., dieses Volk muß in einer eigenthümlichen Kunst endigen."(*SW* VII,328) Schellings Forderung nach ästhetisch-sittlicher Selbstbestimmung und einer eigenständigen deutschen Kunst darf jedoch nicht nationalistisch mißverstanden werden. Sie schließt die Anerkennung der kulturellen Eigenleistungen anderer Völker und Epochen, insbesondere der italienischen Renaissance, ebenso ein, wie die Erkenntnis ihrer Unwiederholbarkeit:"... eine Kunst, die nach allen Bestimmungen dieselbe wäre wie die der früheren Jahrhunderte, wird nie wieder kommen; denn nie wiederholt sich die Natur. Ein solcher Raphael wird nicht wieder seyn, aber ein anderer, der auf eine gleich eigenthümliche Weise zum Höchsten der Kunst gelangt ist"(VII,328).

Peter L. Oesterreich, Essen

Schelling vertritt damit offensichtlich einen nationalen Pluralismus, der den Grundgedanken der dynamischen Naturphilosophie politisch umsetzt. Das für Schelling in der Natur sichtbare Prinzip origineller Variation soll auch die Welt der Nationen beherrschen. Die Egalität der Völker besteht demnach nicht in der Gleichheit, sondern in der gleichen Originalität ihrer kulturellen Formen, die sich als charakteristische Kunst darstellt.

Die charakteristischen Kunstwerke, um die herum sich eine kulturelle Lebenswelt organisiert, werden von Schelling nicht als Produkte eines isoliert schaffenden Originalgenies gedacht. Gerade die geniale Kunst ist von "öffentlicher Stimmung abhängig, sie bedarf eines allgemeinen Enthusiasmus für Erhabenheit und Schönheit, wie jener ... in dem Medicäischen Zeitalter ..., einer Verfassung, wie sie uns Perikles im Lob Athens schildert"(*SW* VII,326). Das Zusammenwirken der *physis* mit einer günstig gestimmten und verfaßten *polis* bildet die Grundbedingung für große Kunst. Die konnaturale Ästhetik übersieht keineswegs die historisch-politischen Bedingungen der Kunst. Schellings *Münchener Rede* ist selbst das beste Beispiel für den rhetorischen Versuch, die Grundstimmung öffentlicher Begeisterung für eine Erneuerung der Kunst zu wecken. Der in der 'Lebendigkeit der Natur' sich gründenden Kunst muß durch den politischen Lehrer und Redner die Realisation in der konkreten geschichtlichen Lebenswelt ermöglicht werden. In letzter kulturpolitischer Konsequenz fordert Schelling eine Art 'permanenter Revolution', in der sich die ästhetische Identität der jeweiligen Nationalkultur stets neu zu bilden hat, um als charakteristischer Aspekt der menschheitlichen Pluralität erhalten zu bleiben.

3. Die Nation als Selbstbestimmungsgemeinschaft und die drei Stadien ihrer Entwicklung

Mit ihren Konzeptionen rhetorisch-politischer und sittlich-ästhetischer Selbstbestimmungsgemeinschaft formulieren Fichte und Schelling einander komplementäre Bestimmungsmomente der Kulturnation, deren gemeinsames Vorbild die griechische Polis darstellt. Schelling bezieht sich ausdrücklich auf Thukydides' *Totenrede des Perikles*, die wohl als das älteste Politikprogramm der demokratisch-bürgerlichen Kultur Europas gelten kann, und auch Fichte betont ausdrücklich den Vorbildcharakter der Griechen: "Hierdurch wird nun diese deutsche und allerneueste Staatskunst

Peter L. Oesterreich, Essen

wiederum die allerälteste; denn auch diese bei den Griechen gründete das Bürgerthum auf die Erziehung, und bildete Bürger, wie die folgenden Zeitalter sie nicht wieder gesehen haben."*(SW* VII,366) Der von Fichte und Schelling her sichtbare Begriff der politischen und ästhetischen Selbstbestimmungsgemeinschaft zielt über den liberalen Rechtsstaat hinaus auf einen Kulturstaat, der an die alteuropäische Tradition bürgerlicher politischer Kultur anknüpft.[5]

Für die Bestimmung der äußeren staatlichen Form der Kulturnation gibt es in Fichtes *Reden* drei Denkmodelle:

a) Die Existenz der Kulturnation vor der Erreichung eines einheitlichen Nationalstaates, die sich trotz staatlicher Trennung in der sprachlich-kulturellen "Wechselwirkung der Bürger aller Staaten"(*SW* VII,393) konstituiert;

b) die Existenz der Kulturnation in den Grenzen eines sie als Ganzes umfassenden Nationalstaates, den Fichte in der positiven Utopie der "Errichtung eines vollkommenen Staates"(*SW* VII,35) denkt;

c) die negative Utopie einer supranationalen "Universalmonarchie"(*SW* VII,467), deren totalitärer Universalismus die nivellierende 'Einschmelzung' selbständiger Kulturnationen zu einer homogenen Staatsnation beabsichtigt.

Fichtes Verteidigung der Kulturnation gegen den Universalismus und seiner positiven Utopie ihrer Existenz im klassischen Nationalstaat liegt die Herdersche Idee zugrunde, daß "das Wesen der Menschheit nur in höchst mannigfaltigen Abstufungen an Einzelnen, und an der Einzelnheit im Grossen und Ganzen, an Völkern, darzustellen"(*SW* VII,467) sei. Nationale Pluralität gehört demnach notwendig zur Verwirklichung der Menschheit in der Geschichte. Der Gedanke, daß es eine überindividuell-nationale Seite der Bewahrung der Menschenwürde gibt, die in den "Eigentümlichkeiten der Nationen ... liegt"(*SW* VII,467), wird durch die erst in den letzten Jahrzehnten vollzogene allgemeine völkerrechtliche Anerkennung des Selbstbestimmungsprinzips eindrucksvoll bestätigt.[6]

---

5) Vgl.: R. Schottky, "Rechtsstaat und Kulturstaat bei Fichte. Eine Erwiderung" in: *Fichte-Studien* 3 (1991), 118-153.

6) Zur Geschichte der Anerkennung des völkerrechtlichen Charakters des Selbstbestimmungsprinzips s. B. Meissner, "Das Selbstbestimmungsrecht der Völker nach

Peter L. Oesterreich, Essen

Daß Fichte noch nicht eine - auf dem Boden des Idealismus durchaus denkbare - Perspektive einer Weiterentwicklung des klassischen Nationalstaates zum föderal integrierten Nationalstaat besitzt, liegt u.a. an der Epoche der Nationentwicklung, der seine *Reden* entstammen. Gemäß der Logik der Selbstbestimmung gibt es meiner Ansicht nach drei Stadien der Entwicklung der Nation als Selbstbestimmungsgemeinschaft:

a) Im ersten Stadium der Selbstfindung bildet sich die Nation als selbstbewußtes Subjekt heraus. Fichtes *Reden an die deutsche Nation* und Schellings *Münchener Rede* gehören in diese 'Geburtsepoche' der Nation, in denen sich das nationale Selbstbewußtsein erst entwickeln muß, um schließlich in das politische Streben nach einem eigenen Nationalstaat übergehen zu können.

b) Mit der Errichtung objektiver staatlicher Strukturen beginnt die zweite Epoche der Nationentwicklung, die sich mit der Selbstbehauptung der Nation in der geschlossenen Form des klassischen Nationalstaates vollendet.

c) Erst auf der Basis gesicherter nationalstaatlicher Existenz beginnt schließlich die dritte Epoche der Weiterentwicklung des klassischen zum föderativ integrierten Nationalstaat, der sich der menschheitlichen Idee des nationalen Pluralismus verpflichtet sieht.

Die Renaissance des Nationalstaates in Osteuropa sollte vor diesem Hintergrund eben nicht bloß als ein 'Rückfall ins Denken des 19. Jahrhunderts' gesehen, sondern - ausgehend vom Selbstbestimmungsprinzip und der Idee nationaler Pluralität - als legitimes und unüberspringbares Stadium der Nationentwicklung anerkannt werden. Die weitergehenden Entwicklungen zu Formen übernationaler Staatlichkeit bergen dagegen beträchtliche politische und kulturelle Risiken und bilden eine neuartige Herausforderung an die politische Philosophie. Eine undurchdachte und übereilte europäische Integration, die die eigenständige Identität der Kulturnationen und alle nationalstaatlichen Strukturen aufzuheben strebt, würde eine gefährliche politische und

---

Helsinki und die sowjetische Selbstbestimmungskonzeption" in: *Die KSZE und die Menschenrechte. Studien zur Deutschlandfrage*, Bd. II, Berlin 1977, 115-143. Zur Selbstbestimmung als Paradigma der gegenwärtigen Neuordnung der Staatenwelt Europas s. C. Gusy, "Selbstbestimmung im Wandel" in: *Archiv des Völkerrechts*, 4 (1992), 385-410.

Peter L. Oesterreich, Essen

kulturelle Desintegration der Bürger mit sich bringen.[7] Der radikale Universalismus scheint nämlich gerade denjenigen destruktiven Nationalismus unabsichtlich zu fördern, den er eigentlich endgültig überwinden wollte. Ist es daher nicht bedenkenswert, den für Europa typischen nationalen Pluralismus zu bewahren und als positives Moment in den europäischen Einigungsprozeß einzubeziehen?

Die politische Staatenwelt Europas ist gegenwärtig durch einen Parallelismus aller drei Stadien der Nationentwicklung gekennzeichnet: Nationen die den Nationalstaat erstreben, andere, die ihn in klassischer Form zu behaupten versuchen und schließlich wieder andere, die ihn zum föderal integrierten Nationalstaat weiterentwickeln wollen. Die Einsicht, daß diese scheinbar unvereinbaren Tendenzen nur unterschiedliche Entwicklungsstufen desselben, nämlich der Nation als dynamischer Selbstbestimmungsgemeinschaft sind, könnte der zukünftigen gesamteuropäischen Politik dienlich sein.

HDoz. Dr. Peter L. Oesterreich, Universität GH Essen, Universitätsstr. 12, 4300 Esssen 1

---

[7] Die Nationalidee gehört zu den konstanten allgemeinen Gesichtspunkten des menschlichen Selbstverständnisses in der politischen Welt. Sie ermöglicht die Selbstdefinition und Orientierung des Menschen in seiner politischen Gemeinschaft, die als konkret Allgemeines in der Mitte zwischen den einzelnen Individuen und der undeutlichen Idee der Menschheit steht. Dem entspricht bei Fichte und Schelling der aus der Idee des nationalen Pluralismus gedachte aufgeklärte Begriff der Nation als kultureller Selbstbestimmungsgemeinschaft: Das im Medium von Sprache und Kunst jeweils eigens zu bestimmende Nationale hat hier den Sinn, das Universelle der Menschheit im Partikularen der Völker zu verdeutlichen.

Marek J. Siemek, Warschau

Dialogisches und Monologisches
in der Realität der gesellschaftlichen Kommunikation

Daß die Rede als einzige Alternative der nackten Gewalt den ersten Schritt im Vergesellschaftungsprozeß bildet, leuchtet für uns heute ohne weiteres ein. Redet man aber nur, insofern man dazu von außen eindeutig veranlaßt wird, und zwar durch eine Veranlassung, die pro-voziert, herausfordert. Diese pro-vokative Herausforderung läßt sich sofort daran erkennen, daß sie, ganz anders als bloß physischer Anstoß, zu einer nicht mehr unmittelbar--instinktiven, sondern reflexiven, symbolisch vermittelten Verhaltensweise, oder kurz: zu einer Antwort, unwiderstehlich zwingt. Die Herausforderung besteht hier also in der Aufforderung zum Reden - und insofern verweist notwendig auf ein Redendes, ein Subjekt, als ihren Ursprung. Die allererste Form der menschlichen Sozialität bildet demnach das Gespräch, als durchaus symmetrisches Verhältnis von zwei Subjekten, die anfänglich füreinander gleichermaßen "fremd" sind, die aber vorerst beiderseitig darauf verzichten, dieser Fremdheit des Anderen mit gewaltsamen Mitteln zu begegnen und sie auf "naturwüchsige" Weise - nämlich im Kampf - aus der Welt zu schaffen, statt dessen aber versuchen, sich miteinander irgendwie zu verständigen.

Das Gespräch setzt also voraus, daß man in dem Anderen nicht mehr den Feind sieht, sondern ihn als Partner, mithin als ebenbürtiges Subjekt, anerkennt. Es ist eben diese gegenseitige Anerkennung, die den ganzen dialogischen Prozeß von Aufforderung und Antwort erst möglich macht. Sie stiftet nämlich die Reziprozität, als unaufhebbare, wohl "transzendentale" Grundlage der intersubjektiven Kommunikation.

Marek J. Siemek, Warschau

Dieses durchaus dialogische, auf kommunikative Dialektik von Aufforderung und Antwort gegründete Modell der Vergesellschaftung, dessen erste Umrisse in der transzendentalen Sozialphilosophie Fichtes gefunden werden können, scheint der anderen, wohl bekannteren Auffassung, nämlich der Hegelschen, kraß zu widersprechen. Bei Hegel ist es ja gerade der Kampf, und zwar ein Kampf "auf Leben und Tod", aus dem die allererste Form der sozialen Bindung entsteht - nämlich das auf die nur einseitige Anerkennung gegründete Verhältnis von "Herrschaft" und "Knechtschaft", das dem Anschein nach alle dialogische Reziprozität ausschließt und bloß eine monologische Herrschaftsrationalität zu fundieren vermag.

In Wirklichkeit gibt es hier aber keinen unvereinbaren Widerspruch. Zum einen besteht ja auch im Hegelschen Modell kein Zweifel darüber, daß jener ursprüngliche "Kampf auf Leben und Tod" doch ein Kampf um Anerkennung ist. Was hier von den beiden Seiten tatsächlich "begehrt" wird, ist weder der physische Körper des Anderen noch sein materieller Besitz, sondern sein Bewußtsein, sein "Begehren" selbst. Als Einsatz in diesem Kampf gilt demnach eindeutig das Prestigeinteresse, d. h. etwas, was rein symbolischen Charakters ist und insofern von Anfang an auf der sprachlich vermittelten Ebene der Intersubjektivität liegt. Die nur "erkämpfte" Anerkennung bleibt zwar zunächst einseitig; jedoch als Anerkennung enthält sie schon immer den unaufhebbaren Anspruch auf Anerkanntsein in sich, so daß die Reziprozität gewissermaßen zu ihrem Begriff schlechthin gehört. Die monologische Kampf- und Herrschaftsrationalität schlägt mithin auch bei Hegel kraft ihrer internen Logik unausweichlich in die intersubjektiv-kommunikative Struktur des gesellschaftlichen Dialogs über.

Zum anderen ist das "dialogische" Modell Fichtes seinerseits

Marek J. Siemek, Warschau

weit davon entfernt, eine völlig "herrschaftsfreie" Kommunikation sofort und ohne weiteres zu implizieren. Im Gegenteil: die sprachlich artikulierte Aufforderung von außen bildet hier nur die conditio sine qua non für die Selbstsetzung und Selbstbestimmung jedes Menschen in seiner Freiheit. Was der Mensch mit dieser Freiheit macht, bleibt noch lange offen. Zum transzendentalen Rahmen des gesellschaftlichen Dialogs gehört also in diesem Modell nur die Möglichkeit, nicht aber die Notwendigkeit einer wirklich intersubjektiven Verständigung. Der Hauptgrund dafür liegt in der Eigenart des symbolischen Interesses, das dem Menschen eben als sprechendem Lebewesen offenbar innewohnt. Es ist nämlich das unaustilgbare Interesse daran, dasjenige, was für jeden Einzelnen als das "Je-Meine" gilt, auch von allen Anderen sofort und unbedingt akzeptiert ("anerkannt") zu sehen, oder: es allgemeingeltend zu machen.

Das symbolische Interesse denkt und spricht durchaus monologisch, indem es der Stimme der Anderen nur als greifbares Zeichen der Zustimmung bedarf. Diese Modalität der gesellschaftlichen Redensart kann als Autoritäts- und Prestigediskurs bezeichnet werden; die sprachliche Kommunikation gilt hier ursprünglich als Kampf- und Machtmittel zur Sicherung der Herrschaft im Symbolischen. Die Anerkennung bleibt auch hier das Hauptziel, sofern sich die Herrschaft eben im Symbolischen (als "unsichtbare Herrschaft") aufbaut und ausweitet; es ist aber eine einseitige Anerkennung, die demjenigen, der bestimmt und befiehlt, seitens der Zuhörenden und Gehorchenden zukommen soll. Was hier fehlt, ist die Reziprozität, der Ausgleich zwischen dem Anerkennen und dem Anerkanntsein, die dialogische Verständigungsorientierung des Sprachverhaltens. Indem das monologische Denken und Reden auf diese Weise die Kampfeinstellung fortsetzt und sie in die Sphäre des kommunikativen Ge-

Marek J. Siemek, Warschau

sprächs ohne weiteres überträgt, tendiert es unausweichlich dazu, geschlossene und ausschließende Begrifflichkeits- und Normativitätsstrukturen zu bilden, die im "Fundamentalismus" jeder Ideologie (sei sie religiös, moralisch, national oder politisch geprägt) unverfehlbar zu finden sind. Die unerschütterte Gewißheit, im Besitz des einzig Wahren und Richtigen zu sein, spielt sich hier genau im kategorischen Anspruch auf allgemeine und exklusive Geltung der je eigenen Begriffe und Werte - ein Anspruch, der jede Verständigung mit den Andersdenkenden und -sprechenden im Grunde genommen unmöglich macht. So bewegt sich die monologisch strukturierte Rede des symbolischen Interesses nur in ihrem eigenen Sinnesuniversum und spricht immer "linear", d. h. jede "laterale" Abbiegung, jede Öffnung auf die Andersheit, kurz: jede Alternative schon im voraus ausschließend.

Dagegen scheint die eigentlich dialogische Dikursmodalität dem anderen Grundtyp des menschlichen Interesses, nämlich dem materiell- -ökonomischen, wesentlich zuzukommen. Die ökonomischen Interessen, im klaren Gegensatz zu den symbolischen, unterliegen einer immer nur begrenzten und bedingten ("relativen" oder "fragmentarischen") Universalisierung, und zwar schon darum, weil sie von Anfang an dem gesellschaftlichen Spiel der Gegenseitigkeit preisgegeben werden müssen. Indem sie nämlich ihre unaufhebbare Partikularität und Privatheit ganz offen in der Hand tragen (wiederum anders als die symbolischen Interessen, die eben darin bestehen, das Private und Partikulare hinter dem Universellen zu verstecken), ergeben sie sich notwendigerweise einem Zwang der Verständigung, der aus dem Zusammenstoß vieler prinzipiell gleichberechtigter Privatinteressen entsteht. Nicht aus "Tugend" (wie die monologische), sondern immer aus "Not" entspringt und entwickelt sich demnach die dialogische

Marek J. Siemek, Warschau

Denk- und Sprechweise; sie wird ursprünglich jedem Beteiligten durch die Notwendigkeit aufgezwungen, mit allen Anderen die gemeinschaftliche Ausgrenzung der je "meinen" Interesseobjekte und -sphären durchzuführen. Damit werden aber alle Beteiligten in das durchaus gegenseitige Verhältnis der Partnerschaft hineinbezogen, das für die Teilnehmer eines gemeinsamen Spiels kennzeichnend ist.

Man muß wohl beachten, daß das "Spiel" hier zunächst als regelrechte Austragung der kollidierenden Interessen nicht symbolischer, sondern materiell-ökonomischer Art zu verstehen ist. Ein Konflikt der Symbole läßt sich nur vollständig, d. h. nur im Kampf austragen, auch wenn es bloß ein "Kampf der Ideen" wäre. Dagegen kann eine Kollision der konkreten Bedürfnisse und Zielsetzungen ihre Lösung nur in einer friedlich ausgewogenen Mitte finden, die von den beiden Extremen gleich entfernt ist und in der die beiden gleichermaßen - d. h. immer bloß teilweise - befriedigt werden.

Aus dieser allerhand "negozierenden", grundsätzlich verständigungsorientierten und kompromißbereiten Einstellung stammt die der dialogischen Diskursmodalität innewohnende Tendenz sowohl zur Ausbildung der offenen Begrifflichkeits- und Normativitätsstrukturen (deren Ergänzungen und Änderungen nicht "a priori" ausgeschlossen sind), wie auch zur Entwicklund der "lateralen" Denk- und Sprechkompetenz, die die möglichen Differenzen und Alternativen nie aus ihrem Blickfeld verliert. Verständnis für das Andere und für die Anderen, Toleranz, aber auch die im Sozialisierungsprozeß entscheidende Lernfähigkeit und -bereitschaft gehören wesentlich zu dieser Einstellung, die gerade darum als eigentlicher Träger und Fürsprecher der sprachlich-kommunikativen Öffentlichkeit anzusehen ist, im klaren Gegensatz zur monologischen Diskursmodalität, die trotz ihres Universalitäts- und Totalitätsanspruchs doch nur zur Bildung

Marek J. Siemek, Warschau

der geistigen Privatsprachen ausreicht.

Darum ist die dialogische Denk- und Sprechweise ihrem Wesen nach auch "übersetzbar" und durchaus "übersetzend". Mehr noch, in ihr und durch sie wird das Über-setzen zum Hauptmodell der Rationalisierung. Der Rationalisierung, nicht etwa der "absoluten Rationalität", die eher durch die monologische Diskursform gesucht und gefunden wird; hingegen kann jene im gesellschaftlichen Dialog entstehende Vernünftigkeit, eben weil sie auf intersubjektive Verständigung gründet, nur dasjenige umfassen, was sich jeweils sinnvoll "aushandeln" läßt. Ihre Maßstäbe des Rationalen sind also notwendigerweise pluralistisch, relativ und immer auf prekäre Grundlage der möglichen Vereinbarung gestützt. Darum ist sie eine gesetzmäßige Rationalität des Vertrags und des Rechts, die nur auf gemeinschaftliche und freiwillige Zustimmung aller Interessierten gründen kann und die für alle Beteiligten dieselben einheitlichen Normen und Maßstäbe setzt. Darum ist sie aber auch eine nur limitative Rationalität der Ausgrenzung und des Ausgleichs: sie macht die Kommunikation zwischen den unterschiedlichen Subjekten, Sprachen und Sinnzusammenhängen nur dadurch möglich, daß sie scharfe Demarkationslinien zwischen ihnen zieht und den allgemeinen Geltungsanspruch der Übersetzbarkeit mit der immer streng gehaltenen Distanz zum schlechthin Unübersetzbaren (zur "Andersheit des Anderen") verbindet.

Allerding gehören beide Diskursmodalitäten der gesellschaftlichen Kommunikation zusammen, und das Fichtesche Paradigma des intersubjektiven Dialogs schließt das Hegelsche des Kampfes nicht aus, sondern nimmt es vielmehr - in veränderter Gestalt - in sich auf. Bleiben wir bei dieser Auffassung, da sie manche erkenntnismäßige Vorteile zumindest erwarten läßt. Vor allem zwingt sie gar nicht dazu, bereits im Ausgangspunkt der sozialphilosophischen

Marek J. Siemek, Warschau

Theorie einen radikalen (und deswegen auch später unüberwindlichen) Dualismus etwa von "rein" kommunikativer (verständigungsorientierter) und "bloß" strategischer (funktional-instrumenteller) Rationalität des menschlichen Sprechens und Handelns anzunehmen - wie es z. B. Jürgen Habermas letzten Endes zu tun scheint. Im Gegenteil: nach dieser Auffassung bildet zwar die dialogische Rede, wie gesagt, die einzige Alternative zur nackten Gewalt, aber es kann wohl eine Gewalt der Rede oder durch die Rede geben, so wie es andererseits eine sinnvolle Verständigung strategisch "kämpfender" Spieler geben kann. Der mehrdimensionale, komlexe Raum der gesellschaftlichen Kommunikation, der neben den "echt" dialogischen Formen des eng interpersonalen Verkehrs offenbar auch verschiedene durchaus monologische Stimmen der strategischen "Herrschaftsrationalität" in sich umfaßt, läßt sich mit solchen abstrakt dualistischen Gegensätzen kaum ausmessen.

An dieser Komplexität scheinen übrigens auch manche heutigen "Philosophien des Dialogs" vorbeizugehen, die im Geiste von Martin Buber oder Emmanuel Levinas den Begriff des "Dialogischen" im Denken und Handeln nur auf jene privilegierte, weil stark emphatische Bedeutung beschränken, die es in der Intimität einiger auf die unmittelbare "Ich-Du" Beziehung gegründeten (wie etwa Liebe oder Freundschaft) zwischenmenschlichen Verhältnisse annimmt. Was hier übersehen wird, ist die Tatsache, daß derartige Verhältnisse höchstens als gelungen "Spitzenleistungen" des gesellschaftlichen Dialogs, nicht aber als Normalität seines Alltags betrachtet werden können. Die anspruchsvolle Beziehung "Ich-Du" ist wohl als angestrebtes Ziel der menschlichen Kommunikation anzunehmen, dennoch gewiß nicht als ihr Ursprung und Wesen. Auch ist es gar nicht einleuchtend zu behaupten, diese jedermann "dutzende" For-

Marek J. Siemek, Warschau

mel sei die einzige Alternative der "verdinglichten", objektivierenden Beziehung "Ich-Dies". Im Gegenteil: der wirkliche Raum des intersubjektiven Dialogs scheint gerade zwischen den Geltungsbereichen jener beiden Formeln zu liegen. Denn er beginnt vielmehr mit der ursprünglich kommunikativen Beziehung "Ich-Er" (auch, und zunächst: "Wir-Sie"), wo das Erlebnis einer grundsätzlichen, radikalen Fremdheit des (der) Anderen und die Bereitschaft, sich trotzdem mit ihm (mit ihnen) zu verständigen, unzertrennbar zusammengehören.

Sektion 14

Soziale Realitäten

Armut als Herausforderung an eine universale Ethik

Alexius J. Bucher

1 Herausforderung an eine universale Ethik

Die Arm-Reich-Diskrepanz auf globaler Ebene, Verelendungstendenzen in mundalem Ausmaß, sind nur ein Konfliktpotential in einem Bündel vielschichtiger, vernetzter, menschlichen Fortschritt bedrohender Konfliktzuspitzung. Energieverknappung, Sozialdarwinismus, Arbeitsreduktion und Leistungskonzentration, Ideologiekriege und Sachzwänge sind mögliche Etiketten für Erscheinungsformen, die als Alarmsignale zwischenmenschlicher Krisenlage gelesen werden können.

Die individuelle und kollektive Existenz des Menschen ist erfahrbar infrage gestellt durch hautnahe und weltweite zeittypische Konflikte. Das Konfliktpotential steht in einem Verursachungszusammenhang mit der tatsächlichen und befürchteten Erschöpflichkeit der doppelten Basis menschlichen Fortschritts.

Karl Marx hat als Basis des humanen wie ökonomischen Fortschritts zwei Kräfte genannt: Arbeit und Natur. Wird eine der Grundlagen zerstört, wird möglicher Fortschritt vereitelt. Noch im 19. Jahrhundert wurde im Wirtschaftsrahmen des alten Europas entdeckt, daß die Ausbeutung der Arbeitskraft die Grundlage für einen Fortschritt, der nicht nur einer Minderheit nützen soll, zerstört. Das 20. Jahrhundert entdeckte, nach unbekümmerten Fehlentwicklungen, die grundlagenzerstörende Ausbeutung der Naturkräfte als zukunftsbedrohend für die ganze Menschheit und als zusätzliche Basis für Armut produzierende zwischenmenschliche Verhaltensweisen.

2 Scheitern gängiger Lösungskonzepte

Die Angst, daß traditionelle Lösungsmodelle bei bestehenden Konflikten versagen bzw. einer Konflikteskalation nicht mehr gerecht werden, nimmt zu. Eine realistische Einschätzung der Effizienz entworfener Hilfsprogramme muß vom Scheitern sprechen angesichts der wachsenden Zahlen, in denen Elend, Armut und Ungerechtigkeit gemessen werden. Eine neue berechtigte Hoffnung auf eine humane Zukunft trotz gegenwärtig globaler Bedrohung und trotz Versagens traditioneller Verhaltensangebote scheint nur durch Bemühungen gerechtfertigt, die neue Richtlinien für menschliches Handeln, d.h. eine neue Grundlegung der Ethik anstreben. Das harte Geschäft einer praxisrelevanten Ethikkritik und ethikrelevanten Praxiskritik besteht fundamental darin, in personaler Zuversicht zu den Bedingungen der Möglichkeit verantwortlichen Handelns eine Ethik zu entwerfen, die nicht, weil illusionäre Annahme, irrationaler Unverbindlichkeit verfällt, sondern intersubjektive, überregionale, überkonfessionelle, interkulturelle Verbindlichkeit beanspruchen kann. Nur so könnte sie Basis für ein ethisch verpflichtendes Handeln angesichts global verursachter und global korrigierbarer Konfliktbereiche sein. Wer nach einer neuen Ethik fragt, dem ist das Fundament der traditionellen Ethik fragwürdig geworden. Traditionell praktische, kollektive Handlungssubjekte wie Staat, Kirche, Organisationen, aber auch traditionell verfügbare ideelle Orientierungsvorgaben, wie Weltanschauungen, Ideologien, Moralen, Konfessionen, etc. haben sich gegenüber den erlebten Ursachen weltweiter und hautnaher Bedrohung und konkreter Verelendung als wirkschwach gezeigt. Gerade wenn davon ausgegangen werden darf, daß genannte Institutionen keineswegs wirkunwillig gewesen waren, ist die faktische Wirkunfähigkeit in Richtung Verbesserung der konkreten Lebenswelt um so tragischer und alarmierend bezüglich angewandter Handlungskonzepte und der sie leitenden Prinzipien.

Lösungsmodelle, mit denen im 19. Jahrhundert der Arm-Reich-Konflikt befriedet werden sollte, setzten unerschöpfliche Ressourcen an Arbeitskraft und Naturkraft voraus. Fehlt diese Voraussetzung, so kann der Diskrepanzkonflikt nur durch Vermehrungs- bzw. durch Verminderungsadäquanz erreicht werden. Ein solches Prinzip führt zur wachsenden Kompromißunwilligkeit derjenigen, die priviligiert werden. Gleichzeitig führt diese Ausgleichsbemühung zur Aggressionsbereitschaft der Unterpriviligierten. Wenn der Arm-Reich-Konflikt nur dadurch gelöst werden könnte, daß die Reichen mehr und mehr von ihrem Überfluß geben, die Armen dennoch nicht das Besitzniveau der Reichen erlangen, wächst das Konfliktpotential von beiden Seiten des Spannungsverhältnisses. Das derzeit angewachsene Konfliktpotential verhindert bereits eine mögliche Solidarität des ärmeren Südens — Afrika, Lateinamerika, Indien — und eine Gegensolidarität des reicheren Nordens — USA, Deutschland, Europa, UdSSR — über die West-Ost-Konfliktlinien hinweg. Weder solidarisiert sich der Norden aus Egoismus gegenüber den Wünschen und Forderungen des Südens, noch solidarisiert sich der Süden über alle ideologischen Grenzen hinweg aus Altruismus.

3 Die Chance einer neuen Ethik

3.1 Verantwortung statt Gesinnung?

Bislang wurden schlimmste Konflikteskalationen verhindert bzw. gebremst und verlagert durch Rückgriffe auf traditionelle Lösungsmodelle im wirtschaftlichen, politischen und militärischen Rahmen. Eingetretene katastrophale Konfliktfälle wurden durch caritative Sozialmaßnahmen zu lindern versucht.[1]

Die Angst, aber auch die statistisch erhärtete Kenntnis nimmt zu, daß traditionelle Lösungsmodelle versagen bzw. einer Konflikteskalation nicht mehr gerecht werden. Eine realistische Einschätzung hinsichtlich der Wirkmächtigkeit kontinuierlicher oder punktueller Hilfprogramme muß vom Scheitern sprechen angesichts der wachsenden Armut und Reproduktion armutsfördernder Verhältnisse. Bisherige Verhaltensnormen wurden in überschaubaren Kleingruppen erarbeitet. Ehe, Familie, Nachbarschaft, Polis oder Stamm bildeten den Erprobungs- und Bewährungsraum für zwischenmenschliche Verhaltensformen.[2]

Das praktische praktizierte Ethos war für den Handelnden von vorstellbarer Anschaulichkeit und

---

[1] Vgl. internationale Hilfsprogramme von 'Adveniat' und 'Misereor', Aktionen wie 'Brot für die Welt': Die dort zum Zweck der Spendenmotivation formulierten Aufrufe und die Gestaltung der Aktionsplakate sind größtenteils auf emotionale Wirkung ausgerichtet, weniger auf rational-kritische Durchdringung der weltweiten Dependenzproblematik zwischen Industrie- und Entwicklungsländern auf wirtschaftlichem, kulturellem und politischem Gebiet.

[2] Vgl. Wurzenbacher, Gerhard (Hg.), Die Familie als Sozialisationsfaktor, Stuttgart 1968; vgl. Wickler, Wolfgang, Verhalten und Umwelt, Hamburg 1972; Weber-Hellermann, Ingeborg, Die deutsche Familie. Versuch einer Sozialgeschichte, Frankfurt 1974; Bertram, Hans, Gesellschaft, Familie und moralische Urteile: Analyse kognitiver, familiärer und sozialstruktureller Bedingungszusammenhang moralischer Entwicklung, Weinheim 1978.

erlebbarer Betroffenheit. Eine kritische Rückkoppelung im Stadium vorausplanender Handlungsfolgen auf die initiatorische Gesinnung war möglich. Die globale Struktur heutiger Konfliktfelder ist für spontane und kurzfristige, individuelle wie institutionelle Korrektureingriffe kaum mehr offen. Die sozioökonomische Verflechtung der Konfliktbereiche entlarvt noch so gut gemeinte Gesinnungsaktionen als Absichtserklärungen ohne Chance, kontraeffektive Folgen vorherzusehen, planen oder verhindern zu können.
So wenig wie im 19. Jahrhundert die caritativ-fürsorglich eingestellte Unternehmersgattin den Klassenkonflikt durch wohlmeinende Armenspeisung und Kleiderspenden ethisch verantwortlich lösen konnte, so wenig lassen sich im 20. Jahrhundert die gut gemeinten Dritte-Welt-Aktionen als ethisch verantwortliche adäquate Leistungen rechtfertigen. Der ethischen Herausforderungen, die ein real existierender Arm-Reich-Konflikt darstellt, werden individuelle Gesinnungsleistungen nicht gerecht. Weder scheint in ihnen das wirkliche Bewußtsein der Arm-Reich-Diskrepanz vorhanden, noch werden wirksame Möglichkeiten sichtbar, die Diskrepanzverschärfung gegenzusteuern. Caritative Notlösungen mit zweifellos gutwilliger Erfolgsgesinnung erweisen sich nach wie vor als wirkungslose Konfliktstrategien. Insofern sie effektive ethische Strategien unter Umständen blockieren, werden sie, sicher meist ungewollt, selbst zu unethischen Ersatzhandlungen.
Zwar werden immer wieder Versuche unternommen, durch Verallgemeinerung individualethischer Handlungsnormen appellativ auftretender Konfliktverschärfung entgegenzutreten. Doch entweder erweisen sich diese Appelle ohnehin als schwach kaschierte machtpolitische Eigeninteressen, oder sie gründen in einem zweifachen Irrtum.
Einmal wird davon ausgegangen, daß durch einen notwendigerweise formalen, allgemeinen Gesinnungsappell rettendes Handeln erreicht werden könnte, ohne auch nur ansatzweise materiale Angaben vorlegen zu können, welches konkrete Tun sittlich verantwortet werden könnte; zum anderen wird davon ausgegangen, daß eine Gemeinschaft dann sittlich verantwortlich handelt, wenn die einzelnen dieser Gemeinschaft mit bestem Wissen und Gewissen handeln würden, ohne daß die Qualität dieses Wissens selbst und des Gewissens in Beziehung gebracht würde zu den Möglichkeiten einer Gemeinschaft gegenüber den Möglichkeiten summierter Einzelner. Selbst wenn erreicht werden könnte, daß ein Appell von sämtlichen handelnden Einzelpersonen positiv akzeptiert würde, wäre damit keinesfalls eine Automatik zwischen individuell gutem und kollektiv gutem sittlichen, und damit richtigem Handeln zweifelsfrei und wie selbstverständlich zu unterstellen.

3.2 Kollektiv statt Individuum?

Das individual-ethische Verhalten wird in der Tradition einer Gesinnungsethik in der Regel nur subjektbezogen — in bezug auf das handelnde Subjekt — beurteilt. Kollektiv-ethisches Verhalten, auch wenn es sich aus einer Summe von individual-personalen sittlichen Entscheidungen zusammensetzt, ist in jedem Fall objektbezogen — in bezug auf das erreichbare/erreichte Handlungsziel zu beurteilen. Die gegenwärtigen Auswirkungen kollektiv verantworteter technischer, militärischer, zivilisatorischer, kultureller oder wirtschaftlicher Projekte liegen nicht mehr 'jenseits von Gut und Bös'. Die schwierige Unberechenbarkeit möglicher Auswirkungen von Handlungen, initiiert von einem Handlungskollektiv, etwa der 'EWG', der 'Weltbank', dem 'Bundesministerium für wirtschaftliche Zusammenarbeit', etc. verschleiert oft die ethische Relevanz dieser Handlungen. Selbst nachgewiesene initiativ gute individuelle oder kollektive Handlungsabsichten können die katastrophalen Resultate bestimmter Handlungen nicht unberücksichtigt ethisch rechtfertigen. Werden aber bei der Schuldfrage etwa weltweit verursachter Armut und bei der Ursachenfrage verschulde-

ter Armut nicht durch undifferenzierten Gebrauch von Begriffen wie Schuld und Unrecht, die Frage nach den Gründen eingetretener Armut von vornherein auf eine Ebene verdrängt, die weder Schuld tilgen kann, noch Unrecht beseitigen?
Genauso muß die Schuldzuweisung unterschieden werden von der ethischen Qualität einer durch eine menschliche Handlung objektiv eingetretene neue Situation. "Schuld setzt ja Unrechtsbewußtsein voraus. Aber eben wegen der Differenz von Unrecht und Schuld impliziert Fehlen von Schuld umgekehrt keineswegs Rechtmäßigkeit des Handelns."[3]
Solange noch Handlungsfolgen wie selbstverständlich bei Handlungsvorhaben überschaut werden konnten und wie selbstverständlich in die ethische Bewertung des zu Tuenden eingingen, konnten der leitende gute Wille die moralische Integrität einer Handlung gewährleisten.
Da sich heute Handlungsfolgen oft erst im Vollzug der Handlung vorhersehen lassen, ist ein handlungsbegleitendes reflexives und prospektives Bewußtsein, eine con-scientia als ethisch bewußtes Begleitwissen mit andauernder Bereitschaft zur Handlungskorrektur gefordert. Gesinnungsethik muß sich zu einer Gewissensethik wandeln, als theoretische und praktische Vernunft versammelndes Wissen. Diese Ethik wäre reflexiv und prospektiv, berücksichtigt Handlungsinitiativen, Handlungsvollzug und Handlungsresultat und könnte die ethische Entscheidung des Handelnden gemäß der aktuellen Handlungseinsicht je neu korrigieren. Weil die Vernunft in ihrer Gesamtheit, theoretisch und praktisch, das alleinige Vermögen des Menschen ist, Rechenschaft über das Handeln abzulegen, ist nur eine Ethik, die dieses Vermögen in all seinen Möglichkeiten nutzt, eine verantwortliche Ethik. Eine Verantwortungsethik wird spätestens dann zum ethischen Muß individuellen und sozialkollektiven Handelns, wenn die Handlungsresultate trotz gutgesinnter Handlungsmotivation vermehrt Armut, Elend, Not, Unterentwicklung produzieren.
Primär gefordert ist von der Ethik daher: Abschied von der isolierten Gesinnungsethik und Begründung einer Verantwortungsethik auf der Basis radikalen theoretischen und praktischen Vernunftgebrauchs.

4 Neue Ethik und religiöse Haltung

4.1 Regionaler Glaube

Wenn derzeit weltweit überhaupt kollektiv und individuell gegen die Armut in der Welt mit ethisch-moralischem Anspruch gekämpft wird, dann geschieht dies meist in entweder ideologischen oder religiösen Imperativen, d.h. in Begründungen ethischen Verhaltens, auf weltanschaulicher Grundlage.
Die Abwendung vom wissenschaftlich-rationalistischen Denken instrumental-funktionaler Vernunft und die Hinwendung zu vor- oder postwissenschaftlicher Lebensführung scheint von verführerischer Attraktivität für engagierte Gläubige zu sein. Wenn aber die Glaubensvoraussetzung nicht

---

[3]Hösle, Vittorio, Eine unsittliche Sittlichkeit. Hegels Kritik an der indischen Kultur, in: Kuhlmann, Wolfgang (Hg.), Moralität und Sittlichkeit. Das Problem Hegels und die Diskursethik, Frankfurt 1986, S. 136 - 182, hier S. 167 und Fußnote 67, S. 182. Gesinnungsethik wurde durch Max Scheler und Max Weber zum Typusbegriff einer bestimmten Ethik, wie sie in der Neuzeit vor allem durch Immanuel Kant gefordert und auf ihre Möglichkeitsbedingungen hin untersucht wurde. Vgl. Scheler, Max, Der Formalismus in der Ethik und die materiale Wertethik, Werke (Bd. 7), Bern 1954; Weber, Max, Politik als Beruf, München 1919, bes. S. 56; Reiner, Hans, Gesinnungs- und Erfolgsethik, in: Archiv für Rechts- und Sozialphilosophie 40 (1953), S. 522 - 526.

für alle Menschen verpflichtend vorgeschrieben werden kann, sondern zur freien Entscheidung angeboten wird, dann können auch die verpflichtenden Konsequenzen einer Glaubensüberzeugung nicht für jene verbindlich sein, die nicht oder noch nicht die Glaubensüberzeugung akzeptieren. Die unmenschlichen Konsequenzen eines gegensätzlichen Moralverhaltens sind in fundamentalistischen Herrschaftssystemen zu beobachten und produzieren in der Regel neue Armutsregionen, die keineswegs nur materielle Armut umfassen. Ohnehin kommt dem dort geltenden Verpflichtungsgrund, gegen Armut aktiv zu werden, nur regionaler Charakter zu und ist an die Binnenstruktur eines Bekenntnisses als Obligat gebunden. Regionale Armutsbekämpfung kann sich theoretisch und praktisch nur schwer hüten vor einer Armutsstrategie auf Kosten außerregionaler Armutserzeugung bzw. oft nur um den Preis regionaler Immunisierung gegenüber globalen und in jeder Weise umfassenderen Verelendungsgründen. Armut als Elend verweist nicht nur etymologisch auf die Wurzeln jeglicher Armut im bislang Fremden. Für alle, welche die fundamentalen Voraussetzungen geltender Normen nicht anerkennen können, und denen die Wurzeln jeglicher materieller wie geistiger Armut fremd geblieben sind, können der Verbindlichkeitsanspruch und der konkret materiale Imperativ zur Armutsbekämpfung nicht verantwortlich akzeptiert werden.
Zweifellos könnte es die Aufgabe eines glaubensgebundenen Ethikwissenschaftlers sein, ein Handeln unter der Voraussetzung einer etwa von Christus gedeuteter Wirklichkeit zu postulieren und konkret inhaltlich zu beschreiben, unter welcher speziellen glaubensverbindlichen Rücksicht — fideistischer Reflexion — ein bestimmtes Handeln gut oder schlecht ist. Ein solcher Ethikwissenschaftler wäre ein innerkirchlicher Fachmann für glaubensmäßiges Weltverhalten. Die spezifische Herausforderung in der gegenwärtigen lebensweltlichen Armutsperiode verlangt jedoch auch von einem christlich engagierten Ethiker mehr.[4]

4.2 Universaler Glaube

Die globale ethische Armutssituation fordert zur Mitverantwortung jeden, der die Krisis der modernen Lebenswelt erkannt hat, weil Erkenntnis und Mitbetroffenheit nichts anderes sind als der gelebte theoretische und praktische Bezug eines zur Welt sich verhaltenden Vernunftwesens. Dieser Bezug gilt und vollzieht immer schon seinen theoretischen und praktischen Anspruch, weil humanes Weltverhalten selbst ein Teil der geschichtlich erfahrbaren Welt ist. Daher kann das Urteil der Vernunft — als Weltbezug immer auch ein Urteil über Weltbezug, nie neutral über die Welt als ganze oder die Welt in besonderen lebensweltlichen Ausformungen sprechen, ohne nicht auch über sich selbst mitzuurteilen. Die Stellung der Vernunft zur existierenden Armut ist immer auch ein Urteil der Vernunft über ihre eigene Armut. Das geschichtliche Elend der Vernunft selber dokumentiert sich in ihrem Urteilen über den Grund existierender Armut und über die Armut ihres geschichtlichen Vernunfturteiles.
So verbietet sich für jeden Ethikwissenschaftler der sektiererische und im Grunde ungeschichtliche Rückzug auf die eigene Kleingruppe und einen irrtümlich eingenommenen außergeschichtlichen Standpunkt. Ebenso verbietet sich ein neutral anmutender Rückzug auf fotografisch analytische Sachverhaltserfassung ethisch-praktischer Vorkommnisse. Beide wissenschaftlich sich dünkenden Verhaltensformen würden von vornherein das von Ethikern unter praktischer Rücksicht zu beurteilende humane Weltverhalten unwissenschaftlich einschränken. Der glaubensgebundene Ethiker schränkt sein Untersuchungsobjekt auf ethisches Verhalten glaubensspezifischer Normvorgaben ein,

---

[4]Vgl. dazu Kramer, Rudolf, Umgang mit der Armut. Eine sozialethische Analyse, (Sozialwissenschaftlicher Schriften, Heft 16), Berlin 1990.

der analytisch fixierte Ethiker grenzt sein Untersuchungsobjekt auf ein Verhalten ein, ohne das eigene analysierende Tun selbst als konstitutiven Teil ethisch relevanten Handelns zu erkennen. Nicht die Objekteinschränkung soll hier als ethisch-wissenschaftliches Verhalten inadäquat, also unethisch kritisiert werden, sondern der mit dieser Objektreduktion verbundene Absolutheitsanspruch, in der vorgenommenen Reduktion den eigentlichen, den fundamentalen Objektbereich ethischer Reflexion aufgedeckt bzw. entdeckt zu haben. Die Verarmungsstrategien gegenwärtiger Ethiktheorien auf fundamentalistischer und analytischer Grundlage tragen wenig dazu bei, die real existierende Armut ins Licht nachprüfbarer Wahrheitserkenntnis zu rücken, noch ethisch verantwortbare Handlungsprogramme zu entwickeln, Armut zu beheben bzw. zu reduzieren.

Das kritisierte Theoriedefizit erweist sich als wissenschaftliches Praxisdefizit. Diese Erkenntnis ist um so verwunderlicher, da nicht selten gängige Ethikkritik aus analytischer und fundamentalistischer Richtung auf eine Vernunft denunziatorisch verweisen, deren Selbstreduzierung auf instrumental-funktionales Weltverhalten als Ursache moderner Krisen angesehen werden.[5] Die Mitverantwortung eines glaubensgebundenen Ethikers an einer Lösung der gegenwärtigen globalen Krisen, denen eine Krise der Ethik zu Grunde liegt und die daher nur durch eine Lösung der Ethik-Krise fundamental behoben werden können, ist so fundamental wie die diagnostizierte Krise selbst.

Als glaubensgebundener Ethiker kann sich sein spezifischer Beitrag an der universalen Aufgabe darin anzeigen, daß er aufzuweisen versucht, inwiefern keineswegs nur oder gar nicht in erster Linie Glaubende von allgemeinen und verpflichtenden Ethiknormen betroffen sind, sondern auch rein säkulares Handeln allgemein verbindlichen Regeln unterliegt. Gläubig verantwortetes Tun unterliegt ja nicht zuerst oder gar exklusiv dank göttlicher Sanktionen verbindlich gewordenen Normen, so als müßte ein Christ sich einem schwereren und härteren, letztlich uneinsichtigem ethischen Normenjoch unterstellen und schließlich als einziger das Sittengesetz in all seinen empfundenen Belastungen auf sich nehmen. Warum also fordern Christen kein ihren Armutshilfswerken 'Misereor' oder 'Adveniat' gleichrangiges Hilfsprojekt seitens der 'Nicht-Christen'? Ein christlicher Ethiker müßte z.B. aufzeigen können, daß Sinn- und Wertfragen nicht erst entdeckbar sind im Rückzug auf religiöse Positionen, sondern daß sie in der allen Menschen gemeinsamen Erfüllens- und Wollensstruktur auftauchen und beantwortet werden können.[6] Die Fragen nach Sinn und Wert, Schlüsselfragen für jedes bewußt gewordene Handeln, zielt keineswegs auf gnostisch-fideistisches Vorauswissen und unterliegt auch nicht spezieller Arkandisziplin. Andererseits kommt auch der Vernunft kein Freibrief für Willkür zu. Die Vernunft muß sich um ihrer selbst willen an die Wahrheit halten. Daß diese Bestimmung zur Wahrheit eine Selbstbestimmung der Vernunft ist, verweist auf die ethische Qualität der Vernunft als Vermögen humanen Weltverhaltens in Wahrheit.

Die Treue zur Selbstverpflichtung ist konstitutiver Vollzug der Vernunft als Vernunft. Sinn und Wertfragen als fundamental verbindliche Voraussetzung einer universal verbindlichen Ethik sind keineswegs nur beantwortbar im Rückzug auf außerwissenschaftliche, d.h. auf im Glauben akzeptierte Faktizitäten.

---

[5] Zur Kritik an der Schwäche des Handlungsutilitarismus vgl. Hoerster, Norbert, Utilitaristische Ethik und Verallgemeinerung, München 1971, S. 21 - 24; vgl. auch die Auseinandersetzung um Utilitarismus, Funktionalismus, Wertutilitarismus bei Patzig, Günther, Ein Plädoyer für utilitaristische Grundsätze in der Ethik, in: ders., Ethik ohne Metaphysik, Göttingen 1971, S. 127 - 147; Lyons, David, Forms and Limits of Utilitarism, Oxford 1965.

[6] Vgl. dazu positiv: Schüller, Bruno, Die Begründung sittlicher Urteile: Typen ethischer Argumentation in der Moraltheologie, Düsseldorf ²1980 (¹1973) - negativ: Hans Küng ist nicht dieser Meinung "... es gibt kein allgemein verpflichtendes Ethos ohne die Voraussetzung von Religion." Küng, Hans, Ewiges Leben?, München ⁴1984 (¹1981), S. 198.

Das Spezifikum glaubenstypischer Faktizitäten wird verkannt, wenn es nur oder primär als material- oder formalethisch relevantes Phänomen gedeutet wird. Zumindest der christlichen Glaubensfaktizität kommt es zu, Vernunft als Vernunft zu wollen. Die Autonomie der Vernunft steht schon gar nicht im ethischen Vollzug konkurrierend zur Glaubensautonomie, sondern ist Vollzug christlicher Glaubensautonomie. Kritik ist eine Funktion des Glaubens selbst. Diese Funktion bindet ihn an die Vernunft. Die ethische Mitverantwortung der Christen an einer begründeten Handlungsnorm, um gegen die real existierenden Weltkrisen wirksam angehen zu können, vollzieht sich im Imperativ zu einer autonomen praktischen Vernunft. Auch der Christ, wie jeder Mensch, erfährt sich nicht als Herr über seine Vernunft, obwohl er nur mit dieser Vernunft Herr sein kann über sich. Das Vermögen dieser Selbstbestimmung ist selbst nicht verfügbar. Es verfügt seine, des Menschen, Bestimmung.

5 Ethik in autonomer Vernunft

Autonomie der Sittlichkeit als Handeln in Geschichte bedeutet, sich als Vernunftwesen selbst zu bestimmen und nicht durch Fremdbestimmung zu handeln. Wenn Autonomie konstitutiv zum sittlichen Handeln gehört, bedeutet heteronome Sittlichkeit einen inneren Widerspruch. Bestenfalls läßt sich von heteronomer Moral sprechen.[7] Der Begriff der Autonomie der Ethik hat unter Theologen nach wie vor einen schlechten Ruf. Kirchliche Verkündigungspraxis redet in der Regel einer heteronomen Moral das Wort.[8]
Der schlechte Ruf scheint den Theologen darin begründet zu sein, daß der letzte Grund sittlicher Verpflichtung im radikalen Anspruch Gottes nicht geleugnet werden könne, andererseits aber modernem Autonomiedenken sich in Konfrontation zu Gottesglauben und religiösen Bindungen oft mühsam erst durchsetzen mußte. Daß eine autonome Ethik notwendigerweise mit einem sittlichen Handeln aus Glaubensbindung in Konfrontation geredet werden müsse, wurde oft genug sowohl von modernen liberalen Ethikern wie von theologischen Ethikern gleich ursprünglich naiv unkritisch angenommen.[9] Die traditionelle Moraltheologie begründet sittliche Handlungsnormen durch Reduktion auf nicht weiter begründungsnotwendig erschienene Quellen. Als solche wurden undifferenziert sowohl das positive göttliche Gesetz, das Naturgesetz, schließlich auch das Kirchengesetz angenommen. Die Regelung situativ auftretender Entscheidungen gelang mit dem Rüstzeug neoscholastischer Kasuistik, differenziert entwickelt, seitdem die Moraltheologie sich aus dem Kontext

---

[7]Vgl. Bubner, Rüdiger, Moralität und Sittlichkeit - die Herkunft des Gegensatzes, in: Kuhlmann, Wolfgang (Hg.), Moralität und Sittlichkeit. Das Problem Hegels und die Diskursethik, Frankfurt am Main 1986, S. 64 - 85.
[8]Vgl. Guardini, Romano, Das Ende der Neuzeit, Würzburg 1950, S. 91f; Schmucker-Koch, Joseph F., Autonomie und Transzendenz, Mainz 1985.
[9]Wenn Gott ein autoritäres, eiferndes Wesen per definitionem ist, bleibt daneben kein Platz für einen eigenverantwortlichen Menschen. Vgl. dazu den Gottesbegriff bei Garaudy, Roger, Gott ist tot: das Problem, die Methode und das System Hegels, Frankfurt 1985; Fromm, Erich, Ihr werdet sein wie Gott, Reinbek 1980; Bloch, Ernst, Atheismus im Christentum. Zur Religion des Exodus und des Reichs, Frankfurt 1968. - Wenn Autonomie als Leugnung eines weltüberlegenen Gottes einschließt, dann ergibt sich aus dieser Voraussetzung die Forderung mancher Theologen nach einer radikalen Glaubensethik gegen modernen Autonomismus. Vgl. dazu Stöckle, Bernhard, Grenzen der autonomen Moral, München 1974; Ratzinger, Joseph, Glauben in der Welt von heute, in: ders., Einführung in das Christentum, München 1968, S. 17 - 53; ders., Politik und Erlösung. Zum Verhältnis von Glaube, Rationalität und Irrationalem in der sogenannten Theologie der Befreiung, Opladen 1986, S. 20 - 24.

einer Sacra Doctrina gelöst hatte[10]. Daß mit Hilfe einer derart degenerierten Ethik es nicht gelang, bereits die großen sozialen Krisen des 19. Jahrhunderts anders als appelativ zu lösen, hätte bereits hellhörig machen sollen für den Krisenfall des 20. Jahrhunderts und dessen global-sozialer Armutsstruktur. Auch für den heutigen Ethik-Dialog im Rahmen einer katholischen Theologie gilt, daß Gott der absolute Horizont personaler Verantwortung und letzter Gegebenheit sittlichen Handelns ist. Was heißt aber sittliches Tun im Angesicht Gottes und konfrontiert mit der realen menschenunwürdigen persönlichen und strukturellen Armut? Was bedeutet sittliches Handeln, wenn diese Armut gesehen wird im Licht einer in Christus geoffenbarten Wahrheit?[11]
Verantwortliches Tun kann jedesfalls nichts anderes heißen als Tun aus Freiheit. Bedeutet dann Handeln im Lichte christlicher Wahrheit Ermutigung zu einem Handeln aus Freiheit? Nur in und aus Freiheit, also in der Freiheit eines vernunftgeleiteten Handlungsvermögens kann der Mensch verantwortlich gemacht werden, und nur dann kann er Antwort geben auf die Gründe und die Entscheidungsmöglichkeiten, die einem sittlichen Handeln logisch vorausliegen. Wenn Gottes Anspruch in Wahrheit Verantwortung nicht tilgt, sondern herausfordert, dann löscht er die autonome Verantwortung nicht aus, sondern fordert diese Verantwortung in absoluter Verpflichtung. Dort, wo Moraltheologie noch theologisch eingebunden war in eine Dogmatik des Schöpfungsglaubens und Erlösungsglaubens, konnte sie nie der sittlichen Autonomie des Menschen widersprechen. Glaubensangebote appellieren an die menschliche Verantwortung, postulieren menschliche Freiheit[12].
Die Anerkennung einer autonomen Ethik und die Ablehnung heteronomer Begründung für sittliche Normen bedeutet, daß eine Ethik mit gruppenspezifischen Begründungsvoraussetzungen nicht den Anspruch universeller Verbindlichkeit und Einsichtigkeit erheben kann. Die Berufung auf eine Enzyklika, ein Schriftwort, einen Koranvers, einen Synodenbeschluß, ein bestimmtes Gottesbild oder eine Weltanschauung kann keine allgemeine Verbindlichkeit herleiten. Ein Begründungsversuch scheint nur dort erfolgreich, wo Handelnde, noch vor jeder willentlich wissenden, d.h. selbst erst wieder normierbaren Entscheidungsfindung, übereinstimmen. Dies scheint nur in den Subjektbedingungen normierender wissender Entscheidung gefunden werden zu können: in der prävoluntativen und präkognitiven Faktizität der Vernunft als dem subjektgebundenen Vermögen leibhaftig bewußtem Weltverhalten. Wenn es dem Christen daher um ein wirksames, begründetes, weil zu verantwortendes Handeln gegen die menschenunwürdige Armut real existierend geht, dann verweist ihn seine spezifisch christliche Handlungsreflexion auf seinen verantwortlichen Beitrag zum modernen ethischen Autonomiediskurs.

---

[10] Vgl. näheres dazu: Ruf, Ambrosius Karl, Entstehung und Verbindlichkeit sittlicher Normen, in: Auer, Alfons (Hg.), Normen im Konflikt, Freiburg 1977, S. 83 - 101.
[11] Vgl. dazu Kramer, Rolf, S. 111 - 115. (siehe Anmerkung 4)
[12] Vgl. Welker, Michael, Der Vorgang der Autonomie: Philosophische Beiträge zur Einsicht in theologische Rezeption und Kritik, Neukirchen 1975.

Georg Meggle (Saarbrücken)

Gemeinsamer Glaube und Gemeinsames Wissen

1. Überzeugungen sind stets Überzeugungen einer bestimmten Person. Dennoch kann man auch von gemeinsamen Überzeugungen verschiedener Personen sprechen bzw. davon, daß ein und dieselbe Überzeugung von verschiedenen Personen geteilt wird. Dann ist aber von den von jeder dieser Personen für sich *geglaubten Sachverhalten* als dem jeweiligen *Inhalt* ihrer Überzeugungen die Rede, nicht (nur) von den *Sachverhalten des Überzeugtseins* der betreffenden Personen - also z.B. von dem sowohl von X als auch von Y für wahr gehaltenen Sachverhalt A, und nicht von den Sachverhalten, daß X bzw. Y glaubt, daß A (symbolisch: $G(X,A)$ bzw. $G(Y,A)$). Entsprechendes gilt für ein gemeinsames Wissen. Daß X und Y gewisse gemeinsame Überzeugungen bzw. ein gemeinsames Wissen haben, heißt also nichts anderes als: Für gewisse Sachverhalte A gilt, daß A Inhalt der durch $G(X,A)$ und $G(Y,A)$ ausgedrückten (richtigen) Überzeugungen ist.

Engere Begriffe des *Gemeinsamen Glaubens und Wissens*, daß A, erhalten wir, wenn wir nicht nur fordern, daß (1) jeder (aus der betreffenden Bezugsgruppe bzw. Population P) glaubt bzw. weiß, daß A; sondern auch noch, daß (2) jedem (aus P) bekannt ist, daß (1); daß (3) auch (2) jedem bekannt ist, usw.

Solche interpersonellen Glaubens- bzw. Wissensbegriffe spielen bei einer jeden Untersuchung von *Sozialen Tatsachen* eine wesentliche Rolle. Das hat einen ganz einfachen Grund: Soziale Tatsachen (bzgl. P) werden erst und gerade dadurch zu solchen, daß sie (in P) Gemeinsam für wahr gehalten werden. Geben wir einen Gemeinsamen Glauben in P, daß A, symbolisch durch $GG(P,A)$ wieder, so kann man also sagen:

A ist eine Soziale Tatsache bzgl. P := A_P <-> $GG(P,A)$

Etwas salopp ausgedrückt: Soziale Tatsachen sind solche, bzgl. derer eine Konsensustheorie der Wahrheit im Recht wäre.

Trotz ihrer Relevanz finden Gemeinsame Glaubens- und Wissens-Begriffe erst seit relativ kurzer Zeit gebührend Beachtung. Auch in der neueren Literatur bleibt jedoch die logische Struktur dieser Begriffe weitgehend ungeklärt. Dieses Manko sollen die nachfolgenden Vorschläge beheben helfen.[1]

---

[1] Zu diesen Vorschlägen ausführlicher Meggle (i.V.); im Anhang finden sich dort auch die Beweise für alle hier formulierten interpersonellen Glaubens-Theoreme. Zu den hier verwendeten *symbolischen Zeichen*: Es stehen ¬, &, v, >, <> und x für die Negation, Konjunktion, Adjunktion, Implikation, Äquivalenz und Allquantifikation. Für analytische Folgerungen, Äquivalenzen bzw. Unverträglichkeiten: ->, <-> bzw. >-<. Zu beachten ist ferner: Um zu markieren, daß es zu den hier explizierten Phänomenen (Sozialen Tatsachen) des Gemeinsamen bzw. Wechselseitigen Glaubens und Wissens keine direkt entsprechenden umgangssprachlichen Termini gibt, schreibe ich die *künstlichen Termini* für solche Sozialen Tatsachen groß.

2. Meine Vorschläge halten sich freilich in sehr engen Grenzen: Der verwendete Glaubensbegriff ist der stärkstmögliche. Und zwar in zweierlei Hinsicht: $G(X,A)$ steht i.f. für den sogen. *starken Glauben*, also für feste Überzeugungen im Unterschied etwa zu bloßen Vermutungen. Und der so ausgedrückte Glaube ist ein stark *rationaler*. D.h., es gelten für ihn die folgenden Gesetze:

RG: $A \vdash G(X,A)$
G1: $G(X, A > B) > (G(X,A) > G(X,B))$
G2: $G(X,A) > \neg G(X, \neg A)$
G3: $\bigwedge x(G(X,F(x))) > G(X, \bigwedge x(F(x)))$
G4: $G(X,A) > G(X,G(X,A))$
G5: $\neg G(X,A) > G(X, \neg G(X,A))$

Setzen wir $W(X,A) := G(X,A) \& A$ (m.a.W.: X weiß, daß A gdw. X mit seiner Überzeugung, daß A, recht hat), so gelten für ein Wissen genau die entsprechenden Grundgesetze - mit G5 als einziger Ausnahme. So viel zur Basis. (Mehr zu dieser in Kutschera (1976) und Lenzen (1980).)

3. Interpersonelle Glaubensverhältnisse sind der Kitt, der unsere ganzen sozialen Beziehungen zusammenhält. Trotzdem kommt, sobald es um die Klarlegung solcher Verhältnisse geht, unser intuitiver Umgangssprachenverstand unglaublich rasch ins Schleudern. Nämlich schon bei den allerersten Schrittchen.

Testen Sie sich selbst! Meinetwegen auf der simpelsten aller möglichen Interpersonalitäts-Ebenen, auf der es (i) nur um 2 Personen und (ii) auch nur darum geht, ob die eine glaubt, daß die andere etwas glaubt - oder auch nicht. Vergleichen Sie nun die folgenden Sachverhalte:

(1) $G(X,G(Y,A))$ (5) $G(X,G(Y,\neg A))$
(2) $G(X, \neg G(Y, \neg A))$ (6) $G(X, \neg G(Y,A))$
(3) $\neg G(X, \neg G(Y,A))$ (7) $\neg G(X, \neg G(Y, \neg A))$
(4) $\neg G(X,G(Y, \neg A))$ (8) $\neg G(X,G(Y,A))$

Blicken Sie durch? Nun, durch die logische Brille gesehen sähen die Glaubensverhältnisse einfach so aus: (Der Folgerungspfeil ist bekannt; und $A \mathrel{>\mkern-5mu<} B$ stehe für: A ist mit B unverträglich.)

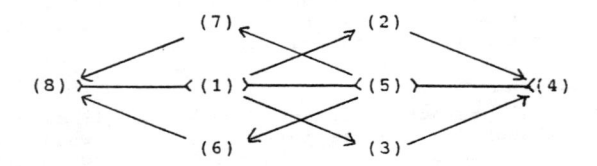

$$
\begin{array}{c}
(7) \qquad (2) \\
(8) \mathrel{>\mkern-5mu<} (1) \mathrel{>\mkern-5mu<} (5) \mathrel{>\mkern-5mu<} (4) \\
(6) \qquad (3)
\end{array}
$$

4. Beim Gemeinsamen Glauben auch nur von 2 Personen geht es nicht nur darum, was die eine von der anderen glaubt, sondern darum, was beide über einander glauben. Für den 2-Personen-Fall könnte man also (z.B. mit Schiffer (1989)) einen Gemeinsamen Glauben so einführen:

1.Stufe: $G(X,A)\ \&\ G(Y,A)$
2.Stufe: $(1.Stufe)\ \&\ G(X,G(Y,A))\ \&\ G(Y,G(X,A))$
3.Stufe: $(2.Stufe)\ \&\ G(X,G(Y,G(X,A)))\ \&\ G(Y,G(X,G(Y,A)))$
usw.

5. Allgemeiner, d.h. für jede beliebige Population P – wobei wir für a gehört zu P (bzw. a ist Mitglied von P) kurz $a\epsilon P$ schreiben:

D1.a: $GG_1(P,A) := \bigwedge x(x\epsilon P \supset G(x,A))$
Es ist gemeinsamer Glaube 1.Stufe in P, daß A, gdw. jedes Mitglied von P glaubt, daß A

D1.b: $GG_{n+1}(P,A) := GG_1(P,GG_n(P,A))$
Es ist gemeinsamer Glaube n+1-ter Stufe in P, daß A, gdw. es gemeinsamer Glaube 1.Stufe in P ist, daß es gemeinsamer Glaube n-ter Stufe in P ist, daß A

D1.c: $GG(P,A) := \bigwedge n GG_n(P,A)$
Es ist Gemeinsamer Glaube in P, daß A, gdw. es in P auf allen Stufen gemeinsamer Glaube ist, daß A

Entsprechend ist ein Gemeinsames Wissen wie folgt zu bestimmen:

D2.a: $GW_1(P,A) := \bigwedge x(x\epsilon P \supset W(x,A))$
D2.b: $GW_{n+1}(P,A) := GW_1(P,GW_n(P,A))$
D2.c: $GW(P,A) := \bigwedge n GW_n(P,A)$

In direkter Analogie zur (in 2) oben gegebenen Erklärung eines Wissens als einer richtigen Überzeugung gilt somit:

(GW) $GW(P,A) \leftrightarrow GG(P,A)\ \&\ A$
Es ist Gemeinsames Wissen in P, daß A, gdw. es in P Gemeinsamer Glaube ist, daß A, und A tatsächlich der Fall ist

6. Es gibt zwischen diesen Begriffen des Gemeinsamen Glaubens und Wissens einerseits und dem Basisbegriff des (jeweils auf eine einzige Person bezogenen) einfachen Glaubens andererseits eine Reihe von interessanten Entsprechungen, die das Operieren mit diesen interpersonellen Glaubensbegriffen sehr vereinfachen.

Am wichtigsten: Für den Gemeinsamen Glauben und das Gemeinsame Wissen gelten genau die analogen Gesetze wie für den Begriff des Glaubens selbst – bis auf die Analogie zu G5. Für GG also (dito dann auch für GW anstelle von GG):

RGG: $A \vdash GG(P,A)$
GG1: $GG(P,A \supset B) \supset (GG(P,A) \supset GG(P,B))$
GG2: $GG(P,A) \supset \neg GG(P,\neg A)$
GG3: $\bigwedge x(GG(P,F(x))) \supset GG(P,\bigwedge x F(x))$
GG4: $GG(P,A) \supset GG(P,GG(P,A))$

Insbesondere gilt daher auch: Ist ein G-Theorem allein mit Hilfe der Gesetze G1 bis G4 und der Regel RG beweisbar, dann sind auch die analogen GG- bzw. GW-Sätze entsprechend beweisbar.

So gelten zum Beispiel parallel zu den einfachen Glaubens-Theoremen

T.1: $A > B \vdash G(X,A) > G(X,B)$
T.2: $G(X,A) \& G(X,B) > G(X,A \& B)$
T.3: $G(X,A <> B) > (G(X,A) <> G(X,B))$

auch die folgenden GG- bzw. GW-Theoreme:

T.G1: $A > B \vdash GG(P,A) > GG(P,B)$
T.G1*: $A > B \vdash GW(P,A) > GW(P,B)$
T.G2: $GG(P,A) \& GG(P,B) > GG(P,A \& B)$
T.G2*: $GW(P,A) \& GW(P,B) > GW(P,A \& B)$
T.G3: $GG(P,A <> B) > (GG(P,A) <> GG(P,B))$
T.G3*: $GW(P,A <> B) > (GW(P,A) <> GW(P,B))$

Und wie für die Zusammenhänge zwischen einfachem Glauben und Wissen u.a. die Sätze gelten

T.4: $G(X,A) > W(X,G(X,A))$
T.5: $G(X,A) > G(X,W(X,A))$
T.6: $W(X,A) > G(X,W(X,A))$

so auch:

T.G4: $GG(P,A) > GW(P,GG(P,A))$
T.G5: $GG(P,A) > GG(P,GW(P,A))$
T.G6: $GW(P,A) > GG(P,GW(P,A))$

Wohingegen die Entsprechung zu dem (das Gesetz G5 voraussetzenden) Gesetz

T.7: $\neg G(X,A) > W(X, \neg G(X,A))$

d.h. also

(*) $\neg GG(P,a) > GW(P, \neg GG(P,A))$

nicht gilt. ($\neg GG(P,A)$ gilt bei $P=\{a,b\}$ z.B. schon dann, wenn $\neg G(a,A)$; daraus aber keineswegs $G(b, \neg G(a,b))$; a fortiori also auch nicht $GW(P, \neg GG(P,A))$.)

7. Nebenbei: In direkter Entsprechung zu dem einfachen Gesetz

T.0: $G(X,A) <-> G(X,G(X,A))$

gilt auch:

T.G0: $GG(P,A) <-> GG(P,GG(P,A))$

Ein Gemeinsamer Glaube in P ist also ein Musterbeispiel einer (in 1 oben) sogenannten Sozialen Tatsache bzgl. P. (Wie ein einfacher Glaube von X ein Musterbeispiel für eine, wie man analog definieren könnte, strikt *Subjektive Tatsache* bzgl. des Subjekts X abgibt. Ax strikt subjektiv $:= Ax <-> G(X,A)$.)

8. Zu unterscheiden ist auch beim Gemeinsamen Glauben (analog wie beim einfachen Glauben) im Sinne einer Spezialisierung der üblichen *de re* vs. *de dicto* Unterscheidung zwischen einer *Allgemeinheit in sensu composito* vs. einer *Allgemeinheit in sensu diviso*. Einem ersteren Gemeinsamen Glauben entspricht (i), einem letzteren (ii):

(i) $GG(P,\Lambda x(B(x) > F(x)))$
      Es ist Gemeinsamer Glaube in P, daß alle B-Dinge auch F-Dinge sind

(ii) $\Lambda x(B(x) > GG(P,F(x)))$
      Es ist in P von allen B-Dingen Gemeinsamer Glaube, daß sie auch F-Dinge sind

Genauer also: (i) bzw. (ii) drücken einen Gemeinsamen Glauben aus, der *bezüglich der B-Eigenschaft* allgemein in sensu composito bzw. in sensu diviso ist.

Äquivalent wären (i) und (ii) unter der Voraussetzung, daß auch gilt:

(iii) $\Lambda x(B(x) > GG(P,B(x))) \& \Lambda x(\neg B(x) > GG(P,\neg B(x)))$
      d.h.; $\Lambda x(GW(P,B(x)) \vee GW(P,\neg B(x)))$
      Es ist Gemeinsames Wissen in P, welche Dinge B-Dinge sind und welche nicht

Was die (Eigenschaft der) Zugehörigkeit zur Gruppe P selbst angeht, so ist ein jeder der bisher eingeführten GG_n-Begriffe allgemein in sensu composito - wie schon dessen 2.Stufe zeigt. Denn $GG_2(P,A)$ besagt dasselbe wie

(a) $\Lambda x(x\varepsilon P > G(x,\Lambda y(y\varepsilon P > G(y,A))))$
      i.e.: $GG_1(P,\Lambda y(y\varepsilon P > G(y,A)))$
      Jeder aus P glaubt, daß jeder aus P glaubt, daß A

wohingegen ein bezüglich der P-Zugehörigkeit entsprechender in sensu diviso allgemeiner gemeinsamer Glaube so auszudrücken wäre:

(b) $\Lambda x \Lambda y(x\varepsilon P \& y\varepsilon P > G(x,G(y,A)))$
      i.e.: $\Lambda y(y\varepsilon P > GG_1(P,G(y,A)))$
      Jeder aus P glaubt von jedem aus P, daß er glaubt, daß A

(a) und (b) wären äquivalent, falls

(c) $\Lambda x(GW_1(P,x\varepsilon P) \vee GW_1(P,\neg (x\varepsilon P)))$
      Jeder aus P weiß, wer zu P gehört und wer nicht

Analog gilt: Ein bezüglich der P-Zugehörigkeit in sensu composito allgemeiner Gemeinsamer Glaube ist mit dem entsprechenden in sensu diviso allgemeinen Gemeinsamen Glauben äquivalent, falls

(c*) $\Lambda x(GW(P,x\varepsilon P) \vee GW(P,\neg (x\varepsilon P)))$
      Es ist Gemeinsames Wissen in P, wer zu P gehört und wer nicht

Sei P' eine Teilgruppe der Population P. Wann ist dann ein Gemeinsamer Glaube in P auch ein solcher in P'? Die Antwort: Falls es in P auch Gemeinsames Wissen ist, daß P' eine Teilgruppe von P ist.

9. Unser Tun und Lassen richtet sich oft nach dem, was unserer Überzeugung zufolge die anderen tun; und wir wissen, daß eben dies auch gilt für die anderen gilt. Auch sie richten sich oft nach dem, was ihren Überzeugungen zufolge wir tun und lassen werden. Dabei ist es allerdings so, daß wir auch wissen, daß die anderen mit ihren derartigen Überzeugungen gelegentlich nicht richtig liegen – in welchem Fall wir dann zwar ihre Überzeugungen kennen, diese aber nicht teilen. Von einem gemeinsamen Glauben (im oben präzisierten Sinne) kann daher nicht die Rede sein. Um einen solchen (gegenüber einem gemeinsamen Glauben schwächeren) interpersonellen Glauben geht es bei dem i.f. explizierten wechselseitigen Glauben. (Interpersonelle Glaubens- bzw. Wissensbegriffe im Sinne von D2 spielen zwar in der einschlägigen Literatur eine Rolle, wurden dort aber meiner Kenntnis nach bislang nicht explizit definiert. Man beachte, daß "mutual knowledge" und "common knowledge" von den meisten Autoren einfach als austauschbare Bezeichnungen für einen Gemeinsamen Glauben verwendet werden.)

D2.a: $WG_1(X,P,F(\hat{Y})) := G(X,\Lambda Y(Y\neq X \ \& \ Y\varepsilon P > F(Y)))$
Es ist von X aus gesehen in P wechselseitiger Glaube 1.Stufe, daß in P die Eigenschaft $F(\hat{Y})$ besteht, gdw. X glaubt, daß jeder andere aus P die Eigenschaft F hat

D2.b: $WG_{n+1}(X,P,F(\hat{Y})) := WG_1(X,P,WG_n(\hat{Y},P,F(\hat{Z})))$

D2.c: $WG(X,P,F(\hat{Y})) := \Lambda n WG_n(X,P,F(\hat{Y}))$

D2.d: $WG(P,F(\hat{Y})) := \Lambda X(X\varepsilon P > WG(X,P,F(\hat{Y})))$
Es ist Wechselseitiger Glaube in P, daß in P die Eigenschaft F besteht

Von diesen Begriffen ausgehend lassen sich dann wieder entsprechende Begriffe *wechselseitigen Wissens* als jeweils richtige wechselseitige Überzeugungen bestimmen.

Wiederum gibt es zu den Prinzipien des einfachen Glaubens interessante Entsprechungen:

RWG: $A \vdash WG(P,G(\hat{Y},A))$
WG1: $WG(P,F(\hat{Y}) > F^*(\hat{Y})) > WG(P,F(\hat{Y}) > F^*(\hat{Y}))$
WG2: $WG(P,F(\hat{Y})) > \neg WG(P,\neg F(\hat{Y}))$
WG3: $WG(P,F(\hat{Y})) > WG(P,WG(\hat{X},P,F(\hat{Y})))$

Und es gelten, wie schon für den Gemeinsamen Glauben, so auch für den Wechselseitigen Glauben wiederum die entsprechenden Parallel-Prinzipien zu den einfachen Glaubens-Theoremen **T1** – **T3** von § 6 oben.

10. Ein Wechselseitiger Glaube ist etwas Schwächeres als ein Gemeinsamer Glaube. Abschlußfrage daher: Wie (bzw. unter welchen Bedingungen) kommt man von einem Wechselseitigen Glauben zu einem Gemeinsamen Glauben und umgekehrt? Mit anderen Worten: Wie hängen Wechselseitiger und Gemeinsamer Glaube zusammen? Die Antwort lautet: Genau so:

T.G7: $WG(P,F(\hat{Y}))$ & $WG(P,G(\hat{Y},F(Y)))$ & $\Lambda X(X \varepsilon P > G(X,F(X)))$
<> $GG(P,\Lambda X(X \varepsilon P > F(X)))$

Literatur:

Bach, K., "Analytic Social Philosophy - Basic Concepts", in *J.Theory Soc.Behaviour* 5, 1975, 122-214.

Gilbert, M., *On Social Facts*, London, 1980.

Lewis, D., *Convention: A Philosophical Study*, Cambridge/Mass., 1969; dtsch. (Übersetzer: R.Posner und D.Wenzel): *Konventionen: Eine sprachphilosophische Abhandlung*, Berlin, 1975.

Kutschera, F.von, *Einführung in die intensionale Semantik*, Berlin, 1976.

Lenzen, W., *Glauben, Wissen und Wahrscheinlichkeit*, Wien - New York, 1980.

Meggle, G., "Schiffer-Epistemologie", in *Grazer Philosophische Studien* **10**, 1980, 91-103.

Meggle, G., *Handlungstheoretische Semantik*, i.V.

Schiffer, S., *Meaning*, Oxford, 1972.

Tuomela, R., *The Importance of Us: A Philosophical Study of Basic Social Notions*, Stanford University Press (im Erscheinen).

Julian Roberts

Konflikt, Fremde und Rationalität

a. Einleitung

Geschichte und Gegenwart Europas sind gezeichnet von kulturellen und religiösen Konflikten, die sich nur bedingt als wirtschaftliche Verteilungskämpfe begreifen lassen. Hierzu zählen sowohl die Kriege des 17. Jahrhunderts wie, in unserem Jahrhundert, die Schrecken der Naziherrschaft und der Auseinandersetzungen auf dem Balkan und in Irland. Die große Konfrontation zwischen Christentum und Islam bleibt nach wie vor ein entscheidendes Merkmal unserer Ära. In all diesen Fällen scheinen die Kontrahenten den Streit weniger als Instrument nutzenbezogenen Kalküls denn als wesensmäßiger Bestandteil des eigenen Selbstverständnisses zu begreifen.

Die Philosophie (worunter wir uns auf theoretisch verallgemeinerte Ansätze beschränken) bietet zwei gängige Antworten auf dieses Problem:

> i. der Konflikt ist eine Verirrung: im Streit drückt sich nichts aus, was dem Kern des Menschen zugehört; die Beziehungen der Menschen zueinander sind wesensmäßig strukturiert wenn nicht durch Liebe, so wenigstens durch Kooperation und Kommunikation (Kant, Habermas).

> ii. die Identität des Menschen ist essentiell bedingt durch kämpferische Konfrontation. Wenn der Mensch ein *zoon politikon* ist, so gründet dieses Politische allein auf der Aufteilung in miteinander befeindete Gruppen. 'Zivilisation' entsteht erst aufgrund dieser Urkonfrontation (Hobbes); und politische Identität läßt sich alleine durch Rückbesinnung auf solche Ursprünge herstellen (Carl Schmitt). In dem Sinne ist nicht Liebe sondern Feindschaft die strukturelle Bedingung menschlicher Koexistenz.

In folgender Darstellung problematisieren wir die Einstellung der Philosophie zur Konfliktlösung und verweisen auf die Möglichkeit einer *dritten* Auffassung, die den Gegensatz zwischen den beiden oben skizzierten Ansätzen überbrückt. Um diese These, die sich im Wesentlichen aus einem konstruktivistischen Normenbegriff ableitet, zu überprüfen möchten wir ein Symposium veranstalten.

b. Konflikt und Vernunft

Traditionell hat sich die Philosophie als Trostspender, als Konsolation, und als

Kontemplation verstanden. Nach dem Motto, 'Verstehen ist Vergeben' hat sie stets dorthin gewirkt, Konflikte zu schlichten. Konflikt wäre aus diesem Gesichtspunkt ein Irrtum, dessen Aufklärung sich die Philosophie als Aufgabe vornimmt. Der Weise betrachtet den Streit letztendlich nur als Störung.

Die Begründung dieser Auffassung läßt sich leicht nachvollziehen. Konflikt führt immer zu Verlust und Verschleiß - nicht nur im engeren Umfeld der Kämpfenden, sondern auch für Unbeteiligte und Unschuldige. Selbst wenn die gewinnende Partei am Ende sich ihres Sieges rühmen kann, ist der konfliktfreie Weg zu diesem Ergebnis vermutlich oft für alle vorteilhafter. Der Gewinner hätte möglicherweise materiell den gleichen Vorteil erringen können, ohne sich auf den Aufwand und das Risiko des Kampfes einlassen zu müssen; und der Verlierer hätte sich die Demütigung der Niederlage ersparen können. Die Rolle der Philosophie in einer solchen Situation wäre die Parteien davon zu überzeugen, daß der eine oder andere Ausgang vorgezeichnet und vernünftig sei, und daß es deshalb sinnlos sei sich dagegen aufzulehnen.

Die Nachteile einer solchen Auffassung für die Praxis sind jedoch auch nicht vom Tisch zu weisen. Solange sich die Konfliktparteien eines Besseren nicht belehren lassen, kann die Philosophie nichts zur Beilegung des Konflikts beitragen und muß sich auf die Rolle des klagenden Beobachters beschränken. Darüberhinaus wirkt die implizite Wertung des 'Philosophen' - nämlich, daß die Kontrahenten nur kämpfen, weil sie geblendet und uneinsichtig sind - eher irritierend.

Wir stellen uns als Ausgangspunkt zwei Fragen. Erstens: ist es richtig, daß Konflikte sich generell vor dem Hintergrund einer vorgezeichneten vernünftigen Lösung abspielen? - gibt es sozusagen immer eine wesensmäßige Normvorlage, an die es sich anzugleichen gilt?

Zweitens: kann die Philosophie, vielleicht entgegen ihrem traditionellen Rollenverständnis, den Konflikt selbst als Moment einer irgendwie gearteten Rationalität einbinden?

c. Status des Fremden

Die Einschätzung des Konflikts, wollen wir voraussetzen, dreht sich um die jeweilige Einschätzung des Status des Kontrahenten. Diesen wollen wir als *Fremden* bezeichnen. Hier ergeben sich grundsätzlich zwei Möglichkeiten.

i. Zum einen: Das absolut Fremde gibt es nicht. Alle Menschen sind prinzipiell gleich. Das heißt vor allem, daß ihre Interessen *vergleichbar*, kommensurabel und gegeneinander abwägbar sind. Die moderne Version dieser Einstellung wird durch die Kantische Moraltheorie geliefert (Rawls hat ihre im Augenblick gängige Formulierung erarbeitet). Demnach sind nur diejenigen Interessen moralisch erheblich, die sich generell jedem zuschreiben lassen. Dies bewirkt das Verallgemeinerungsprinzip des kategorischen Imperativs. Justiziabel sind sozusagen nur diejenigen Begehren, die sich von jedem beliebigen Menschen nachvollziehen lassen. Rationale Interessen sind solche, die sich ergeben, wenn jeder andere, der sich in die Position des Begehrenden hineinversetzt, sie auch unterstützen könnte. Das heißt: der Mensch ist das, worauf sich die anderen einigen könnten. Damit wird die Bestimmung des 'Fremden' gewissermaßen umgekehrt: jeder einzelne ist für alle anderen der 'Fremde', und sie entscheiden über seine Identität und seine Pflichten. Folglich ist prinzipiell jeder Konflikt a priori regelbar: konkrete Konflikte

entstehen nur solange, wie die Beteiligten darüber im Unklaren sind, welche Rechte ihnen die Allgemeinheit zugesteht.
    Diese erste Auffassung hat zwei Schwächen. Erstens läßt sich damit die Genesis der bürgerlichen Gesellschaft nur undeutlich vorstellen. Warum sollte ich mich den mir übergestülpten Normen der Allgemeinheit beugen? Dieser Frage widmet sich die Theorie der rationalen Wahl. Sie unterstellt nicht nur normativ, daß die Menschen gleich seien sondern auch, daß sie alle auf gleiche Weise Interessen entwickeln und zwar aufgrund des Eigennutzes. Hiermit wird Inhalt und Motivation in das sonst sehr kontemplative Normengerüst des kategorischen Imperativs gebracht. Problematisch ist jedoch, ob rationales Eigeninteresse ausreicht um zu erklären oder zu rechtfertigen, warum der Einzelne sich unter das gesellschaftliche Joch beugt (hierzu u.a. Gauthier).
    Die zweite Schwäche ist die geforderte Abstraktheit und Allgemeinheit der Grundsätze. Trotz des vorgeblichen Realismus seines Eigennutzprinzips trifft diese Schwäche trifft auch die Theorie der rationalen Wahl.[1] Der Eigennutz als Inhalt und Motivation ist einerseits sehr abstrakt, setzt aber andererseits ein stark einseitiges Bild menschlicher Motivation voraus. Er läßt sich zwar gut in Kalküle einbinden (besonders mit den Mitteln der Ökonomie: ökonomische Tätigkeit ist ein Kampf der Menschen um knappe Güter, der sich dank der Konkretheit der Güter sehr anschaulich darstellen läßt). Es ist aber offenbar, daß Menschen aus Motiven heraus handeln, sowohl guten wie auch schlechten, die nichts mit der Ökonomie im unmittelbaren Sinn zu tun haben (vgl. die Arbeiten von A. Sen).
    Als Reaktion hierauf hat der nordamerikanische Kommunitarismus auf den Historismus und auf hermeneutische Deutungsmuster zurückgegriffen. (Die bekanntesten Vertreter dieser Auffassung sind MacIntyre und Taylor. Entsprechendes läßt sich in seinen jüngeren Arbeiten sogar bei Rawls feststellen. In Europa erübrigt sich dieser Wandel: Habermas war zum Beispiel schon immer der hermeneutischen Tradition verpflichtet.) Der Grundgedanke hier ist: Gleichheit bestimmt zwar immer noch die Logik der innergemeinschaftlichen Auseinandersetzungen, aber die 'Lebenswelt' der jeweiligen Gemeinschaft ist jeder anderen gegenüber *nicht* mehr rational oder konstruktiv begründbar. Jede Gemeinschaft ist historisch gewachsen. Sie weist (so zumindest Habermas) in ihrer geschichtlichen Entwicklung eine allgemeine transformatorische Morphologie auf; aber die Etappen dieses Werdegangs bleiben in dem Sinne geschichtlich, daß es keinen absoluten, außergeschichtlichen Anfangspunkt geben kann.
    Das Problem mit jeglichem Kommunitarismus ist, daß er seine historischen 'Inhalte' um den Preis eines drohenden Relativismus erkauft. Jeder konsequente Ausdruck einer geschichtlichen Lebenswelt ist für sich und in sich begründet. Gegenüber anderen Lebenswelten besteht kein normativer Rahmen mehr. Damit ist der absoluten kulturellen Feindschaft nichts gegenüberzusetzen. (Habermas stärkt seinen Ansatz mit der absoluten, nicht kulturell gebundenen Normativität der 'kommunikativen Rationalität'. Es ist jedoch fraglich, ob die logisch-dialogischen Modelle, mit denen Habermas operiert, die von ihm gewünschte Normativität ergeben - vgl. Roberts 1992, Kap. 5.)

---

[1] Für diesen Themenbereich vgl. auch Rawls, *Theorie der Gerechtigkeit*. Die Moralphilosophie beschäftigt sich einerseits mit dem, was *recht* ist, andererseits mit dem, was *gut* ist. Gut ist jede Befriedigung einer *rationalen* Begierde (§15). Deswegen eignen sich die rechnerischen Mitteln der 'Rational Choice'-Theorie für die Darstellung der Theorie der Gerechtigkeit (vgl. §3: 'Die Theorie der Gerechtigkeit ist ein Teil, vielleicht der bedeutsamste Teil, von der Theorie der rationalen Wahl').

ii. Es gibt eine zweite Einschätzung des Konflikts und des Verhältnisses zum Fremden. Diese besteht im wesentlichen in der Auffassung, daß die primären Grundlagen der Intersubjektivität konfliktual sind, und daß Kalküle mit stabilen Elementen - wie etwa 'rationalen Akteuren' und kommensurablen 'Präferenzen' - sich erst aus dieser Dynamik heraus ergeben.

Als Erklärungsgrundlage setzen wir einen Selbsterhaltungswillen. Es muß betont werden, daß der Selbsterhaltungswille nicht mit einem 'Lebenswillen' gleichzusetzen ist. Das Wesentliche ist nur, daß das wie auch immer verstandene *Selbst* erhalten bleiben soll - bis in den Tod hinein, wenn erforderlich. Auf dieser Ebene spielt der *Nutzen* also noch keine Rolle. (Philosophiegeschichtlich läßt sich dies verschiedentlich belegen: etwa bei Spinoza (conatus - *Ethica* III, 6ff); Schopenhauer (principium individuationis - *Die Welt als Wille und Vorstellung, passim*); Freud (der Todestrieb - *Jenseits des Lustprinzips*). Am wichtigsten für unsere Zwecke wären Hobbes ('desire of power' - 'I put for a generall inclination of all mankind, a perpetuall and restlesse desire of Power after power, that ceaseth onely in Death' - *Leviathan* Kap. xi) und Hegel (Begierde - *Phänomenologie des Geistes* B iv, 'Die Wahrheit der Gewißheit seiner Selbst').)

Der Selbsterhaltungswille artikuliert sich unter zwei Aspekten. Erstens beinhaltet er ein Moment der *Ausgrenzung*. Ich erhalte mich auf Kosten aller Anderen; notfalls zerstöre und vernichte ich sie (Hobbes: 'the way of one Competitor, to the attaining of his desire, is to kill, subdue, supplant, or repell the other'; Hegel: das 'einfache Ich' 'vernichtet den selbständigen Gegenstand'). Das erste Naturgesetz ist das Gesetz des Ansichreißens und des Ausschaltens der Konkurrenz.

Das zweite Moment widerspricht jedoch gewissermaßen dem ersten: es ist ein Moment der *Identifikation* (dieses 'rückläufige' Moment tritt auch in Freuds Erörterung klar hervor: das Ich grenzt sich zwar ab, aber letztlich nur deswegen, damit es *auf seine eigene Art sterben* kann). Der wesentliche Punkt ist, daß sich das Ich nur als das erkennen kann, was von den Anderen widerspiegelt wird. Dies ist also im Gegensatz zum reinen Wollen der ersten Artikulationsebene ein Drang zum Erkennen (Schopenhauer unterscheidet etwa das 'wollende' vom 'erkennenden' Teil unseres Wesens; *WaWV* II, §41). Das Ich braucht den Anderen, damit es überhaupt wissen kann, was seine existierende Identität *ist*. Mit der Terminologie Hegels kann man sagen: Begierde beinhaltet nicht nur einen Überlebenswillen, sondern auch den Willen zur *Anerkennung*. (Bei Hobbes ist der Übergang vom *bellum omnium contra omnes* des Naturzustandes zu den vertraglichen Naturgesetzen unvermittelt, psychologisierend und wenig überzeugend. Hegels Begriff der Anerkennung ist diesen 'Gesetzen' auf jeden Fall vorzuziehen. Zu Hegel und Hobbes vgl. auch die Arbeiten von L. Siep und A. Honneth.)

Diese Überlegungen sind nicht empirisch sondern transzendental und metalogisch zu verstehen. Als Erklärungsmuster entsprechen sie dem Prinzip der 'rationalen Wahl' mit seiner Unterstellung der eigennützigen Jagd auf knappe Güter; im Vergleich mit dem rationalen Eigennutz setzt jedoch das Prinzip der Begierde (wie wir mit Hobbes und Hegel sie nennen wollen) auf einer viel allgemeineren Ebene an. Für die Begierde gibt es nur ein 'Gut', nämlich die Selbsterhaltung, und nur eine 'Rationalität', nämlich die selbstidentifizierende Anerkennung (vgl. ferner Vossenkuhl, in Hollis und Vossenkuhl (Hg.) *Moralische Entscheidung und rationale Wahl* (1992)). Dies ist eine wesentlich schwächere Voraussetzung als der inhaltlich bereits weit ausgearbeitete Gedanke von einer *Wahl* zwischen *Gütern*.

d. Konflikt: Rekonstruktion der Debatte

Entsprechend erlauben wir uns das Prinzip Konflikt zu verallgemeinern. Die Argumentation hat drei Ebenen: Metalogik, Moraltheorie, und politisch-rechtliche Anwendung. Dazu führen wir skizzenhaft aus:

i. Metalogik. P. Lorenzen charakterisiert zwar seine `dialogische' Semantik für die logischen Konstanten als `Agon', verbindet jedoch diesen Begriff kaum adäquat mit der Struktur seiner Dialoge. Der eigentliche metalogische Sinn von Bezeichnungen wie `Proponent' und `Opponent' bleibt ungeklärt, sowie auch entsprechend die nötige Differenzierung zwischen ihrer beiden Rollen. Eine konsequente Durchführung des Gedankens des agonalen Konflikts erlaubt aber die Vervollständigung der Lorenzschen Interpretation (vgl. Roberts 1992, kap. 5). Im Ergebnis: wir erhalten eine überzeugende konstruktivistische Semantik für die elementare Logik. (Die von Hegel unternommene - allerdings sehr informelle - `Ableitung' der kantischen Verstandeskategorien in den ersten Abschnitten der *Phänomenologie* kann uns auch als Modell dienen; vgl. Roberts 1988, kap. 2.)

ii. Moraltheorie. Auf dieser Ebene kehren wir zu unseren Ausgangsüberlegungen zurück. Wollen wir den Fremden seiner Fremdheit durch die Maxime der allgemeinen Gleichheit berauben? oder wollen wir nicht eher voraussetzen, daß Fremdheit (die mir entgegengesetzte `Begierde') eine konstitutive Bedingung der Rationalität sei? Was ich vom Fremden brauche und was er von mir fordert, ist nicht oder nicht nur die gleichmäßig-`gerechte' Verteilung knapper Güter, sondern in erster Linie die Anerkennung. In diesem Sinne geht jeder Gerechtigkeit ein Kampf voraus. Die Anerkennung der Subjekte untereinander ist konfliktual und keine Sache der nutzenmaximierenden Teilung. (An dieser Stelle wäre auch die Hermeneutik vom sentimentalen Gedanken der Integration hinweg zu rekonstruieren; vgl. Vossenkuhl, `Jenseits des Vertrauten und Fremden', 1990; außerdem mein `Aesthetics of Conflict'.)

iii. Praktische Anwendung. Politik, wollen wir in Umkehrung des Clausewitzschen Satzes sagen, ist die Fortsetzung des Krieges mit anderen Mitteln. Das heißt selbstverständlich nicht den Krieg als Mittel der modernen Politik zu legitimieren. Im Gegenteil: es heißt den Konflikt als wesentliche und grundlegende Vorbedingung jeder Humanität und jedes Friedens zu erfassen. Der ausgegrenzte, verleugnete Konflikt schwelt weiter; der offen ausgetragene kann aber zu Anerkennung und dauerhaften politischen Strukturen führen.

Das dies ein praktisch verwertbarer Gedanke ist, zeigt sich an einer für die Entwicklung der westlichen Demokratien entscheidenden Stelle, nämlich im angelsächsischen Gerichtsverfahren. Im Zeitalter der gegenseitigen Angleichung der `westlichen Industriestaaten' werden die Eigenarten der gerichtlichen Verfahrensarten oft unterschlagen. Besonders in der europäischen Gemeinschaft nähern sich die materiellen Rechtssysteme immer mehr; die Unterschiede des formellen Rechts bleiben aber bestehen und verbergen sich hinter Bräuchen, deren ritualistische Oberfläche über den tiefen funktionellen Kern hinwegtäuscht. Diese Unterschiede sind aber von kaum zu überschätzender Bedeutung nicht nur für Rechtspraxis, sondern auch für die Begrifflichkeit der Moralphilosophie und für die ganze Metaphorik des Gedankens der Wahrheit.

(Einfluß und historische Tragweite der gerichtlichen Verfahrensregeln werden oft verkannt. Unter anderem liefern die englischen die Grundlage für die einflußreiche politische Theorie E. Burkes, die bei den Überlegungen Fichtes und Hegels eine wesentliche Rolle spielte, aber immer wieder als militanter 'Tory--Konservatismus' mißverstanden wird. Auf die Eigenarten der englischen Regeln im Gegensatz zu kontinentalen Systemen 'inquisitorischer' Herkunft machte in neuerer Zeit F. Maitland aufmerksam; seine Ausführungen prägen immer noch das Selbstverständnis der englischen Justiz.)

Grundzug der englischen Verfahrenstheorie ist eben das, was wir besprochen haben: das heißt, nicht der Gedanke, daß 'Wahrheit' und 'Gerechtigkeit' vom Gericht auszuteilen wären (hierfür fehlte u.A. eine plausible metaphysische Grundlage) sondern daß ein Kampf nach fairen Spielregeln stattfindet, und daß Wahrheit und Gerechtigkeit sich erst im Zuge dieses Kampfes dynamisch-agonal konstituieren. (Vgl. hierzu die angeführten Arbeiten.)

Roberts, J *German Philosophy. An Introduction* (Polity Press, Cambridge, und Humanities Press, Atlantic Highlands, NJ, 1988)
The Logic of Reflection (Yale University Press, London and New Haven, 1992)
'The Aesthetics of Conflict' (erscheint in *New Formations* 1993)

Kriterien sozialer Macht   Christiane Voss, Berlin

Thema des Vortrages ist der Begriff sozialer Macht als Kernbegriff intersubjektiver Verhältnisse, wie er insbesondere im Rahmen moderner poltikwissenschaftlicher und soziologischer Theorien analysiert wird. Kennzeichnend für diese Ansätze ist vor allem die Tatsache, daß soziale Macht nicht mehr als metaphysische Entität oder als Eigenschaft definiert wird, die man haben oder nicht haben kann, sondern als Charakteristikum intersubjektiven Handelns. Repräsentativ für diese Auffassung steht die Analyse Felix Oppenheims [1], dessen begriffliche Machtanalyse im Rahmen seiner Thematisierung sozialer Freiheit für die hier folgende Begriffsentwicklung als Grundlage dient. Unter Abziehung aller normativen Implikationen, deren Verallgemeinerung häufig zu falschen Machtkonzepten führt, wie z.B. zur Gleichsetzung von Macht mit Gewalt oder mit Herrschaft, geht es primär um eine Explikation immer schon bekannter Phänomene, die geeignet ist, eine begrifflich tragfähige Grundlage für normative Debatten über den Gegenstand zu schaffen. Angesichts der verschiedenartigsten Ausformungen sozialer Macht ist ein adäquater operationaler Machtbegriff nur dann gewonnen, wenn er geeignet ist, dieser Vielfalt im Rahmen intersubjektiver Beziehungen deskriptiv Rechnung zu tragen. Fokussiert wird hier insbesondere der Zusammenhang von Einfluß, Zwang, Kontrolle, Unfreiheit und Macht, die hier alle in einem nicht-evaluativen, sondern technischen Sinne aufgefaßt werden und über deren Abwesenheit Oppenheim seinen kompatibilistischen (und graduellen) Freiheitsbegriff definiert [2], auf den ich nur am Rande eingehen werde. Machtbeziehungen bezeichnen hier Relationen zwischen Akteuren und deren Handlungen, weshalb vom Handlungsbegriff als Basisbegriff ausgegangen werden muß. Handlung [3] im einfachsten Sinne, ist jedes Verhaltensereignis,

---

[1] Felix Oppenheim "Dimensions of Freedom", MacMillan 1961
[2] Kompatibel ist für Oppenheim Freiheit und (kausaler) Determinismus von Handlungen, worauf später noch zurückzukommen sein wird.
[3] Wobei unter "Akteure" nicht nur Individuen, sondern auch Parteien, Gruppen, Verbände etc. zu verstehen sind und unter "Handlungen" sowohl einzelne Akte, Handlungsreihen, wie auch Handlungstypen fallen. (Ein Beispiel für einen singulären Akt wäre das Weg-

dem eine bewußte oder unbewußte, absichtsvolle oder absichtslose Entscheidung und Wahl eines Akteurs vorangeht. Handlungen setzen prinzipiell Alternativen voraus und sind per definitionem voluntativ. Diese Voraussetzungen erfüllen auch alle habitualisierten Handlungen, da sie zumindest unbewußt motiviert sind und auch durch bewußte Entscheidungen unterlassen werden könnten. Unmotiviertes Verhalten wie eine Reflexreaktion z.B. fällt entsprechend nicht unter die Handlungskategorie. Unter den Handlungen allgemein bilden Machthandlungen eine spezifische Klasse, für deren Charakterisierung und Funktion wiederum zwei Kategorien genannt werden können, nämlich "Kontrolle" und "Unfreiheit". Kontrolle impliziert alle Arten von Beeinflussungen des Geistes (also: Haltungen, Positionen, Werteüberzeugungen, Urteile etc.), sowie alle Arten manipulativer Zwangs- und Unterdrückungsmaßnahmen, einschließlich körperlicher Gewaltanwendung und wirksamer Veränderung der Handlungsumgebung (z.B. Errichtung von Zäunen). Einfluß und Zwang zählen zu Kontrollhandlungen, die als solche immer schon erfolgreich sind, insofern sie als kausal determinierende Begriffe definiert werden. Sofern Kontrollhandlungen keine hinreichenden Gründe für die Reaktionshandlungen eines betroffenen Akteurs sind und diese also auch nicht verursachen, existiert auch keine Kontrolle. Da zu einer Machtrelation mindestens zwei Seiten gehören, nämlich Machtinhaber und Subjekt der Macht, muß entsprechend zwischen Machthandlungen und Machtausübung differenziert werden. Letzteres kann der Fall sein, ohne daß bewußt intendierte Kontrollhandlungen gegeben sein müssen. Soziale Unfreiheit, die der Effekt von Einfluß und Zwang ist, kann auch im Fall der Abwesenheit konkreter Machthandlungen zuschreibbar sein, z.B. wenn jemandes Handlungen durch legale Gesetze verboten sind. Parkverbote sind einfache Beispiele dafür, denn sie sind auch dann bindend, wenn kein Polizist aktuell für deren Einhaltung sorgt, also nicht unmittelbar Kontrolle ausübt. Eine eigene Kategorie unter den Machthandlungen bilden Strafen, die immer bewußt adressiert sind und

nehmen eines Apfels, während Diebstahl einen Handlungstypus beschreibt. Unter einer Handlungsreihe soll eine Aufeinanderfolge von singulären Akten verstanden werden, die aufeinanderfolgen, weil sie zu einem übergeordneten Ziel führen.)

eine Schuldzuweisung voraussetzen. Sind bestimmte Handlungen eines Akteurs unter Strafe gestellt, ist der betroffene Akteur gegenüber dem strafenden Akteur und mit bezug auf diese Handlungen unfrei zu nennen, und zwar unabhängig davon, ob er die Strafe in Kauf zu nehmen bereit ist oder nicht. Unfreiheit wird hier in einem technischen Sinne verstanden und bezeichnet die Situation eines Akteurs, dessen Handlungsspielraum objektiv eingeschränkt wird, und nicht seinen Gefühlszustand. Ein Akteur macht einen anderen Akteur unfrei, wenn er für diesen Handlungsalternativen blockiert, die ihm eigentlich frei stünden. Unabhängig davon, wie erstrebenswert eine Handlung für einen Akteur sein mag, bleibt er in jedem Fall unfrei x zu tun oder zu unterlassen, wenn x strafbar für ihn ist, oder er durch Zwang von Handlungen abgehalten wird. Während Abschreckungsmaßnahmen wie verbale Beeinflussung z.B. eher präventiv handlungsverhindernd wirken, setzen Zwangsanwendungen normalerweise bereits eine Handlungsentscheidung, und Strafen bereits vollzogene Handlungen (zumindest vermeintlich) eines Akteurs voraus. Die Anwendung von Strafe ist daher ein Indikator für nicht vorhandene Kontrolle, oder zumindest für Kontrollverlust. Unfrei ist ein Akteur immer nur mit bezug auf einen identifizierbaren anderen Akteur (oder Gruppe), nie a priori. Die Zuschreibung von sozialer Kontrolle und/oder Unfreiheit gelingt daher nur dann, wenn jeweils angebbar ist, zwischen welchen Akteuren konkret entsprechende Einfluß/Zwangsrelationen bestehen und nicht abstrakt [4]. Diese Einschränkung hat zur Folge, daß nicht alle Kausalitäten, die intersubjektives Verhalten prägen mögen, auch schon deshalb unter den Begriff sozialer Kontrolle oder Unfreiheit fallen. Eine Machthandlung ist vielmehr ein Unterbegriff von Kausalität und nicht schon damit gleichzusetzen. Das heißt konkret, in einer Situation, in der ein fallender Mensch jemanden mit sich zu Boden reißt, ist sein

---

[4] Eine mögliche Gegenposition scheint Foucault zu vertreten, der von einem irgendwie entsubjektivierten Machtbegriff ausgeht, für den weder Intentionen, noch Handlungen einzelner Akteure relevant sein sollen. Stattdessen stehen quasi-verselbständigte Systemstrukturen und Mechanismen im Mittelpunkt seiner Untersuchungen, die durch menschliche Handlungen nicht beeinflußt oder verändert werden können, obwohl sie durch solche zustande gekommen sind. Inwiefern es hier überhaupt noch um soziale Macht geht, bleibt allerdings fraglich.

Verhalten zwar kausal verantwortlich für die Reaktion des anderen Akteurs. Da aber weder dem Verhalten des Fallenden, noch dem mitgerissenen Akteur Alternativen zur Verfügung stehen, lassen sich Aktions- und Reaktionsverhalten nicht unter die Handlungskategorie subsumieren, wie sie hier eingeführt wurde, und d.h. es liegt weder eine Machthandlung, noch Machtausübung vor. Soziale Macht kann nun in Anlehnung an Oppenheim und auf der Basis des Gesagten folgendermaßen definiert werden: Ein Akteur hat Macht über einen anderen Akteur, wenn er Einfluß/Kontrolle über dessen Handlungen hat oder ausübt, bzw. ihn unfrei macht, in bestimmter Weise zu handeln, z.B. indem er Strafen verhängt 5. Trotz der Dominanz negativ konnotierter Begriffe fallen unter diese Definition nicht nur Fälle tyrannischer und "böser" Macht. Der Einfluß, den identifikatorische Vorbilder, oder auch geliebte Menschen ausüben, ist ebenso subsumierbar. Im Anschluß an diese Machtdefinition und ebenfalls unter Ausklammerung päjurativer Konnotationen, kann der weitere Bezugsbegriff sozialer Freiheit negativ definiert werden - als Absenz von Macht. Sofern soziale Freiheit und Macht nicht in einem absoluten Sinn aufgefaßt, sondern als graduelle und komparative Begriffe konzeptioniert werden, bietet sich die Möglichkeit, sie darüberhinaus als kompatibel zu betrachten - auch wenn sich das zunächst paradox anhören mag. Je mehr Macht ein Akteur über mich ausübt, desto weniger bin ich mit bezug auf diesen Akteur frei, und vice versa. Sofern keiner über meine Handlungen Macht ausübt, bin ich frei einfachhin, d.h. mit bezug auf alle anderen Akteure. Theoretisch wäre allerdings das völlige Fehlen von Macht, oder umgekehrt formuliert, die absolute soziale Freiheit nicht einmal wünschenswert, da dieser Zustand einer totalen Beziehungslosigkeit gleichkäme. Strenggenommen fallen unter die hier genannten Begriffe kausaler Kontrolle im weitesten Sinne nahezu sämtliche Kommunikationsakte. Wer z.B. den Sprechakt einer Frage vollzieht und damit eine Reaktionshandlung beim Adressaten

---

5 Quer durch die Reihe der Machthandlungen hindurch, unterscheidet Oppenheim deren jeweilige Potenzialität und Faktizität. So differenziert er zwischen "Macht-haben" und "Macht-ausüben", "Kontrolle-haben" und "Kontrolle-ausüben" etc. Macht zu haben bedeutet die Fähigkeit Macht auszuüben, zugleich aber auch die Möglichkeit zur Unterlassung von Machtausübung.

evoziert, nämlich eine Antwort zu geben, übt in dem hier beschriebenen Sinne von Kontrolle mindestens Einfluß aus. Daß das kontraintuitiv erscheint, liegt vor allem daran, daß wir gewohnt sind, Begriffe wie Kontrolle, Einfluß und Zwang nur in solch moralisch schwierigen Fällen zuzuschreiben, wo es konkret um Manipulation, Gehirnwäsche oder Unterdrückung geht. Solche normativen Vorurteile führen allerdings zu problematischen Bedeutungseinschränkungen von Macht, die hier vermieden werden sollen. Oppenheim betont m.E. zu Recht gegenüber traditionellen Positionen, daß auch Freiheit nicht per se das höchste Gut oder intrinsisch wünschenswert sei, sondern in einem technischen Sinn verstanden, zumeist nur als Mittel zur Realisierung anderer Zwecke gewünscht werde oder zumindest gleichrangig neben anderen Ziele stehe. Die hier betonte Gradualität von Freiheit und Macht bedeutet, nicht nur in deskriptiver, sondern auch in normativer Hinsicht sinnvoll Sätze äußern zu können wie: "X ist in gewisser Hinsicht freier und/oder mächtiger als Y". Kompatibel sind Macht und Freiheit in nahezu allen Relationen zwischen mindestens zwei Akteuren, auch dann, wenn ein Akteur einem anderen nur die minimale Wahl zwischen zwei Handlungen offenläßt und ihn mit bezug auf eine dritte Handlungsalternative, z.B. nicht zu wählen, unfrei macht. Zumindest mit bezug auf diese konkret gebotene Wahlmöglichkeit ist das Subjekt der Macht gegenüber seinem Machthaber frei, auch wenn er diese Freiheit nicht sonderlich schätzt. Grad und Wertigkeit von Macht und/oder Freiheit hängen von vielen kontextuell bedingten, unterschiedlichen und voneinader unabhängigen Aspekten, oder - in Oppenheimscher Terminologie - Dimensionen ab. Macht und Freiheit sind weder grundsätzlich positiv, noch grundsätzlich schlecht. Im Einzelfall kann nur unter der Perspektive jeweiliger Dimensionen gemessen werden, wer über wen wieviel Macht ausübt, bzw. wer von wem in welchem Grade abhängig ist oder frei. Maßstäblich relevant für relative Macht- oder Freiheitszuschreibungen sind: Fragen nach der Machtdomäne eines Akteurs, Anzahl der abhängigen Akteure, über die jemand Kontrolle und Macht hat oder ausüben kann, Art und Stellenwert der Handlungen, die jemand manipulieren kann, Sicherheit und Ausmaß verhängter Strafen, Grad der Beeinträchtigung, die diese Strafen zur Folge haben, etc. - um nur einige Dimensionen von Macht (oder Freiheit) zu nennen.

Ob Macht auf der Basis von Gewalt oder Konsens ausgeübt wird, charismatisch oder tyrannisch, im Sinne einer begrüßenswerten oder unangenehmen Freiheitseinschränkung, sind (wertende) Fragen des Einzelfalls, die keine grundsätzlich unterschiedlichen Definitionen erforderlich machen, wie einige traditionelle Machttheorien es nahelegen. Der einflußreichen Machtauffasung Max Webers zufolge wird Macht grundsätzlich an die Intentionalität eines Machthabers gekoppelt:" Macht bedeutet jede Chance, innerhalb einer sozialen Beziehung den eigenen Willen auch gegen Widerstand durchzusetzen, gleichviel worauf diese Chance beruht."6 Die Einseitigkeit dieser Auffassung zeigt sich unter anderem dann, wenn man Fälle kontraintuitiver Machtausübung ins Auge faßt, oder auch Fälle von Einfluß, von denen der mächtige Akteur selbst gar nichts weiß, so daß er auch keinen irgendwie gearteten "Willen" durchsetzen wollen kann. Für Subjekte der Macht gibt es verschiedene Motive, auf Machthandlungen zu reagieren: sie können darin bestehen, den Machtansprüchen eines Akteurs entsprechen zu wollen, aber auch umgekehrt, diesen zu trotzen oder sich zu wehren. Obwohl beide Reaktionen kausal durch die Machthandlungen eines Akteurs verursacht wären, kann nur im ersten positiven Fall der Unterwerfung (oder Entsprechung) von der "Durchsetzung eines Willens" sinnvoll die Rede sein. Was aber ist mit dem zweiten Fall 7 ? Verallgemeinerbar allein ist folgendes: In dem Maße, wie Machthandlungen immmer absichtsvoll bzw. bewußt intentional sind, "will" ein Akteur etwas, und d.h. ein Akteur setzt seinen Willen durch, wenn er eine Machthandlung vollzieht. Nur für **Machthandlungen** gilt, daß sie immer absichtsvoll und sogar bewußt intentional sind. Darüberhinaus aber existiert auch die Möglichkeit absichtsloser und sogar kontraintuitiver **Machtausübung**, die gerade nicht in der Durchsetzung eines Willens bestehen muß. Für die

4 Max Weber "Wirtschaft und Gesellschaft", Grundriß der verstehenden Soziologie 1964 Bdl Köln/Berlin
7 Interessant ist in diesem Kontext die juristische Handhabung von Notwehr, die eben prinzipiell als fremdverursachte Reaktionshandlung aufgefaßt wird und damit nicht in der Verantwortung des Handelnden liegt, bzw. grundsätzlich legitim ist.

Handlungsfolgen ist es zum Teil kontingent, ob Machthandlungen vorliegen (und d.h. zumindest für eine gesinnungsethische Position, daß es auch unverantwortete Macht gibt). Im Unterschied zu Machthandlungen gilt nur für die Reaktionshandlungen auf Macht, daß sie nicht in jedem Fall absichtsvoll sind, d.h. davon motiviert, den Machtansprüchen eines Akteurs entprechen oder Strafe vermeiden zu wollen. Es gibt habitualisierte Reaktionen auf Machthandlungen ebenso wie Reaktionen, die gar keinen Handlungscharakter mehr haben. Wenn z.B. ein Wärter eines Gefängnisses den Ausbruch eines Insassen vereitelt, indem er diesen zurück in die Zelle schubst, und dieser daraufhin in seiner Zelle verharrt, fiele das Verharren unter die Kategorie intentionslosen Verhaltens, da ihm keine Alternative offensteht, eine solche aber für Handlungen konstitutiv wäre. Wenn Macht aber, wie anfangs behauptet wurde, eine Relation zwischen Akteuren und deren Handlungen ist, liegt dann in einem solchen Fall überhaupt eine solche Relation vor? Ja, denn insofern der Wärter einen Ausbruchsversuch verhindert, übt er Macht über den Insassen aus und ist kausal verantwortlich für dessen Unfreiheit hinsichtlich der Realsierung seiner Absichten.

Langfristige Machtverhältnisse, so könnte man einwenden, legen doch aber die Vermutung nahe, daß es auch unbewußte Machthandlungen geben müsse - was hier bestritten wird. Wenn beide Seiten einer Machtrelation ihr Verhalten internalisieren, könnte doch auch auf beiden Seiten entsprechend positionsstabilisierendes Verhalten habitualisiert werden. Soziale Verbände wie Familien z.B. weisen massenhaft internalisierte Verhaltensmuster auf, die ihre Funktionsweise und Hierarchiebildung fundamentieren und sicherstellen. Für die adäquate Beschreibung eines solchen Falls scheint die Unterscheidung von Macht-haben und Macht-ausüben allerdings tragfähiger zu sein, als die Unterscheidung habitualisierter und bewußter Machthandlungen. Wo ein Akteur potentiell in der Lage ist Kontrolle oder Einfluß auszuüben, bzw. andere in bestimmter Hinsicht unfrei zu machen, hat er Macht und kann sie ausüben. Je größer die Macht eines Akteurs über einen anderen ist, desto weniger braucht er im Einzelfall kontrollierende Handlungen zu vollziehen. Ob Macht vorliegt kann im Einzel-

fall über folgende Frage getestet werden: Wenn Akteur A entscheiden würde, Einfluß oder Kontrolle über Akteur B auszuüben, wäre er erfolgreich?
Ein derart weitgefaßter relationaler und gradueller Machtbegriff erlaubt es, nicht nur von asymmetrischen Machtrelationen ausgehen zu müssen, wie es z.B. Positionen nahelegen, die Macht mit Herrschaft gleichsetzen. Nicht alle Machtrelationen sind von der Art wie die zwischen Herr und Knecht. Zwei Akteure können wechselseitig mit bezug auf unterschiedliche Handlungen Macht übereinander ausüben und teilweise sogar mit bezug auf dieselben Handlungen. In Vertragsverhältnissen z.B. achten beide Vertragspartner darauf, daß der andere die Konditionen nicht bricht und nach Vertragsabschluß die Verbindlichkeiten einhält. Dies sind Fälle symmetrischer Macht. Ein zweiter Vorteil liegt darin, daß nicht bereits im Vorfeld entschieden wird, ob und ab wann welche Macht problematisch oder illegitim ist. Die unterschiedlichen Dimensionen von Macht erlauben eine differenzierte Wertung, wenn die subjektiven Werteüberzeugungen der machtrelational zueinanderstehenden Akteure miteinbezogen werden. D.h. konkret, wenn ich unfrei bin, in ein Land zu reisen, weil ich kein Einreisevisum bekomme, ist diese Einschränkung mehr oder weniger oder auch gar nicht problematisch, je nachdem wie wichtig es für mich ist, eine solche Reise zu machen oder überhaupt reisen zu wollen. Ebenso kann man gegenüber Akteuren in bezug auf Handlungen unfrei sein, ohne es auch nur zu wissen oder ohne diesen Sachverhalt negativ einzuschätzen. Erst unter der Berücksichtigung objektiv situationaler Bedingungen und subjektiver Faktoren sind an sich wertneutrale Machtrelationen in ihrer Verschiedenheit adäquat analysierbar.

Ernest Wolf-Gazo

Cairo

Kann der amerikanische Pragmatismus Grundlage einer neuen Weltordnung sein?

Die Philosophie wird derzeit besonders durch die revolutionären Ereignisse in Rußland, Deutschland, im Balkan, in Somalia sowie durch den zweiten Golfkrieg herausgefordert. Diese Ereignisse können nicht einfach durch akademisches Philosophieren ignoriert werden, man muß sich ihnen stellen und sie als Herausforderung an den philosophischen Geist verstehen. Um dieser Herausforderung Genüge zu tun, werden wir uns die Frage stellen müssen: Inwiefern kann gerade der Pragmatismus amerikanischer Variante eine Antwort auf diese Herausforderung revolutionärer Ereignisse als "neue Weltordnung" anbieten? Reicht die Basis des amerikanischen Pragmatismus aus, um dieser neuen Weltordnung eine adäquate Interpretationsgrundlage zu geben?

Diese Fragestellungen sollen mit Hilfe der philosophischen Konzepte der Hauptrepräsentanten C.S. Peirce, Josiah Royce und John Dewey untersucht werden. Wir wollen uns daher zunächst auf die Begriffe der "Erfahrung" sowie des "Kontextes" menschlicher Erfahrung stürzen, in dem sich die klassische amerikanische Philosophie bewegt. Welche Konsequenzen wir daraus ziehen, soll zunächst dahingestellt sein.

Zuerst zum Kontext: Die klassische amerikanische Philosophie wurde durch die Rezeption vier verschiedener "National-Philosophien" im 18. und 19. Jahrhundert gekennzeichnet. Diese vier Philosophien zeigen geistige Eigenarten, die durch ihre jeweiligen Muttersprachen, d.i. Englisch, Französisch und Deutsch, zum Ausdruck kommen: der britische Empirismus (besonderen Einfluß in den amerikanischen Kolonien genossen Newton und Locke), der schottische "Common Sensism" (z.B. Hutchinson, A. Smith, T. Reid oder Dugald Stewart), die französische Form der Aufklärung (insbesondere die Enzyklopädisten, Voltaire oder Rousseau) und schließlich der deutsche Idealismus (zu betonen für die USA sind Kant, Fichte, Hegel und Schelling). Diese vier philosophischen Erträge Europas haben auf das Philosophieren der Nordamerikaner entsprechend gewirkt und die sog. "classic American philosophy" hervorgebracht. Seit den 50ziger Jahren haben insbesondere die "Technik-Philosophien" in der akademischen Philosophie der USA Erfolge zu verzeichnen, wir erwähnen hier den Positivismus des Wiener Kreises (besonders Carnap und Reichenbach) und die Analytische Philosophie durch Wittgenstein, Austin, Quine und Searle, deren Rezeption an amerikanischen Universitäten die klassische amerikanische Philosophie abgelöst hat. Doch seit den 80ziger Jahren haben sich philosophische Varianten des amerikanischen Pragmatismus überraschenderweise wieder gemeldet und die kritische Theorie (Adorno, Marcuse, Habermas), den Poststrukuralismus (besonders Foucault und Derrida), die Postmodernismen (Lyotard, Jencks) sowie Heidegger in einen "synkretistischen Pragmatismus", wie wir ihn nennen wollen, transformiert. Diese spezifische Transformation wurde durch Richard Rorty geleistet. Die Interpretation des amerikanischen Pragmatismus als Synkretismus stellt hier die Perspektive, in der über den legitimen Rahmen der neuen Weltordnung gesprochen wird.

    Dieser synkretistische Pragmatismus ist kein Zufallsergebnis. Er hat seine Wurzel in der kritischen Rezeption des klassischen britischen Empirismus. Diese kritische Rezeption, die besonders durch Peirce und Royce geleistet wurde, kommt einer Transformation des herkömmlichen Erfahrungsbegriffs gleich. Der klassische Begriff der Erfahrung wurde umgewandelt. Der Begriffsrahmen der 'Sensations' und 'Impressions', herausragende Begriffe der Deskription in den Arbeiten von Locke und Hume, wurde durch Peirce, Royce und Dewey gesprengt. Dadurch erhielt der amerikanische Pragmatismus ein Erfahrungsspektrum, das die Kategorie der Zukunft in Verbindung zum Prinzip menschlicher Freiheit beansprucht. Zukunft und Freiheit sind keine theoretischen Gespenster philosophischer akademischer Traktate, sondern Momente menschlicher Praxis innerhalb eines neuen erkenntnistheoretischen Entwurfs durch Peirce, Royce und Dewey. Von einer Rekonstruktion des klassischen empirischen Begriffs der Erfahrung zu sprechen, wäre zu zaghaft – von einer Umwälzung des Erfahrungbegriffs im Pragmatismus, ist eher angemessen. Worin besteht nun die Umwertung aller empirischen Erfahrungsbegriffe im amerikanischen Pragmatismus?

    Hegel hat einiges, aber nicht alles richtig gesehen, zumindest wenn es um Nordamerika geht. Wir erinnern an seine berühmten Aussagen wie etwa: "In Nordamerika herrscht die ungebändigste

Wildheit aller Einbildungen ... " (S. 128, H. Glockner, Hegel-Ausgabe, Band 11), oder "Amerika ist somit das Land der Zukunft ... es ist ein Land der Sehnsucht für alle die, welche die historische Rüstkammer des alten Europa langweilt;" (S. 129, Glockner-Ausgabe, Bd. 11) und schließlich "Amerika hat noch nicht das Ständewesen erreicht ... " (S. 128, Glockner-Ausgabe, Bd.11). Ohne Zeifel lag Hegel im allgemeinen richtig, doch sein Hinweis, daß die nordamerikanische Gesellschaft noch nicht ein Ständewesen erreicht hat, basierte auf einer falschen Voraussetzung. Warum sollten gerade die USA eine Ständegesellschaft entwickeln und ansteuern? Ist es nicht so, daß amerikanische gesellschaftliche Verhältnisse sich in einer eigenen Art uneuropäischer Variante entwickelt haben, so daß nicht nur Hegels Prognose fehl am Platze, sondern auch Marxs Klassenanalyse unanwendbar ist und dementsprechend auch nicht in den USA gefeiert wurde (mit Ausnahme einiger studentischen Gruppen in den 60ziger Jahren). Nordamerika hatte Marx nie nötig, weil die pragmatische Interpretation des Begriffs Praxis nicht durch die Hegel-Marx-Achse, sondern durch John Dewey bestimmt wurde. Wie wir sehen, gelangen wir auf Umwegen wieder zum klassischen erkenntnistheoretischen Begriff der Erfahrung in einer neuen Gestalt. Der europäische Erfahrungbegriff reicht nicht aus, sofern er seine Wurzeln in Hegels Ständegesellschaft und Marxs Klassengesellschaft hat. In dem neuen Begriff der Erfahrung, wie er im amerikanischen Pragmatismus zum Zuge kommt, liegt nichts desgleichen im Vergleich zu klassischen europäischen Erkennistheorien. Die amerikanische Erfahrung des "Alten Westen" hat gezeigt, daß die europäischen Fesseln den Amerikanisierungsprozeß vieler Immigranten nicht überlebten und nicht stark genug waren, um eine Stände- oder Klassengesellschaft nach europäischem Vorbild zu etablieren. Man kann sagen, daß der Erfahrungsbegriff des amerikanischen Pragmatismus die "Kehre" einleitete, um die Zukunft und Freiheit der oi polloi einzuklagen.

Es besteht eine direkte Beziehung zwischen dem Zukunfts-Freiheitsschema der vielen, das dem amerikanischen Pragmatismus zugrunde liegt, und der Legitimität der neuen Weltordnung. Die vielen klagen ihr Recht auf Freiheit ein, indem sie an einen neuen Erfahrungsbegriff des Menschen appellieren und anknüpfen : es ist gerade dieser Erfahrungsbegriff des amerikanischen Pragmatismus und nicht der klassisch britische Begriff, der die Freiheit der vielen und somit ein neues Spektrum der menschlichen Erfahrung im Pragmatismus legitimiert.

Die Freiheit, die wir meinen, ist die Freiheit der vielen und nicht der Besonderen. Dieser Freiheitsbegriff der vielen, besonders im synkretistischen Pragmatismus eingeleitet, setzt den Akzent auf einen vielfältigen Erfahrungsbegriff, der einer gewaltigen Umwälzung der Bedingungen entspricht. Diese Umwälzung wird seit den 1990er Jahren als neue Weltordnung bezeichnet. Die neue Weltordnung beinhaltet ein noch nie dagewesenes menschliches Erfahrungspektrum und einen entsprechenden Begriff. Es ist der Erfahrungsbegriff der vielen. Dieser Begriff, der noch nicht existiert, beinhaltet die wahre Revolution der Postmoderne. Denn der Erfahrungsbegriff der wenigen war immer schon begrenzt durch die subtile Struktur gesellschaftlicher Normen, Sanktionen oder Klassen. Der neue Erfahrungsbegriff sprengt diese Engstirnigkeit durch seinen Anspruch auf eine multi-ethnische kulturelle Weltordnung und seine Abkehr vom Ausschließlichkeitsanspruch einer einzigen Weltordnung.

Letztlich darf behauptet werden, daß der Freiheitsbegriff der vielen dem Erfahrungsspektrum dieser vielen seine Grundlage verdankt. Kaum jemand hat dies besser begriffen als Peirce, Royce und Dewey. Die "drei Heiligen" des amerikanischen Pragmatismus haben ihre Missionsreisen noch nicht angetreten.

Bibliographie
Bauman, Zygmunt, Imitations of Postmodernity. London: Routledge 1992.
Clendenning, John, The Life and Thought of Royce. University of Wisconsin Press 1986.
Flower, E./Murphey, M.G., A History of Philosophy in America. Indianapolis: Hacket (2 Volumes) New Edition 1989.
Geertz, Clifford, Works and Lives. Stanford University Press 1988.
Gellner, Ernest, Plough, Sword and Book. London: Harvill 1988.
Giddens, Anthony, The Nation State and Violence. Berkeley: University of California Press 1985.
Haeri, Shahla, Law of Desire - Temporary Marriage in Shi'i Iran. Syracuse University Press 1989.
Hall, J.A./ Jarvie, I.C., eds., Transition to Modernity. Cambridge University Press 1992.

Hopkins, N./ Ibrahim, S.E., eds., Arab Society. American University In Cairo Press 1987.

James, Harold, Deutsche Identität, 1770-1990. Frankfurt: Campus 1991.

Mernissi, Fatima, Geschlecht, Ideologie, Islam. München: Kunstmann, 4. Auflage 1991.

Salama, Ruth, Tausendundeine Station - Zwischen Berlin und Kairo. Freiburg: Herder 1990.

Smith, John E., Purpose and Thought: the Meaning of Pragmatism. Yale University Press 1984.

Swiderski, R.M., Lives between Cultures. Juneau, Alaska: The Denali Press 1991.

Riedel, Manfred, Zeitkehre in Deutschland. Berlin: Siedler 1991.

Thayer, H.S., eds. Pragmatism: The Classic Writings. Indianapolis: Hackett 1982.

Wolf-Gazo, Ernest, "American Philosophy as Process Philosophy: On Peirce, Royce, and Process in Community," in: Process in Context. ed. by E. Wolf-Gazo. Berne/New York: Lang 1988, 225-241.

Wolf-Gazo, Ernest, "Postmodernism's Critique of the Enlightenment," in: Journal of Islamic Research, vol. 6, No.1 (Ankara University), 1992, 1-16.Wolf-Gazo, Ernest, "Perspectives in 20th Century Western Philosophy", in: Felsefe Duenyasi (The World of Philosophy), Turkish Philosophic Association, Ankara, Vol. 4, September 1992, 25-46 (English/Turkish).

Sektion 15a

Theorie und Realität in der Physik

Renate Wahsner

Idealität und Realität der Physik

Auf die alten, aus der Antike stammenden Fragen "Was ist eigentlich wirklich?" oder "Was ist die Wirklichkeit?" hätte der Mensch der Neuzeit wohl bis vor einigen Jahrzehnten geantwortet: Was wirklich ist, wie es wirklich ist, das sagt uns die Wissenschaft. Doch wirft gerade die Wissenschaft heute Fragen auf, die die Entschiedenheit dieser Antwort in Zweifel ziehen können.

Den Wirklichkeitsbezug der Wissenschaft bezweifelnde Fragen richten sich z. B. auf den Status der Vorausssetzungen, auf denen die Wissenschaft stets beruht, darauf, ob diese Voraussetzungen apriorisch oder aposteriorisch sind, ob sie etwas rational Gesetztes oder ob sie das Gegebene sind und was das Gegebene ist, ob sie einen Wertmaßstab für das menschliche Handeln enthalten resp. enthalten sollten oder nicht. Je nachdem wie die Antwort hierauf ausfällt, wird beurteilt, was die wissenschaftlichen Erkenntnisse über die Wirklichkeit aussagen, wie sich Wissenschaft und Wirklichkeit, spezieller, wie sich eine messende und rechnende Wissenschaft und die Wirklichkeit zueinander verhalten.

Ein verbreiteter Standpunkt, der den Wirklichkeitsbezug der Physik stark problematisiert, besagt, daß das physikalische Wissen notwendigerweise formal, daß es sogenanntes Verstandeswissen sei, das die Wirklichkeit nicht direkt, nicht adäquat, das die Wirklichkeit verzerrt und "abgetötet" reflektiert, Hiermit verwandt ist das Konzept, wonach alle physikalischen Theorien nur durch rationale Willkür erzeugte Denkschemata seien, deren Akzeptanz vorgeblich einzig und allein vom jeweils erreichten Erfolg abhängt, ohne im eigentlichen Sinne etwas darüber auszusagen, wie es objektiv oder wirklich ist. Dieser Standpunkt hat vor allem in seiner erstgenannten Variante nicht ganz unrecht, aber er fragt nicht zu Ende. Er nimmt etwas als Endpunkt, was der Endpunkt nicht sein kann. Er spart die Philosophie oder die philosophische Verarbeitung der Physik, die Frage nach ihren epistemologischen Voraussetzungen aus.

Eine andere, nicht unübliche, diesem Standpunkt diametral entgegenstehende Auffassung, der man aber doch letztlich denselben Vorwurf wie ersterer machen muß, geht davon aus, daß das eigentlich Wirkliche das Physikalische ist, alles andere hingegen nur Schein oder bestenfalls Erscheinung. Es wird dabei bewußt oder unbewußt unterstellt, daß die Natur an sich mit Maß und Zahl ausgerüstet sei, daß die Objekte der Physik (Längen, Dauern, Massen Energien und andere Größen) an sich vorhanden seien und vom Erkenntnissubjekt nur aufgefunden werden müßten. (Mitunter schlägt sich diese Auffassung in der Annahme nieder, daß in den Geistes- und Sozialwissenschaften nicht gerechnet und gemessen werden könne, da es Maß und Zahl eben nur in der Natur gäbe.) Hier werden in platter mechanizistischer Manier

Begriff und Wirklichkeit identifiziert. Jedem Beleg für die Subjektabhängigkeit von Wissenschaft ist diese Auffassung ohnmächtig ausgeliefert, weshalb sie ihn im allgemeinen einfach ignoriert.

Epistemologische Untersuchungen der klassischen Mechanik, der Relativitätstheorie, der Quantenmechanik, der nicht-linearen irreversiblen Thermodynamik und der Kosmologie haben zu dem Ergebnis geführt, daß die Wirklichkeit der Physik maßgeblich durch den Charakter der physikalischen Erfahrung, durch den Charakter der experimentellen Methode, die die gesamte physikalische Begriffs- und Theorienbildung prägt, bestimmt ist.[1] Die physikalische Wirklichkeit ist daher nicht die wirkliche Wirklichkeit. Wie aber diese spezifische Wirklichkeit rezipiert und begrifflich bestimmt wird, hängt wesentlich von der Lösung des metaphysischen Realitätsproblems ab.[2]

Läßt man nun die Erkenntnisse des deutschen Idealismus und seiner nachfolgenden philosophischen Kritik nicht außer acht, so muß man davon ausgehen, daß das Wirkliche nicht - wie der Empirismus glaubt - das Einzelne ist, sondern gegenständliche Bewegung. Hiernach kann die Wirklichkeit nur als sich selbst erzeugender Zusammenhang, also nur als das Gegeneinander der Gegenstände oder Momente gefaßt werden. Durch Messung können jedoch nur voneinander geschiedene, nicht nur unterschiedene, Objekte resp. Momente bestimmt werden. Es bedarf daher stets einer gegenständlichen und geistigen Arbeit, um Gegenstände bzw. Systeme aus der Komplexität der Wirklichkeit herauszulösen, um die verschiedenen Momente der Bewegung so auseinanderzulegen, daß sowohl die Messung, also physikalische Erfahrung, möglich wird, als auch das Auseinandergelegte wieder so zusammengedacht werden kann, daß die Wirklichkeit erfaßt wird.[3] Beim messenden Vergleich können daher im Unterschied zum abstraktiven oder analytischen Vergleich die Dinge oder Gegenstände nicht auf das Moment ihrer reinen Existenz reduziert, nicht nur als Träger von Wirkungsmöglichkeiten oder Beziehungen genommen werden,. Zwar werden auch in der physikalischen Messung die Gegenstände nicht in Einheit mit der Totalität ihrer wirklichen Wirkungen genommen, aber doch in Einheit mit einer wirklichen Wirkung, einem wirklichen Verhalten. Dieses eine Verhalten schlägt sich dann substantiviert als Meßgröße (z. B. als Länge, Dauer, Masse) nieder.

Will man nun wie die Physik die Bewegung messen, so muß man also ihre Momente voneinander scheiden, daher die Wirklichkeit auseinanderlegen in Raum und Zeit und in die sich in der Raum-Zeit bewegende Materie.[4] Der Begriff, der dann jeweils die voneinander geschiedenen Momente faßt, bezeichnet natürlich kein Konkretum mehr (weder ein sinnli-

---

[1] Vgl. R Wahsner und H.-H. v. Borzeszkowski, Die Wirklichkeit der Physik. Studien zu Idealität und Realität in einer messenden Wissenschaft, Frankfurt a. M./ Berlin/ Bern/ New York/ Paris/ Wien, 1992; dies., Die Wirklichkeit der Physik, in: DIALEKTIK. Enzyklopädische Zeitschrift für Philosophie und Wissenschaften, 1991/ 1, S. 179-190. Der Vortrag gibt die in diesen Arbeiten gewonnenen Ergebnisse wider.
[2] Vgl. auch R. Wahsner, "Der Natur ist die Äußerlichkeit eigentümlich...". Hegels Übergang von der Idealität in die Realität - dargestellt am Übergang von Raum und Zeit zu Materie und Bewegung, Berlin 1992 (unveröff. Msk.).
[3] Vgl. R. Wahsner, Prämissen physikalischer Erfahrung, Berlin 1992.
[4] Vgl. H.-H. v. Borzeszkowski und R. Wahsner, Physikalischer Dualismus und dialektischer Widerspruch. Studien zum physikalischen Bewegungsbegriff, Darmstadt 1989.

ches noch ein philosophisches), sondern ein Gedankending. Man könnte es auch einen Verstandesgegenstand nennen, wenn man die notwendige Veränderung des Begriffs *Verstand* gegenüber seiner Fassung in der deutschen philosophischen Klassik mitbedenkt. Die verschiedenen Momente der untersuchten Bewegung werden in den schon genannten verschiedenen Größen gefaßt. Jede Größe erfaßt eine Qualität oder eine Wirkung, diejenige, bezüglich der verschiedene Konkreta einander gleichgesetzt werden können.

Die Objekte der Physik als die einer messenden und rechnenden Wissenschaft sind daher nicht die konkreten Naturgegenstände, sondern meßtheoretisch bestimmte Verstandesgegenstände. Die physikalischen Gesetze widerspiegeln nicht unmittelbar ein (konkretes) Naturverhalten, sondern sie fixieren die Beziehungen zwischen den herausgelösten Momenten resp. Qualitäten, gefaßt in den Größen. Die Physik trifft mithin ihre Aussagen nicht unmittelbar über die wirklichen Gegenstände und deren wirkliches Verhalten oder deren wirklichen Zusammenhang, sondern über Größen und deren Beziehungen. *Das Messen erfordert also, sich zu einer idealen Welt zu erheben.* Und das heißt: Eine jede messende Wissenschaft, nicht nur die Physik, macht Aussagen nur über ein ideales oder ideiertes Verhalten idealer oder ideierter Gegenstände.

Die genannten Verstandesgegenstände sind selbstredend nicht an sich vorhanden oder in der Vorstellung gegeben. Sie müssen gebildet werden. Dazu bedarf es zunächst bestimmter Vereinzelungsprinzipien. Diese müssen - wie schon gesagt - so geartet sein, daß sie das zwecks Messung zu Trennende auch wieder zusammenzudenken gestatten, derart, daß die Bewegung bzw. der daseiende Woiderspruch erfaßt wird. Erfüllen sie diese Bedingung, so ermöglichen sie die Bildung von Meßgrößen, mithin auch die Bestimmung von quantitativen Unterschieden bezüglich einer Qualität (eben jener, die die jeweilige Größe darstellt). Der Zusammenhang der verschiedenen Qualitäten wird im jeweiligen Gesetz erfaßt, das spezifische Bewegungen beschreibt, indem es genau bestimmte Beziehungen zwischen den Größen angibt. Zudem erfordert die meßnotwendige Vereinzelung das Festschreiben eines Hintergrundes, vor dem sich das physikalische Geschehen abspielt. Es ist dies dasselbe wie die Fixierung eines Bewegungsetalons (z. B. der geradlinig gleichförmigen Bewegung), mittels dessen die Gegenstand der Untersuchung seiende Bewegung gemessen wird. Die Notwendigkeit dieser Fixierung impliziert die Notwendigkeit apriorischer Bestimmungen bezüglich einer jeden physikalischen Theorie.[5] Diese Bestimmungen werden gesetzt, und zwar derart, daß die physikalische Erfahrung ermöglicht wird. Sie haben überdies die Folge, daß eine jede messende und rechnende Wissenschaft ihr Elementares hat, das sie selbst nicht auflöst, ohne zu behaupten, daß es "in Wirklichkeit" nicht auflösbar ist.

Nun gibt es seit der Begründung der neuzeitlichen Physik viele Fragen danach, welchen Sinn die Konstruktion einer derartigen Kunstwelt haben soll, da sie uns doch nur von der "eigentlichen" Wirklichkeit entfernt. Wer so fragt, vergißt den Grund, aus dem die Wissen-

---

[5] Das Gesetztsein dieser Bestimmungen ist nicht absolut. Die Bestimmungen müsen im allgemeinen sogar auf vorangegangener Erfahrung beruhen. Nur bezüglich der jeweiligen Theorie sind sie absolute Setzungen.

schaft notwendig wurde, er vergißt, daß es - wie spätestens Hegel zeigte - keine sinnliche Gewißheit gibt, daß die Sinne uns nicht sagen, wie es wirklich ist, daß das Wesen und die Erscheinungsform der Dinge nicht unmittelbar zusammenfallen und man deshalb einen Weg - man kann auch sagen, einen Trick - finden muß, um das Wesen zur Erscheinung zu bringen, es als Gleichbleibendes und Reproduzierbares - und zwar als etwas zu jeder Zeit, an jedem Ort und für jedes Subjekt Gleichbleibendes und Reproduzierbares zur Erscheinung zu zwingen. Ein solcher "Trick" ist eben die messende und rechnende Wissenschaft, einschließlich der experimentellen Methode als der Form wissenschaftlicher, speziell physikalischer Erfahrung.

Mit dieser Methode gelingt es, die als Meßgrößen gefaßten Verstandesgegenstände und deren im Gesetz fixierte Beziehungen durch die künstliche Herstellung idealer Körper und idealer Bedingungen zu realisieren. Oder anders herum gesagt: Um die in den Gesetzen fixierten Beziehungen zwischen den Größen und die in den Größen gefaßten Verhaltensgleichheiten messen und dem Experiment unterwerfen zu können, müssen sie vergegenständlicht werden. Das heißt, die physikalische Erfahrung erfordert nicht nur das Denken von Idealitäten gemäß der genannten Prinzipien in der jeweiligen physikalischen Theorie, sondern auch die reale Herstellung, d. h. künstliche Produktion, der entsprechenden idealen Gegenstände und idealen Situationen. Auf diese Weise operiert man im Experiment nicht mit konkreten Körpern unter konkreten Bedingungen, sondern mit idealen Körpern unter idealen Bedingungen. Das Experiment ist so eine Methode, die in den Meßgrößen gefaßten Gleichheiten und deren durch das Gesetz fixierte Beziehungen zu realisieren. Durch dieses Aufeinanderzuarbeiten von Theorie und Wirklichkeit wird die Messung zur Vermittlung zwischen Erkenntnissubjekt und Erkenntnisobjekt, und nur durch dieses Aufeinanderzuarbeiten kann sie diese Vermittlung sein. Zudem wird hier sichtbar, daß weder die Wirklichkeit an sich mit Maß un d Zahl ausgestattet ist noch Maß und Zahl etwas rein rational Willkürliches sind.

Die von der Messung erforderte Erhebung in eine ideale bzw. ideierte Welt ist jedoch nur möglich, wird die Welt oder die Wirklichkeit unter der Form des Objekts gefaßt, das Subjekt explizit nur als äußerer Beobachter gedacht.

Aus all dem folgt, daß die Wirklichkeit der Physik nicht die "wirkliche" Wirklichkeit ist. *Die Wirklichkeit der Physik ist eine meßtheoretisch bestimmte Idealität.* Die so involvierte Begrenztheit des physikalischen Wirklichkeitsbegriffs ist der Preis, den man zahlen muß, um zu einer messenden und rechnenden Wissenschaft zu gelangen. Diese aber ist ihrerseits eine notwendige, wenngleich nicht hinreichende Bedingung für die Erkenntnis der Wirklichkeit als solcher. Die Begrenztheit des physikalischen Wirklichkeitsbegriffs muß akzeptiert und genau bestimmt werden. Es hat keinen Sinn, sie zu vertuschen oder den Charakter der Physik durch lebensweltliche Begriffsbildungen umändern zu wollen; das würde ihr die Fähigkeit zur Messung und Berechnung nehmen. Die Begrenztheit des physikalischen Wirklichkeitsbegriffs kann nur durch die *philosophische* Einbettung der Physik in die Lebenstätigkeit der menschlichen Gattung kompensiert oder aufgehoben werden.

Zu dieser Einbettung gehört wesentlich die Analyse der Technik mit Blick auf die Frage, ob die Technik als Realisierung der physikalischen Konstrukte bestimmt werden kann, ob sie die Wirklichkeit der Physik ist.

Zunächst ist man geneigt, diese Frage unbedenklich zu bejahen. Denn obwohl sich die Aussagen der Physik auf die sogenannten Verstandesgegenstände und deren Relationen beziehen, betreffen sie "irgendwie" die Wirklichkeit, also den im Verhalten konkreter Naturgegenstände realisierten Zusammenhang bzw. die in diesem Verhalten realisierte Bewegung, da es möglich ist, auf der Basis dieser Aussagen eine menschliche (oder unmenschliche) Zwecke realisierende Technik zu errichten. Doch ergibt sich hieraus der Satz: In der Physik ist das wahr und folglich realisierbar, mithin letztlich wirklich, was technisch konstruiert werden kann?

Die Technik ist ohne Frage die Extension des Experiments als der Form physikalischer Erfahrung. Insofern ist sie etwas, was an Physik vergegenständlicht wird. Sie schafft eine bestimmte Wirklichkeit, die "von Natur aus" nicht da ist. Die Technik ist ein unhintergehbares Kriterium für die Wahrheit gewisser physikalischer Lösungen, und sie verwandelt physikalische Idealitäten in gegenständliche Realitäten. Aber sie ist nicht *die* Wirklichkeit der Physik, insofern sie nicht *die* Physik, sondern nur einige wenige ihrer Möglichkeiten realisiert; sie ist - wie auch jedes Experiment - nur die Realisierung einer bestimmten Lösung der das physikalische Gesetz bildenden physikalischen Gleichungen. Jedes physikalische Gesetz oder physikalische Allgemeine enthält unendlich viele mögliche Lösungen, die niemals alle berechnet, geschweige denn technisch vergegenständlicht sind. Und *welche* der im Gesetz enthaltenen Möglichkeiten technisch verwirklicht wird, ist nicht durch die Physik bestimmt, sondern durch kulturhistorisch oder sozialökonomisch determinierte Interessen. So gesehen ist die Technik eher die Wirklichkeit des kulturhistorischen Konzepts, der sozialen Beziehungen, der Ökonomie und der gesellschaftlichen Moral.

Zweifelsfrei zeigt sich hier die Notwendigkeit vielfältiger noch ausstehender Analysen. So wäre zu untersuchen, inwiefrn der Begriff Wirklichkeit auch das jeweilige Spektrum der Möglichkeiten einbegreift, oder es wäre das Verhältnis von wissenschaftlicher und Alltagserfahrung näher zu erkunden bzw. herauszufinden, wie der von der klassischen deutschen Philosophie entwickelte Begriff der intellektuellen Anschauung vom Standpunkt der heutigen Naturwissenschaft aus kritisch und konstruktiv rezipiert werden kann.

Vorerst kann man sagen: *Die Wirklichkeit der Physik ist das System aller physikalischen Theorien, einschließlich der sie begründenden und der durch sie ermöglichten Experimente resp. der durch diese gegebenen intellektuell-gegenständlichen Anschauung.*

Daß die Wahrheit und die Wirklichkeit einer messenden und rechnenden Wissenschaft nicht die Wahrheit und die Wirklichkeit an sich sind, sollte man stets im Bewußtsein haben, aber es muß einen nicht grämen, wenn man der Tatsache eingedenk ist, daß bislang noch kein besserer Um-Weg gefunden wurde, um letztlich zur "eigentlichen" Wahrheit und Wirklichkeit zu gelangen. Oder hegelsch gesagt: "Der Geist darf nicht fürchten, etwas zu verlieren, was wahrhaftes Interesse für ihn hat;...die Philosophie wird ihm *alles wiedergeben*, was Wahres in den Vorstellungen ist..."[6]

---

[6] G. W. F. Hegel, Konzept der Rede beim Antritt des philosophischen Lehramtes an der Universität Berlin, in: Werke in 20 Bdn, auf der Grundlage der Werke von 1832-1845 neu edierte Ausgabe, Frankfurt a. M. 1986, Bd.10, S. 417.

Brigitte Falkenburg

Substanz und Attribut in der Physik

In der Realismus-Debatte der neueren Wissenschaftsphilosophie ist unter anderem umstritten, ob man überzeugende theorieexterne Kriterien dafür hat, die fundamentalen Gesetze der Physik für wahr zu halten bzw. ihnen Referenz zuzusprechen. Ich möchte dieses Thema hier als einen Streit um die Existenz physikalischer Substanzen und ihrer Attribute vorstellen. Dabei verstehe ich im Zusammenhang mit der Physik unter einer <u>Substanz</u> das Referenzobjekt einer Theorie - etwa eine geladene Masse, die dem Kraftgesetz der Mechanik unterliegt -, und unter ihren <u>Attributen</u> die physikalischen Eigenschaften, die solch einer theoretisch postulierten Entität in Form von Werten für meßbare Größen wie Masse oder Ladung zugesprochen werden.

Die Wahl dieser altmodischen Terminologie ist Absicht. Sie soll herausstreichen, wie eng die Streitfragen der physikbezogenen Realismus-Debatte sachlich mit Problemen der traditionellen Substanzmetaphysik zusammenhängen. Letztlich geht es in dieser Debatte nämlich darum, was dafür und was dagegen spricht, irgendwelche epistemisch unzugänglichen Träger epistemisch zugänglicher Eigenschaften anzunehmen. Um der Beantwortung dieser Frage im Hinblick auf die Referenzobjekte der Physik etwas näher zu kommen, möchte ich zunächst eine <u>extensionale Auffassung physikalischer Größen</u> skizzieren, die dem, was man in der Physik üblicherweise unter der Bedeutung physikalischer Größen versteht, gerecht werden kann. Auf dieser Grundlage will ich dann Argumente dafür angeben, daß <u>die realistische Deutung physikalischer Attribute unproblematisch</u> ist - nicht aber die realistische Lesart der Substanzen oder Referenzobjekte, denen man diese Attribute als Eigenschaften zuzusprechen versucht.

Semantik und Ontologie

Vor dem Hintergrund moderner Wahrheitsauffassungen und Bedeutungstheorien liegt es nahe, die Semantik der Physik und die Ontologie physikalischer Theorien als untrennbar miteinander verflochten anzusehen. Daraus resultieren vom realistischen bzw. anti-realistischen Standpunkt aus unterschiedliche Sichtweisen dieser Semantik. Ein Realist wird geneigt sein, die Semantik der Physik <u>extensional</u> aufzufassen; d.h. er wird die Bedeutung physikalischer Größen in den Referenzobjekten der Theorien, in denen sie vorkommen, sehen. Ein Antirealist dagegen, der die Auffassung vertritt, die Größen alternativer Theorien desselben Phänomenbereichs seien nach <u>Kuhns</u> Analyse der Struktur wissenschaftlicher Revolutionen inkommensurabel, wird die Semantik der Physik <u>intensional</u> auffassen, d.h. er wird die Bedeutung der Größen einer Theorie an deren Axiomen festmachen; und er wird seinen Antirealismus dann mit dem Hinweis darauf rechtfertigen, daß die Größen der Physik bei extensionaler Lesart nach Kuhns Inkommensurabilitätsthese gar keine stabile Referenz haben.

Auch die <u>Duhem-Quine-These</u> von der empirischen Unterbestimmtheit der Aussagen einer physiksikalischen Theorie legt es auf den ersten Blick nahe, die Größen der Physik anti-realistisch und nicht-extensional zu deuten. <u>Duhem</u> hat darauf hingewiesen, daß die Größen der Physik die Phänomene der empirischen Wirklichkeit nicht buchstäblich darstellen, sondern eine abstrakte und symbolische Bedeutung haben. Er hat herausgearbeitet, daß die Klasseneinteilungen, die physikalische Größen unter den Dingen und ihren Eigenschaften vornehmen, keineswegs auf einer simplen Eins-zu-Eins-Zuordnung von beobachtbaren Phänomenen zu physikalischen Eigenschaften, d.h. zu Werten für physikalische Größen, beruht. Man kann die numerischen Werte für Meßgrößen nicht als eindeutige Repräsentanten physikalischer Eigenschaften und diese wiederum nicht als eindeutige Repräsentanten der beobachtbaren Phänomene betrachten.

Die Messung physikalischer Größen ist hochgradig theorieabhängig. Eine Theorie im Reifestadium enthält diejenigen Gesetze, die als Meßgesetze zur Bestimmung der numerischen Werte ihrer Größen dienen, als Spezialfälle, so daß es im Prinzip keinen theorieunabhängigen Test einzelner Behauptungen der Theorie mehr gibt.[1] Eine Theorie, die durch jedes Meßergebnis bestätigt werden kann, scheint jedoch keine theorieunabhängige Realität mehr zu beschreiben - sie legt eher eine instrumentalistische oder konventionalistische Lesart als die realistische Deutung nahe.

Solche anti-realistischen Konklusionen aus Duhems holistischer Sicht der klassischen Physik und aus der Duhem-Quine-These zu ziehen, erscheint jedoch nur als zwingend, solange man die Semantik physikalischer Größen und die Ontologie physikalischer Theorien in ein-und-denselben Topf wirft. Die Frage nach der Bedeutung dieser Größen läßt sich jedoch ein Stück weit von der Frage, was letztlich die Träger ihrer spezifischen Werte sind, entkoppeln.

Betrachtet man die Theorienbildungsprozesse der Physik, dann kann man sogar einen gewichtigen Grund dafür geltend machen, warum man den semantischen Aspekt einer Größe zunächst strikt von der 'ontologischen' Frage trennen sollte, ob die Theorie, in der diese Größe vorkommt, wahr ist und ordentliche Referenzobjekte besitzt. Auch wer mit einer intensionalen Bedeutungsauffassung liebäugelt, ist besser beraten, wenn er die Bedeutung physikalischer Größen an schon bewährten Gesetzen zur Messung dieser Größen festmacht und nicht an den fundamentalen Gesetzen einer Theorie 'in statu nascendi'. Die <u>Meßgesetze</u> der Physik sind nämlich erstaunlich <u>stabil gegen den Theorienwandel</u>. Sogar für zwei miteinander unverträgliche Theorien, die durch eine wissenschaftliche Revolution getrennt sind, stehen sie normalerweise in approximativen Reduktionsbeziehungen.

Selbst <u>Kuhn</u> hat als rationales Kriterium für den Theorienwandel in der Physik hervorgehoben, daß eine neue Theorie den quantitativen Gehalt derjenigen Theorie, die sie ablöst, bewahren muß.[2] Diese Bedingung erfüllt sie, wenn alle empirisch relevanten Spezialfälle der alten Theorie näherungsweise in sie einbettbar sind. Dem Holismus von Duhem und Quine und der Inkommensurabilitätsthese von Kuhn zum Trotz kann man dann eine physikalische Theorie verwerfen, und dennoch zugleich ihre Spezialfälle als Meßgesetze beibehalten; und man kann mittels dieser Meßgesetze eine neue Theorie, deren Fundamentalgesetze mit denen der alten überhaupt nicht verträglich sind, der empirischen Prüfung unterziehen. Genau dies ist es, was in den Theorienbildungsprozessen der neueren Physik auf Schritt und Tritt geschieht.

Die Bedeutung der Meßgrößen, die man zum Test einer Theorie benutzt, und die Frage, ob die Theorie wahr ist, werden also zumindest in der Konsolidierungsphase einer physikalischen Theorie strikt voneinander unterschieden. Dies legt es nahe, Semantik und Ontologie nun getrennt zu betrachten und die <u>Semantik</u> der Physik zunächst einmal daran zu koppeln, was man unter einer <u>physikalischen Größe</u> versteht.

Was ist eine physikalische Größe?

Die Grundgrößen der Physik sind Länge, Zeitdauer, Masse und Temperatur; auf Größen dieser Dimension lassen sich fast alle anderen theoretischen Größen der Physik zurückführen. Diese Grundgrößen hängen eng zusammen mit den Sinnesqualitäten von Dingen, die wir beobachten und ihren Eigenschaften nach vergleichen können. Empirische Einzeldinge lassen sich nach komparativen Beziehungen wie "länger als", "schwerer als" oder "kälter als" ordnen, und wir können ihre physikalischen Eigenschaften, die jeweils bestimmten Werten für Länge, Masse oder Temperatur entsprechen, extensional auffassen – d.h. als Äquivalenzklassen von Einzeldingen bezüglich einer solchen Ordnungsbeziehung.

Formal wird eine physikalische Größe als eine <u>Zuordnungsvorschrift</u> definiert – als eine Maßfunktion, die die Menge aller Eigenschaften, in der die betreffende Ordnungsrelation erfüllt ist, auf die Menge der reellen Zahlen abbildet.[3] Diese Maßfunktion ist rein quantitativ definiert, sie legt metrische Beziehungen zwischen physikalischen Eigenschaften fest. Dagegen wird die 'Qualität' dieser Ordnungsbeziehung, etwa die Eigenart von "länger als" im Unterschied zu "schwerer als" oder "kälter als", durch die <u>Dimension</u> einer Größe charakterisiert. Die Dimensionen der Physik werden üblicherweise in den Einheiten eines Maßsystems angegeben, welches die quantitativen <u>und</u> die qualitativen Aspekte physikalischer Größen umfaßt. Die Dimensionen Länge, Masse und Zeit drückt man z.B. im cgs-System oder in einem System atomarer Größeneinheiten aus.

Die Größen der Physik sind durch ihre metrischen Eigenschaften also noch nicht vollständig bestimmt. Zwei Größen, die sich im Prinzip auf dieselbe Weise metrisieren lassen – etwa als extensive Größen, die denselben Axiomen der extensiven Messung genügen[4] – sind erst durch die zusätzliche Angabe der Dimensionen hinreichend charakterisiert: die "<u>differentia specifica</u>" zweier physikalischer Größen ist der Unterschied ihrer <u>Dimension</u>. Dies wird in der gegenwärtigen Wissenschaftstheorie, und insbesondere in der neueren Diskussion um die Semantik der Physik, zuwenig beachtet. Man kann die Frage nach der Bedeutung physikalischer Größen nicht von der Betrachtung der Dimensionen der Physik ablösen. Erst die Dimension einer Größe liefert die physikalische Interpretation der Axiome, denen eine spezifische mathematische Maßfunktion unterliegt.

Die Dimensionen physikalischer Größen sind Bedeutungsträger der theoretischen Terme der Physik auch über wissenschaftliche Revolutionen hinweg. Sie haben nämlich das schöne Charakteristikum, daß sie sich <u>theorieübergreifend</u> definieren bzw. axiomatisieren lassen. Ihnen liegt eine algebraische Struktur zugrunde, die dem Theorienwandel der Physik nicht unterworfen ist, weil sie sehr viel allgemeiner ist als die von Theorie zu Theorie verschiedenen metrischen Beziehungen zwischen Werten für physikalische Größen. Die Dimensionstheorie der Physik, auf die ich hier leider nicht eingehen kann, wurde zuerst von <u>Bridgman</u> und <u>Campbell</u> ausgearbeitet.[5] Sie erlaubt es, Größen aus zwei unverträglichen Theorien - etwa die nicht-relativistische Masse und die relativistische Ruhemasse - entgegen der Inkommensurabilitätsthese jedenfalls dann miteinander zu identifizieren, wenn sie dieselbe Dimension haben und wenn ihre Meßgesetze in quantitativen Näherungsbeziehungen stehen. Und sie liegt dem stringenten Verfahren der <u>Dimensionsanalyse</u> zugrunde, das wiederum die in der Physik oft vorgenommenen informellen Dimensionsbetrachtungen - die eine wichtige heuristische Funktion in Theorienbildungsprozessen haben - legitimiert.

Ansatz zu einer extensionalen Semantik der Physik

Der Größenbegriff der Physik legt es nahe, die Semantik physikalischer Größen <u>extensional</u> aufzufassen. Eine rudimentäre extensionale Semantik der Physik wird durch die <u>empiristische Theorie der Messung</u> zur Verfügung gestellt, die <u>Suppes</u> und seine Mitarbeiter mit den Methoden der Modelltheorie axiomatisch ausgearbeitet haben.[6] Ich möchte hier nicht darstellen, wie man auf der Basis relationaler empirischer Strukturen, die man mittels Längenmaßstäben, Gewichten auf Balkenwaagen und Pendelschwingungsdauern gewinnt, die Größen Länge, Masse und Zeit axiomatisieren kann; und ich will nicht die naheliegenden Einwände diskutieren, die man dagegen erheben kann, die Semantik der Physik so "operationalistisch" begründen zu wollen. Stattdessen möchte ich herausarbeiten, worin nach diesem Ansatz die <u>Extension</u> physikalischer Größen liegt, und inwieweit er die <u>Bedeutung</u> dieser Größen erfaßt.

Wir haben oben gesehen, daß sich physikalische Größen in mehreren Schritten durch Zuordnungsvorschriften definieren lassen. Man bildet bezüglich einer Ordnungsrelation, die für beobachtbare Eigenschaften an Dingen aufgestellt werden kann, Äquivalenzklassen von Einzeldingen, an denen diese Eigenschaften beobachtbar sind, und identifiziert sie mit physikalischen Eigenschaften. Dann bildet man die Klasse der Eigenschaften, auf der diese Ordnungsrelation definiert ist - d.h. die Menge der Äquivalenzklassen von Einzeldingen -, und ordnet ihr eine bestimmte physikalische Dimension zu. Zuletzt definiert man die dieser Dimension entsprechende Größe als eine Maßfunktion, die die Elemente dieser Eigenschaftsklasse auf reelle Zahlen abbildet.

Die Extension des numerischen <u>Werts</u> einer physikalischen Größe liegt demnach in der Klasse aller Einzeldinge, die bezüglich einer beobachtbaren Eigenschaft bzw. der entsprechenden Ordnungsrelation als äquivalent betrachtet werden. Die Extension der <u>Größe</u>, oder der gesamten Skala von solchen Werten, liegt dann in der Menge aller Äquivalenzklassen von Einzeldingen bezüglich dieser Ordnungsrelation - oder, ein bißchen eingängiger ausgedrückt, in der Eigenschaftsklasse, in der diese Ordnungsrelation gilt.[7]

Die Extension physikalischer Größen liegt nach diesem Ansatz in den <u>Eigenschaften</u> von Einzeldingen und nicht in den Einzeldingen selbst - gegen die empiristischen Intuitionen, die man mit einer extensionalen Sichtweise der Semantik vielleicht zunächst verbindet. Die Größen der Physik stehen nicht für Einzeldinge oder "particulars", sondern für Uni-

versalien. Sie liefern eben, wie schon Duhem hervorhob, eine
abstrakte Darstellung der konkreten Phänomene.

Es ist darum zu erwarten, daß man sich bei der Frage nach
ihrer realistischen Deutung in ganz ähnliche Probleme verwickelt wie bei der traditionellen Frage nach dem "substantiellen" Eigenschaftsträger, den man gern für die Individuation
so vertrauter Universalien wie "rot" oder "viereckig" verantwortlich machen möchte, um eine platonistische Deutung von
Eigenschaften zu vermeiden. Die Bedeutung physikalischer
Größen und ihrer Werte ist so klar oder so unklar wie die
anderer Eigenschaftsklassen und Eigenschaften auch - ob man
nun "Bedeutung", wie hier um der besseren Präzisierbarkeit
willen versucht, rein extensional auffaßt oder nicht.

Dem skizzierten Ansatz zu einer extensionalen Semantik der
Physik haften natürlich gravierende Einschränkungen bezüglich der Bedeutung physikalischer Größen in empirisch unzugänglichen Größenbereichen an. Wir haben keine Gründe anzunehmen, daß die Extension einer Größe dort zu Ende ist, wo
durch einen kontingenten Wert auf ihrer Skala die natürliche
Grenze unserer Sinneserfahrung markiert wird. Mit Längenmaßstäben, Balkenwaagen und Pendelausschlägen läßt sich nur
ein Bruchteil der bekannten physikalischen Phänomene metrisieren. Die meisten Phänomenbereiche der Physik werden durch
sehr viel kompliziertere Meßmethoden erschlossen, und die
ausgefeiltesten Definitionen für physikalische Größen beruhen natürlich auf den fundamentalen Gesetzen physikalischer
Theorien:⁷ für eine Theorie im Reifestadium, in die alle
Meßgesetze bereits als Spezialfälle integriert wurden, lassen
sich die Intension und die Extension physikalischer Größen
nicht mehr ohne weiteres trennen.

Brückenprinzipien zur Extensionserweiterung

Der vorgeschlagene Ansatz zu einer extensionalen Semantik der
Physik ist jedoch ausbaufähig. Die Physik stellt eine Vielzahl von Brückenprinzipien zur Verfügung, mit denen sich die
Extension physikalischer Größen auf empirisch unzugängliche
Wertbereiche ausdehnen läßt - etwa auf die mit bloßem Auge
nicht beobachtbaren Längen im Großen und im Kleinen, d.h. auf
den kosmologischen und den mikroskopischen Bereich.

Diese Brückenprinzipien sind nichts anderes als Einheits-
annahmen bezüglich der Beschaffenheit der Natur im Großen
und im Kleinen. Die beiden wichtigsten davon sichern gerade
die Stabilität der Bedeutung physikalischer Größen über den
Theorienwandel hinweg; sie beruhen auf dem quantitativen
(oder metrischen) und dem qualitativen (oder dimensions-
algebraischen) Aspekt physikalischer Größen.

1. Bei der Theorienbildung wird in der Physik grundsätzlich
vorausgesetzt, daß die Meßgesetze eines Phänomenbereichs,
dessen Gesetzesstruktur noch unbekannt ist, in quantitativen
Näherungsbeziehungen zu Spezialfällen der dafür zu findenden
Theorie stehen. Man unterstellt m.a.W., daß die metrischen
Beziehungen physikalischer Größen beim Übergang zu einem neu
zu erschließenden Größenbereich im empirisch relevanten
Spezialfällen näherungsweise bewahrt bleiben. Dies ist das
Prinzip der quantitativen Näherungsbeziehungen, das die Übertragung vertrauter Meßmethoden auf neue Phänomenbereiche er-
möglicht - etwa die Anwendung von Meßgesetzen der klassischen

Punktmechanik auf die in einer Blasenkammer aufgenommenen Teilchenspuren der Mikrophysik.

2. Außerdem wird immer vorausgesetzt, daß die Definition physikalischer Größen unabhängig von der Wahl des Maßsystems ist, in dem sie definiert werden. Man nimmt beispielsweise an, daß man für die Dimensionen Länge, Masse und Zeit beliebig wechseln kann zwischen dem cgs-System und einem System atomarer Größeneinheiten, in dem die Lichtgeschwindigkeit und das Planck'sche Wirkungsquantum den Wert 1 haben. Diese Annahme beruht auf dem Prinzip der Dimensionsinvarianz, das besagt, daß die funktionale Form eines fundamentalen Naturgesetzes unabhängig von der Wahl des Maßsystems ist, in dem man die darin verknüpften Größen ausdrückt. Dieses Invarianzprinzip liegt dem stringenten Verfahren der Dimensionsanalyse und den dadurch legitimierten informellen Dimensionsbetrachtungen der Physik zugrunde. Es ermöglicht die Formulierung algebraischer Dimensionsgleichungen,° welche die Form der Gesetze für Phänomenbereiche mit unbekannter Gesetzesstruktur einschränken.

Beide Prinzipien, das der quantitativen Näherungsbeziehungen von Meßgesetzen und das der Dimensionsinvarianz von fundamentalen Naturgesetzen, sind natürlich in erster Linie Konstruktionsprinzipien, denen die Form einer zu entwickelnden physikalischen Theorie unterliegt. Man kann sich darüber streiten, inwieweit sie eine reale Entsprechung in einer strukturellen Einheit der Natur haben. Auf jeden Fall: sie funktionieren, d.h. sie versorgen die Physik mit einer einheitlichen Definition physikalischer Größen über alle durch irgendwelche Meßmethoden zugängliche Größenbereiche hinweg; und sie tun dies, ohne daß dabei bislang irgendwelche quantitativen Anomalien aufgetaucht wären.

Beide Prinzipien zusammengenommen sind bedeutungskonstitutiv für die Größen der Physik in Bereichen, die nicht mehr durch die Sinneserfahrung, sondern nur noch durch theoriegeladene Meßverfahren epistemisch zugänglich sind. Ich möchte hier an das Kontinuum der Beobachtung (im generalisierten Sinne von "Beobachtung") erinnern, das Maxwell in dem berühmten Aufsatz "The ontological status of theoretical entities"° zur Verteidigung des Wissenschaftlichen Realismus anführte. Nach den Brückenprinzipien zur Extensionserweiterung kann dieses Kontinuum in irgendeinem vernünftigen Sinn für alle Größen der Physik hergestellt werden, soweit es für ihre Größenbereiche Meßverfahren mit überlappenden Anwendungsbereichen gibt.

Die Träger physikalischer Eigenschaften

Nun ist es an der Zeit, die Resultate zum Thema Semantik der Physik zusammenzufassen und zum Thema Ontologie zurückzukehren, d.h. nach den Trägern physikalischer Eigenschaften zu fragen. Wir haben vor allem drei Ergebnisse gewonnen:

1. Die Extension physikalischer Größen liegt nicht in empirischen Einzeldingen, sondern in Eigenschaften von Dingen.

2. Es gibt Brückenprinzipien, mit denen die Extension physikalischer Größen auf empirisch unzugängliche Größenbereiche erweitert werden kann und die den Bereich der Alltagserfahrung mit den Anwendungsbereichen von Kosmologie und Mikrophysik verbinden.

3. Physikalische Prädikate haben demnach <u>keine grundsätzlich andere extensionale Bedeutung</u> als Prädikate der Alltagssprache wie "rot" oder "viereckig".

Die realistische Lesart physikalischer Größen, d.h. die Annahme, daß sich die physikalischen Eigenschaftsklassen und ihre Metrisierung auf wirkliche Eigenschaften der Phänomene beziehen, ist somit bei der hier vorgeschlagenen extensionalen Bedeutungsauffassung unproblematisch. Man darf die gemessenen Werte für physikalische Größen realistisch deuten - jedenfalls solange man vom traditionellen Universalienstreit absieht und nicht die realistische Deutung von Eigenschaften überhaupt wegen Platonismusverdacht infragestellt.

Fragt man jedoch nach den <u>Referenzobjekten</u> der Physik, d.h. nach den Entitäten, die als Träger physikalischer Eigenschaften fungieren sollen, so begibt man sich auf das Streitfeld der traditionellen Substanzmetaphysik. Man handelt sich dann nicht nur die altbekannten Schwiegigkeiten dieser Metaphysik ein, sondern noch ein paar neue dazu. Um nur einige davon, alte wie neue, zu benennen:

(i) Die "substantiellen" Träger von Eigenschaften einfach als Eigenschaftskollektive oder -bündel à la <u>Locke</u> oder <u>Russell</u> zu betrachten, ist unbefriedigend, denn Eigenschaftsträger sollen ja nicht wiederum Universalien sein.

(ii) Man benötigt also <u>Individuationskriterien</u> für Eigenschaftsträger. Rekurriert man nicht auf empirisch Gegebenes, dessen Individuiertsein einfach vorausgesetzt wird, so erfordert dies entweder einen vollständigen Begriff à la <u>Leibniz</u>, oder einen absoluten Raum à la <u>Newton</u> (bzw. eine absolute Raum-Zeit à la Minkowski), oder nebulöse eigenschaftslose Eigenschaftsträger - "bare particulars" à la <u>Bergmann</u>.[10] Das sind nicht unbedingt attraktive Alternativen!

(iii) Sucht man die Individuationskriterien in den raumzeitlichen Größen der Physik, so muß man nicht nur <u>Raum-Zeit-Punkten</u> - den abstraktesten Größen, die man sich denken kann - Realität zusprechen, sondern man bekommt darüberhinaus Schwierigkeiten damit, daß die Referenzobjekte einer <u>Quantentheorie</u> nicht raumzeitlich individuierbar sind.

(iv) Die Substanzen der traditionellen Metaphysik sind schon von Aristoteles her als <u>"letzte" Subjeke der Prädikation</u> konzipiert - als Einzeldinge, die mittels einstelliger Prädikate durch primäre Qualitäten charakterisiert werden. Nun mögen primäre Qualitäten epistemisch zugänglicher sein als "bare particulars". Aber nach welchen epistemischen Kriterien zeichnet man sie als <u>primär</u> aus? Und wie verhalten sie sich zu den <u>relationalen</u> Größen der Physik?

Angesichts all dieser Schwierigkeiten sollte man wohl eher den traditionellen Begriff eines Eigenschaftsträgers, der eine durch einstellige Prädikate charakterisierte Einzelsubstanz ist, infragestellen, als das Kind mit dem Bade auszuschütten und die realistische Lesart physikalischer Theorien ganz und gar preiszugeben. Wie ich zu zeigen versucht habe, spricht einiges dafür, daß physikalische Größen - bzw. die Eigenschaften, die ihren numerischen Werten entsprechen - der Bedeutung nach grundsätzlich gar nicht so verschieden sind von den uns aus der Alltagserfahrung vertrauten Eigenschaften der Dinge. Eigenschaften ontologisch ernst zu nehmen, und zugleich zu bestreiten, daß es dasjenige gibt, dem sie zukommen, ist aber erst recht unbefriedigend.

Was es ist, dem die physikalischen Eigenschaften jenseits der Grenzen unserer Sinneserfahrung zukommen, ist allerdings beim gegenwärtigen Stand der Realismus-Diskussion unausgemacht. Vielleicht läßt sich der Streit um die Referenzobjekte der Physik anders beurteilen, wenn man den traditionellen Substanzbegriff so generalisert, daß er der Relationalität physikalischer Größen und der komplexen Struktur physikalischer Systeme im Großen und im Kleinen gerecht wird.[11] Ein Versuch in dieser Richtung erscheint mir sinnvoller als der Verzicht auf jede realistische Lesart der erweiterten Extension, die unser Eigenschaftsbegriff dank der Größen der Physik über die kontingenten Grenzen unserer Sinneserfahrung hinaus hat. Vielleicht könnte von solch einer Generalisierung des Substanzbegriffs, die sich an der Struktur der heutigen Physik orientiert, sogar die immer noch um den traditionellen Substanzbegriff geführte Debatte profitieren.

Anmerkungen

1) Jedenfalls gilt dies für die T-theoretischen Größen physikalischer Theroien im Sinne von Sneed (1971).
2) Vgl. Kuhn (1961).
3) Vgl. die axiomatische Theorie der Messung, Krantz (1971).
4) Ebd., ch. 3.
5) Bridgman (1922), Campbell (1920); vgl. auch Krantz (1971), ch. 10.
6) Krantz (1971).
7) Zur Massendefinition vgl. etwa Schmidt (1993).
8) Siehe Krantz (1971), ch. 10.
9) Maxwell (1961).
10) Vgl. hierzu Loux (1978), ch. 7, 8.
11) Eine solche Generalisierung findet man in Scheibe (1991).

Literatur

Bridgman, P.W. (1922): Dimensional Analysis. New Haven.

Campbell, N.R. (1920): Physics. The Elements. Cambridge. 2.Auflage. Foundations of Science. New York 1957.

Krantz, D.H., Luce, R.D., Suppes, P. and Tversky, A. (1971): Foundations of Measurement. Vol. I, San Diego.

Kuhn, T.S. (1961): The Function of Measurement in Modern Physical Science. In: Isis 52, 161 ff.

Loux, Michael J. (1978): Substance and Attributes. Dordrecht.

Maxwell, G. (1960): The Ontological Status of Theoretical Entities. In: Feigl, H., and Scriven, M. (Hg.), Minnesota Studies in the Philosophy of Science, Bd. III. Minneapolis.

Scheibe, E. (1991): Predication and Physical Law. In: Topoi 10, 3-12.

Schmidt, H.-J. (1993): Definition of Mass in Newton-Lagrange Mechanics. Erscheint in: Philosophia Naturalis.

Sneed, Joseph D. (1971): The Logical Structue of Mathematical Physics. Dordrecht.

Ulrich Röseberg (Berlin)

Deutungen und Kritiken quantenmechanischer Komplementarität

Das von Niels Bohr 1927 erstmalig gebrauchte und seitdem in vielfach modifizierter Form benutzte Komplementaritätsargument gehört wohl zu den umstrittensten Elementen der Kopenhagener Deutung der nichtrelativistischen Quantenmechanik. Sein Autor hat es nirgends mit der für wissenschaftsphilosophische Diskussionen wünschenswerten Klarheit eingeführt. Um den Status von Komplementarität in den gegenwärtigen erkenntnistheoretischen Grundlagendebatten zur Physik zu klären, muß also erst einmal die dabei vorausgesetzte Deutung expliziert werden.

1. Rekonstruktionsversuch des Bohrschen Komplementaritätsarguments

Die Begriffe der klassischen Physik (Meßgrößen) sind streng genommen nicht als ontologische Begriffe einer an sich seienden Natur eingeführt. Gemäß der Kantischen Erkenntniskritik dürfte sich ihre ontologische Deutung philosophisch zwar nur noch schwer rechtfertigen lassen; gleichwohl bleiben aber deren praktisch vollzogenen Ontologisierungen zumindest physikalisch folgenlos. - Die Relativitätstheorie hat die mit der klassischen Physik verträgliche Ontologie modifiziert, ohne allerdings auch schon die Möglichkeit des ontologischen Naturverständnisses generell zu problematisieren. Erst die Kopenhagener Deutung der nichtrelativistischen Quantenmechanik weist auf die Fragwürdigkeit, mathematisierte physikalische Theorien als korrekte Beschreibungen an sich seiender Natur zu verstehen.

_____ Röseberg

Die Quantentheorie bringt, wie Bohr wiederholt betont hat, einen der klassischen Physik völlig unbekannten Ganzheitsaspekt in die Naturbeschreibung ein, symbolisiert durch das Plancksche Wirkungsquantum. Die Existenz dieser Naturkonstanten verbietet es - selbst gedanklich -, physikalische Prozesse beliebig zu zergliedern. Charakteristisch für die Quantentheorie ist danach "die Erkenntnis einer fundamentalen Begrenzung der klassischen physikalischen Begriffe, wenn sie auf atomare Phänomene angewandt werden. Die hieraus sich ergebende Sachlage ist von besonderer Art, weil unsere Deutung des Erfahrungsmaterials wesentlich auf der Anwendung der klassischen Begriffe beruht." (Bohr 1931, 34,35)

Die Quantenmechanik ist für Bohr "als eine den Forderungen der Quantentheorie angemessene symbolische Umschreibung des entsprechenden Bewegungsproblems der klassischen Mechanik zu betrachten" (Bohr 1931, S. 49). Sie bedient sich zur Systembeschreibung im mathematischen Darstellungsraum neuartiger und daher deutungsbedürftiger Zustandscharakteristika (Vektoren im Hilbert - Raum). Im Formalismus der Theorie kommen sowohl Größen vor, die aus der klassischen Physik bekannt sind (Masse und Ladung), als auch solche, die dort völlig unbekannt sind (Spin.)

Die Theorie symbolisiert die physikalischen Meßgrößen in unterschiedlichen Formen (Parameter, vertauschbare und nichtvertauschbare Operatoren). Neben Größen, die auch in der nichtrelativistischen Quantenmechanik weiterhin als beobachtungsunabhängige Objektcharakteristika angesehen werden (Masse, Ladung, Spin), gibt es Größen, die nur noch in konkreten Beobachtungs-

bzw. Meßzusammenhängen sinnvoll sind (Ort, Impuls, Spinprojektion u.a. - alle symbolisiert durch nichtvertauschbare Operatoren).

Zur Sicherung der Widerspruchsfreiheit quantemechanischer Naturbeschreibung hat Bohr sein Komplementaritätsargument eingeführt. Es verlangt in Situationen, in denen experimentell mögliche physikalische Erfahrungen miteinander unvereinbar sind, die Eindeutigkeit der Beschreibung durch Abwägen der entsprechenden Beobachtungs- und Definitionsmöglichkeiten herzustellen. Einander widersprechende Beschreibungen dürfen nicht gleichzeitig gebraucht werden. Die Theorie verlangt aber nicht, auf eine der experimentell möglichen Erfahrungen zu verzichten. Unter Angabe der jeweiligen Beobachtungsbedingungen bilden einander ausschließende Erfahrungen keine Gegensätze, sondern ergänzen sich im Rahmen eines vollständigen Gesamtbildes des jeweiligen Objektbereichs.

So verstandene Komplementarität bringt gegenüber der klassischen Physik und der Relativitätstheorie erhebliche erkenntnistheoretische Komplikationen mit sich. Sie markiert für die Physik das Ende erkenntnistheoretisch unreflektierten ontologischen Redens über Natur. Wir erkennen auch hier handelnd. Quantenmechanische Komplementarität belehrt uns auf spezifische Weise über den unauflösbaren Zusammenhang verschiedener Tätigkeitsformen im Erkennen. In Übereinstimmung mit dem Komplementariätsargument werden die Ontologisierungsversuche für die entsprechenden Symbole mathematisierter physikalischer Theorien fragwürdig.

Experimentelle Bedingungen zur Messung des Ortes von Mikroobjekten schließen beispielsweise das gleichzeitige Reden über dessen Impuls aus und umgekehrt. Weder Ort noch Impuls kommen den von der Theorie unterstellten Objekten an sich zu. Wir haben zu sagen, was wir tun, wenn wir beobachten bzw. messen. Dabei hat "die Beschreibung der Versuchsanordnung und die Registrierung von Beobachtungen in der mit der gewöhnlichen physikalischen Terminologie passend verfeinerten Umgangssprache zu erfolgen, ... da mit dem Wort Experiment nur ein Verfahren gemeint sein kann, über das wir anderen mitteilen können, was wir getan und was wir gelernt haben." (Bohr 1964, S. 3) -

Zur widerspruchsfreien Behandlung von Situationen, in denen das Verhalten der zu beobachtenden Objekte nicht unabhängig von den mit der praktischen Tätigkeit des Beobachters entsprechend gesetzten Verhaltensbedingungen beschrieben werden kann, ist die im Komplementaritätsargument nahegelegte erkenntnistheoretische Reflexion ontologischen Redens unverzichtbar. Bohr betonte, daß die quantenmechanische Zustandscharakteristik keine unmittelbare Meßgröße der Physik sei, sondern eine physikalisch zu interpretierende symbolische Größe, die sich stets auf die Gesamtheit von Beobachtungsbedingungen und Beobachtungsobjekt bezieht. Ihre Berechnung erlaubt Wahrscheinlichkeitsaussagen aller im Gültigkeitsbereich der Theorie möglichen Versuchsausgänge. Bohr ging von der Vollständigkeit quantenmechanischer Beschreibung aus und sah deshalb in deren Komplementarität einen durch den weiteren physikalischen Erkenntnisfortschritt nicht mehr hintergehbaren Zug jeder zukünftigen Naturbeschreibung.

2. Das Komplementaritätsargument im Lichte neuer Erfahrungen

Die Vorsicht, die Bohr mittels seines Komplementaritätsarguments Physikern im Reden über Natur auferlegt hatte, wird heute in den wissenschaftsphilosophischen Debatten zum Problem Realismus versus Antirealismus konstruktiv weitergeführt, sie gilt aber innerhalb der Physik inzwischen vielen Experimentatoren und Theoretikern als unangemessene Übertreibung.

De Broglie, Einstein, v. Laue, Planck, Schrödinger u.a. Physiker haben das Komplementaritätsargument noch als eine Form des Antirealismus explizit kritisiert. Heute wird es von Physikern weitestgehend ignoriert oder aber zum Relikt eines historisch längst überwundenen Frühstadiums quantenmechanischer Interpretationsdebatten erklärt. Moderne Formulierungen der Quantenmechanik, so wird uns vielfach beteuert, lassen Komplementarität als Konsequenz anfänglicher Verunsicherungen im Umgang mit einem zunächst physikalisch unverstandenen Formalismus erscheinen. Praktische Anwendungserfolge der Quantentheorie und deren relativistischer Erweiterung sowie Gewöhnung an die neue Symbolsprache haben inzwischen angeblich all jene Probleme vergessen gemacht, die Bohr dereinst zum Anlaß genommen hatte, an der Ausbildung einer "Komplementaritätstheorie" zu arbeiten. Bekanntlich war der Erfolg dieses philosophischen Forschungsprogramms mit dem des Bohrschen physikalischen Forschungsprogramms von 1913 nicht vergleichbar. (Da es hier nicht um Bohrphilologie gehen soll, verzichte ich auf Anmerkungen zu Verständnisproblemen Bohrscher Texte.)

Die praktisch ungefährliche Neigung, in der physikalischen Forschung pragmatisch zumindest schwache Realismusformen vorauszusetzen, hat angesichts des enormen Erkenntniszuwachses von der Atom- und Kernphysik bis zur gegenwärtigen Hochenergiephysik in der physikalischen und populärwissenschaftlichen Literatur zu einer grandiosen Renaissance erkenntnistheoretisch unreflektierten ontologischen Redens über Natur geführt. Ungeachtet aller Spitzfindigkeiten fachphilosophischer Problematisierungen des Realismuskonzepts wird nun über die "Quantenwelt" erkenntnistheoretisch nahezu ebenso unbekümmert geredet wie dereinst im Anschluß an die klassische Physik über die Welt der Körper und Felder. Man weiß jetzt, daß die Eigenschaften beider Welten zwar theoriespezifisch sind, geht aber wiederum davon aus, daß es sich um Eigenschaften an sich seiender Welten handelt. Für beide Welten lassen sich Ontologien formulieren, wobei sich die der "Quantenwelt" dann durch Modifikationen der mit der klassischen Physik verträglichen Ontologie ergeben soll.

Diese Tendenz hatte schon mit Heisenbergs Versuch des Einschlusses von Potentialität in die quantenmechanische Wirklichkeitsbeschreibung begonnen. Sie setzt sich heute in den Diskussionen um Separierbarkeit und Lokalität im Anschluß an die Bellschen Ungleichungen (1964) und praktische Messungen von Einstein - Podolsky - Rosen - Korrelationen fort. Darüber hinaus gibt es Uminterpretationen der Komplementarität im Sinne ontologischer "sowohl- als auch" - bzw. "weder - noch" - Deutungen.

Die hier genannten Ontologisierungen einer mathematisierten physikalischen Theorie laufen parallel zur Naturalisierung der Erkenntnistheorie. Die konstruktivistische Gegenwehr aber scheint die Quantenmechanik bislang nur in Ansätzen erreicht zu haben.

3. Fazit

Bohrs Komplementaritätsargument kann und sollte auch weiterhin als fortbestehende Warnung vor erkenntnistheoretisch unreflektierten Ontologisierungen benannter physikalischer Größen und Konzepte gedeutet werden. Sie erscheint daher als ein Hinweis naturwissenschaflicher Theorienentwicklung, in Übereinstimmung mit der inzwischen weitergetriebenen wissenschaftsphilosophischen Problematisierung des Realismuskonzepts, erkenntnistheoretisch unreflektierten Ontologien mit Skepsis zu begegnen. Zugleich nehmen gegenwärtig in Übereinstimmung mit Einsteins Physikverständnis auch die ontologischen Deutungen der Quantenmechanik wieder zu. Danach erfordert diese Theorie allerdings gegenüber der klassischen Physik und der Relativitätstheorie spezifische Modifikationen der Ontologie (Einschluß von Potentialität und Ganzheit).

Das seit der Einstein – Bohr- Debatte für die nichtrelativistische Quantenmechanik formulierte erkenntnistheoretische Grundproblem bleibt also entgegen allen anderslautenden Erklärungen ungelöst. Ich sehe in dieser Situation die kritische Funktion der Philosophie gegenüber der Physik in einem möglichst symmetrischen Ausloten beider miteinander unvereinbarer Standpunkte.

Literatur

Audretsch, J. und Mainzer, K. (Hrsg.), 1990: Wieviele Leben hat Schrödingers Katze? Zur Physik und Philosophie der Quantenmechanik, BI Wissenschaftsverlag, Mannheim/Wien/Zürich.

Bell, J. S., 1987: Speakable and unspeakable in quantum mechanics, Cambridge University Press, Cambridge.

Bohr, N., 1931: Atomtheorie und Naturbeschreibung, Verlag von Julius Springer, Berlin.

Bohr, N., 1964: Atomphysik und menschliche Erkenntnis I. Aufsätze und Vorträge 1933 - 1955, Friedr. Vieweg & Sohn, Braunschweig.

Bohr, N., 1966: Atomphysik und menschliche Erkenntnis II. Aufsätze und Vorträge 1958 - 1962, Friedr. Vieweg & Sohn, Braunschweig.

Cartwright, N., 1989: Natures Capacities and their Measurement, Clarendon Press, Oxford.

Cushing, J. & Mc Mullin, E. (eds.), 1989: Philosophical Consequences of Quantum Theory. Reflections on Bell's Theorem, University of Notre Dame Press, Notre Dame, Indiana.

Fine, A., 1986: The Shaky Game. Einstein Realism and the Quantum Theory, The University of Chicago Press, London and Chicago.

Fraassen, B. C. van, 1991: Quantum Mechanics. An Empiricist View, Clarendon Press, Oxford.

Leplin, J. (ed.), 1984: Scientific Realism, University of California Press, Berkeley and Los Angeles.

Ludwig, G., 1985: An Axiomatic Basis for Quantum Mechanics Volume 1 Derivation of Hilbert Space Structure, Springer - Verlag, Berlin Heidelberg, New York, Tokyo.

Ludwig, G., 1987: An Axiomatic Basis for Quantum Mechanics Volume 2 Quantum Mechanics and Macrosystems, Springer - Verlag, Berlin Heidelberg, New York, Tokyo.

Primas, H., 1983: Chemistry, Quantum Mechanics and Reductionism, Springer - Verlag, Berlin Heidelberg, New York, Tokyo.

Röseberg, U., 1984: Szenarium einer Revolution. Nichtrelativistische Quantenmechanik und philosophische Widerspruchsproblematik, Akademie - Verlag, Berlin.

Scheibe, E., 1973: The Logical Analysis of Quantum Mechanics, Pergamon Press, Oxford, New York, Toronto, Sydney, Braunschweig.

Weizsäcker, C. F., 1985: Aufbau der Physik, Carl Hanser Verlag, München, Wien.

Wheeler, J. A. and Zurek, W. H. (eds.), 1983: Quantum Theory and Measurement, Princeton University Press, Princeton, New Jersey.

DIE ANDERE SEITE DES WISSENSCHAFTLICHEN REALISMUS*

G.L. Pandit, Delhi

Abkürzungen:

EPRG	Einstein-Podolski-Rosen-Gedankenexperiment
GTR	Allgemeine Relativitätstheorie / General Theory of Relativity
PR	Physikalischer Realismus
QM	Quantenmechanik
SR	Wissenschaftlicher Realismus / Scientific Realism
STR	Spezielle Relativitätstheorie / Special Theory of Relativity
T_{EP}	Erklärungskraft einer Theorie / Explanatory Power of a Theory
T_{RP}	Erschließungskraft einer Theorie / Resolving Power of a Theory

Folgt man den philosophisch monolithischen und rigiden Versionen des SR (zu finden im Werk von Karl R. Popper und anderen Gegenwartsphilosophen), so erfordern die Prioritäten einer realistischen Naturwissenschaft wie die Physik folgendes: (i) Wissenschaft ist ein erklärendes/problemlösendes Verfahren, das auf Wahrheit zielt (= die eine und einzige wahre Theorie über alles); (ii) vorausgesetzt alternative Theorien $T_1/T_2/T_3,...$, so hängt ihre rationale Akzeptabilität davon ab, welche dieser Theorien jenes Ziel besser in ihrer Domäne erreicht; (iii) wissenschaftlicher Fortschritt von T1 zu T2 oder von T2 zu T3 ist am besten angezeigt durch ihren vergleichbaren Grad von Wahrheits-Wahrscheinlichkeit. Aber es gibt auch eine ernsthafte Schwäche in diesem Bild der Wissenschaft als ein zielorientiertes Unternehmen. Wegen des Mangels an Korrelationen kann dieses Bild die Entwicklung des Realismus innerhalb der Naturwissenschaften wie der Physik nicht fassen, der anderen Seite des SR, wie ich es nennen möchte. An diese andere Seite des Realismus zu denken, die von den Physikern selbst entwickelt worden ist, bedeutet, an Newtons Opticks zu denken, an Max Planks Quanten-Hypothese, an Einsteins STR und GTR, an die EPRG und an die Bohr-Einstein-Debatte. Hier erfahren wir, daß die Prioritäten einer realistischen Naturwissenschaft sich gemäß des wissenschaftlichen Wandels verändern können, der in ihr stattfindet. Überdies kennzeichnet die Naturwissenschaften kein singuläres Ziel. Ihre Suche-und-Entdeckung-Verfahren (oder besser: Regeln und Strategien) sind einer bestimmten Art von methodologischer Evolution unterworfen. So legt die methodologische Evolution der Physik zum Beispiel nahe, daß es nichttriviale Korrelationen zwischen den Fragen von Ziel und Methode der Physik dergestalt gibt, daß man immer fragen kann[1]: (1) Auf welche Art der Theorie T (=MF.PI) - mit welcher Art von mathematischem Formalismus und physikalischer Interpretation - sollte die Physik im Rahmen des speziellen Interessenfelds des Physikers hinarbeiten?; (2) Welche Art von Theorie-Testmethode hinsichtlich rationaler Theoriewahl sollte die Physik anwenden, gegeben die Art von T, auf die sie hinzielen sollte?; (3) Vorausgesetzt, unsere rationale Akzeptanz von T hebt T als die beste Theorie in ihrem Feld heraus, welcher Art ist dann die Welt, die die Physik präsupponiert?

G. L. Pandit, Delhi

Wie sollen wir dann die andere Seite des SR in den Blick rücken? Was sind hier die Prioritäten? Ich meine, die EPRG[2] und die Bohr-Einstein-Debatte[3] gibt uns die passendsten Kandidaten an die Hand um eine adäquate Antwort auf diese Fragen zu finden. Im Allgemeinen können wir zweierlei als Prioritäten des SR ausmachen: einerseits T_{RP} und andererseits die Reproblematisierung[4] des physikalischen Wissens, inclusive der Reproblematisierung jenes Konzepts physikalischer Realität wie sie in der Bohr-Einstein-Debatte erfolgt. Die Reproblematisierung der Interaktionen des Messens rechtfertigt in den QM die Ansicht, daß möglichen Meßvorgängen keine freien Spielräume eingeräumt werden können. Ebenso wie die Theorie intervenieren muß, wenn die physikalische Realität der Instru-mentalität unserer Sinne unzugänglich ist, so muß sie gleiches tun, wenn die physikalische Realität sich uns paradoxerweise entzieht, weil die Theorie (=QM), die wir haben, uns mehr über den Vorgang des Messens und dessen Resultate erzählt als über die Welt selber, welche die Physik zu ent-decken beabsichtigt. Das ganze Paradox liegt also in Folgendem: Entweder ist QM die Art physikalischer Theorie, die realistisch in ihren Annahmen und Konsequenzen ist und auf die die Physik hinzielen kann, oder sie ist es nicht. Ist sie es, dann sollte es möglich sein, eine alternative Theorie zu entwerfen, mit der wir ihren Geltungsbereich einfach, exakt und realistisch festlegen können. Ist sie es aber nicht, dann ist QM bestenfalls diejenige Art von (Messen) Interaktionstheorie, die eine physikalische Theorie normalerweise annehmen oder sogar nur voraussetzen kann. Um diesen strittigen Punkt zu lösen müssen wir unser Augenmerk darauf lenken, was für Lehren aus der EPRG und der Bohr-Einstein-Debatte gezogen werden können.

Ich denke, in QM ist nichts, was den Physiker davon abhalten könnte, diese drei Fragen (1-3) zu stellen und so höher und tiefer zu gelangen. Diese sind von Newton bis Einstein und von Einstein bis Niels Bohr verschieden beantwortet worden, obgleich die Fragen selbst im Wesentlichen die gleichen geblieben sind. Wenn ich mich nicht irre war es Einstein, der sie vor dem Vergessen bewahrte, in welches sie fast gefallen waren. Wir brauchen diesbezüglich nur an die Jahrhundertwende zu denken als die gesamte Wissenschaftsgemeinschaft der Physiker darauf aus war, alle theoretischen Hintergrundsressourcen an die experimentelle Front zu werfen und so die Newtonsche Mechanik weit über ihren Geltungsbereich hinaus zu tragen (und dabei sogar die negativen Ergebnisse des Michelson-Moreley-Experiments in einen weiteren Fall ihrer Anwendung umzudrehen). In Einsteins Fall werden diese Fragen dann erneut auf verschiedene Weise beantwortet, je nachdem ob wir an dem Übergang von klassischer Mechanik zu Einsteins STR oder ob wir am Übergang von dieser zu seiner GTR interessiert sind. Dies und seine Suche nach der universellen Feldtheorie machten ihn nicht nur empfänglich, sondern auch sehr kritisch hinsichtlich der Formulierung der QM um 1927. Zweifelsohne gab seine eigene Theorie aus

G. L. Pandit, Delhi

dem Jahre 1905 der photoelektrischen Wirkung die Richtung an für die QM-Forschung. Mit dem Begriff der Lichtquanta (=photonen) konnte die Theorie die Grundlage für spätere Entwicklungen in diesem Feld legen, insbesondere für Bohrs Atomtheorie. Einstein selbst sagte[5]:

> "Diese Erkenntnis hat die Entwicklung der Physik in unserem Jahrhundert eingeleitet und nahezu vollständig beherrscht. Ohne sie wäre die Aufstellung einer brauchbaren Theorie der Atome und Moleküle sowie der ihre Umwandlung beherrschenden energetischen Vorgänge unmöglich gewesen. Diese Erkenntnis hat ferner den Rahmen der klassischen Mechanik und Elektrodynamik gesprengt und die Wissenschaft vor die Aufgabe gestellt, eine neue begriffliche Basis für die gesamte Physik zu finden, eine Aufgabe, die trotz bedeutender Teilerfolge noch lange nicht befriedigend gelöst ist."

Einsteins Verwendung von Plancks Konstante in seiner Erklärung des photoelektrischen Effekts gab der Quantenhypothese ein eigenes Leben. Er war, wie Max Planck und andere Physiker seiner Zeit, ein Realist zumindest in zwei Weisen. <u>Erstens</u> hing er dem SR als eine philosophische Doktrin an, die die Frage beantwortet: "Ob da eine Welt da draußen ist? Wenn ja, was ist dann die Aufgabe der Naturwissenschaften wie der Physik?" <u>Zweitens</u> glaubte er an die PR, der anderen Seite des SR, die die Frage beantwortet: "Die Geltung des SR vorausgesetzt, auf welche Art physikalischer Theorie sollte dann die Physik hinarbeiten um herauszufinden, welche Art von Welt die Welt ist, die <u>sie</u> voraussetzt?" Worauf wollte Einstein hinaus, als er neue Probleme mittels der berühmten EPRG stellte? Worauf zeigte er, als er später seine Unzufriedenheit mit den aktuellen Resultaten der EPRG äußerte? Er bewegte sich in dieselbe Richtung, nämlich in die Richtung seiner Suche-und-Entdecke-Verfahren (search-cum-discovery procedures), die er früher entworfen hatte, und sein Ziel konnte nicht ein begrenztes sein wie lediglich demonstrieren zu wollen, wie unvollständig QM als physikalische Theorie ist, - was ein oberflächlicher Blick auf die Bohr-Einstein-Debatte so leicht nahelegt.

Bohr[6] betrachtete QM als eine vollständige physikalische Theorie und stellte damit Einstein infrage, der - von der Voraussetzung des EPRG[7] ausgehend - die QM als unvollständig ansah. Ihre Debatte, die mit der Frage nach der Beschreibung physikalischer Realität zusammenhängt, ist gekennzeichnet durch eine starke Wechselwirkung zwischen deren jeweiligen Konzeptionen physikalischer Theorie und physikalischer Realität, die die wichtigsten Fragen zwischen beiden ungelöst läßt. Die EPRG verlangte, daß keine physikalische Theorie, die vollständig ist in dem Sinne der notwendigen Voraussetzung daß

<u>jedes Element physikalischer Realität ein Widerlager in physikalischer Theorie haben muß</u>[8],

einen Begriff der Realität verwenden kann, demzufolge physikalische Quantitäten nur existieren oder realen Wert haben wenn sie beobachtet oder gemessen werden. Denn dies ist genau das, was das EPRG-Kriterium (= hinreichende Bedingung) physikalischer Realität nach sich zieht, viz.:

G. L. Pandit, Delhi

"Wenn wir, ohne in irgendeiner Art das System zu stören, mit Sicherheit (d.h. mit Wahrscheinlichkeit, die der Einheit gleichgesetzt ist) den Wert einer physikalischen Quantität voraussagen können, dann existiert dort ein Element physikalischer Realität, das dieser physikalischen Quantität entspricht."[9]

Bohr[10] argumentierte dagegen:

" Tatsächlich (...) enthält ein Realitätskriterium wie das, was von den genannten Autoren vorgeschlagen wird, eine wesentliche Ambiguität, wenn es auf die aktuellen Probleme angewandt wird, die uns hier beschäftigen, - wie vorsichtig seine Formulierung auch erscheinen mag."

Deshalb schließt er auch begrifflich die Möglichkeit ihrer Auflösung aus, weil sie nicht nur begrifflichen Charakters ist. Der Ort der Ambiguität, wie ihn Bohr identifiziert, liegt in der Natur der quantenmechanischen Phänomene selber, und er bezieht sich wiederholt auf diese als Phänomene neuen Typs. Bedeutet dies dann, daß die Ambiguität empirischen Charakters ist? Man muß das wohl bejahen insoweit als Bohr jene experimentellen Arrangements im Sinn hat, die ein Kennzeichen derselben Phänomene sind. Ist die Frage dann, die aus Bohrs Erwiderung folgt, immer noch ungelöst? Diese Frage kann wie folgt gestellt werden:

Wie können wir mit Bezug auf pysikalische Realität und also mit Bezug auf den Realismus die Frage der Ambiguität lösen, wie sie sich aus der Bohr-Einstein-Debatte ergibt?

Es könnte scheinen, als ob dies unlösbar ist, weil, wie Bohr[11] argumentiert,

'wir es in der Tat in jeder experimentellen Anordnung, die für die Untersuchung von charakteristischen Quantenphänomenen geeignet ist, nicht nur mit einer Unkenntnis der Werte bestimmter physikalischer Quantitäten zu tun haben, sondern auch mit der Unmöglichkeit, diese Quantitäten auf eine nicht ambige Weise zu definieren'.

Deshalb wiederholt Bohr[12] seinen Einwand gegen das EPRG Kriterium physikalischer Realität, daß es 'eine Ambiguität mit Beziehung auf die Bedeutung des Ausdrucks "ohne in jeder Beziehung ein System zu stören" enthält'. Für Bohr ist die Konsequenz der EPRG, daß QM unvollständig ist, ungerechtfertigt. Sie ist nicht nur dann ungerechtfertigt, wenn keine "mechanische Störung des Systems, das während der letzten kritischen Phase des Meßvorgang unter Beobachtung steht," eintritt, sondern auch dann, wenn "sich die Frage eines Einflusses auf diejenigen Bedingungen essentiell abhebt, die die möglichen Typen der Vorhersage definieren, welche das zukünftige Verhalten des Systems betreffen". Diese sind solche Bedingungen, die 'ein inhärentes Element der Beschreibung jedweder Phänomene ausmachen, denen der Ausdruck "physikalische Realität" gerechtfertigterweise zugesprochen werden kann'.[13]

Bohr[14] schließt daraus daß die quantenmechanische Beschreibung

'als eine rationale Verwendung aller Möglichkeiten unzweideutiger Interpretation von Messungen charakterisiert werden kann, die mit der endlichen und unkontrollierbaren Wechselwirkung zwischen den Objekten und den messenden Instrumenten im Felde der Quantentheorie kompatibel ist'.

Es scheint als ob wir eine völlig neue Situation vor uns haben, die nach einem gänzlich neuen Paradigma für physikalische Beschreibung verlangt. Bohr[15] behauptet, daß der Begriff der Komplementarität für die quantenmechanische Beschreibung zentral ist, wenn man mit ihm ein neues Paradigma aufbaut. Bohr argumentiert[16]:

'Es ist in der Tat allein der gegenseitige Ausschluß jeder der beiden experimentellen Verfahren, der die unzweideutige Definition von komplementären physikalischen Quantitäten erlaubt und der Raum schafft für neue physikalische Gesetze, die Koexistenz desjenigen, was auf den ersten Blick als unversöhnlich mit den grundlegenden Prinzipien der Wissenschaft aussieht."

Bohr[17] schlägt vor, daß die Notwendigkeit, eine Trennungslinie zu ziehen zwischen den Teilen eines physikalischen Systems, die als messende Instrumente anzusehen sind und denen, die die zu beobachtenden Objekte konstituieren, dort besteht, wo das klassische Paradigma sich von demjenigen Paradigma unterscheidet, das aus der QM entsteht. Die Trennungslinien zwischen einem Typ der Experiments zum anderen können jedoch in beiden variieren. Aber dies macht, im Gegensatz zur QM, für das klassische Paradigma keinen Unterschied. Bohr[18] schlägt mit dem Gedanken der Komplementarität als einem neuen Charakter der Naturphilosophie eine radikale Revision hinsichtlich der Verhaltensweise des Physikers zur physikalischen Realität vor, - ebenso wie die STR uns dazu zwang, unser Verhalten zum absoluten Charakter der physikalischen Begriffe Newtons zu revidieren.

Auf zwei Arten von Mißverständnissen bezüglich der Bohr-Einstein-Debatte muß im Hinblick auf die Aussichten für eine Lösung der Probleme physikalischer Realität aufmerksam gemacht werden. Es wäre ein Irrtum zu glauben daß Bohr oder Einstein mehr mit dem Charakter physikalischer Realität beschäftigt wären als mit der Charakter und der Rolle der physikalischen Theorie. Sie sind gleichermaßen mit beidem beschäftigt. Es wäre ebenfalls ein Irrtum, diese Debatte so zu zeichnen als wäre es eine Debatte zwischen den Instrumentalisten der Kopenhagener Schule und den Realisten der EPRG. Eine größere Verzerrung kann man sich nicht vorstellen. Weder Bohr noch seine Kollegen hatten je die Absicht, den SR zu bezweifeln, auf dem nicht nur die Bohr-Einstein-Debatte fußt, sondern auf dem die ganze Physik aufruhen muß. Einstein hat seine Gegner nie als Instrumentalisten qualifiziert. Diese Debatte ist im Gegenteil einzigartig in ihrem Bestreben, sich auf die große Frage zu richten, die Einsteins unabgeschlossene Suche nach einer einheitlichen Feldtheorie durchzieht: Eingedenk der verschiedenen Typen allgemeiner Zwänge wie PR, Vollständigkeit, Einfachheit und so weiter, - auf welche Art von physikalischer Theorie sollte die Physik abzielen? In dem Maße wie die EPRG hinsichtlich ihres Hauptzieles versagt haben mag, nämlich Aufmerksamkeit auf diese konstruktive Frage zu erzielen, hatte Einstein recht, als er später in einem Briefwechsel mit Schrödinger erklärte, wie unzufrieden er mit der Formulierung der EPRG gewesen war.

Die EPRG und insbesondere Bohrs Reaktion darauf lassen den Dissens zwischen Einstein und Bohr als verschiedene Einschätzungen des Charakters physikalischer Realität erscheinen. Bohr ist, anders als Einstein, darauf bedacht, die Komplementarität als einen universellen neuen Charakter der atomaren Phänomene anzusehen und QM als eine vollständige Theorie zu verteidigen. Ein tieferer Blick jedoch zeigt auf, daß ihr Dialog tiefere Spannungen zwischen ihren verschiedenen Verhaltensweisen zur oder ihren Erwartungen an physikalische Theorie und physikalische Realität ent-

G. L. Pandit,   Delhi

hält. Einstein formuliert seine Sichtweise physikalischer Theorie jedesmal sehr scharf, wenn es notwendig wird, uns daran zu erinnern, wie und unter welchem Typ formaler/universeller Zwänge die Suche des Physikers nach der bestmöglichen physikalischen Theorie fortschreitet. Durch eine sorgfältige Formulierung der Problematik der Suche nach einer angemessenen Art physikalischer Theorie, mit einer angemessenen Art mathematischer Struktur, aber innerhalb bestimmter universeller Zwänge, können jedwede Komplexitäten im Charakter physikalischer Realität und hinsichtlich des physikalischen Experiments berücksichtigt werden, auf welche sich die Aufmerksamkeit des Physikers zur Konzeptualisation richtet. Auf diese Weise setzt die EPRG den Anstrengungen, neue Komplexitäten anzuerkennen, keinen Widerstand entgegen, so wie jene, die uns durch den Welle-Korpuskel-Dualismus zur Kenntnis gebracht worden sind, oder durch Heisenbergs Unschärferelation oder Bohrs Prinzip der Komplementarität. Sie erblickt jedoch in der Quantenrealität nicht genug Herausforderung, um Einsteins Konzeption physikalischer Theorie in Frage zu stellen. Die QM ist im Gegenteil nicht die Art von Theorie, die zu dieser Konzeption paßt. Diesbezüglich gibt es genug Herausforderung für die QM. Wenigstens zwei Beweise oder Demonstrationen sind notwendig, dieser Herausforderung zu begegnen:

(i) Einsteins (EPRG) Kritik der QM läßt eine ausreichende physikalische/experimentelle Grundlage vermissen, und auf experimentelle Weise sind keine Verbesserungen von QM Voraussagen möglich, insbesondere nicht in den Hinsichten, auf die Einstein selbst hindeutete; und

(ii) Einsteins Konzeption physikalischer Theorie, entfaltet in der GTR, ist grundlegend im Irrtum.

Ich möchte mich hier aller Kritik enthalten, ob solche Beweise überhaupt versucht und ventiliert wurden. Auf der anderen Seite können wir feststellen, daß Bohr anstelle der Frage, was physikalische Theorie in der neuen Situation leisten könnte, wiederholt darauf insistiert, daß klassische Muster physikalischer Beschreibung nicht in der Lage sind, eine nicht-ambige Beschreibung im Bereich der QM zu leisten. Er zieht es erwartungsgemäß vor, der Herausforderung der EPRG durch seinen Vorwurf zu begegnen, daß deren Argument von einer "Ambiguität" abhängt, die in deren Kriterium physikalischer Realität eingebaut ist. Indem Bohr die Komplementarität als ein neues Merkmal in die Quantenphänomene einführt, die unter verschiedenen experimentellen Bedingungen je verschieden auftreten, zeigt Bohr lediglich eine Bereitschaft, Komplexitäten in der Quantenrealität anzuerkennen, die der klassischen physikalischen Theorie unbekannt waren. Seine Verteidigung der QM als eine vollständige Theorie macht von all den Ressourcen Gebrauch, die er in *ihr* mobilisieren konnte. Aber er diskutiert nicht direkt die Suche nach einer physikalischen Theorie unter der optimalen Bedingung der existierenden Theorien, die unsere besten Erklärungen in ihren Bereichen liefern.

Die wichtigste Frage, die wir fragen können und sollten, ist nun nicht diejenige danach, um wievieles tiefer Bohrs und Einsteins Einschätzungen reichen, wenn Komplexitäten von enormen Ausmaßen auf beiden Seiten betroffen sind. Im Gegenteil,

G. L. Pandit, Delhi

es ist diese Frage: In welchem Ausmaße kommen beide hinsichtlich der Anstrengung überein, die basalen und unaufgebbaren Begriffe physikalischer Realität, der Messung, der Vorhersage und des Theorie-Testens zu reproblematisieren, - Begriffe, die kein Physiker wird aufgeben können? Nachdem man Komplexitäten neuen Stils anerkannt hat, ist die Reproblematisierung der nächste Schritt, den man machen kann, insbesondere in einer Situation der Krise. Und die Reproblematisierung in der Physik muß unweigerlich in die große Frage münden: Auf welche Theorie und mit welcher Art mathematischer Struktur soll die Physik hinarbeiten? Es ist die Reproblematisierung in diesem Sinne, die in den schärfsten Formulierungen ihrer Argumente und Einschätzungen auf schwerwiegende Weise nicht zum Gegenstand gemacht werden. Damit soll jedoch nicht geleugnet werden, wie stark ihre Konzeptionen physikalischer Theorie und physikalischer Realität in Wechselwirkung stehen. Wo sich Bohr in zwei verschiedenen Paradigmen physikalischer Realität gefangen sah, wandte Einstein unablässig seine eigene Konzeption physikalischer Theorie an, um die Löcher zwischen ihnen zu überbrücken. In jedem Falle ist es möglich, daß sein Kritizismus gleichermaßen auf die Entwicklung der QM zielte, um das Beste daraus zu machen.

Die QM und die Bohr-Einstein-Debatte bestärkt unsere Auffassung von wissenschaftlicher Methodologie[19] als ein Fortschreiten von Theorien zu Problemen und als ein Rückwärtsschreiten von Problemen zu Theorien. Deshalb wird die bleibende Wichtigkeit der QM als physikalische Theorie sich hinsichtlich des Bereichs neuer Probleme erweisen, welche der Physiker in ihrem Rahmen entwickeln kann. Allgemeiner gewendet: Um eine gute Theorie in ihrem Bereich zu sein, muß eine physikalische Theorie T eine empirisch verläßliche[20] Theorie sein, deren Grad ihrer empirischen Verläßlichkeit direkt proportional zu ihrem Grad methodologischer Einfachheit ist. Die Frage, ob QM eine methodologisch einfachere Theorie und demzufolge empirisch verläßlicher ist als ihre möglichen Alternativen, kann im Licht einer generalisierenden Definition für ein beliebiges Theoriepaar T_1 und T_2 folgendermaßen entschieden werden:[21]

$$S(T_2) > S(T_1) \longleftrightarrow T_{EP} \cdot T_{RP}(T_2) > T_{EP} \cdot T_{RP}(T_1)$$

Dies versetzt uns in die Lage, T_2, gegeben T_1, als eine verläßlichere Basis für die zukünftige Entwicklung in der Wissenschaft als bewerten. In diesem Sinne läßt T_2 mehr Raum für solche ontischen Komplexitäten der Welt, die unbekannt bleiben. In ihrem Bereich stellt sie mehr Probleme als sie zu lösen vermag. Die Probleme des Realismus und der Einfachheit können hier nicht von der Suche des Physikers nach der bestmöglichen Theorie in ihrem Bereich losgelöst werden. Der Schlüssel zu diesen Problemen liegt deshalb im theoretischen Pluralismus und nicht in theoretischem Monismus. Ich möchte hier in diesem Zusammenhang die klassische Aussage Max Plancks[22] zitieren, die ich hinsichtlich meiner eigenen Auffassung[23] für relevant halte:

G. L. Pandit, Delhi

"Dem Physiker ist das ideale Ziel die Erkenntnis der realen Außenwelt: aber seine einzigen Forschungsmittel, seine Messungen, sagen ihm niemals etwas direkt über die Welt, sondern sind ihm immer nur eine gewisse mehr oder weniger unsichere Botschaft oder, wie es Helmholz einmal ausgedrückt hat, ein Zeichen, das die reale Welt ihm übermittelt und aus dem er dann Schlüsse zu ziehen sucht, ähnlich einem Sprachforscher, welcher eine Urkunde zu enträtseln hat, die aus einer ihm gänzlich unbekannten Kultur stammt...".

Was könnte die endgültige Lehre der QM sein? Schlägt sie eine Suche jenseits Bohrs Prinzip der Komplementarität als universeller Charakterzug vor? Verschiedene experimentelle Anordnungen in der Atomphysik, so sagt das Prinzip uns, schließen einander aus, und das Messen einer Eigenschaft könnte deshalb "komplementär" zum Messen einer anderen sein. Entweder ist die Komplementarität in diesem Sinne ein universaler Charakterzug in der Natur oder sie ist dies nicht, – in solchem Falle wäre sie ein philosophisches Prinzip oder Strategie. Wenn das erstere zutrifft, wie aus Bohrs Konzeption physikalischer Phänomene in der QM folgt, dann hindert den Physiker nichts daran zu fragen: Warum gibt es überhaupt Komplementarität in der Natur?

* Der Autor dankt der Alexander von Humboldt-Stiftung für ihre großzügige Unterstützung. Dank geht auch an Erhard Scheibe und Lorenz Krüger für fruchtbare Diskussionen und an Peter Vollbrecht für die deutsche Übersetzung.

1 Siehe G.L. Pandit, The Structure and Growth of Scientific Knowledge: A Study in the Methodology of Epistemic Appraisal (Dordrecht, 1983); G.L. Pandit, 'Scientific Change: The Possibility of a Unified Approach', in: Grenzfragen zwischen Philosophie und Naturwissenschaft, Hg. v. Paul Weingartner und Gerhard Schurz, Hölder-Pichler-Tempsky, 1989, pp 168-179; G.L. Pandit, Methodological Variance: Essays in Epistemological Ontology and the Methodology of Science (Dordrecht 1991).
2 A. Einstein, B. Podolsky and N. Rosen, 'Can Quantum-Mechanical Description of Physical Reality Be Considered Complete?', Physical Review 47 (1935: pp 777-780).
3 Niels Bohr, 'Can Quantum-Mechanical Description of Physical Reality Be Considered Complete?', Physical Review 48 (1935: 696-702).
4 Siehe Anmerkung 1
5 A. Einstein, Aus meinen späten Jahren, Frankfurt/Berlin 1984, S. 221 (Erste Auflage 1979)
6 Siehe Anmerkung 3
7 Siehe Anmerkung 2
8 Siehe Anmerkung 2
9 Siehe Anmerkung 2
10 Siehe Anmerkung 3, S. 697
11 Siehe Anmerkung 3, S. 699
12 Siehe Anmerkung 3, S. 700
13 Siehe Anmerkung 3, S. 700
14 Siehe Anmerkung 3, S. 700
15 Siehe Anmerkung 3, S. 700
16 Siehe Anmerkung 3, S. 700
17 Siehe Anmerkung 3, S. 701
18 Siehe Anmerkung 3, S. 702
19 Siehe G.L. Pandit, 1983, 1989, 1991
20 Siehe G.L. Pandit, 1991
21 Siehe G.L. Pandit, 1991
22 Max Planck, Vorträge und Erinnerungen. Wissenschaftliche Buchgesellschaft Darmstadt 1965 (Reprint der 5. Auflage von 1949), S. 235
23 Siehe G.L. Pandit, 1983, 1989, 1991

DAS ZIEL DER PHYSIK   Andreas Hüttemann
                                       Heidelberg

Wie die Frage nach dem Ziel der Physik beantwortet werden sollte

Die Zwischenüberschrift läßt sich in zweierlei Sinn verstehen. Sie kann so verstanden werden, daß nach der <u>Art</u> der Antwort auf eine solche Frage, nach der Methode ihrer Beantwortung gefragt wird. Sie kann aber auch so verstanden werden, daß ein Vorschlag für ihre Beantwortung vorgestellt wird. Beides ist gemeint.

Wir benutzen den Begriff "Ziel" am häufigsten, wenn wir einer Person ein Ziel zuschreiben. Dieses Ziel ist gewöhnlich eines, so unterstellen wir, das sich die Person bewußt gesetzt hat. "Brigitta hat das Ziel, das Biologiestudium mit dem Diplom abzuschließen." Bei dieser Art der Verwendung schreiben wir ein Ziel einer Person zu, der wir entsprechende <u>intentionale</u> Zustände unterstellen. Neben diesem Gebrauch gibt es noch einen anderen, bei der die Zuschreibung dieses Prädikats unabhängig von den intentionalen Zuständen von Personen ist. Das Ziel des Fußballspiels, so sagen wir, ist es, möglichst viele Tore zu erzielen. Den einzelnen Personen, die an einem solchen Spiel beteiligt sind mögen wir durchaus Ziele im zunächst genannten Sinne zuschreiben. So mag der Spieler Hölzenbein eine ihm wichtige Person imponieren wollen. Diese Art individueller Ziele sind für die Frage nach dem, was das Ziel des <u>Fußballspiels als solchem</u> ist, unbedeutend.

Wie läßt sich die Behauptung, das Ziel des Fußballspiels sei es, möglichst viele Tore zu erzielen, stützen? Stellen wir uns einen Amerikaner vor, der mit diesem Spiel noch nicht vertraut ist und der von einer Freundin ins Dortmunder Westfalenstadion eingeladen wird. Sie wird ihm nicht erklären müssen, daß es das Ziel des Spiels sei, möglichst viele Tore zu erzielen. Anhand des Jubels eines Teils der Spieler und eines Teils der Zuschauer, wird er selbst zu dieser Erkenntnis gelangen. Er kann das Ziel deshalb erkennen, weil er in der Lage ist, Handlungen oder Tätigkeiten der Spieler aufgrund des Jubels als erfolgreich auszuzeichnen. Das Ziel eines solchen Unternehmens und die erfolgreichen Handlungen innerhalb eines solchen Unternehmens bedingen sich einander und sind wechselseitige Indizien füreinander. Wenn wir anhand von Kriterien wie den Zuschauerreaktionen in der Lage sind bestimmte Spielzüge als erfolgreich zu bezeichnen, dann können wir versuchen, für sie funktionale Erklärungen zu finden: Die Spieler haben versucht, den Spielzug so aufzubauen, wie er tatsächlich aufgebaut worden ist, weil es das Ziel des Spiels ist, Tore zu schießen. Wenn die Zielbestimmung des Spiels zutrifft, dann sind die Handlungen, die Teil dieses Spiels sind, funktional erklärbar.

Die Angabe des Ziels eines bestimmten Unternehmens oder einer

Institution kann anzeigen, wieso es rational ist, bestimmte Tätigkeiten, die zu diesem Unternehmen gehören, so auszuführen, wie sie tatsächlich ausgeführt werden; und kann so also die interne Rationalität des Unternehmens explizieren. Das Ziel gegeben ist es nämlich möglich diese Tätigkeiten funktional zu erklären. Umgekehrt ist die Möglichkeit der funktionalen Erklärung der Tätigkeiten Evidenz dafür, daß das Ziel tatsächlich das angegebene ist. Es handelt sich bei dieser Argumentation um eine "inference to the best [functional] explanation". Vorausgesetzt wird dabei, daß es sich bei den betrachteten Handlungen um rationale handelt, in dem Sinne, daß es gute Mittel sind das zu bewirken, was beabsichtigt wird, was immer das im einzelnen sein mag. Es handelt sich hier nicht um einen Zirkel, weil die hier angenommene Rationalität der Handlungen noch unexpliziert ist.

In diesem Sinne sollte das Ziel der Physik untersucht werden. D. h. man sollte sich mit bestimmten Tätigkeiten befassen, die zumindest in dem Sinne als erfolgreiche oder rationale Handlungen zu qualifizieren sind, als sie in Lehrbüchern der Physik oder in Übersichtsartikeln zur Anwendung kommen oder beschrieben werden. Mit diesen Handlungen oder Praktiken meine ich einerseits Arten und Weisen, die bestimmte Größen berechnet werden und andererseits Arten und Weisen wie Experimente durchgeführt werden. Von etablierten Praktiken innerhalb der Physik wird also vorausgesetzt, daß sie rational oder erfolgreich sind.

Die verschiedenen Vorschläge für das Ziel der Physik sollten dahingehend überprüft werden, ob und in welchem Maße sie in der Lage sind, funktionale Erklärungen für die etablierten Handlungen und Praktiken zu liefern. Wenn also unter der Voraussetzung eines Ziels bestimmte Handlungen völlig unverständlich bzw. unerklärt bleiben, dann ist das ein Argument gegen das Zutreffen der infrage stehenden Zielbestimmung. Auf eine solche Art läßt sich eine Bewertung von Zielvorschlägen durchführen.

In der wissenschaftstheoretischen Literatur gibt es zwei prominente Versuche explizit für ein Ziel der Physik, bzw. physikalischer Theorien, zu argumentieren. Es soll hier noch nicht interessieren, <u>welche</u> Ziele vorgeschlagen wurden, vielmehr möchte ich an dieser Stelle die Aufmerksamkeit auf die <u>Art von Argumenten</u> richten, die diese beiden Autoren - es geht um P. Duhem und B. van Fraassen - glauben ins Feld führen zu sollen, um mit ihrer Hilfe zwischen den von ihnen vorgetragenen Positionen entscheiden zu können. Die von mir vorgeschagene Art zu argumentieren unterscheidet sich von ihrer Art nämlich grundlegend.

Duhem argumentiert in folgender Weise: Er stellt als erstes vor, was er unter dem Begriff einer Erklärung versteht (das ist der Vorschlag für das Ziel physikalischer Theorien, den er als erstes diskutiert). Aus den Erläuterungen zu diesem Begriff schließt er, daß, wenn es das Ziel physikalischer Theorien sei, zu erklären, die Physik aus der Metaphysik abgeleitet werden müsse. Das will aber allen Ernstes niemand behaupten. Daher scheidet Erklärung als Ziel physi-

kalischer Theorien aus.[1] Diese Argumentation ist eine rein diskursive, eine aus bloßen Begriffen gewonnene.
van Fraassen geht von einer empiristischen Wissenskonzeption aus: Erfahrung sei die einzig legitime Quelle unseres Wissens, unserer Informationen über die Welt[2]. Wenn man nun Erfahrung in einem engen Sinne versteht, so ergibt sich, daß es das Ziel der Physik ist, empirisch angemessene Theorien zu konstruieren.[3] Wäre aber Erklärung und nicht empirische Angemessenheit dasjenige, worauf physikalische Theorien abzielten, dann hätten wir eine andere Quelle des Wissens zugelassen und wären keine Empiristen mehr. Daher ist es nötig eine Theorie der Erklärung und der Theorie-Akzeptanz zu entwickeln, die einer solchen empiristischen Voraussetzung gerecht wird. Es spielt hier also die Voraussetzung, was als Wissen legitimerweise zu akzeptieren ist (und damit auch als naturwissenschaftliches Wissen), eine wichtige argumentative Rolle. Wenn man eine solche Voraussetzung hinsichtlich des Wissens teilt, dann hat die darauf aufbauende Zielbestimmung (auch) einen normativen Charakter. Die physikalischen Theorien sollten dem Kriterium der empirischen Angemessenheit genügen, damit sie mit dem empiristischen Wissensbegriff kompatibel sind.
Mein eigener Versuch einer Zielbestimmung, dessen Methode ich oben beschrieben habe, wird keine solche Voraussetzung über das Wissen machen. Es wird lediglich davon ausgegangen, daß das, was uns in Lehrbüchern etc. begegnet, aus gutem Grund so und nicht anders aussieht. Dann werden Argumentationsstrategien und Handlungen von Physikerinnen und Physikern untersucht, die damit beschäftigt sind, diese physikalischen Gesetze und Theorien zu produzieren oder aufzusuchen. Ob das mit vorgefaßten Wissensbegriffen im Einklang steht, sollte nicht im Zentrum der Untersuchung stehen.
Eine solche Untersuchung hat im Vergleich zu van Fraassens keinen normativen Charakter, sondern eher einen deskriptiven und im Vergleich zu Duhem nicht einen rein diskursiven Charakter, sondern eher einen empirischen.

Nachdem die Methode, mittels derer die Frage nach dem Ziel der Physik bearbeitet werden sollte, diskutiert wurde, sollen nun einige Zielbestimmungen vorgestellt werden.
Schon genannt wurde die These, es sei das Ziel der Physik, empirisch angemessene Theorien zu konstruieren. Andere Vorschläge bringen andere Theorietugenden ins Spiel: So gibt es die These, es sei das Ziel der Physik, Theorien zu finden, die erklären oder vereinheitlichen oder solche zu finden, die einfach sind. Was mit

---

[1] P. Duhem Ziel und Struktur der physikalischen Theorien, Hamburg 1978

[2] B. v. Fraassen "Empricism in the Philosophy of Science" in Essays on Realism and Empiricism hrsg. von P. M. Churchland und C. A. Hooker, Chicago 1985, S. 245 bis 305; Bezugnahme auf Seite 286

[3] B. van Fraassen The Sientific Image, Oxford 1980

diesen Tugenden im einzelnen gemeint sein könnte ist dann natürlich noch zu spezifizieren. Es ist aber möglich, mit der oben genannten Methode zu untersuchen, ob tatsächlich Theorien nach diesen Kriterien ausgewählt werden.
Anders steht es mit folgendem Vorschlag: es sei das Ziel der Physik <u>wahre</u> Theorien zu finden. Wann ist eine Theorie wahr? Ich werde nicht den Versuch machen, diese Frage zu klären. Soviel aber ist zumindest zu sagen: Wir unterscheiden Theorien, die wir für wahr halten, von solchen, die wir für falsch halten, anhand von Kriterien. Was auch immer das für Kriterien sein mögen, ob Theorien danach ausgewählt werden, in welchem Maße sie diesen Kriterien genügen, kann untersucht werden. Ob der Schluß von diesem Genügen auf die Wahrheit der Theorien berechtigt ist, muß dann gar nicht untersucht werden.
All die genannten Zielvorstellungen beziehen sich auf die <u>Theorien-bildung</u>. Sie lassen sich in die Form bringen:" Es ist das Ziel der Physik, Theorien zu finden, die ...". Ich glaube, daß eine Zielbestimmung der Physik den Aspekt der Theorienbildung zum Ausdruck bringen muß. Ich glaube aber auch, daß das ausschließliche Betrachten der theoretischen Physik zu einer Verkürzung des Verständnisses der Physik führt. Bei einer Untersuchung sollte daher sowohl theoretische wie experimentelle Physik betrachtet werden.

Es ist das Ziel der Physik, aus der Natur einen technisch verfügbaren Gegenstandsbereich zu schaffen. Das ist die konkrete Antwort auf die Eingangsfrage. Aus dem vorhergehenden ergibt sich, daß die folgende Argumentationsstrategie benutzt werden sollte: Es wird zu zeigen sein, daß für bestimmte Handlungen, die typischerweise innerhalb der Physik ausgeführt werden, unter der Voraussetzung dieses Ziels bessere funktionale Erklärungen gegeben werden können als unter der Voraussetzung anderer Ziele.
Was aber besagt die These, das Ziel der Physik sei es, aus der Natur einen technisch verfügbaren Gegenstandsbereich zu machen? Eine Situation ist dann technisch verfügbar, wenn wir wissen, welche Wirkungen wir bei der Variation bestimmter Parameter erzielen und diese Variationen auch tatsächlich durchführen können. Die Natur als ganzes ist ein technisch verfügbarer Gegenstandsbereich, wenn dies auf alle möglichen Situationen zutrifft. Wie erreichen wir dies?
Es ist sicher notwendig, daß die Physik uns die Abhängigkeiten der verschiedenen physikalischen Größen voneinander mit größtmöglicher Genauigkeit liefert. Physikalische Theorien sollten also empirische Angemessenheit anstreben.
Dieses Streben allein wird aber nicht ausreichen. So schreibt Nancy Cartwright:

> The phenomena to be described are endlessly complex. In order to pursue any collective research a group must be able to delimit the kinds of models that are even contenders. If there were endlessly many possible ways [...] to hook up phenomena with intellectual constructions, model building would be entirely chaotic, and there would be no consensus of shared

problems on which to work."

Ob die Natur als ganzes ein technisch verfügbarer Gegenstandsbereich ist, hängt von der Zugänglichkeit der Kenntnisse ab, die die Abhängigkeiten physikalischer Größen betreffen. Es muß also das Ziel sein, zu Begriffen, Modellen, Theorien etc. zu gelangen, die nicht nur eine einzige, sondern eine Vielzahl von Situation beschreiben, so daß der Anwendungsbereich auf möglichst viele der bereits etablierten (phänomenologischen) Gesetzmäßigkeiten ausgedehnt wird. Ich will das die Ökonomie der Theorien etc. der Physik nennen.
Weiterhin müssen Begriffe, Modelle, Theorien etc. nicht nur die Möglichkeit zulassen, auf viele der vorhandenen Gesetzmäßigkeiten angewendet zu werden, die Physik hat vielmehr auch ein Interesse daran, den möglichen Anwendungsbereich selbst auszudehnen, also neue empirische Gesetzmäßigkeiten zu präsentieren.
Die physikalischen Theorien sollten also eine optimale Kombination der folgenden Tugenden realisieren: die ökonomische Beschreibung der Natur durch die Theorie, die empirische Angemessenheit der Theorie und die Ausdehnung des Anwendungsbereiches von Theorien. Ob die physikalischen Theorien diese Tugenden realisieren hängt von der Beziehung zwischen den Theorien und dem Gegenstandsbereich, den sie darstellen, ab. Infolgedessen können sowohl Modifikationen der Theorien als auch Modifikationen des Gegenstandsbereichs dazu beitragen, dieses Ziel zu realisieren. Die Pointe meines Vorschlages einer Zielbestimmung besteht also darin, nicht nur die Theorien, sondern auch den Gegenstandsbereich selbst als modifizierbar aufzufassen. Also auch dadurch, daß man den Gegenstandsbereich entsprechend herrichtet, ist es möglich zu erreichen, daß die Theorien die genannte Kombination von Tugenden aufweisen. Das ist mit der These gemeint, es sei das Ziel der Physik, aus der Natur einen technisch verfügbaren Gegenstandsbereich zu schaffen.
Um diese These stützen zu können muß sowohl ein Beispiel aus der theoretischen Physik untersucht werden, als auch eines aus der Experimentalphysik. Es muß untersucht werden, wieso Berechnungen so und nicht anders vorgenommen werden. Weshalb wird idealisiert, abstrahiert und nach welchen Kriterien? Wieso wird der Untersuchungsgegenstand in einer bestimmten Art und Weise hergestellt, weshalb werden diese und keine anderen Apparate verwendet etc.? Bei den betrachteten Vorgehensweisen muß es sich um etablierte handeln, um zu gewährleisten, daß die daraus abgeleiteten Aussagen hinreichend allgemein sind.

Ist die Frage nach dem Ziel der Physik eine, die es wert ist, gestellt und - immerhin mit einigem Aufwand - versucht beantwortet zu werden? Eine solche Untersuchung, wie ich sie hier beabsichtige, kann dazu beitragen, zu verstehen, weshalb bestimmte Handlungen oder Praktiken in der Physik so aussehen, wie sie aussehen, eben

---

" N. Cartwright How the Laws of Physics Lie, Cambridge 1983, S. 144/45)

dadurch - wie eingangs schon beschrieben - daß sie funktional erklärt werden.
Darüberhinaus kann sich aber auch ein Nutzen für bestimmte Diskussionen innerhalb der Wissenschaftstheorie ergeben, nämlich dann, wenn gezeigt werden kann, daß von unzutreffenden Vorstellungen über das Ziel der Physik ausgegangen wird. Ein Beispiel dafür liefert die empiristische Tradition. Von Carnap über Hempel zu van Fraassen wird davon ausgegangen, es sei das alleinige Ziel der Physik, Theorien zu liefern, die die richtigen empirischen Aussagen machen. Daher rührt auch die Vorstellung, der ganze Gehalt einer Theorie lasse sich auf diese empirischen Aussagen zurückführen. Carnap schreibt z.B.

> Der Ramsey-Satz stellt den vollen Beobachtungsinhalt einer Theorie dar. Ramseys große Erkenntnis bestand darin, daß er sah, daß dieser Beobachtungsinhalt alles ist, was für die Funktion einer Theorie notwendig ist, das heißt, was notwendig ist, um bekannte Tatsachen zu erklären und neue vorherzusagen.[5]

(Erklärung ist hier im Sinne Hempels und Oppenheims verstanden und daher von einer empirischen Vorhersage nur hinsichtlich des Zeitverhältnisses unterschieden.) Bei Hempel führt diese Zielvorstellung zum "paradox of theorizing":

> It asserts that if the terms and the general principles of a scientific theory serve their purpose, i. e., if they establish definite connections among observable phenomena, then they can be dispensed with since any chain of laws and interpretative statements establishing such a connection should then be replaceable by a law which directly links observational antecedents to observational consequents.[6]

van Fraasen schließt bekanntlich von seiner Behauptung, es sei das Ziel der Physik, empirisch angemessene Theorien zu finden, daß wir keine ausreichenden Gründe besitzen, zu glauben, die von Theorien behaupteten Gegenstände, die nicht direkt beobachtbar sind, existierten wirklich.[7]
Wenn die hier vorgeschlagene Untersuchung des Ziels der Physik tatsächlich die vorschlagene Zielbestimmung bestätigt, dann ist den soeben geschilderten Überlegungen der Grund entzogen. Jedenfalls dann, wenn man verlangt, eine Aussage über das Ziel der Physik müsse in irgendeinem Sinne auf die Physik zutreffen und dürfe nicht bloß normativ verstanden werden.

---

[5] R. Carnap Einführung in die Philosphie der Naturwissenschaften, Frankfurt a. M. 1986, S. 252

[6] C. G. Hempel "The Theoretician's Dilemma" abgedruckt in C. G. Hempel Aspects of Scientific Explanation New York 1965 S. 173 - 228, Zitat auf S. 186

[7] B. van Fraassen The Sientific Image, Oxford 1980

Sektion 15b

**Die wissenschaftstheoretische Diskussion
über Theorie und Realität in den Naturwissenschaften**

Haney, Frank, Jena

Jakob Friedrich Fries' Einfluß auf die Physik im 19.Jahrhundert

Wenn von Naturphilosophie im 19. Jahrhundert die Rede ist, kann man gewiß sein, daß die überwiegende Anzahl von Arbeiten vorrangig die romantische Naturphilosophie zum Gegenstand hat. Diese Schwerpunktsetzung scheint berechtigt, zumal die Auseinandersetzung mit dem spekulativen Geist dieser Naturphilosophie einen wichtigen Platz in den philosophischen Äußerungen der Naturforscher bis zum Ausgang des 19. Jahrhunderts einnahm. Dabei hatte die Naturwissenschaft ein sehr ambivalentes Verhältnis zur Naturphilosophie. Auf der einen Seite finden wir eine sehr harte Zurückweisung des Anspruchs der spekulativen Naturphilosophie. Diese entsprach wenigstens seit Mitte des Jahrhunderts nicht mehr den Anforderungen an die naturwissenschaftliche Arbeit. Eine neue Wissenschaftlergeneration war herangewachsen, deren Hypothesenbildung vor allem an mathematischen Abstraktionen orientiert war, und denen die naturphilosophischen Spekulationen nicht mehr genügten. (Das institutionelle und soziologische Umfeld dieses Prozesses stellt CANEVA [1978] im Kontext der KUHNschen Schule dar. Die Differenzierung der wissenschaftlichen Disziplinen wird als Emanzipation von der Naturphilosophie durch STICHWEH [1984] eingehend untersucht.)

Gleichzeitig kann man aber die Naturwissenschaft des 19. Jahrhunderts ohne die Einflüsse der Naturphilosophie auf ihre Theorien und ihre Denkweise überhaupt nicht adäquat einordnen. Verweisen möchte ich hier nur auf drei für die weitere Wissenschaftsentwicklung sehr folgenreiche Aspekte: Die romantische Naturphilosophie beeinflußte mit ihrem am Organismus orientierten methodischen Grundkonzept in starkem Maße die Herausbildung und Formulierung des Energieerhaltungssatzes. (Vgl. dazu z.B. KUHN [1977a] und WISE [1981].) Eine weitere wichtige Seite des Einflusses der romantischen Naturphilosophie war ihr Beitrag zur Herausbildung des Feldbegriffes. (WIEDERKEHR [1991]) Weitreichende Wirkungen auf die Physik und die Physiker hatte auch der Gedanken einer Einheit der Natur. (Vgl. MEYA [1990])

Wie bereits erwähnt, hatte sich aber spätestens nach dem ersten Drittel des 19. Jahrhunderts eine neue Generation von Physikern etabliert, für die die an qualitativen Analogien orientierten Theoriebildungskonzepte der romantischen Naturphilosophie nicht mehr tragfähig genug waren. Dafür stehen Namen wie W.E.WEBER, F.E.NEUMANN, H.v.HELMHOLTZ und andere. Gerade durch diese Wissenschaftler wurde eine neue Disziplin geschaffen, in der Experimentatoren und mathematische Theoretiker als Physiker vereint waren, und die sich dann zu Beginn des 20. Jahrhunderts von Deutschland über die Welt verbreitete. (Vgl. dazu KUHN [1977b] und JUNGNICKEL/MCCORMACH [1986].)

Die romantische Naturphilosophie mit ihrer negativen Haltung zur Mathematisierung der Naturwissenschaft war keine akzeptable philosophische und methodologische Grundlage für dieses neue Modell, Physik zu treiben. Wo konnte nun aber eine solche Grundlage gefunden werden?

Es gab eine Linie philosophischen Denkens, die in unmittelbarem Bezug zu KANT, ohne die Vermittlung durch SCHELLING und HEGEL, eine große Attraktivität für die deutschen Naturforscher im 19. Jahrhundert gehabt hat. Dies war die FRIESsche mathematische Naturphilosophie und ihre Rezeption in der FRIESschen (vor allem E.F.APELT und M.J.SCHLEIDEN) bzw. Neofriesschen Schule (L.NELSON, P.BERNAYS u.a.).
FRIES ist durch die Philosophiegeschichte zumeist in die zweite Reihe der Philosophen des deutschen Idealismus eingereiht worden. Ob zu recht, sei dahingestellt. Dabei werden aber häufig sowohl die eigenständigen Leistungen der FRIESschen Philosophie als auch ihr großer Einfluß auf Mathematik und Naturwissenschaft bis in unser Jahrhundert hinein unterschätzt.

Es wird nun behauptet, daß ganz wesentliche Anstöße für die Theoretisierung und Mathematisierung der Naturwissenschaften, speziell der Physik im 19. Jahrhundert, auf Fries zurückgehen.

Bei der genaueren Untersuchung dieser Seite des Verhältnisses von Philosophie, Wissenschaftsmethodologie und Naturwissenschaft (Physik) im 19. Jahrhundert lassen sich *drei Betrachtungsebenen* unterscheiden:

- FRIES' Einfluß auf Naturwissenschaftler und Mathematiker seiner Zeit
- Die FRIESsche Schule und die Herausbildung der mathematischen Physik im 19./20. Jahrhundert
- Die genuinen wissenschaftsphilosophischen Leistungen FRIES' in ihrer Bedeutung für moderne Diskussionen zur Methodologie der exakten Wissenschaften

Der folgende Beitrag will einen Zugang zur ersten Ebene suchen:
Wenn FRIES' Einfluß auf Naturwissenschaftler und Mathematiker seiner Zeit eingeschätzt wird, dann ist damit auch die schwierig zu beantwortende Frage aufgeworfen, ob es in der Naturwissenschaft des 19./20. Jahrhunderts einen spezifisch FRIESschen Einfluß gibt, der sich relativ bestimmt von der Rezeption der KANTschen Philosophie durch die Naturforscher unterscheiden läßt. Die vielleicht gewagte Vermutung eines solchen spezifisch FRIESschen Einflusses soll hier geäußert werden. Eine Untersuchung, die den Nachweis erbringt, steht noch aus. Dafür müßte es sinnvoll sein, drei Aspekte zu unterscheiden: Konzeptionelle Unterschiede der Philosophie der Naturwissenschaft und Mathematik bei KANT und FRIES, den Einfluß FRIES' auf die Naturwissenschaft gerade in den Punkten, in denen er sich von KANT unterscheidet, und schließlich die Wahrnehmung dieser Unterschiede durch die Naturforscher. Zweifellos ist aber die FRIESsche Schule eine Richtung der Kantrezeption, die sich separat vom Hauptstrom des Kantianismus im 19. Jahrhundert entwickelt hat. Charakteristisch für diese Richtung ist die

enge Verbindung zu den wirklichen Problemen der Naturwissenschaften ihrer Zeit. Deswegen entbehrt die geäußerte Vermutung nicht einer gewissen Plausibilität.

Deutlich feststellen läßt sich ein relativ enger Bezug zu FRIES bei W.E.WEBER und C.F.GAUSS. Es ist nachweisbar, daß es bei verschiedenen Gelegenheiten persönliche Kontakte von FRIES zu Weber und GAUSS gegeben hat. (Besuche FRIES' in Göttingen oder anläßlich der von OKEN initiierten Naturforschertagungen.) Darüber hinaus befinden sich in der Universitätsbibliothek Jena je zwei Briefe von GAUSS und WEBER an FRIES. (GAUSS [1929], S. 209f.) Sie beziehen sich vor allem auf FRIES' letzte größere Arbeit *Versuch einer Kritik der Prinzipien der Wahrscheinlichkeitsrechnung* (1842), zu der FRIES GAUSS' Meinung erbeten hatte. In den Briefen kommt die große Wertschätzung für die FRIESsche Naturphilosophie, artikuliert in direkter Konfrontation zur romantischen Naturphilosophie, zum Ausdruck. Insgesamt entsteht der Eindruck, daß FRIES so ziemlich der einzige zeitgenössische Philosoph war, der sich der speziellen wohlwollenden Aufmerksamkeit GAUSS' erfreuen konnte. Gerade die *Mathematische Naturphilosophie* (1822) hat eine sehr positive Aufnahme bei GAUSS gefunden.[1] (SCHLEIDEN [1863], S. 43)

Besonders an den Arbeiten von WEBER zu Elektrizität und Magnetismus (WEBER [1893], [1894]) läßt sich zeigen, wie die FRIESsche mathematische Naturphilosophie die Theoriebildung der zeitgenössischen Physik beeinflußt haben könnte. Dadurch wird es möglich, die Feinstruktur der methodologischen Argumente nicht bloß zu konstatieren, sondern auch wissenschaftstheoretisch einzuordnen.

In diesem Kontext war WEBER an exponierter Stelle am Diskurs von Nahwirkungs- (FARADAY, MAXWELL) und Fernwirkungstheorie (AMPERÉ, WEBER) des Elektromagnetismus beteiligt. Dann ist es wichtig zu untersuchen, wie FRIES' Naturphilosophie auf die Argumentationslinien und -struktur dieses Diskurses Einfluß genommen haben könnte. Das insbesondere auch deswegen, weil es einen Beitrag zur Klärung der Frage liefern könnte, ob es sich bei dieser Situation um eine echte Alternative (Bifurkation) der Wissenschaftsgeschichte handelt.[2]

Von besonderer Bedeutung für die Akzeptanz der FRIESschen Naturphilosophie bei den Naturforschern und Mathematikern ist ihr in Differenz zur romantischen Naturphilosophie dezidiert positives Verhältnis zur Mathematik. Hier folgt FRIES direkt den KANTschen Forderungen an die Naturwissenschaft, wobei FRIES, wenn man seine *Mathematische Naturphilosophie* mit

---

[1] Das wird indirekt durch eine briefliche Mitteilung Webers anläßlich der Berufung Herbarts nach Göttingen (1833) gestützt: "Herbart wünscht auch mit Gauß in nähere Verbindung zu treten. Es scheint ihm viel daran zu liegen, Gauß von der Richtigkeit seiner Ideen zu überzeugen. Leichter könnte es aber glaube ich geschehen, daß ihn Gauß bei solcher Gelegenheit vom Gegentheil überzeugte, wenn sich Herbart gern davon überzeugen läßt." (Zit nach Pricha [1983], S. 116f.) An der Rezension Herbarts zu Fries' *Mathematische Naturphilosophie* läßt sich die Gegnerschaft beider zu naturphilosophischen und methodologischen Fragen gut nachvollziehen, wobei Herbart einräumen muß, "dass dieses Werk von den eigentlichen Physikern mit Achtung ist aufgenommen worden." (Herbart [1852], S. 517)
[2] Vgl. dazu den im Druck befindlichen Aufsatz: Haney [1993]

ihrem Analogon, KANTs *Metaphysische Anfangsgründe der Naturwissenschaft* vergleicht, den KANTschen Ansatz um eine Philosophie der reinen Mathematik ergänzt.

Mögliche Wirkungen der FRIESschen Naturphilosophie auf die zeitgenössische Physik lassen sich vor allem über Kongruenzen in den methodologischen Voraussetzungen physikalischer Theoriebildung bei FRIES und WEBER erschließen.[3]

Zwei Aspekte sollen im folgen kurz umrissen werden. Die Ausführung im Detail ist einer größeren Arbeit vorbehalten.

1. In seiner Elektrodynamik - zuerst in *Elektrodynamische Massbestimmungen über ein allgemeines Grundgesetz der elektrischen Wirkung* (1846) - geht WEBER von konkreten, aber mathematisch formulierten Annahmen über die Natur der elektrischen Materie aus, im Gegensatz zu MAXWELL, der sich für seine Feldtheorie an modellartigen Vorstellungen über die Phänomene orientierte.[4] Haben wir es bei WEBER mit einem naiven Realismus zu tun? Identifiziert Weber Voraussetzungen und Elemente der Theorie mit wirklichen Vorgängen in elektrischen Leitern? STICHWEH schlußfolgert aus WEBERs Bemerkung, daß die wahre Konstitution der Körper immer letztes Ziel der Forschung sei (WEBER [1894], S. 357), daß ein mathematisches Gesetz für diesen noch keine Theorie sei, da Theorie eine Erklärung aus Ursachen verlange. (STICHWEH [1984], S. 227) Eine eingehende Untersuchung zeigt aber, daß der WEBERsche Realismus doch nicht so naiv ist, daß er weit davon entfernt ist, die Elemente der Theorie für ein direktes Abbild der Realität zu halten. HELMHOLTZ hatte z.B. eingewendet, daß das WEBERsche Gesetz unzulänglich sei, weil es durch das geschwindigkeitsabhängige Glied in endlichen Entfernungen zu unendlicher kinetischer Energie führen könne. WEBER hat darauf mit epistemologisch interessanten Argumenten reagiert. Er findet, daß dieser Fall erst bei sehr kleinen Entfernungen vom Kraftzentrum eintritt, wo es unbillig wäre, die Gültigkeit seines Kraftgesetzes zu verlangen. Eine Theorie der molekularen Bewegungen existiere aber noch nicht, daher "haben alle Zweifel an *physischer Zulässigkeit*, die sich auf das Bereich der *Molekularbewegungen* beziehen, keine Berechtigung." Weiter bemerkt er, daß dieser Vorwurf der

---

[3] Stichweh stellt fest, daß es einen inspirierenden Einfluß von Fries auf die physikalische Diskussion der zwanziger Jahre (des 19. Jahrhunderts) nicht gegeben habe. (Stichweh [1984], S. 158) Allerdings gilt das für die Folgezeit nicht mehr in dem Maße. Insbesondere ist es dann nicht mehr gerechtfertigt, den Beitrag Fries' für die Herausbildung der mathematischen Physik so gering zu veranschlagen und zu meinen, "daß wir es im Umkreis Kantisch inspirierter Formulierungen zunächst mit einer *Rhetorik der Akzeptation der Mathematik in der Physik* zu tun haben. Diese Rhetorik indiziert zwar einen - teilweise auch nur temporären - Stimmungsumschwung, hat aber wenig zu tun mit einer faktischen Mathematisierung der Physik." (Stichweh [1984], S. 187) Dem entgegen steht aber Stichwehs Bemerkung, daß es kaum Sekundärliteratur zu Fries' Einfluß auf die Physik gäbe. (Stichweh [1984], Fußnote S. 158). Mit explizitem Verweis auf W. Weber stellt er dann aber fest: "Wirksam wird der Einfluß von Philosophie und Bildungstheorie auf die Bereitschaft zur Anwendung mathematischer Analyse erst bei einer Generation, die ihr Studium nach 1810 aufgenommen hat und die wahrscheinlich auch schon in den reorganisierten Gymnasium durch eine zunehmende die formale Schulung akzentuierende, an Philologie und Mathematik orientierte Bildungskonzeption geprägt worden ist. Für das Detail dieser Einflüsse und für eine Reihe von Personen fehlt es bisher an wissenschaftshistorischer Forschung, so daß über jene für Deutschland im 19. Jahrhundert geltende Irrelevanz des Themas der 'zwei Kulturen' noch viel zu wenig bekannt ist." (Stichweh [1984], S. 216f.)

[4] Zu dieser Kontroverse vgl. Haney [1993].

Unzulässigkeit auch andere physikalische Theorien träfe, so man ihre Idealisierungen mit der Wirklichkeit identifiziere, z.B. das Gravitationsgesetz, "wenn man die Massen ponderabler Teilchen *in Punkten koncentriert* annimmt." Ebensowenig wie man aus der eingeschränkten Gültigkeit des Gravitationsgesetzes für molekulare Entfernungen einen Einwand gegen dasselbe ableiten könne, "dürfte aus den physisch unzulässigen Verhältnissen, zu denen das Grundgesetz der elektrischen Wirkung nach HELMHOLTZ führt, ein Einwand gegen dieses Gesetz sich ergeben, wenn man beachtet, dass diese unzulässigen Verhältnisse nur an gewisse Molekularentfernungen gebunden sind." (WEBER [1894], S. 298f.)

An anderer Stelle hat WEBER festgestellt, daß ein Prinzip (WEBER bezieht sich hier auf die Energieerhaltung.), um als Leitfaden der Forschung zu dienen, nur versuchsweise formuliert werden kann, und daß es während der Forschung dehnbar und biegsam sein muß: "Wenn HELMHOLTZ hiernach berechtigt war, das Princip der Energie *versuchsweise* in der Art zu formuliren, dass mein von ihm verworfenes Grundgesetz damit *in Widerspruch* geriethe, so ist offenbar das Gegentheil ebenso berechtigt, nämlich dasselbe Princip *versuchsweise* so zu formuliren, dass es nicht allein *in Übereinstimmung* mit jenem Grundgesetze stehe, sondern dass letzteres sogar als nothwendige Folge desselben sich ergebe..." (WEBER [1894], S. 363f.)

Für WEBER werden also physikalische Theorien durch den Forscher auf der Basis subjektiv gesetzter Voraussetzungen konstruiert. Dabei spielt die Mathematik eine entscheidende Rolle, wobei der Forscher auch hier relativ frei in der Wahl seiner Mittel ist.[5] Es zeigt sich hier eine starke Kongruenz zu den Schlußfolgerungen für die physikalische Theoriebildung, die FRIES in seiner Lesart des KANTschen Apriorismus gezogen hat. Dafür einige wenige Belege:

FRIES' Ziel ist es, die Mathematik NEWTONs mit der Philosophie KANTs zu vereinigen. Dabei wendet er sich sowohl gegen die bloß kombinierenden Methoden der SCHELLINGschen Naturphilosophie, wobei er diesen durchaus eine wenn auch untergeordnete Bedeutung beimißt, als auch gegen NEWTONs Meinung, dieser habe seine mathematisch formulierten Naturgesetze aus der Erfahrung abgeleitet. Zwar können wir das konkrete Dasein von Körpern nur durch Erfahrung erkennen und nur durch Erfahrung entscheiden, welche der möglichen Eigenschaften ein Körper wirklich hat, die Naturwissenschaft ist aber immer auf allgemeine Gesetze gerichtet, die nur mittels Abstraktion zu gewinnen sind. Diese ist auf zweifache Weise möglich: "In den Fällen des *speculativen Verfahrens* ist sie eine Zergliederung unsers eignen Gedankens und macht uns klar, welche allgemeine und nothwendige Wahrheiten jeder Mensch bey dieser oder jener Art von Beurtheilungen unvermeidlich als wahr voraussetze. Dieses sind die Erkenntnisse a priori und aus ihnen bilden sich die *reinen Theorien* der Wissenschaften.

Die andern Fälle hingegen sind die Fälle des *inductorischen Verfahrens*. Hier errathen wir mit Hülfe von unvollständigen Inductionen Naturgesetze, die nur aus Erfahrungen folgen, aus diesen bewiesen werden müssen, und die wir nicht a priori erkennen. Aus solchen Gesetzen bilden sich die *empirischen Theorien*." (FRIES [1822], S. 399) FRIES gibt der reinen Theorie die

---

[5] In dieser Hinsicht unterscheiden sich Webers und Maxwells Ansatz vielleicht nicht so sehr in der Abstraktionshöhe als in der Abstraktionsrichtung.

Priorität, aber nur insofern als sie der Erfahrung mögliche Erklärungsgründe vorgibt. Die Erfahrung ist der Anfang der Naturlehre, die Arten möglicher Bewegungen und die bewegenden Kräfte sind Gegenstand der reinen Theorie: "Die reine Theorie schreibt uns also nicht einen bestimmten Erklärungsgrund bestimmter Erscheinungen vor, sondern *sie leitet uns nur im Suchen* und zeigt uns, wenn wir in irgend einem Gebiet das Ziel einfachster Erklärungen erreicht haben." (FRIES [1822], S. 400f.)

2. Die FRIESsche Naturphilosophie könnte aber nicht nur die philosophischen Voraussetzungen physikalischer Theoriebildung bei WEBER beeinflußt haben sondern auch die konkreten Hypothesen über die Natur der physikalischen Grundkräfte. Bekanntlich sind nach WEBER die elektrodynamischen Wirkungen auf die Fernwirkung je zweier elektrischer Teilchen (Körper) zurückführbar. (WEBER [1894], S. 202f.) dabei nimmt er an, daß die Kräfte nicht bloß von den Entfernungen sondern auch von den relativen Geschwindigkeiten und Beschleunigungen dieser Körper abhängen. WEBER sieht sich genötigt, ausführlich zu argumentieren, warum er den durch das NEWTONsche Gravitationsgesetz (Abhängigkeit der Kräfte bloß von den Entfernungen) gegebenen Rahmen sprengt. Die mathematische Form seines Grundgesetzes ist eine vom Standpunkt der reinen Theorie mögliche: "Wenn es aber auch zum Zweck der Vereinfachung und Erleichterung unserer Untersuchungen sehr wünschenswert erscheinen dürfte, dass das Bereich derjenigen Kräfte, welche blos von der Größe der Massen und deren Entfernungen abhängen, möglichst weit ausgedehnt wäre, so kann doch *nur die Erfahrung* entscheiden, ob andere Kräfte, welche ausserdem auch von den gegenseitigen Geschwindigkeiten und Beschleunigungen der Massen abhängig seien, als vorhanden angenommen werden müssen, oder nicht. *A priori* lässt sich diese Frage nicht entscheiden, weil formell in der Annahme solcher Kräfte weder ein Widerspruch, noch irgend etwas Unklares und Unbestimmtes enthalten ist." WEBER macht dann weiter geltend, daß die Abhängigkeit der Kräfte von den physischen Verhältnissen (Bewegungszustand der Körper) als physikalisches Fundamentalgesetz formuliert, gemäß der Zwecksetzung der Physik nicht dazu dient, "eine *Erklärung* von den Kräften aus ihren wahren Gründen zu geben, sondern nur eine deutlich dargelegte und brauchbare allgemeine Methode zur *quantitativen* Bestimmung der Kräfte nach den in der Physik für Raum und Zeit festgesetzten Grundmaassen." Die Analogie zum Gravitationsgesetz kann zwar hilfreich sein, "wo aber die Analogie bekannter Fälle nicht ausreicht, müssen der Natur der Sache nach neue Wege versucht werden." Außerdem hält es WEBER für eine Frage künftiger Forschung zu entscheiden, ob nicht auch das Gravitationsgesetz durch geschwindigkeitsabhängige Glieder ergänzt werden müsse. (Die komplette, seht eindrucksvolle Argumentation findet sich in WEBER [1893], S. 149f.)

In ähnlicher Weise hat reichlich zwanzig Jahre vor WEBER FRIES argumentiert. Hier ist auch einer der Punkte, wo sich eine deutliche, von FRIES auch selbst als solche empfundene Differenz zu KANT ergibt. FRIES fordert, daß das Gesetz der Wechselwirkung neben dem a priori vorausgesetzten Verhältnis der Grundkräfte (Fern- und Flächenkräfte nach KANT) noch das rein geometrisch bestimmbare Verhältnis der bewegten Massen zum Raum beachten muß. (FRIES [1822], S. 589) Auf diese Weise findet auch Weber sein elektrodynamisches Grundgesetz. FRIES kritisiert aber vielfach in seinen Werken, daß KANT das Gravitationsgesetz in der NEWTONschen Form als a priori gegebene Eigenschaft der Anziehungskraft für notwendig gehalten hat. FRIES meint dem entgegen, daß nur der Charakter der Grundkräfte a priori bestimmbar sei, der Grad der Anziehung zwischen zwei Massen aber nur durch die Erfahrung festgelegt werden kann. (FRIES [1822], S. 453) Wenn sich "*alle physikalischen Theorien auf rein mathematisch bestimmbare Erklärungsgründe zurückführen lassen*" (FRIES [1822], S. 621f.), so heißt das noch nicht, daß irgend welche konkreten Vorgaben für die Stärke der Kräfte zwischen zwei Massen existieren: "Wir müssen die Möglichkeit ins Unendliche verschiedener Grade der Anziehung und Zurückstoßung für gegebene Massen voraussetzen." (FRIES [1822], S. 401) Hier fordert FRIES nach eigener Einschätzung weniger als KANT (FRIES [1822], S. 620), in anderer Hinsicht mehr, wenn er "ursprünglich zurückstoßende Kräfte in die Ferne" für möglich hält (FRIES [1822], S. 449) und selbstbewußt resümiert: "Unsere Ausbildung der Kantischen Dynamik bietet also eine viel größere Mannigfaltigkeit metaphysisch-mathematischer Erklärungsgründe an als Kants eigene Lehre, so daß aus ihr wol mathematische Erklärungsgründe für jede Klasse der äußern Naturerscheinungen zu entlehnen seyn werden." (FRIES [1822], S. 621) Bei WEBER finden wir den Gedanken mathematisch ausformuliert wieder, sowohl Attraktion als auch Repulsion auf Fernwirkungen zu gründen. Später versucht er dann zusammen mit seinem Schüler ZÖLLNER, auch die Gravitation innerhalb des Paradigmas seines Grundgesetzes als Asymmetrie der elektrodynamischen Wirkung zu erklären. (*Elektrodynamische Massbestimmungen insbesondere über den Zusammenhang des elektrischen Grundgesetzes mit dem Gravitationsgesetz*, WEBER [1894], S. 479ff. Vgl. auch ZÖLLNER [1886].)

Abschließend läßt sich zusammenfassen: Der mögliche Einfluß FRIES' auf die Herausbildung der mathematischen Physik im Deutschland des 19. Jahrhunderts sollte stärker in den Blick philosophischer und wissenschaftshistorischer Diskussion genommen werden. Insbesondere könnte FRIES' mathematische Naturphilosophie *einen* Schlüssel für das Verständnis späterer physikalischer Argumentationslinien darstellen, ohne daß die Einfluß nehmenden Faktoren darauf reduziert werden sollen. Dabei vollzog sich FRIES' Wirkung sicherlich nicht so sehr über seine konkreten physikalischen Annahmen zu Elektrizität und Magnetismus sondern eher über die philosophischen Prinzipien physikalischer Theoriebildung und die an der mathematischen Behandlung des Gegenstandes orientierten Vorstellungen über Kraft und Kraftwirkung überhaupt.

Literatur

CANEVA,K.L. [1978], From Galvanism to Electrodynamics: The Transformation of German Physics and Its Social Context. In: Hist. Stud. Phys. Sc. **9**

GAUSS,C.F. [1929], Werke, Bd. 12. Berlin.

FRIES,J.F. [1822], Die mathematische Naturphilosophie nach philosophischer Methode bearbeitet. Ein Versuch. Heidelberg.

HANEY,F. [1993], Alternativen der Wissenschaftsgeschichte (Im Druck).

HERBART,J.F. [1852], Die mathematische Naturphilosophie, nach philosophischer Methode bearbeitet. Ein Versuch von *Jacob Friedrich Fries*, Hofrath usw. Heidelberg 1822. In J.F.Herbarts Sämtliche Schriften, 12. Bdd. Leipzig.

JUNGNICKEL,CH./MCCORMACH,R. [1986], Intellectual Mastery of Nature. Theoretical Physics from Ohm to Einstein. Chicago/London.

KUHN,T.S. [1977a], Die Erhaltung der Energie als Beispiel gleichzeitiger Entdeckung. In: L. Krüger (Hg.) T.S. Kuhn, Die Entstehung des Neuen. Frankfurt a. M. 1977.

KUHN,T.S. [1977b], Mathematische versus experimentelle Traditionen in der Entwicklung der physikalischen Wissenschaften. In: L. Krüger (Hg.) T.S. Kuhn, Die Entstehung des Neuen. Frankfurt a. M. 1977.

MEYA,J. [1990], Elektrodynamik im 19. Jahrhundert. Wiesbaden.

PRICHA,W. [1983], Von Ampére zu Maxwell. Wilhelm Webers Briefe an Carl August von Steinheil und die Elektrodynamik ihrer Zeit. Dissertation, Bremen.

SCHLEIDEN,M.J. [1863], Über den Materialismus in der neueren Naturwissenschaft. Leipzig.

STICHWEH,R. [1984], Zur Entstehung des modernen Systems wissenschaftlicher Disziplinen. Frankfurt a. M.

ZÖLLNER,F. [1886], Erklärung der universellen Gravitation aus den Wirkungen der Electricität und die allgemeine Bedeutung des Weber'schen Gesetzes, 2. Ausg. Leipzig.

WEBER,W. [1893], Wilhelm Weber's Werke, Bd. 3. Berlin.

WEBER,W. [1894], Wilhelm Weber's Werke, Bd. 4. Berlin.

WIEDERKEHR,K.H. [1991], Faradays Feldkonzept und Hans Christian Oerstedt. In: Phys. Bl. **47**

WISE,M.N. [1981], German Concepts of Force, Energy and the Electromagnetic Ether: 1845 - 1880. In: G.N.Cantor/J.S.Hodge (Eds.) Conceptions of Ether: Studies in the History of Ether Theories. Cambridge.

Zum Niedergang des Euklidianismus in der Mechanik des 19. Jahrhunderts

1. Einleitung: Euklidianismus in der Mechanik

Schon in ihren frühen verbrieften Anfängen, seit Archytas von Tarent und Archimedes, wurde Mechanik nicht allein als eine praktische Gerätelehre, sondern auch als eine theoretische Wissenschaft aufgefaßt und betrieben. Mit dem *Anspruch*, ihr Wissen durch Angabe erster, unbezweifelbarer Prinzipien begründen zu können und ihrer axiomatisch-deduktiven *Methode* stand diese theoretische Mechanik von Beginn an in enger Verbindung zur Geometrie. Während jedoch die Geometrie bereits in den *Elementen* des Euklid eine für die nächsten zwei Jahrtausende kanonische Form erhielt, die eben dieser Methode folgte und jenem Anspruch zu genügen *schien*, entstand eine ähnlich erfolgreiche Mechanik erst nach der Ausbildung eines neuzeitlichen Naturverständnisses und Erfahrungsbegriffes. Die wissenschaftstheoriegeschichtliche These, daß der euklidischen Geometrie bei der Entstehung der neuzeitlichen theoretischen Mechanik als Theorieideal eine entscheidende Bedeutung zukam, ließe sich im einzelnen belegen. Die wichtigsten Wegbereiter der theoretischen Mechanik des 16. und 17. Jahrhunderts, Galilei, Descartes, Newton, Leibniz und Huygens, waren diesem Ideal verpflichtet. Newton grenzt in den *Principia* die theoretische Mechanik als *rationale* von der praktischen Mechanik ab. Die Möglichkeit einer induktiv begründeten, aber *axiomatisch-deduktiv verfahrenden* Naturlehre beschreibt er in seinem zweiten Hauptwerk, den *Opticks*, so: "... wenn man aber aus den Erscheinungen zwei oder drei allgemeine Principien der Bewegung herleitet und dann angiebt, wie aus diesen klaren Principien die Eigenschaften und Wirkungen aller körperlichen Dinge folgen, so würde dies ein grosser Fortschritt in der Naturforschung sein, wenn auch die Ursachen dieser Principien noch nicht entdeckt wären."[1]
Die Leitfunktion der Euklidischen Geometrie erhielt *durch* die Mechanik eine über dieselbe *hinausgehende* Bedeutung: Als der am weitesten fortgeschrittenen Naturwissenschaft wurde die rationale Mechanik im späten 18. und im 19. Jahrhundert nicht nur inhaltlich zur Basis aller physikalischer Disziplinen, sondern avancierte ihrerseits zum wissenschaftstheoretischen Ideal, das - zumindest in der *scientific community* der mathematischen Physiker - kaum bestritten wurde.
Diese knappen Hinweise mögen andeuten, daß es nicht nur systematisch plausibel, sondern auch historisch gerechtfertigt erscheint, eine wissenschaftstheoretische Position mit dem Begriff *Euklidianismus* zu belegen, die (nicht nur, aber auch) die Geschichte der Mathematik und mathematischen Physik, hier insbesondere der rationalen Mechanik, weitgehend geprägt hat. Das Theorieideal des Euklidanismus läßt sich mit Imre Lakatos beschreiben als "ein deduktives System mit einer unbezweifelbaren Wahrheitswertsetzung an der Spitze (einer endlichen Konjunktion von Axiomen) - so daß die Wahrheit von dort auf sicheren wahrheitserhaltenden Kanälen der gültigen Schlüsse das ganze System durchdringt."[2] Die entscheidende Wahrheitswertsetzung findet also bei den *Axiomen* statt, und es ist der Fluß des Wertes 'wahr' *nach unten*, der eine euklidische Theorie von ihrem Gegenstück, der sog. 'quasi-empirischen' Theorie, unterscheidet: bei jener nämlich kann nur *Falschheit* von der 'untersten Ebene', den möglichen falsifizierenden Sätzen, *nach oben* zur 'Spitze' rückübertragen werden. Euklidische Theorien treten mit dem Anspruch von Sicherheit und Wahrheit auf, während quasi-empirische Theorien lediglich auf 'Bewährtheit' setzen dürfen und immer vermutungshaft bleiben.
Es ist für das folgende wichtig zu beachten, daß die wissenschaftstheoretische Zuordnung zu einem euklidischen oder quasi-empirischen Programm *nicht* durch ein erkenntnistheoretisches Urteil über den *Ursprung*

der als wahr vorausgesetzten Sätze präjudiziert wird: Descartes, der die ersten Prinzipien seiner Mechanik als Vernunftwahrheiten ansah, und Newton, der seine *leges motus* als Ergebnisse der Induktion verstand, waren beide 'Euklidianisten', weil sie ihre ersten Sätze jeweils als unbezweifelbar wahr ansahen und an die Spitze ihrer axiomatisch-deduktiv organisierten Mechanik stellten. Das Trägheitsprinzip beispielsweise erfüllte seine Rolle als mechanisches Axiom unabhängig davon, ob es als Ausdruck der Unveränderlichkeit Gottes oder als verallgemeinerte, 'vernünftigerweise' nicht zu bezweifelnde Beobachtung ausgegeben wurde. Eine 'klassisch' eher dem Empirismus zuzuordnende Position wie diejenige Newtons ist also mit einem wissenschaftstheoretischen Euklidianismus durchaus verträglich, wenn dieser Empirismus auf die Sicherheit von Beobachtung bzw. Experiment und die Unfehlbarkeit der Induktion setzt.

An kritischen Einwänden gegen den Euklidianismus mangelt es bekanntlich nicht. Sie können, kurz gesagt, an der 'Spitze' ansetzen und lassen sich zusammenfassen in dem Satz: *Es gibt keine ersten, unfehlbaren Grundsätze*. Sie können aber, gerade wenn es um einen Euklidianismus mit Anspruch auf Wirklichkeitsbeschreibung geht, auch den Fluß der Wahrheit 'nach unten' in Zweifel ziehen: *In den empirischen Wissenschaften gibt es keine endgültigen Beweise*. Dabei ist allerdings zu beachten, daß die (hier nur angedeuteten) Einwände gegen einen 'mechanischen' Euklidianismus ihre Überzeugungskraft zumindest teilweise erst der Tatsache verdanken, daß die 'Einsteinsche Revolution' und das Scheitern der mathematischen Begründungsprogramme nach der Jahrhundertwende die Problematik dieser wissenschaftstheoretischen Position in aller Klarheit vor Augen führten. Davon unberührt und interessant bleiben die Fragen, *ob* es eine Kritik des 'mechanischen' Euklidianismus 'von Innen' gab, *welche Gründe* ihr ggf. zugrunde lagen und *wie* sie die Wissenschaftsentwicklung (etwa als Bedingung der Möglichkeit für eine 'Revolution') beeinflußte.

Dieser Bericht will zur Beantwortung der beiden ersten Fragen beitragen. Im nächsten Teil wird ein strukturierender Überblick über den bisher kaum reflektierten Niedergang des Euklidianismus in der theoretischen Mechanik der *zweiten Hälfte* des 19. Jahrhunderts gegeben. Im dritten Teil werden unbeachtete Entwicklungen in der *analytischen* Mechanik der *ersten Jahrhunderthälfte* skizziert, die zu diesem Niedergang wesentlich beitrugen.

Metatheoretische Veränderungen in einer längst etablierten und hochdifferenzierten mathematischen Disziplin wie der theoretischen Mechanik des 19. Jahrhunderts sind nicht primär als 'Einflüsse' im Sinne klassischer Philosophiegeschichtsschreibung zu begreifen. Ihr Verständnis muß u.E. zunächst die Entwicklungsprobleme der Disziplin analysieren, deren Wahrnehmung, Definition und Lösung sich allerdings in Wechselwirkung mit 'äußeren' Faktoren vollzieht. Insofern handelt es sich hier um einen Beitrag zur Geschichte der Wissenschaftstheorie der (philosophisch reflektierenden) 'Praktiker' des fraglichen Zeitraums. Wissenschafts*historische* Zusammenhänge müssen aus Gründen der Umfangsbeschränkung ebenso ausgeblendet werden wie umfängliche Belege durch (und Verweise auf) die historischen Quellen, die dieser Darstellung zugrunde liegen.

2. Niedergang des 'mechanischen' Euklidianismus in der zweiten Jahrhunderthälfte

> On the three basic mathematical disciplines, Euclidian geometry, elementary arithmetic and classical dynamics, modern criticism of the first began in the eighteenth century, of the second in the late nineteenth, and criticis of the third entered [...] from the beginning of the present century.[3]

Das Zitat belegt exemplarisch die 'Nachzüglerrolle', die der Mechanik in der Grundlagenkritik der mathematischen Wissenschaften gewöhnlich zugewiesen wird. Diese Zuweisung dürfte indes auch bei einem engen

Verständnis von 'moderner Kritik' nicht aufrecht zu erhalten sein. Ein 'Indikator' für die Kritik an der klassischen Mechanik und zugleich für die Auflösung ihres Euklidianismus ist die Beurteilung der den jeweiligen mechanischen Untersuchungen zugrundegelegten Axiome, seien dies die 'Newtonschen Bewegungsgesetze' (eine historisch problematische, aber immer noch übliche Bezeichnung) oder die Differential- bzw. Integralprinzipien der analytischen Tradition (Prinzip der virtuellen Geschwindigkeiten bzw. d'Alemberts Prinzip in der Lagrangeschen Form, Gauss' Prinzip, Prinzipien der kleinsten Wirkung). Folgender, zunächst als *bloße Phänomenbeschreibung* intendierter Überblick ergibt sich aus der Durchmusterung der Quellen:
Die Hauptvertreter der rationalen Mechanik des 18. Jahrhunderts waren zweifelsfrei Verfechter des Euklidischen Programms; ein Hinweis auf d'Alemberts programmatische Einleitung zum *Traité de Dynamique* (1743) und auf Lagranges Kennzeichnung der Mechanik als einer 'Geometrie mit vier Dimensionen' soll hier genügen. In Lagranges Hauptwerk, der *Méchanique Analitique* (1788), wird das Prinzip der virtuellen Geschwindigkeiten als 'eine Art Axiom' eingeführt, aus dem (in Verbindung mit d'Alemberts Prinzip) alle Gesetze der Statik und Bewegungslehre deduziert werden.[4] Der sich hier artikulierende Euklidianismus wirkte bis weit in das 19. Jahrhundert hinein und über Frankreich hinaus. "Die Mechanik verdient mit gleichem Rechte einen Platz in der reinen Größenlehre, als man die Geometrie dahin zu rechnen gewohnt ist. Sie hat, wie diese, ihre eigenthümlichen Grundsätze ... . Ihre Begriffe von Kraft und Bewegung sind eben der Evidenz fähig als Raum und Ausdehnung ...", sei hier stellvertretend ein deutsches Lehrbuch des frühen 19. Jahrhunderts zitiert, das sich bezeichnenderweise explizit an die französische Tradition anschließt.[5]
Es ist wichtig festzustellen, daß innerhalb dieser, die erste Jahrhunderthälfte dominierenden Tradition auch die besonders stark auf Erfahrungsorientierung und Wirklichkeitsbeschreibung sich berufende *Mécanique physique* der Laplace-Poissonschen Schule nicht vom euklidianistischen 'Pfad der Tugend' eines Lagrange abweicht. A. Comte bezieht sich in seinem *Cours des Philosophie positive* (1830) denn auch direkt auf Lagrange, dessen Mechanik ihm das Vorbild einer auf Erfahrung gegründeten, dabei strengen und exakten *Mathématique concrète* ist. Fragwürdig erscheint ihm nicht die Allgemeinheit und Sicherheit ihrer Prinzipien, sondern lediglich das Ansinnen (vgl. Teil 3), diese selber noch mathematisch beweisen zu wollen und dadurch ihren *positiven* Ursprung zu verdunkeln.
Der 'mechanische' Euklidianismus war zweifellos noch zu Beginn der zweiten Jahrhunderthälfte dominierend. "Die Sätze der Mechanik sind mathematisch darstellbar und tragen in sich dieselbe apodiktische Gewißheit wie die Sätze der Mathematik", bemerkt etwa E. Du Bois-Reymond gerade in jener Rede *Über die Grenzen des Naturerkennens* (1872), die mit dem berühmten "Ignorabimus" endet.[6] Diese Kennzeichnung ist zwar *noch* typisch für den Zeitraum, sollte aber nicht den Blick darauf verstellen, daß die *scientific community* (als Kollektiv betrachtet) bereits ein deutliches und lauter werdendes *Ignoramus* zum Status mechanischer Prinzipien vernehmen ließ. Auf der vorläufigen Beschreibungsebene zeigt sich dies darin, daß diese Prinzipien zunehmend gekennzeichnet wurden als bloße *Hypothesen* (B. Riemann, C. Neumann, H. Klein, L. Boltzmann u.a.), als vorläufige *Beschreibungen* (G.R. Kirchhoff, E. Mach u.a.), als *Bilder* (H. Hertz) oder als *Konventionen* (H. Poincaré). Gemeinsam ist allen Positionen, daß sie für die mechanischen Prinzipien weder Evidenz noch unbedingte Wahrheit beanspruchen und diese bis zu einem gewissen Grad (der durch theoretische Ansprüche wie Unabhängigkeit, Widerspruchsfreiheit, Vollständigkeit und mehr praktische Erfordernisse wie Einfachheit, Denkökonomie etc. bestimmt wird) *wählbar* sind. Stellvertretend führen wir Carl Neumann an:[7]

Die Aufgabe der Mechanik kann also niemals darin bestehen, die im Universum stattfindenden Bewegungen direct auf *mathematische Notwendigkeit* zurückzuführen, sondern immer nur darin, jene Bewegungen mit mathematischer Consequenz aus irgend welchen *Hypothesen* abzuleiten, die alsdann ihrerseits als *unerklärlich, unbegreiflich,* als *willkürlich* zu bezeichnen sind.

Neumanns definitiv *nichteuklidianistisches* Verständnis der theoretischen Mechanik kann - fünfzehn Jahre nach Du Bois-Reymond - seinerseits als typisch für das ausgehende 19. Jahrhundert gelten. Die Frage ist, welche Gründe für den offenbaren Niedergang des 'mechanischen' Euklidianismus (wohlgemerkt: innerhalb des Kreises der mathematischen Physiker) beigebracht werden können. Die folgenden drei *Komplexe* dürften maßgeblich für jeden umfassenden Erklärungsversuch sein:

(A) Interne Grundlagenkritik: Gemeint ist eine an der 'Spitze', bei den Grundbegriffen der Mechanik ansetzende, im wesentlichen erkenntnistheoretisch orientierte Kritik von Seiten der (mathematischen) Physiker selber. Sie zielte im einzelnen ab auf den 'metaphysisch verdächtigen', daher zu reduzierenden oder zu eliminierenden Begriff der Kraft (v.a. B. de Saint-Venant 1851, Kirchhoff 1876, Mach 1883, Hertz 1894), im Zusammenhang damit auf die Zirkularität von Kraft- und Massendefinition (insbes. Mach 1868), auf die Voraussetzung eines absoluten Raumes und die Möglichkeit der Zeitmessung (C. Neumann 1869, publ. 1870; E. Mach 1868, publ. 1872, u.a.). Diese Kritik betraf die Grundlagen der Newtonschen Mechanik und löste eine Diskussion über den Status der 'Newtonschen' *leges motus* aus, die bis zur 'Einsteinschen Revolution' andauerte. Ihre wesentliches Ergebnis war wohl - bei allen verbleibenden erkenntnis- und wissenschaftstheoretischen Differenzen - die Einsicht, daß *Prinzipien* einer Theorie je nach Kontext unterschiedliche Funktionen wahrnehmen können und es nicht möglich ist, sie *isoliert* als wahre Sätze aufzufassen - also auch nicht möglich ist, aus ihnen *alleine* Wahrheit qua mathematischer Deduktion 'nach unten' zu übertragen - eine Einsicht, die später in Duhems 'holistischer' Theorieauffassung philosophisch artikuliert wurde.

(B) Verhältnis Mechanik - Physik: Dieser vielschichtigste der drei Komplexe umfaßt einerseits bekannte Probleme des klassischen Mechanismus (z.B. hinsichtlich der Äthertheorie, der Reduktion des 2. Hauptsatzes der Thermodynamik etc.), die geeignet waren, die Mechanik als Basis aller Naturbeschreibung in Frage zu stellen. "Die mechanische Naturansicht erscheint uns als eine historisch begreifliche, verzeihliche, vielleicht sogar auch vorübergehend nützliche, aber im ganzen doch künstliche Hypothese", bemerkte etwa E. Mach in seiner *Mechanik*.[8] Diese Entthronung der Mechanik wirkte sich natürlich auch auf das wissenschaftstheoretische Selbstverständnis aus und ließ, wie im Detail zu zeigen ist, insbesondere auch Zweifel an der Allgemeinheit und Sicherheit der mechanischen Prinzipien aufkommen. Andererseits ist hier ein Aspekt zu nennen, der unseres Wissens nie näher untersucht wurde: Kants Diktum, 'daß in jeder besondern Naturlehre nur so viel eigentliche Wissenschaft angetroffen werden könne, als darin Mathematik anzutreffen ist', war eine (über seine Philosophie hinaus) *verbreitete* Auffassung des späten 18. Jahrhunderts. Sie verlieh der Mechanik (als einziger mathematisierter Naturwissenschaft der Zeit) eine *Exklusivität,* die in dem Maße schwand, als andere physikalische Disziplinen mathematisiert werden konnten (und zwar in *ganz verschiedener* Weise, wie etwa die Elektrodynamik zeigte) und einen axiomatisch-deduktiven Aufbau erhielten. *Mathematisierbarkeit* wurde notwendiger Bestandteil jeder physikalischer Theoriebildung, konnte aber nicht mehr als Garant der Gewißheit fungieren - in der 'Rückkoppelung' auch nicht (mehr) in der Mechanik selber.

(C) Verhältnis Mechanik - Geometrie: Die Möglichkeit nichteuklidischer Geometrien war bekanntlich erst durch die Publikation der berühmten Riemannschen Habilitationsschrift (1854, publ. 1867) ins wissenschaft-

liche Allgemeingut übergegangen und wurde in der Folgezeit (d.h. gerade der 'Wendezeit' für die Fundierung der klassischen Mechanik, s.o.) intensiv diskutiert. Der 'mechanische' Euklidianismus wurde hierdurch gleich in doppelter Hinsicht in Frage gestellt: zum einen 'direkt', indem die Mechanik die Euklidische Struktur des physikalischen Raumes in verschiedener Weise vorausgesetzt hatte. Die Möglichkeit anderer Raumstrukturen eröffnete auch die Möglichkeit auf andere als 'euklidische' klassische Mechaniken. Zum anderen wirkte diese Entdeckung 'indirekt', indem gerade anhand des Wissenschaftsideals der Mechanik (vgl. Teil 1) die Problematik eines *wissenschaftstheoretischen* Euklidianismus in aller Deutlichkeit exemplifiziert wurde. Hier ist als späte, aber wohl wichtigste *metatheoretische* Konsequenz der Poincarésche Konventionalismus zu nennen, der sich historisch zunächst geradezu durch die Ausbildung nichteuklidischer Geometrien legitimiert (1886 ff.) und in seiner weiteren Ausbildung (1897 ff.), anknüpfend insbesondere an H. Hertz, die Mechanik mit einbezieht und ihre allgemeinen Prinzipien ausnahmslos zu 'Konventionen' erklärt. Mit Hertz teilt Poincaré die Ansicht, daß die allgemeinsten Begriffe und Sätze einer mechanischen Theorie nicht aus der Erfahrung ableitbar sind, sondern 'das Werk der freien Tätigkeit unseres Verstandes' (H. Poincaré), über deren Wahrheit nichts ausgesagt werden kann. Lediglich auf der *untersten Ebene* der Erfahrungssätze kann über Wahrheit und Falschheit entschieden werden - im Sinne von Lakatos ein definitiv 'quasi-empirischer' Standpunkt. Die drei angeführten Komplexe von Gründen für den Niedergang des 'mechanischen' Euklidianismus lassen zwei Hauptlinien erkennen: zunächst die *positivistische*, insbesondere *anti-axiomatische* und *anti-mechanistische* Kritik, dann deren *konventionalistische* Transformation, die sich hinsichtlich der Etablierung und Wahrheitsbewertung von Axiomen(systemen) als *anti-deterministisch* (es gibt stets alternative Möglichkeiten) und *anti-dezisionistisch* (kein Axiom ist entscheidbar 'wahr' oder 'falsch') kennzeichnen läßt. Durch diese Entwicklungen wird der 'mechanische' Euklidianismus destruiert, *bevor* die klassische Mechanik inhaltlich durch eine relativistische abgelöst wurde bzw. *werden konnte*.

3. Grundlegung der analytischen Mechanik in der ersten Jahrhunderthälfte

Euler, d'Alembert und v.a. Lagrange hatten der rationalen Mechanik eine *analytische* Richtung gegeben, die für das 19. Jahrhundert zweifellos bestimmend war. Bei der von d'Alembert erhobenen Forderung, den Geltungsbereich der Prinzipien auszudehnen und ihre Anzahl zu verringern, handelt es sich der *Intention* nach um eine besonders scharfe Ausprägung des 'mechanischen' Euklidianismus. Die *Realisierung* dieser Forderung, wie sie zunächst insbesondere Lagrange erreichte (vgl. Teil 2) war allerdings erkauft durch einen Formalisierungs- und Abstraktionszuwachs, der die analytische Mechanik in die Nähe der reinen Mathematik rückte. Die zugrundegelegten *analytischen* Prinzipien verloren dabei die Anschaulichkeit und Evidenz, die von mechanischen Axiomen im traditionellen Sinne erwartet werden konnten (und die den *Newtonschen* Bewegungsgesetzen zu *dieser* Zeit auch noch allgemein zuerkannt wurden). Lagrange selber hat dieses Problem gesehen. Seine Lösung bestand darin, die verlorengegangene Evidenz 'zurückzuholen', indem er das grundlegende Prinzip seiner Mechanik (nämlich das der virtuellen Geschwindigkeiten) zunächst auf intuitiv klarere Gesetze zurückzuführen versuchte und angeblich bewies, um es dann zum Ausgangspunkt aller folgenden Untersuchungen zu machen. Weitere Versuche, analytische Prinzipien nach diesem Vorbild zu beweisen, sind an der Jahrhundertwende Legion und belegen, wie stark ein unkritischer Euklidianismus die Mechanik beherrschte. Ein anderer Weg bestand darin, nach neuen, evidenteren analytischen Prinzipien Ausschau zu halten, die den bekannten an Allgemeinheit nicht nachstanden. "Es wird allezeit interessant und lehrreich bleiben, den Naturgesetzen einen neuen vortheilhaften Gesichtspunkt abzugewinnen, sei es, daß man aus demselben diese oder jene Aufgabe leichter auflösen kann, oder daß sich aus ihm eine besondere Angemessenheit offenbare", bemerkt etwa C.F. Gauß bei der Ankündigung seines 'Prinzips des kleinsten Zwanges'.[9] Er schlägt hier gewissermaßen einen *metatheoretischen Variationsprozeß* vor, bei dem es darum geht, durch neue mathematische Formulierungen zu jeweils 'angemessenen' Problembehandlungen zu kommen - wobei die Existenz einer 'globalen', für jedes Problem günstigsten Formulierung *nicht* angenommen wird. Diese Suche nach Alternativen, die Notwendigkeit der Klärung ihrer jeweiligen mathematischen Voraussetzungen und ihrer logischen Beziehungen untereinander waren wichtige innere Gründe, die dazu beitrugen, daß sich die analytische Mechanik in der ersten Hälfte des 19. Jahrhunderts *faktisch* zu einer Teildisziplin der reinen Mathematik entwickelte. Die Frage, wie eine solche Disziplin noch den Anspruch auf Naturbeschreibung und -erklärung erheben konnte, und die tiefergehende Frage, in welchem Sinne ihre Prinzipien überhaupt als Naturgesetze angesehen werden können, standen damit sozusagen 'latent' auf der Tagesordnung. Wir können hier nur (stark verkürzend) darlegen, wie das zweite Problem *innerhalb der analytischen Tradition* gesehen wurde: Es ist sehr bezeichnend, daß in der französischen Mathematik, die sich traditionell eher als mathematische Physik definierte, diese Frage keine Rolle spielte, weil auch die abstraktesten analytischen Prinzipien (zumeist: implizit oder andeutungsweise) als verallgemeinerte Beobachtungen verstanden und damit als Naturgesetze interpretiert wurden. Grundsätzlich nehmen zu diesen Fragen zuerst zwei nichtfranzösische 'Analytiker' Stellung, deren Arbeiten zur Mechanik in der Tradition Lagranges stehen: W.R. Hamilton in Irland und C.G.J. Jacobi in Deutschland. Die auf beide zurückgehende, sehr allgemein, formal und anwendungsfern konzipierte Hamilton-Jacobi-Theorie schließt die klassische Mechanik in gewisser Weise ab. Beiden gemeinsam ist ein Verständnis von Mathematik als *reiner*, erfahrungsunabhängiger Wissenschaft, das *bei beiden* seine Wurzel im deutschen Idealismus hat. Das französische (Gegen-)Beispiel zeigt, daß ein solches, deutlich zwischen nichtempirischen mathematischen Aussagen und Naturgesetzen unterscheidendes Verständnis von Mathematik entscheidend ist, um die Frage nach der Möglichkeit einer *abstrakten Mechanik als Naturwissenschaft* überhaupt klar zu formulieren.[10] Hamilton beruft sich in seinen Anschauungen zur Mechanik, wie übrigens auch zur 'Algebra as the Science of Pure Time', verschiedentlich auf Kant. Seine 'dualistische' Begründung der Mechanik, die eine 'a priorische, metaphysische' und eine 'a posteriorische, physische' Wissenschaft der Dynamik unterscheidet, stellt jedoch einen eigenwilligen und letztlich anachronistischen Lösungsvorschlag dar, denn die 'enge und wunderbare Verbindung' beider Wissenschaften sieht er schließlich in Gott begründet. Wir können diesen Grundlegungsversuch Hamiltons, der in der Konsequenz den Euklidianismus der älteren analytischen Tradition perpetuiert, hier nicht im einzelnen darlegen.[11]

Jacobi gilt in der Mathematikgeschichtsschreibung geradezu als Idealtypus des 'reinen' Mathematikers, der Anspruch auf die Zweckfreiheit und Autonomie seiner Wissenschaft erhebt. Die französische Mathematik seiner Zeit wird von ihm aufgrund ihrer starken physikalischen Orientierung hart kritisiert: 'Durch diese Tatsache wird nicht nur die reine Mathematik, sondern auch die Anwendung auf physikalische Fragen großen Schaden nehmen.' Seine Beschäftigung mit analytischer Mechanik verdankt sich *zunächst* auch rein mathematischen Interessen. Die 'Variation' analytischer Formulierungen (im obigen Sinne) trieb er dabei besonders weit. Erst in seiner *letzten* Vorlesung zur Mechanik, die er 1847/48 in Berlin hielt, setzte er sich grundsätzlich mit der Frage auseinander, wie der (von *ihm* mitgeschaffene) abstrakte Formalismus der analytischen Mechanik Anspruch auf Naturbeschreibung erheben kann. Von dieser Vorlesung existiert eine sorgfältige Nachschrift, die leider bis heute nicht ediert ist. Wir können hier nur einige leitende Gedanken darstellen:[11]

Jacobi wendet sich scharf gegen Lagranges unkritischen Euklidianismus, wie er in den Versuchen zum Ausdruck kommt, ersten mechanischen Prinzipien durch angebliche Beweise zu Evidenz zu verhelfen. Solche Prinzipien sind - hier beruft er sich auf Gauß - keines Beweises bedürftig und folglich *vorauszusesetzen*. In einem entscheidenden Punkt geht Jacobi jedoch über Gauß hinaus: Für Gauß gibt es zwei 'Fundamentalprinzipien' (das der virtuellen Geschwindigkeiten in Verbindung mit d'Alemberts Prinzip), in denen 'der Materie nach' alle alternativen Formulierungen enthalten sind. Die mathematische 'Variation' liefert nur neue 'Gesichtspunkte' dieser beiden zweifellos wahren Naturgesetze. Für Jacobi dagegen sind alternative *mathematische* Formulierungen (wie Hamiltons und Gauß' Prinzip, Prinzipien der kleinsten Wirkung) zunächst bloße 'symbolische Formen' oder 'symbolische Ausdrücke'. Wendet man aber einen solchen Symbolismus der Mathematik auf 'Etwas außer ihr', d.h. auf mechanische Systeme der äußeren Natur, an, spricht Jacobi von 'Conventionen': "... die Mathematik kann die Art, wie die Beziehungen eines Systems von Punkten Abhängigkeit veranlassen, sich nicht aus den Fingern saugen, sondern es wird hier wieder eine Convention in Form eines allgemeinen Prinzips eintreten."[12]

In der Tat kennzeichnet Jacobi in der Folge alle mechanischen Prinzipien bis hin zum Trägheitsprinzip als 'Conventionen'. Er ist damit (lange vor Poincaré) unseres Wissens der erste überhaupt, der diesen Begriff in die mathematischen Wissenschaften einführt und zur Kennzeichnung von Grundgesetzen verwendet. Welche Bedeutung verbindet Jacobi mit dieser originellen Begriffsbildung? Eine kurze Charakterisierung umfaßt, wie an anderer Stelle gezeigt wird[13], folgende Merkmale:

Jacobis 'Conventionen' sind (1) mathematisch formulierte, aber mathematisch nicht beweisbare Gesetze, die sich auf die Natur beziehen, die (2) der empirischen Prüfung durch die aus ihnen deduzierbaren Folgesätze *fähig* und (3) einer solchen Prüfung auch *bedürftig* sind. Sie werden (4) *gesetzt*, d.h. sind unter verschiedenen Alternativen wählbar, wobei (5) diese Wahl nicht willkürlich ist, sondern durch Einfachheits- und Plausibilitätsüberlegungen geleitet wird.

Es sind deutliche Parallelen, aber auch Unterschiede zu Poincarés Kennzeichnung von mechanischen Prinzipien als Konventionen erkennbar. Die Wählbarkeit erfordert eine nicht willkürliche, aber letztlich freie Entscheidung unter Alternativen. Jacobi sieht klar, daß diese Setzungen den Charakter 'versteckter Definitionen' haben können: Das Trägheitsprinzip *legt erst fest*, was eine Trägheitsbewegung sein soll - andere Festsetzungen wären (bei Erfüllung der angegebenen Bedingungen) ausdrücklich möglich.

Der wichtigste Unterschied zu Poincarés Konventionsbegriff ist, daß Jacobi grundsätzlich an der Möglichkeit einer (indirekten) empirischen Prüfung festhält. Eine solche Prüfung kann allerdings grundsätzlich nicht zu *Wahrheit*, sondern nur zu *Wahrscheinlichkeit* führen: Mechanische Prinzipien sind im besten Fall 'probabel', wie Jacobi sich ausdrückt. Sie sind also, und dies ist *hier* der wesentliche Punkt, für ihn nicht Resulate eines *sicheren* Induktionsprozesses und ebenfalls keine apriorischen Prinzipien. Die theoretische Mechanik wird bei Jacobi zu einer grundsätzlich fehlbaren Wissenschaft. Der *Bruch* mit dem Euklidianismus der älteren und beherrschenden analytischen Tradition vollzieht sich hier; zugleich deutet sich hier eine *Kontinuität* mit der Entwicklung der zweiten Jahrhunderthälfte an.

Diese Kontinuität ist in der Tat *genetischer* Art: Kirchhoff, Lipschitz, Riemann und C. Neumann - um nur die wichtigsten Namen zu nennen - wurden von Jacobis Ansichten beeinflußt. 'Unter der Oberfläche' hatte Jacobis *konventionale Mechanik* also durchaus ihre Wirkung. Der Grundlagenwandel der zweiten Jahrhunderthälfte, nur *scheinbar* spontan in seinem Auftreten (vgl. Teil 2), hat hier einen wichtigen Ausgangspunkt.

4. Schluß

Die *innere* Grundlagenkritik der klassischen theoretischen Mechanik ist also älter als ihr Ruf. Das heutige Verständnis der Disziplin kann leicht den Blick auf die Bedeutung dieser Kritik verstellen: Als einer wesentlich mathematischen Disziplin wurde ihr lange Zeit auch die mathematische Sicherheit einer Geometrie oder einer Arithmetik zuerkannt. Dieses *wissenschaftstheoriegeschichtliche* Faktum folgt nicht der klassischen *erkenntnistheoretischen* Einteilung Rationalismus-Empirismus und wurde als *Euklidianismus* präzisiert. Wir haben den Niedergang dieses 'mechanischen' Euklidianismus im späteren 19. Jahrhundert skizziert und Gründe hierfür aufgezeigt, deren Hauptlinien durch positivistische und konventionalistische Kritik gekennzeichnet sind. Wir haben anschließend darauf hingewiesen, daß Evidenzprobleme der analytischen Mechanik in der ersten Jahrhunderthälfte die mathematische Abstraktion und 'Variation' vorantrieben und dieser Zweig der Mechanik faktisch Teil einer *reinen Mathematik* wurde, die sich erst im Idealismus entfalten konnte und das Anwendungsproblem (anders als im älteren Rationalismus und Empirismus) den Vertretern einer solchen Mathematikauffassung klar vor Augen führte. Die von dem Mathematiker Jacobi angebotene Lösung einer *konventionalen Mechanik* ist der Versuch, die theoretische Mechanik seiner Zeit als Naturwissenschaft zu restituieren. Es handelt sich nicht um einen im Detail *artikulierten*, aber (besonders in der detaillierten Kritik des älteren Euklidianismus hervortretenden) *praktizierten* Konventionalismus. Jacobi, aber auch Poincaré selber legen die Frage nahe, ob der Konventionalismus 'ein spätes Kind der nichteuklidischen Geometrien' (W. Diederich) oder nicht allgemeiner 'ein vergessenes Kind der mathematischen Physik' genannt werden sollte.

Anmerkungen:

1) I. Newton, *Optik oder Abhandlung über Spiegelungen, Brechungen, Beugungen und Farben des Lichts*. Übers. und hg. von W. Abendroth. Leipzig 1898 (repr. Braunschweig/Wiesbaden 1983), S. 237 .(Orig.: *Opticks*, London ²1717, Querry 31).
2) I. Lakatos, *Renaissance des Empirismus in der neueren Philosophie der Mathematik?*, in: Ders., Philosophische Schriften, Bd. 2. Hg. J. Worrall und G. Currie. Braunschweig/Wiesbaden 1982, 23-41, S. 27. Vgl. zum folgenden auch die Beiträge *Die Methode der Analyse und Synthese* sowie *Unendlicher Regreß und Grundlagen der Mathematik* (ebd., 68-100 bzw. 3-22).
3) G.H. Whitrow, *On the Foundations of Dynamics*, in: Brit.Jour.Phil.Sci. 1(1950), 92-107, S. 92.
4) Zu d'Alembert s. T.L. Hankins, *Jean d'Alembert. Science and the Enlightenment*. Oxford 1970; zu Euler, Lagrange und Maupertuis s. H. Pulte, *Das Prinzip der kleinsten Wirkung und die Kraftkonzeptionen der rationalen Mechanik*. Stuttgart 1989.
5) I.I.A. Ide, *System der reinen und angewandten Mechanik fester Körper*. 2 Bde., Berlin 1802, Bd. 1, S. Vf.
6) E. Du Bois-Reymond, *Vorträge über Philosophie und Gesellschaft*. Hg. S. Wollgast. Berlin 1974, S. 55.
7) C. Neumann, *Grundzüge der analytischen Mechanik, insbesondere der Mechanik starrer Körper* (Teil 1), Ber. über die Verh. der Königl.-Sächs. Ges. der Wiss. zu Leipzig, Math.-Phys. Cl., 39(1887), 153-190, S.154.
8) E. Mach, *Die Mechanik, historisch-kritisch dargestellt*. Leipzig 1933 (9. Aufl.), S. 473.
9) C.F. Gauß, *Über ein neues allgemeines Grundgesetz der Mechanik*, in: Journal für die reine und angewandte Mathematik 4(1829), 232-235, S. 232.
10) Näheres hierzu bei T.L. Hankins, *Sir William Rowan Hamilton*. Baltimore/London 1980, S.172ff.,247ff..
11) Vgl. zum folgenden H. Pulte, *C.G.J. Jacobis Vermächtnis einer 'konventionalen' analytischen Mechanik: Vorgeschichte, Nachschriften und Inhalt seiner letzten Mechanik-Vorlesung* (im Druck).
12) *Vorlesungen über analytische Mechanik* (Berlin WS 1847/48, ausgearbeitet von W. Scheibner), S. 3f.; Näheres hierzu in Pulte (Anm. 11). Eine *Abschrift* befindet sich im Jacobi-Nachlaß des Akademie-Archivs (Berlin), Gr. III, Ms. B22.
13) S. Pulte (Anm. 11), Teil 3.2.

Joachim Stolz, Dortmund

EINSTEIN, WHITEHEAD UND DAS KOVARIANZPRINZIP

Wann gibt es eine wissenschaftstheoretische Diskussion über Theorie und Realität ? Dann, wenn ihr Verhältnis nicht mehr selbstverständlich erscheint. Mit dem Verlust der naiv-realistischen Unschuld, wie es Schrödinger formuliert hat, war dies spätestens in der Quantentheorie der Fall. Der Verlust der Anschaulichkeit begann aber bereits mit der anderen Revolution in der modernen Physik, nämlich mit der Relativitätstheorie. Der Prozeß des verloren gehenden Anschaulichkeit beginnt natürlich bereits früher. Man könnte etwa mit dem Galileischen Trägheitsprinzip oder mit dem Newtonschen Kraftbegriff in der Physik beginnen; in der Mathematik mit den Grundbegriffen der projektiven oder der nicht-Euklidischen Geometrie. Sicher scheint aber zu sein, daß mit der Entwicklung Einsteins von der Speziellen zur Allgemeinen Relativitätstheorie ein völlig neues wissenschaftstheoretisches Kapitel geschrieben worden ist. Aus (wie er es selbst nennt) erkenntnistheoretischen Gründen wurde eine prinzipiell neue Theorie geschaffen. "Der klassischen Physik und nicht minder der speziellen Relativitätstheorie haftet ein erkenntnistheoretischer Mangel an, der vielleicht zum ersten Male von E.Mach klar hervorgehoben wurde" (1). Die Erweiterung des Relativitätspostulats von kräftefreien Translationsbewegungen zu allgemeinen Bewegungsformen hat die allgemeine Invarianz der Gesetze der Physik zum Ziel. Seinem Stil der Konstruktion von Prinzipien-Theorien bleibt er auch während der Entstehung der Allgemeinen Relativitätstheorie von 1907 bis 1915 treu. Nach heutigem Verständnis waren drei heuristische Prinzipien Leitmotive für die Entwicklung: das allgemeine Relativitätspostulat, das Äquivalenzprinzip und das allgemeine Kovarianzprinzip. Das Äquivalenzprinzip bezieht sich natürlich auf die von Eötvös behauptete experimentelle Äquivalenz von träger und schwerer Masse. Das Verständnis für die Bedeutung des allgemeinen Kovarianzprinzips wurde teilweise durch Einstein selbst

Joachim Stolz, Dortmund

behindert: "Die allgemeinen Naturgesetze sind durch Gleichungen auszudrückenm, die für alle Koordinatensysteme gelten, d. h. die beliebigen Substitutionen gegenüber kovariant (allgemein kovariant) sind. Es ist klar, daß eine Physik, welche diesem Postulat genügt, dem allgemeinen Relativitätspostulat gerecht wird" (2). Als so klar hat sich dies tatsächlich nicht erwiesen. Schon 1917 hat Erich Kretschmann darauf hingewiesen, daß man jede Gleichung in eine solche Form bringen kann, daß sie in jedem Koordinatensystem gelten würde. Kanitscheider kommentiert dazu: "Einstein hat diese Kritik später akzeptiert, aber den heuristischen Wert dieses Prinzips weiterhin betont" (3).
Das ist aber nur der erste Teil der Rezeption. Die Wiederentdeckung des Kovarianzprinzips war ein halbes Jahrhundert später, nämlich 1967 durch zwei unabhängig voneinander erschienene Beiträge von Andersen und Post, die die Grundlage für das heutige Verständnis bilden (4).
Man muß zwischen den mathematischen und den physikalischen Aspekten und den philosophischen Erwewiterungsmöglichkeiten unterscheiden. Der mathematische Gedanke der koordinatenfreien Darstellung geht letztlich bis auf Lagrange zurück. Die physikalische idee der formäquivalenten Beschreibung von Bewegungsvorgängen geht im Rahmen der klassischen Punktmechanik auf Hamilton und Jacobi zurück. Der dritte Gedanke ist unsere Idee der Erweiterung auf ein philosophisches Kovarianzprinzip der perspektive-invarianten Beschreibung von kognitiven Prozessen im allgemeinen. Nach Friedman muß man heute drei verschiedene Ideen unterscheiden: die Ideen von Symmetrie, Ununterscheidbarkeit und Kovarianz (5). Die Symmetriegruppe einer Raum-Zeit Theorie charakterisiert die Objekte einer Theorie. Sie besagt, welche Objekte invariant und welche dynamisch sind; sie besagt weiterhin, welchen Umfang die Symmetrie-Gruppe hat, nämlich invers proportional zur Zahl der absoluten Objekte. Die Ununterscheidbarkeits-Gruppe einer Raum-Zeit Theorie bestimmt die Gesetze dieser Theorie. Sie bestimmt die Bezugsrahmen, die ununterscheidbar sind in Relation zu welchen Gesetzen und

Joachim Stolz, Dortmund

aufgrund welcher Kriterien. Die Kovarianz bezieht sich auf die Formulierung von Raum-Zeit Theorien. Die Kovarianz- Gruppe bestimmt den Bereich von Koordinaten-Systemen in dem ein bestimmter Bereich von Differentialgleichungen gültig bleibt. Das allgemeine Prinzip der Kovarianz besteht also im Wesentlichen aus der Forderung nach äquivalenten Beschreibungsformen für beliebige physikalische Bewegungsformen. Die philosophische Erweiterung dieses Prinzips bezieht sich auf eine perspektive-invariante Form der Beschreibung von kognitiven Prozessen.
Die Nebenwirkung dieser neuen Fassung des Kovarianzgedankens kommt erst zum Tragen, wenn man die weiteren Folgen dieser Uminterpretation betrachtet. Friedman reflektiert auf die Arbeit Andersons und kommentiert (ich übersetze): Im Zentrum der Andersonschen Konstruktion liegt die Unterscheidung zwischen zwei Typen von geometrischen Objekten. zwischen absoluten Objekten und dem was er als dynamische Objekte bezeichnet. Die absoluten Objekte einer Theorie werden als diejenigen Objekte betrachtet, die von den Wechselwirkungen der beschriebenen Theorie nicht beeinflußt werden. Sie sind unabhängig von den dynamischen Objekten, also Teil des festen Hintergrunds in dem die Wechselwirkungen stattfinden. Beispiele für absolute Objekte sind die Metrik der Speziellen Relativitätstheorie und die absolute Zeit in der Newtonschen Mechanik. Beispiele für dynamische Objekte sind die Metrik der Allgemeinen Relativitätstheorie, die von der Masse-Energie Verteilung beeinträchtigt wird, und das elektromagnetische Feld, das von der Ladungs-Ströme Verteilung beeinflußt wird (6)
Whitehead war einer der ersten Kritiker Einsteins. Seine Arbeiten über die logischen Grundlagen der Mathematik und speziell der Geometrie waren sehr eng verbunden mit seinem Interesse an der Logik der Relationen. Über den "Treatise on Universal Algebra" (1898), die Beiträge "Algebra of Symbolic Logic" (1901), "Logic of Relations" (1903), die Monographie "On Mathematical Concepts of the Material World" (1905) hat sich Whitehead in die

Joachim Stolz, Dortmund

entsprechenden Kapitel der "Principia Mathematica" (1910; §§ 30ff) vorgearbeitet. Neben der Typentheorie ist die grundlegende Neuerung durch die Logik der Relationen vielleicht etwas in den Hintergrund getreten. Die Theorie der mehrstelligen Relationen wurde zur Sprache der Grundlagen der Geometrie schlechthin. Besonders wichtig ist in diesem Zusammenhang v.a. die Monographie, da sie völlig unabhängig von Einsteins Spezieller Relativitätstheorie entwickelt worden ist. Sie enthält eine profunde Kritik am 'classical concept', charakterisierbar durch die materialistischen Grundbegriffe: 'points of space', 'instants of time' und 'particles of matter'. Die Kritik richtet sich gegen die Idee, daß mit diesen drei voneinander unabhängigen Klassen die fundamentalsten Entitäten gekennzeichnet werden könnten. Sie wird zur Ausgangsbasis für die logische und begriffliche Kritik an der modernen Naturwissenschaft, wie sie später entfaltet werden sollte. Nach der Rezeption der Allgemeinen Relativitätstheorie wird er darauf hinweisen, daß er bereits in der Monographie den Nachweis geführt hat, daß schon in einer relationistischen Theorie des Raumes ein klassischer Euklidischer Begriff des Punktes nicht mehr elementar sein kann. In einer relativistischen Theorie der Raum-Zeit müssen demnach die klassischen Voraussetzungen der Geometrie und der Analysis neu reflektiert werden (7). Wenn die Grundbegriffe der Geometrie nicht mehr als elementar betrachtet werden können, dann muß nach der Strategie der Tieferlegung der Fundamente eine Rekonstruktion auf der topologischen Ebene erfolgen und wenn diese auch nicht mehr als hinreichend begründet erscheint, dann muß eine Rekonstruktion auf der morphologischen Ebene folgen.
Diesen Weg der Rekonstruktion hat Whitehead in gewisser Weise tatsächlich bestritten. Das Problem erweiterte sich allerdings von der logischen Rekonstruktion der Grundlagen der Geometrien zu der der vier-dimensionalen Raum-Zeit Mannigfaltigkeit.
Aus der Monographie folgte aber auch noch ein anderes Thema, nämlich die Frage, wie ein Punkt mit dem Begriff einer Geraden

Joachim Stolz, Dortmund

definiert werden kann. Aus dieser Problemstellung entwickelte
er die Methode der extensiven Abstraktion. Darunter kann man
sich eine Art von Intervallschachtelung vorstellen, bei der
letztlich Punkte als ideale Grenzbegriffe konstruiert
werden.Daraus entsteht aber auch die Frage nach dem Zusammenhang
zwischen den Grundbegriffen der Geometrien (deskriptive oder
projektive) und der Sinneserfahrung. In der Geschichte der
Philosophie stellte sich diese Frage als die entscheidende
Ausgangsbasis für die theoretische Philosophie überhaupt heraus.
Die Antworten nach dem Verhältnis zwischen Geometrie und
Erfahrung waren von Platon über Kant bis Einstein letztlich
von paradigmatischer Bedeutung. Die Problematik ist natürlich
eng verwandt mit dem Verhältnis von Abstrakten und Konkreten
Entitäten. Im Gesamtwerk Whiteheads trifft man hiermit auf eine
durchgehende thematische Leitidee, die noch deutlicher wird,
wenn man eine weitere Überlegung mit einbezieht.
Wir sind von der Diskussion über die heuristischen Leitprinzipien
Einsteins bei der Entwicklung von der Speziellen zur Allgemeinen
Relativitätstheorie ausgegangen. Man kann heute feststellen,
daß zu den heuristischen Leitideen neben der Erweiterung zum
Allgemeinen Relativitätsprinzip und dem Äquivalenzprinzip v.a.
auch das allgemeine Kovarianzprinzip gehört. Die Bedeutung des
Kovarianzprinzips bezieht sich zunächst nur auf das heuristische
Prinzip der koordinatenfreien mathematischen Darstellung von
analytischen und differentialgeometrischen Sachverhalten; in
zweiter Linie auf die Forderung nach formäquivalenten
Beschreibungen von physikalischen Bewegungsformen
undTransformationseigenschaften. Auf einer weiteren Stufe schlage
ich vor diese heuristische Idee zu einer erkenntnistheoretischen
Forderung nach perspektivisch invarianter Beschreibung von
Kognitionsprozessen zu verallgemeinern. In diesem Sinne möchte
ich von einem philosophischen Kovarianzprinzip sprechen.
Die Idee einer perspektivisch invarianten Beschreibung bezieht
sich dann allerdings nicht nur auf raum-zeitliche Relationen,
sondern auch auf Subjekt-Objekt Relationen.

Joachim Stolz, Dortmund

Die Logik der Relationen wird damit das Analogon zur Idee der Kovarianz. Wenn nach heutigem Verständnis zu einer allgemein kovarianten Theorie die Konsequenz einer dualistischen Konzeption von dynamischen und absoluten Elementen (wie anfangs erörtert) gehört, dann wird es umso interessanter sein diese hermeneutische Idee am Gesamtwerk Whiteheads anzulegen. Das verblüffende und merkwürdige Resultat dieses hermeneutischen Experiments zeigt sich darin, daß die Entwicklung Whiteheads auf eine systematische Art und Weise Kohärenz und Struktur erhält.

Man trifft sozusagen einen Hauptnerv der (leider nie so formulierten) Entwicklung Whiteheads. Es handelt sich um die thematische Leitidee der Theorie von Gegenständen und Ereignissen. Diese scheinbar harmlose Unterscheidung wird tatsächlich ein theoretisches Konstrukt, das man von der Rezeption der Speziellen Relativitätstheorie bis ins Spätwerk verfolgen kann.

Akzeptiert man den Ausdruck 'Objekt' als neutral, dann lassen sich Ereignisse als dynamische Objekte und Gegenstände als invariante Objekte unterscheiden. Genau dies scheint auch die Strategie Whiteheads gewesen zu sein. Die dynamischen Objekte befinden sich in Wechselwirkung mit der Umgebung, genauer mit dem Rest der Natur, sie beschreiben die sog. Passage der Natur. Während die invarianten Objekte notwendig sind für die Wiedererkennbarkeit von Situationen bzw. im unreflektierten Sprachgebrauch von Gegenständen. Mit Längsschnitt durch das Gesamtwerk ist folgendes genmeint: die eben genannte Unterscheidung findet sich in "Principles of Natural Knowledge" von 1919 mit den kontinuierlichen Eigenschaften von Ereignissen und den atomistischen Eigenschaften von Gegenständen, sie tritt im "Principle of Relativity" von 1922 auf als Unterscheidung zwischen 'cognisance by relatedness` und 'cognisance by adjective` und in "Process and Reality" von 1929 als 'actual entities` und 'eternal objects`. Der Gedanke der Kovarianz scheint dabei offensichtlich forschungsleitende Funktion gehabt zu haben. Der nächste Schritt ist der die Relationenlogik mit

Joachim Stolz, Dortmund

einzubeziehen. Wie schon gesagt, perspektivisch invariante Beschreibungen von erkenntnistheoretisch relevanten Prozessen bedeutet auch eine Uminterpretation in die Sprache der Logik der Relationen, d.h. nicht mehr und nicht weniger einer Überwindung der Subjekt-Prädikat Struktur der traditionellen Logiken. Zur Erläuterung nehme ich ein Beispiel Whiteheads (8): nämlich die Aussage 'das Blatt ist grün'. Nach der traditionellen Logik ist hier 'das Blatt' ein zeitloses Subjekt und das Prädikat ein zeitloses Attribut. In der relationistischen Uminterpretation hat man zu unterscheiden zwischen der Relation von grün zum Blatt und der Relation von grün zu dem Ereignis, das die Lebensgeschichte dieses Blattes für eine bestimmte kurze Dauer ist, und das wiederum verschieden ist von der Relation des Blattes zu dem Ereignis. Das Ereignis ist also einmal die Situation des grün und zum anderen die Situation des Blattes. Das Blatt ist also einmal ein Charakter oder eine Eigenschaft, die von der Situation prädiziert werden kann, zum anderen ist das grün ein Charakter oder eine Eigenschaft des gleichen Ereignisses, das auch seine Situation ist. Die Uminterpretation der traditionellen Logik führt direkt über die Theorie der Prädikation zu einer grundsätzlichen Kritik an der Theorie der Substanzen und der damit verbundenen Interpretation der Materie. "If we are to look for substance anywhere, I should find it in events which are in some sense the ultimate substance of nature" (9). Die Kritik am sog. klassischen materialistischen Konzept und die Kritik an der traditionellen Logik treffen gleichsam von selbst auf die grundsätzlichen Fragen der begrifflichen und logischen Interpretation der Relativitätstheorien und der Quantentheorie (zumindest in ihrer frühesten Phase). 'Gleichsam von selbst' allerdings erst dann, wenn man das vorgeschlagene philosophische Kovarianzprinzip zur Interpretation des Entwicklungsweges Whiteheads als thematische Leitidee anwendet. Die spezielleren methodischen Kritikpunkte an der Vorgehensweise Einsteins betreffen die Interpretation der Gleichzeitigkeit, den Status

Joachim Stolz, Dortmund

der Lichtgeschwindigkeit und m.E. am grundsätzlichsten die
Theorie von Kongruenz und Metrik und den Ursprung der
Irreversibilität der Zeit.

ANMERKUNGEN:

(1) A.Einstein: Die Grundlage der allgemeinen Relativitätstheorie; abgedr. aus Ann. d.Phys. 49 (1916) in: H.A.Lorentz,
A.Einstein, H.Minkowski: Das Relativitätsprinzip; 9. Aufl.,
unver. Nachdr. der 5. Aufl. von 1923; Stuttgart 1990, S. 81-124
(82f)
(2) A.Einstein: ibid., S. 86
(3) B.Kanitscheider: Das Weltbild Albert Einsteins; München
1988, S. 151
(4) J.L.Anderson: Principles of Relativity Physics; New York
1967 und E.J.Post: General Covariance in Electromagnetism; in:
M.Bunge (ed.): Delaware Seminar in the Foundations of Physics;
Berlin, Heidelberg, New York 1967
(5) M.Friedman: Foundations of Space-Time Theories. Relativistic
Physics and Philosophy of Science; Princeton 1983, pp. 212ff
(6) M.Friedman: ibid., pp. 56ff
(7) J.Stolz: The Idea of structure-less Points and Whitehead's
Critique of Einstein; in: Logic, Methodology and Philosophy
of Science; Uppsala 1991; erscheint in: Synthese Library 1993
(8) A.N.Whitehead: The Concept of Nature. The Tarner Lectures
Delivered in Trinity College November 1919; Cambridge 1920;
repr. Cambridge 1971, pp. 18f
(9) A.N.Whitehead: ibid., p. 19

Thomas Bonk

Bestätigung und epistemischer Holismus

Prof. Glymour hat in *Theory and Evidence* (1983), in enger Anlehnung an frühe Ideen Reichenbachs und Hempels, ein qualitatives Modell der Bestätigung empirischer Theorien entwickelt und auf historische Fallsstudien angewendet, das in den vergangenen Jahren auf ausserordentliche Resonanz gestossen ist. Es handelt sich um ein Modell objektiver, syntaktischer Zusammenhänge von Evidenz und Theorie, in scharfer Abgrenzung zum "subjektiven" Bayesschen Ansatz. Es zielt auf Kriterien ab, die festlegen, welche Daten für welche Hypothesen in einer Theorie relevant sind. Dadurch unterbindet es eine zentrale Prämisse anti-realistischer Argumente: empirisch äquivalente Theorien können durch dieselben Beobachtungen in *unterschiedlicher Weise* getestet werden.

In den folgenden Anmerkungen bestreite ich, dass das vorgeschlagene Modell eine adäquate, brauchbare Explikation eines syntaktischen Bestätigungsbegriffs darstellt. Meine Gründe weichen in einigen Punkten von denen anderer Kommentatoren ab, die zum selben Ergebnis gekommen sind. Abschnitt I. versucht, den Anwendungsbereich des Modells zu bestimmen. In Abschnitt II. wird erörtert, warum das Modell keine "strukturellen" Relevanzbedingungen definiert. Er enthält das Hauptargument. Schliesslich wird in Abschnitt III. eine naheliegende "Interpretation" des Verfahrens vorgeschlagen.

Thomas Bonk

I.

Einige Kritiker haben der Intuition widersprechende Konsequenzen für den Fall herausgestellt, dass die zu prüfende empirische Hypothese selbst zu ihrer "Bestätigung" notwendig ist (Eddidin 1981; Christensen 1983, 1990). Diese Konsequenzen können durch Einschränkungen in der Formulierung des Modells zumindest teilweise vermieden werden (Glymour 1983; Earman und Glymour 1988). Andere Autoren, darunter Glymour, haben auf eine methodologische Schwierigkeit aufmerksam gemacht, die damit verbunden ist, dass relativ zu geeigneten Hilfshypothesen jede Hypothese "bestätigt" werden könnte. Hinzuzufügen ist, dass damit die Daten ebenfalls beliebig werden. Die Brauchbarkeit des Verfahrens in Rekonstruktionen ist aber durch einen "zu weiten" Anwendungsbereich nicht notwendig beeinträchtigt.

Eine kritische Beurteilung wird dadurch erschwert, dass das Modell nie präzise und vollständig für allgemeine physikalische Theorien formuliert worden ist. Die Frage nach der Reichweite des Modells wird daher am besten für jeden historischen Fall einzeln gestellt, aber angesichts der notwendigen Kürze dieses Beitrags lassen sich einige Züge vielleicht allgemeiner charakterisieren. Glymour hat darauf hingewiesen, dass Systeme von Differentialgleichungen, also z.B. die vier Maxwellgleichungen einschliesslich der Randbedingungen, in Abwesenheit freier Ladungen, nicht im Sinne des Modells "bestätigt" werden können. Gegenstand einer Studie war die Frage, ob das Potential und der affine Zusammenhang der Newtonschen Theorie (in einer modernen Formulierung) aus den "Daten": Kongruenzen, Trajektorien des freien Falls etc. bestimmt werden können und welche der Hypothesen auf diese Weise getestet würde. Die

Antwort lautet, dass die Theorie auf diese Weise i.a. nicht getestet und bestätigt wird: Keine der genannten Grössen ist aus den Daten eindeutig bestimmbar. Die Aussichten für interessante Anwendungen sind also nicht günstig.

Aber angenommen, das Verfahren hätte den affinen Zusammenhang und das Potential bestimmt und diese Grössen hätten die Bedingungen der Theorie erfüllt. Aus zwei Gründen glaube ich, dass Wissenschaftlern damit wenig geholfen wäre. Einmal, weil die "falschen" Hypothesen bestätigt worden wären. Es wird zwar eine Bedingung (wenn es sie gibt) erfüllt, aber die Bewegungsgleichung selbst wird nicht getestet. Das Modell testet also gerade das nicht, was Wissenschaftler gewöhnlich als "zentral" in einer Theorie wahrnehmen: Die fundamentalen Bewegungsgleichungen.

Der zweite Grund ist der, dass es für die Logik des Testens gleichgültig ist, *wie* diese Grössen bestimmt werden - solange sie zulässig sind, d.h. je die hypothetische Bedingung erfüllen. Auch bei völliger Gewissheit über das Gravitationspotential, steht die Richtigkeit der Bewegungsgleichung in Frage. Das Verfahren ihrer Bestimmung zeichnet sich *pragmatisch* vor den Alternativen, Raten oder Eingebung, aus: Es ist effizient, hat sich bewährt und funktioniert bei allen Hypothesen auf gleiche Weise. Ironischerweise erweist sich unter diesem Gesichtspunkt als irrelevant, was viele Kritiker des Modells bewegt hat: Die Verwendung der zu prüfenden Hypothese selbst, die Beliebigkeit der Hilfshypothesen usf. Ob die so gefundenen Grössen "akzeptiert" werden, wird nicht zuletzt davon abhängen, ob und wann sich ein "Gleichgewicht" zur Bestätigung der übrigen Hypothesen einstellt.

Unter Umständen kann eine "Lösung" der Bewegungsgleichung, etwa ein vollständiger Orbit, aus den Daten mit Hilfe von Symmetrieannahmen, Annahmen über die Fourierzerlegbarkeit usf. gewonnen werden. Falls die so konstruierte Lösung die betreffenden Gleichungen erfüllt, dann in der Tat liegt etwas wie Bestätigung vor. Aber was "bestätigt" wird, die Symmetrieannahmen oder die Bedingung, ist unbestimmt (vgl. Abschnitt II). Ausserdem steht die Häufigkeit solcher Fälle in der Geschichte in keinem Verhältnis zu dem "Vertrauen", das Theorien wie der Quantentheorie entgegen gebracht wird. Das Verfahren führt also in ein Dilemma: Wo die Bestimmung von theoretischen Grössen möglich ist, sind die geprüften Hypothesen nicht "zentral". Wo das Verfahren auf die Bewegungsgleichung zielt, scheint es selten durchführbar.

Eine weitere Schwierigkeit, die ich erwähnen möchte, hängt mit der "Dynamik" empirischer Theorien zuammen. Physikalische Theorien "enthalten" nicht selten Hypothesen ihrer historischen Vorgänger (Inkommensurabilitäten beiseite). Tests des Vorgängers gelten daher als Tests des Nachfolgers, sodass die ursprünglich bestätigenden Experimente nicht wiederholt werden müssen. Die "Übertragbarkeit" der Evidenz fällt in Glymours Modell aus. Die Vorgängertheorie wird als Konsequenz oder als Subtheorie des neuen Systems i. a. durch dieselben Daten nicht getestet. Hempels "consequence condition" ist nicht Teil der offiziellen Doktrin (*Theory and Evidence*, S.133). Es bleibt von daher unverständlich, warum die geschilderte Beziehung zwischen den empirischen Inhalten zweier Theorien als Desideratum gilt.

II.

Vielleicht ist es unfair, das Modell als umfassende Explikation eines allgemeinen Bestätigungsbegriffs aufzufassen. Ein Ziel war sicherlich die

Thomas Bonk

Angabe von Relevanzbedingungen für den Impakt von Beobachtungen auf einzelne der Hypothesen einer Theorie: *It is the most significant merit of the bootstrap strategy that it localizes confirmation., making it possible to locate structural confirmation relations among fragments of a complex theory* (a.a.O. S.139). In diesem Abschnitt soll an einem Kernbeipiel Glymours, Systemen von Gleichungen, nachgewiesen werden, dass das Modell i. a. *nicht* leisten kann, was es vor allem verspricht und was es besonders attraktiv macht: Relevanzbedingungen für einzelne Hypothesen in einer Theorie zu definieren.

Zur Erinnerung, der Schlüsselbegriff des Modells im Zusammenhang mit Gleichungssystemen, die u.a. in Soziologie, Ökonomie und Molekularbiologie angewendet werden, ist der des "Repräsentanten" einer Hypothese. Diese Gleichung entsteht durch Eliminierung aller "theoretischen" Variablen aus einer Hypothese zugunsten von Variablen, die direkt gemessene Grössen repräsentieren. Daten, die die Einschränkung durch den Repräsentanten erfüllen, gelten als "bestätigend" für die Hypothese, wenn ausgeschlossen ist, dass nicht von vornherein jede Datenmenge den Repräsentanten erfüllt hätte. Um einen Repräsentanten zu erhalten, sind Funktionen notwendig, die unbekannte, "theoretische" Variablen durch gemessene Grössen ausdrücken.
Die Schwierigkeit, die ich hervorheben möchte besteht darin, dass der "Repräsentant" nicht eindeutig einer Hypothese zugeordnet ist, in folgendem Sinne: Verschiedene Gleichungen innerhalb desselben Systems, sie seien mit h und h' bezeichnet, können durch dieselbe Gleichung "repräsentiert" werden. Ihre jeweiligen Repräsentanten sind äquivalent: Dieselben Daten, die den Repräsentanten von h erfüllen, erfüllen auch den von h'. Es ist also nicht eindeutig bestimmt, was getestet und bestätigt wurde, wenn die Daten die Bedingung erfüllen. Umgekehrt: Wenn die Daten den Repräsentanten nicht

erfüllen, ist offen, welche der beiden Hypothesen zu verwerfen wäre. Beispiele sind einfach zu konstruieren. Das Modell kann folglich keine *formalen, strukturellen* Bedingungen dafür stellen, dass die Daten relevant für die eine aber nicht für die andere Hypothese im System der Gleichungen sind.

Der formale Grund hierfür liegt darin, dass der Repräsentant die *Konsistenzbedingung* für das Gleichungssystem darstellt. Konsistenz von Daten, Hilfshypothese und zu testender Hypothese ist eines der Axiome des Modells (a.a.O. S.130). Sie gilt für das System als ganzes; die "Aufteilung" des Systems in zu testende Hypothese und zur Eliminierung notwendige Hilfshypothesen, die in der Berechnung des Repräsentanten bei Glymour eine Rolle spielt, ist dafür nebensächlich. Es gibt ein einfaches, aus der Linearen Algebra bekanntes Verfahren, die repräsentierende Gleichung oder Konsistenzbedingung eines linearen Systems zu generieren, ohne vorher eine zu testende Hypothese oder Hilfshypothesen anzugeben. (Van Fraassens Rekonstruktion des Verfahrens in Earman (1983) kommt ohne den Begriff der "computation" aus.)

Dass die Hypothese h durch die Daten getestet wird, nicht aber h', scheint - in Abwesenheit formaler Kriterien - weitgehend eine Frage der Konvention zu sein und beruht, in gewissen Grenzen, auf einer willkürlichen Setzung. Das Problem der Relevanz der Daten für einzelne Hypothesen einer Theorie, des "epistemischen Holismus", erhält durch das Modell keine neue Antwort. Das Gesagte gilt bereits für den Fall des bislang als relativ unproblematisch angesehenen nicht-zirkulären "bootstrapping".

Vielleicht hatte Glymour diese Schwierigkeit vor Augen, als er schrieb: *In developing the positive theory of confirmation ... nothing was said explicitly regarding whether the auxiliary hypotheses used in computing values for the quantities in the hypothesis to be tested are also tested themselves, indirectly as*

Thomas Bonk

it were. ... Expanding the account so that auxillary hypotheses are themselves confirmed ... may not be easy. It may be impossible. (a.a.O. S.373-4)

III.

Die in Abschnitt I. und II. angestellten Überlegungen legen eine andere "Deutung" des Modells nahe. Ohne Zweifel kann das Verfahren zur Bestimmung von Massen, Ladungen, und anderen Invarianten dienen. Viele Anwendungen, die ursprünglich das (Test-)Verfahren illustrieren sollten, sind gerade von dieser Art: Die Bestimmung der Boltzmannkonstante, der Avogadrozahl, der Massen aus der Impulserhaltung (Zytkow 1986), des Ausdrucks für die universelle Gravitationskraft Newtons usf. Das Modell systematisiert also richtig einen Aspekt des wissenschaftlichen Testens: die Fixierung von Invarianten, freien Parametern oder (unter Umständen) von universellen Potentialen, Kräften etc. innerhalb einer Theorie mit Hilfe von Daten und Hypothesen. Ein Beipiel für die Rolle von Parameterwerten in der Entwicklung einer Theorie ist die wiederholte Bestimmung von Reichweite und Tiefe des Austauschpotentials in Heisenbergs Theorie des Atomkerns von 1933. Je nach Bestimmungsweg voneinander abweichende Werte dieser Grössen behinderten die Entwicklung der Theorie bis 1935.

Dass aus Messdaten positive Information gezogen werden kann, ist keine neue Einsicht. Es ist zudem eine methodologisch triviale Maxime, dass diese Information maximiert werden sollte. Das Modell setzt diese Maxime systematisch um. Führen verschiedene Berechnungen zu abweichenden Werten der Parameter, dann steht selbstverständlich die Konsistenz der Theorie mitsamt ihren Hilfsannahmen in Frage. Doch von hier führt kein offenbarer Weg zu strukturellen Relevanzbedingungen.

Literaturverzeichnis

1. Christensen, D.: *The Irrelevance of Bootstrapping* , Phil. of Sc. 57 (1990) 644 - 662
2. Earman, J. ed.: *Testing Scientific Theories* (1983), Minnesota Studies in the Philosophy of Science X, Minneapolis, University of Minnesota Press
3. Earman, J. Glymour, C.: *What Revisions Does Bootstrap Testing Need?*, Phil. of Sc. 55 (1988) 260 - 264
4. Glymour, C.: *Theory and Evidence* (1983), Princeton, Princeton University Press
5. Glymour, C.: *Revisions of Bootstrap Testing*, Phil. of. Sc. 50 (1983) 626 - 629
6. Zytkow, J. M.: *What Revisions Does Bootstrap Testing Need?* Phil. of Sc. 53 (1986) 101 - 109

Thomas Kohl, Freiburg

Was ist Wirklichkeit?
Fußnoten zu den metaphysischen Grundlagen der modernen Physik

Das Unvermögen der intellektuellen Eliten, in einer Zeit zunehmender Unsicherheit und Ungewißheit, Orientierung anzubieten, zeigt, wie sehr sie mehr und mehr den Kontakt mit der Wirklichkeit verloren haben. Der zunehmende Rationalismus, auf den die moderne Welt so stolz ist, sollte eigentlich zu einer Verminderung von Krisen und Katastrophen führen. Da dies nicht der Fall ist, lautet die Diagnose gewöhnlich: "Zu wenig Rationalismus". Dann wird der Fehler bei der angewandten Vernunft, bei der Industrie und Technik gesucht. Die Vernunft steht außerhalb jeden Verdachts - jedenfalls bei der vorherrschenden intellektuellen Elite. Ich habe aber den Verdacht, die seltsame Vorstellung von Wirklichkeit bei den führenden intellektuellen Kräften im 20. Jahrhundert, besonders in dem Bereich der theoretischen Physik, könnte eine Quelle für den Realitätsverlust sein, der das Ende des 20. Jahrhunderts charakterisiert. Deswegen möchte ich das Weltbild der theoretischen Physik etwas näher betrachten, besonders die Vorstellung von Wirklichkeit.

Hat die moderne theoretische Physik Erkenntnisse über die Materie gewonnen, die über eine Beschreibung der Natur hinausgehen und das Wesen der Dinge erklären?
"Wesen, Wesenheit, latein. ess'entia, griech. ous'ia, bedeutet zunächst das Bleibende gegenüber dem Veränderlichen, die Hauptsache (als das 'Wesentliche') gegenüber der Nebensache; enger aufgefaßt das Prinzip des Seienden, das ihm sein bestimmtes 'Sosein' gibt im Unterschied zum Dasein (existentia)"(Brockhaus 1975).

Hat die theoretische Physik etwas Bleibendes in der materiellen Welt gefunden - oder ist sie nur auf etwas Veränderliches gestoßen? Ist das eine metaphysische Frage, die in der theoretischen Physik keinen Platz hat? Ernst Mach meint, die Frage nach den Substanzen hätte in den modernen Naturwissenschaften keinen Platz. Ich übernehme den Begriff der Substanz von Albert Einstein und Leopold Infeld. Sie schreiben:
"Unter einer Substanz verstehen wir hier etwas, das weder erzeugt, noch vernichtet werden kann"(1).

Wir sehen, daß die Begriffe 'Wesen' und 'Substanz' synonym verwendet werden und das Dauerhafte bezeichnen. Paul K. Feyerabend fügt als ein Kenner des Machschen Werks hinzu, die ablehnende Haltung Machs gegenüber der Frage nach den Substanzen sei von "Einstein und den meisten Wissenschaftlern und beinahe allen Wissenschaftstheoretikern akzeptiert" worden(2). Ich werde zeigen, daß diese Behauptung auf Max Planck, Albert Einstein, Max Born, Werner Heisenberg, Carl Friedrich von Weizsäcker, Pascual Jordan, Erwin Schrödinger und David Bohm nicht zutrifft. Doch zunächst kann uns ein Rückblick nicht erspart bleiben, der als eine kurze Zusammenfassung die Frage nach den metaphysischen Grundlagen der theoretischen Physik in der Periode der klassischen Mechanik beleuchtet.

Thomas Kohl, Freiburg

Dualistischer Realismus

Durch die kopernikanische Revolution im 16. und 17. Jahrhundert wurde die Welt in zwei Teile geteilt. In seiner bedeutenden Studie schreibt E.A. Burtt darüber: "Galilei macht den klaren Unterschied zwischen dem in der Welt, das absolut, objektiv, unveränderlich und mathematisch ist und dem, das relativ, subjektiv, wechselhaft und sinnlich ist. Das erstere ist der Bereich des göttlichen und menschlichen Wissens; das letztere der Bereich der Meinung und Illusion"(3).

Diese Auffassung sollte zur Grundlage des wissenschaftlichen Weltbildes der modernen Welt werden, ich möchte sie etwas ausführlicher darstellen. Auf der einen Seite entstand eine unendliche, sich selbst bewegende, mathematische Maschine mit quantitativen Eigenschaften, die als absolut, ewig, objektiv und unveränderlich angesehen wurde; ein geometrisches, hartes, schweigendes, totes aber harmonisches System, das nur aus Masse besteht und sich in regelmäßiger Präzision und Unvermeidbarkeit, unter dem Einfluß bestimmter Kräfte, ziellos durch Zeit und Raum bewegt. Das waren die primären Qualitäten der Natur. Kein Organismus, nicht einmal ein Grashalm, hätte in dieser verdünnten mechanischen Welt überleben können. Dieser Einwand wurde wie ein kleiner Schönheitsfehler übergangen und von der theoretischen Physik durch Exaktheit kompensiert: Die mathematische Reduzierung der Natur konnte mit großer Gewißheit, Genauigkeit und mit eindeutiger Bestimmtheit erkannt und erklärt werden. Exaktes Wissen triumphierte über manche zügellose Spekulation im Spätmittelalter. Die ganze Welt wurde einer mathematischen Handhabung unterworfen und auf das Meßbare, das Objektive, das Kontrollierbare und das durch Experimente Wiederholbare reduziert, so, als ob mit Hilfe der mathematischen Logik alle Fragen dieser Welt beantwortet werden könnten. Die mathematische Essenz der Dinge galt als wahr und wirklich, ihr wurde von den mathematischen Naturwissenschaften große Würde und großer Wert beigemessen. Sie war für die theoretische Physik der Schlüssel zum Verständnis des Universums, der ihnen noch zusätzlich das subjektive Vergnügen an geometrischer Schönheit, rationaler Ordnung, Einfachheit und Harmonie bot. Mathematik, eine geistige Wissenschaft, der unmittelbar nichts in der äußeren Welt entspricht ("Der Mathematiker", so schreibt Ludwig Wittgenstein, "ist ein Erfinder, kein Entdecker"(4)), ausgerechnet Mathematik wurde nun zu einem Maßstab für Objektivität. Da die Wechselhaftigkeit der Oberfläche ausgeschaltet war, kam den Kategorien von Masse, Zeit und Raum ein dauerhafter Charakter zu. <u>In der Mathematik meinten die theoretischen Physiker eine zuverlässige Grundlage gefunden zu haben, da die mathematischen Strukturen Dauerhaftigkeit, Unveränderlichkeit darstellen. Und nur dem Bleibenden, Unveränderlichen, nicht dem Vergänglichen schrieben sie Wirklichkeit zu.</u> Was bis dahin Gott, Seele, Geist, Finsternis, Atome oder materia prima genannt wurde, um das immaterielle Wesen der Welt oder der einzelnen Dinge zu benennen, hieß nun mathematische Formel. Besonders Isaac Newton meinte, Metaphysik vermieden zu haben, um eine mehr empirische Physik

Thomas Kohl, Freiburg

zu entwerfen. Ist es ihm gelungen? E.A. Burtt sagt dazu:
"Der einzige Weg zu vermeiden, ein Metaphysiker zu werden, ist, nichts zu sagen"(5).

Auf der anderen Seite, vollständig getrennt von dieser mathematischen Maschine, blieb eine seltsam gewordene, sekundäre, subjektive, illusionäre Welt der "Sinnesdinge" zurück, mit der der moderne wissenschaftliche Geist nicht mehr viel anfangen konnte. Unmittelbar wirkten die Sinnesdinge auf den mathematischen Physiker konfus, obskur, widersprüchlich und unglaubwürdig, denn sie waren wechselhaft, flüchtig, relativ und vergänglich. Es war die qualitative Welt der Formen, Farben, Gerüche, Empfindungen, die Welt, in der wir leben. Diese Sinnesdinge wurden entweder in ihrer Existenz oder in ihrer Bedeutung geleugnet und als Illusionen betrachtet. Über solche Dinge war kein exaktes, mathematisches Wissen möglich, nur Meinungen. Deshalb wurden sie aus dem Bereich der Natur verbannt und in eine 'winzige Ecke der Gehirne vereinzelter organischer Lebewesen gedrängt'(Burtt). Für Hobbes waren die Sinnesdinge Trugbilder in den Empfindungen, für Descartes chimärische Wesen. Galilei formulierte es so:
"Würden Ohren, Zunge und Nase entfernt, so blieben Gestalt, Zahl und Bewegung, aber es gäbe keine Gerüche, keinen Geschmack und keine Töne; diese sind, wie ich glaube, außerhalb von lebenden Wesen nichts als Namen, genauso wie Kitzel nichts als Name ist, wenn Achselhöhle und Nasenhaut entfernt werden"(6).

Das war der wissenschaftliche Dualismus, der die äußere Welt in zwei Teile zerriß, nur den mathematisch erfaßbaren Teil als objektive Realität anerkannte und die Sinnesdinge als Illusion abwertete. Nach der konventionellen Interpretation haben die Physiker der klassischen Mechanik einen Dualismus von Geist und Materie hervorgebracht. Nach der Burttschen Analyse, auf die ich mich stütze, haben sie nicht nur den Geist, sondern auch die Sinnesdinge, die ganze Welt, in der wir leben, aus dem Reich der Natur verbannt. Seit der Etablierung dieses dualistischen Realismus trauen wir unseren Sinnen nicht mehr, weil im Namen exakter mathematischer Naturwissenschaften, einer Art von höherer Erkenntnis, von einer Wirklichkeit die Rede ist, zu der die sinnliche Wahrnehmung und der sogenannte gesunde Menschenverstand, das ganze nicht-mathematische Wissen, keinen Zugang haben. Im Namen dieser höheren Erkenntnis begann der mathematisch-physikalische Geist die Welt zu erobern, zu verbessern, zu zerstören, synthetisch wieder aufzubauen, mit einem Wort, das zu machen, was ihm gefiel, ohne Korrektur durch nicht-wissenschaftliche Kriterien, hemmungslos, ohne Maß und ohne Mitte. Denn was sollte anderes die Mitte für uns Menschen sein als die Sinnesdinge, die Welt der Formen, Farben, der Gerüche und Töne? Von dieser Mitte können wir in die Tiefen der materiellen Strukturen herabsteigen und zu den Höhen des Geistes emporsteigen, wie Goethe schrieb, "nur Anfang und Ende erreichen wir nie, weder mit Gedanken noch Tun, daher es rätlich ist, sich zeitig davon loszusagen"(7).

Modernes physikalisches Denken machte es jedoch zur Bedingung für objektives

Thomas Kohl, Freiburg

Wissen, die Mitte zu verlassen und die sinnliche Wahrnehmung abzuschalten. Überall und unaufhörlich wollten mathematische Naturwissenschaftler die sinnliche Wahrnehmung und den sogenannten gesunden Menschenverstand Lügen strafen. Immer wieder wollten sie der modernen Welt im Namen ihrer dualistischen Methode weismachen, daß die Natur in Wirklichkeit etwas ganz anderes ist, als das, was wir durch unsere Sinne wahrnehmen. Die Sinnesdinge, die Welt, in der wir leben, sollten nichts als Illusion sein, den Sinnen sollte jede Glaubwürdigkeit fehlen. Die theoretische Physik hatte sich ihre eigene abstrakte Welt geschaffen, die sie exakt berechnen konnte und die sie für die einzige konkrete und wirkliche Welt hielt.

Was ist Wirklichkeit für Max Planck, Albert Einstein, Max Born, Werner Heisenberg, C.F. von Weizsäcker, Pascual Jordan, Erwin Schrödinger und David Bohm?

Diese Analyse des wissenschaftlichen Dualismus, von der ich nur eine kurze Zusammenfassung gegeben habe, machte E.A. Burtt im Jahre 1925, in einer Zeit, als die theoretische Physik in einer Phase vielversprechender Veränderungen steckte. Die Veränderungen führeten zu einem Niedergang des mechanischen Denkens in der Physik. Man könnte annehmen, mit dem Niedergang des mechanischen Denkens hätte die Physik auch ein neues metaphysisches Fundament bekommen. Auch könnte man annehmen, die Physik im 20. Jahrhundert hätte sich von jeder Metaphysik befreit. Beide Annahmen können einer Prüfung nicht standhalten. Max Planck schreibt:

"Man bezeichnet daher die Welt der Gegenstände im Gegensatz zur Sinnenwelt auch als die reale Welt. Doch muß man mit dem Wort 'real' vorsichtig sein. Man darf es hier nur in einem vorläufigen Sinn verstehen. Denn mit diesem Wort verbindet sich die Vorstellung von etwas absolut Beständigem, Unveränderlichem, Konstantem..."(8).

Auf dieses Thema der Wirklichkeit war Max Planck schon 1910 zu sprechen gekommen. Er schreibt gegen Ernst Mach:

"Deshalb muß der Physiker, wenn er seine Wissenschaft fördern will Realist sein, nicht Ökonom, d.h. er muß in dem Wechsel der Erscheinungen vor allem nach dem Bleibenden, Unvergänglichen, von den menschlichen Sinnen Unabhängigen forschen und dies herauszuschälen suchen"(9).

Dieses Forschen 'nach dem Bleibenden' finden wir nicht nur bei Planck als einem ausgesprochenen Gegner von Mach. Auch Alber Einstein hat einen Wirklichkeitsbegriff, der sich am Bleibenden orientiert, wenn er Demokrits Atomlehre zitiert:

"Wir bezeichnen dem Herkommen entsprechend süß als süß, bitter als bitter, heiß als heiß, kalt als kalt und farbig als farbig. In Wirklichkeit gibt es aber nur Atome und den leeren Raum; das heißt, die Objekte unserer sinnlichen Wahrnehmung werden für wirklich gehalten, und es ist üblich, sie als wirklich anzusehen, doch sie sind es in Wahrheit gar nicht. Nur Atome und der leere Raum sind wirklich"(10).

Demokrits Atomismus war mehr eine Philosophie als eine physikalische, durch Experimente überprüfte, Erkenntnis. Als physikalische Theorie des 20. Jahrhunderts lautet sie dann so:

"Was unseren Sinnen als Materie erscheint, ist in Wirklichkeit nur eine Zusammenballung von Energie auf verhältnismäßig engem Raum"(11).

Ist die Welt, in der wir leben, für Einstein und Infeld ein Traum? Ist das

Thomas Kohl, Freiburg

nicht einfach nur ein Glaube der Atomisten, der seit dem 17. Jahrhundert für den modernen mathematisch-physikalischen Geist in nahezu allen Gebieten zu einer festen Überzeugung geworden ist, man könne nämlich einen Gegenstand dadurch erklären, daß man ihn auf seine elementaren Bestandteile reduziert?

Ein weiterer bedeutender Physiker, Max Born, schreibt über sein Verständnis von Wirklichkeit:

"Den Übergang zur Wirklichkeit vollzieht die theoretische Physik, indem sie den beobachteten Phänomenen mathematische Symbole zuordnet. Wo dies möglich ist, wird damit auch den Phänomenen eine ihnen verborgene Struktur zugeordnet, und diese ist es, die der Physiker als hinter den Erscheinungen liegende Wirklichkeit anerkennt" (12).

Das ist die alte, klassische Weltanschauung, wie sie von Galilei und vor ihm schon von Pythagoras ausgesprochen wurde. Platon meinte, 'daß die Zahlen neben den Sinnesdingen existieren, die Pythagoreer aber, daß die Zahlen die Dinge selbst seien'(Aristoteles, Metaphysik). Wirklichkeit ist für Max Born nicht durch sinnliche Wahrnehmung zu finden, sondern in einer hinter den Erscheinungen liegenden, nur gedanklich faßbaren Welt der mathematischen Symbole, zu der die alltägliche Erfahrung und das nicht-mathematische Wissen keinen Zugang haben.

Werner Heisenberg meint sogar, die verborgenen Strukturen hinter den Phänomenen konkret nennen zu können:

"Die Elementarteilchen können mit den regulären Körpern in Platos 'Timaios' verglichen werden. Sie sind die Urbilder, die Ideen der Materie. Die Nukleinsäure ist die Idee des Lebewesens"(13).

Ist das exakte Wissenschaft, frei von Metaphysik? Verraten uns die Informationen über die Elementarteilchen tatsächlich die Idee der Materie? Sind Elementarteilchen dauerhafter als Formen und Farben? Heisenbergs Vergleich scheint mir ein krasses Beispiel für die 'unzutreffende Konkretheit' zu sein, von der Whitehead spricht, denn Platon hat eine unveränderliche Welt der Ideen jenseits der sichtbaren Welt, abgetrennt von der Sinnenwelt, angenommen. Sind die Elementarteilchen für Heisenberg im Jenseits? Was ist so faszinierend an den Elementarteilchen, wenn nicht die 'unzutreffende Konkretheit', endlich die dauerhafte, unveränderliche Welt der Ideen erreicht zu haben. Wenn die Dinge einen bleibenden, unveränderlichen, konstanten, unteilbaren Kern hätten, der aus sich selbst heraus existierte und den wir die Substanz, das Wesen, die Wirklichkeit oder die Idee der Dinge bezeichnen könnten, dann müßten sie durch eine immer genauere Analyse immer genauer, klarer und eindeutig bestimmbarer werden. Das ist jedoch überhaupt nicht der Fall. Statt präziser zu werden lösen sie sich auf und am Ende findet man sie überhaupt nicht mehr. Gerade die Physik der Elementarteilchen zeigt dies. Eine Zeitlang konnte Heisenberg annehmen, drei Bausteine, Proton, Elektron und Lichtquant seien die wesentlichen Bausteine der Materie. Aber dann hat er den Glauben an elementare, unteilbare Teile verloren. Heisenberg schreibt:

"Der Unterschied zwischen elementaren und zusammengesetzten Teilchen ist damit grundsätzlich verschwunden. Und das ist wohl das wichtigste experimentelle Ergeb-

Thomas Kohl, Freiburg

nis der letzten fünfzig Jahre"(14).

Wenn aber nicht die Elementarteilchen die Bausteine der Materie sind, dann bleiben nur noch die mathematischen Strukturen selbst übrig. Aber warum eigentlich die mathematischen Strukturen? Carl Friedrich von Weizsäcker ist einer der wenigen theoretischen Physiker, der dieser Frage nicht ausweicht. Er schreibt: "Wenn man daher fragt, warum gelten mathematische Gesetze in der Natur, dann ist die Antwort, weil diese ihr Wesen sind, weil die Mathematik das Wesen der Natur zum Ausdruck bringt"(15).

Hat die Frage nach dem Wesen der Dinge einen Platz in den Naturwissenschaften, oder ist sie als metaphysische Frage nicht mehr gestattet? Sind die mathematischen Strukturen dauerhafter und beständiger als die Sinnesdinge, oder sind sie nicht vielmehr Erfindungen des menschlichen Geistes? An dieser Diskussion hat sich auch ein weiterer bedeutender Physiker beteiligt und seine Bedenken an der platonisch orientierten Physik zum Ausdruck gebracht. Pascual Jordan schreibt: "Das elektrische Feld ist für den modernen Physiker Realität, weil man es messen kann"(16).

Hier scheint das Messen für die moderne Physik eine Mindestforderung an eine bestimmte Wirklichkeit zu sein. Die flüchtige Welt der Sinnesdinge ist nicht so leicht meßbar, also weniger wirklich als das elektrische Feld. Warum soll Meßbarkeit in der Natur eine so hohe Bedeutung erlangen? Ist das Meßbare nicht nur ein niederer, ein uniformer Teil der Wirklichkeit? Wie sollte man durch das Messen etwas finden, das sein eigenes Maß ist und aus sich selbst heraus existiert? In der Newtonschen Physik war die Masse das gemeinsame Element, das alle Körper in unterschiedlichem Grad charakterisieren sollte. In der theoretischen Physik des 20. Jahrhunderts haben sich alle Elemente als vergänglich und zusammengesetzt herausgestellt. Masse ist Energie. Die mathematische Physik greift zu, aber selbst das Kleinste zerrinnt ihr zwischen den Fingern. Was bleibt?

Wenn man dem Dualismus treu bleibt, kann man erklären, nicht die Strukturen der äußeren Welt, sondern nur noch die sinnliche Wahrnehmung selbst ist wirklich. Mit den Worten von Erwin Schrödinger hört sich das so an: "Wirklich – so sagt man – sind ja eigentlich nur Wahrnehmung, Beobachtung, Messung"(17).

Irgendwie werde ich bei dieser Bemerkung Schrödingers den Eindruck nicht los, als ob die theoretische Physik in ihrem Versuch, die Wirklichkeit zu erkennen, hastig im Kreis gelaufen ist und diese Bewegung dann Fortschritt nennt. Es ist, als ob sich die Welt auflöst und der menschliche Geist nur sich selbst wahrnimmt. Physiker der klassischen Mechanik schienen immer auf der Suche nach etwas Absolutem gewesen zu sein und manchmal meinten sie auch, es gefunden zu haben. So schrieb Henry More, ein direkter Vorläufer von Isaac Newton über Gott und den Raum: "jeder ist eins, einfach, unbeweglich, ewig, perfekt, unabhängig, aus sich selbst heraus existierend, durch sich selbst bestehend, unverfälscht, notwendig, unermeßlich, unerschaffen, unbegrenzt, unbegreiflich, allgegenwärtig, körperlos, alle Dinge durchdringend und umfassend, wesentliches Sein, wirkliches Sein, reine Wirklichkeit"(18).

Thomas Kohl, Freiburg

Hier ist von Gott und dem Raum die Rede, zwei immaterielle Wesen. Auf welche Dinge treffen diese absoluten Eigenschaften außerdem noch zu? Welches Ding existiert 'aus sich selbst heraus'? Die Atome? Die Elementarteilchen? Energie? Das elektrische Feld? Mathematische Strukturen? Nach langen Wegen und Irrwegen ist die theoretische Physik im 20. Jahrhundert in der materiellen Welt auf nichts Beständiges gestoßen. Nicht nur die flüchtigen Sinnesdinge, sondern auch die sogenannten primären Qualitäten wie Masse, Atome und Elementarteilchen, nach der Relativitätstheorie selbst Raum und Zeit, sind keineswegs absolut, ewig und unveränderlich. Aus dieser Erkenntnis können vorsichtig einige Schlußfolgerungen gezogen werden. Dazu bemerkt der Quantenphysiker David Bohm im Jahre 1985:
"Betrachtet man die Umgangssprache und das informelle Denken in der Physik, wie es die vorstellungswelt erfüllt und das Gefühl dafür weckt, was wirklich und wesentlich ist, so sprechen und denken die meisten Physiker noch immer, in der vollen Überzeugung ihrer Wahrheit, in den Begriffen des herkömmlichen Atomismus, nach dem das Universum aus Elementarteilchen besteht, die die 'Grundbausteine' darstellen, aus denen alles gemacht ist. In anderen Wissenschaften wie etwa der Biologie ist die Kraft dieser Überzeugung sogar noch größer, denn unter denen, die auf diesen Gebieten arbeiten, besteht nur ein geringes Bewußtsein vom revolutionären Charakter der Entwicklung in der modernen Physik"(19).

Ergebnisse

1. Auch im 20. Jahrhundert gibt es Physiker, die sich mit der Frage nach etwas Dauerhaftem in der materiellen Welt beschäftigen. Zu diesen Physikern gehören Planck, Einstein, Born, Heisenberg, von Weizsäcker, Jordan, Schrödinger und Bohm.

2. Oft glauben diese Physiker, das Dauerhafte, das Wesen der Dinge in den Elementarteilchen oder den mathematischen Strukturen gefunden zu haben.

3. Die Auseinandersetzung mit diesen Fragen ist Metaphysik, deswegen kann ich Mach und Feyerabend nicht zustimmen, wenn sie behaupten, daß diese Fragen in der Physik keinen Platz haben.

4. Das Forschen nach etwas Dauerhaftem, die Frage nach Wahrheit und Wirklichkeit, war für die europäische Philosophie und Wissenschaft im Mittelalter von zentraler Bedeutung. Dazu hat sich die theoretische Physik im 20. Jahrhundert nicht vollständig gelöst. Whitehead sagt dazu:
"Wichtigkeit beruht auf Dauer. Dauer ist die Beibehaltung eines erreichten Werts über die Zeit hinweg. Was dauert, ist die in sich vererbte Identität eines Musters. Dauer setzt die günstige Umgebung voraus. Die gesamte Wissenschaft kreist um dieses Problem der dauernden Organismen"(20).

5. Um ein letztes Mal Max Born zu zitieren:
"Alle Materie ist instabil. Wäre sie es nicht, würden die Sterne nicht strahlen, es gäbe keine Sonnenwärme, kein Leben auf der Erde. Stabilität und Leben sind unvereinbar"(21).
Da alle Materie instabil ist, da die theoretische Physik in der materiellen Welt nichts Dauerhaftes gefunden hat, ist die dualistische Trennung zwischen der Illusion

Thomas Kohl, Freiburg

der Sinnesdinge und der Wirklichkeit der Masse oder Elementarteilchen nicht aufrechtzuerhalten. Solange dieser Dualismus nicht überwunden ist, herrscht Realitätsverlust vor, denn noch immer bestimmt die theoretische Physik das Weltbild des 20. Jahrhunderts. Die objektive, meßbare Wirklichkeit von Masse, Atomen und Elementarteilchen ist letzten Endes genau so illusionär, wie die flüchtigen, vergänglichen Sinnesdinge und diese sind genau so wirklich, wie die mathematisch erfaßbaren, objektiven Teile der materiellen Welt. Die materielle Welt existiert nicht aus sich selbst heraus, sie ist und ist nicht. Wirklichkeit ist Illusion, Illusion ist Wirklichkeit.

Anmerkungen

(1) Albert Einstein/Leopold Infeld, Die Evolution der Physik, Hamburg 1957, S.35
(2) Paul K. Feyerabend, Machs Theorie der Forschung und ihre Beziehung zu Einstein, in: Rudolf Haller/Friedrich Stadler (Hg.), Ernst Mach - Werk und Wirkung, Wien 1988, S.459
(3) E.A. Burtt, The Metaphysical Foundations of Modern Physical Science, London 1925, S.73
(4) Ludwig Wittgenstein, Bemerkungen über die Grundlagen der Mathematik, Oxford 1967, S.47
(5) E.A. Burtt, op.cit., S.224
(6) in: A. Crombie, Von Augustinus bis Galilei, München 1977, S.532
(7) J.W. Goethe, Sämtliche Werke in 18 Bänden, Bd. 17, München 1977, S.725
(8) Max Planck, Sinn und Grenzen der exakten Wissenschaft, München 1971, S.14
(9) Max Planck, Zur Machschen Theorie der physikalischen Erkenntnis, in: Ernst Mach, Die Mechanik in ihrer Entwicklung, Berlin 1988, S.678 Anhang
(10) Albert Einstein/Leopold Infeld, op.cit., S.42
(11) Albert Einstein/Leopold Infeld, op.cit., S.162
(12) Max Born, Physik im Wandel meiner Zeit, Braunschweig 1983, S.263
(13) Werner Heisenberg, Gesammelte Werke, Bd.3, München 1965, S.326
(14) Werner Heisenberg, op.cit., S.508
(15) Carl Friedrich von Weizsäcker, Ein Blick auf Platon, Stuttgart 1981, S.134
(16) Pascual Jordan, Albert Einstein, Frauenfeld 1969, S.124/125
(17) Erwin Schrödinger, Die gegenwärtige Situation in der Quantenmechanik (1939), Gesammelte Abhandlungen, Bd.3, Wien 1984, S.490
(18) in: E.A. Burtt, op.cit., S.140
(19) David Bohm, Fragmentierung und Ganzheit, in: Hans-Peter Dürr (Hg.), Physik und Transzendenz, Bern, München, Wien 1989, S.279
(20) Alfred North Whitehead, Wissenschaft und moderne Welt, Frankfurt/M. 1988, S.225
(21) Max Born, op.cit., S.209

Sektion 15c

Theorie und Realität als philosophisches Problem

Franz Josef Wetz, Gießen

Ist der Naturalismus ein Nihilismus?

1) Spezieller und Allgemeiner Naturalismus

Naturalismus ist ein mehrdeutiges Modewort der Gegenwartsphilosophie geworden; hier steht es für die grundsätzliche Überzeugung, daß nicht nur alles mit rechten Dingen zugeht, sondern überdies alles uns Bekannte mit wissenschaftlichen Mitteln wenigstens hypothetisch und unvollständig erklärt werden kann. Es gibt mehrere Arten von Naturalismus, den allgemeinen und speziellere Formen davon. Für fast alle ist wissenschaftlicher Realismus charakteristisch, das ist die Überzeugung, daß es eine von uns unabhängige Wirklichkeit gibt, die wissenschaftlichem Zugriff aber nicht völlig verschlossen ist. Naturalismus im speziellen nennt man gegenwärtig oft die immer weiter um sich greifende Naturalisierung des Geistes, der Erkenntnistheorie und der Moral sowie die Auffassung, daß es über die physikalische Welt hinaus keine abstrakten Entitäten, wie Zahlen, Universalien, Klassen und Gedankenobjekte gibt. Die Naturalisierung des Geistes verfolgt das Ziel, alle Fragen bezüglich des Mentalen mit Hilfe empirischer Wissenschaften zu klären, wobei davon ausgegangen wird, daß geistige Prozesse und Gehirnvorgänge sehr eng miteinander verbunden sind.[1] Durch Naturalisierung der Erkenntnistheorie erhofft man ebenfalls von den empirischen Wissenschaften Aufklärung über erkenntnistheoretische Probleme.[2] Dagegen zielt die Naturalisierung der Moral, gegenwärtig zumeist in Form der Soziobiologie, auf eine Erklärung sozialer, menschlicher Verhaltensweisen aus physiologischen, genetischen Zusammenhängen.[3]

Ein weiterer, spezieller Naturalismus entspringt der Überzeugung, daß es keine abstrakten Entitäten gibt. So vertraten etwa der frühe Quine und Goodman die Auffassung: "Wir glauben nicht an abstrakte Entitäten. Niemand ist der Ansicht, daß abstrakte Entitäten - Klassen, Relationen, Eigenschaften - in der Raum-Zeit existieren."[4] Später rückte Quine von diesem radikalen Standpunkt ab: "Ich glaube nicht, daß es nur physikalische Objekte gibt. Es gibt auch abstrakte Objekte: Objekte der Mathematik, die nötig zu sein scheinen, das System der Welt auszufüllen."[5] Dennoch fehlt es auch gegenwärtig nicht an radikalen Naturalisten, wie Armstrong, der sich gegen den Glauben "an die Existenz abstrakter Entitäten"[6] wendet und

---

[1] Vgl. P. Bieri (Hrsg), Analytische Philosophie des Geistes, Königstein/ Ts. 1981.
[2] Vgl. P. Bieri (Hrsg), Analytische Philosophie der Erkenntnis, Ffm. 1992.
[3] Vgl. E. Braun (Hrsg), Wissenschaft und Ethik, Ffm. 1986.
[4] W.V. Quine/N. Goodman, Steps Towards a Constructive Nominalism, in: Journal of Symbolic Logic Nr. 12 (1947), 105.
[5] The Ideas of Quine, in: B. Magee, Men of Ideas, Oxford/New York 1982, 144.
[6] D. M. Armstrong, Naturalistische Metaphysik, in: B. Kanitscheider (Hrsg), Moderne Naturphilosophie, Würzburg 1984, 20f.

bestreitet, daß es "für Möglichkeiten, Klassen, Zahlen, Universalien und/oder Gedankenobjekte"[7] einen Platz geben muß.

Von allen diesen speziellen Formen sei ein allgemeiner Naturalismus unterschieden, demzufolge das mit mehr als 100 Milliarden Galaxien erfüllte, expandierende Universum alles ist, was es gibt. Wir Menschen, deren Auftreten im Verlauf der schon Jahrmilliarden dauernden kosmischen Entwicklung höchst unwahrscheinlich war, sind auf einem winzigen Planeten am Rande einer durchschnittlichen Spiralgalaxie angesiedelt und gehören nur als flüchtiges Vorkommnis ins Weltall hinein.[8] Dieser sogenannte allgemeine Naturalismus gilt gewöhnlich mit gewisser Selbstverständlichkeit für alle Vertreter einer der spezielleren Formen.

Allerdings kann nicht ausgeschlossen werden, daß die Naturalisierung des Geistes, der Erkenntnistheorie und der Moral an Grenzen der Erkenntnis stößt, daß es außerdem doch abstrakte Entitäten gibt. So betont Nagel kritisch in bezug auf die Naturalisierung des Geistes "das irreduzibel subjektive Wesen bewußter psychischer Vorgänge"[9]. Sie lassen sich weder auf Physikalisches zurückführen noch gehören sie zur objektiven Wirklichkeit, weil es schlechterdings unmöglich ist, objektiv zu erfassen, wie es für mich ist, ich selbst zu sein mit all meinen subjektiven Erlebnissen und Perspektiven. Darüber hinaus zeigt Bieri, daß das Wissen um naturhafte Fakten zur menschlichen Erkenntnis "nicht das geringste nützt, wenn ich mich frage, ob meine Meinungen epistemisch gerechtfertigt sind und also Wissen darstellen."[10] Außerdem hebt Kanitscheider bezüglich der Naturalisierung der Moral hervor, daß sich durch Freilegung der biologischen Basis sozialen Verhaltens keine normativen Fragen der Ethik beantworten lassen.[11] Schließlich versucht Künne einen Nachweis zu erbringen, daß es doch abstrakte Entitäten gibt.[12]

Sollten alle diese Vorbehalte zutreffen sein, so bedeutete dieses aber nicht notwendigerweise, daß es außer und über dem physischen Weltall noch etwas anderes geben muß, der allgemeine Naturalismus also irreführend ist. Auch wenn sich beispielsweise Nagel jeder Reduktion des Psychischen auf Physikalisches widersetzt, hält er den Menschen doch in jeder Hinsicht für einen Teil der Wirklichkeit, die ihm zufolge wie für so viele andere einfach da ist.

Umgekehrt begünstigen und unterstützen die verschiedenen Formen der Naturalisierung der Wirklichkeit durchaus den allgemeinen Naturalismus und verschärfen dabei die Plausibilitätskrise der herkömmlichen Deutungsmuster metaphysisch-religiöser Art. Ein unermeßliches Weltall aus Wasserstoff und Helium ist spürbar anders als eine Welt, deren Firmament vom

---

[7] Ebda.
[8] Vgl. allgemein E. Agazzi/A. Cordero (Ed.), Philosophy and the origin and evolution of the universe, Dordrecht/Boston/London 1991; M. M. Munitz, Cosmic Understanding, Princeton 1986.
[9] T. Nagel, Der Blick von nirgendwo, Ffm. 1992, 18.
[10] P. Bieri (Hrsg), Analytische Philosophie der Erkenntnis, Ffm. 1992.
[11] Vgl. B. Kanitscheider, Soziobiologie und Ethik, in: E. Braun, Wissenschaft und Ethik, Ffm. 1986, 81-116.
[12] Vgl. W. Künne, Abstrakte Gegenstände, Ffm. 1983.

Werk göttlicher Hände kündet, oder ein vernunftphilosophisch strukturierter Ordnungszusammenhang, der nach einem göttlichen Absoluten verlangt.

2) Weltangst und Mechanistisches Weltbild

Auffällig ist nun, daß viele Naturalisten, die gewöhnlich ihre wissenschaftstheoretischen Überlegungen den empirischen Wissenschaften unterordnen, dazu neigen, Sinn- und Orientierungsfragen als irrelevant, wenn nicht sogar als sinnlos abzutun. Viele von uns empfinden das als Zumutung, die naturalistische Wirklichkeitsauffassung als Nihilismus und die Reduktion alles Tatsächlichen auf physikalische Objekte durch die empirischen Wissenschaften, die in noch nie dagewesener Schärfe die Hinfälligkeit und Ohnmacht des Menschen aufzeigen, als unerträglich. Seit dem 19. Jahrhundert wird diese Haltung häufig mit Nihilismus gleichgesetzt.

Damit ist die in Neuzeit und Moderne so häufig gemachte Erfahrung der Sinnlosigkeit der Welt gemeint; die Tatsache, daß die grund-, wert- und zwecklose, eben neutrale Natur der objektiven Wissenschaft, in der wir Menschen nur zufällig auftreten, als nichtig und daher angsterregend empfunden wird. Es entsteht eine enge Verbindung zwischen der Erfahrung eines gleichgültigen, stummen Weltalls und uns selbst als heimatlose Fremde darin. Allerdings drängt sich die Frage auf, ob sich dieses bedrückende Selbst- und Weltverständnis tatsächlich aus der wissenschaftlichen Wirklichkeitsauffassung ergibt, also Naturalismus gleichbedeutend mit Nihilismus ist.

Gegenwärtig versucht man häufig, die von Pascal bis Monod formulierten Weltängste und Verlorenheitsgefühle, welche der einzelne in der als Fremde erfahrenen Natur erlebt, aus dem mechanistischen Weltbild der damaligen Zeit zu erklären. So weist Jonas darauf hin, daß die mechanistische Reduktion der Wirklichkeit auf unbeseelte Massen und Kräfte nicht nur ein trostloses Weltbild voll öder und kalter Materiewüsten erzeugt, sondern daß sich darüber hinaus bewußtes Leben in ein solches Universum aus toten Stoffen gar nicht integrieren lasse, weshalb es zum Bruch zwischen Mensch und Welt gekommen sei. Der Mensch paßt einfach nicht in den mechanistischen Kausalzusammenhang und läßt sich durch ihn auch nicht erklären; daher fühlt er sich in der Welt als heimatloser Fremdling und empfindet sie selbst als ungastliche Fremde.[13] Ähnlich führen auch Prigogine und Stengers das neuzeitliche Gefühl der Heimatlosigkeit im unermeßlichen Universum auf einen "Bruch zwischen dem Menschen und der Natur"[14] zurück, den das mechanistische Weltbild verursacht habe. Außerdem macht Kanitscheider darauf aufmerksam, daß ein "Grund für die tiefen Gräben, die man lange Zeit

---

[13] Vgl. H. Jonas, Organismus und Freiheit, Göttingen 1973, 294ff.
[14] I. Prigogine/I. Sengers, Dialog mit der Natur, München/Zürich 1986, 11.

Franz Josef Wetz

zwischen der toten Materie und den lebendigen und bewußten Systemen mit ihrer Fähigkeit zur Ideation sah,...in dem Typus der Naturwissenschaft (liegt), den man grob mit mechanistisch bezeichnet."[15] So sei es auch der sich aus dem mechanistischen Weltbild ergebenden Beziehungslosigkeit von Mensch und Natur zuzuschreiben, daß sich jener wie in sie hineingeworfen fühle und ihr mit Angst und Erschrecken gegenüberstehe.

Da aber nun diese Weltsicht für uns heute nicht mehr gültig ist, sind auch nicht mehr die Bedingungen erfüllt, unter denen sich das Weltall als Fremde zeigt und der Mensch sich in ihr als Fremder fühlt. Das rand- und mittelose Weltall ist für uns heute weder etwas Wandelloses mit statischer Ordnung noch ein mechanistischer Kausalzusammenhang, wie der Kosmos im metaphysischen Rationalismus und der klassischen Physik der Neuzeit vorgestellt wurde. Er ist ein dynamisches, komplexes, sich selbst organisierendes, schöpferisches Universum, eine Welt des Werdens, in der, so Prigogine und Stengers, "durch Aktivität Neues entsteht, in der Entwicklung Innovation, Schöpfung und Zerstörung, Geburt und Tod"[16] bedeutet. Dieses Bild einer dynamischen, kreativen Natur ist nicht nur von seinem Aussehen her freundlicher als der mechanistische Kausalzusammenhang toter, kalter Materiewüsten, sondern es gliedert auch den Menschen in das Reich der Natur ein, bringt ihn, wie Kanitscheider sagt, "als Ausdruck der hohen schöpferischen Kraft der Natur"[17] in den Blick; der Mensch ist für die Natur kein Fremder mehr, er ist "ein Teil von ihr."[18]

Wenn dies zutrifft, dann gibt es keinen guten Grund mehr, sich in der Natur fremd, verlassen, einsam zu fühlen, dann entbehrt die Gleichsetzung von Naturalismus und Nihilismus jede Logik. Die von Pascal bis Monod formulierten Verlorenheitsempfindungen und Weltängste haben offensichtlich ihre Grundlage verloren, weil das ihnen einst zugeordnete Weltbild ungültig geworden ist.

So einleuchtend dieses Urteil auch auf den ersten Blick erscheint, grundsätzlich greift es zu kurz, denn die Ersetzung des mechanistischen Weltbildes durch das dynamische hat noch nicht alle Bedingungen beseitigt, unter denen sich der Naturalismus als Nihilismus, das verwissenschaftlichte Weltall als angsterregende Fremde darstellt. Diese liegen tiefer und weiter zurück; sie sind eher in der Jahrunderte alten Form christlichen Glaubens und traditioneller Metaphysik zu finden als in der modernen Naturwissenschaft.

---

[15] B. Kanitscheider, Von der mechanistischen Welt zum kreativen Universum, Darmstadt 1993, 205.
[16] I. Prigogine/I. Sengers, Dialog mit der Natur, München/Zürich 1986, 206.
[17] B. Kanitscheider, Von der mechanistischen Welt zum kreativen Universum, Darmstadt 1993, 206.
[18] I. Prigogine/I. Sengers, Dialog mit der Natur, München/Zürich 1986, 294.

3) Sinnerwartung und Stummes Weltall

Es war nicht so sehr die Beziehungslosigkeit zwischen Natur und Mensch, wodurch das Weltall für Pascal und Monod zur Fremde wurde, als vielmehr dessen Unermeßlichkeit, welche dem Menschen seine Winzigkeit und Unerheblichkeit vor Augen führt, dessen Teilnahmslosigkeit gegenüber den von Not geplagten Menschen und dessen Schweigen, welches anzeigt, daß die Himmel nicht mehr die Herrlichkeit Gottes rühmen. Unendlichkeit, Gleichgültigkeit und Schweigsamkeit der kosmischen Räume rufen zusammen einen "horror vacui", "Agoraphobie", hervor. Sie lassen das beklemmende Gefühl der Weltangst entstehen, vor der sich Pascal noch einmal in den christlichen Glauben, in die Wirklichkeit einer übernatürlichen Offenbarung rettete, die jedoch Monod nicht mehr zugänglich war. Sollte dieses zutreffen, sind trotz Ersetzung des mechanistischen Weltbildes durch das dynamische noch immer die Verhältnisse so, wie sie einst Pascal und Monod dazu brachten, sich in der Welt fremd zu fühlen und sie selbst als Fremde zu erleben. Denn wie das mechanistische ist auch das kreative, dynamische Universum unermeßlich, stumm, gleichgültig und ermangelt der Gastlichkeit und Bedeutsamkeit, welche uns die Welt zur Stätte der Geborgenheit werden lassen.

Möchte man aber dennoch die nihilistische Weltangst bannen, sollte man erst einmal der Frage nachgehen, ob, für sich betrachtet, Schweigsamkeit, Gleichgültigkeit und Unermeßlichkeit zwangsläufig zu nihilistischem Weltentsetzen führen muß. Wie kommen wir überhaupt dazu, die Wirklichkeit als stumm und gleichgültig anzusehen? Ist das unermeßliche Weltall nicht ein neutrales Faktum, zu dem solche angstauslösenden Zuweisungen nicht passen? Tatsächlich ist es genau so, und damit steht der Naturalismus nicht mehr länger im Verdacht, Nihilismus zu sein. Jedoch ist mit dieser Erkenntnis das eigentliche Problem noch nicht gelöst, sondern erst gestellt, denn nun wirft sich die Frage nach dem Ursprung dieser Bestimmungen auf, die nicht auf das unermeßliche Weltall als neutrales Faktum zurückgeführt werden können.

Zunächst gilt es zu erkennen, daß den angstauslösenden Erfahrungen der Unermeßlichkeit, Gleichgültigkeit, Schweigsamkeit Erwartungen zugrundeliegen, die offensichtlich unerfüllt bleiben; es handelt sich hierbei um die Hoffnung auf eine fürsorgliche, bedeutungsvolle Wirklichkeit, die dem Menschen in der Ordnung der Dinge einen ausgezeichneten Rang zuteilt. Sie wurden über Jahrhunderte durch das Christentum und die traditionelle Metaphysik geformt und erfüllt worden und sitzen deshalb in unseren Köpfen fest, so daß sie auch dann bestehen bleiben, wenn Religion und Metaphysik in ihrer Basis erschüttert werden. Die Folge hiervon ist ein Zusammenprall des Wunsches nach fürsorglich-vertrauter Wirklichkeit und der Verweigerung seiner Erfüllung, was den Eindruck eines angstauslösenden, gleichgültigen, stummen Weltalls hervorruft. Es sind demnach unerfüllte Erwartungen, das heißt, Enttäuschungen, die sich bei näherem Zusehen als Entzugs- und Verlusterfahrungen herausstellen, die den Schmerz desjenigen andeuten, dem etwas abhanden gekommen ist, das er ehedem besaß und nun vermißt. In der Konsequenz dieses Gedankens liegt: Wäre die Wirklichkeit nie als bedeutungsvoll und fürsorglich verwaltet erlebt worden, dann wäre uns mit dem Verlust ihrer religiös-metaphysischen Deutung die Erfahrung der angstauslösenden Schweigsamkeit und Gleichgültigkeit des Alls erspart geblieben.

Mit der Einsicht in diese Zusammenhänge rückt aber eine mögliche Überwindung dieser negativen Erfahrungen greifbar nahe. Sicherlich fällt der Abschied von den uns hinterlassenen Sinnerwartungen schwer, soll aber die Frustration über die Enttäuschung ihrer Unerfüllbarkeit ausbleiben, setzt dieses allerdings die Bereitschaft zu mehr Bescheidenheit voraus. Nur durch freiwilligen Verzicht lassen sich Verluste, Versagungen und Entbehrungen wirksam ausgleichen.

In unserer Gesellschaft ist die Entwicklung bereits so weit fortgeschritten, daß die unsere Sinnerwartungen ernüchternden Erkenntnisse der Wissenschaft keine nihilistischen Anwandlungen mehr wecken. Diese abnehmend provokative Kraft wissenschaftlicher Erkenntnisse hat damit zu tun, daß viele von uns schon gar nicht mehr die Erwartung einer Sonderstellung in einem fürsorglich verwalteten, die Herrlichkeit Gottes preisenden Weltall haben. Diesen erscheint der Naturalismus, der kein Nihilismus ist, auch nicht mehr als ein solcher, sie spüren den erwähnten Verlust und Entzug gar nicht mehr.[19]

Aber auch nachdem wir unsere emphatischen Sinn- und Erheblichkeitsansprüche bezüglich der Welt und uns selbst gesenkt haben, den Sturz der großen Sinnentwürfe unserer religiös-metaphysischen Tradition klaglos akzeptieren, kann das unermeßliche Weltall aus Wasserstoff und Helium weiterhin Unbehagen verursachen, weil ihm auch jetzt noch ein freundlich-bergendes Antlitz fehlt; andererseits können die Milliarden von Sternen und Galaxien aber auch stilles Erstaunen und Bewunderung hervorrufen. Beides, Weltentsetzen und Weltbewunderung, ist auch in Zukunft zu erwarten und bleibt ebenso sinnvoll wie berechtigt; ob jedoch ersterem überdies eine nihilistische Prägung zukommt, dagegen letzterem eine metaphysische, hängt bei beiden von den zugrundeliegenden Erwartungen und Hoffnungen ab.

Darüber hinaus wird nach Abbau aller überdehnten Sinnerwartungen ein Problem jedenfalls bleiben; Nagel beschreibt es als Konflikt zwischen Außen- und Innenperspektive. Von innen gesehen ist unser "Leben von ungeheurer Wichtigkeit"[20], von außen ein "unbedeutender Klecks...des zentrumslosen Universums, der auch ohne weiteres nicht hätte sein können"[21]. Beide Ansichten müssen miteinander in Konflikt geraten, aus dem es "keinen echten Ausweg geben kann"[22]. Es kommt zum Zusammenstoß dieser gegensätzlichen Perspektiven, aus dem ein Bewußtsein von Absurdität entsteht, das nach Nagel zu unserem Leben gehört. Das ergibt

---

[19] So etwa J.J.C. Smart, Our Place in the Universe, Oxford 1989.
[20] T. Nagel, Der Blick von nirgendwo, Ffm. 1992, 361,
[21] a.a.O., 108.
[22] a.a.O., 377.

sich daraus, daß wir auch im Bewußtsein der kosmischen Unerheblichkeit unserer Existenz mit all ihren Sorgen nicht anders können, als sie trotzdem ernst zu nehmen, wenn wir lebensfähig bleiben wollen; denn unser Leben ist eigentlich nicht zum Lachen, und doch ist tatsächlich nichts lächerlicher als unser Leben.

Man erkennt, der allgemeine Naturalismus, nach dem es mit dem Sinn von Welt und Leben nicht so viel auf sich hat, ist zwar kein Nihilismus und muß auch nicht so erscheinen; er ist aber ein Standpunkt, mit dem sich ins Einvernehmen zu setzen, nicht immer leicht fällt - das muß man eingestehen.

Arnd Mehrtens, Bremen

Empirische Anteile philosophischer Theorien

Empirische Wissenschaften werden üblicherweise eher intuitiv von nichtempirischen abgegrenzt. Gilt die Wissenschaft, der eine Theorie angehört, als empirisch, so die Theorie in der Regel auch. Als paradigmatisch für empirische Wissenschaft werden die modernen Naturwissenschaften angesehen.

Zuweilen werden auch einige wissenschaftliche Methoden als empirische ausgezeichnet. Dazu gehören insbesondere die experimentellen Methoden der Naturwissenschaften und die Methoden der statistischen Datenerhebung und -auswertung in den Sozialwissenschaften.

Aufgrund der partiellen Verwendung von Methoden statistischer Datenerhebung und -auswertung in den Sozialwissenschaften gelten die letzteren noch nicht insgesamt als empirische Disziplinen, es scheint aber die Tendenz zu bestehen, diejenigen Theorien, für deren Bestätigung oder Erschütterung derartige Methoden eingesetzt werden, als empirische zu betrachten.

In der Philosophie hat es im Neoempirismus Versuche gegeben, ein präzises Abgrenzungskriterium für empirische Theorien von nichtempirischen zu finden, was bekanntlich auf Schwierigkeiten stieß (vgl. Hempel 1972a und 1972b).

Auch Poppers Bemühungen um ein criterion of demarcation, um wissenschaftliche Theorien von nichtwissenschaftlichen (bei ihm oft metaphysisch genannt) unterscheiden zu können, verfolgten den Zweck, "Empirizität" zu definieren, da Popper "Wissenschaft" und "empirische Wissenschaft" synonym verwendete. (Vgl. Popper 1968, S. 34)

Die Grundidee solcher Abgrenzungsversuche ist nach wie vor populär. Man möchte eine bestimmte Art von Informationsgehalt der Sätze einer Theorie sichern, nämlich, daß sie im Falle ihrer Wahrheit möglichst viele der für die Theorie relevanten Sachverhalte ausschließen, was nicht immer leicht erreichbar ist, insbesondere wenn theoretisches Vokabular in den betrachteten Sätzen vorkommt (vgl. Balzer 1982, S. 47 f).

Vergleicht man nun die auf eher intuitiver Grundlage gewonnen o. g. Vorstellungen von dem, was empirische Theorien sind, mit den gerade erwähnten philosophischen Konzeptionen, dann stellt man fest, daß sie nicht kompatibel sind.

Philosophiehistorisch bekannt geworden ist z. B. die Beurteilung der biologischen Evolutionstheorie durch Popper als unwissenschaftlich. Allgemein gilt, daß nicht alle Theorien der paradigmatischen empirischen Wissenschaften aus der genannten philosophischen Perspektive der Abgrenzungsbemühungen als empirisch gelten.

Andererseits ist es auch so, daß im Rahmen des noch relativ jungen Theorienstrukturalismus, dessen Empirizitätskonzept an derselben Grundidee orientiert ist wie die ältere neoempiristische Philosophie, unter empirischen Theorien auch solche verstanden werden, die weder zu den Naturwissenschaften gehören noch als Teil der Sozialwissenschaften mit statistischer Datenerhebung und -auswertung verbunden sind (vgl. die Beispiele strukturalistischer Rekonstruktionen der psychoanalytischen Theorie Freuds in Balzer 1982, S. 6-67 und der Literaturtheorie Roman Jakobsons in Balzer/Heidegger 1983, S. 304-331).
Die beschriebene Situation ist m. E. ein Anzeichen dafür, daß z. Z. in der wissenschaftsphilosophischen Diskussion ein kohärentes Empirizitätskonzept eher selten ist.

So ist es auch nicht verwunderlich, daß die Beantwortung der Frage nach evtl. vorhandenen empirischen Anteilen philosophischer Theorien auf Schwierigkeiten stößt.

Die bisher verbreitetste Art, für die Empirisierung philosophischer Theorien zu sorgen, war wohl die Methode der Orientierung an der biologischen Evolutionstheorie, um so zunächst empirische Anteile der Erkenntnistheorie zu bekommen (vgl. Vollmer 1991).

Sieht man einmal von der Popperschen Kritik an der Evolutionstheorie ab, so dürfte es sich bei der evolutionären Erkenntnistheorie (EVE) um einen ziemlich unkontrovers als empirisch geltenden Beitrag zur Philosophie handeln, und zwar völlig unabhängig davon, wie weit man mit der EVE kommt, ohne zirkulär arbeiten zu müssen o. ä..

Als ähnlich unkontrovers empirisch wird eine mit Mitteln der Hirnphysiologie arbeitende Kognitionsphilosophie gelten. Verallgemeinernd läßt sich m. E. sagen, daß jede Art von Naturalisierung philosophischer Probleme, d. h. ihre Bearbeitung mit bewährten naturwissenschaftlichen Theorien, als Empirisierung gilt.
Gäbe es mit statistischem Apparat analysierte Fragebogenerhebungen etwa zur Fehlschlußlehre in der Argumentationstheorie, so würde die letztere zumindest partiell auch sicherlich als empirisch gelten.
Naturalisierungsbemühungen versprechen, denke ich, wenn sie erfolgreich sind, einen wissenschaftlichen Fortschritt. Statistische Auswertung von Daten ist höchstens so empirisch wie die dabei verwendete Theorie.

Die dritte erwähnte Art, Empirizität von Theorien zu definieren, ist gewissermaßen bereichsneutraler und methodologisch weniger spezifisch. In Balzer 1982 findet sich die Unterscheidung von absolutem und relativem empirischen Gehalt einer Theorie (op. cit., S. 47 f.).

Eine genaue Darstellung dessen, was darunter zu verstehen ist, erfordert die Kenntnis des strukturalistischen Sneed/Stegmüller-Theoriekonzeptes, das wir hier weder als bekannt voraussetzen noch vorstellen werden. Statt dessen versuchen wir einige Grundgedanken zu vermitteln.

Man kann sich eine Theorie als aus verschiedenen Komponenten aufgebaut vorstellen. Eine basale Komponente informiert darüber, von welcher Art von Objekten die Theorie handeln soll, eine andere, im engeren Sinne theoretische Komponente, informiert darüber, welchen Gesetzmäßigkeiten die Gegenstände der Theorie unterliegen.

Sowohl in der basalen Komponente als auch in der im engeren Sinne theoretischen können Terme vorkommen, deren Gebrauch in dieser Theorie ihre charakterisiert, man nennt sie theoretische Terme.

Nun haben fast alle Theorien *absoluten empirischen Gehalt*, weil einige ihrer Axiome aus der basalen Komponente keine theoretischen Terme enthalten und sich Fälle ihrer Falschheit im nichttheoretischen Vokabular der Theorie angeben lassen.

Das jedoch woran man besonders interessiert ist, nämlich einen spezifischen Beitrag der im engeren Sinne theoretischen Komponente der Theorie zur Empirizität dieser Theorie zu erhalten, ist nicht so häufig gegeben, da die Axiome, welche theoretische Terme enthalten, oft zu unspezifisch sind und die Theorie nicht gehaltvoller machen als die nichttheoretischen Axiome allein dies bereits tun.

In diesem Falle wird einer Theorie der *relative empirische Gehalt* abgesprochen. Es gibt jedoch gute Gründe, in derartigen Fällen der Theorie noch nicht die Empirizität schlechthin abzusprechen, denn interessanterweise ist relativer empirischer Gehalt in einigen Fällen sehr erfolgreicher naturwissenschaftlicher Theorien nicht gegeben (vgl. Balzer 1982, S. 49), so daß eine Stärkung des Begriffs "empirische Theorie" durch Definition mittels "relativer empirischer Gehalt" kaum adäquat wäre.

Mir scheint daher, daß auf der Basis des Empirizitätsbegriffs der Vertreter des strukturalistischen Sneed/Stegmüller-Theoriekonzeptes philosophische Theorien nicht unbedingt als nichtempirische ausgegrenzt würden, zumal es m. E. keine Anhaltspunkte dafür gibt, daß strukturalistische Rekonstruktionen einer philosophischer Theorien nicht möglich sein sollten.

Verschiedene andere Versuche, empirische von nichtempirischen Disziplinen mittels plausibler Kriterien zu unterscheiden, könnten an traditionellen oder neueren Wissenschaftsklassifikationen orientiert sein. Diese verwenden häufig methodologische Merkmale, um etwa zu der Einteilung in Naturwissenschaften, Geistes- und Sozialwissenschaften und Formal- oder Strukturwissenschaften zu gelangen.

Bei genauerer Analyse sind solche Klassifikationen allenfalls ontologisch, d. h. hier an den Gegenstandsbereichen der Wissenschaften orientiert, sinnvoll (näher ausgeführt in Mehrtens 1993).

Ontologische Kriterien kommen aber für Empirizitätsdefinitionen kaum in Betracht, u. a. deshalb, weil selbst innerhalb des Bereichs der paradigmatisch empirischen Wissenschaften die Gegenstände der jeweiligen Theorien so heterogen sind, daß sich ein geeignetes definitorisches Merkmal nicht anbietet.

Wenn man sich nicht von der Annahme eines grundlegenden methodologischen Sonderstatus der Formal- oder Strukturwissenschaften wie Mathematik und Logik trennen möchte und Anlaß zu haben glaubt, daß diese Wissenschaften auf keinen Fall empirische Theorien enthalten können, ist dies sicher noch kein Grund, nun auch die Nichtempirizität der philosophischen Theorien außer der Logik anzunehmen. Kants Erkenntnistheorie z. B. wäre dann wohl immer noch eher eine empirische Theorie als eine mathematik- oder logikähnliche. Nach unserem modernen engeren Verständnis von Logik zumindest.

Kant selbst hat seine Arbeit offenbar als logische verstanden ("transzendentale Logik"), in einem ähnlichen Sinne wie man heute von begriffsanalytischen philosophischen Untersuchungen redet. Durch die Kritik Quines an der analytisch/synthetischen Unterscheidung scheint mir der Vertretbarkeit der These von der Existenz solcher Untersuchungen allerdings der Boden entzogen.

M. E. können wir uns nach diesen Überlegungen zur Problematik der Empirizität von Theorien des Verdachtes nicht erwehren, daß philosophische Theorien ein erheblicher empirischer Anteil zugesprochen werden muß, wenn ein adäquates Empirizitätskriterium zugrunde gelegt wird.

Literatur

Balzer, W., 1982, Empirische Theorien: Modelle-Strukturen-Beispiele. Die Grundzüge der modernen Wissenschaftstheorie. Braunschweig/Wiesbaden

Balzer, W./ M. Heidegger (Hrsg.), 1983, Zur Logik empirischer Theorien. Berlin/New York

Hempel, C. G., 1972a, Probleme und Modifikation des empiristischen Sinnkriteriums. In: Sinnreich, J. (Hrsg.), Zur Philosophie der idealen Sprache. Texte von Quine, Tarski, Martin, Hempel und Carnap. München (englischsprachige Erstveröffentlichung 1950)

Hempel, C. G., 1972b, Der Begriff der kognitiven Signifikanz: Eine erneute Betrachtung. In: Sinnreich, J. (Hrsg.), op. cit. (englischsprachige Erstveröffentlichung 1951)

Mehrtens, A., 1993, Philosophie und Empirie. Ms., Habilschr., Bremen

Popper, K. R., 1986, The Logic of Scientific Discovery. New York, London

Vollmer, G., 1991, Kann der Evolutionsgedanke erkenntnistheoretische und ethische Probleme lösen helfen? In: Patzig, G. (Hrsg.), Der Evolutionsgedanke in den Wissenschaften. Nachrichten der Akademie der Wissenschaften in Göttingen. I. Philologisch - histo rische Klasse. Nr. 7, S. 321-335

Sprache - Information - Wirklichkeit:
Zum Verhältnis von Theorie und Realität

Rainer P. Born, Linz/D

Im folgenden werde ich kurz das Schema LIR (= Sprache/Information/Wirklichkeit, kurz Schema) einführen. (Anschließend gebe ich noch ein karrikaturistisches und insoferne anschauliches Beispiel dafür). Mein Ziel ist es, damit eine Art Zusammenfassung der Entwicklungen und Probleme der letzen 60 Jahre formaler Wissenschaftstheorie zu liefern und so zur Diskussion des Verhältnisses von Theorie und Realität beizutragen. Die Darstellung ist semi-technischer Natur (fast informal), die zweite, allgemeinere Form des Schemas kann auch ganz ohne technische Voraussetzungen verstanden werden. -- Das Schema (LIR 1/2) setzt zur Erklärung des rationalen (Sprach-)Verhaltens von Sprachbenutzern die im Kommunikationskontext rezipierte Information von Behauptungen voraus, wobei von einer "volkstümlichen" (auf Regeln aufbauenden) und einer technischen (theoretisch-explanatorischen) Bedeutungskomponente als konstruktiver Annahme ausgegangen wird. (V bzw T Komponente im Schema). Diesen Komponenten können wir als konkrete Realisationen ein konkret-effektives und ein formal-abstraktes Hintergrundswissen (kurz: HGW) zuordnen (im Schema $\mathbb{C}$ und $\mathbb{A}$ [C kommt von Common Sense, A von abstraktem Wissen], wobei $\mathbb{C} = \mathbb{E} + \mathbb{F}$ und $\mathbb{A} = \mathbb{M} + \mathbb{K}$ gesetzt sind [E kommt von effektiv und F von folk-knowledge, M steht für (i. a. mengentheoretische) Modelle und K für Kalkül, bzw. im konkreten Fall auch für eine formale Sprache $\mathbb{L}$]. Das HGW fungiert als Selektionsfilter für das Fixieren von Referenz beim Umgang mit bzw. der Identifikation von konkreten Modellen im Realbereich $\mathbb{B}$ (sh. Schema). Es kann daher (theoretisch-explanatorisch gesprochen und somit nicht unmittelbar kausal) für das (Sprach- und Informations-)Benutzerverhalten in $\mathbb{B}$ als verantwortlich angesehen werden. Sowohl $\mathbb{M}$ als auch $\mathbb{E}$ können als der mehr oder minder expliziter Ausdruck von Annahmen über die "Struktur" derjenigen Welt [oder eines Ausschnittes derselben] verstanden werden, mit der wir uns auseinandersetzen oder auf die wir uns beziehen.

Im Vorgriff auf die formale Semantik und den semantischen (oder strukturalen) Zugang zur formalen Wissenschftstheorie (kurz: FWT) können wir also sagen, daß $\mathbb{M}$ Strukturmodelle (zum Unterschied von Realmodellen) formuliert und daher den Bezug unserer jeweiligen Wissenschaftssprachen auf Realmodelle auf dem Umweg über Strukturmodelle **studiert**. Da die formal-abstrakte und die konkret-effektive Seite ein unterschiedliches Auflösungsvermögen besitzen, besteht hier ein Übersetzungsproblem von einem ausdrucksreicheren in einen (normalerweise) ausrucksärmeren Bereich. Mit den Methoden der formalen Semantik können implizite $\mathbb{M}$-Strukturannahmen (z. B. über die Kausalstruktur von $\mathbb{B}$), die dem Bezug bestimmter Theorien auf die Realität zugrundeliegen, technisch expliziert werden. Dadurch können die ihnen entsprechenden $\mathbb{E}$- und $\mathbb{F}$-Annahmen identifiziert werden,

Objekt-Sprache

G; Φ, Ψ

ℝ 𝕃

formal-abstraktes Wissen

konkret-effektives Wissen

f   t   H   H

𝕂 (Γ; φ, ψ)

abstrakte Syntax

formales HGW
formale Regeln
Kalküle

alltägliches HGW
konkrete Regeln
Sprachspiele
Handlungsanweisungen
konkrete Syntax

𝔽

U

Meta-Sprache

𝒯   h   v   T   V

𝔸   u   ℂ

abstrakte Strukturmodelle
strukturales HGW

abstrakte Semantik

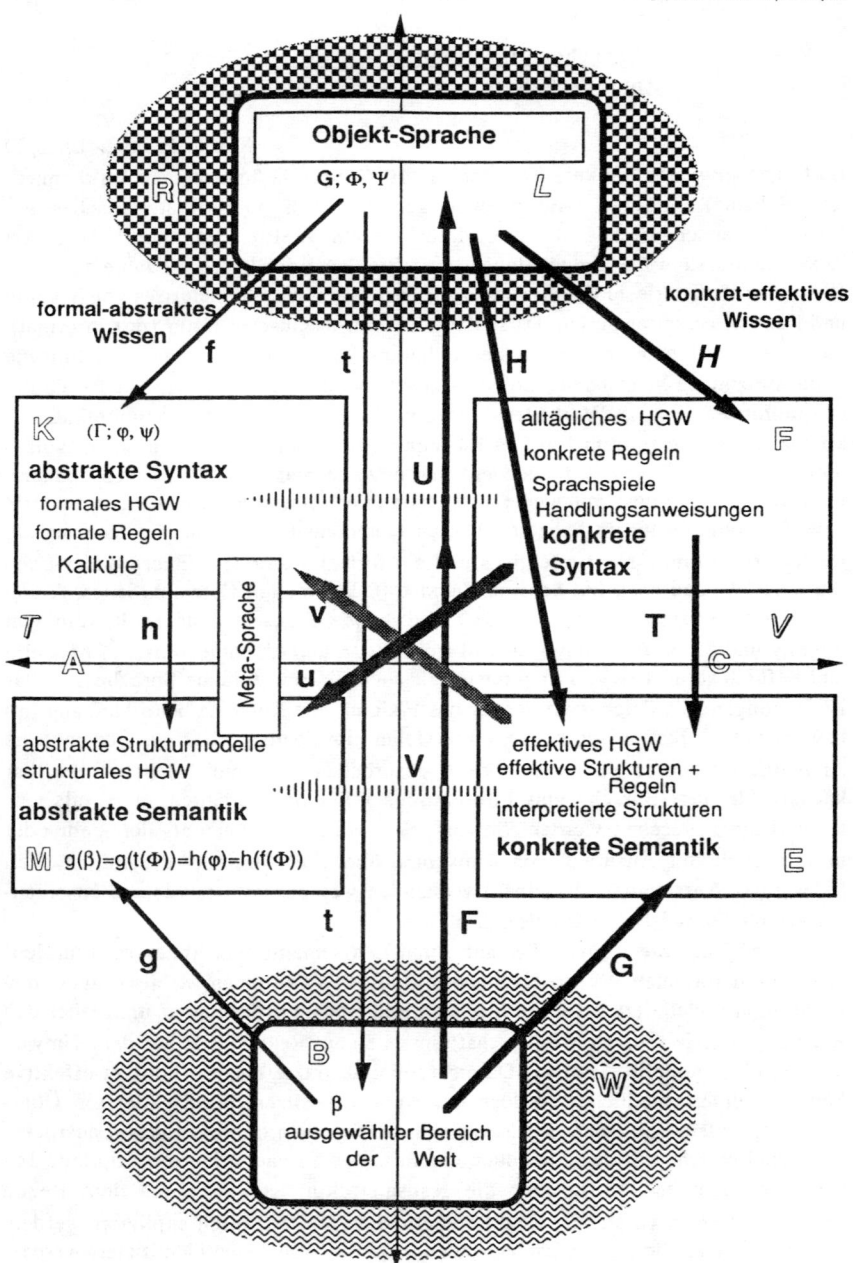

𝕄 $g(β)=g(t(Φ))=h(φ)=h(f(Φ))$

effektives HGW
effektive Strukturen + Regeln
interpretierte Strukturen

konkrete Semantik

𝔼

t   V   F

g   G

𝔹   𝕎

β
ausgewählter Bereich
der Welt

Sprache-Information-Wirklichkeit: Zum Verhältnis von Theorie und Realität

Legende

- 𝔸 theoretisches HGW (=Hintergrundswissen) (Realisierung von 𝕋)
- 𝔹 eingeschränkter (Bezugs-)Teil der Welt 𝕎
- ℂ Aufgeklärter Alltagsverstand, Common Sense (Realisierung von 𝕍)
- 𝔻 Darstellung eines Ausschnittes 𝔹 unter einem gewählten (Abbildungs-) Aspekt
- 𝔼 effektives Experten-HGW
- 𝔽 Alltags-HGW (folk knowledge)
- F konkrete Abbildung (Darstellungsaspekt), 𝕃-sprachliche Klassifikation
- f abstrakte Abbildung (wahrheitsfunktionale Bewertung), logische Klassifikation (Analyse) von 𝕃
- G konkrete Bewertung von 𝔹 in 𝔼
- g abstrakte Abbildung (Meßfunktion) auf Strukturmodelle
- H konkrete Interpretation von 𝕃 in 𝔼
- H konkrete Interpretation von 𝕃 in 𝔽
- h abstrakte Interpretation von 𝕂 in 𝕄 (mit Hilfe von Strukturmodellen der Welt)
- 𝕂 formaler Kalkül (oder formale Sprache 𝕃)
- 𝕃 natürliche Sprache, Obermenge der mit Fachtermini angereicherte Wissenschaftssprachen
- 𝕄 Strukturmodelle der Welt
- ℝ Representationssystem
- 𝕋 wissenschaftliche, theoretisch-explanatorische bzw. technische Begriffsbildungen
- T konkrete Abbildung, Übersetzung von Alltags-HGW in Experten-HGW
- t Identifikation, bezieht linguistische Ausdrücke auf 𝔹
- U effektiv-abstrakte Transformation
- u konkret-abstrakte Transformation
- 𝕍 volkstümliches (vernakuläres) HGW
- V konkret-formale Übertragung
- v effektiv-formale Übertragung
- 𝕎 Wirklichkeit, Welt

die in unserer Laborpraxis in Form von Heuristiken, Metaphern und als Alltags-HGW das tatsächliche Referenzverhalten, das Reden über wissenschaftliche Ergebnisse und deren Bedeutung, bestimmen. Diese ℂ-Annahmen können aber auch den Umständen entsprechend modifiziert werden, wodurch sich die kreativen Denkanstöße philosophischer Reflexionen besser verstehen lassen.

Zunächst möchte ich die Arbeitsweise der formalen Semantik in dieses Schema einbetten. Dazu stellen wir uns einen in präsystematischer Weise ausgewählten Teilbereich 𝕃 einer natürlichen Sprache als Objekt unserer Untersuchung vor. Wir nehmen an, daß die Benutzer von 𝕃 sich auf einen Bereich 𝔹 beziehen und daß wir die Art der Informationsverarbeitung in 𝕃, wie sie sich im "rationalen Schließverhalten" ausdrückt, studieren wollen. Was nun de facto gemacht aber selten ausdrücklich genug gesagt wird ist, daß man dabei Ausdrücke Φ, Ψ oder Mengen von Ausdrücken G[1] aus 𝕃 auf wohldefinierte Zeichenreihen[2] eines formalen Kalküls

---

[1]) $G = \{\Phi_1, \Phi_2, \ldots, \Phi_n\}$.
[2]) $\varphi = f(\Phi)$, $\psi = f(\Psi)$ bzw. $\Gamma = f(G)$.

𝕂 (oder auch einer formalen Sprache 𝕃) [mathematisch gesprochen] **abbildet** (Übersetzungsfunktion "f" im Schema). Die mechanische Manipulation der Zeichenreihen in 𝕂 kann dann zur Entscheidung über das Bestehen einer Beziehung (z. B. der logischen Folgerung) zwischen konkreten Ausdrücken von 𝕃 dienen. Die mechanischen Zeichentransformationsregeln (Operationen) in 𝕂 können also die konkreten Beziehungen (Relationen) in 𝕃 in einem gewissen Sinne "erfassen".
So gesehen gilt z. B., daß Ψ aus **G** folgt, wenn ψ [=f(Ψ)] in kontrolliert reproduzierbarer Weise aus Γ[=f(**G**)] hergestellt d. h. logisch daraus abgeleitet werden kann. Jedenfalls sollte unmittelbar klar sein, daß nicht jedes beliebige 𝕂 und jede beliebige Strukturübersetzung "f" für eine derartige Aufgabe geeignet ist. Bei dem ganzen Verfahren handelt es sich genaugenommen um eine in 𝕂 zu formulierende **Theorie** des Argumentationsverhaltens in 𝕃 . Formale Logik betrifft nur dasjenige Argumentationsverhalten in 𝕃, das ohne inhaltliche Annahmen über die Struktur des Referenzbereiches 𝔹, auf den sich die 𝕃-Sprecher mit ihren Äußerungen beziehen, theoretisch rekonstruiert, prognostiziert und somit erklärt werden kann. Sobald man aber "inhaltliche Argumentationen" in 𝕃, die sich auf 𝔹 beziehen, mit Hilfe von 𝕂 erfassen will, braucht man eine Möglichkeit, um inhaltliche Annahmen über 𝔹 in 𝕂 zu repräsentieren, z. B. in Form von nicht-logischen Axiomen, damit man 𝕂 weiterhin zum Studium des Argumentationsverhaltens in 𝕃 benutzen kann. -- Damit die **Wahl** derartiger syntaktischer Repräsentationen nicht in der Luft hängt, kann man sich vorstellen, daß sie auf dem Weg über eine Repräsentation von Annahmen über die Struktur von 𝔹 gewonnen wurden. Technisch gesehen geschieht dies im Rahmen der (mathematischen) Modelltheorie durch Vorgabe von mengentheoretischen Strukturen in 𝕄 , also von Strukturmodellen, über denen man die formale Sprache/den Kalkül 𝕂 interpretiert. Man kann daher sagen, daß durch den Bezug von 𝕂 auf 𝕄 der Bezug von 𝕃 auf 𝔹 **simuliert** wird. Was uns jedoch fehlt, ist der Zusammenhang zwischen den Realmodellen in 𝔹 und den Strukturmodellen in 𝕄. Dazu können wir uns eine i. a. mehr-eindeutige Abbildung "g" von 𝔹 nach 𝕄 vorgeben, die Modellobjekten in 𝔹 Strukturmodelle in 𝕄 zuordnet und praktisch gesehen durch **Meßabbildungen** zu realisieren ist. --
Technisch gesehen ist es ferner günstig, die Interpretationsabbildung "h" (sh. Schema LIR) von 𝕂 in 𝕄 auf Prädikatbuchstaben von 𝕂 einzuschränken und die Abbildung "t" von 𝕃 nach 𝔹 die Aufgabe der Designation[3] übernehmen zu lassen. Wenn wir dann über 𝕄 eine teilweise empirisch, teilweise theoretisch zu bestimmende Korrespondenz (verallgemeinerte Relation) zwischen den durch die Abbildungen "g" und "h" gelieferten Bildern[4] in 𝕄 annehmen, so gelangen wir in natürlicher Weise zu einer Wahrheitsdefinition in 𝕂.[5] Durch die Abbildung "h" kann man in 𝕄 Annahmen über die Struktur von 𝔹 in solcher Weise **auswählen**, daß eine Behauptung

---

[3]) t(Φ)=β, Abbildung von Individuenkonstanten auf in 𝔹 identifizierte Individuen.
[4]) g(β) = g(t(Φ)) und h(φ), mit h(φ)=h(f(Φ)).
[5]) Bezeichnet W die Menge der wahren Sätze von 𝕂 (oder einer formalen Sprache 𝕃), so ist φ Element von W genau dann, wenn die Korrespondenz zwischen h(φ) und g(β) besteht (der Fall ist).

Welt und Sprache

Repräsentationen

Strukturen (Erklärungen) | **Prozesse** (Beschreibungen)

Sprachregeln — NATÜRLICHE SPRACHE

$\Phi \longrightarrow \Psi$

$M_k)_{k=1,\ldots,p}$ $\qquad\qquad (E_l)_{l=1,\ldots,q}$

M [abstraktes Wissen]

(theoretisch-explanatorisches Verständnis abstrakte Modelle)
Intentionalität
formale Semantik

E [effektives Wissen]

(theoriegeleitetes, praktisches Wissen, Heuristiken & effekt. Regeln, interpretierte Strukturen, effekt. Modelle), Turing's Papier-Maschine, effektive Intentionalität, Protokolle, operationalisierte Theorien

D

Hintergrundwissen

A ← → C

effektive Prozeduren

T ←——————————→ V

Kodifizierung / Preparation   Interpretation

bewußte Regeln

B

(Algorithmen für die Reproduktion von Phänomenen, Ersetzungs-Wissen, formale Modelle/ Syntax),Turing-berechenbare Zustände eines Systems

(alltags- oder lebensweltliche Bewertungen, unmittelbar beschreibendes Wissen, handlungsanleitendes Wissen, konkrete Modelle), SKILLS

K [formales Wissen]   **Prosa**   **F** [konkretes Wissen]

$(K_j)_{j=1,\ldots,n}$ $\qquad\qquad (F_i)_{i=1,\ldots,m}$

.. Zusammenhänge
P ⟹ Q

Ausschnitte von Wirklichkeit

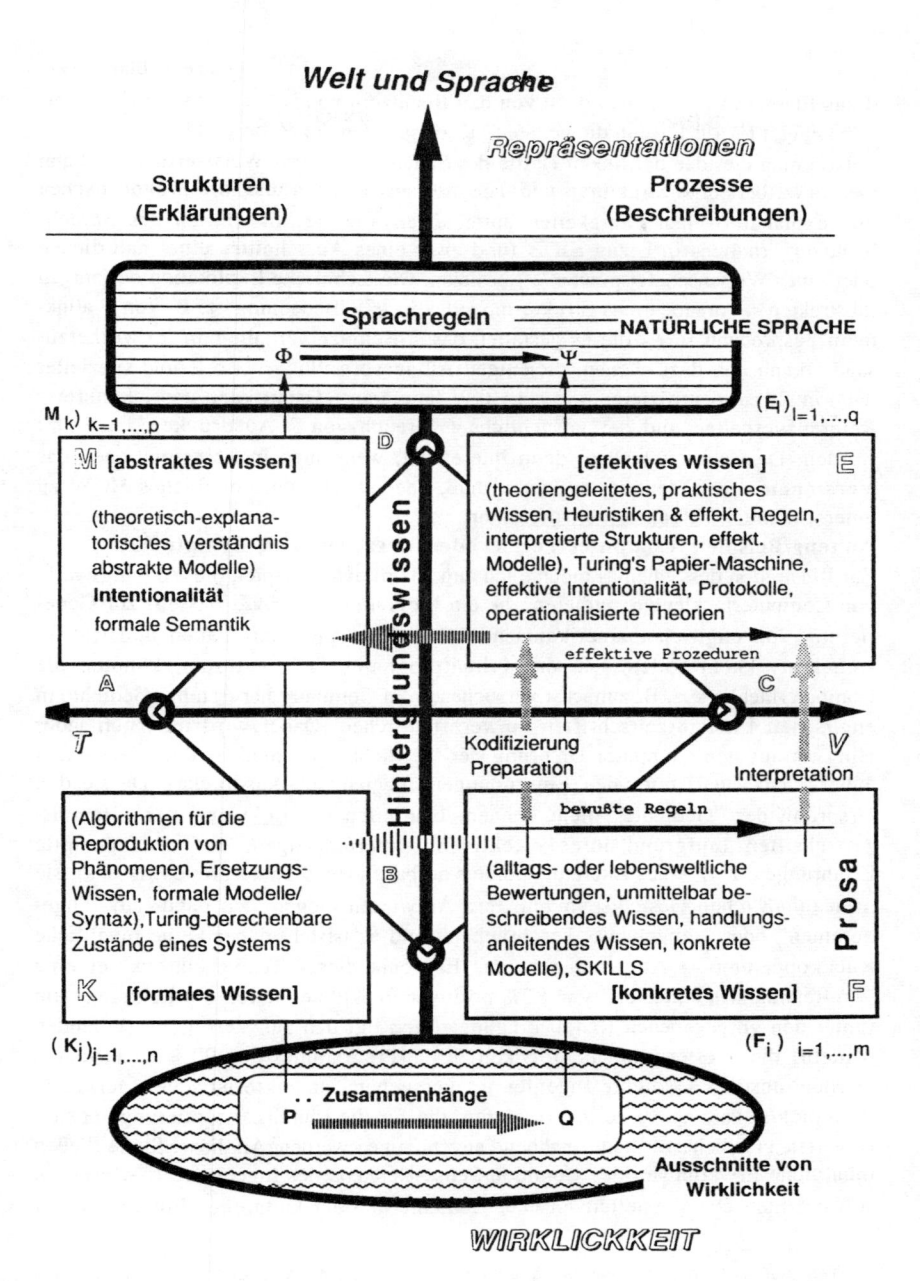

WIRKLICKKEIT

Rainer P. Born, Johannes-Kepler-Universität, Linz, Austria

Φ als Element von $\mathbb{L}$ genau dann von den Benutzern von $\mathbb{L}$ (als sinnvoll) akzeptiert und benutzt (!) wird, wenn die genannte Korrespondenz in $\mathbb{M}$ besteht.[6] Sobald man die Idee der linken Hälfte des Schemas in dieser Weise erfaßt hat, kann man in $\mathbb{M}$ beliebige Strukturen und Theorien auszeichnen und ihre prognostischen und explanatorischen Fähigkeiten untersuchen, die sie hinsichtlich des Sprachbenutzerverhaltens in bezug auf $\mathbb{B}$ (und zwar eines Ausschnittes einer natürlichen oder einer Wissenschaftssprache $\mathbb{L}$) besitzen. Die technische Explikation derjenigen (abstrakten = Angabe eines Strukturmodelles in $\mathbb{M}$) "Bedeutung" z. B. von F allgemein gesprochen in $\mathbb{A}$, die es gestattet, das $\mathbb{L}$-Benutzerverhalten in $\mathbb{B}$ vorherzusagen, kann nun dazu dienen, diejenigen Alltagsvorstellungen (in $\mathbb{F}$ und spezieller dann in $\mathbb{E}$) zu identifizieren, die als HGW fungieren.[7] Damit kann unser konkretes Referenzverhalten und der tatsächliche Gebrauch von $\mathbb{L}$-Ausdrücken bestimmt werden. Dies wird vor allem dann interessant, wenn man in Lernsituationen das **Verstehen** von Bedeutung aufbauen muß, oder wenn unterschiedliches HGW zu unterschiedlichen Benutzerverhalten führt.

Anhang/Beispiel: Computer-Poesie oder Ursachen und Symptome

Zur Illustration des Schemas möchte ich nun, als fiktives Beispiel, die Vorgangsweise von Computerfachleuten studieren, die ein Programm "P" (= $\mathbb{K}$-Wissen) zur Generierung von englischen/amerikanischen Gedichten angekauft haben und es nun weiterentwickeln sollen. Um das Primärprogramm "P" zu testen, könnten die Computerfachleute z. B. zunächst versuchen, vom Computer hergestellte Gedichte in englischen Literaturzeitschriften zu veröffentlichen. Dabei wird natürlich jeder Hinweis auf den Computer-Ursprung der "Gedichte" vermieden, d.h. sie werden äußerlich (formal) normalen Einsendungen angepaßt ($\mathbb{L}$-Ausdrucke). Da sie den Ursprung der "Gedichte" nicht kennen, beurteilen die Lektoren der Literaturzeitschriften (aufgrund ihres effektiven, expertenartigen, auf die spezielle Erfahrungen, z. B. eines Literaturstudiums aufbauenden $\mathbb{E}$-Hintergrundswissens) sie nach inhaltlichen Gesichtspunkten. Ihre Antworten mögen sich daher auf "angenommen" oder " abgelehnt" beschränken[8] und es besteht daher keine inhaltliche Rückkoppelung. -- Angenommen, das Ergebnis dieses Testverfahrens sei eine "Trefferwahrscheinlichkeit" von 80% positiver Reaktionen durch die Lektoren. Um (unter den vorgegebenen Randbedingungen und mit den zur Verfügung stehenden Mitteln) die Trefferwahrscheinlichkeit des P-Programmes auf 90% zu erhöhen, werden unsere "Gedichte-Ingenieure" versuchen, charakteristische Merkmale (Symptome, Parameter) zu identifizieren, die für die (durch Akzeptierung) positiv bewerteten Gedichte als kennzeichnend angenommen werden. An dieser Stelle fließen inhaltliche Erwartungen des Common-Sense-Denkens der Ingenieure ($\mathbb{F}$-Bereich), sowie ästhetische Vorstellungen über Gedichte und der kulturelle Hintergrund der

---

[6]) Dies muß sich in einem vorhersagbaren Benutzerverhalten der Information (bezüglich $\mathbb{B}$) äußern, die in einer $\mathbb{L}$-Behauptung Φ enthalten ist.
[7]) Vgl. die Abbildung U von $\mathbb{E}$ nach $\mathbb{M}$ (im Schema LIR).
[8]) Dies ist heute ja auch bei der Beurteilung der Gültigkeit rationaler Argumentationen üblich.

Computer-Wissenschaftler in stillschweigender Form ein. Danach wird man versuchen, die im P-Programm enthaltenen (technischen) Regeln (d. h. den Algorithmus und eventuell auch das Reservoir der für die Bildung syntaktischer Zeichensequenzen zulässigen Grundzeichen -- betrifft alles $\mathbb{K}$) in systematischer Weise so zu verändern, daß ein neues Programm P_1 entsteht. Dieses sei nun imstande, solche Zeichenreihen oder Textfiguren zu liefern, die mit den ausgewählten, kennzeichnenden Symptomen (die nun als **selektives** Kriterium benutzt werden) in Einklang zu bringen sind. Wenn sich diese Vorgangsweise bei Überprüfung durch Einsenden und inhaltliches Beurteilen-Lassen der neuen Gedichte als erfolgreich herausstellt, d. h. wenn dadurch die Trefferwahrscheinlichkeit tatsächlich um 10% erhöht wurde, dann werden unsere Computer-Fachleute - aus der Sicht der ihnen zur Verfügung stehenden Mittel und im Rahmen ihrer Aufgabenstellung völlig zu Recht - sagen können, daß für sie die "Analyse nach kennzeichnenden Symptomen" offenbar den Kern dessen **erfaßt** hat, was für die Herstellung guter Gedichte wesentlich ist.[9] Wir nehmen nun zusätzlich an, daß für die technische Beurteilung der "Gedichthaftigkeit" von Computergedichten ein in $\mathbb{M}$ konstruiertes (durch die Rückkoppelung aus $\mathbb{E}$ via $\mathbb{F}$ in $\mathbb{K}$ induziertes) <u>Sekundärprogramm</u> Q_0 entwickelt wurde, das letztlich die Arbeit der Lektoren (oder die Berücksichtigung der Rückkoppelung durch die formalen Überlegungen der Ingenieure) übernimmt und zur Konstruktion und Verfeinerung der Pi-Programme[10] beitragen kann. -- Wenn wir die Situation in unserem Beispiel in einer ersten Zwischenbilanz analysieren, so können wir sagen, daß von einer rein syntaktischen Zeichensprache/einem Kalkül $\mathbb{K}$ und von Zeichentransformationsregeln (in Pi-Programmen) ausgegangen wurde und daß man dann die Ergebnisse beurteilen ließ. Beurteilt wurde aber der Aussagegehalt der Gedichte, also das, was sie für die Interpreten (Lektoren) in deren Welt $\mathbb{B}$ zum Ausdruck brachten. Die positive Rückkoppelung durch die Lektoren wurde benutzt, um formale Merkmale zu identifizieren, die zur selektiven Generierung von geeigneten Textfiguren benutzt werden konnten (vgl. dazu im Schema LIR die mit Großbuchstaben bezeichneten Felder und die (Wechsel-) Beziehungen zwischen ihnen). -- $\mathbb{K}$ bezeichnet den Zeichenbereich (die syntaktisch-formale Sprache, also eingeschränktes Englisch), über dem die Primärprogramme Pi operieren. $\mathbb{E}$ und $\mathbb{F}$ enthalten die stillschweigenden Annahmen bzw das Experten-HGW $\mathbb{E}$ (der Lektoren) und das Alltags-HGW $\mathbb{F}$, die zur Konstruktion der Sekundärprogramme Q_j benutzt wurden. Q_j wurde durch Einbringen der Pi-Ergebnisse[11] in ein Kommu-

---

[9]) N.B. Damit wurde eine Komponente der alltagssprachlichen Verwendungsweise von 'erfaßt haben' herausgegriffen und in die in den Einzelwissenschaften übliche Form übertragen, und zwar in natürlicher Weise unbewußt verallgemeinernd. Es wäre aber unsinnig, aus einer Unkenntnis der tatsächlichen Vorgangsweise des Forscherteams heraus, nun zu behaupten, daß dem Computer Reflexion oder Verstehen zugrunde lägen, weil das Erfaßt-Haben von z. B. Information, so wie es im Alltagssprachgebrauch fixiert sei, von Bewußtsein begleitet sein müsse. Meine Polemik richtet sich vor allem gegen diejenigen Philosophen, welche die völlig andersartigen Mechanismen zur Stipulation der Bedeutung einzelwissenschaftlicher Begriffsbildungen in der Praxis des Wissenschaftsbetriebes nicht zur Kenntnis nehmen wollen.
[10]) i=1,2,...n.
[11]) i=j+1.

nikationsfeld $\mathbb{B}$ entwickelt, in dem die durch Pi erzeugten $\mathbb{K}$-Figuren als Gedichte einer natürlichen Sprache $\mathbb{L}$ (in unserem Fall Englisch) interpretiert, d.h. inhaltlich beurteilt, verstanden und via $\mathbb{L}$ benutzt werden konnten. Wir können stark vergröbernd sagen, daß die Lektoren bei der Beurteilung der $\mathbb{K}$-Figuren so etwas wie einen **inhaltlichen** Bezug auf ihre eigene (mögliche Lebens-)Welt $\mathbb{W}$ (bzw. einen darin konstruierten Ausschnitt $\mathbb{B}$) hineingelesen und dazu -- theoretisch-explanatorisch gesprochen -- ein **strukturales** HGW ($\mathbb{M}$) über ihre Welt verwendet haben. $\mathbb{M}$ enthält also gewissermaßen "bedeutungskonstitutive" (oder sinnstiftende) Beurteilungsheuristiken, die zu einer Selektion der sinnvollen und daher publikationswürdigen Gedichte (explanatorisch gesehen) geführt haben[12]. $\mathbb{M}$ erklärt also das Fixieren von Referenz durch englische $\mathbb{L}$-Sprachbenutzer mit $\mathbb{E}$- HGW. --

Als Zwischenergebnis möchte ich damit das unterschiedliche Zustandekommen des Verstehens und Aufbauens von Bedeutung über inhaltliches, konkret-effektives Wissen oder über formal-abstraktes, simulatives, kennzeichnende Symptome benutzendes Wissen, bewußt machen. In diesem Beispiel geht es darum, welche Vorstellungen über die Struktur des angenommenen (Bezugs-) Bereiches $\mathbb{B}$, über dem bestimmte $\mathbb{K}$-Figuren (Zeichenreihen) auf dem (Um-) Weg über $\mathbb{M}$ von $\mathbb{L}$-Sprachbenutzern interpretiert werden, mit Hilfe von $\mathbb{E}$ (bzw. der dadurch initiierten Q_j-Programme) aufgebaut werden. Würde man einen "Gedicht-Ingenieur" in eine reale $\mathbb{B}$-Welt, z.B. in einen amerikanischen Verlag, versetzen, so würde sich sehr rasch herausstellen, daß die auf dem Weg über $\mathbb{E}$ aufgebauten Vorstellungen über die inhaltliche Bedeutung der $\mathbb{K}$-Figuren nicht zu demselben **Verhalten** führen wie sein auf dem Weg über $\mathbb{F}$ mit Hilfe von $\mathbb{M}$ aufgebautes inhaltliche Verständnis von Gedichten. In diesem unterschiedlichen Verhalten zeigen sich die unterschiedlichen Vorstellungen über $\mathbb{B}$. Da weder der Generierung noch der Beurteilung von Gedichten ein inhaltliches Verstehen zugrunde liegen, wird sich der in den Verlag versetzte Ingenieur zunächst sklavisch an die von ihm entwickelten Regeln halten müssen. Erst wenn er zu einem inhaltlichen Verständnis gelangt, wird er in der Handhabung seiner Regeln freier werden. Auf alle Fälle können wir sein Verhalten als Ritualisierung aufgrund eines mangelhaften inhaltlichen Verständnisses charakterisieren. --

Nehmen wir abschließend noch an, der Erfolg der Q_j-Programme sei diversen amerikanischen Verlagen zu Ohren gekommen. Sie wollen nun im Zuge von Rationalisierungsmaßnahmen ihre Lektoren durch die Q_j-Programme ersetzen. Ich hoffe, es genügt, darauf hinzuweisen, daß dadurch die Trefferwahrscheinlichkeit der P_i-Programme auf 100% erhöht wird und daß zum Schluß niemand mehr weiß, was Gedichte eigentlich ausdrücken sollen (intendierte Bedeutung). Dichter werden durch die Rückkopplung über das Beurteilungsverfahren und damit auf dem Weg über die Anerkennung, die ihnen zuteil wird, dazu erzogen, Gedichte einzusenden, die dem "Computer-Geschmack" entsprechen. Das Problem ist daher nicht, daß Computer "denken" lernen wie die Menschen, sondern, daß die Menschen zu denken beginnen wie Computer.

---

[12]) $\mathbb{M}$ beschreibt aber in keinen unmittelbaren Sinn was in den Köpfen der Lektoren vor sich geht, d. h. $\mathbb{M}$ gibt die $\mathbb{E}$-Bedeutungen der Zeichen aus $\mathbb{L}$ **nicht unmittelbar** an.

Thomas Gerstmeyer, Berlin

Die Struktur des Substrats von >Theorie< und >Realität<

Im folgenden wird zunächst dargelegt werden, daß die wesentlichen bisherigen, scheinbar ganz gegensätzlichen Theorien über das Verhältnis von Theorie und Realität sich hinsichtlich der Substratstruktur dessen, was in Theorie und Realität auseinandergelegt wird, eigentlich einig sind. Im Zuge der genauen Analyse der Voraussetzungen dieser Einigkeit erhellen deren Schwierigkeiten, aber auch ein Ausweg aus der aporetischen Situation, der von der Notwendigkeit der Annahme einer ganz anderen Substratstruktur zwischen Theorie und Realität ausgeht.

I. Die Reflexion des Verhältnisses von Theorie und Realität bemüht sich zunächst darum, den Zugriff der Theorie auf die Realität zu sichern. Selbst ein Denken, dem der Bezug zur Realität gleichgültig wäre und das sich als *explizit* gegenstandsloses Denken versteht, hätte dann immer noch einen wesentlichen Bezug zur (gegenständlichen) Realität, insofern es, die Realität ausdrücklich ausklammernd, sich doch auf diese zumindest negatorisch bezieht. – Nach klassischer, ontologischer Theorie sind Theorie und Realität zumindest durch deren gemeinsame Seiendheit verbunden.[1] Erkenntniskritische Theorie, die als transzendentale nach den Bedingungen der Möglichkeit von Erkenntnis fragt, lehnt die Annahme einer vorgängig bestehenden Verbindung durch eine reale Seiendheit ab und geht statt dessen von einer ursprünglichen Synthesis der Verstandestätigkeit aus. Diese ursprüngliche Synthesis bewirkt eine Verknüpfung (>coniunctio<) der Daten realer Mannigfaltigkeit,[2] und diese Verbindung verbindet Subjekt und Objekt bzw. genauer *das Verbindende* (auf seiten der Verstandesspontaneität) und *das Verbundene* als Gegenstand des Verbindens, das in Ermangelung einer vorgängigen seienden Kontinuität als die (einzig sicher erreichbare) >Realität< für die Verstandestätigkeit verstanden wird.

Nur scheinbar sind damit das ontologische und das erkenntniskritische Verhältnis von Realität und Theorie diametral entgegengesetzt. Zwar besteht ein Dissens hinsichtlich der Annahme der >realen< Realitätsverankerung des Gegenstands der Theorie. Aber sowohl das klassisch als auch das kritisch gefaßte Verhältnis von Theorie und Realität geht von *Synthesis* aus (sei sie real, sei sie [a priori/a posteriori] hergestellt). Synthesis ist reale Voraussetzung für die theoretische Analysis der Realität, aber auch die theoretische Analysis erfordert eine ursprüngliche Synthesis von Wirklichkeit (als >coniunctio<).

Jedes anzunehmende Verhältnis von Theorie und Realität geht somit von einer synthetischen Substratstruktur des durch die Differenz von Realität und

Theorie Auseinandergelegten aus. Entweder Theorie differenziert eine sich durch kontinuierliche Synthesis (als seiend) auszeichnende Realität. Oder – wenn sich beide nicht in einem korrespondenz-realistischen Verhältnis befinden – Theorie stellt die Kontinuität in einer ersten ursprünglichen Synthesis selbst her. Bei beiden Möglichkeiten geht jeglicher durch Analysis gewonnenen Differenz eine indifferente Kontinuität voraus. Trotz eines grundsätzlichen Dissenses hinsichtlich der einerseits schon irgend >seiend< vorhandenen oder andererseits je erst synthetisierend herzustellenden Kontinuität ist beiden die Annahme einer vorauszusetzenden oder grundzulegenden Indifferenz gemeinsam.

II. Der angedeutete Konsens der scheinbar gegensätzlichen Theorien des Verhältnisses von Theorie und Realität besteht genauer besehen darin, daß beide ein homogenes und damit in sich indifferentes Kontinuum als Grundlage jeglicher Differenzierung ansetzen. Ontologische Theorien gehen von einem grundlegenden Sein aus, auf dessen Grundlage sich die je ähnlich, unterschiedlich oder gegensätzlich Seienden je seiend unterscheiden. Nach erkenntniskritischer Theorie beruht die Anschauung der Wirklichkeit auf der notwendigen Voraussetzung einer ursprünglich hergestellten Synthesis, mit deren Hilfe der Gegenstand der Erfahrung der Wirklichkeit zunächst identifiziert wird. Die spezifische Spontaneität der Verstandestätigkeit als Urbaustein jeder theoretischen Reflexion der Wirklichkeit basiert mit der Synthesis auf einer ursprünglich hergestellten Kontinuität. Wie in den ontologischen Theorien setzt damit erkenntniskritische Theorie die ursprüngliche, in sich indifferente Kontinuität als Grundlage kognitiver Tätigkeit voraus. Der Unterschied zur Ontologie besteht in der Erkenntniskritik allein darin, daß diese Kontinuität nicht als real seiend, sondern als vom Erkenntnissubjekt allererst herzustellend gedacht wird.

Zweierlei ist mit diesen Grundannahmen hinsichtlich des grundlegenden Verhältnisses von Theorie und Realität vorab entschieden und bestimmt das Theoretisieren über die Realität, gleichgültig ob die Theorie sich dieser Vorentscheidung bewußt ist oder nicht. Indem von einer ursprünglichen Kontinuität ausgegangen wird (sie sei hergestellt oder seiend vorhanden), liegt prinzipiell Indifferenz der Differenzierung voraus. Jegliche Differenzierung, gleichgültig ob real seiende Unterscheidung in der Wirklichkeit oder bloße Aussage über die empirische Wirklichkeit, die differenzierend-aussagend einen Unterschied markiert, beruht dann auf einem indifferent-kontinuierlichen Substrat, das entweder als real seiend oder als allererst herzustellend gedacht wird. Die Indifferenz des Substrats ist damit auf jeden Fall ursprünglicher als die Differenz. Nach ontologischer Auffassung ist sie wahrer und mehrseiend als die weitergehende Differenzierung der Aussage, und auch der erkenntniskritischen Position zufolge muß die ursprüngliche Indifferenz der zu synthetisierenden Kontinuität als sicherere Grundlage im Gegensatz zu den stets falliblen Differenzierungen gelten, die sämtlich wieder auf diesen ersten synthetisierenden Akt rekurrieren müssen.

Das Unterscheiden auf der Grundlage eines wesentlich als indifferent angenommenen Substrats, das etwa die zwei Seiten eines beliebigen Gegensatzes auf sich vereinigt, stößt, ganz gleich mit welcher Trennschärfe es den Widerspruch konzipiert hat, in dem Substrat auf das immer gegebene Dritte seiner Differenzierung, und aus der Gegebenheit des Dritten *(tertium datur)* folgt der Umstand, daß alle Unterscheidungen auf der Grundlage eines indifferenten Substrats graduell strukturiert sind und daß das Substrat, das in seiner Funktion als immer gegebenes Drittes keine andere Struktur zuläßt, selbst in sich auf graduelle Indifferenz angelegt ist. Das Substrat wäre so etwas wie eine graduell strukturierte Skala, auf der nur verschiedene Grade abzutragen sind. Eine kontradiktorisch scharfe Entgegensetzung fände in der Realität keine Entsprechung, weil dieser Gegensatz auf der graduellen Struktur des Substrats, das als Grundlage den Differenzierungen des Subjekts vorausliegt, nicht abgetragen werden könnte.

Dieser (scheinbare) Primat der Gradualität ist sowohl in der Philosophiegeschichte als auch im gegenwärtigen Denken deutlich ablesbar. Parmenides von Elea mußte als erster erfahren, daß eine als in sich trennscharf differenziert anzunehmende Substratstruktur zu den ausweglosesten Selbstwidersprüchen führt: Der Eleat glaubte erkannt zu haben, daß sich das Sein urteilend und aussagend nur in IST- und NICHT-IST-Kategorien einteilen läßt und daß nur die IST-Aussage wahr sein könne, die damit kontradiktorisch scharf von der absoluten Falsität der Negation getrennt wäre.[3] Er mußte freilich zur Kenntnis nehmen, daß auf der Grundlage eines solchen Differenzierungsmodells eine Falsität als absolut nichtseiende unmöglich sei, daß damit die Falschheit des Denkens selbst nicht zu bestimmen und damit er selbst der Behauptung des Gegenteils dessen, was er für wahr befunden hat, nichts entgegenzusetzen hätte: Wo Wahrheit und Falschheit trennscharf getrennt werden sollten, verschwimmen sie nun ineinander bis zur gänzlichen Unkenntlichkeit beider Seiten. Als Korrektiv haben seine Nachfolger dem Parmenides dann ein Sein entgegengehalten, das als Substrat von Unterscheidungen, keine scharfe IST-NICHT-IST-Differenzierungen zuläßt, sondern nur noch (graduell) zu unterscheidende Verschiedenseiendheiten. Die seienden Dinge unterscheiden sich dann eben nicht mehr als seiend und nichtseiend, sondern nur als mehr- und wenigerseiend. Diese Entdeckung der graduellen Strukturiertheit war für die ganze nachfolgende Ontologie konstitutiv.

Auch im aktuellen Denken, das sich erkenntniskritisch von der Ontologie entfernt hat, ist die (zumeist unausgesprochene) Annahme einer graduell differenzierten Substratstruktur verbreitet. Die idealistischen Erkenntnistheorien gingen von einer trennscharfen Differenzierbarkeit der Erkenntnis von der Erfahrung in Form einer Erkenntnis einer ersten prinzipiellen Substanz einerseits und dieser immer nachgeordneten empirischen Akzidens andererseits aus. (Wobei der Haupteinwand gegen diese Theorien hätte lauten müssen, daß sie differenz- und substrattheoretisch schlecht fundiert sind, da sie sich ja wesentlich auf eine parmenideische Struktur der Substratwirklichkeit hätten berufen müssen.) Bei allen Unterschieden in Einzelheiten setzen die modernen, postkritischen Erkenntnistheorien eine prinzipielle Isonomie aller epistemischen Instanzen und kognitiven Mittel voraus. Erfahrung, Verstandestätigkeit, lebensweltliche Kompetenz werden als - allenfalls - graduell, nicht aber prinzipiell und trennscharf unterschieden verstanden. Ebenso nivelliert die allgegenwärtige strukturelle Gradualität auch alle Theorien zu bloß relativen Begründungen und schließt die Möglichkeit und Aufweisbarkeit einer exponierten Letztbegründung aus.[4] Auf der Grundlage eines als graduell strukturiert anzunehmenden Substrats aller Differenzierungen sind alle argumentativen Unterscheidungen begründungsschwach; nur im je diskursiv durchzugehenden Einzelfall kann sich ein Urteil als im besonderen Fall überlegen zeigen. Einen von allen mehr oder weniger geeigneten Gründen trennscharf zu sondernden letzten Grund gibt es offenbar nicht. Diese graduelle Nivellierung aller begründenden Differenzierung betrifft sowohl die theoretische Philosophie als Selbstreflexion der Vernunft als auch die Philosophie der Praxis als mögliche Epitaxis von Handlungsnormen.

III. Mit dem Nachweis einer nichtgraduellen Wirklichkeitsstruktur bräche allerdings dieses Modell *stante pede* in sich zusammen. Wenn sich zeigt, daß das Substrat der Differenzierungen der Mannigfaltigkeit des Wirklichen nicht konsistent als graduelle Indifferenz gedacht, sondern als in sich trennscharf differenzierbare, komplementäre Struktur gefaßt werden muß, dann wäre auch die Erkenntnis dieser Wirklichkeit notwendig nicht als zuerst und wesentlich synthetisierend (*a priori* oder nicht) zu verstehen, sondern müßte als differenzierend, und zwar genau *differenzreproduzierend* gefaßt werden. Ein wesentlich als differenzierend konzipiertes Erkenntnisvermögen würde dann als Theorie auf eine analog strukturierte Wirklichkeit treffen und als solche auch wesentlich zutreffen, wäre also von grundsätzlicher Wahrheit. Grundsätzlich könnten Differenzierungen des Geistes als nicht bloß erdacht und subjektiv, sondern als wirklich gedacht werden. Als falsch und insgesamt sophistisch hingegen müßten die oben unter I. und II. gekennzeichneten graduellen Indifferenzierungen angesehen werden, die *in nuce* Wesen und Wirklichkeit der Differenz leugnen.

Thomas Gerstmeyer, Berlin

Die Möglichkeit, ja die Notwendigkeit, das Substrat der Differenzierungen der mannigfaltigen Wirklichkeit als in sich trennscharf differenzierte, komplementäre Struktur zu fassen, entspringt keineswegs abstrakter Begriffsspekulation. Das irgend als seiend oder zu synthetisierend konzipierte Wirkliche muß lediglich auf den unbestreitbaren und jederzeit empirisch verifizierbaren Umstand reduziert werden, daß, was immer sich ereignet, sich ereignen wird und bislang geschehen ist, auf jeden Fall und ausnahmslos unter *Verwendung* von *Mitteln* stattfindet. Die Tatsache der Verwendung von Mitteln muß als Substrat einer Wirklichkeit genommen werden, die sich ihrerseits in unendlich viele Mittelverwendungen differenziert.

Der Wirklichkeit als Menge aller Mittelverwendungen müßte dann als ursächliche und erste Differenz eine einzige Differenzstruktur, die sich zwischen Mittel und Verwendung entspannt, zugrunde liegen. Diese Wirklichkeit wäre demzufolge als ganze zunächst einerseits in eine prinzipielle, ursächliche, ideale Mittelverwendung und andererseits in die durch diese Differenzstruktur bewirkte Menge konkreter und unter sich verschiedener Mittelverwendung zu unterteilen. Warum nun kann, ja muß man diese Renaissance bisher als unbegründbar angesehener Grundpositionen idealistischer Theorie dulden?

Die Fassung der erfahrbaren Wirklichkeit als Mittelverwendung wird nicht nur durch die schwer - ich meine gar nicht - zu leugnende Tatsache gestützt, daß alles, was immer irgend geschieht notwendig Mittel verwendet. Die Interpretation der Wirklichkeit als Mittelverwendung übersteht auch den Einwand, die Differenzierung der empirischen Wirklichkeit in Mittel und Verwendung sei eine willkürliche und die graduelle Homogenität der Wirklichkeit verfälschende Projektion. Zunächst einmal gälte dieser Einwand auch für die gegenteilige Annahme einer graduellen Indifferenz. Zugunsten der einen oder anderen Seite klären ließe sich dieser Widerspruch allein durch eine Prüfung der Konsistenz der Differenz- und der Indifferenzbehauptung.

In einer als völlig graduell strukturiert gedachten Wirklichkeit müßte wie in der Arithmetik jedes Element (x) in ein beliebiges anderes Element (y) durch graduelle Veränderung um- und wieder zu (x) zurückgeformt werden können. Die Ausgangszahl (x) wäre mit den graduellen systemimmanenten Mitteln in und durch nichts von der wiederhergestellten Zahl (x') zu unterscheiden. Mit den meisten Elementen der Wirklichkeit läßt sich jedoch nicht auf gleiche Weise verfahren, sie unterliegen der irreversiblen Zeitstruktur, die zwischen x und x' sehr wohl, und zwar kontradiktorisch scharf unterscheiden würde. Die Voraussetzung eines graduell strukturierten Substrats kann diese trennscharf differenzierende Zeitstruktur nicht adäquat erfassen, und in diesem Umstand ist denn auch die Ursache dafür zu erblicken, daß es in der Geschichte des Denkens weder der ontologischen noch der erkenntniskritischen Theorie gelungen ist, eine konsistente Zeitkonzeption zu entwickeln und zu begründen. Die auf graduell strukturiertem Substrat beruhende Theorie vermag damit aber einen ganz erheblichen und für die Wirklichkeit konstitutiven Teil der Realität nicht angemessen und konsistent zu erfassen. Sie denkt in sophistischer Verkürzung der Realität am Wesen der Wirklichkeit vorbei.

Die theoretische Konzeption der Realität als Mittelverwendung hingegen berücksichtigt die konstitutive Bedeutung trennscharfer Differenz für die Wirklichkeit. Die Entscheidung darüber, ob ein Mittel verwendet ist oder nicht, fällt kontradiktorisch scharf aus, ein Drittes gibt es dabei nicht. Zugleich sind Mittel und Verwendung unabdingbar aufeinander verwiesen: Es gibt kein Mittel ohne Verwendung und keine Verwendung ohne Mittel. Die für eine als Mittelverwendung gefaßte Wirklichkeit konstitutive Differenz erweist sich also als Komplementarität. Die Abhängigkeit des Mittels von Verwendung *(et vice versa)* und die trennscharfe Differenzstruktur >zwischen< Mittel und Verwendung ergeben eine grundlegende komplementäre Struktur als Substrat einer Wirklichkeit, die als Vielfalt von Mittelverwendungen zu denken ist.

Das Sein oder eine andere irgend herzustellende Kontinuität als Substrat, welche Mittel und Verwendung als zugrundeliegendes Drittes indifferenzieren würden, gilt es auf Grund ihrer ungeeigneten Differenzstruktur >abzuschaffen<. Das hat logisch gute Wege. Sowohl das Sein als auch ein irgend synthetisiertes Substrat verwenden Mittel und beruhen damit auf Mittelverwendung, die somit mengenlogisch >größer< als jedes andere Substrat ist.

Jeder Gegenstand einer zuerst und ausschließlich mittelverwendenden Wirklichkeit muß sodann als konkrete Verwendung bestimmter Mittel verstanden werden: Das Mittel >Tisch< vor mir kann als Verwendung von Holz, dieses Holz (das Mittel für den Tisch) als Verwendung von Kohlenstoff, dieser als Verwendung von C-Atomen, und diese können wiederum als Verwendung bestimmter Ladungsverhältnisse gedeutet werden.

Die Physik verfolgt diese Mittel-Verwendungs-Kette immer weiter zurück zu immer elementareren Teilchen. Eine Lehre von der Mittelverwendung würde dagegen nicht immer weitere, schon als >Gegenstände< bestimmte, konkrete Verwendungen konkreter Mittel suchen, sondern davon ausgehen, daß >vor< aller Gegenständlichkeit konkreter Mittelverwendungen der Wirklichkeit eine wesentliche und ungegenständliche, komplementäre Differenzstruktur den Unterschied konstituiert, der in konkreten Mitteln und ihren Verwendungen wirksam wird. Diese Grundlage aller konkreten Differenzierungen der Wirklichkeit wäre keine bestimmte Verwendung eines bestimmten >dinglichen< Mittels, sondern müßte als reine Differenzstruktur, als *Relation ohne Relata* gefaßt werden. Eine derartige reine *Mittelverwendung* als letztes Substrat wäre bloße Komplementarität und damit reine Differenz, die in der Verwiesenheit zwischen Mittel und seiner Verwendung besteht. Einer >Lehre< reiner Mittelverwendung müßte es gelingen, die Grundelemente der Wirklichkeit (Raum, Zeit, Kraft und Bewegung) aus dieser Mittel-Verwendungs-Komplementarität abzuleiten.[5] Jene ursächliche, reine Mittelverwendung wäre dann tatsächlich eine (platonische) Idee der Mittelverwendung zu der alle anderen Mittelverwendungen in einem mittelverwendenden *Methexis-*Verhältnis stehen.

Die *Erkenntnis* der Realität ist dann von deren *Erfahrung* begründet unterscheidbar. Erkenntnis erfaßt die wahre Differenzstruktur der Wirklichkeit, weil sie als nicht mehr wesentlich synthetisierende, sondern nunmehr differenzierende Kognitivität die Differenz selbst schon versteht, bevor ihr konkrete Differenzierungen der mittelverwendenden Wirklichkeit nach und nach empirisch vorgegeben werden. Erkenntnis stellt auf der Grundlage einer als Mittelverwendung gefaßten Wirklichkeit natürlich selbst eine Mittelverwendung dar. Sie ist dennoch als erkennende Verwenderin der ursächlichen Differenzstruktur trennscharf gegen die >übrige< mittelverwendende Wirklichkeit abzusetzen. Die Elemente der mittelverwendenden Wirklichkeit >verwenden< ausschließlich die konkreten Mittelverwendungen, mit denen sie sich im prozessualen, mittelverwendenden Geschehen direkt kontaktierend, energetisch reagieren. Die theoretische Potenz als *totipotente Mittelverwendung* unterscheidet sich in ihrem Zugriff auf diese Wirklichkeit von dieser nicht nur dadurch, daß sie diese zunächst *wahrnimmt,* ohne mit ihr energetisch reagieren zu müssen. Sie ist ebenso deutlich auch gegen die nur *multipotente Rezeptivität* der Wirklichkeit, zu der auch andere Organismen in der Lage sind, abgesetzt. Die animalische Kognition etwa >versteht< begegnende Wirklichkeit nie zuerst als Differenz, sondern immer als bestimmte Differenz konkreter Mittelverwendung, in der sich die *multipotente* Kognition für ihre beschränkten Bedürfnisse mehr oder weniger gut zurechtfindet. Der theoretische Zugriff des Menschen auf die Realität verwendet daher mit der ihm *a priori* zugänglichen ursächlichen Differenz (jener reinen Komplementarität als *mittelverwendende Relation ohne Relata*) ein in sich trennscharf definierbares Mittel, durch dessen Verwendung er sich von empirischen Potenzen und der Erfahrung selbst grundsätzlich und kontradiktorisch scharf unterscheidet. Denn entweder ein Mittel wird verwendet, oder es wird nicht verwendet, *et tertium non datur.* Die Erkenntnis der Realität unterscheidet sich von deren Erfahrung also nicht bloß *gradualiter,* sondern trennscharf.

Für die Bestimmung des Verhältnisses von Theorie und Realität ist damit zweierlei erreicht. Theorie ist (1) auf Differenzieren festgelegt, und dieses Differenzieren ist (2) eben kein bloß subjektives Tun, sondern bildet grundsätzlich das Wesen der Realität ab, die ihrerseits auf ursächlicher Differenz beruht, und kann daher auch einen grundsätzlichen Anspruch auf Wahrheit erheben. Zugleich hat Theorie die ›Freiheit‹, sich über sich selbst im Irrtum zu befinden, indem sie von der ursächlichen und für die Realität konstitutiven Differenziertheit absieht und dem eigenen Differenzieren ein indifferentes Substrat als Voraussetzung unterlegt.

Die sich selbst wesentlich als differenzierend verstehende Theorie hat als differenzierende durch das je in Mittel und Verwendung differenzierte Wesen der Realität einen begründeten Zugriff auf die Wirklichkeit, wenn sie sich nicht selbst durch indifferenzierende Sophistik aus dieser Wahrheit herauskatapultiert.

Anmerkungen:

1) Aristoteles etwa unterteilt die Rationalität in zwei Teile: ›ein Teil, mit dem wir jene Formen des Seienden betrachten, deren Seinsgrund Veränderung nicht zuläßt, und ein Teil, mit dem wir veränderliches Sein betrachten.‹ Beide Teile des rationalen Vermögens sind ›wesenhaft auf die eine oder andere Seinsform hingeordnet‹ (NE 1139a 7/8; 100/11).
2) Kant, KrV B 129-131.
3) Vgl. Parmenides, Über das Sein, fr. B 2 (Die Fragmente der Vorsokratiker, Diels/Kranz).
4) Möglichkeit oder Notwendigkeit der Annahme einer ›Letztbegründung‹ sind heftig umstritten (vgl. etwa W. Kuhlmann, Philosophie und rekonstruktive Wissenschaft, Bemerkungen zu Jürgen Habermas' Theorie des kommunikativen Handelns, in: *ZphF* 1986, S. 224-234; Philosophie und Begründung, ed. Forum f. Phil. Bad Homburg. Frankfurt/M. 1987). Die Kontrahenten reflektieren freilich nicht die vorauszusetzende Struktur eines Substrats, das eine Ausdifferenzierung einer gegen bloß relative Begründungen trennscharf abzusetzenden ›Letztbegründung‹ erlaubte.
5) Diese Ableitung hat der Verfasser an anderer Stelle unternommen. Im II. Teil eines Systems der Differenz mit dem Titel ›Das Wissen vom Tun. Der Grund der Differenz auf differenziertem Substrat‹ stellt sich das ›Wesen der Differenz‹ als solche Ableitung dar. Die beiden übrigen Teile des genannten Werks zeigen zuerst das ›Scheitern der Differenz‹, also die hier ganz oberflächlich skizzierten philosophiegeschichtlichen Auswirkungen der Annahme einer graduell-indifferenten Substratstruktur. Der III. Teil des *Wissen vom Tun* breitet die ›Verwendung der Differenz‹ aus und zeigt die trennscharfe Differenziertheit des Menschen und welche normativen Handlungsstrukturen sich aus dieser Stellung ergeben. Das Werk liegt jetzt als Habilitationsschrift vor und wird voraussichtlich erst im nächsten Jahr erscheinen. Dieses Differenzsystem hat bereits eine Erprobung in der Praxis hinter sich: Siehe Th. Gerstmeyer, Die nicht-pragmatische Legitimation des Dopingverbots. Notwendigkeit und Voraussetzungen einer distinkten Fassung des Sports als Begriff, in: *Sportwissenschaft* 1990/3, S. 245-262.

Verstehen und Begreifen
Über das Verhältnis von Theorie und Realität in den Sozialwissenschaften

Wodurch werden unserer *Begriffe und Urteile*, insbesondere aber unserer *wissenschaftlichen* Begriffe und Urteile, *objektiv gültig*? Man kann dieses Problem ganz allgemein für *jederlei* Erfahrungserkenntnis stellen, wie Kant dies in der 'Kritik der reinen Vernunft' getan hat (um damit zugleich die Frage nach der Möglichkeit der Metaphysik zu beantworten). Man kann und muß dieses Problem aber auch für *spezielle* Erfahrungsbereiche und Wissenschaften stellen. Den Schlüssel zur Lösung solcher Probleme sah Kant in der Beziehung rein theoretischer *Begriffe*, der Kategorien, auf *anschauliche* Strukturen, genauer: auf zeitliche Strukturen, soweit es um die generelle Ebene geht. Die speziellere Frage hat Kant so gut wie ausschließlich für den Bereich der physischen Natur (in den 'Metaphysischen Anfangsgründen der Naturwissenschaft') behandelt. Hier stehen neben den zeitlichen auch die, mathematischer Konstruktion fähigen, räumlichen Strukturen zur Verfügung. Eine vergleichbare Bemühung für den Bereich der Geistes- und Sozialwissenschaften dagegen fehlt nicht nur bei Kant, sie ist bis heute ausgeblieben.

Ich will hier nicht die Gründe für diesen merkwürdigen Sachverhalt auseinandersetzen (der wohl auch DILTHEY zu dem schiefen Gedanken einer 'Kritik der *historischen* Vernunft' verleitet hat), sondern statt dessen MAX WEBERS Versuch einer 'Kategorienlehre der verstehenden Soziologie' darauf untersuchen, inwieweit er Ansatzpunkte für die *Überwindung* dieses Mangels bietet, und darüber hinaus diejenigen gedanklichen Schritte andeuten, die man noch zusätzlich tun müßte, um den Geisteswissenschaften eine erkenntnistheoretische Grundlegung zu verschaffen. Meinem Zweck gemäß werde ich dabei mehr auf dasjenige achten, was die Kulturwissenschaften allgemein, als auf dasjenige, was speziell die Soziologie betrifft.

Daß auch die Geisteswissenschaften eine solche erkenntnistheoretische Grundlegung benötigen, kann man sich leicht anhand der Probleme klarmachen, die hinter wissenschaftlich *umstrittenen* Begriffen stecken. Man denke nur an Begriffe wie den des Volksgeistes, der Gedankenübertragung, des Todestriebs, der Gesellschaftsformation, des Klasseninteresses usw.

1. Webers Kategorienlehre der verstehenden Soziologie

Beginnen wir mit der Aufzählung einiger Grundbegriffe, die WEBER im I. Kapitel von »Wirtschaft und Gesellschaft«[1] und vorher schon in dem Aufsatz »Über einige Kategorien der verstehenden Soziologie«[2] exponiert hat: *Handeln, Handlungsträger (handelnde Person), Handlungsmotiv, Handlungsorientierung, soziales Handeln, soziale Beziehung, Macht, Herrschaft, legitime Ordnung, Kampf, Vergemeinschaftung, Vergesellschaftung, Verband, Betrieb, Anstalt.* – Ich zitiere einige Beispiele von Webers Definitionen solcher Grundbegriffe:

»'Handeln' soll ... ein menschliches Verhalten ... heißen, wenn und insofern als der oder die Handelnden mit ihm einen subjektiven *Sinn* verbinden. 'Soziales' Handeln aber soll ein solches Handeln heißen, welches seinem von dem oder den Handelnden gemeinten Sinn nach auf das Verhalten *anderer* bezogen wird und daran in seinem Ablauf orientiert ist.« (WuG 1).[3]

»'Motiv' heißt ein Sinnzusammenhang, welcher dem Handelnden selbst oder dem Beobachtenden als sinnhafter 'Grund' eines Verhaltens erscheint.« (WuG 5).

Ein *Handelnder* ist dabei der »verständliche Träger von sinnhaft orientiertem Handeln« (WuG 6).

»Soziale 'Beziehung' soll ein seinem Sinngehalt nach aufeinander gegenseitig *eingestelltes* und dadurch orientiertes Sichverhalten mehrerer heißen.« (WuG 13).

»*Verband* soll eine nach außen regulierend beschränkte oder geschlossene soziale Beziehung dann heißen, wenn die Inhaltung ihrer Ordnung garantiert wird durch das eigens auf deren Durchführung eingestellte Verhalten bestimmter Menschen: eines *Leiters* und, eventuell, eines *Verwaltungsstabes*, der gegebenenfalls normalerweise zugleich Vertretungsgewalt hat.« (WuG 26).

---

[1] Wirtschaft und Gesellschaft. Grundriß der verstehenden Soziologie, 5., revid. Aufl., bes. v. G. Winckelmann, Tübingen 1972 (im folgenden: WuG).
[2] Zuerst in: Logos IV 1913, S. 253 ff., wiederabgedruckt in »Gesammelte Aufsätze zur Wissenschaftslehre«, 7. Aufl. 1988, S. 427 ff. (im folgenden: WL).
[3] Im 'Kategorien'-Aufsatz definiert Weber: Handeln ist »ein verständliches, und das heißt ein durch irgendeinen ... subjektiv 'gehabten' oder 'gemeinten' Sinn spezifiziertes Sichverhalten zu 'Objekten'« (WL 429).

Neben solchen definitorischen Aussagen oder Festsetzungen finden wir auch grundsätzliche *inhaltliche*, synthetische Aussagen. Als Beispiel mag hier eine besonders pointierte genügen :

»Handeln im Sinn sinnhaft verständlicher Orientierung des eigenen Verhaltens gibt es für uns stets nur als Verhalten von einer oder mehreren *e i n z e l n e n* Personen.« (WuG 6).[4]

Nach diesem Grundsatz kann etwa ein Begriff wie der des Volksgeistes als Handlungssubjekts ebenso wenig 'objektive Realität' haben wie der einer Klasse.

Es ist nun offensichtlich, daß in diesen Grundbegriffen und Definitionen eine ganze Reihe *fundamentalerer* Kategorien implizit und explizit enthalten sind: Handeln und, allgemeiner, Verhalten ist eine spezielle Art von *Geschehen* (von Zustandsveränderung), das eine *Wirkung* ausübt; Motiv ist eine spezielle Art von *Ursache* oder zumindest von Ursachenmoment. Die Person oder der Handlungsträger steht zu seinen Handlungen im Verhältnis von *Subsistenz und Inhärenz*; soziale Beziehungen implizieren gewisse *Wechselwirkungen* von Personen untereinander. - Schließlich ist es nicht schwer, hinter dem Grundsatz von der Einzelperson als Handlungsträger eine spezielle und merkwürdige Abwandlung des Substanzgrundsatzes (der 'Ersten Analogie der Erfahrung' im Sinne Kants) zu sehen.

Diese *generellen* Momente fordern die Frage heraus, was denn die *differentia specifica* kulturwissenschaftlicher und soziologischer Grundbegriffe sei. - Der zentrale Begriff dieser differentia specifica ist offenbar der des *Sinnes*. Sinn wird näher bestimmt als der »von dem oder den ... Handelnden subjektiv *g e m e i n t e* Sinn. Nicht etwa irgendein objektiv 'richtiger' oder ein metaphysisch ergründeter 'wahrer' Sinn.« (WuG 1). In Korrelation zum Begriff des Sinnes steht der Begriff des *Verstehens*, welcher der verstehenden Soziologie ihren Namen gibt und denjenigen Akt auf Seiten der Forschersubjekte bezeichnet, welcher Sinn zum unmittelbaren Gegenstand hat.

»'Verstehen' heißt ...: deutende Erfassung ... des ... Sinnes oder Sinnzusammenhangs.« (WuG 4).

Nun ist nicht ganz leicht anzugeben, welches denn der bei einer Handlung 'subjektiv gemeinte Sinn' sei. - Die Klärung dieser Frage, ein wenig über die Weberschen Auskünfte hinaus, soll die noch verbleibende Hauptaufgabe des ersten Teiles unserer Überlegungen sein. Machen wir uns dabei die Korrelation zwischen Sinn und Verstehen zunutze, wobei wir nach Weber 'aktuelles Verstehen' *einerseits* und 'erklärendes Verstehen' *andererseits* zu unterscheiden haben; zunächst also:

»... das *a k t u e l l e* Verstehen des gemeinten Sinnes einer Handlung (einschließlich: einer Äußerung). Wir 'verstehen' z. B. aktuell den Sinn des Satzes 2 x 2 =4, den wir hören oder lesen (rationales aktuelles Verstehen von Gedanken) oder einen Zornesausbruch, der sich in Gesichtsausdruck, Interjektion, irrationalen Bewegungen manifestiert (irrationales aktuelles Verstehen von Affekten) oder das Verhalten eines Holzhackers oder jemandes, der nach der Klinke greift, um die Tür zu schließen, oder auf ein Tier mit dem Gewehr anlegt (rationales aktuelles Verstehen von Handlungen).« (WuG 3 f.).

Bei diesen Beispielen des aktuellen Verstehens von Handlungen fällt die extreme Weite des benutzten der Handlungbegriffs auf (so daß auch eine sprachliche Äußerung oder ein Zornesausbruch darunter fallen); und es fällt auf, daß der in diesem aktuellen Verstehens erfaßte Sinn in äußerst verschiedenen Relationen zu den jeweiligen 'Handlungen' steht. - Wer die Unterscheidungen der neueren *Sprechakttheorie* bei der Lektüre im Kopf hat, wird etwa bemerken, daß Weber beim aktuellen Verstehen von Gedanken nicht an den Sinn der Äußerungs*handlung* als solcher denkt, sondern allein an ihren *ge*äußerten Gehalt (den propositionalen Gehalt), an eine Art von Sinngehalt mithin, von der nun aber beim Verstehen des Holzhackens oder des Türschließens *n i c h t* die Rede sein kann.

Dennoch können wir uns leicht klarmachen, daß wir es beim Verstehen des Satzsinnes gewissermaßen mit *Sinn* und *Verstehen par excellence* zu tun haben, und dies gerade, wenn wir in unsere Überlegungen einige elementare Feststellungen der Sprechakt-Theorie mit einbeziehen. - Wenn Verstehen, wie Weber feststellt, das Erfassen eines Sinnes ist, dann können wir sagen: Der subjektive Sinn ist im Falle des Satzverstehens durch das erforsche Subjekt *selbst* schon 'objektiviert'. - Vorausgesetzt, der Sozialwissenschaftler beherrscht die betreffende Sprache, so besteht seine Deutungs-Aufgabe nicht darin, einen Sinn von sich aus *'h i n z u* zudenken', sondern eben genau diesen, ihm durch die Objektiva-

---

[4] Das 'für uns' heißt hier: für den verstehenden Soziologen, der sich durch einen solchen Satz (nach Weber aus Gründen wissenschaftlicher Zweckmäßigkeit) *einerseits* etwa vom Physiologen (der das Individuum noch in Zellen u. ä. aufspalten mag) und *andererseits* vom Juristen abgrenzt (welcher juristische Personen wie den Staat, eine Genossenschaft etc. als Handlungsträger ansehen mag) - vgl. WuG 6 f.

tion *vor* gegebenen Sinn zu denken. Das methodologische Symptom dafür ist, daß der Forscher (jedenfalls im günstigen Fall), um den subjektiven Sinn *a n z u g e b e n* ('in concreto darzustellen', um mit Kant zu reden), jenen Ausdruck lediglich zu *r e* produzieren hat.

Unser nächster Schritt, der die hervorragenden Rolle des Satzverstehens auch für das Verstehen von Handlungen schon erahnen läßt, besteht in dem Hinweis darauf, daß der *Handlungs* sinn der Äußerung eines solchen Satzes (ob er als Mitteilung, Drohung, Warnung usw. zu verstehen ist) zwar zumeist nicht artikuliert und objektiviert wird, gleichwohl aber artikuliert und objektiviert werden *kann*, wenn nämlich etwa jemand sagt: *'Ich stelle die These auf,* daß 2 x 2 = 4' oder, statt nur zu äußern »Dort ist ein Hund« (was als Warnung oder aber Verkaufs-Angebot eines Hundezüchters zu verstehen sein könnte), ausdrücklich sagt: »*Ich warne dich*: dort ist ein Hund.«

Nennen wir das reflexive (aber nicht notwendig reflektierende) Begreifen dessen, was wir selbst tun, Selbst-*B e w u ß t s e i n*, dann können wir sagen: Der Sprecher drückt mit dem Handlungssinn zusätzlich zu einem gewissen propositionalen Gehalt sein Handlungs *b e w u ß t s e i n* aus.[5] - Wenn er dies nun, wie gewöhnlich, *n i c h t* tut, dann müssen wir, um die Äußerung des *bloßen* elementaren Satzes *als Ausdrucks h a n d l u n g* zu verstehen, durchaus noch etwas zu dem durch die Objektivation *vor*-gegebenen Sinn deutend '*h i n z u* denken'; und um den Handlungssinn anzugeben, können wir uns nicht auf die bloße *Re* produktion der Äußerung beschränken, sondern müssen von uns aus einen zusätzlichen Begriff, den Begriff der Warnung, des Verkaufsangebotes o. ä. in die Darstellung einführen. Bei der performativen Äußerung »Ich warne dich: dort ist ein Hund.« dagegen können wir uns sozusagen eine solche Mühe sparen.

Um den Handlungssinn einer Äußerung zu bestimmen, können wir also entweder auf die performative Äußerung des Sprechers zurückgreifen (und dessen verbale Ich-Äußerung in die Dritte Person umwandeln bzw. nominalisieren) oder wir müssen selbst einen deutenden Handlungsbegriff finden oder erzeugen, von dem wir nun sagen können, er müsse so gewählt sein, daß er der performativen Äußerung, die der Sprecher selbst hätte tun können, ohne den Sinn seine Sprechaktes zu verfälschen, entspricht.

Damit ist schon methodologisch angegeben, worin die Differenz zwischen dem 'originärem' Bewußtsein des (sprachlich) Handelnden und dem 'bloß' verstehenden 'Denken' des Forschers besteht, das wir als 'Erfassen des Sinnes' bezeichneten: Das erstere artikuliert sich in der Ich-Form und denkt sich selbst den gegenstandsbezogenen Sinngehalt als gültig zu, das letztere begreift den gegenstandsbezogenen propositionalen Gehalt als Sinngehalt des Bewußtseins eines anderen, welches in der Form der Dritten Person begriffenen wird.[6]

Tun wir nun einen weiteren Schritt, bei dem die herausragenden Stellung des Satzverstehens für das Verstehen von Handlungen *ü b e r h a u p t* erweisen wird. Was eigentlich kann der subjektive Sinn einer Handlung sein, die *gar keine Sprech* handlung ist? Falls ein Handelnder mit seinem Ver-

---

[5] Wir sprechen hier überall nur von der Fremderfahrung. Wollten wir die (eventuell für die Psychologie relevante und z. B. in Kants Überlegungen zur Problematik der 'denkenden Natur' allein thematisierte) Selbsterfahrung mit einbeziehen, so müßten wir wohl (ganz im Kantischen Sinne) sagen, das denkende Subjekt könne sich selbst niemals anders denn als 'Erscheinung' gegeben sein, u. zw. *einerseits*, weil ihm seine eigenen Akte nur aufgrund einer apprehensiven und reproduktiven Synthesis (in der Retention) gegeben sein können (Bewußtsein also *ursprünglich* nichts Empirisches, Erfahrbares, sondern der *Vollzug* von Erfahrung sei (vgl. z. B. Kant, KdrV B 152ff.; AA III 120 ff. und den 'Kiesewetter-Aufsatz', XVIII 318 ff.), *andererseits*, weil wir die Bestimmtheit seines Bewußtseins (die Art des Aktvollzugs und seine Verknüpfung mit Handlungsentwürfen) nur durch die Retention *symbolischer* Produktion ('innerer Objektivation') gegeben sein kann (zum Begriff der inneren Objektivation vgl. H. OBERER, Vom Problem des objektivierten Geistes. Ein Beitrag zum Problem der konkreten Subjektivität im Ausgang von Nicolai Hartmann, Köln 1965) .

[6] Das erfahrende (insbes. wissenschaftlich-erfahrende) Verstehen hat aufgrund dieser strikten Trennung von Gültigkeitsbewußtsein des verstehenden und Gültigkeitsbewußtsein des verstandenen Subjekts natürlich einen ganz anderen Charakter als das alltägliche, kommunikative Verstehen mitsamt seinen 'einseitigen' Abwandlungen, dem theoretisch-studierenden oder dem ästhetisch-rezipierenden Verstehen. Besondere Komplikationen ergeben sich in dieser Hinsicht für die Verstehensaufgabe der 'hermeneutischen' Werk-Wissenschaften, insofern diese als empirische Wissenschaften zunächst eine empirische, wenn auch nur auf den gattungsspezifischen Geltungsanspruch des Werkes bezogene, Verstehenshaltung einzunehmen haben, damit aber doch auch eine gattungsspezifische (ästhetische, theoretische usw.) *Kritik* fundieren wollen (welche außerhalb des empirischen Rahmens der *empirisch*-verstehenden Wissenschaft anzusiedeln ist, so sehr dazu gerade der betreffende *Wissenschaftler* aufgrund seiner Kenntnisse kompetent sein mag, falls er darüber hinaus auch über ein durch die jeweiligen *Geltungsprinzipien* bestimmte Urteil verfügt).

halten einen subjektiven Sinn verbindet, so sind wir offenbar in einer ganz ähnlichen Lage wie beim performativen Sinn einer sprachlichen Äußerung. Mag der subjektive Sinn einer Handlung nur in den seltensten Fällen vom Handelnden artikuliert und geäußert werden, so ist es doch nicht unmöglich, daß etwa jemand, der sich zum Holzhacken anschickt, sagt: 'ich werde (will) jetzt holzhacken' und jemand, der die Tür schließt, sagt, 'ich schließe jetzt die Tür'.

Setzen wir wiederum einen günstigen Fall voraus (daß wir z. B. keine Zweifel an der Ehrlichkeit der Äußerung haben müssen), so hätte ein wissenschaftlicher Beobachter, um den *Handlungssinn* des Verhaltens anzugeben, wiederum nichts anderes zu tun, als den handlungseinleitenden oder handlungsbegleitenden Performationsausdruck des Handelnden zu reproduzieren. - Wir können dann sagen: Wir dokumentieren unser Verständnis einer Handlung, auch wenn sie nicht von einem Performationsausdruck eingeleitet oder begleitet wird, indem wir bei der Darstellung genau *die* Begriffe, evtl. in einer nominalisierten Form, benutzen, welche der Handelnde selbst in einer performativen Äußerung (in der verbalen Ich-Form) hätte benutzen können, ohne den Sinn seiner Handlung zu verfälschen.

Weniger leicht als die Explikation des Sinnes von sprachlichen Ausdrücken und von Handlungen erscheint diejenige des 'irrationalen aktuellen Verstehens von *Affekten*'. - Droht nicht der *Sinn*-Begriff hier in indefinitum ausgeweitet zu werden und ebenso der Terminus *'Verstehen'* ein Bedeutung zu bekommen, die wenig mit der speziellen Aufgabe der Kulturwissenschaften zu tun hat (wie wenn wir vom 'Verstehen' des Blutkreislaufs, einer Maschine oder dgl. reden)? Man muß nun zugestehen, daß Webers Überlegungen zu dieser Problematik immer ein wenig vage sind; aber gleichwohl besteht er darauf, daß zwischen der kulturwissenschaftlichen Verstehensaufgabe und etwa der *naturwissenschaftlich*-psychologischen Erkenntnisaufgabe ein abgrundtiefer Unterschied herrscht. Und dieser Unterschied wird von ihm durch die Möglichkeit des Nachvollzugs von Sinn gekennzeichnet (vgl. WuG 7 u. 9; WL 432ff.). - Was aber kann es heißen, daß wir Affekte als *Sinn*vorkommnisse nachvollziehen, es sich bei diesem Nachvollzug andererseits, wie Weber mehrfach betont, nicht darum handeln kann, als Forscher durch diese Affekte selbst betroffen zu werden (vgl. etwa WL 100)?

Gebrauchen wir zur Beantwortung dieser Frage wiederum das schon eingeübte Verfahren, erwägen wir also auch hier die Möglichkeiten der Selbstexplikation der Handlungssubjekte. Gehen wir vom Verstehen eines in Mimik und Gestik sich ausdrückenden Zornesausbruchs aus, so nehmen wir ja als Beobachter ohne weiteres an, der Zorn beziehe sich auf irgendeinen Sachverhalt, dessen der Zornige *gewahr* wurde. Zorn ist immer Zorn über etwas, enthält also schon Intentionalität (im phänomenologischen Sinne). Seinem emotionalen Bezug aber zu diesem Sachverhalt kann die Person in verschiedener Form sprachlichen Ausdruck verleihen (grundsätzlich jedenfalls, mag es ihm auch im Augenblick 'die Sprache verschlagen' haben): - Dabei sind verschiedene Fälle denkbar, etwa:

- der sprachliche Ausdruck eines gegenstandsbezogenen Sinnes, der in sich schon eine emotionale Wertung darstellt: »*[Das ist eine] Unverschämtheit!*«
- der sprachliche Ausdruck der Emotion selbst: »*Ich bin empört!*«
- der sprachliche Ausdruck der Wertung bzw. Emotion mitsamt dem gemeinten Bezugssachverhalt: »*Ich bin empört, daß Müller so unverschämt war, mich einen Schuft zu nennen!*«

In all diesen Ausdrücken kommt ein mehr oder weniger deutliches emotionales Selbstverständnis oder Selbstbewußtsein der beobachteten Person zum Ausdruck; und wir könnten nun sagen: Wir verstehen einen nicht-sprachlichen Emotions- oder Affekt-Ausdruck, wenn wir genau *die* uns verständlichen sprachlichen Ausdrücke angeben können, welche die beobachtete Person selbst zur Mitteilung ihrer Affekte und der ihnen zugrundeliegenden (kognitiven und wertenden) Sachverhalteinschätzungen gebrauchen könnte.

Wir setzen bei dieser Auskunft voraus, daß die beobachtete Person in der Tat ein emotionales Selbst*bewußtsein* habe, d. h. also grundsätzlich in der Lage sei, ihre Gefühle auf Begriffe zu bringen, auch wenn sie an der Verdeutlichung und Artikulation dieses Selbstbewußtseins augenblicklich noch durch die Stärke des Affektes gehindert sein mag. Wir müssen dann sagen: Mag es mancherlei psychisches Geschehen geben, das wir nur (von gewissen Symptomen her) e r s c h l i e ß e n können, so wie wir verborgene physiologische Tatbstände erschließen (nämlich aufgrund eines empirisch gesicherten Ursache-Wirkungs-Zusammenhangs), *sinnhaft verstehbar* und damit Thema der Kultur-

oder Geisteswissenschaften sind erst solche Äußerungs-Phänomene an Personen, in denen eine Art von *Selbstbewußtsein* der Personen zum Ausdruck kommt; und das heißt hier eine der beobachteten Person selbst (und nicht nur dem Beobachter) bewußte Emotion, ein ihr bewußter Affekt.

An dieser Stelle wäre übrigens auch die Diltheysche Entgegensetzung von 'Verstehen' und 'Erklären' zu diskutieren (welche unglücklicherweise nahelegt, daß beide Leistungen einander ausschlössen). Für Weber jedenfalls gibt es kein wissenschaftlich kontrollierbares *aktuelles* Verstehen ohne das zugehörige *erklärende* Verstehen. Weber nennt es auch 'motivationsmäßiges' Verstehen:

>»Wir 'verstehen' *motivationsmäßig*, welchen Sinn derjenige, der den Satz 2 x 2 = 4 ausspricht, oder niedergeschrieben hat, damit verband, daß er dies gerade jetzt und in diesem Zusammenhang *tat*, wenn wir ihn mit einer kaufmännischen Kalkulation befaßt sehen, in deren Zusammenhang nach ihrem uns verständlichen *Sinn* dieser Satz 'hineingehört', das heißt: einen uns verständlichen Sinn*zusammenhang* gewinnt (rationales Motivationsverstehen). ... 'Erklären' bedeutet also für eine mit dem Sinn des Handelns befaßte Wissenschaft soviel wie: Erfassung des Sinn*zusammenhangs*, in den, seinem subjektiv gemeinten Sinn nach, ein aktuell verständliches Handeln hineingehört.« (WuG 4)

Dieses 'Erklären' hat nach Weber eine durchaus kausale Bedeutung, welche, ganz im Sinne der Kantischen Erfahrungstheorie, die subjektive 'Evidenz' einer Deutung am Gesamtverhalten des 'Objekts' (des Handelnden) zu kontrollieren gestattet (vgl. WuG 2 u. 4). Der motivierende subjektive Sinn konkretisiert den Kausalzusammenhang zu einem *bestimmten* Kausalzusammenhang. Zu ihm gehören *einerseits* gewisse *Zwecksetzungen* (etwa eine Preiskalkulation fertigzustellen bzw. der Lohnerwerb im Falle des Holzhackens), eventuell aber auch gewisse Wertungen und Affekte, *andererseits* gewisse *kognitive Überzeugungen*, Meinungen und Erwartungen über das Verhalten der handlungsrelevanten Objekte und mithin über den Bedingungszusammenhang zwischen den einzusetzenden Mitteln und den ins Auge gefaßten Zwecken.

Wir wenden wieder unsere schon eingeübte Methode der Sinndarstellung an: Da ein Handelnder solche motivierenden Sinnzusammenhänge zwar in den allermeisten Fällen nicht selbst artikuliert und äußert, dazu jedoch in günstigen Fällen in der Lage ist, können wir sagen: Wir dokumentieren unser Verständnis solcher motivierenden Sinnzusammenhänge, wenn wir sie durch genau die Sätze (bzw. deren Übersetzungen) darstellen, welche der Handelnde zur objektivierenden Äußerung seiner theoretischen und praktischen Überzeugungen, Zielsetzungen, Erwartungen usw. hätte benutzen können, ohne diesen Motivationshorizont zu verfälschen.

Dabei käme es natürlich nicht nur auf die jeweiligen propositionalen Gehalte, sondern auch auf die Darstellung der zugehörigen habituellen Einstellungen (den habituellen Korrelaten der performativen Äußerungen) an. Dabei wären im übrigen neben den unmittelbar handlungsbedingenden Sinnzusammenhängen auch diejenigen zu berücksichtigen, welche diesen als allgemeinere Einstellungen (Maximen, Wissen um kausale Regelmäßigkeiten usw.) noch zugrundeliegen.

2. Erkenntnistheoretische Erörterung: der *Begriff des Sinnes und der Sinn in concreto*

Im zweiten Teil unserer Überlegungen sollen diese Analysen erkenntnistheoretisch ausgewertet werden, um das Problem der Objektivität kulturwissenschaftlicher Begriffe einer Lösung näher zu bringen. - Wir haben eine Reihe von kultur- und sozialwissenschaftlichen Grundbegriffen kennengelernt und darunter denjenigen Begriff, welcher die kulturwissenschaftlichen Grundbegriffe gegenüber allgemeineren Grundbegriffen und Kategorien spezifiziert: den Begriff des Sinnes. Von *Begriffen* also war beide Male die Rede, u. zw. von Begriffen des Kulturwissenschaftlers.

Begriffe nun sind nicht dasselbe wie dasjenige, was wir durch sie begreifen. So steht den naturwissenschaftlichen Begriffen etwas gegenüber, was weder Begriff noch Begreifen ist, sondern etwas ganz anderes: raumzeitlich strukturierte Gegenstände, Prozesse usw. Auf diese können sich unsere Begriffe (wenn wir der Kantischen Erfahrungstheorie glauben wollen) nur wahrhaft beziehen, insofern sie (a) in raumzeitlichen Strukturen, *vor* allem Begreifen, rezeptiv gegeben sein können und soweit wir (b) über Regeln der Zuordnung von raumzeitlichen Strukturen und Begriffen (d. i. über Schemata) verfügen.

Es macht nun eine der besonderen Schwierigkeiten in der Grundlegung der Kulturwissenschaften aus, daß die Unterscheidungen hier nicht ganz so leicht fallen: Begriffe und Begreifen nämlich finden wir nicht nur auf seiten des Kulturwissenschaftlers, sondern auch auf seiten seines Objektes, auf seiten der zu erforschenden, handelnden Personen. Das hat sich in unseren vorangehenden Analysen ja auch schon gezeigt.

Der Begriff der Handlung, der Begriff der handelnden Person, der Begriff der Motivation, des sozialen Handelns, des sozialen Verbandes usw. - all dies sind Begriffe des Kulturwissenschaftlers, Funktionen seiner wissenschaftlichen *Aktivität* oder *Spontaneität*, Instrumente seines Begreifens. - Nicht *viel* anders steht es (zunächst) mit demjenigen Begriff, wodurch all diese anderen Begriffe zu speziell kulturwissenschaftlichen Begriffen werden: mit dem Begriff des *Sinnes*, ja sogar mit dessen begrifflichen Differenzierungen (dem Begriff des Handlungssinnes, des Satzsinnes, des Sinnzusammenhanges usw.).

Aber, das ist nun das Entscheidende, der Begriff des Sinnes und seiner verschiedenen Arten ist prinzipiell etwas anderes als der *jeweilige Sinn* selbst: Datjenige, was der Begriff des Sinnes jeweils begreifen soll, der jeweilige Sinn selbst, Sinn in concreto, ist *ursprünglich* gerade nicht Produkt des kulturwissenschaftlichen Forschers, Funktion seiner *Spontaneität*, sondern etwas *seiner* Spontaneität *Vor*gegebenes, und dies, obwohl es selbst ebenfalls *begriffliche* Struktur hat. Sinn in concreto ist etwas, was der Kulturwissenschaftler *ursprünglich* nicht zum Zwecke seines Begreifens zu *erzeugen* hat, sondern etwas, das er in einem bestimmten Sinne zu rezipieren hat, wenn auch dieses Rezipieren ein gewisses *Nach*erzeugen von ihm verlangt.[7]

Dies zeigte sich für uns besonders deutlich bei der Analyse des Verstehens sprachlicher Ausdrücke, weil dort durch das wahrnehmungsmäßig *gegebene* Phänomen der Ausdrücke nicht bloß das Verstehen als ein Deutungsprozeß *ausgelöst* wird, sondern (mehr oder weniger, je nach Eindeutigkeit des Ausdrucks) in seiner ganzen Gliederung und seinem Inhalt, *in seiner ganzen Konkretion determiniert* wird. So anstrengend immer das Zuhören und das Verstehen von Ausdrücken sein mag, wir verhalten uns bei diesem elementaren Verstehen, soweit die Gliederung und Eindeutigkeit des Ausdrucks reicht, doch *rezeptiv*.

Spontan 'denken' wir im elementaren Verstehen allenfalls den entsprechenden *Performationsbegriff* (daß er eine Behauptung, eine Warnung o. dgl. sei) 'hinzu'. Aber auch dieser Performationssinn, wie jeder Handlungssinn, kann als Selbstbewußtsein des Handelnden in den Ausdruck gehoben werden und so nicht nur an und für sich unserer wissenschaftlichen Spontaneität vorgegeben sein, sondern unserer Rezeptivität, unserem elementaren Verstehen, *dargeboten* werden.

Sinn also, genauer: *Sinn in concreto* ist das *Prinzip der Rezeptivität* in den *Kultur- oder Geisteswissenschaften*, und diese Rezeptivität ist nichts anderes als das *elementare*, paradigmatisch in der sinnlichen Gegebenheit von sprachlichen Ausdrücken fundierte[8], *Verstehen*.

Erkenntnis freilich ist *mehr* als Rezeption von Gegebenem, sie will, als empirische Erkenntnis, Gegebenes *begreifen*. Die erkenntnistheoretische Grundlegung eines besonderen Erfahrungsbereichs hat daher die Bedingungen der Verknüpfung von spezieller Rezeptivität und begrifflicher Spontaneität zu ermitteln; für die Geistes- oder Kulturwissenschaften heißt das also: zwischen *Verstehen* und *Begreifen*.

---

[7] Bei aller Differenz kulturwissenschaftlicher Rezeption gegenüber der Rezeptionsaufgabe der Naturerfahrung sollte man im übrigen bedenken: Auch in der bloß sinnlichen Wahrnehmung sind wir (wie Kant in der transzendentalen Deduktion gezeigt hat) wegen der Zeitlichkeit unserer Erfahrung, schon zu einer aktiven Aufnahme und Nacherzeugung des rezipierten Materials genötigt (der Synthesis der Apprehension und der Reproduktion in der Einbildungskraft), letztlich sogar, wenn Wahrnehmung wahrhaft Gegenstandswahrnehmung sein soll, zu einer elementaren (kategorialen) Rekognition im Begriff (eines Gegenstandes überhaupt): »Folglich steht alle Synthesis, wodurch selbst Wahrnehmung möglich wird, unter Kategorien ...« ('Kritik der reinen Vernunft' B 161; III 125, 12 f.), noch bevor der 'unbestimmte Gegenstand der empirischen Anschauung' durch besondere und empirische Begriffe bestimmt wird.

[8] Wenn wir hier die Fundierung in sprachlichen Ausdrücken nicht als einzige, sondern nur als die 'paradigmatische' Form der Fundierung bezeichnen, so berücksichtigen wir, daß es Formen der Artikulation und der Objektivation von Sinngehalten und Selbstbewußtsein gibt, deren Hauptzweck geradezu darin liegt, einen durch solche Sinngehalte entworfenen wahrnehmbaren 'Gegenstand' zu produzieren: Man denke etwa an die bildende Kunst, die Musik, den Tanz, aber auch jeden bewußten mimischen und gestischen Ausdruck.

Nun können wir die erkenntnistheoretische Aufgabe für eine Grundlegung der Kulturwissenschaften formulieren: Die allgemeine Frage lautete: wie erhalten wissenschaftliche Begriffe und insbesondere Grundbegriffe empirischer Wissenschaften objektive Gültigkeit? - und die Antwort: dadurch daß den wissenschaftlichen Begriffen nicht nur irgendwie ein rezeptiv Gegebenes gegenübersteht, sondern daß wir über präzise Zuordnungsregeln zwischen rezeptiv Gegebenem und wissenschaftlichen Begriffen verfügen. - *Speziell* den Grundbegriffen der Kulturwissenschaften ihre objektive Gültigkeit nachzuweisen, heißt: jene durch sie begriffenen formalen Sinnstrukturen aufzuweisen, welche uns im Verstehen von Sinn gegeben sein können und die wir im günstigen Falle von seiten einer Person, dank ihrer Äußerungen, verstehend rezipieren können, und so Zuordnungsregeln (Schemata) für die Verknüpfung von Begriffen und Gegebenheitsstrukturen zu exponieren.

Wo der günstige Fall des Gegebenseins nicht vorliegt, müssen uns die aufgewiesenen formalen Sinnstrukturen erlauben, die konkrete Sinnstruktur des 'Gegenstandes' zu rekonstruieren und in exemplarischen Fällen zu verifizieren (z. B. durch die experimentelle Sprechhandlung der Befragung).

Wir könnten nun die Weberschen Grundbegriffe, etwa die früher aufgezählten, einzeln durchgehen und in ihnen jeweils das Schema für die betreffenden Sinnstrukturen aufdecken,
- etwa für den Begriff der *Handlung*[9] die Sinnstruktur 'Ich tue x';
- für den der *sozialen Beziehung* die Sinnstruktur wechselseitig bezogenen Wissens und Erwartens ('Ich weiß um die Person y und sie evtl. um mich, erwarte von ihr, daß ..., und sie erwartet evtl. von mir, daß ...);
- für den hochkomplexen Begriff des *Verbandes* neben vielem anderen die Sinnstruktur einer *gemeinsamen Ordnung* (Satzung) mit Handlungsregeln, Repräsentationsregeln usw.

Gewisse fundamentale Schemata haben wir vorher ja schon dadurch umrissen, daß wir angaben, *welche* Art von Sinngehalt jeweils dem unmittelbaren Verstehen gegeben sein muß bzw. in der mittelbaren Deutung zu rekonstruieren ist, damit wir es mit einer Handlung, einer Handlungsmotivation (und damit einer speziellen Form von Kausalität), einem emotionalen Selbstbewußtsein usw. zu tun haben.

Bei alledem wäre es gewiß sehr lohnend, nach den wahrhaft fundamentalen Grundbegriffen der Kulturwissenschaften zu fragen: Es ist ja leicht zu sehen, daß die Weberschen Ausführungen nicht mehr darbieten können und wohl auch nicht mehr darbieten wollen als ein wissenschaftspragmatisch aufgebautes Gerüst von mehr oder weniger fundamentalen Begriffen.

Der eigentliche Wert solcher Schemata würde sich natürlich auch hier in den Regeln der *Verknüpfung* zwischen den jeweiligen Konkretionen zeigen: Daß wir schon im alltäglichen Verstehen nicht Beliebiges als Handlungsmotivation 'gelten' lassen, heißt nichts anderes, als daß wir ein bestimmtes Schema für die Verknüpfung zwischen einer konkreten Handlung (etwa dem Holzhacken) und ihrem Motivationszusammenhang (etwa nach dem Modell eines praktischen Schlusses) voraussetzen. Wir messen also eine gegebene Motivationshypothese an einer - wie auch immer - *vor* unserer *empirischen* Forschung schon konstruierbaren Motivationsstruktur. Hier läge die Aufgabe einer erkenntnistheoretischen Grundlegung der Kulturwissenschaften, nicht bloß Schemata für *Begriffe*, sondern auf solche Schemata bezogene *Grundsätze* zu exponieren.

3. Die Aufgabe einer Theorie des Sinnes in concreto und das Prinzip des noematischen Systems

Der Leser wird bemerkt haben, daß ich in meiner erkenntnistheoretischen Interpretation der Analyse Weberscher Gedanken den *Sinn in concreto* ganz so behandelt habe, als könne er eine ähnliche Funktion ausüben wie die *Zeit* in der allgemeinen Erfahrungstheorie Kants und der *Raum* in einer auf der letzteren aufbauenden Theorie der Naturwissenschaft. - Wenn wir jedoch so verfahren, müßten wir Sinn in concreto wahrhaft identifizieren und rekonstruieren können; dies jedoch setzt voraus, daß

---

[9] An diesem elementaren Beispiel wie auch an dem der Performationsausdrücke wird deutlich, daß gewisse Begriffe des Wissenschaftlers durchaus dem (freilich kritisch zu hinterfragenden) Selbstbewußtsein der Handelnden entnommen sein können. Weil solches Selbstbewußtsein ein begrifflicher Selbstbezug ist, kann der Wissenschaftler *ausdrückliches* Selbstbewußtsein einerseits schlicht *rezipieren* und andererseits durch kritische 'Aneignung' seines Gehalts dasjenige *begreifen*, was in diesem Bewußtsein erfaßt worden ist (einen Sinnzusammenhang erster Stufe)

das Universum möglichen Sinns eine ähnliche Bestimmtheit, die einer universellen und konstruierbaren Mannigfaltigkeit besäße, wie die Anschauungsformen des Raumes und der Zeit. - Wodurch erhält Sinn in concreto seine Bestimmtheit?

Die naheliegende Antwort ist, daß der konkrete Sinnhorizont seine Bestimmtheit, da er in seiner Genese von der Kommunikation mit anderen Handlungssubjekten abhängig ist, nur aus dem abstrakten System erhalten kann, das dieser Kommunikation zugrundeliegt, dem Sinnsystem einer Sprache (ihr 'noematisches System', wie wir das im Anschluß an Husserls Begriff des Noema nennen könnten). Eben dieses abstrakte System müßte auch dem Verstehen und der rekonstruierenden Darstellung des Forschers zugrundeliegen, zumal alle 'unmittelbare' Sinnrezeption sprachliche Rezeption ist.

Nun liegt allerdings ein Einwand nahe: Das, was in der Kantischen Erfahrungstheorie und in seiner Anwendung auf physische Gegenstände die objektive Gültigkeit von Begriffen möglich macht, sind *reine Formen* der *Anschauung*, die uns die mathematische Konstruktion der jeweiligen Grundbegriffe erlauben. Nun ist eines sicher: *Sinn* und Sinnsysteme (oder 'noematische Systeme') sind *nichts Anschauliches* und also keine *reinen Formen* der Anschauung.

Dennoch weist einiges darauf hin, daß die Konzeption von *Sinn* und noematischen Systemen als konstitutiven (dem Kantischen Denken noch fremden) Rezeptivitäts-Bedingungen der Geisteswissenschaften sich keineswegs *ganz weit* von Kants gedanklichen Ansätzen entfernen müßte. - Machen wir uns zunächst klar, daß auch für Kant *mathematische Konstruktion* und also dasjenige, was Wissenschaft von einem speziellen Erfahrungsbereich möglich machen soll[10], durchaus nicht auf die Strukturen von *Anschauungsformen* im eigentlichen Sinn beschränkt ist. Dies zeigt sich schon in Kants Theorie der Arithmetik. Zwar fungiert dort die Anschauungsform der Zeit als Bedingung für die *Erzeugung* der Zahlen; aber die erzeugten Zahlen selbst stehen untereinander keineswegs in zeitlichen Relationen. Die arithmetische Konstruktion arbeitet nicht mit Zeitstrukturen, sondern mit *symbolisch* identifizierbaren Elementen, welche ganz bestimmte, nicht-zeitliche Beziehungen untereinander haben. - Geht man noch einen Schritt weiter, zu Kants Theorie der *Algebra*, so sieht man leicht, daß dort nicht einmal jene noch an die Zeitstruktur angelehnte Reihenbildung für die symbolische Konstruktion vorausgesetzt werden muß. Gewiß also ist zur mathematischen und quasimathematischen Konstruktion irgendeine Anschauung vorausgesetzt, aber dies kann auch eine symbolische Anschauung sein. - Von hier aus ist es nur ein kleiner Schritt zu den symbolischen Operationen, die wir heute in der neueren *Logik* zur Darstellung und Rekonstruktion vor allem wissenschaftlicher *Sätze und Theorien* zu benutzen.

Daher spricht nichts schließlich dagegen, solche symbolischen Operationen auch bei der Rekonstruktion etwa des 'subjektiven Sinns' von *zweckrationalem Handeln* einzusetzen, das wir nach dem Schema von praktischen Schlüssen zu deuten Anlaß hätten. Die Frage wäre dann nur noch, wie weit wir uns bei der wissenschaftlichen Darstellung von der Alltagssprache entfernen müßten, um die Eindeutigkeit eines noematischen Systems zu erreichen und in welchem Verhältnis solche sozusagen 'idealen Konstruktionen' zur Realität des alltäglichen Handelns stünden.

Zum Problem möglicher Irrationaltät der Handlungssubjekte, das uns in dieser Hinsicht Sorgen machen könnte, sei abschließend noch eine kühne Vermutung geäußert (die den Vorzug hat, eine Forschungsaufgabe zu stellen): Bei genauer Analyse könnte es sich herausstellen, daß all das, was wir in den Kulturwissenschaften, von der Psychoanalyse bis zur Geschichtswissenschaft, unter dem Titel 'Irrationales' zu subsumieren gewohnt sind, sich in einem hochkomplizierten (und rein *formalen*) Sinne als rational erweist - freilich so, daß diese 'Rationalität' keineswegs *inhaltliche* Irrtümer, (für 'unser' Urteil) abwegige Zielvorstellungen, ja nicht einmal unbeabsichtigte formallogische Fehler ausschlösse. - Die Differenz zwischen (im gewönlichen Sinne) 'Irrationalem' und 'Rationalem' würde also noch in den Bereich des im weitesten Sinne Rationalen, d. i. mit Mitteln der 'Rationalität' *in concreto Darzustellenden* und zu Rekonstruierenden fallen; und eben dies würde heißen: in den Bereich der *sinnhaft verstehbaren* Wirklichkeit.[11]

---

[10] Vgl. die Vorrede zu den MAdN, IV 467 ff., insbes. 470,13-471,10
[11] Auch Webers Begriff des Rationalen und dessen Verhältnis zu dem des Verstehens (in Abgrenzung zu dem des Nacherlebens) wäre von unsere Überlegungen her zu präzisieren, wenn nicht zu korrigieren.

Sektion 16

Neue Realitäten? Denken der Geschlechterdifferenz

Saskia Wendel, Freiburg i. Br.

Die Kritik des Subjekts bei Jean-Francois Lyotard – Anknüpfungspunkt für einen Entwurf "weiblicher" Subjektivität?[1]

Ein wichtiger Teil der Theorie der Geschlechterdifferenz, die Thema dieser Sektion ist, ist die Kritik des neuzeitlichen Subjekt-Begriffs: Das angeblich neutrale Subjekt ist, so Adriana Cavarero, in Wirklichkeit "...ein männliches Subjekt, das sich selbst zum universalen macht..."[2] und dadurch die Frau als Andere, als Objekt dem männlich-menschlichen Subjekt entgegensetzt, ausgrenzt und unterordnet. In der Behauptung eines neutralen, mit sich selbst identischen Subjekts lösche die neuzeitliche Subjektphilosophie demnach die Differenz der Geschlechter aus, reduziere die Frau entweder auf den Status der Anderen oder zwinge sie dazu, sich in den Kategorien eines zum universalen Maßstab erhobenen männlichen Selbstverständnisses zu denken.[3] Deshalb müßten Frauen ein eigenes "weibliches" Selbstverständnis jenseits der traditionellen Subjektphilosophie formulieren, das der Erfahrung der irreduziblen Differenz zwischen den Geschlechtern gerecht werde. Kann solch ein Entwurf eines "weiblichen" Selbstverständnisses dabei auch an der postmodernen Philosophie anknüpfen, die ebenfalls den neuzeitlichen Subjekt-Begriff kritisiert? Oder erscheint eine Verbindung der Theorie der Geschlechterdifferenz mit der Postmoderne eher fragwürdig? Ich möchte diese Fragen am Beispiel der postmodernen Philosophie Jean-Francois Lyotards diskutieren.

1. Lyotards Kritik des Subjektbegriffs

Bereits in seinem Buch "Das postmoderne Wissen"[4] kritisiert Lyotard die neuzeitliche Subjektphilosophie als "Metaerzählung"[5], die von der "Metaregel" der Evidenz des "ego cogito" als erkenntnistheoretisches Prinzip und vom Prinzip der Autonomie des Willens und der daraus folgenden Emanzipation des Subjekts ausgehe. Für Lyotard sind solche Metaerzählungen obsolet geworden, weil sie in ihrer Annahme einer universalen Regel die Heterogenität und Inkommensurabilität der Sprachspiele nicht anerkennen.[6] In "Der Widerstreit"[7] entfaltet Lyotard seine Kritik am Subjektbegriff sprachphilosophisch. Das einzig Unbezweifelbare sei, so Lyotard, nicht das "ego cogito", sondern das Faktum des Satzes, da sich das "Ich zweifle" aus den Teilen "ich" und "zweifle" zusammensetze, die wiederum andere Sätze voraussetzten.[8] Schon der Satz "Es gibt keinen Satz" ist wieder ein Satz.[9] Die Notwendigkeit des Satzes aber läßt sich für Lyotard nicht in einem ersten Satz begründen, die Reihe der Sätze ist unendlich, nicht nur im Hinblick auf das Erste, sondern auch auf das Letzte: Es gibt weder einen ersten noch einen letzten Satz, weder Anfang noch Ende.[10] Für Lyotard ist demnach "...die Idee des Ichs und der mit ihm verbundenen Erfahrung ... zur Beschreibung der Wirklichkeit nicht notwendig."[11] Aus dem Satz "ego cogito" könne nicht der Satz "ego existo" gefolgert werden, weil von einem zum anderen Mal nicht gewährleistet sei, daß ich derselbe bin[12]: "Ein Subjekt ist

Saskia Wendel, Freiburg i. Br.

... nicht die Einheit >seiner< Erfahrung."[13] Das Ich übernimmt also lediglich eine Funktion innerhalb verschiedener Sätze und steht deshalb nicht über einem bestimmten Satz, sondern ist dessen Bestandteil.[14] Mit der Destruktion des autonomen Subjekts wird es für Lyotard unmöglich, weiterhin die Subjektphilosophie als Metaerzählung zu benutzen. Kann die Feministische Philosophie die Lyotard'sche Destruktion des neuzeitlichen Subjektbegriffs übernehmen?

2. Die Kritik des Subjekts bei Lyotard – eine überzeugende Alternative zum neuzeitlichen Subjektbegriff?

Trotz einiger Gemeinsamkeiten zwischen der Subjekt-Kritik Lyotards und der feministischen Philosophie – z. B. die Kritik an der Autonomie und der Identität des Subjekts – stellen sich hinsichtlich einer Übernahme der postmodernen Subjekt-Kritik mehrere Fragen:

Inwieweit berücksichtigt Lyotards These von der Heterogenität der Sprachspiele die Frage nach der Möglichkeit von Beziehung, "Kommunikation" zwischen den einzelnen "Sprachspielen"? Ist das Ich wirklich nur eine bloße Funktion innerhalb des Satzes, fragmentiert in heterogenen Diskursgenres? Ist es nicht gerade dadurch charakterisiert, daß es sich zugleich an mehreren Sprachspielen beteiligen kann?

Außerdem, wenn Lyotard vom Faktum des Satzes spricht, ignoriert er die Frage, wer den Satz spricht. Ist diese Frage damit beantwortet, daß das Ich nur Teil eines Sprachspiels ist? Oder ist das Ich nicht doch auch dessen Träger? Ebenso verhält es sich mit der von Lyotard postulierten "Verpflichtung"[15], die Pluralität des (Satz-) Ereignisses zuzulassen. An wen geht diese Verpflichtung? Lediglich an "Funktionen" innerhalb von Sätzen? Oder nicht doch an verantwortlich handelnde Individuen?

Übernimmt Lyotard darüber hinaus in seiner Kritik der Subjektphilosophie nicht zugleich deren retorsive Begründungsstruktur, wenn er weiterhin nach einem unbezweifelbar Notwendigen sucht? Descartes ging davon aus, daß im Akt des Zweifels/des Denkens nicht mehr am Akt des Zweifelns selbst gezweifelt werden könne. Analog dazu ist Lyotard der Meinung, daß in der Verneinung des Satzes wieder ein Satz gesetzt werde. Auch wenn Lyotard den Satz nicht als Prinzip verstehen will: Sein retorsives Begründungsmuster entspricht genau dem Identitäts- und Ursprungsdenken, das er doch eigentlich verlassen möchte.

Inwiefern berücksichtigt Lyotard schließlich die Frage nach dem Verhältnis von Vernunft und Sinnlichkeit? Bleibt nicht auch Lyotards "Ich" als Satz-Funktion ebenso formal wie das neuzeitliche Subjekt, wenn er die Hypostasierung des "ich denke" zum "subiectum" kritisiert, nicht aber den Begriff des "ich denke" selbst? Was bedeutet das Vermögen des Denkens für Lyotard? Genügt es, im Anschluß an Kants Trennung der Vernunftvermögen von einer "Vernunft im Plural"[16] zu sprechen, die Konzeption des Vernunftvermögens selbst jedoch nicht mehr zu hinterfragen?

Saskia Wendel, Freiburg i. Br.

Lyotard hat mittlerweile seine Thesen präzisiert. So fragt er nach der Möglichkeit von Übergängen zwischen den Sprachspielen, ohne daß man diese wieder einer Metaregel unterordnen müsse. Diese Möglichkeit sieht er zum einen in der Urteilskraft gegeben, die als Bindeglied zwischen den Vernunftvermögen fungiere,[17] zum anderen in der Eigennamen-Theorie: Im Gegensatz zur Ich-Funktion bestünde im Gebrauch von Eigennamen eine Verknüpfungsmöglichkeit zwischen Sätzen, da die Eigennamen als starre Designatoren fungieren, deren Identität auch in verschiedenen Sätzen gewährleistet sei.[18] Dem Namen kommt nämlich keine Bedeutung zu, er ist lediglich ein leeres, bloß formales Bindeglied zwischen den Sätzen.[19]

Eine weitere Präzision seiner Subjekt-Kritik liefert Lyotard in seinen Überlegungen zur Empfänglichkeit für die Verpflichtung, das Ereignis zuzulassen. Lyotard stellt hier einen Bezug zwischen der Empfänglichkeit und der Frage nach dem Subjekt her: Subjekt-Sein ist für Lyotard die Fähigkeit des Denkens, verstanden als Offenheit und Empfänglichkeit, als Fragen und Hören.[20] Damit versucht Lyotard zunächst, ein neues Verständnis von Subjektivität zu entwerfen. Subjektivität nicht als Aktivität, die sich im Akt des Sprechens äußert, sondern als reine Passivität, als Verwiesenheit auf das Ereignis.[21] Lyotard steigert die Empfänglichkeit zum Gehorsam auf die Verpflichtung, was er in enger Anlehnung an Levinas auch als Geiselnahme[22], als Gewalt über das empfangende Subjekt[23] bezeichnet, das sich der Heteronomie unterwirft.[24] Das als reines Empfangen verstandene "Subjekt" wird so jedoch in letzter Konsequenz ausgelöscht.[25] Ebenso thematisiert Lyotard die Bedeutung des Materiellen, der Körperlichkeit, und zwar sowohl in Bezug auf das Verhältnis von Denken und Körper als auch in Bezug auf die Ästhetik des Erhabenen. Lyotard geht davon aus, daß ein Denken ohne Körper unmöglich sei. Der Körper sei die hardware, die notwendige materielle Voraussetzung für das Denken.[26] Der Geist "...ist Materie, die sich ihrer Interaktionen, ihrer Immanenz erinnert."[27] Materie wiederum ist Energie[28]: Es gibt demnach keine Materie im eigentlichen Sinne, sondern nur Energie.[29] Lyotard nennt dies "immaterialistischen Materialismus"[30]. Das Denken ist dann – gemäß dem Gedanken der Empfänglichkeit – "...das Kommen-Lassen dessen, was gegeben sein kann."[31] Gegeben ist das Ereignis, das die Materie und doch zugleich immateriell ist, un-objektivierbare Präsenz des Hier und Jetzt.[32] Als solches steht es in enger Nähe zum Gefühl und zur Einbildungskraft[33]. Bedingung für die Empfänglichkeit ist die "Leere"[34], die man aber nicht ohne Verzicht auf den Genuß des Besitzens[35] erreicht, nicht ohne Schmerz.[36]

Für Lyotard folgt daraus einerseits die Möglichkeit einer nichtbegrifflichen Kommunikation im Gefühl jenseits der rationalen, sprachlichen Kommunikation im Sinne einer Argumentation zwischen rationalen und sprechenden Subjektivitäten.[37] Andererseits stellt Lyotard einen Bezug zwischen dem geschilderten Gefühl und der Ästhetik her: Die Empfänglichkeit, so Lyotard, sei ein ästhetisches Gefühl[38], das mit der ästhetischen Einbildungskraft identifiziert werden könne, welche die Fähigkeit sei, Dinge ankommen

Saskia Wendel, Freiburg i. Br.

zu lassen.[39] Jenes ästhetische Gefühl sei das Gefühl des Erhabenen, denn im Gegensatz zur Lust am Schönen paare sich hier das Gefühl der Lust mit dem Gefühl des Schmerzes, was das interesselose "Geistesgefühl" des Erhabenen charakterisiere.[40] Im Gegensatz zu Kant zielt das Erhabene bei Lyotard allerdings nicht auf die Autonomie des Subjekts, sondern auf die undarstellbare Präsenz des Ereignisses[41], das das ambivalente erhabene Gefühl hervorruft. In der Präsenz des Ereignisses zerbricht die Autonomie: Das Gefühl des Erhabenen ist die Vorbedingung einer Freiheit, die gleichbedeutend ist mit der Zerstörung des ästhetischen Ich durch den von der Einbildungskraft empfundenen Schmerz, damit die Präsenz des Ereignisses sich manifestieren kann.[42] Die ästhetische Urteilskraft, deren Teil das erhabene Gefühl ist, braucht also kein "Ich denke" mehr, das die Funktion der Synthesis übernimmt[43] Was bleibt, ist allein das Ereignis sowie die Empfänglichkeit, abstrahiert von deren Träger.

Werden durch diese Präzisionen Lyotards die kritischen Einwände gegen Lyotards Subjekt-Kritik revidiert? Gehen wir zunächst nochmals zurück auf die Urteilskraft und die Eigennamentheorie als Übergangsmöglichkeiten zwischen den Sprachspielen. Hinsichtlich der Urteilskraft stellt sich die Frage, wer denn Trägerin der Urteilskraft ist, wenn nicht ein urteilendes Ich? Wäre also die Möglichkeit von Übergängen zwischen den Diskursgenres nicht eher in einem Ich zu suchen, das sich in den verschiedenen Sprachspielen bewegt, ohne umgekehrt wieder ein "subiectum" im neuzeitlichen Sinne zu sein?

In Bezug auf die Theorie der Eigennamen ist die postulierte Formalität des Eigennamens und die daraus resultierende Starrheit zu hinterfragen. Die Möglichkeit von Verbindungen zwischen den Sätzen könnte doch gerade in der Uneinheitlichkeit des Ich liegen, das sich dadurch auf viele verschiedene "Sprachspiele" beziehen kann.[44] Solch ein Verständnis von Übergang und Beziehung orientiert sich eher an der Dynamik und der Differenz des Einzelnen statt an der Statik des Namens.

Für eine feministische Rezeption ungeeignet sind auch Lyotards Überlegungen zur Empfänglichkeit. Kann Denken wirklich auf den Akt des Empfangens beschränkt werden? Kommt nicht doch auch ein Moment der Aktivität hinzu – Aktivität nicht verstanden als "Zurüstung"[45] eines Objekts durch das begriffliche Denken des autonomen Subjekts, sondern als ein aktives Sich-Beziehen auf das, was die Erfahrung gibt? Lyotards einseitiges Betonen der Passivität und der Heteronomie – ganz analog zu seiner früheren Behauptung der Unterordnung des Ich unter den Satz – impliziert erneut einen Unterwerfungsgedanken, wie die Begriffe "Gehorsam", "Gewalt" oder "Geiselnahme" verdeutlichen. Der Herrschaftscharakter jenes Gedankens äußert sich allerdings hier nicht mehr in der Unterwerfung des Objekts, des Anderen, unter das verallgemeinerte, autonome Subjekt, sondern umgekehrt in der Verallgemeinerung des ursprünglich als heterogen gedachten Ereignisses, des Anderen, dem sich das einzelne Ich unterwerfen muß, auch wenn Lyotard verneint, daß es sich hierbei um einen Zwang handelt[46]. Die

Saskia Wendel, Freiburg i. Br.

Reduktion auf das Moment der Empfänglichkeit sowie die Umkehrung eines Herrschaftsverhältnisses ist als Paradigma für ein "weibliches" Selbstverständnis nicht zu übernehmen, wenn man die fatalen Konsequenzen dieses Paradigmas bedenkt: Frau-Sein als Empfangen, als Passivität, als Gehorsam gegenüber der Gewalt einer Vorschrift, Frauen als Geiseln des Ereignisses?

Ebenso verhält es sich mit der Reflexion Lyotards über die Bedeutung des Materiellen und mit seiner Konzeption einer Ästhetik des Erhabenen. Lyotard bindet das Gefühl an die Askese und das Leiden und betont so im Rückbezug auf die Empfindung den Schmerz statt der Lust. Was ist das aber für eine Lust, die aus Unlust resultiert, was ist das für ein Verständnis von Gefühl und Erfahrung, das so sehr auf Verzicht und Leiden rekurriert? Selbstverständlich ist das Leben in seiner Endlichkeit auch eine Schmerzerfahrung, die das philosophische Denken berücksichtigen sollte. Aber die Formulierungen Lyotards enthalten die alte Trauer über die Ohnmacht und Kontingenz des Ich und die Sehnsucht nach Autonomie und Unendlichkeit, und daraus folgt eine Sichtweise, die das Leben primär als Leiden und Trauer versteht und die lustvolle Seite des Lebens völlig vernachlässigt. In solch einer Perspektive schlummert eine Neuauflage leibfeindlichen Denkens, allerdings nicht mehr als Folge der Abkehr von der Materie, sondern paradoxerweise als Folge der Hinwendung zu ihr: Die Natur wird – ganz traditionell – als etwas Bedrohliches erfahren, das den Menschen ohnmächtig macht. Die Folgen jenes leibfeindlichen Denkens für Frauen sind bekannt: Die Legitimation der Inferiorität von Frauen durch die Gleichsetzung von Frau und Natur und die Legitimation der Opferrolle der Frau durch die Überhöhung der Leidensfähigkeit und Leidensnotwendigkeit. Hinzu kommt außerdem, daß Lyotard den für Frauen so fatalen Dualismus zwischen Vernunft und Sinnlichkeit nicht wirklich hinter sich läßt, sondern reproduziert, wenn er der "hardware" des Körpers die "software" des Denkens entgegensetzt. Denn in der Gegenüberstellung von "hardware" und "software" ist es kaum möglich, Vernunft und Sinnlichkeit jenseits traditioneller dichotomer Perspektiven zusammenzudenken. Im Gegenteil: Lyotards Definition der Materie als immaterieller Energiezustand verschärft diese Dichotomie, weil der Materie ihr eigentlich materieller, sinnlicher Charakter entzogen wird.

Die Fragwürdigkeit der Priorität des Schmerzes gilt ebenfalls für das Gefühl des Erhabenen, denn auch hier überwiegt für Lyotard die Leidenserfahrung. Wie problematisch die Verknüpfung von Sinnlichkeit mit Leiden und Gewalt gerade für Frauen sein kann, zeigt Lyotards Vergleich der Überwältigung der weiblich dargestellten Einbildungskraft durch die männlich konnotierte Vernunft mit einem Akt der Vergewaltigung, dessen Folge die Zerstörung der Einbildungskraft ist.[47] Hier wird die Absicht, der Bedeutung der Sinnlichkeit für das Denken gerecht zu werden, auf den Kopf gestellt. Die Einbildungskraft und mit ihr die Empfänglichkeit, die Sinnlichkeit, muß durch die Vernunft vergewaltigt, ja sogar letztendlich zerstört werden. Im Gefühl des Erhabenen zerstört

Saskia Wendel, Freiburg i. Br.

das Gefühl sich selbst. Wieder zeigt sich die zugrundeliegende Herrschaftsstruktur dieses Denkens, indem sich das Besondere (die Empfänglichkeit) dem Allgemeinen (der nicht-präsentierbaren All-Präsenz des Ereignisses) unterwerfen muß. Außerdem ist es für Frauen unmöglich, sich mit einem ästhetischen Gefühl zu identifizieren, das als "Vergewaltigung mit Todesfolge" beschrieben wird, von der Übernahme androzentrischer Geschlechtszuschreibungen ("männliche" bzw. "väterliche" Vernunft versus "weibliche" bzw. "mütterliche" Einbildungskraft) ganz abgesehen.[48]
Impliziert die Unzulänglichkeit des postmodernen Konzepts aber die Rückkehr zum traditionellen Begriff des Subjekts, wenn es darum geht, eine "weibliche" Subjektivität zu formulieren? Rosi Braidotti beispielsweise ist der Meinung, daß Frauen erst einmal den Subjektstatus erlangt haben müßten, um ihn dann kritisieren zu können.[49] Und Rada Ivekovic warnt davor, als Frauen auf die Konzeption eines "schwachen", "relativen" Subjekts bei gleichzeitiger positiver Qualifikation der Schwäche zurückzugreifen, das ethische Ideal des "Schwachen" könne nur für ein herrschendes Subjekt gelten, das in seiner Güte sich freiwillig entschließe, abzutreten.[50]
Es ist zuzugeben, daß die postmoderne Variante der Subjekt-Kritik und die Lyotard'sche Konzeption von Passivität und Unterwerfung wieder die bekannten Stereotypen von Aufopferung, Schwäche und Selbstlosigkeit zur Folge hat, die für Frauen so verhängnisvoll geworden sind und deshalb kaum für ein "weibliches" Selbstverständnis übernommen werden können. Andererseits aber muß aus den Mängeln der postmodernen Kritik des Subjekts nicht die Rückkehr zum Subjekt folgen. Frauen gewinnen nichts, wenn sie den traditionellen Subjekt-Status für sich reklamieren, denn diesem Begriff des Subjekts ist eine Herrschaftsstruktur inhärent, die gerade für Frauen fatal ist. Darüber hinaus bedeutet die Rückkehr zum herkömmlichen Begriff des Subjekts erneut die von Cavarero kritisierte Orientierung an einem ausschließlich von und für Männer entworfenen Paradigma. Umgekehrt verlieren Frauen nichts, wenn sie den Subjektbegriff nicht mehr für die Formulierung eines "weiblichen" Selbstverständnisses übernehmen wollen. Nicht die Absetzung vom Begriff des Subjekts impliziert nämlich die Rückkehr zu "weiblicher Schwäche" oder aufopfernder Selbstlosigkeit, sondern vielmehr der Bezug auf ihn, resultiert doch die Rede von Hingabe und Selbstlosigkeit gerade aus der Position eines Subjekts, dem sich das Objekt hingeben, unterwerfen muß. Auch die Forderung, daß Frauen erst einmal die Position des Subjekts erlangt haben müssen, um sie dann aufgeben zu können, erscheint wenig überzeugend. Wieso müssen Frauen erst ein von Männern formuliertes, äußerst problematisches Selbstverständnis für sich übernehmen, um dann erst zu einem anderen Selbstverständnis gelangen zu können? Wenn es also um die Formulierung eines "weiblichen" Selbstverständnisses jenseits von traditioneller Subjektivität und Autonomie einerseits wie auch von postmoderner Heteronomie, rein passiver Empfänglichkeit und Selbstvernichtung andererseits geht, dann wird die Verknüpfung des Denkens der Geschlechterdifferenz mit einem philosophischen Denken, wie

Saskia Wendel, Freiburg i. Br.

es z.B. von Adorno und Heidegger formuliert worden ist, dafür fruchtbarer sein können als der Rückgriff auf die postmoderne Philosophie Lyotards, denn sowohl Adorno als auch Heidegger leisten eine Kritik des neuzeitlichen Subjektbegriffs, ohne das Ich zu zerstören.

Anmerkungen:

[1] Mir ist bewußt, daß das Attribut "weiblich" negativ konnotiert ist und setze es deshalb in Anführungszeichen, um zu verdeutlichen, daß es mir nicht um ein essentialistisches oder gar biologisches Verständnis von "Weiblichkeit" geht. "Weiblich" verwende ich also nicht im Sinne einer metaphysischen Wesensdefinition, sondern lediglich als Beschreibung der Erfahrung einer Differenz zwischen Frauen und Männern, die nicht näher definiert werden kann und soll.
[2] Cavarero, Adriana, Ansätze zu einer Theorie der Geschlechterdifferenz, in: Diotima (Hg.), Der Mensch ist zwei. Das Denken der Geschlechterdifferenz, Wien 1987, S.67.
[3] Die Subjekt-Kritik der Theorie der Geschlechterdifferenz kann hier nicht ausführlich erläutert werden.
[4] Lyotard, Jean-Francois, Das postmoderne Wissen, Wien 1985
[5] Ebd., S.103
[6] Ebd., S.40f.
[7] Lyotard, Jean-Francois, Der Widerstreit, München 1989, 2. korr. Auflage (zitiert als "Widerstreit")
[8] "Nicht das denkende oder reflexive Ich [je] hält der Prüfung des alles umfassenden Zweifels stand ..., sondern der Satz und die Zeit. Aus dem Satz: *Ich zweifle* folgt nicht, daß ich bin, es folgt vielmehr, daß es einen Satz gab." (Ebd., S.108ff.)
[9] Ebd., S.117f., S.120
[10] Ebd., S.108ff.
[11] Ebd., S.86
[12] Ebd., S.87
[13] Ebd., S.88
[14] Ebd., S.128
[15] Ebd., S.183ff.
[16] Van Reijen, Willem/Veerman, Dick, Die Aufklärung, das Erhabene, Philosophie, Ästhetik. Interview mit Jean-Francois Lyotard, in: Reese-Schäfer, Walter, Lyotard zur Einführung, Hamburg 1989², S.113
[17] Vgl. z.B. Lyotard, Jean-Francois, Der Enthusiasmus. Kants Kritik der Geschichte, Wien 1988
[18] Vgl. Widerstreit, S.75f.
[19] Ebd., S.83
[20] Lyotard, Jean-Francois, Zeit heute, in: ders., Das Inhumane. Plaudereien über die Zeit, Wien 1989, S.133f. (zitiert als "Zeit heute")
[21] Zwar warnt Lyotard einerseits vor der Verwechslung von "empfänglich" und "passiv", die Empfänglichkeit gehe vielmehr der Unterscheidung von Aktivität und Passivität voraus, (vgl. Lyotard, Jean-Francois, So etwas wie "Kommunikation...ohne Kommunikation", in: ders., Das Inhumane, a.a.O., S.202, zitiert als "Kommunikation"), andererseits spricht er an anderer Stelle doch von Empfänglichkeit im Sinne von Passivität. (Lyotard, Jean-Francois, Der Gehorsam, in: ders., Das Inhumane, a.a.O., S.300)
[22] Ebd.
[23] Ebd.
[24] Lyotard, Jean-Francois, Die Moderne redigieren, in: Welsch, Wolfgang (Hg.), Wege aus der Moderne, a.a.O., S.212 (zitiert als "Die Moderne redigieren")
[25] Lyotard, Jean-Francois, Gott und die Marionette, in: ders., Das Inhumane, a.a.O., S.266
[26] Lyotard, Jean-Francois, Ob man ohne Körper denken kann, in: ders., Das Inhumane, a.a.O., S.36, (zitiert als "Körper")

Saskia Wendel, Freiburg i. Br.

[27] Lyotard, Jean-Francois, Materie und Zeit, in: ders., Das Inhumane, a.a.O., S.77, (zitiert als "Materie und Zeit")
[28] Ebd., S.86
[29] Lyotard, Jean-Francois u.a., Immaterialität und Postmoderne, Berlin 1985, S.66
[30] Materie und Zeit, S.86
[31] Ebd., S.40
[32] Lyotard, Jean-Francois, Nach dem Erhabenen. Zustand der Ästhetik, in: ders., Das Inhumane, a.a.O., S.240 (zitiert als "Erhaben")
[33] Zeit heute, S.132
[34] Körper, S.40
[35] Ebd.
[36] Ebd., S.42
[37] Kommunikation, S.192
[38] Ebd., S.193; vgl. auch ebd., S.203
[39] Die Moderne redigieren, S.211f.
[40] Das Undarstellbare - wider das Vergessen. Ein Gespräch mit Jean-Francois Lyotard und Christine Pries, in: Pries, Christine (Hg.), Das Erhabene. Zwischen Grenzerfahrung und Größenwahn, Weinheim 1989, S.332 (zitiert als "Das Undarstellbare"); vgl. auch Erhaben, S.234. Lyotard bezieht sich hier auf Kants "Analytik des Erhabenen" in der "Kritik der Urteilskraft".
[41] Zeit heute, S.109, vgl. ebd., S.135.
[42] Das Undarstellbare, S.333
[43] Lyotard, Jean-Francois, Streifzüge. Gesetz, Form, Ereignis, Wien 1989, S.71 (zitiert als "Streifzüge")
[44] Diese Uneinheitlichkeit im Sinne des Nicht-Identischen bei Adorno meint jedoch etwas anderes als die von Lyotard behauptete Heterogenität des Ich als bloße Funktion in ebenso heterogenen Diskursgenres. Nicht-Identität schließt Beziehungsfähigkeit mit ein, während Heterogenität Beziehung ausschließt und daher die Frage nach den Möglichkeiten von Übergängen notwendig macht.
[45] Adorno, Theodor W., Negative Dialektik, Frankfurt am Main 1988⁵, S.31 und S.77
[46] Streifzüge, S.33f.
[47] Lyotard, Jean-Francois, Das Interesse des Erhabenen, in: Pries, Christine (Hg.), Das Erhabene, a.a.O., S.108f.
[48] Vgl. hierzu auch den Vortrag von Cornelia Klinger über die Ästhetik des Erhabenen auf dem Kongreß "Zur Aktualität des Ästhetischen", Hannover, August 1992
[49] Braidotti, Rosi, Patterns of Dissonance: Women and/in Philosophy, in: Nagl-Docekal, Herta, Feministische Philosophie, Wien-München 1990, S.120)
[50] Ivekovic, Rada, Die Postmoderne und das Weibliche in der Philosophie, in: Nagl-Docekal, Herta, Feministische Philosophie, a.a.O., S.131f.

Angela Grooten, Amsterdam & Utrecht

DIE PSYCHOANALYSE ALS POST-ONTOLOGISCHES MODELL DES SUBJEKTS

Jenseits der Geschlechterdifferenz

I *Situation. Psychoanalyse und Philosophie: Gegensatz oder Aufhebung?*

Die Psychoanalyse hat nie Philosophie sein wollen. Wo sie das Unbewusste zu ihrem Ojekt hat, die nicht reduzierbare Spaltung des Subjekts und das darausfolgenden existentiellen Unbehagen des Mangels an Sein, so verachtete die Psychoanalyse die Philosophie. Als "Weltanschauung" (Freud), nur gut für schwachen Personen, abhängig von ideologischen, sicheren Dogmas, beschäftigt die Philosophie sich hauptsächlich mit dem Gebiet des Vernunfts, der Logik, des Wollens und des Handelns des freien Subjekts; es handelt sich also um das Cogito. Die Psychoanalyse dagegen schätzt dieses bewussten Stück des Subjekts als nur einen ephemeren Effekt seines Entstehungsmoments selbst. Also scheinen das Bewusste und das Unbewusste, und damit die Sprache der Philosophie und die der Psychoanalyse, einander entgegengesetzt. Aber diese Opposition ist doch zu einfach gedacht, denn es gibt keineswegs einen absoluten, strukturellen, metaphysischen Trennung, einen *choorismos*, zwischen beiden, denn sie beiden sprechen vom Subjekt, in grösstenteils derselbigen Sprache. In dieser positiven, kritischen Dialektik nähern sie sich an, gerade im Moment radikalster Kritik des Subjekts: einerseits wird in der Philosophie des Postmodernes das eingefügte materiellen Unvermögen und ontologische Unbehagen des Selbstbewusstseins ins Licht gerückt, andererseits kann ja die radikalste Auffassung des Subjekts als endgültig gespalten nur darüber sprechen in gewissermassen begreiflicher, rationellen Sprache. Einerseits versucht der Postmoderne jenseits der rationellen Kritik zu gelangen durch ein Überqueren der Grenzen der Philosophie und Dichtung; die geistliche Transparenz des Cogitos, seine Eindeutigkeit mittels der logischen Binarität -- von zweien Eins: Ja oder Nein, Recht oder Krumm, Licht oder Dunkel, Mann oder Frau, Seele oder Leib --, also das Intelligibile, wird gekränkt und verschmutzt von dem Sensibile; Lust und Leiblichkeit machen den wahre Erkenntnis trübe. Mehrdeutigkeit, Poetik, Rhetorik spielen durch den logischen Regeln. Die konkreten, geschichtlichen und korporellen Kondition eines Individuums relativiert die generellen Ansprüche des abstrakten geistlichen Subjekts. Die endlichen und widersprüchlichen Materie durchdringt und behindert den freien Geist, das unbewusste Leiden beschränkt den bewussten Logos. Der Metapher und die Metonymie des Freudschen Primärvorganges verwandlen den logischen Sekundärvorgang -- das ausgesagte Selbstbewusstsein des Individuums -- in einer literarischen Erzählung von den Triebschicksalen. Das war einerseits. Andererseits versucht das psychoanalytische Modell des zerteilten Subjekts sichselbst als jenseits der Metaphysik und Hermeneutik dar zu stellen. Es meint wohl endgültig abrechnen zu können mit dem Kern, dem Wesen, der Wahrheit des Subjekts. Solches besteht nicht, sagt sie. Das Leib, das Geschlecht an sich ist nicht der Sessel der Wahrheit. Für das Subjekt liegt seine Ursprüng, seine Bedeutung irgendwo anders, ausserhalb seines Wissens. Im Moment seiner Konstitution als symbolisches, sich-selbst-aussagendes bewusstsein, mit einem eigenen Platz und Zeit und Name, ist die unmittelbare, volle Wahrheit abgesplittert vom Wissen und Erkenntnis. Identität wirkt nur als symbolisch, sprachlich bemittelt. Das Sein als direkte Erfahrung-noch-ohne-einige-Bedeutung ist nachträglich verloren gegangen. Nicht in einer Art von Sein, in einer Eigenschaft des Menschen liegt seine Wahrheit, und auch nicht in dem Sinne, den der Mensch seiner Welt oder sichselbst gibt. Auch nicht in der Erscheinungsform der Dingen an sich, also an der Seite der Objekten und der Natur wie in der Phänomenologie.

Also ist der epistemologische Anspruch der Psychoanalyse einer post-ontologischen: es gibt keine aussagbaren Wahrheit des Subjekts, das Selbstbewusstsein des Cogitos ist imaginär. Aber wie 'Post' ist 'Post', zB in 'post-modern' oder 'post-metaphysisch'? Nur partielles. Denn, obwohl 'post-' völlig 'jenseits' bedeuten möchte, kann es sich nicht befreien von dem was es zu verlassen sucht, spricht es immer noch die Sprache jenes, was es unter Kritik stellt. Es bedeutet 'vorbei', und zugleich auch: 'gegen'. Insofern das Präfix 'post-' auch Kritik ist, stellt es sich dem Vorausgesetzte entgegen, bleibt aber immer noch innerhalb seiner Logik, wie negativ auch seines Vorzeichen. Die Negation als Akt ist ein positives, stellenden Urteil des bewussten Vernunfts. (Freud, Frege, Kojève, Lacan) Sie bleibt eine bestimmte Negation, innerhalb des sprachlichen Wissens. In dem Postmoderne zeicht sich diese Aporie des Denkens in seinem Aussen-(der Metaphysik)-sein-wollen und Innen-bleiben-müssen. Wie auch 'jenseits' der Philosophie, und wie poetisch, der Postmoderne bleibt letztens kritisch, geschichtlich und fortschrittlich. Lobenswertlich modern also. Aber auch die Psychoanalyse sollen wir unter denselben Verdacht stellen, die genannten Aporie gilt auch in ihrem Denken. Die Psychoanalyse erzählt vom Menschen als das zutiefst geteilte Subjekt, das Cogito das meine Wahrheit nicht erkennen kann, da diese ursprünglicher ist als ich, grösser, stärker, anderswo in Raum und Zeit als da wo ich bin. Meine Wahrheit ist vorausgesetzt in Leben, Schicksalen und Tot der endlichen Materie. Alle diesen an sich haben keine Bedeutung, sie bekommen eine von der Symbolische Ordnung, die aus dem unbegreiflichen, unhantierbaren, unmittelbaren und überwaltigenden Reale eine sinnvolle Realität macht. (Lacan) Mein Sein wird Dasein, Existenz. Aber nicht ich gebe Sinn -- das wäre ein hermeneutisches Ganzessubjektsein --, und auch hat das Seiendes keinen Sinn -- das wäre eine phänomenologischen Wahrheit des Objekts. Nein, es ist die Sprache als grosser Andere die eine Stelle anmerkt, sie Sinn gibt, sie bezeichnet mit Unterschied und Name. Die sprachliche Struktur konstituiert Subjekt sowohl als Objekt. Aber eine unmittelbare Erfahrung seines Wesens ist so nicht möglich für dem Subjekt, sein bewusstsein ist notwendig gebrochen an dem scharfschneidenden Mittel: das Symbol. Das Subjekt kann seine Identität erkennen, benennen, und so erzählen von einer -- notwendigen doch illusionären -- Gewissheit heraus. Aber seine Wahrheit liegt bei dem grossen Ander, in der Sprache. (*Discours de l'Autre*, Lacan) Also gibt es keine erkenntlichen Wahrheit des Subjekts, das Cogito ist ohnmächtig geworden.

II *Paradox: das Wesen des Subjekts existiert nicht: es ist eine Negativität*

Die Erkenntnis eines Sinne vom Sein des Subjekts wird nur gegeben von den Anderen, von der Sprache. Das ist die Freudsche Frage nach der Urszene, und die Kastration ist der symbolischen Verhältnis zur Erfahrung des Verlustes des unvermittelten Seins, eine nachträgliche, notwendige und verdrängte Hypothese. Das Ich scheint an sichselbst identisch, das Individuum scheint ungeteilt. Aber die Subjektivität kann nur eine partielle sein. Das alten rationellen Ideal des Subjekts das sichselbst durchschaut, und im vollen Licht seiner Wahrheit steht, gibt es nicht. Das Selbstbewusstsein wäre denn sowohl hier in seiner symbolischen Bedeutungsstruktur, als zugleich auch dort in der prä-konstitutiven Dimension des Seins, ohne Platz, Raum, Zeit, Zeichen, Name, Ideal: ohne Identität. Die Psychoanalyse scheint also die radikalsten anti-humanistischen Position zu vertreten. Der Dikurs des Postmodernes braucht sie auch um geschickt das Andere der Vernunft auszudrücken: als das Onbewusste, als Eros oder Thanatos versus Logos, als Teilung oder Verlangen, als Poetik. Aber auch hier: wie 'post'-des-Subjektsontologisch ist eigentlich dieser Anspruch? Diese Subjektivität ist richtig als eine Negativität aufgefasst. Das symbolisch-werden fragt ein Verlust an direktem Sein, es schöpft ein Mangel, eine Lücke, eine Leere, ein Nicht-sein. Darüber ist das Subjekt gespannt wie eine Brücke gebaut aus dem symbolischen Verlangen. Immer klafft das Unbehagen in der Tiefe. Die Eros als schöpferische Trieb is wie eine Spannungsbogen, die mit Vernichtung bedroht wird in der Neigung hinab in dem Nichts zu stürzen, ruhe zu suchen. Das Subjekt is so einer Ausdrück eines peinlichen Hin-und-her zwischen sein oder nicht.

Solche Negativität als konstitutiver Faktor des Subjekts ist wohl jenseits aller Bewusstseinsontologien. Aber ist doch nicht auch hier ein metaphysische Rest, ein positive Art der Verneinung, ein Umkehrung als kritischer Gegensatz innerhalb des dialektischen Fortschritts des Wissens? Gewiss, denn hier liegt doch eine neue Wahrheit, und zwar gerade in der Negativität, in der kräftige Verneinung: das Wesen des Subjekt existiert nicht. Obwohl eine Aussage mit negativem Inhalt, ist sie qua Urteil ein positiver Akt des analytischen Vernunfts. Denn sagen das das Subjekt ein Sich-verhalten ausdrückt zur Erfahrung des Mangels an Sein, also eines Nichtses, ist radikal negativ-(post)ontologisch in seiner Hochschätzung der Ab--wesendheit. Aber es ist jedoch immer wieder positiv-(post)ontologisch in seiner neuen Wahrheit: sie ist nicht fort, aber verschoben zu dem Primat des Symbols. Das zerteiltes Subjekt wird determiniert von einen anderen Platz heraus, sein Verlangen ist das nach dem Anderen. Der Diskurs des Anderen gibt das Nicht-sein einen Sinn, Die Sehnsucht und das Unbehagen sind an sich nicht negativ, sinnlos, sie sind sinnvoller Verhältnis zu Nicht-ganzheit, zu dem Nicht-identischen innerhalb des Subjekts. Also hat es doch wohl ein Wesen, das liegt in seinem sprechend-sein. In dem Diskurs des Anderen liegt der Sinn der negativ ist: das Wesen des Subjekts liegt ausser sichselbst. Der Mangel an Sein ist die erste Negativität, das Primat der Sprache über dem Ich des Cogitos die zweite. Die Psychoanalyse sagt: das Subjekt besteht, und zwar als Verhältnis, als Gebrochenheit. "Und diese Wahrheit der negierten Identität, wisse ich, die Psychoanalyse, und spreche sie aus." So ist die Psychoanalyse selbst ein Meisterdiskurs, ein transcendental Cogito, was weisst von Negativität als Wesen des Subjekts. Das ist nicht jenseits der Ontologie, denn das Wesen besteht doch, als die symbolische Struktur. Wie negativ auch ihren Inhalt, solche Ontologik bleibt einer Anspruch auf ein positives Wissen und Sagen. So etwas möge transcendental sein, richtig 'jenseits' oder 'post' ist es nicht.

III *Konstruktive Negation und destruierende Negativität*

Wir sind auf der Grenze des Denkens das nur positiv sein kann, gestossen, auf der Aporie, die unmöglichkeit das ganz Andere vom Sein in Sprache zu fassen. Urteilen des Vernunfts, auch wenn sie ein negatives Vorzeichen haben, sind immer neue Position2en innerhalb dem logischen Feld. Ein Gegensatz ist auch ein satz, die Negation bleibt innerhalb der Dialektik, sie bleibt bestimmt. (Frege, Freud, Lacan) Von einer radikalen, unbestimmten Negation kann nichts sinnvolles gesagt werden, sie kann als erscheinende Grenze mit einem leeren Niemandsland angedeutet werden, und zwar nur gesehen von dieser, affirmativen Seite unserer Sprache. Alles was sich innerhalb der Philosophie befindet, was gedacht und gesagt worden kann, ist als seiendes bedeutet mit gewissem Sinn, auch abstrakte Konzepten sind als solche Dinge. Auch wenn wir aus Kritik, Dialektik und Ontologie heraussteigen möchten, um Vergegenständlichung, Hypostasierung zu vermeiden, und um das Gewalt des rationellen, identitätslogischen Denkens zu beenden, dannoch verweilen wir immer in der Philosophie. Wir können statt Identität das Unterschied hervorrücken, statt Einheit Vielheit, statt Selbst Andersheit, statt Sinn Mehrdeutigkeit. Wir können gegen die Modernität die Philosophie der Differenz einsetzen. (Foucault, Deleuze, Derrida) Aber immer bleiben ihre Gegensätze, wie verneinend auch, affirmative, philosphisch-vernunftigen Urteile und (Op)positionen, die neue Bedeutungen repräsentieren. Innerhalb Sprache, Bedeutung und Sinn sind Negationen so bestimmt und affirmativ oder: *konstruktiv*. Dagegen lässt sich das radikal Ab-wesende nicht denken, auch nicht wenn wir doch postmodern sprechen von Abwesendheit statt Anwesendheit der Identität. Sie bekommt ein Konzept, einen Sinn, sie wird ein Ding. Aber der dynamischen ab-ziehenden Kraft der das Existierende verschwinden lässt im Nichts, die vernichtende Wirkung des permanente Negierens, nicht als Sache aber als (Un)werden, dieser kann nur angedeutet werden als in der negativen Ontologie, negativen Hermeneutik, und in der radikalst-negativen Dialektik (Adorno). Diese Negation ist Prozess, Wirkung. Sie zieht weg von der Stelle des Seins, *apokineoo*, sie destruiert, lässt nur einen Spur. Aber nur momentan kann sie wahrgenommen werden, ehe der spur vergeht, ständig verschiebt sie, stetige Drohung und Untergrabung des festen Sinnes. Diese nichtenden Arbeit könnte *destruierende* Negativität genennt werden, oder *apokinetische*, weg-vom-Sinn-ziehend.

IV *Das existentielle Perspektiv: To Be Or Not To Be.*

Ist mit der Relativierung des post-ontologischen Anspruchs der Psychoanalyse nun ihr Projekt im Ganzen gescheitert? Meinens Erachtens nicht. Weil in der Deklaration des Endes des Subjekts, und des jenseits der Metaphysik sich ein vermummtes, triumfierenden transcendentalen Wissen vermuten lässt, sind solche Versuche an der Grenze der Philosophie des Subjekts noch nicht völlig interesselos, im Gegenteil. Das analytische Modell sagt: sprachlich sein, oder nicht sein überhaupt. Existieren als in-der-Welt-sein, oder nicht; sinn-voll sein, oder ausser Sinne; Für-sich sein oder an-sich, Dasein oder das Nichts. Eros als Verlangen unter dem symbolischen Gesetz untergeordnet, oder Verwerfung dieses, mit Ausstossung, Ausgeschlossenheit und Selbstdestruktion (nicht/sein) als Schluss: Thanatos. Und auch wenn zwar ontologisch, so sagt ein solche Figur doch etwas von der grossen, existientiellen, psychischen Struktur des Subjekts. Ausser Sinne meint zugleich auch weg vom Dasein oder Existenz des Subjekts. *To Be Or Not To Be.*

V *Die grosse Figuren des psychischen Unbehagens als Ausdruck der Verhältnis zur Bedeutung des Mangel-an-Seins*

Die Psychoanalyse macht es uns möglich auf dieser Weise eine *negative Ontologie des Symptoms* zu denken. Das heisst: die grossen psychopathologischen Strukturen zu denken in Beziehung zur Negativität, sowohl die konstruktive als die destruierende. Es handelt sich hier um die negativ-fundierende Kluft des Subjekts, die Kastration. Sie ist der Strich durch den Menschen, der das unvermittelten, sensibilen Sein als Erfahrung abschneidet, und das Bewusste als Intelligibile installiert, unter der Ordnung des abstrahierenden Symbols. Die Kastration also ist des Subjekts Ausdruck des Verhältnisses zum Gesetz des Unterschieds, (Eros) und damit auch eine mehr oder weniger gelungenen Bemeisterung der Negativität die (zurück) in Chaos und Nichtsein rückt (die Todestrieb).

Der Kastration, oder dem Verbot des Vaters eins mit der Mutter zu bleiben, gegenüber, muss das Subjekt sich immer verhalten. Die sprachlichen Realität der Unterschieden ist vorgegeben mit dem Diskurs des Anderen. Dieser Verhältnis kennt nur drei Erscheinungsformen: Ja, Nein, und Ich weiss, aber doch... Diese drei Haltungen korrespondieren mit den grossen Figuren des Symptoms.

1. *Annahme*-unter-Protest der Ordnung ist die Position der *Neurose* in dem Subjekt: die Sprache spricht durch Unbewusste und Bewusste, das Subjekt identifiziert sich mit seinem Platz und Name. Der verdrungenen Verlust schmerzt und das Verlangen sträubt sich im hysterischen oder obessiv-kompulsiven Symptom. 2. Das Nein: die Name des Vaters wird *verworfen*, sie bleibt eine toten Buchstabe. Die Realität als symbolisches Spiel der unterschiedlichen Bedeutungen kommt nicht zustande im Subjekt, es bekommt eine *psychotische* Struktur. Die Buchstaben und Silben und Wortstücken verschieben und kondensieren in einer persönlichen Wortsalat, die nie zu Ruhe kommt aber immer fortschiebt. Das Reale (*le Réel*, Lacan) als unmittelbares Sein wird nicht als sinnvolle Realität erfahren, und die mislungene Kastration überwältigt das Subjekt als das nicht symbolisierten Ding, (*la Chose, l'objet petit a*) das monstruös wirkt wie der nicht resignierte Phallus der Mutter. Verlust Stücker des Körpers, Fleisch, Löcher (buchstäblich, nicht-symbolisiert), Zerfallenheit, Zerstückeltheit dringen sich auf. Die Wahnen zwingen zu Zerfetzung des Leibs als eine Frage um einer richtig gute Schnitt im Sein, die endlich die Ruhe einer festen Ordnung auflegt. 3. Und zu dem "Ich weiss, aber doch..." : dies ist die *perverse* Position, die das Spiel der Sprache mitmacht, aber ein ganz geheimes Aberglauben behält in der Form eines Fetisches, der ausser und über dem Gesetz der Realität gestellt bleibt. Die Kastration ist nur partiell gelungen, das Unterschied (der Geschlechter, aber auch des Gut und Böse im Bezug auf den Fetisch) wird nicht akzeptiert. (Der unmöglichen Phallus der Mutter wird auf magischer Weise aufrecht erhalten.) Dies ist die *Verneinung*, ein bewusstes Mitmachen und zugleich ein partielles Abspalten des Ichs, um beide Positionen zu retten.

Nun zur Negativität im Symptom: in der Neurose ist das Urteil ein affirmative, sprachliche Akt. Obwohl Protest, oder in der Form eines "nein"sagen, ist die Negation jedoch eine positive Konstruktion, denn durch sie positioniert sich das Subjekt als unterschieden der Anderen innerhalb der Ordnung. Der Zwang zur Aufschub, zur Änderung, zur Amendierung, ist doch eine Anerkennung und Affirmation der Eigenheit, gerade als unter dem Gesetz geordnet. In der Verwerfung, das ist die psychotische Position, gibt es keines "Nein" als sich unterscheidendes Urteil. Gerade weil das 'Nein' keine Bedeutung hat, nicht wirkt, wird die Silbe "Nein" und die Verneinung häufig gebraucht in dem psychotischen Diskurs, als würde die tote Buchstabe ständig geprüft, befragt. Die Subjektivität ist nicht zustande gekommen. Das Ich sagt: "ich kann nicht leben und ich kann nicht sterben. Kastriere mich, damit das Zeichen wirksam wird in mir". Das Subjekt muss wollen können (Eros) innerhalb Zeit und Raum der Realität (Ichidealbildung) um zu leben, aber das Toben des unbezeichneten Reales gegen dem eigenen Fleisch kann nicht stillgelegt werden, es zerfällt. Keine Identifizierung zur Einheitserfahrung des Ich findet statt. Hier gibt es kein *Konzept* des Negatives, aber ein unbeherrschbare *Wirkung* die ständig negiert, die Einheit destruiert, nicht in Vielheit oder Andersheit, aber die ins Nichts wegzieht. Selbstdestruktion wird der Ablauf sein, Thanatos, der Trieb zur Ruhe des *not to be*. In der Psychose herrscht also die destruierenden oder apokinetische Negativität. Und in der Perversion sind beide Formen der Negativität da, das positive, sprachlichen 'nein'- Urteil, als auch zugleich die unter den Fetisch drohende gewalttätige Vernichtung.

VI *Jenseits der Ontologien der sexuellen Differenz*

Wenn wir die Figuren der Psychopathologischen Struktur also existentiell verstehen, können wir einige epistemologische Fehler in Bezug auf das Problem des sexuellen Unterschieds erläutern. Sehr oft, meistens in feministisch-philosophischen Diskursen und/oder postmodernen, wird "Unterschied", "Differenz", "Andersheid", und "Oppositionsdenken" einfach gleichgeschaltet. Die hieran zugrunde liegende Idee ist die einfache Identifizierung der konzepten 'Frau' und 'Negation'. Die Frau wäre denn alles was anders ist, und alles was nicht eins, Selbst oder dominant ist, wäre weiblich. Die Opposition Mann-Frau wirkt in solchem Denken als Prototypus aller Unterschieden und Gegensätzen. Die gegenseitige gegenübersetzung zweier Positionen ist das Kenzeichen der rationellen Logik. Die Thesis und ihre Antithesis machen der Dialektik. Das Unterschied macht Identität möglich. Aber es ist Unsinn für den Tatsache der Entzweiung des Denkens, für das Dualismus der Dialektik das Mann-Fraubild als Hauptmetapher an zu merken, und nächstens diesen zu hypostasieren: als DER

Unterschied aller Unterschieden, als wäre das ein Ding, nicht Ausdrück eines konzeptuellen Verhältnisses. Die Identifizierung von 'Frau' und 'Negation' ist hypostasierendes Denken, der moderne Rationalität und ihrer Dialektik gemäss. Feministische Philosophie die solches macht, ist als sozialer Kritik, Aufklärung und Emanzipatorischer Fortschritt ist in ihrem Streben unvermeidbar klassisch, nötig, lobenswert und sehr traditionell "maskulin". Natürlich hypostasiert das indentitätlogische Denken eben auch seinen Negationen (Frau, Andere, Differenz). Aber diese Produkten des Denkens müssen auch wieder unter Verdacht gestellt werden und negiert, so wie in der negativen Dialektik Adornos. Denn DER Unterschied, als Ding an sich, besteht nicht, und DIE Frau und DER Andere auch nicht. Es gibt keinen materiellen Substrat das ihres Wesen trägt, keine körperlichen Eigenschaft wo die weiblichen Natur gesessen ist, nicht die Bauch, die Brust, ihres Gehirn, oder DNA. Das weibliche an dem Weib ist Bedeutungsverhältnis, Sprache, als Eros und Todestrieb mittels der Kastration ins Regel ins Fleisch geschrieben. Das Wort ist Fleisch geworden. Eine "weibliche" Subjektivität in einem weiblichen Körper ist ein essentialistisches und ontologisches Konzept, und ausser dem sinnlos. Das Subjekt ist weder männlicher noch weiblicher Natur. Die Frau existiert nicht, das heisst: als Ganzes. Das ist keine Beleidigung für konkreten Damen, das ist eine Vertröstung, denn das Unbehagen ist da für allen: der Mann weisst auch nicht was er ist, soll oder will. Die Sprache seines Vaters schliesst auch ihn aus. Die Kastration sagt nicht: der Mann ist komplett, und die Frau hat ein extra Mangel an Sein. Das wäre ridikul. Auch sagt sie nicht: er ist Subjekt, Geist, und sie ist Objekt, Stoff; Intelligibile und Sensibile. Die Psychoanalyse sagt nicht: der Mann ist Subjekt-Vater und die Frau ist Objekt-Mutter, er spricht, sie schweigt. Nein, dieses existentiellen Modell des Subjekts erzählt von allen Menschen, dass sie Leben, Tod und Mangel des Leibs von der Mutter empfangen, und dass sie allen die verlieren müssen. Das sie allen Identität und Subjektivität bekommen in der patriarchalen symbolischen Ordnung der Sprache. Die onbewusste Struktur der Neurose, Perversion und Psychose hat aber nichts mit dem korporellen Geschlecht zu tun; die Neurose ist nicht typisch weiblich und die Psychose ist nicht typisch männlich oder umgekehrt. Warum werden alle Formen konstruktiver Negation, also die Eros, zusammengeworfen mit der apokinetischen Negatität, die negiert, destruiert, wegzieht-von-Sein, mit dem Todestrieb? Und warum würden postmoderne Philosophen und Feministen noch immer beide Negationen als "die Frau" benennen?

Angela Grooten

Sabine Gürtler, Hamburg

Emmanuel Lévinas: Die Bedeutung der Geschlechterdifferenz für das Denken des Anderen

Mit diesem Beitrag soll gezeigt werden, welche Fragen zur Geschlechtlichkeit und zur Geschlechterdifferenz mit dem Alteritätsansatz von Emmanuel Lévinas in die zeitgenössische Ethik eingebracht werden können. Umgekehrt geht es auch darum, wie weit dieser Ansatz für ein Denken der Geschlechterdifferenz trägt.

1. In einer radikalen Wendung gegen die Tradition des griechischen Logos ordnet Lévinas den Anderen dem Selben vor. In genau diesem Sinn rückt die Ethik in den Rang einer Ersten Philosophie, weil das Selbst-Sein des Bewußtseins sich Lévinas zufolge einer Bewegung verdankt, von der es abhängig bleibt und die seine Intentionen weiter begleitet. Diese Bewegung ist die Exteriorität des Anderen, die das Selbstbewußtsein nicht in seinen Entwurf der Welt, in seinen Kosmos des Erkennens einholen kann. Die Erfahrung des Anderen, die Lévinas durchgängig als metaphysische Erfahrung denkt, bewirkt einen Bruch in diesem Entwurf, einen Riß im Gebäude der Egoität, durch den die Alterität gleichsam einströmt. Das Ich, ein Subjekt des Besitzens und Genießens, sieht sich einem Aufruf ausgesetzt, dem es sich zwar entziehen, den es jedoch nicht überhören kann. Dieser Aufruf präsentiert sich als Antlitz des Anderen, dessen ethische Qualität nicht etwa (wie die Etymologie des Ausdrucks *visage* und seiner deutschen Übersetzung nahelegt) aus einer Ordnung des Sichtbaren resultiert, sondern aus einem Sprechen. Insofern kann Lévinas die Sprache als Relation zwischen dem Selben und dem Anderen bestimmen. Entscheidend hierbei ist jedoch nicht das Gesagte, sondern das Sagen als Akt des Zuwendens, mit dem das Subjekt zu einer unbegrenzbaren und darum anarchischen Verantwortung für den Anderen gerufen wird, die seine Homöostase der Selbsterhaltung gefährdet. Diese Verantwortung, die das Verhältnis zum Anderen radikal asymmetrisch sein läßt, strukturiert die ethische Wirklichkeit der Menschen, auch dort, wo sie in einer gewaltsamen Reduktion der Alterität zurückgewiesen wird.

2. Welchen Stellenwert die Geschlechterdifferenz für dieses Denken der Alterität einnimmt, läßt sich im Werk von Lévinas nicht ganz einheitlich bestimmen. Eine Metaphysik des Geschlechtsunterschieds, die ausgehend von der frühen Schrift *Die Zeit und der Andere* entwickelt wird, konkurriert mit der Phänomenologie des Weiblichen, die in seinem ersten Hauptwerk, *Totalität und Unendlichkeit*, im Vordergrund steht. Der erste Ansatz weist der Geschlechtlichkeit einen privilegierten Platz für die Erfahrung von Alteri-

tät zu. Die ursprüngliche Form, in der sich das Verhältnis zum Anderen präsentiert, ist die Inhalts-Alterität des Weiblichen. An ihr wird gleichsam archaisch deutlich, daß der Andere nicht ein *alter ego* ist, das ich mir spiegelbildlich, ausgehend von meinen Vorstellungen und Empfindungen, erschließen kann. Am Weiblichen erscheint, "daß der intersubjektive Raum nicht symmetrisch ist"(ZA 55). Verschiedene, von Lévinas sicherlich u. a. aus der Philosophiegeschichte extrahierte Modelle der Bestimmung des Geschlechtsunterschieds werden zurückgewiesen. Er ist weder eine besondere, untergeordnete Differenz unter anderen, noch eine "Dualität zweier komplementärer Bezugspunkte", die sich von einem vorausgesetzten Ganzen ableitet oder in einer Bestimmung der Liebe als **Verschmelzung** gipfelt. Der Unterschied der Geschlechter läßt sich deshalb nicht einer Einteilung unterwerfen, weil er selbst "eine formale Struktur" ist, "die die eigentliche Möglichkeit der Wirklichkeit als einer vielfältigen bedingt" (ZA 56). Das Weibliche also, an dem sich dieser Unterschied offenbart, bildet - um einen wichtigen Begriff für Lévinas' Denken der Transzendenz einzuführen - die **Spur** der Pluralität, die die Totalität des Selben durchkreuzt. Die Anerkennung der Geschlechterdifferenz und der Verzicht darauf, sie aus einer Ökonomie des Selben abzuleiten und auf eine die Vielheit umgreifende Totalität zurückzuführen, hat insofern eine ethische Dimension und eröffnet gleichsam den Raum der Alterität.

3. Diese Bestimmungen einer 'Metaphysik des Geschlechtsunterschieds', die im Kontext der Erfahrung des Eros und der Fruchtbarkeit auftauchen und die die Geschlechtlichkeit und das Andere des Weiblichen als Ausgangspunkt der ethischen Erfahrung nehmen, reimen sich, wie bereits bemerkt, nicht ohne weiteres mit der 'Phänomenologie des Weiblichen', die den Eros und dieses Andere des Weiblichen eher in einen **Gegensatz** zur ethischen Erfahrung rücken, in ein Verhältnis des "negativen Bezugs zum Sozialen" (TU 384). Der Seinsmodus des Weiblichen wird hier nicht nur als das "Unerkennbare", als "Geheimnis" oder als "Schamhaftigkeit" angesprochen, die in der Alterität erscheint und eine "Entfremdung" für das Subjekt der Freiheit bewirkt (ZA 56ff), sondern als Profanation, in der das Geheime und die Entdeckung koinzidieren. Diese Gleichzeitigkeit von Erscheinung und Verbergung spiegelt sich auch im **weiblichen Antlitz**, das in einer "Präsenz des Nicht-Bedeutens im Bedeuten" das Antlitz gleichsam umkehrt und mit dieser Bewegung über das Antlitz hinausgeht. Das "eigentümliche Geschehen der weiblichen Schönheit" besteht gerade darin, sich in einer wesentlichen **Zweideutigkeit** auf der Grenze zwischen der Keuschheit und dem "ganz nahen und vielversprechenden Obszönen" zu halten (TU 384). Hier zeichnet sich ein "Ende der Rede und des Anstands" ab (TU 380), das in der Überschrift des Kapitels mit dem Titel "Jenseits des Antlitzes" bereits angekündigt wird. Wenn das Antlitz einen ethischen Appell beinhaltet und ein Sagen, dann scheint es darin dem Geheimnis der Weiblichkeit und dem "Unsagbaren" der Wollust und der Profanation entgegengesetzt zu sein, die sich in der "Präsenz des Nicht-Bedeutens" ausdrückt. Diesen Gegensatz haben wir hier am Beispiel des weiblichen Antlitzes zu verdeutlichen versucht, das für eine Fülle anderer Bestimmungen steht.

4. Die 'Phänomenologie des Weiblichen' geht aus von der Frage nach einer Liebe, die den Anderen "in seiner Schwäche" (TU 372) meint. Dieser Andere ist *die* Geliebte. Schon hieran wird deutlich, daß der Text von der Position des männlichen Liebenden aus geschrieben ist und sich auch als ein solcher, der Geschlechterdifferenz und damit gewissermaßen seinem Gegenstand unterworfener Text versteht. In seinem Essay zum Denken von Emmanuel Lévinas "Gewalt und Metaphysik" hat Jacques Derrida festgehalten, daß in *Totalität und Unendlichkeit* "die Achtung der Dissymmetrie bis zu einem Punkt" vorangetrieben ist, wo die weibliche Autorschaft unmöglich erscheint: "Sein philosophisches Subjekt ist der Mann". Diese männliche Markierung des Autorsubjekts bei einem Philosophen, der – radikalisiert in seinem Buch *Autrement qu'être ou au-delà de l'essence* (Jenseits des Seins oder anders als Sein geschieht) – die sogenannten weiblichen Qualitäten wie **Passivität** und **Verwundbarkeit** in einen wesentlichen Zusammenhang mit dem ethischen Verhältnis rückt, ist an vielen Textstellen auch grammatisch sichtbar. Lévinas macht hieraus gar keinen Hehl: er spricht davon, daß "für ein männliches Wesen[...] das Weibliche nicht nur aufgrund seiner unterschiedlichen Natur anders [ist], sondern auch insofern die Andersheit in gewissem Sinn seine Natur ist" (EU 49). Nicht die Natur des männlichen Wesens, verrät uns der französische Text, sondern diejenige des weiblichen, aber eben nur in der männlichen Perspektive. Von hier aus ergeben sich einschneidende Probleme für die Universalität des philosophischen Subjekts eines jeden Textes, der sich dem Thema der Geschlechterdifferenz zuwendet. Ist der philosophische Diskurs nicht verpflichtet, die **Allgemeinheit** des Denkens jenseits einer geschlechtlichen Markierung zu wahren? Oder ist es unmöglich – und vielleicht ein Grund für die Abstinenz der Gegenwartsphilosophie bezüglich des Themas der geschlechtlichen Realität –, sich dieser Realität zuzuwenden, ohne bereits von ihr eingeholt zu sein? Hat eine Phänomenologie der Transzendenz, die sich nicht mehr auf die Sichtbarkeit des Phänomens, sondern auf die Erfahrung beruft, gar keine Alternative zur Darstellung des Geschlechtsunterschieds und der Erotik von der Warte eines geschlechtlichen (männlichen oder weiblichen) Subjekts aus? Oder ist diese Perspektivierung als Defizit zu werten, das eine prekäre Dualität und – viel schlimmer noch – ein projektives Feld des Begehrens in das philosophische Denken einführt? Ein Defizit, das mit einem universalistischen Ansatz zur Theorie der Geschlechterdifferenz auszugleichen wäre?

5. Von der Sekundärliteratur sind die **patriarchalen** Elemente in Lévinas' Ausführungen zum Eros und zur Fruchtbarkeit, zur Vaterschaft und zur Kindesbeziehung, aber auch zur Ökonomie des Wohnens und des Hauses, häufig beklagt worden. Mit Catherine Chalier wäre zu fragen, warum sich die ethische Zweideutigkeit der Geliebten, die sich darstellt wie eine "Animalität ohne Verantwortung" (TU 385), erst in der **Mutterschaft** aufhebt, die ihr Telos aus der Zukunft des Kindes und vor allem des Sohnes erhält? Die "Begegnung mit dem Anderen in der Gestalt des Weiblichen" (TU 391) erscheint als notwendiger **Durchgang**, um beim Zielpunkt einer **ethischen Vaterschaft** anzukommen, in der das Begehren sich als Güte erfüllt. Mit Chalier und mit Derrida ist zu fragen, ob für Lévinas das

Weibliche nicht hinterrücks als Anderes des Sagens des Ganz-Anderen auftaucht, dessen Sagen verfehlt wird. Simon Critchley spricht von der konstanten Unterordnung der geschlechtlichen wie die ethische Differenz und des Weiblichen unter das Männliche. Thomas Wiemer ist darüber hinaus besorgt, ob man sich mit dem Primat des Menschlichen vor dem Geschlechtlichen philosophisch begnügen soll (vgl. stärker noch als *Totalität und Unendlichkeit* etwa *Du sacré au saint*). Es ist wirklich fragwürdig, ob die Frauen unserer Gegenwart sich in den ontologischen Bestimmungen wiederfinden können, nach denen die Frau und die Weiblichkeit eine Dimension der **Innerlichkeit**, der **Bleibe** und der **Gastlichkeit** eröffnet, als Voraussetzung für den Empfang im Kontext des Hauses und des Wohnens. Hilft der Hinweis des Autors weiter, daß es hierbei nicht um die **empirische Anwesenheit** einer Frau geht (TU 226)? - Solche Bestimmungen, die sich, wie Lévinas in seinem Essay über "Das Judentum und das Weibliche" selbst zu erkennen gegeben hat, u. a. sehr deutlich aus der jüdischen Tradition herleiten lassen, sollten jedoch nicht den Blick darauf versperren, daß das Denken dieses Autors den Raum des Geschlechtlichen und die Dimension der Frage nach der Geschlechterdifferenz für den zeitgenössischen philosophischen Diskurs neu geöffnet hat.

6. In der philosophischen Ethik der Gegenwart geht es im Allgemeinen nicht, wie bei Lévinas, um das "Erwachen des ethischen Bewußtseins" (S. Strasser), um die Konstitution des ethischen Subjekts. Der Schwerpunkt liegt, vor allem im deutschsprachigen und angelsächsischen Raum, auf Fragen der **Moralbegründung** und des **moralischen Urteilens**. Das ethische Subjekt, das sich hier der Legitimation seiner Handlungen versichern will, wird je schon als vernünftiges **Subjekt des guten Willens** vorausgesetzt. Man kann sagen, daß das Subjekt der modernen Ethik ungeschlechtlich ist. Das Geschlecht, die Sexualität und die hiermit gegebenen Realitäten treten zu diesem 'universalistischen' Subjekt hinzu oder machen sich höchstens als ein den rationalen Prozeß moralischen Urteilens gefährdendes Moment bemerkbar. An der ethischen Qualität des intersubjektiven Feldes sind sie unbeteiligt; sie verfallen weitgehend der Abtrennung des Öffentlichen vom Privaten, die die modernen ethischen Diskurse, insbesondere diejenigen der deontologischen Tradition durchzieht. Hier läßt sich mit Lévinas nicht nur eine Erweiterung vornehmen, sondern eine **Gegenthese** aufstellen: die erotischen Momente im Verhältnis zum Anderen (wie Zärtlichkeit, Wollust, Fruchtbarkeit und Kindschaft) erfordern eine besondere ethische Reflexion; darüber hinaus strukturieren und konstituieren die Geschlechtlichkeit und der Geschlechtsunterschied das ethische Verhältnis zum Anderen und die Wirklichkeit des ethischen Subjekts in maßgeblicher Weise. Deshalb ist die Geschlechterdifferenz nicht nur ein Beispiel für die Alterität; sie rückt mit Lévinas' 'Metaphysik des Geschlechtsunterschiedes' an eine **zentrale Stelle der ethischen Reflexion**. Dort, wo das Ich des Subjekts in die Selbstheit seiner Männlichkeit gesetzt ist, erscheint das Weibliche "als Ursprung des eigentlichen Begriffs der Andersheit" (EU 50), der die Einheit dieses Selbst-Seins subvertiert, jedoch gleichzeitig die Einmaligkeit des Subjekts in seiner Verantwortlichkeit für den Anderen verbürgt. Vielleicht ist es wichtig zu

betonen, daß es hier nicht um die Anheftung und Verteilung dieser Polarität an die empirischen Männer und Frauen gehen kann.

7. Die **Abdankung** zugunsten des Anderen, oder mehr noch, mein **Ausgeliefert-Sein** durch die Verantwortlichkeit für ihn, die sich sogar noch für seine Verantwortlichkeit verantwortlich fühlt, meine Sorge um ihn, oder – mit einem Begriff aus dem zweiten Hauptwerk, *Jenseits des Seins oder anders als Sein geschieht*, die **Verfolgung** durch denjenigen, der mir in der Dimension der Hoheit, aber auch in seiner Not, als "Fremder", als "Witwe und Waise", als der "Arme" und der "Proletarier" gegenübertritt, sind von vornherein gezeichnet durch die Struktur des Dritten, des Anderen des Anderen. Mit ihm, auf den wir uns bereits durch das Antlitz des Anderen – durch die Sprache – beziehen, kommen die **Institutionen** ins Spiel und damit die Frage nach der Reziprozität und nach der Gleichheit, ohne die keine Gerechtigkeit im sozialen Raum möglich wäre. Von hier aus darf jedoch das Verhältnis zum Anderen nicht einer Totalisierung unterworfen werden, in der ähnliche, symmetrisch gedachte Individuen im Verzicht auf ihre Einzigartigkeit füreinander im Namen einer unpersönlichen, absoluten Gerechtigkeit zur gesellschaftlichen Einheit zusammengefaßt werden. Insofern ist die Vernunft, die die Wahrheit der ethischen Beziehung zum Anderen mit der Gerechtigkeit für den Dritten verknüpft, für Lévinas – darin trägt er postmoderne Züge – als Sprache wesentlich pluralistisch (vgl. TU 299f). Von diesem Konzept aus lassen sich m.E. auch neue frauenpolitische Perspektiven entwickeln: der **konstitutive Antagonismus** der Frauenbewegung, der von Gleichheitsforderungen einerseits und einer Politik der Differenz andererseits, prägt in immer wieder neuen Erscheinungsformen die Debatten und radikalisiert sich je nach der politischen Problemlage zum einen oder anderen Pol hin. Läßt sich dieser Antagonismus von Reziprozität und Alterität vermitteln mit einer 'Ethik der Differenz', die die totalitären Züge im Begehren des Universalen aufzeigt (vgl. TU 314), ohne die Ansprüche des Universalismus zu verabschieden?

Verwendete Literatur:

ZA: E. Lévinas, *Die Zeit und der Andere*, übersetzt und mit einem Nachwort versehen von Ludwig Wenzler, Freiburg i. B. 1990 (Paris 1947, Montpellier 1979)
TU: E. Lévinas, *Totalität und Unedlichkeit. Versuch über die Exteriorität*, übersetzt von Wolfgang N. Krewani, Freiburg i.B./München 1987 (Den Haag 1980)
EU: E. Lévinas, *Ethik und Unendliches. Gespräche mit Philippe Nemo*, übersetzt von Dorothea Schmidt, Graz/Wien 1989 (Paris 1982)
E. Lévinas, *Jenseits des Seins oder anders als Sein geschieht*, übersetzt von Thomas Wiemer, Freiburg i.B./München 1992 (Den Haag 1974)
E. Lévinas, "Das Judentum und das Weibliche", in: *Schwierige Freiheit. Versuch über das Judentum*, übersetzt von Eva Moldenhauer, Frankfurt/M. 1992 (Paris 1963)

Catherine Chalier, *Figures du féminin. Lecture d'Emmanuel Lévinas*, Paris 1982
Simon Critchley, *The Ethics of Deconstruction. Derrida and Lévinas*, Oxford 1992
Jacques Derrida, "Gewalt und Metaphysik. Essay über das Denken von Emmanuel Lévinas", in: ders., *Die Schrift und die Differenz*, übersetzt von Rodolphe Gasché, Frankfurt/M. 1976 (Paris 1967)
- "Eben in diesem Werk in diesem Moment findest du mich", übersetzt von Elisabeth Weber (Paris 1980), in: *Parabel*, Nr. 12/Gießen 1990, S. 42-83
Josef Simon, "Ende der Herrschaft? Zu Schriften von E. Lévinas in deutschen übersetzungen", in: *Allgemeine Zeitschrift für Philosophie*, Nr. 1/1985, S. 25-48
Thomas Wiemer, *Die Passion des Sagens. Zur Deutung der Sprache bei Emmanuel Lévinas und ihrer Realisierung im philosophischen Diskurs*, Freiburg i.B./München 1988

Sektion 17

Feministische Ethik

Geschlechterdifferente Moral oder feministische Ethik?
Eine Einführung

Herta Nagl-Docekal, Wien

1. Zum Begriff "feministische Ethik"

Der Ausdruck "feministische Ethik" bezieht sich nicht auf eine bestimmte, einzelne Theorie, sondern auf einen Diskurs, an dem sehr vielfältige, in mancher Hinsicht auch unvereinbare Ansätze partizipieren. Doch bei aller Diversität lassen sich auch Gemeinsamkeiten ausmachen. Sie liegen in den Fragestellungen, mit denen die Beteiligten befaßt sind. Deren Ausgangspunkt bildet das feministische Grundanliegen, die Ausgrenzung und Unterdrückung von Frauen, welche nach wie vor alle Lebensbereiche prägt, zu überwinden.

Aus der Perspektive des Engagements für diese Zielsetzung erhebt sich (1.) die Frage: Welche moralphilosophischen Bestimmungen sind erforderlich, um Diskriminierung als ein nicht nur politisches, sondern auch moralisches Problem durchschaubar zu machen bzw. wie muß Moralphilosophie (re-)formuliert werden, damit sie ein Handeln begründen kann, das sich mit der vielfältigen Benachteiligung von Frauen kritisch auseinandersetzt. Zu den Konsequenzen dieser Frage gehört eine neuerliche Lektüre der "Klassiker" der Moralphilosophie; dabei ist zu untersuchen, ob diese Texte das genannte Problem übergehen oder gar mitverursachen, oder ob sie Kategorien für seine Eliminierung bereitstellen. Eine andere (2.) Grundfrage feministischer Ethik richtet sich darauf, in welcher Weise die moralischen Erfahrungen von Frauen zum Ausgangspunkt philosophischer Reflexion gemacht werden können. Die Erörterung

Herta Nagl-Docekal

dieser Frage dominierte den Diskurs des letzten Jahrzehnts in solchem Maße, daß viele den Begriff "feministische Ethik" schlicht gleichsetzen mit dem Projekt, spezifisch weibliche Formen moralischen Urteilens und Handelns nachzuweisen. Eine solche Einschätzung läßt freilich außer Acht, daß eine Stilisierung "weiblicher Tugenden" nicht unbedingt mit dem feministischen Anliegen konvergiert. Eine weitere (3.) Grundfrage gilt den praktischen Konsequenzen; hier geht es um Ethik in Form konkreter Anweisungen für ein Handeln, das nicht mehr an hierarchischen Modellen des Geschlechterverhältnisses orientiert ist.

2. Gibt es geschlechtsspezifische Unterschiede in der Moral?

Der Anstoß für die Entwicklung dieses philosophischen Diskurses kam aus der Moralpsychologie. 1982 veröffentlichte Carol Gilligan ihr Buch "In a Different Voice", in dem zwei Formen moralischen Urteilens unterschieden werden - der den Männern zugeordneten "Gerechtigkeitsperspektive" wird die bei Frauen beobachtete "Fürsorglichkeitsperspektive" (care perspective) gegenübergestellt. Kaum ein anderes Buch auf dem Gebiet der feministischen Theorie löste eine so breite Debatte aus. Rückblickend läßt sich eine Binnenentwicklung dieser Diskussion feststellen, die im folgenden kurz erläutert werden soll.

Das dualistische Konzept wurde bald auch im Rahmen philosophischer Moraltheorie erörtert. Annette Baier führte z.B. aus, daß eine theoretische Analyse der "Care"-Ethik, freilich ohne Bezugnahme auf die Geschlechterdifferenz, bereits bei Hume angelegt sei, während sie den für Männer signifikanten

Herta Nagl-Docekal

Moralitätstypus dem Gesetzesbegriff der von Kant begründeten Tradition der Moralphilosophie zuordnet. Nel Noddings bediente sich phänomenologischer Methoden, um die einzelnen Aspekte der Sorge-Beziehung zwischen Mutter und Kind zu analysieren.

Wie aus zahlreichen kritischen Studien, darunter Untersuchungen von Gertrud Nunner-Winkler und Rainer Döbert hervorgeht, kann die in diesen Theorien vorgenommene Polarisierung der Geschlechter nicht beanspruchen, empirisch gesichert zu sein. Auch zeigte sich, daß die Annahme geschichtsunabhängiger, konstanter Geschlechtscharaktere in die Fallstricke eines biologischen Determinismus gerät. Plausibilität hat indessen der Vorschlag, die behauptete Differenz primär im Bereich normativer Vorstellungen und nicht auf der Ebene des statistisch Greifbaren zu verorten. Damit ergibt sich ein Bezug zu den feministischen Analysen symbolischer Konstruktion. Zahlreiche in letzter Zeit vorgelegte Studien riefen in Erinnerung, daß - anders als zur Zeit der Frühaufklärung - etwa ab der Mitte des 18.Jahrhunderts in prononcierter Form Entwürfe des idealen Paares ("der Mann" und "die Frau") vorgelegt wurden. Diese sollten zu einer Arbeitsteilung anleiten, wobei den Männern die öffentliche, den Frauen die häusliche Sphäre zugeordnet wurde. Die familientheoretischen Ausführungen bei Rousseau, Kant, Fichte und Hegel sind Beispiele dieser Denktradition. Die Logik solcher Konstruktionen bestimmt die Gestaltung der Geschlechterverhältnisse in vieler Hinsicht bis heute, und so scheint es naheliegend anzunehmen, daß sie auch im moralischen Verhalten der Geschlechter ihren Niederschlag findet. Seyla Benhabib deutet die Arbeiten Gilligans als Beitrag zu einer

Kritischen Theorie der Moderne. Näher besehen, zeigt sich hier jedoch eine Unschärfe: Die geschlechterdifferenten Normen, die den idealtypischen Konstruktionen der Moderne entspringen, begründen entsprechende Formen von Sitte; im weiteren gilt es aber, zwischen Sitte und Moral zu unterscheiden. Daß diese Differenzierung unerläßlich ist, wird nicht zuletzt daran deutlich, daß es geboten sein kann, aus moralischen Gründen mit einer bestimmten Sitte zu brechen.

3. Fürsorglichkeit versus Universalisierung?

In einer Reihe neuerer Studien zur feministischen Ethik tritt die Polarisierung der Geschlechter zurück, es erfolgt eine "demoralization of gender" (M.Friedman). Fürsorglichkeit erscheint nun gegenüber universalistischen Konzepten von Moralität als die überlegene Perspektive, die für Männer wie für Frauen gleichermaßen Relevanz haben sollte. Den philosophischen Hintergrund bildet dabei die kommunitaristische Distanznahme vom Liberalismus, wie sie von Autoren wie Alasdair MacIntyre, Michael Sandel und Michael Walzer formuliert wurde. Die Einwände richten sich gegen ein Denken, das einen Vertrag zwischen autonomen und gleichen Partnern voraussetzt und andere nicht als Individuen in ihrer Besonderheit wahrnimmt, sondern unter der Perspektive abstrakter Rationalität, aufgrund deren wir uns alle gleichen. Dieses Denken wird ferner dadurch charakterisiert, daß es sich an starr definierten Prinzipien orientiert, wobei der Grundsatz der Nichteinmischung bzw. der Unparteilichkeit die Basis bildet.

In diesem Zusammenhang zeigt die Debatte zur feministischen Ethik neuerlich eine Unschärfe. Die eben rekapitulierten

Herta Nagl-Docekal

Bestimmungen treffen gewiß nicht das, was wir vor Augen haben, wenn von Moralität die Rede ist. Sie bezeichnen vielmehr Elemente dessen, was in rechtsphilosophischem Kontext diskutiert wird. Konzepte wie Sozialvertrag und Gleichbehandlung sind nicht Ausdruck mangelnder moralischer Sensibilität, sondern Komponenten einer Theorie des modernen Staates. Daß sie nach wie vor unverzichtbar sind, zeigen nicht nur zeitgenössische demokratietheoretische Studien wie etwa diejenigen von John Rawls und Jürgen Habermas, sondern auch eine Reihe von Publikationen zur feministischen Rechtskritik. (Freilich gehen die aktuellen Konzeptionen des Staates auch über die hier genannten Theorieelemente hinaus, insbesondere in Richtung sozialstaatlicher Erwägungen). Das Problem liegt hier also darin, daß die "Care"-Ethik von "zwei Logiken" des moralischen Urteils spricht, wo streng genommen zwischen Recht und Moral unterschieden werden müßte. Anlaß für diese Verkürzung dürfte die Absicht gewesen sein, den Härten einer vorzüglich am Liberalismus orientierten Politik theoretisch zu begegnen. Daß die Ebenen von Recht und Moral verschliffen wurden, hat freilich auch einen theoretischen Grund. Er liegt in einem unpräzisen Umgang mit dem Begriff "Universalismus". Dieser wird zum einen auf die deontologischen Moralkonzeptionen bezogen, zum anderen durch die oben zusammengestellten Elemente liberalistischer Staatstheorie definiert.

Was nun Moralität im eigentlichen Sinn betrifft, so läßt sich eine Polarisierung von Fürsorglichkeitsdenken und Universalisierung nicht rechtfertigen. Zunächst zum Begriff "Fürsorglichkeit": Er wird gewöhnlich durch drei Charakteristika definiert; demnach ist Fürsorglichkeit kontextsensitiv, an Beziehungen orientiert und von Gefühlen geleitet. Näher besehen, enthält jede dieser Bestimmungen universalistische Implikationen. Dies kann hier nur an zwei Beispielen erläutert werden. Erstens: Die Forderung, Individuen in ihrer Besonderheit und ihrer spezifischen Situation wahrzunehmen und zu unterstützen, ist gewiß einleuchtend; doch zugleich ist festzuhalten, daß diese Forderung selbst keinen partikularistischen Charakter hat. Das Prinzip "Differenz ist zu respektieren" bezieht sich ja auf alle Menschen. Zweitens: Wenn Bindungen als Ursprungsort von Moralität gesehen werden, so droht die Gefahr, daß Moralität auf die spontane Anteilnahme, die sich in Kleingruppen findet, beschränkt bleibt und zum Verhalten Fremden gegenüber keinen Bezug hat. Soll diese Gefahr vermieden werden, so ist ein Abstraktionsvorgang erforderlich. Es muß vom unverwechselbaren Charakter bestimmter Beziehungen abgesehen, einzelne Verhaltenselemente müssen herausgelöst und in paradigmatischer Form gedacht werden. - Im weiteren sind hier die schwerwiegenden Einwände zu reflektieren, die in der Geschichte der Moralphilosophie gegenüber gefühlsethischen Ansätzen erhoben worden sind.

Die bisherige Debatte zur feministischen Ethik hat in folgende Aporie geführt: Eine universalistische Moralkonzeption wird zugleich abgelehnt und gefordert bzw. implizit vorausgesetzt.

4. Feministische Ethik statt femininer Tugenden

Um diese Aporie aufzulösen, ist es angezeigt, die im Rahmen der universalistischen Moralphilosophie entwickelte Konzeption

Herta Nagl-Docekal

von Formalität zu rekonstruieren. Das Prinzip der Achtung von Menschen ist formal und nicht abstrakt, d.h. es fordert gerade nicht, andere nur als "verallgemeinerte Andere" (S.Benhabib) zu sehen. Es ist zugleich strikt uiversalistisch und radikal individualisierend. Onora O'Neill betont in ihrer Kant-Interpretation: "Verwundbare, endliche Wesen behandeln einander nicht als Zwecke, indem sie einander lediglich einen angemessenen 'Raum' zugestehen ..., aber keine ausdrückliche Ermutigung, Hilfe oder Unterstützung."

Der Weg der bisherigen Debatte führte also von einer empirischen Untersuchung "weiblicher Tugenden" zu einer für beide Geschlechter relevanten Moralkonzeption, derzufolge allen eine fürsorgliche Zuwendung zu Individuen allen. Damit sind die Voraussetzungen für eine feministische Ethik im eigentlichen Sinn geschaffen. Es ist nun möglich - und zugleich erforderlich - geworden, die Diskriminierung von Frauen als ein moralisches Problem, das alle angeht, zur Darstellung zu bringen. Die formal-universalistische Grundforderung muß auf die Stellung der Frauen in jedem Bereich der heutigen Lebenswelt bezogen werden.

Zunächst (1.) ist zu untersuchen, wo Frauen als solche, d.h. aufgrund ihres Geschlechts, nicht voll als Personen respektiert werden. Dabei springt primär die verbreitete, oft gewaltförmige Instrumentalisierung von Frauen ins Auge. In diesem Zusammenahng ist auch zu analysieren, wie weit staatliche Gesetzgebung solche Formen der Mißachtung zuläßt oder sogar begünstigt. Ferner ist zu erörtern, daß es auch verschleierte Formen der Verweigerung von Anerkennung gibt. Die Entmündigung von Frauen hat sich in unserer Kultur als Understatement so eingespielt, daß manche

Aspekte selbst für die Betroffenen unkenntlich gemacht sind. Überdies (2.) stellt sich die Frage, wie weit individuelle Entscheidungen von Frauen Unterstützung finden. Dabei ist vor allem zu erörtern, daß Frauen sich vielfach aufgrund der ihnen zugemuteten Geschlechtsrollen vor eingeschränkte Wahlmöglichkeiten gestellt sehen.

Zusammenfassend ist festzuhalten, daß eine ausgeführte feministische Ethik einen kritischen und einen antizipatorischen Teil umfassen muß. Der erste entspringt der eben umrissenen Aufgabe aufzudecken, in welcher manifesten und latenten Weise Frauen diskriminiert werden. Im antizipatorischen Teil geht es indessen um Ethik im Sinne konkreter Verhaltensmaximen. Den Ausgangspunkt bildet dabei die Frage, wie die alltäglichen Umgangsformen verändert werden müssen, damit sowohl Frauen als auch Männer Anteilnahme und Unterstützung bei anderen finden können.

Literatur:

Carol Gilligan, Die andere Stimme. Lebenskonflikte und Moral der Frau, München: Piper 1984.
Eva Feder Kittay und Diana T.Meyers (Hg.), Women and Moral Theory, Totowa, N.J.: Rowman & Littlefield 1987.
Marsha Hanen und Kai Nielsen (Hg.), Science, Morality and Feminist Theory, Canadian Journal of Philosophy, Supplementary Volume 13, 1987.
Onora O'Neill, Constructions of Reason. Explorations of Kant's Practical Philosophy, Cambridge: Cambridge University Press 1989.
Gertrud Nunner-Winkler (Hg.), Weibliche Moral. Die Kontroverse um eine geschlechtsspezifische Ethik, Frankfurt/M.: Campus 1991.
Claudia Card (Hg.), Feminist Ethics, Lawrence, Ka: University Press of Kansas 1991.
Eve Browning Cole und Susan Coultrap-McQuin (Hg.), Explorations in Feminist Ethics, Bloomington-Indianapolis: Indiana University Press 1992.
Herta Nagl-Docekal und Herlinde Pauer-Studer (Hg.), Jenseits der Geschlechtermoral, Frankfurt/M.. Fischer TB 1993.

Gertrud Nunner-Winkler

Zum Mythos von den zwei Moralen

Gegenstand der folgenden Überlegungen ist Gilligans These, es gäbe zwei gleichwertige moralische Orientierungen: eine rigide Gerechtigkeitsorientierung, die eher für Männer und eine flexible Fürsorglichkeitsorientierung, die eher für Frauen charakteristisch sei. Diese These ist aus philosophischer Sicht exponiert (1); aus empirischer Sicht ist sowohl die deskriptive Behauptung, wie erst recht die von Gilligan vorgeschlagene Erklärung geschlechtsspezifischer Präferenzen zumindest kontrovers, wenn nicht unhaltbar (2). Sofern diese beiden Überlegungen triftig sind, ist die Tatsache, daß Gilligans These so hohe Akzeptanz findet oder gefunden hat, ihrerseits erklärungsbedürftig (3).

1. Aus philosophischer Sicht

- Die Annahme, es gäbe zwei und genau zwei gleichermaßen rechtfertigbare Moralen, steht in Konkurrenz zu einer Reihe möglicher und gegebenenfalls plausiblerer moralphilosophischer Positionen:
    - Zum Skeptizismus, d.h. der These, der Moral komme überhaupt keine eigenständige Geltung zu (Moral als bloßes Überbau-Phänomen).
    - Zum Relativismus, d.h. der These, es gäbe so viele Moralen wie Kulturen.
    - Zum strikten Universalismus, d.h. der These, es gäbe ein begründbares Verfahren, das konsensfähige moralische Prinzipien Normen und auch Lösungen moralischer Dilemmata abzuleiten erlaubte.
    - Zum eingeschränkten Universalismus, d.h. der These, es gäbe zwar ein konsentiertes Verfahren der Normableitung, aber Dissens (Pluralismus) in der Frage der Lösung moralischer Dilemmata.

- Der Beschreibung der beiden Moralen unterliegt die Annahme einer fixen Koppelung je eines Form- und Inhaltsmomentes: Flexibilität wird mit einer Fürsorglichkeits-, Rigidität mit Gerechtigkeitsorientierung als fest verknüpft unterstellt.

Gertrud Nunner-Winkler

Andere moralphilosophisch vorfindliche Kombinationen sind damit ausgeschlossen, etwa die Position einer modernen hochflexiblen, aber vorrangig an Rechten und Pflichten (i.e. 'Gerechtigkeit') orientierten Minimalmoral oder aber Kants rigide, aber auch positive Pflichten (i.e. 'Fürsorglichkeit') als verbindlich umfassende Moralkonzeption. Des weiteren unterstellt die typologische Dichotomisierung einen prinzipiellen Gegensatz zwischen Fürsorglichkeit und Gerechtigkeit, der die Möglichkeit einer Integration beider Perspektiven nicht vorsieht.

2. Aus empirischer Sicht

Zur Deskription

Gilligan entwickelte ihre These anhand früherer Ergebnisse im Kontext der Kohlberg'schen Forschungen. Diese schienen zu zeigen: Frauen präferieren Argumente, die nach Kohlbergs Stufe 3, Männer solche, die der Stufe 4 zugerechnet werden. Eine Vielzahl von Folge-Untersuchungen erbrachte jedoch keine, oder aber bei Kontrolle der Variablen Ausbildungsniveau und Berufstätigkeit verschwindende geschlechtsspezifische Unterschiede im Niveau der moralischen Urteilsfähigkeit. Dabei ist allerdings in Rechnung zu stellen, daß in dem von Kohlberg und seinen Mitarbeitern zwischenzeitlich überarbeiteten Kodiersystem strukturelle und inhaltliche Momente klarer getrennt werden und die Stufenzuordnung ausschließlich nach Strukturmerkmalen erfolgt. Aus diesem Grund wertet Gilligan die Stufengleichheit nicht als Widerlegung ihrer Position: Differenzen, so ihre Replik, spiegelten sich weniger im Niveau der Begründungsstruktur als vielmehr im Inhalt der moralischen Erwägungen. Für solche weiterhin unterstellten geschlechtsspezifischen Moraldifferenzen werden unterschiedliche Erklärungen diskutiert.

Zur Kausalfrage
- Erklärungen für geschlechtsspezifische Unterschiede in moralischen Orientierungen
    - Evolutionstheoretische Erklärung: die Chance, die eigenen Gene in den weiter tradierbaren Genpool

einzubringen, sind für Frauen ungleich unmittelbarer an Versorgungsleistungen für Neugeborene gekoppelt als für Männer.

> Einwand: Die Reproduktionschancen für Individuen sind kulturell geregelt: Kein Mann schöpft das biologisch mögliche Maximum aus. Es gibt keinen Beleg dafür, daß so komplexe Orientierungen, wie Fürsorglichkeit, an spezifische Gene gekoppelt sind.

- Frühkindliche Sozialisationserfahrungen: Männliche wie weibliche Neugeborene finden im allgemeinen als erste Bezugsperson eine Frau vor. Mädchen können in dieser ersten Identifikation mit der fürsorglichen Mutter verbleiben und so ein 'beziehungsorientiertes Selbst' aufbauen; Jungen müssen sich - wollen sie eine angemessene Geschlechtsrolle erwerben - aus dieser primären Identifikation lösen und entwickeln so ein 'autonomes Selbst'.

> Einwand: Die behaupteten frühkindlichen Unterschiede im Moralverständnis lassen sich nicht nachweisen.

- Differenz in den Geschlechtsrollen-Erwartungen: Im Zuge der Industrialisierung haben sich die Geschlechtsrollen ausdifferenziert. Männer werden auf Leistungsorientierung und Konkurrenzverhalten, Frauen eher auf Familienrollen hin erzogen. Diesem traditionellen Geschlechtsrollenverständnis entspräche eine stärker an Rechten und Pflichten orientierte männliche, und eine stärker an Fürsorglichkeit orientierte weibliche Moralvorstellung.

> Beleg: Mädchen, die im Verlaufe einer heftigen Adoleszenzkrisenerfahrung gegen tradierte Geschlechtsrollen-Zumutungen revoltieren, argumentieren eher an Leistungsgerechtigkeit als an Fürsorglichkeit orientiert.

- Differenzen in der Machtposition: Die behaupteten geschlechtsspezifischen Unterschiede lassen sich durch Machtunterschiede erklären.

> Beleg: Ähnlichkeiten zwischen einer sogenannten 'afrikanischen Moral' und der 'weibli-

chen Moral'.

- Alternative - geschlechtsunabhängige - Erklärungen für Unterschiede in moralischen Orientierungen:
  - Flexibilität/Rigidität wird angemessener durch konkrete Betroffenheit von einem moralischen Dilemma bzw. verallgemeinert durch das Niveau der soziokognitiven Entwicklung oder moralischen Reife als durch Geschlechtszugehörigkeit erklärt.
  - Eine Orientierung eher an Fürsorglichkeit bzw. an Gerechtigkeit ist stärker vom Dilemmainhalt als von der Geschlechtszugehörigkeit der Befragten abhängig.

3. Zur Erklärung der Akzeptanz der Thesen von den zwei Moralen

Falls in der Tat gilt: Auch die im Rahmen eines eingeschränkten Universalismus noch mögliche Vielfalt moralischer Orientierungen ist nicht auf eine Zweiertypologie reduzierbar und die These geschlechtsspezifischer Moralorientierungen nicht haltbar - dann wird erklärungsbedürftig, warum die These von der 'weiblichen Moral' eine so breite und gegen alle Einwände resistente Akzeptanz findet. Dafür könnte es mehrere - strategische wie sachliche - Gründe geben:
- Die These einer geschlechtspezifischen Moraldifferenz eignet sich als Mittel im politischen Kampf, einmal um eine Gleichrangigkeit der Geschlechter trotz Differenz, zum anderen, um die Durchsetzung neuer Werte (Ökologie, Pazifismus etc.). Gegebenenfalls läßt sich die These strategisch einsetzen, um in diesen Auseinandersetzungen Terrain zu gewinnen.
- Binäre Unterscheidungen vereinfachen nicht nur politische, sondern auch innerwissenschaftliche Auseinandersetzungen, sofern sie leichter handhabbar und stärker aufmerksamkeitsfokussierend sind als komplexere Typologien.
- Der Aufbau begrifflichen Denkens folgt der Unterstellung, unter Oberflächendifferenzen müssen es stabile zugrunde liegende 'Wesensunterschiede' geben. Geschlechtszugehörigkeit ist eine komplexe Kategorie, in der unabänderlich

Gertrud Nunner-Winkler

stabile biologische Unterschiede mit nur kurzfristig stabilen kulturellen Deutungen dieser Unterschiede verkoppelt sind. In der Geschlechtsrollen-Sozialisation werden diese kulturellen Deutungen 'verinnerlicht', 'in den Leib eingeschrieben'. Unsere Denkgewohnheiten und unsere kulturell überformten Körpererfahrungen legen die Annahme unaufhebbarer, Leib, Seele und Intellekt betreffender Wesensdifferenzen zwischen den Geschlechtern nahe, die auch durch empirisch auffindbare - aber als 'bloße' Oberflächenphänomene abgewertete - individuelle Unterschiede innerhalb beider Geschlechtskategorien nicht zu erschüttern ist. Das Erlernen von Geschlechtsstereotypisierungen ähnelt hierin dem Aufbau von ethnischen und rassischen Kategorien.

Feministische Ethik
aus existenzphilosophischer Perspektive

Annemarie Pieper (Basel)

Die berühmte Formel, mit der Søren Kierkegaard das Sein als Mensch in der "Krankheit zum Tode" umschreibt, lautet: "Der Mensch ist Geist. Was aber ist Geist? Geist ist das Selbst. Was aber ist das Selbst? Das Selbst ist ein Verhältnis, das sich zu sich selbst verhält, oder ist das an dem Verhältnis, daß das Verhältnis sich zu sich selbst verhält." (Kierkegaard 1957, 8) Anders als die essentialistischen Definitionen des Menschen, die ein allgemeines, unveränderliches, übergeschichtliches Wesen des Menschen als identischen Kern von humanem Sein unterstellen, rückt Kierkegaard die individuelle Besonderheit des Einzelnen in den Blick, indem er den statischen Wesensbegriff durch eine bewegliche Verhältnisstruktur ersetzt.

Zwar war auch in den traditionellen Wesensbestimmungen das Individuum mitgemeint, aber es wurde gleichsam in einem vertikalen Modell unter den Begriff des Menschen subsumiert, wobei das, was seine Besonderheit ausmacht, als zu vernachlässigende Größe im Abstraktionsverfahren auf der Strecke blieb. Das hierarchisierende vertikale Modell als das bevorzugte Erkenntnismittel wurde auch zur Überwindung der das menschliche Sein kennzeichnenden Differenz eingesetzt. Die auf diese Weise erzielte Einheit durch Unterordnung des Besonderen unter das Allgemeine - des Leibes unter die Seele, des Körpers unter den Geist, der Sinnlichkeit unter die Rationalität - war eine ausschließende, keine integrative Form von Identität.

Demgegenüber versucht Kierkegaard, das vertikale Denkmodell als ein geschichtliches zu reflektieren und es damit zu horizontalisieren. Auf diese Weise gelingt es ihm, das Allgemeine zu verzeitlichen und in das Selbstwerden des Individuums so einzubinden, daß dessen prozessuale Identitätsfindung - bildlich gesprochen - nicht durch den ständig nach oben gerichteten Blick auf ein dominierendes Ranghöchstes geschieht, das als Preis für die Vereinigung mit seinem universalen Sinn einen weitgehenden Verzicht auf den abgewerteten Bereich des Unten fordert, der aufgrund seiner in sich zerrissenen Vielheit zur Einheit nicht fähig ist.

Vielmehr soll sich der Blick jetzt nach vorn in eine offene Zukunft richten, die erst als Vorentwurf antizipiert ist und in jedem Moment aussteht. Dies ist jedoch nicht so zu verstehen, als ob die Vorstellung eines fixen, einheitsstiftenden Allgemeinen bloß im Uhrzeigersinn aus der Vertikalen in die Horizontale gedreht und zum Ziel erhoben wird, so daß Menschwerden nun als Approximation an ein in die ferne Zukunft verlegtes Identitätskonzept gedacht würde. Auch in diesem - schlecht utopischen - Modell würde die Differenz zwischen dem Allgemeinen als dem Repräsentanten von Einheit und dem Besonderen als dem Repräsentanten von Vielheit durch Eliminierung des letzteren aufgehoben. Der grundsätzlichen Untergeordnetheit und Rangniedrigkeit des Besonderen im vertikalen Modell entspricht im utopischen Modell die Vergangenheit, die man als Reihe der ausgestoßenen Formen einer immer weiter reduzierten Vielheit hinter sich zurückläßt, bis schließlich im erreichten Ziel jede Differenz aufgehoben ist.

Auch wenn die eingangs zitierte Formel Kierkegaards sich zunächst wie eine Beschreibung der Struktur von Selbstreflexivität anhört, wird im weiteren Verlauf der "Krankheit zum Tode" deutlich, daß mit "Verhältnis" mehr gemeint ist als ein bloß theoretisches Konstrukt von Selbstbewußtsein. Was Kierkegaard umreißt, ist eine Praxis, die als Tätigkeit des Sichverhaltens charakterisiert wird. Das "Selbst" existiert nicht anders, als indem es sich durch die Weise seines Sichverhaltens als jene Mitte des Verhältnisses erzeugt, in welcher der Bezug auf andere und anderes mit dem Selbstbezug eins wird. Diese Einheit unterscheidet sich von der in sich gegensatzlosen, das Andere ihrer selbst ausschließenden Einheit des vertikalen Modells dadurch, daß sie das Differente in sich integriert und nicht von vornherein als quantité négligeable abqualifiziert. Existieren als Mensch ist somit der ununterbrochene Prozeß einer Auseinander- und wieder Zusammen-Setzung des Differenten, so daß Einheit, Identität des sich und seine Lebensform auf diese Weise selbst generierenden Individuums nur im tätigen Vollzug des Sichverhaltens entsteht: als die momentweise mit dem Selbstverhältnis zur Deckung gebrachten, als gleichwertig anerkannten Momente des Sichverhaltens zu Gott, den Mitmenschen und der Welt.

Das horizontale Modell einer existentiellen Verhältniseinheit, wie es in den Schriften Kierkegaards entwickelt wird, scheint mir ein geeignetes Instrument zu sein, um die Frage der Geschlechterdifferenz einmal aus der Perspektive einer Vorstellung von Einheit zu erörtern, die es erlaubt, das Existieren als Mensch so zu denken, daß das Existieren als Mann resp. als Frau im Allgemeinen des Begriffs Mensch nicht unterschiedslos verschwindet oder das Existieren als Frau aus der Perspektive des vertikalen Modells - als dem Grundmuster des hierarchisierenden patriarchalen Denktypus - einem dem männlichen Selbstverständnis von Rationalität sich verdankenden Allgemeinen subordiniert wird. Freilich hat Kierkegaard nicht über die gesamte Bandbreite der mit der Geschlechterdifferenz verbundenen Probleme nachgedacht, und gewiß lassen sich in seinen Überlegungen androzentristische Elemente ausmachen. Aber seine Kritik essentialistischer Philosophien, die auf Kosten der Individualität der Einzelnen dem Wesen des Menschen die Priorität zuerkennen, und sein Ansatz bei der Existenz als einer ursprünglicheren Relationalität, die ihre Relate und deren Gegensätzlichkeit durch die unterschiedlichen Formen des Sichverhaltens allererst aus sich hervorgehen läßt, weisen den Weg zu einem anderen Verständnis von Einheit und Differenz, das die Grundlage für eine Ethik der geschlechtsspezifischen Moral abgeben könnte.

Im übrigen finde ich es bemerkenswert, daß Kierkegaard - noch dazu als christlicher Denker - der erste unter den Philosophen der Moderne war, der die Sexualität ausdrücklich zum Thema gemacht hat. In "Der Begriff Angst" baut er seine Theorie des Sündenfalls auf der These auf, daß das menschliche Individuum jederzeit "es selbst ist und das Geschlecht" (Kierkegaard 1965, 25). Die Doppeldeutigkeit des Ausdrucks "Geschlecht" erlaubt es, das existentielle Selbstverhältnis einerseits als Wechselbeziehung zwischen individuellem Wesen und Gattungswesen, andererseits zwischen individuellem Wesen und Geschlechtswesen (also einem Wesen in geschlechtlicher Besonderung) zu reflektieren. Obwohl der Mensch auch schon im Paradies ein Gattungs- und Geschlechtswesen war, muß davon ausgegangen werden, daß er seine existentielle Synthesis in der Sicherheit eines ursprünglich heilen Selbstverhältnisses gleichsam in naturwüchsiger Unschuld vollzog und noch nicht in der Folge einer Auseinander-Setzung und Zersprengung der ursprünglichen Einheit. Was immer den Menschen dazu bewogen haben mag, diese Einheit aufs Spiel zu setzen und zu zerstören - ob er sich gegen Gott erhoben hat, sei es aus Stolz, aus Einfalt oder aus Neugier -, von nun an ist er genötigt, den Selbstverlust dadurch zu kompensieren, daß er die in Besonderes und Allgemeines auseinandergefallenen Momente seines Seins wieder in ein Ganzes integriert. Dieses Ganze, das kein Begriff ist, sondern er selbst als Mensch in geschichtlicher Konkretion, existiert nur auf die Weise des Sichverhaltens zu den aus dem ursprünglichen Selbstverhältnis freigesetzten Elementen, die aus ihrer isolierten Beziehungslosigkeit herausgelöst und wieder in die Aktualität des sie ermöglichenden und zugleich durch sie ermöglichten Selbstverwirklichungsprozesses aufgenommen werden müssen.

Was sich jedoch nach dem Sündenfall verändert hat, ist der Stellenwert der Differenz. Ursprünglich als eine dem Selbstverhältnis immanente Differenz zu denkende latente Gegensätzlichkeit, ist sie nun als eine radikale Zweiheit veräußert. Der Leib erscheint nur noch als Leib, die Seele nur noch als Seele und der Mensch als zwei auseinandergebrochene Teilstücke. Jetzt erst, wo der Leib bloßer materieller Leib ist, ohne Beziehung auf ein formgebendes immaterielles Prinzip, tritt nach Kierkegaard die sexuelle Differenz hervor. "Das Sexuelle ist der Ausdruck für jenen ungeheuren 'Widerspruch', daß der unsterbliche Geist als Mann oder Frau (genus) bestimmt ist." (Ebd., 69) Geist ist für Kierkegaard - nach Analogie mit der göttlichen Dreieinigkeit - der Name für das vermittelnde, identitätsstiftende Moment im rückbezüglichen Sichverhalten zu den beiden auseinandergetretenen Momenten des Leibes und der Seele. Die Paradoxie, die Kierkegaard konstatiert, resultiert daraus, daß das Interesse des Geistes an der Herstellung einer ewigen, unüberbietbaren Sinneinheit bereits von vornherein unmöglich scheint, da eines der beiden zu vereinigenden Momente, der geschlechtlich bestimmte Leib, ab ovo sterblich ist und Unsterblichkeit allenfalls durch Fortpflanzung auf der Ebene der Gattung erreichen kann.

Anstatt nun seinem existentiellen Ansatz treu zu bleiben und einen horizontalen Begriff von Einheit zu entwickeln, in welchen das Differente der sexuellen Besonderung unverkürzt integriert wird, wählt Kierkegaard eine Lösung, die einer Sublimation des Körperlich-Sinnlichen gleichkommt. Das Sexuelle muß durch Liebe vergeistigt und damit gleichsam enterotisiert, geschlechtslos gemacht werden, damit es als Störfaktor aus dem Leib-Seele-Geist-Verhältnis eliminiert werden kann. Kierkegaard hält daran fest, daß es zu "vergessen ist und seiner allein im

Vergessen" zu gedenken ist. "Wenn dies geschehen ist, ist die Sinnlichkeit in Geist verklärt" (ebd., 81).
Exakt hundert Jahre nach der "Krankheit zum Tode" erschien Simone de Beauvoirs bahnbrechendes Werk "Das andere Geschlecht" (1949), das zwar nicht auf Kierkegaards existenzphilosophischen Prämissen aufbaut, sich aber dem Sartreschen Existentialismus verpflichtet weiß. Beauvoirs Ausgangspunkt ist daher anstelle des Existenzbegriffs der der Transzendenz. "Jedes Subjekt setzt sich durch Entwürfe konkret als eine Transzendenz." (Beauvoir 1992, 25) Gemeint ist damit die im selbst gesetzten Horizont einer geschichtlichen Freiheit vollzogene Bewegung des Über-sich-Hinauslangens. Transzendieren heißt: sich mittels ständiger Selbstprojektionen als konkretes Individuum zu verwirklichen, ohne je endgültig bei sich anzukommen.

Auf der Basis dieses existentialistischen Konzepts übt Simone de Beauvoir Kritik an den Denk- und Machtmechanismen, durch die Frauen daran gehindert wurden, sich selbst zu transzendieren. "Die Menschheit ist männlich, und der Mann definiert die Frau nicht als solche, sondern im Vergleich zu sich selbst... Und sie ist nichts anderes als das, was der Mann bestimmt... : für ihn ist sie sexuell, das heißt, sie ist es absolut. Sie ist das Unwesentliche gegenüber dem Wesentlichen. Er ist das Subjekt, er ist das Absolute: sie ist das Andere", ein Wesen, das mit den Drüsen denkt und keinerlei Autonomie besitzt (ebd., 12). Für Beauvoir hingegen ist "Alterität eine grundlegende Kategorie des menschlichen Denkens" (13). Entsprechend gehört die Geschlechterdualität für sie zum Sein als Mensch unabdingbar hinzu, so daß auch die Frau, wiewohl ihre Transzendenzbemühungen im bisherigen Verlauf der Geschichte konsequent unterdrückt wurden, zur Selbstverwirklichung als autonomes Subjekt nicht nur fähig, sondern aufgefordert ist.

Doch soll sie das männliche, wiederum dem vertikalen - hier am Bild des erigierten Phallus festgemachten - Modell verhaftete Verständnis von Transzendenz überwinden, indem sie ihre Selbstmächtigkeit nicht durch Akte der Unterwerfung, Überwältigung oder Erniedrigung des Anderen, also gemäß dem Kampfparadigma mit den Mitteln der Gewalt zu erlangen trachtet, sondern in Prozessen der Anerkennung, die das Andere so in den eigenen Identitätsentwurf einbeziehen, daß es nicht vergewaltigt wird, sondern bleiben kann, was es ist: "wenn beide einander als Subjekt anerkennen, wird jeder doch für den anderen ein *anderer* bleiben" (899). Das dabei vorausgesetzte Verständnis von Gleichheit ebnet die Verschiedenheiten nicht ein; vielmehr wird Differenz als ein positives Moment von Einheit begriffen. Das Geltenlassen des Anderen als gleichberechtigter Transzendenz ist für Simone de Beauvoir die ethische Basis für ein Miteinanderumgehen der Geschlechter, die im Netz intersubjektiver Verbundenheit ihre Selbst- und Lebensentwürfe einvernehmlich aufeinander abstimmen.

Der Begriff der Einheit ist in den vierzig Jahren seit dem Erscheinen von "Das andere Geschlecht" vor allem von Autoren problematisiert worden, die zur sog. Postmoderne gerechnet werden. Dabei hat der Stellenwert des Differenten an Bedeutung zugenommen, was wiederum für die Frage einer Ethik der geschlechtsspezifischen Moral nicht unerheblich ist. So hat Jacques Derrida im Rahmen seiner Kritik des metaphysischen Logozentrismus einer anderen, durch Dekonstruktion rationaler Herrschaftskonstrukte vorbereiteten Erfahrung von Differenz den Weg gebahnt, die nicht die Totalität eines Systemzusammenhangs als Folie für zwischenmenschliche Verhältnisse benutzt, sondern die Textur, das Gewebe, das durch das Arrangement von Texten zu einem Ensemble hergestellt wird. "Es gibt ... keine Wahrheit an sich des Geschlechtsunterschieds an sich, des Mannes oder der Frau an sich." (Derrida 1986, 53) Einheit wie Differenz gibt es nicht als Wesen oder Sein von etwas, sondern nur als Konstruktion und Interpretation eines sich selbst fortschreibenden Textes.

Auch Gilles Deleuze und Félix Guattari haben dem totalisierenden Begriff von Einheit, den sie als ein Theorem der Diktatur bezeichnen, das "eine Lösung mit General" favorisiert (Deleuze/Guattari 1993, 28), einen Typ von Einheit entgegengesetzt, der es erlaubt, Heterogenes als ein System ohne Zentrum zu denken. Dazu verwenden sie die Metapher des Rhizoms, das - anders als die Pfahlwurzel, die z.B. als Hauptwurzel eines Baumes ein in sich geschlossenes (also: vertikales), aus einer dichotomischen, binären Logik hervorgegangenes Weltbild veranschaulicht - nach Analogie von vielfältig sich verzweigenden Knollen- und Zwiebelgewächsen eine wildwüchsige (also: horizontale) Wirklichkeit verbildlicht. Die Beziehungen innerhalb des Rhizom-Systems sind antigenealogisch, azentrisch und nichthierarchisch. Die Transzendenz nach oben erachten die beiden Autoren als "eine typisch europäische Krankheit", die sich auf die Auffassung der Sexualität verheerend ausgewirkt hat: "samentragende Pflanzen, selbst wenn sie beide Geschlechter vereinigen, ordnen die Sexualität dem Modell der Fortpflanzung unter; das Rhizom dagegen bedeutet eine Befreiung der Sexualität, nicht nur im Hinblick auf die Fortpflanzung, sondern auch im Hinblick auf die Genitalität. Bei uns ist der Baum in die Körper eingepflanzt, und er hat sogar die Geschlechter verhärtet und in Schichten aufgeteilt" (ebd., 32).

Diese prototypisch angeführten Ansätze ließen sich fruchtbar machen für eine Ethik der geschlechtsspezifischen Moral, der es um ein integratives Konzept menschlicher Interaktion geht, in welchem das imperialistische vertikale Modell einer Einheitsstiftung durch Subordination verabschiedet und einem horizontalen Modell, das Einheit durch Beziehung, auf der Basis einer vorgängigen Anerkennung der Gleichwertigkeit der im Verhältnis miteinander zu Vereinenden, der Vorzug gegeben wird. Es gilt zu lernen, das Andersartige als es selbst zu respektieren. Nur unter dieser Voraussetzung können Frauen daran gehen, die Prinzipien einer 'weiblichen' Moral zu entwickeln, die ihrem Selbstverständnis als Frau gerecht und nicht von vornherein als den Prinzipien der herrschenden 'männlichen' Moral unterlegenes Konstrukt einer untermenschlichen Lebensform disqualifiziert wird.

Zitierte Literatur

Søren Kierkegaard: Die Krankheit zum Tode, Düsseldorf 1957; Der Begriff Angst, Düsseldorf 1965

Simone de Beauvoir: Das andere Geschlecht. Sitte und Sexus der Frau, Hamburg 1992

Jacques Derrida: Eperons/Sproni/Spurs/Sporen, Venedig 1986

Gilles Deleuze/Félix Guattari: Was ist Philosophie, Frankfurt 1993

Zur Frage einer Ethik der geschlechtsspezifischen Moral siehe
Annemarie Pieper: Aufstand des stillgelegten Geschlechts. Eine Einführung in die feministische Ethik, Freiburg/Basel/Wien 1993

Sektion 18

Probleme der Bioethik

Jan P. Beckmann

NEUE REALITÄTEN?
ÜBER DIE UNWIRKLICHKEIT DES TODES UND DIE WIRKLICHKEIT DES STERBENS

I.

Bei der Untersuchung "neuer Realitäten" wird man gut daran tun zu fragen, ob die Realitäten oder die Wahrnehmung derselben neu sind. Im Falle einer philosophischen Annäherung an das Thema 'Sterben und Tod' scheint beides der Fall: Sterben und Tod zeigen sich heute infolge der aktuellen Entwicklungen der Medizin, vor allem der Alters-, Transplantations- und Intensivmedizin, in einem zum Teil ganz neuen Licht: als Vorgänge nämlich, in die massiv eingegriffen werden kann und eingegriffen wird, vielfach mit der Folge einer qualvollen Lebensprolongation, der Möglichkeit nach aber auch zum Zwecke einer ethisch zweifelhaften Lebenszeitverkürzung. Zugleich scheint sich die Wahrnehmung von Sterben und Tod zu verändern: Beides wird nicht mehr so sehr als ein naturhafter Vorgang und Zusammenhang, sondern als ein Feld technisch-apparativer Verfügbarkeit (Sterben) bzw. als eine Funktion von Definitionen (Tod) wahrgenommen. Sterben und Tod werden keineswegs, wie vielfach behauptet wird, unterdrückt, ausgeblendet, verdrängt. Sie werden vielmehr vom Leben separiert: Der Prozeß des Sterbens wird immer weniger als ein Teil des Lebens und der damit verbundenen Erfahrung von Würde und Autonomie begriffen, sondern zunehmend als ein Bestandteil des Todes und des prämortalen Autonomieverlustes erfahren. Der Tod wird konzeptionell zu einer Definitionsfrage, faktisch wird er proceduralisiert; damit tritt neben die neue Wirklichkeit des Sterbens eine neue Unwirklichkeit des Todes.

Die infolge der rasch voranschreitenden medizinischen Entwicklung vorhandenen Möglichkeiten des Eingreifens in den Sterbeprozeß - sei es im Sinne einer Verlängerung, sei es mit den Folgen einer Verkürzung des Lebens - machen eine verstärkte Reflexion und Überprüfung der Situation im Blick auf eine Reihe ethischer Grundsätze erforderlich. In Anbetracht der Schnelligkeit der medizinischen Entwicklung besteht nachgerade die Gefahr eines *Hiats* zwischen den

Resultaten ethischer Reflexion darüber, was man tun *darf*, und den Fakten im Bereich dessen, was man tun *kann*. Dabei hat nach ethischen Maßstäben schon immer das Prinzip Geltung gehabt, daß der Mensch nicht alles das, was er tun *kann*, auch tun *darf*. Gleichwohl ist es noch nie so schwierig gewesen, das Feld des ethisch Zulässigen innerhalb des sehr viel größeren Bereiches des faktisch Machbaren einzugrenzen. Dabei tut es der Ethik als einer selbstbegründeten philosophischen Disziplin keinen Abbruch, wenn man kritisch untersucht, im Rahmen welcher *Wirklichkeiten* sich die notwendige ethische Reflexion bewegt. Ob Ethik ohne Metaphysik möglich ist, hängt von der Auffassung von Metaphysik ab. Versteht man Metaphysik als diejenige philosophische Grunddisziplin, die sich eindringlich und kritisch mit den Realitätsbehauptungen der Wissenschaften auseinandersetzt, so wird sich ein wichtiger Zusammenhang zwischen ethischer Reflexion und wissenschaftlichen Wirklichkeitssetzungen kaum leugnen lassen. Das bedeutet im Hinblick auf den hier diskutierten Gegenstand konkret: Es ist nicht auszuschließen, daß die Diskussion ethischer Fragen im Zusammenhang mit Sterben und Tod durch eine falsche Ontologie beider nachhaltig verstellt ist. Dies ist, so die These des Beitrages, im Falle des gängigen Todes-Verständnisses der Fall. Im folgenden werden in der gebotenen Kürze Merkmale dieser falschen Ontologie des Todes herausgestellt. Dabei wird sich zeigen, daß die Ent-Wirklichung des Todes mit der Schaffung einer neuen Wirklichkeit des Sterbens verbunden ist. Angesichts dieser Situation stellt sich die Frage, welche Konsequenzen sich aus dieser neuen Unwirklichkeit bzw. Wirklichkeit für die ethische Diskussion ergeben.

II.

Jahrhundertelang galt als Tod des Menschen der Augenblick des Herz-, Kreislauf- und Atemstillstands. Zwar stellt dies, genau besehen, keine Begriffsbestimmung des Todes, sondern die Angabe der Kriterien seiner Feststellung dar, doch ist dies aus praktischen Gründen miteinander verknüpft worden. Hierfür sprachen insbesondere zwei Umstände: zum einen die *Anschaulichkeit* des Todes (keine Herztöne, kein Puls, kein Atem), zum anderen die relative Exaktheit in der Feststellung des *Todeszeitpunkts*. Beides hat sich inzwischen nachhaltig geändert, seit an die Stelle des Herz- und Kreislauftodes der sog. 'Hirntod' getreten ist. Darunter wird der vollständige und irreversible Ausfall des Gehirns, und zwar des Großhirns wie des Hirnstamms (totale Decerebration), verstanden. Da mit dem "Organtod des Gehirns ... die für jedes personale menschliche Leben unabdingbaren Voraussetzungen, ebenso aber auch alle für das eigenständige körperliche Leben erforderlichen Steuerungsvorgänge des Gehirns, endgültig erloschen" sind, gilt der Hirntod als der *Tod des Menschen* (vgl. 'Kriterien des Hirntodes'. Richtlinien der Bundesärztekammer vom 9.4.1982, veröff. in: Deutsches Ärzteblatt 79/Heft 14, 45-55). Zusätzlich zu den maßgeblichen Symptomen (Koma, Ausfall der Spontanatmung, des Pupillen-Lichtreflexes und des oculo-zephalen Reflexes sowie Erlöschen des Corneal-, des Trigeminus-Schmerz- und des Pharyngeal-/Tracheal-Reflexes) wird der Hirntod durch ein (Null-)Strichlinien-EEG von 30 min. sowie durch eine cerebrale Angiographie, die einen vollständigen Zirkulationsstillstand beidseits zum Ergebnis hat, festgestellt (vgl. Hirntod-Kriterien-Protokoll, a.a.O., 130). Der Hirntod hat innerhalb kurzer Zeit den Zusammenbruch des Herz-Kreislaufsystems zur Folge. Diese natürliche Folge ist aber bei rechtzeitigem ärztlichen Eingreifen mit Hilfe maschineller Dauerbeatmung für eine mehr oder weniger unbegrenzte Zeit aufzuhalten. Hier liegt das eigentlich Neue: Während beim Herz-Kreislauf-Stillstand biologischer und personaler Tod noch in enger zeitlicher und sachlicher Verbindung stehen, läßt die Hirntod-Bestimmung die Möglichkeit einer zeitlichen Dissoziierung zu.

Das Konzept des Hirntods mit seiner Irreversibilität auf der einen und die Möglichkeit der künstlichen Aufrechterhaltung der Vitalfunktionen des Herz-Kreislauf-Systems mit Hilfe maschineller Dauerbeatmung auf der anderen Seite haben dem Vorgang des Sterbens eine neuartige Realität verliehen und sein Ergebnis, den Tod, dem Anschein der *Unwirklichkeit* überantwortet, und zwar insofern, als sie die Naturkausalität zwischen Hirntod und dem Zusammenbruch des Herz- und Kreislauf-Systems für einen mehr oder weniger künstlich verlängerbaren Zeitraum sistiert haben. Überdies ist an die Stelle der Anschaulichkeit des traditionellen Herz- und Atemstillstands insofern eine gewisse Unanschaulichkeit getreten, als der Hirntote infolge der künstlichen Dauerbeatmung ein funktionierendes Herz- und Kreislauf-System besitzt. *Unwirklichkeit* ist auch darin zu sehen, daß der Hirntote zwar nicht mehr der Mensch ist, der er zuvor im Sinne der Personalität gewesen ist; der Hirntod bedeutet ja definitionsgemäß das irreversible Ende des Personseins. Andererseits fällt es schwer, den künstlich beatmeten Körper des Hirntoten schlichtweg als eine Sache zu bezeichnen. Um die hier auftretenden Schwierigkeiten voll zu erfassen, muß man sich ihre Vorgeschichte vergegenwärtigen: Seit erstmals mit Beginn der fünfziger Jahre Hirntote (sog. coma dèpassé, irreversible coma) durch künstliche Beatmung Tage und Wochen, später Monate, ja Jahre künstlich in ihrer vegetativen Existenz erhalten werden können, ohne daß es medizinisch die geringste Aussicht auf eine 'Wiederbelebung' gibt, stellt sich die ethische Frage, unter welchen Bedingungen ein einmal begonnener Dauerbeatmungsprozeß abgebrochen werden darf. Da es hierfür in medizinischer Sicht keinen durch irgendwelche Kriterien ausgezeichneten Zeitpunkt gibt, hat manche Dauerbeatmung zu einer jahrelangen Fortsetzung geführt, die letztlich durch Gerichtsentscheid hat beendet werden müssen. Dies und vor allem die inzwischen durch große Fortschritte der Transplantationsmedizin eröffnete Möglichkeit der Organentnahme aus dem Körper von Hirntoten, deren Herz-Kreislauf-System zum Zwecke lebensrettender Transplantationen künstlich aufrechterhalten wird, hat dem Hirntod definitiv die Funktion der heute verbindlichen Todesfeststellung verliehen. Denn nur dann, wenn man den irreversiblen Ausfall des Gehirns als den Tod des Menschen definiert, ist die Explantation von Organen kein unerlaubter Eingriff, ja Mord, sondern eine Handlung an einem künstlich "am Leben" gehaltenen toten Körper - eine Handlung, die ethisch und medizinisch insoweit gerechtfertigt erscheint, als sie dem Toten keinen Schaden und einem anderen, nämlich einem Schwerstkranken, lebensrettende Hilfe bringt.

So wirkungsvoll die Hirntod-Konzeption für medizinisches Handeln ist, so *unwirklich* ist sie in sich. Es handelt sich genau besehen nicht um eine Definition des Todes, sondern um die Angabe der konjunkt und gleichzeitig erforderlichen Kriterien seiner Feststellung. Dies hat zur Folge, daß "der wirkliche Zeitpunkt des Eintritts des Todes nicht eindeutig feststellbar ist" (a.a.O., 132). Das heißt: Der Hirntod ist stets nur im nachhinein feststellbar, man kann erst bei Vorliegen der genannten Kriterien auf den dann bereits erfolgten Hirntod zurückschließen. Ist schon diese zeitliche Ungenauigkeit geeignet, dem Hirntod eine gewisse Unwirklichkeit zu verleihen, so trifft dies einmal mehr für die Künstlichkeit seiner Feststellung zu. Der Hirntod ist seiner Natur nach ein Definitionsprodukt, und, wie im Falle von Definitionsprodukten üblich, insoweit auch Gegenstand veränderter, verfeinerter Definitionen. Beleg hierfür ist die seit geraumer Zeit laufende Diskussion um den sog. "Teilhirn"-Tod. Zwar handelt es sich auch hierbei keineswegs um eine willkürliche Festlegung, wohl aber um eine solche, die den Tod immer weiter an zerebralen Teilfunktionen festmacht, sofern diese das irreversible Erlöschen personaler Existenz unmittelbar zur Folge haben. Der Eindruck der Unwirklichkeit verstärkt sich vor allem durch die dem Hirntodkonzept zugrundeliegende Reduzierung des Person- bzw. Menschseins auf den zerebralen Bereich. Die Dimension des Körperlichen wird aus der Wirklichkeit des Menschseins in einem entscheidenden Augenblick ausgeblendet. Hier liegt nicht nur insofern eine Reduktion von Realität vor, als die Körper/Geist-Einheit des Menschen aufgehoben wird, sondern auch insofern, als das Mensch- und Personsein von bestimmten neurophysiologischen Gegebenheiten abhängig gemacht wird. Da diese neurophysiologischen Gegebenheiten im Verlauf der weiteren Hirnforschung immer enger gefaßt werden, ja sich die Möglichkeit schon jetzt abzeichnet, daß ihr Ausfall durch Transplantation von entsprechenden Gewebeteilen kompensiert werden könnte, dürfte die Annahme, der Tod sei der Ausfall des dem Menschen *durch Geburt mitgegebenen* Gehirns, in naher Zukunft fragwürdig werden.

Zur Unwirklichkeit des Todes trägt schließlich noch ein weiteres, bisher zwar schon bekanntes, in seiner Bedeutung gleichwohl aktualisiertes Moment bei: das der Nichtgegebenheit des eigenen Todes. Empirisch gegeben ist bekanntlich nur der Tod der anderen, nicht der eigene. Den Tod der anderen kann der Mensch sich vorstellen, er kann ihn erleben, kann Zeuge, Beobachter, Begleiter sein. Das alles ist beim eigenen Tod prinzipiell nicht möglich. Der eigene Tod ist für den Menschen nicht vorstellbar, er ist unerlebbar, eine Zeugen-, Beobachter- oder Begleiterrolle kann er prinzipiell nicht einnehmen. Die Grammatik des Ausdrucks 'Tod' ist offenbar im Hinblick auf den eigenen Tod eine andere als im Hinblick auf den Tod der anderen. Die bekannte Rede, nach der jeder seinen *eigenen* Tod stirbt, erfährt insoweit eine zusätzliche Bedeutung: Es ist damit nicht nur einfach gesagt, daß jeder Tod anders ist, sondern daß die Weise, in der der Mensch vom eigenen Tod spricht, eine fundamental andere ist, als die Weise, in der er vom Tod der anderen redet. Beim Tod der anderen spricht der Mensch von einem raum-zeitlichen Ereignis, dessen Beobachter er ist oder sein kann. In bezug auf den eigenen Tod spricht der Mensch von einem Ereignis, das für ihn selbst keines ist noch sein kann, und dessen raum-zeitliche Dimension nur für die anderen Realität ist. Der Einwand (vgl. P. Edwards, Art. 'My Death', Encyclopedia of Philosophy V, 418. London 1967), die Bedeutung von 'Tod' im Ausdruck 'Mein Tod' und 'Tod der anderen' unterscheide sich genauso wenig wie der Ausdruck 'mein Schmerz' und 'Schmerz', ist leicht widerlegt: Während man sich bei Ausdrücken wie 'Furcht' und 'Schmerz' leicht darüber verständigen kann, ob zwischen der Eigenanwendung und der Anwendung auf andere Bedeutungsidentität gegeben ist, ist eben dies im Falle des Ausdrucks 'Mein Tod' nicht möglich: Kein Mensch kann sich mit den anderen darüber verständigen, ob in der Verwendung der Ausdrücke 'Mein Tod' und 'Tod der anderen' der Terminus 'Tod' synonym verwandt wird.

III.

Der skizzierten neuen Unwirklichkeit des Todes steht eine neue Wirklichkeit des Sterbens gegenüber: *Wann* ein alter Mensch seinen letzten Atemzug tut, bestimmen und entscheiden heute vielfach Apparate bzw. die sie bedienenden Ärzte. Nun ist es die Pflicht der Ärzte, gegen den Tod zu kämpfen, vor allem gegen den unzeitgemäßen, d.h. zu frühen Tod. Doch was heißt 'unzeitgemäß', was 'zu früh' angesichts der in den westlichen Industriestaaten hohen und weiter steigenden Lebenserwartung? Sterben im Alter wird vielfach immer noch ausschließlich als ein in ein kritisches Stadium eingetretener Abnutzungs- und Verschleißprozess angesehen, als ein Prozeß also, der durch den "Austausch" von "Ersatzteilen" aufgehalten werden kann. Dabei sind Sterben und Tod infolge ungünstiger Arbeitsbedingungen in den westlichen Industriestaaten dank technischer Verbesserungen am Arbeitsplatz eher rückläufige Phänomene. Statt dessen realisiert sich das Sterben mehr und mehr als dasjenige, was es seiner Natur nach schon immer gewesen ist: ein genetisch bedingter Prozeß bzw. dessen genetisch programmiertes Ende.

Dieser "neuen" Wirklichkeit, der Zurückdrängung des Sterbens infolge von Verschleißerscheinungen und dem Vorrang des Sterbens als eines genetisch programmierten Prozesses, erfordert ein Philosophieren, welches das Sterben wieder dem Leben vindiziert und nicht dem Tod. In den Intensivstationen der Kliniken unserer Tage droht dem Sterbeprozeß sein ursprünglich naturhafter Charakter vollständig genommen zu werden. Nicht das der Natur und dem Menschen *Gemäße*, sondern das der Technik *Mögliche* dient vielfach als Richtschnur der Behandlung Sterbender. Die Natur des Menschen wird dabei gleichsam gefügig gemacht, sie wird zum Bestandteil eines ihr fremden Systems apparativer Technik. Das Sterben ist als Prozeß insoweit der Möglichkeit der Manipulation ausgesetzt. Die so häufig anzutreffende *neue Wirklichkeit des Sterbens* ist keine dem Menschen als autonomen Körper/Geist-Wesen angemessene: dem Körper/Geist-Wesen nicht, weil nur ein "Teil", eben der Körper, am "Leben" erhalten wird; der Autonomie nicht, weil über den Sinn oder Nichtsinn des apparativen Einsatzes der Sterbende mangels Fähigkeit und Kompetenz in der Regel nicht entscheiden kann. An die Stelle des genetisch angelegten, der Natur und Würde des Menschen angemessenen Sterbens als der letzten Phase des menschlichen Lebens tritt das Sterben bzw. der *Tod in Raten*.

IV.

Die bioethischen Konsequenzen aus der skizzierten neuen Unwirklichkeit des Todes und der neuen Wirklichkeit des Sterbens sind in ihrer Tragweise nicht leicht abzuschätzen: Es ist zu fragen, wie die derzeitige Entwicklung, die den Tod des Menschen zu einer Frage der Definition macht und überdies das Mensch- und Personsein wesentlich von Hirnfunktionen bzw. deren irreversiblem Erlöschen abhängig macht, auf die Basis einer angemessenen Ontologie des Todes gestellt werden kann. Es muß gefragt werden, ob der Tod überhaupt definierbar ist. Die sog. 'Hirntoddefinition' jedenfalls definiert nicht den menschlichen Tod, sondern das Erlöschen zentraler hirnphysiologischer Voraussetzungen personalen menschlichen Lebens. Überprüft werden muß darüber hinaus die heute vielerorts anzutreffende Einstellung, die den Tod nicht als ein in der Natur des Menschen verankertes und programmiertes Ereignis, sondern als eine Art 'Krankheit' betrachtet und aus dem Sterben im Alter einen 'Tod in Raten' macht. Eine solche Einstellung befindet sich gleichermaßen mit der Natur wie mit der Würde des Menschen im Konflikt: mit der Natur insofern, als Sterben und Tod angemessen nur aus der Perspektive des Lebens erfaßt werden können, und mit der Würde des Menschen insofern, als das Sterben als eine Phase des Lebens, die wie alle anderen Phasen des Lebens unter dem ethischen Prinzip der Autonomie der Person steht. Eben *weil* das Sterben im Alter eine Phase des Lebens ist, schließt das Recht auf Leben auch das Recht auf Sterben notwendig mit ein. Die "Medikalisierung des Todes" (Ph. Ariès) infolge der irrigen Annahme, der altersbedingte Tod sei eine Art Krankheitsphänomen, geht mit seiner "Entnaturalisierung" (K. Bayertz) Hand in Hand. Hinsichtlich der medizin-ethischen Konsequenzen ist zu untersuchen, wieweit das *Prinzip des Heilens* (bonum facere) in der Behandlung des Sterbens im Alter auf seine Vereinbarkeit mit dem Recht auf ein Sterben in Würde und unter Wahrung der Autonomie vereinbar ist. Kritisch zu prüfen ist auch die Frage, ob die enorm entwickelten apparativen und kurativen Möglichkeiten der Intensivmedizin im Falle des Sterbens im Alter nicht mit dem anderen medizin-ethischen Prinzip, dem der *Schadensabwendung* (nil nocere) im Konflikt stehen. Zu überlegen ist schließlich, ob nicht im Falle des altersbedingten Sterbens Entscheidungen über den Einsatz medizinischer Apparate zur Lebensverlängerung stärker als bisher an den Willen des Sterbenden als oberstes Prinzip gebunden werden. Mit Recht sieht sich die Medizin auf die *salus aegroti* verpflichtet. Doch wenn es ans Sterben geht, wird die Verpflichtung auf die *voluntas morientis* letztlich den Vorrang erhalten müssen.

Christof Schorsch, Berlin

Zwischen den Stühlen

Bioethik und der Zwang zur Entscheidung

Die Moderne ist Konsequenz aus und Zuspitzung des philosophischen Programms, das mit der Vorsokratik als Kritik am Mythos begann. In einer Reihe fortlaufender und einander überbietender Distanzierungs-, d.h. Bewußtwerdungsschritte gewann die Moderne ihre Konturen. Was hierdurch für die Wirklichkeitserkenntnis einerseits gewonnen wurde, ging für den gesellschaftlichen Sinnkosmos andererseits verloren. Nicht nur die "Einheit der mannigfaltigen Erkenntnisse unter einer Idee", von der Kant sprach [1], ist zerbrochen, sondern auch die alten "Wertetafeln" sind entzwei. Es bedurfte immer neuer Anstrengungen, das Versprechen, die Versöhnung des zerrissenen Bewußtseins leisten zu können, aufrecht zu erhalten [2]. Indem im Verlauf sozio-kultureller Modernisierungsprozesse auch gesellschaftliche Sinnbestände wie der Fortschrittsglaube brüchig geworden sind, kommt es allerdings, und einmal mehr, nicht nur zur Krise gesellschaftlich vermittelten Sinns, sondern es etablieren sich an den Bruchstellen auch neue Suchbewegungen und Sinnentwürfe, die dem wissenschaftlich-technischen Hauptstrom der Moderne alternative Orientierungsmuster entgegensetzen.

Die Moderne als erste Epoche in der Menschheitsgeschichte, "die sich dazu verurteilt sieht, ihr Selbstbewußtsein und ihre Norm aus

---

[1] I. Kant: Kritik der reinen Vernunft, Kants Werke, Akademie-Textausgabe, Band 3, S. 538 (B 860).
[2] Dies freilich ist kein exklusives Problem der Moderne. Siehe hierzu C. Schorsch, Versöhnung von Geist und Natur? in: H.-P. Dürr/W. Ch. Zimmerli (Hrsg.), Geist und Natur, Bern/München/Wien 1989, S. 342ff. und ders., Versöhnung von Geist und Natur? Vortrag auf dem XVII. Internationalen Hegel-Kongress, Berlin, 28.-31.3.1988, sowie ders., Die Krise der Moderne, Aus Politik und Zeitgeschichte (Beilage zur Wochenzeitung Das Parlament), Nr. B 40, 29. 9. 1989. - Für den Idealismus entstand gerade aus dieser Zerrissenheit heraus das Bedürfnis nach philosophischer Versöhnung. Siehe etwa die schönen Formulierungen in Hegels Differenzschrift: G.W.F. Hegel, Werke in 20 Bänden, hrsg. von E. Moldenhauer/K. M. Michel, Band 1, Frankfurt/M. 1986, S. 236.

sich selbst zu schöpfen" (Habermas) [3] sieht sich damit konfrontiert, daß diese Pluralität der Werte und Ideen unter Bedingungen postmodernen Utopie-Verlustes noch verstärkt ist. Dies mag - "optimistisch bis euphorisch" - als "Verfassung radikaler Pluralität" und als "anti-totalitäre Option" begrüßt [4] oder - lustvolleinverstanden - als "Abschied vom Prinzipiellen" (Marquard) zelebriert werden [5] - oder auch nicht. Tatsache jedoch ist, daß alle gesellschaftlichen Problemlösungsprozesse unter der unaufhebbaren Bedingung einander widerstreitender Wertesysteme und Normen stehen.

Bioethik zwischen den Stühlen

Die Bewältigung gesellschaftlicher Problemkonstellationen wird hierdurch freilich erschwert, wo nicht gar verunmöglicht. Denn vor aller Augen liegt der Fakt, daß es keine absolut richtigen Lösungen für die Probleme mehr gibt. Jedwede Lösung wirft ihrerseits neue Probleme auf, jede Antwort bringt neue Fragen hervor. Je mehr z.B. bei wissenschaftlich-technisch generierten Problemen die wissenschafts- und technik-immanenten Bewältigungsmechanismen versagen, desto mehr sind gesellschaftliche Lösungsversuche erforderlich, die jedoch unter dem genannten Verdikt der Pluralität und unter Relativismusverdacht stehen. In der gesellschaftlichen Diskussion werden daraus unterschiedliche und einander diametral entgegengesetzte Konsequenzen gezogen: zum einen als technokratisches Business-as-usual, zum anderen als fundamentalistische Attitüde gegen Wissenschaft und Technik. Hier weder auf die Selbstläufigkeit des Fortschritts zu vertrauen, noch der antiwissenschaftlichen Fundamentalkritik nachzugehen, bedeutet eine dritte, mittlere Position zu beziehen. Zwangsläufig muß sich die Bioethik deshalb zwischen alle Stühle setzen.

---

3 Vgl. J. Habermas, Die Neue Unübersichtlichkeit, Frankfurt/M. 1985. S. 129. Siehe auch ders., Die Moderne - ein unvollendetes Projekt, in ders., Kleine Politische Schriften I-IV, Frankfurt/M. 1981.
4 W. Welsch, Unsere postmoderne Moderne, Weinheim 1987, S. 18.
5 O. Marquard, Abschied vom Prinzipiellen, Stuttgart 1981.

Diskurs und Konsens

Der Streit um aktuelle Probleme der Biowissenschaften (beispielsweise Abtreibung, IVF, klinische Humanexperimente, Tierversuche und - künftig vor allem - somatische Gentherapie) illustriert vor allem die Schwierigkeit, gesellschaftlich akzeptierte Entscheidungen zu finden. Und dennoch werden ständig Entscheidungen getroffen, Gesetze verabschiedet, Verordnungen erlassen, obwohl nach wie vor erheblicher Reflexions- und Beratungsbedarf in den Biowissenschaften besteht.

Die Alternative zu den Dezisionismen der Macht besteht im Diskurs, in der Reflexion und Verständigung über die Entscheidungen erfordernden Probleme. Freilich sind die möglichen Ansatzpunkte umgekehrt proportional zur räumlichen und zeitlichen Globalisierung unserer Verantwortung, gewissermaßen kleinräumiger, tentativer, experimenteller: Es gibt keinen archimedischen Punkt, keine absoluten Gewißheiten und keine all unsere Probleme mit einem Schlag lösenden praktischen Rezepte. Die "globale Lösung", das wäre die Ökodiktatur, die Herrschaft der Philosophen oder des Apparates. Diese Akzeptanz menschlicher Relativität bedeutet nicht Beliebigkeit. Doch gerade <u>weil</u> wir über keinen olympischen Standpunkt verfügen, sind vorläufige und revidierbare Konsense das einzig menschlichem Maß Verträgliche und Menschengemäße. Diese Konsense müssen wir finden, wenn wir die Probleme der Gegenwart und Zukunft gemeinsam lösen wollen. Nun steht die Suche nach Konsens bei vielen zwar unter Ideologieverdacht [6], vergessen wird jedoch, daß der Streit zwar der Vater aller Dinge ist, leicht aber auch ihr Ende bedeuten kann, wenn er zu Anomie und Anarchie führt. Nicht zuletzt deshalb kommt der Suche nach gesellschaftlichen Konsensen große Bedeutung für die Politikfähigkeit der Gesellschaft und ihre Pazifizierbarkeit zu. Im Grunde lautet die alles entscheidende Frage, die sich angesichts neuer wissenschaftlich-technischer Entwicklung stellt, nicht, ob die eine oder andere Technologie zu

---

6 Vgl. H.-J. Giegel (Hrsg.), Kommunikation und Konsens in modernen Gesellschaften, Frankfurt/M. 1992 sowie A. Leist, Intergenerationelle Gerechtigkeit, in: K. Bayertz (Hrsg.), Praktische Philosophie, Reinbek b. Hamburg 1991, S. 342ff.

bejahen oder abzulehnen ist, sondern: "Wie möchten wir in Zukunft leben?" [7]

Vieles von dem, was hier über Wissenschaft und Technologie allgemein gesagt wird, gilt, mutatis mutandis, auch für die Biowissenschaften. Auch die Reflexion ihres Tuns steht unter dem Zwang zur Entscheidung. Wenn dieser Zwang nicht wäre, dann könnten wir so lange "herrschaftsfrei" diskutieren, bis wir den Stein der Weisen gefunden hätten. Doch man muß sich entscheiden, so oder so, und zwar auch unter Bedingungen der Unsicherheit und in dem Wissen, daß jeder Konsens immer nur eine gesellschaftliche Momentaufnahme darstellt und folglich stets vorläufig und revidierbar ist. Inwieweit die Problemlagen, wie von Hans Jonas gefordert, "neue Tabus" und "einen Geist neuer Enthaltsamkeit" bei "Vorrang der schlechten vor der guten Prognose" erfordern [8], soll an dieser Stelle nicht behandelt werden. Jonas' "erster Imperativ", "daß eine Menschheit sei" [9] vermag für viele Bereiche biowissenschaftlichen Handelns ohnehin keine Leitlinie darzustellen (ich nenne nur die Probleme Tierversuche und somatische Gentherapie).

Was also tun? Was praktisch möglich ist, zeigen die gängigen Regularien: Standesregeln, gegenseitige Kontrolle von Kollegen (Polanyi), Ethikkommissionen und Zwang durch den Gesetzgeber. In der Diskussion sind darüber hinaus Wissenschaftsgerichtshöfe, Schlichtungskommissionen u.a.m. Während jedoch legislatorische Zwangsmaßnahmen immer zur Überregulierung und zum Einsatz wissenschaftsfremder Mechanismen neigen, während freiwillige Selbstkontrolle zu beliebig bleibt und standesrechtliche Regelungen wiederum jenen Prozeß der Bewußtseinsbildung voraussetzen, der u.U. erst zu leisten ist, kommt der Verbindung von "judikativer Kritik" (Höffe) [10], öffentlichem Diskurs und gesellschaftlicher Akzeptanz besondere Bedeutung zu. Qua öffentlicher Diskussion werden

---

7   K. M. Meyer-Abich, Wissenschaft für die Zukunft, München 1988, S. 115.
8   H. Jonas, Technik, Medizin und Ethik, Frankfurt/M. 1987, S.218 und S.11. sowie ders., Das Prinzip Verantwortung, Frankfurt/M. 1984, S. 70.
9   Ebd., S. 90f.
10 O. Höffe, Plädoyer für eine judikativ-kritische Forschungsethik, in: H. Lenk (Hrsg.), Wissenschaft und Ethik, Stuttgart 1991, S. 233ff.

bestimmte Praktiken aus dem Stadium der Naturwüchsigkeit herausgelöst und gesellschaftlich legitimiert oder delegitimiert. Konsequenzen sind etwa im ersten Fall die enorme Ausweitung der Umwelt- und Aids-Forschung, im zweiten die Imageprobleme der chemischen Industrie, der Gen- und Tierversuchsforschung, der Waffentechnologien usw. Fragen der Akzeptanz und der wissenschaftlichen Reputation können deshalb eine entscheidende Rolle spielen: Reputation ist geistiges Geld, das nicht nur in den scientific communities zirkuliert, sondern auch zwischen Wissenschaft und Gesellschaft. Ohne wirklichen Dialog und Kommunikation, ohne Vertrauen und Akzeptanz gibt es heute keine gesellschaftliche Unterstützung mehr, lassen sich keine materiellen und ideellen Ressourcen mobilisieren, Mitarbeiter motivieren und Geldgeber gewinnen.

Dieser Dialog bedarf freilich seiner Verankerung in den Institutionen selber: Es bedarf der Institutionalisierung der (Selbst-)Aufklärung von Wissenschaft und Technik, und es bedarf der Etablierung von Mechanismen, mit deren Hilfe der fällige wissenschaftlich-technische Reflexionsbedarf stärker als bisher in die "Regeln der Kunst" integriert werden kann. Dies allerdings dürfte der bisherigen und bequemen "Dreifelderwirtschaft" widersprechen, die da bedeutete: Wissenschaft ist fürs Können zuständig, Technik fürs Machen und Theologie/Philosophie fürs Dürfen [11].

Können, Machen und Dürfen wieder aufeinander zu beziehen, dabei ist der einzelne Wissenschaftler oder Techniker vermutlich selbst bei besten Absichten überfordert. Nicht von ungefähr spielt die Frage einer Institutionenethik eine zunehmend wichtigere Rolle in der Diskussion [12]. Denn alle Reflexion nützt auf Dauer wenig, wenn sie nicht Konsequenzen für die Praxis selber hat und in institutionelle Strukturen übersetzt wird. Das Ergebnis sind sonst lediglich "<u>freischwebende Prinzipienethiken mit allenfalls kompensato-</u>

---

11 Siehe zum gesamten Komplex ausführlicher: C. Schorsch, Können, Machen, Dürfen, UNIVERSITAS, Nr. 1, S. 50ff. (1993).
12 Vgl. C. Hubig (Hrsg.), Ethik institutionellen Handelns, Frankfurt/M./New York 1982 sowie H. F. Spinner, Das 'wissenschaftliche Ethos' als Sonderethik des Wissens, Tübingen 1985. Vgl. auch H. Lenk, Zu einer praxisnahen Ethik der Verantwortung, in ders. (Hrsg.), ebd., S. 66ff.

rischer Funktion, aber ohne Hebelwirkung auf den tatsächlichen Gang der Dinge" [13].

Wie läßt sich also individuelle "Moralität" in institutionelle "Sittlichkeit" überführen? Wie läßt sich die ethische Reflexion mit dem Handeln selbst institutionell verknüpfen? Wie kann dem einzelnen Wissenschaftler oder Techniker strukturell geholfen werden, ethisch relevante Problemstellungen in seiner Arbeit erkennen, entscheiden und bewältigen zu können; und wie läßt sich innerhalb der Institutionen ethisch gerechtfertigtes Verhalten fördern und unterstützen? Die Antwort liegt darin, reflexionsfreundliche Organisationen zu schaffen und eine Praxis hervorzubringen, die Ausdruck kommunikativer Vernunft ist. Damit meine ich Prozesse diskursiver (Selbst-) Aufklärung der Akteure im Spannungsfeld von Wissenschaft/Technik, Gesellschaft und Geisteswissenschaften/Philosophie. Experimentelle Ansätze zur Implementierung von Selbstreflexion in einzelne Forschungsinstitutionen könnten als Modelle dienen, die paradigmatisch auch für andere Wissenschafts- und Technikbereiche Gültigkeit haben könnten.

Die institutionelle Implementierung von Ethik

Hierfür ein Beispiel: Von 1990-1993 hatte ich Gelegenheit, als Leiter der Öffentlichkeitsarbeit der Klinik für Tumorbiologie an der Albert-Ludwigs-Universität Freiburg (seinerzeit im Bau) die wissenschaftsethischen und -politischen Leitlinien dieser Forschungsinstitution mitzugestalten. In Konsequenz des Obengesagten wurde dabei das folgende Modell entwickelt [14]:

1.) Die Mitarbeiter werden systematisch in der Fähigkeit, ethisch reflektiert zu handeln, geschult, und zwar in Kursen, Seminaren, Kolloquien, Fallkonferenzen und durch Förderung des Selbststudiums.

---

13 H. F. Spinner, Die Wissenschaftsethik in der philosophischen Sackgasse, in: Lenk (Hrsg.), ebd., S. 154.
14 G.A. Nagel, Ethik kontra Ethos: aktuelle ethische Fragen der palliativen Krebsmedizin, Schweizerische Rundschau für Medizin (PRAXIS), Nr. 44, S. 1332ff. (1992).

2.) Die Mitarbeiter erhalten Entscheidungshilfe in konkreten Konfliktsituationen durch einen bioethischen Supervisionsdienst.
3.) Hinzu kommt ein bioethischer Konsultations- und Liaisondienst als Verbindung zwischen Wissenschaftlern, Ärzten, Pflegepersonal, Patienten und Angehörigen.
4.) Die klinisch-wissenschaftlichen Entscheidungsabläufe werden durch ein ethisches Monitoring, auch im Sinne einer Qualitätssicherung, überwacht.
5.) Damit die beteiligten Wissenschaftler über die aktuellen Ethikdebatten unterrichtet und auf dem laufenden sind, wird ein bioethischer Informationsdienst eingerichtet.
6.) Durch geeignete Gremien und Foren wird der institutionelle Prozeß der Konsensfindung systematisch gepflegt.
7.) Durch spezielle Forschungsprojekte über die Verhaltensproblematik in Grenzfällen wird Handeln unter prinzipieller Unsicherheit, z.B. bei der Anwendung unkonventioneller Therapieverfahren (sowie angesichts einer notwendigen Güterabwägung) ethisch reflektiert.
8.) Prospektiv werden neue Analysemöglichkeiten komplexer ethischer Strukturen angesichts neuer wissenschaftlich-technischer Möglichkeiten entwickelt.

In Konsequenz, so folgert Nagel, "drängen sich die Institutionalisierung der Mitarbeiterschulung, des Supervisions- und Liaisondienstes, des ethischen Monitorings sowie die Einrichtung von hochgradig kommunikativen Betriebsstrukturen und ethischen Forschungsprojekten von selbst auf." [15] Kernstück der Konzeption ist daher die Etablierung einer Arbeitsgruppe von Geisteswissenschaftlern, die Hilfestellungen bei der Verwirklichung der genannten Elemente gibt. Ohne einen solchen "think tank" und ohne die Institutionalisierung entsprechender reflexiver Strukturen ist das oben genannte Programm nicht zu leisten. Und ob es tatsächlich gegen die Beharrungskräfte des Business-as-usual zu bestehen vermag, dürfte auch in diesem Fall noch offen sein.

---

15 Ebd., S.1337.

Schlußfolgerungen

1.) Bioethik als moralische Vernunft kommt - wie Hegels Eule, die erst mit einbrechender Dämmerung ihren Flug beginnt - immer zu spät [16], sofern sie nicht in den Institutionen selbst ansetzt.
2.) Wenn der bioethische Diskurs den akademischen Elfenbeinturm verläßt und in die Praxis der Biowissenschaften verlegt wird, dann kann auch die Bioethik praktisch werden: als Reflexion von Praxis in der Praxis, als Arbeit an vorläufigen und revidierbaren Konsensen.
3.) Bioethik führt solcherart zu unterschiedlichen Urteilen, die - weder technokratisch noch fundamentalistisch von vornherein feststehend - "bald zur Legitimation, bald zur Limitation einer Forschungspraxis und gelegentlich zu einem vollständigen Verbot" führen (Höffe) [17].
4.) Freilich bleibt auch hier als Fazit: Endgültige Lösungen sind uns versagt, Patentrezepte gibt es nicht, Problembewußtsein ist alles.

---

16 O. Höffe, Beginnt der Flug der moralischen Vernunft erst am Abend? Schweizerische Arbeitsblätter für ethische Forschung, Nr.25, S. 12ff. (1991).
17 O. Höffe, Wann ist eine Forschungsethik kritisch? in: J.-P. Wils/D. Mieth (Hrsg.), Ethik ohne Chance? Tübingen 1991, S.121.

Jochen Vollmann, Freiburg i.Br.
Zwischen Patientenautonomie und Forschungsbedarf.
Ein ethisches Dilemma in der Gerontopsychiatrie.

Aufgrund der demographischen Entwicklung steigt in den westlichen Ländern bis Mitte des kommenden Jahrhunderts die Zahl alter Menschen. Für die Bundesrepublik Deutschland wird bei Abnahme der Gesamtbevölkerung mit einer absoluten und relativen Zunahme der über 60jährigen gerechnet; im Jahre 2030 wird jeder dritte Deutsche über 65 Jahre alt sein! Damit werden auch die Erkrankungen des höheren Lebensalters zunehmen. Im Bereich der Gerontopsychiatrie gilt das besonders für die Alzheimer Krankheit, eine Form der Demenz, deren Häufigkeit mit zunehmendem Lebensalter exponentiell zunimmt (Abb. 1).

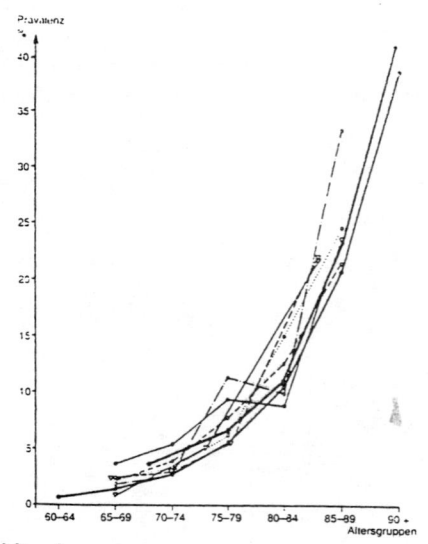

Abb. 1
Altersbezogene Prävalenzen für mittelschwere und schwere Demenzen aus 8 internationalen Bevölkerungsstudien (aus Häfner und Löffler 1991)

Das Zusammentreffen von demographischer Entwicklung und exponentiell ansteigender Erkrankungshäufigkeit mit zunehmendem Lebensalter verleiht der Alzheimerschen Demenz große sozial- und gesundheitspolitische Relevanz.

Für die Patienten und ihre Angehörigen stellt diese Krankheit eine große Belastung dar: Die Betroffenen realisieren schmerzlich den Abbau ihrer intellektuellen Fähigkeiten (Gedächtnis, Wortfindungsstörungen, Desorientierung, Schlafstörungen, Depression) und werden durch die Demenz zunehmend hilfsbedürftig. Im fortgeschrittenen Stadium werden sie pflegebedürftig, antriebslos und verlieren die Kontrolle über die Blasen- und Darmentleerung. Für die Angehörigen ist oft neben den schweren körperlichen Symptomen die gefühlsmäßige Entfremdung vom Kranken, der seine Persönlichkeit verloren hat, besonders schmerzlich und belastend.

Da es bis heute keine wirkungsvolle Therapie oder Prävention gibt, besteht international ein erheblicher Forschungsbedarf (Häfner und Löffler 1991). Bei der wissenschaftlichen Erforschung der Alzheimerschen Demenz sind klinische Studien mit bereits erkrankten Patienten notwendig. Vor einer Teilnahme sind jedoch die Einhaltung der Prinzipien von Aufklärung und Einwilligung (Informed Consent) notwendige Voraussetzung. Diesen Informed Consent können die betroffenen Patienten aufgrund der Natur ihrer Erkrankung meist nicht mehr oder nur fraglich geben (freie Willensentscheidung und individuelle Risikobeurteilung). Nach bundesdeutschem Recht kann ein gesetzlich bestellter Betreuer anstelle des Patienten nur in eine Heilbehandlung oder einen Heilversuch mit individuellem gesundheitlichen Nutzen, nicht jedoch in wissenschaftliche Untersuchungen (Humanexperiemente) einwilligen. Dabei entsteht ein ethisches Dilemma zwischen allgemein anerkanntem Forschungsbedarf bei gegenwärtig fehlenden therapeutischen Möglichkeiten auf der einen und dem Schutz des einzelnen Patienten auf der anderen Seite.

In der **Aufklärung** soll der Patient von seinem Arzt durch die Vermittlung relevanter Informationen über seine Erkrankung in die Lage versetzt werden, selbstständige Entscheidungen z.B. über weitere diagnostische oder therapeutische Maßnahmen treffen zu können. Die Aufklärung ist eine wichtige Voraussetzung für eine gültige Einwilligung, denn nur der "informierte Patient" kann selbstständig gültige Entscheidungen treffen, was im Begriff des **Informed Consent** zum Ausdruck kommt (Helmchen 1986). Eine spezielle Aufklärungssituation stellt die Teilnahme an klinischen Forschungsprojekten, in unseren Fall bei der Alzheimerschen Demenz da. Bei der Behandlung im Rahmen klinisch-wissenschaftlicher Studien ändert sich das üblich Arzt-Patient-Verhältnis: Kann der Patient normalerweise davon ausgehen, daß sich der Arzt bei seinen Behandlungsmaßnahmen nach dem individuellen Patientenwohl richtet, treten bei wissenschaftlichen Untersuchungen übergeordnete Aspekte hinzu: Bei den zu prüfenden Behandlungsmethoden sind Wirkung und Risiken weniger bekannt als bei etablierten Therapien. Bei den heute aus wissenschaftlichen Gründen randomisiert (zufallsverteilt) und placebokontrolliert durchgeführten Studien, weiß der Patient nicht, mit welchem Wirkstoff er behandelt wird. Gleichzeitig hat der Stellenwert der Patientenaufklärung in den letzten Jahren stark zugenommen. Dies hängt mit neuen und invasiven diagnostischen und therapeutischen Verfahren zusammen, die in der Regel mit einem Risiko bzw. Nebenwirkungen verbunden sind. Juristisch stellt eine sachgemäße Aufklärung die Voraussetzung für eine rechtswirksame Einwilligung des Patienten in eine Behandlung dar, die anderenfalls als unzulässiger Eingriff in die Integrität eines Menschen, juristisch als Körperverletzung zu werten ist. Durch die neuere Rechtsprechung hat die Aufklärung an Bedeutung gewonnen, weil in den zunehmenden Arzthaftungsprozessen die Beweislast mit dem Argument der unzureichenden Aufklärung umzudrehen versucht wird. Deshalb wird Aufklärung von den Ärzten zunehmend aus der juristischen Defensive betrieben, was sich an einem zu viel an Sachinformation und ein zu wenig an individuellem und gefühlsmäßigem Eingehen auf den Patienten zeigt (Helmchen 1986, Gerok 1988). Wegen der nicht oder nur fraglich vorhandenen Einwilligungsfähigkeit von Alzheimer-Patienten, wird die wissenschaftliche Erforschung dieser Krankheit weltweit behindert. Das Kanadische Ärzteblatt schreibt: "Alzheimer's research: Physicians begin to tread in an ethical minefield" (Trent 1989) und auf der letzten Hirnligatagung in Salzburg wurde diskutiert, ob Demenzkranke Opfer unethischer Ethik (Ihl 1993) geworden sind.

In der gegenwärtigen wissenschaftlichen Diskussion wird das Wesen und die Bedeutung der Aufklärung innerhalb der Arzt-Patient-Beziehung kontrovers diskutiert. Einerseits wird sie von führenden Vertretern der US-amerikanischen "Bioethics" als nüchterne Vertragssituation zweier gleichberechtigter Parteien verstanden. Hierdurch soll die Patientenautonomie bestmöglich geschützt werden und der Patient kann daraus abgeleitete Rechte notfalls juristisch einklagen (Veatch 1981). Auf der anderen Seite wird das besondere menschliche Verhältnis zwischen Arzt und Patient betont. "Ein Mensch, dessen Befinden durch den Krankheitsprozeß modifiziert ist, hat auch einen anderen Weltbezug; ein Kranker nimmt die Umwelt anders wahr als ein Gesunder. Seine Denkvorgänge, Empfindungen und Sinneswahrnehmungen sind verändert." (Engelhardt et al. 1973, S. 97). In der Psychiatrie kann die Patientenaufklärung als Teil der Arzt-Patient-Beziehung bereits Einfluß auf die Behandlung haben. "Sie wird nur gelingen, wenn sie das anthropologische Grundverhältnis zwischen Kranken und Arzt realisiert, was weder ein mythologisch begründetes Unterwerfungsverhältnis, noch ein juristisch definierbares Vertragsverhältnis ist. Wenn Arzt und Kranker auch rechtlich gleichrangig sind, so ist ihr Verhältnis zueinander in der Lebenswirklichkeit doch asymmetrich insofern, als der Kranke Hilfe sucht oder benötigt, und der Arzt helfen will und kann." (Helmchen 1986).
Empirische Untersuchungen über Informed Consent bei Patienten in der Psychiatrie haben wiederholt die beschränkte praktische Anwendbarkeit eines auschließlich auf Autonomie und Aufklärung ausgerichteten Einwilligungskonzeptes nachgewiesen (Appelbaum und Roth 1982, Lidz et al. 1984, Benson et al. 1985). Für ein größeres persönliches Risiko von psychiatrischen Patienten bei der Teilnahme an wissenschaftlichen Studien im Vergleich zu anderen Patientengruppen gibt es keine empirische Hinweise (Stanley et al. 1981). In der klinischen Praxis behilft man

sich daher mit Kompromissen wie "Informed Consent by proxy" (Warren et al. 1986), "Informed but uneducated Consent" (Ingelfinger 1972), "minimal paternalism" (DeGrazia 1991) oder "shared decision making" (Brock 1991). Andere Autoren sprechen sogar vom Mythos des Informed Consent (Silverman 1989) und stellen die Glaubwürdigkeit (Weiss et al. 1990) bzw. praktische Anwendbarkeit im Sinne einer funktionalen Vertragsform in Frage (Übersicht bei Vahl-Davies 1992).

Das gegenwärtige, ausschließlich an Autonomie und intellektueller Aufklärungsfähigkeit orientierte Einwilligungskriterium hat sich bei Patienten mit einer Alzheimerschen Demenz nicht bewährt. Eine funktionale Vertragssituation zwischen Arzt und Patient mit juristischer Einklagemöglichkeit auf der Vertragsgrundlage des Informed Consent stärkt dort Patientenrechte, wo der Kranke einerseits intellektuell die Aufklärung zu einer autonomen Entscheidung nutzen kann und andererseits bei seiner Selbstbestimmung eine echte Entscheidungsalternative (z.B. zwischen mehreren Behandlungsmöglichkeiten) hat. In einer anderen Situation befindet sich ein Alzheimer-Patient, der aufgrund der Natur seiner Erkrankung diese intellektuellen Fähigkeiten weitgehend verloren hat und für dessen Leiden es bisher keine Behandlung gibt und ohne klinische Studien auch in der Zukunft nicht geben wird. Diese unterschiedlichen Leidens- und Einwilligungssituationen besitzen in der Arzt-Patient-Beziehung eine unterschiedliche anthropologische Qualität, die beim Vertragsmodell nicht ausreichend berücksichtigt wird. Daher muß kritisch gefragt werden, ob diese Ethik nicht einseitig den jungen, kritischen und entscheidungsfähigen Patienten stärkt, die Situation intellektuell weniger leistungsfähiger, schwerkranker und alter Menschen jedoch vernachlässigt! Auf dem Hintergrund der aktuellen Kostendiskussion im Gesundheitswesen erscheint es nicht ausgeschlossen, daß mit diesem "ethischen" Konzept Therapiemaßnahmen bei älteren Patieten an Stellenwert verlieren (Lauter und Meyer 1992).

In der Praxis erscheint daher eine individuelle ethische Interessensabwägung notwendig, um einerseits die klinisch-wissenschaftliche Erforschung der Alzheimerschen Demenz mit zukünftigen Hilfsmöglichkeiten zu ermöglichen und andererseits den individuellen Patienten zu schützen. Frühere Stellungnahmen des Kranken, die Meinung von Angehörigen und Betreuern sowie die ärztliche Gewissensentscheidung (Fischer-Homberger 1973) sollen ein stärkeres Gewicht erhalten, damit im Einzelfall Vertrauen (Luhmann 1989) und eine persönliche menschliche Beziehung als wichtige anthropologische Faktoren mitwirken können. Gesetzliche Regelungen und Ethikkommissionen sollen dazu den notwendigen Rahmen bieten (Daele und Müller-Salomon 1990).

Literatur:

Applebaum PS, Roth LH (1982) Competency to consent to research. A psychiatric overview. Arch Gen Psychiatry 39:951-958

Benson PR, Roth LH, Winslade WJ (1985) Informed consent in psychiatry research. Soc Sci Med 20:1331-1341

Brock DW (1991) The ideal of shared decision making between physicians and patients. Kennedy Institute of Ethics Journal Vol 1, Nu 1

Daele W van den, Müller-Salomon H (1990) Die Kontrolle der Forschung am Menschen durch Ethikkommissionen. Enke, Stuttgart

DeGrazia D (1991) The ethical justification for minimal paternalism in the use of the predictive test for Huntington's disease. The Journal of Clinical Ethics Vol 2, Nu 4

Engelhardt KH, Wirth A, Kindermann L (1973) Kranke im Krankenhaus. Enke, Stuttgart

Fischer-Hornberger E (1973) Dem Einzelnen oder der Gesamtheit verpflichtet? Schweizerische Ärztezeitung Nr. 20 (16.5.1973)

Gerok W (1988) Ethische Probleme für Arzt und Patient im klinischen Alltag. In: Seidler E, Staudinger H (Hrsg) Ethische Probleme des ärztlichen Alltags. Fink und Schöningh, München Paderborn Wien Zürich

Häfner H, Löffler W (1991) Die Entwicklung der Anzahl von Altersdemenzkranken und Pflegebedürftigkeit in den kommenden 50 Jahren - eine demographische Projektion auf der Basis epidemiologischer Daten für die Bundesrepublik Deutschland (alte Bundesländer). Öff Gesundh Wes 53:681-686

Helmchen H (1986) Aufklärung. In: Müller C (Hrsg) Lexikon der Psychiatrie. Springer, Berlin Heidelberg New York

Ingelfinger FJ (1972) Informed (but uneducated) consent. N Engl J Med 287: 465-466

Ihl R (1993) Demenzkranke - Opfer unethischer Ethik? Dt Ärztebl 90:637-638

Lauter H, Meyer JE (1992) Die neue Euthanasie-Diskussion aus psychiatrischer Sicht. Fortschr Neurol Psychiat 60:441-448

Lidz CW, Meisel A, Zerubavel E, Carter M, Sestak M Toth LH (1984) Informed Consent. A study of decisionmaking in psychiatry. Guilford, New York London

Luhmann N ((1989) Vertrauen. Ein Mechanismus der Reduktion sozialer Komplexität. Enke, Stuttgart

Silverman WA (1989) The myth of informed consent: in daily practise and in clinical trials. Journal of medical ethics 15:6-11

Stanley B, Stanley M, Lautin A, Kane J, Schwartz N (1981) Preliminary findings on psychiatric patients as research participants: A population at risk? Am J Psychiatry 138:669-671

Trent B (1989) Alzheimer's research: Physicians begin to tread in an ethical minefield. CMAJ 140:726-729

Vahl-Davies V de (1992) How informed is informed consent? Bull Med Eth March 1992

Veatch RM (1981) A theory of medical ethics. Basis Books, New York

Warren JW, Sobal J, Tenney JH, Hoopes JM, Damron D, Levenson S, Deforge BR, Muncie HL (1986) Informed consent by proxy. An issue in research with elderly patients. New Engl J Med 315:1124-1128

Weiss Lane L, Cassel CK, Bennett W (1990) Ethical aspects of research involving elderly subjects: Are we doing more than we are saying? The Journal of Clinica Ethics Vol 1, Nu 4

Jürgen Court, Köln

ICH-IDENTITÄT UND DOPING

Hypothekai, wörtlich "Grundlagen", sind ethische Mahngedichte aus dem 7. und 6. vorchristlichen Jahrhundert, die wir heute als die frühesten und vollkommensten Formen moralischen Philosophierens betrachten.[1] Ihren bekanntesten Ausdruck haben sie in der Inschrift des Delphischen Apollontempels gefunden: Das Erkenne Dich selbst formuliert zugleich Ziel, Anspruch und Voraussetzung jeglicher Reflexion über die conditio humana, aus der unsere Handlungen mit all ihren selbstverständlichen und problematischen Konsequenzen entspringen. Nur, eine, wenn auch nur annäherungsweise mögliche Erkenntnis des Selbst, modern: des Ich, garantiert ein gewisses Maß an zuverlässigen Aussagen über uns und die uns umgebende Welt; ohne eine gewisse identische Struktur der verschiedenen Iche zerfiele sie in ein Meer dunkler, fensterloser Monaden, die nichts voneinander wissen und die nicht miteinander agieren können.

Aber: Inwieweit können wir uns denn selbst erkennen, und was bedeutet das gerade für das Thema des Dopings? Polemischer gefragt: Was hat Sport überhaupt mit Selbsterkenntnis zu tun? Sollten wir unsere Leistung vielleicht steigern können, wenn wir uns zuvördertst erkannt haben? Ist etwa Selbsterkenntnis das intellektuelle Doping des Sportlers? Zunächst einmal: Jede bewußte Handlung hat etwas damit zu tun, daß ich mir diese Handlung in einem bestimmten Mittel-Zweck-Verhältnis vorstelle.[2] Ich setze mir bestimmte Ziele und versuche, die entsprechenden Mittel zu finden, die mir das Erreichen meiner Absichten ermöglichen. Ich muß also erkannt haben, was ich will und wie ich es will. Um welche Mittel und Zwecke es sich im einzelnen handelt, ist nun bedingt von der Situation, in der ich mich befinde. Greifen wir das Beispiel des Sports auf, dann besitzt das hier benötigte Situationswissen die Struktur eines Turmes, indem der Sportler A und der Sportler B freiwillig nur aufgrund eines Wissens wechselseitig, wenn auch nur implicite, anerkannter Voraussetzungen am Sport teilnehmen.[3]

Mit diesen Vorüberlegungen sind wir bereits mitten im Thema. Das Problem des Dopings, das etwa im Olympiajahr 1992 mehr durch Vorfälle in Neubrandenburg als in Barcelona auf sich aufmerksam gemacht hat, hängt in elementarer Weise davon ab, inwieweit "Ich" überhaupt ein "Ich" bin, das jene Teilnahmebedingungen stillschweigend akzeptiert. Führt die Ich-Analyse dazu, daß "ich" nicht ein "Ich", sondern viele "Iche" bin, dann beruht jene Übereinkunft auf Täuschung: ein Ich schließt einen Vertrag mit einem anderen Ich, das ihn nur vermeintlich halten kann und will.

Damit ist eine weitere Schwierigkeit verbunden. Während dieser letzte Aspekt sich am Begriff der Chancengleichheit festmachen läßt und damit eine Fairneß gegen andere betrifft, muß die Frage nach dem Zusammenhang von Ich-Erkenntnis und Doping außerdem mit der Fairneß gegen sich selbst verknüpft[4] werden: als mögliche Schädigung einer physischen oder psychischen Ich-Funktion. Warum beide Gesichtspunkte - Chancengleichheit und Gesundheit - getrennt zu analysieren sind, obgleich sie in der Ich-Frage einen gemeinsamen Ausgang besitzen, liegt daran: Selbst wenn es unschädliche Mittel zur Leistungssteigerung geben sollte, verstößt Doping gegen den Sinn des humanen Sports, der im Messen natürlicher menschlicher Kräfte liegt und als die hier zugrundeliegende stillschweigende Eingangsvoraussetzung fungiert.

Chancengleichheit bedeutet: alle Teilnehmer erhalten dadurch die gleichen Chancen zur Demonstration ihrer Fähigkeiten, daß möglicherweise das Ergebnis signifikant verfälschende Ungleichheiten wie äußere Bedingungen, Körper- und Gewichtsgrößen etc. ausgeglichen werden. Nur so kann die für den Sinn eines "guten Sports" kennzeichnende Spannung von Zufall und Verdienst ("chance and merit") gewährleistet werden. Chancengleichheit bezweckt also nicht die Nivellierung genetischer oder volitiver Eigenschaften, sondern zielt auf den Erhalt der natürlichen Individualität, deren kompetitiver Vergleich erst den Sport interessant und sie zu eben jenem Eingangscommitment macht.[5] Doping als verstecktes Verfälschen dieser Ausgangsbedingungen zerstört daher das Fundament humanen Sporttreibens überhaupt.

Setzen wir nun den Fall dazu, daß Doping potentiell - und nach allem, was wir heute darüber wissen[6], ist diese Annahme verpflichtend - schwer gesundheitsschädigend wirkt. Ich klammere hier alle diejenigen guten Argumente[7] aus, die die Gesundheitsgefährdung mit der Vorbildfunktion des Sports oder dem Nachweis, daß eine Freigabe von Dopingsubstanzen die Freiwilligkeit als unerläßliche Voraussetzung humanen Sports gefährdet, verknüpfen, und beziehe mich auf das Kernproblem der Fairneß gegen sich selbst: Wenn "Ich" aus einer komplexen Vielheit von "Ichs" bestehe, inwieweit können bestimmte Entscheidungen eines heutigen Ich für ein späteres Ich noch bindend sein? Kann ich, genauer gefragt, wenn mir die gesundheitsgefährdeten Folgen bestimmter Wirkstoffe bekannt sind, wissen, ob mein späteres Ich bereit ist, mit ihnen zu leben? Oder verzeiht mir mein Folge-Ich, daß ich auf den Erfolg verzichtet habe, daß ich gesund, aber unbekannt bin?

Eine Anwort möchte ich Marcel Prousts Gedanken zur Ich-Identität, seinem Opus magnum Auf der Suche nach der verlorenen Zeit entnehmen. Die Recherche läßt sich nämlich als Bildungsroman lesen, in dem die gelingende Selbstverwirklichung des Erzählers Marcel von der Erkenntnis seines wahren Ich abhängt. Prousts Aussagen sollen hier zudem unter dem übergreifenden Aspekt vorgestellt werden, auf welche Weise die Ich-Identität mit dem aktuellen Problem der Freigabe oder dem Verbot von Dopingmitteln verbunden werden kann.

Grundsätzlich bieten sich hier zwei Möglichkeiten an.[8] Die eine kritisiert die traditionelle Annahme eines in der Zeit invariablen Personenkerns und setzt ihr die Vorstellung einer lockeren "Verwandschaft" zwischen den verschiedenen Ichs entgegen. Ihre Einstellung zum Doping würde bedeuten, daß ich meine Gesundheit nicht so schädigen darf, daß meine "Verwandtschaft" später einen kranken Körper vorfindet: ich darf nicht für "einen anderen" entscheiden. Nimmt man aber eine identische Person an, fiele die Begründung eines Verbots nicht so leicht, denn die autonome, Selbstbestimmung in Anspruch nehmende Person trägt die Verantwortung "für sich selbst"; sie sagt sich (und keinem anderen), was sie zu tun oder zu unterlassen habe.

Proust scheint auf den ersten Blick jener Variante zuzuneigen: die verschiedenen Iche sind sich gegenseitig "Fremde",[9] und ihr ständiger Ablösungsprozeß führt so weit, daß das neue Ich zwar noch "einen gewissen Kontakt mit dem alten" behält - "einem Fremden ähnlich": gleichwohl ist man bestrebt, mit seinem "ganzen Selbst in eine neue Persönlichkeit einzugehen." In letzter Konsequenz erscheint dann das "Leben wie etwas, dem der Zusammenhalt durch ein in seiner Identität fortbestehendes individuelles Ich in einem Maße abging, etwas, das so ziellos in der Zukunft und so ausgedehnt in der Vergangenheit war, etwas, was der Tod so leichthin hier oder dort abbrechen konte, ohne es irgendwie zu vollenden."[10]

Die Ansicht, daß die Nicht-Identität der verschiedenen Iche ein Dopingverbot impliziert, erscheint nun brüchig. Wenn das Ich im Extremfall keine, auch keine lockere "Verwandschaft" mehr hat, warum sollte dann je das aktuelle Ich nicht autonom entscheiden? Warum sollte es nicht, wenn ja doch der Tod jederzeit das Leben abbrechen kann, dieses bis dahin genießen und auskosten - ohne Sorge für die Zukunft? Damit nähert sich die erste Variante unversehens der zweiten an: bloß daß diese die Autonomie zeitlos-beständig und jene die Autonomie zeitlich-wechselnd besitzt.

Jedoch ist auch dies nicht das letzte Wort. Die Ansicht der autonomen Ich-Zersplitterung "erscheint" dem Erzähler bloß, und sie ist Realität lediglich für jenes den Gewohnheiten, dem Schein, verhaftete Ich, das sich noch nicht selbst begriffen, das noch nicht seine wahre Tiefe und Berufung erkannt hat. Es reicht auch nicht aus, die Identität nur als Funktion eines empirischen Gedächtnisses zu bestimmen, das sich etwa an Versprechen erinnert[11]: die Erkenntnis des wahrhaft identischen Ich muß sich von jener Oberfläche lösen, unter der erst das "Dauer-Ich" wohnt; diese "von Zeit zu Zeit auftauchende Person, die immer erst wieder zum Leben erwachte, wenn irgendein allgemeiner, mehreren Dingen gemeinsamer Wesenszug sich manifestierte und ihr Nahrung und Freude bot."[12]

Die personale Identität konstituiert sich also in der Möglichkeit des Gedächtnisses, zeitlose Momente als Indikatoren allgemeiner Wesensgesetze zu erfahren. Wesen und Ganzheit der Person äußern sich in der <u>wahren</u> Freude, die in ihrer eigenen Tiefe verborgen liegt und durch das <u>essentielle</u> Gedächtnis zutage gefördert wird. <u>Die Identität der Person, ihr Selbstbewußtsein, ihre Eigentümlichkeit, ihre Aufhebung von der Ich-Entfremdung beruht auf der Leistungsfähigkeit, der Gesundheit des Dauer-Ich.</u>

Ein weiteres starkes Argument gegen das Doping, das auch auf das erste übertragbar ist und zudem die Differenz zwischen den beiden Ich-Thesen aufhebt, ist somit entwickelt. Prousts Leib-Seele-Metaphysik, die Abhängigkeit des Geistes von seiner "Festung" Körper[13], kommt hier zum Tragen. Weil auch die Funktion des Dauer-Ich, das erst den Menschen auch <u>aktuell</u> zu dem macht, was er <u>potentiell</u> schon immer ist, durch körperliche Prozesse beeinflußt wird[14], verstößt die Einnahme von Dopingsubstanzen, die jenes allgemeine Ich gefährden, gegen Würde und Sinn menschlicher Existenz als Bestimmung seines wahren, freudigen Selbst. Die Entscheidung für Doping, das gerade die Funktionen beeinträchtigt, die den Menschen dazu befähigen, überhaupt als Mensch zu leben, ist <u>Fremdbestimmung durch sich selbst:</u> Doping reproduziert die oberflächliche Vielheit der Ichs, die in der Erfahrung der ewigen, unendlichen Tiefe des Individuums aufgehoben wurde - und zerstört seine Freiheit. Wenn das Leben den "Rahmen für ein Meisterwerk" darstellt und die Kunst als seine "Verlängerung"[15] angesehen wird, dann haben in letzter Konsequenz Leben und Kunst mit Hilfe des Dopings ihren Meister gefunden: den Tod.

Anmerkungen

1) Vgl. Kranz o. J., 22 f.
2) Vgl. Kant 1968, 20.
3) Zum Situationswissen vgl. Aristoteles 1990, 74, 88. Heringer (1990, 30) hat die Turmstruktur des Wissens sehr scharfsinnig am Sport exemplifiziert.
4) Zu diesen Begriffen vgl. Siep 1993.
5) Vgl. Court 1992, 17f.
6) Vgl. etwa Berendonk 1991, passim.
7) Vgl. Court 1992, 16 ff.
8) Vgl. Court 1992, 16 f.; Siep 1993.
9) Proust 1985, 1553.
10) Proust 1985, 3553 ff.
11) Proust 1985, 3689.
12) Proust 1985, 3694, 3725.
13) Vgl. Proust 1985, 4168: "Einen Körper zu haben aber ist die große Bedrohung für den Geist, für das menschliche und denkende Leben [...]. Der Körper schließt den Geist in eine Festung ein [...]."
14) Proust 1985, 3694 spricht vom Einfluß des "Alterns" auf das "Nervensystem".
15) Proust 1985, 3420, 3091.

Literatur

Aristoteles: Nikomachische Ethik. Stuttgart 1990.
Berendonk, B.: Dopingdokumente. Berlin u. a. 1991.
Court, J.: Warum Doping unmoralisch ist. In: AGORA 12 (1992), 14 - 18.
Heringer, H. J.: Regeln und Fairneß. In: Sportwissenschaft 20 (1990), 27 - 42.
Kant, I.: Kritik der praktischen Vernunft. Akademie-Textausgabe. Bd. 5. ND Berlin 1968.
Kranz, W.: Die griechische Philosophie. Bremen, o.J.
Proust, M.: Auf der Suche nach der verlorenen Zeit. Frankfurt/M. 1985.
Siep, L.: Arten und Kriterien der Fairneß. In: Fairneß und Fair Play (Hg.: V. Gerhardt/M. Lämmer). St. Augustin 1993 (im Druck).

Sektion 19

Strategien der Moralbegründung

Ija Lazari-Pawlowska
Universität Lodz

Zum Problem der Toleranz
Weltanschauliche Pluralität und ein universal verbindliches Weltethos als erstrebenswerte Ziele

Ich hoffe, daß es berechtigt ist, Fragen zu erörtern, die wohl Gegenstand nie endender Diskussionen bleiben werden. In vielen Ländern haben sie jetzt wieder an Aktualität gewonnen.

Ich werde über Toleranz sprechen. Was ist Toleranz? Ganz allgemein läßt sich sagen, daß wir das Wort "Toleranz" in bezug auf solche Situationen gebrauchen, in denen wir mit einer Andersartigkeit konfrontiert werden. Jedoch was für ein Verhalten als Anzeichen von Toleranz gilt, darüber gibt es unterschiedliche Auffassungen.

Von den vielen Toleranzbegriffen, die sich im Umgang befinden, sind für meine Erwägungen folgende zwei wichtig. Im ersten, traditionellen ("passiven") Sinne bedeutet Toleranz so viel wie Dulden (Ertragen) des Andersartigen trotz seiner negativen Bewertung. Intoleranz äußert sich in diesem Fall als korrigierende Einmischung. Beim Kampf um Toleranz handelte es sich ursprünglich um die Ablehnung staatlichen Zwangs in Glaubensfragen; die von der staatlichen Religion abweichenden Glaubensbekenntnisse sollten trotz ihrer Mißbilligung zugelassen werden. "Einmischung" kann so breit verstanden werden, daß sie von Kritik und Polemik über Tadel, Diffamierung, Verfolgung und verschiedene Zwangsmaßnahmen bis zur Todesstrafe reicht. Im zweiten, später eingeführten ("aktiven"), heute oft gebrauchten Sinne, bedeutet "Toleranz" so viel wie positive Anerkennung des Andersartigen. Aktive Toleranz äußert sich als wohlwollende Bejahung der Pluralität in einem gewissen Bereich und ist oft mit Unterstützen und Fördern verbunden. Intoleranz besteht in diesem Fall allein schon in der negativen Bewertung des Andersartigen.

Als Gegenstand der Toleranz werden meistens Überzeugungen und Handlungen betrachtet. Ich werde mich hier auf weltanschauliche Überzeugungen konzentrieren, wobei ich religiöse und nichtreligiöse weltanschauliche Überzeugungen berücksichtigen möchte.

Seit der Aufklärung erheben sich immer wieder Stimmen für weltanschauliche Toleranz. In der Allgemeinen Erklärung der Menschenrechte (1948) werden jedem Individuum Meinungsfreiheit und Religionsfreiheit zugesprochen. Die Inquisition, die Religionskriege und die Verfolgungen um der ideologischen Rechtgläubigkeit willen veranschaulichen, zu welchen Maßnahmen es kommen kann, wenn Toleranz zumindest im Sinne der passiven Toleranz nicht geübt wird und wenn man versucht, das Bekenntnis zu einem bestimmten Glauben mit Machtmitteln allgemein verpflichtend zu machen.

Das bloße Gewährenlassen einer Weltanschauung bei ihrer negativen Bewertung befriedigt heute viele Menschen nicht. Solch ein Verhalten wird als einengende Minimalinterpretation der Toleranzidee empfunden. Was Anzeichen verächtlicher Duldung trägt, wird als demütigend zurückgewiesen. Es wird viel mehr als Duldung von etwas Unerwünschtem, es wird Respekt für die unterschiedlichen religiösen und nichtreligiösen Weltanschauungen und die Anerkennung ihrer gleichen Legitimität erwartet.

Kann dieser Anspruch als berechtigt gelten? Ist er erfüllbar? Ist es möglich, einer fremden Weltanschauung aktive Toleranz zu erweisen, wenn man die eigene für die richtige hält, für die wahre, was dann immer "die einzig wahre" heißt?

Menschen unserer Kulturtradition sind geneigt, die Adjektive "wahr" und "falsch" (im klassischen Sinne) auf alle Arten von Überzeugungen anzuwenden. Wir haben unser Denken auf dem logischen Prinzip des Widerspruchs aufgebaut und möchten - wenn wir einem Paar nicht übereinstimmender Überzeugungen begegnen - immer eine von ihnen als falsch ausschließen. Nur aufgrund der Anwendung des Widerspruchgesetzes konnte es zur Entwicklung der Wissenschaften, zur Erkenntnis der Gesetzmäßigkeiten und zur Schaffung unserer technischen Zivilisation kommen. Mit dieser Geisteshaltung umfassen Menschen, ohne darüber zu reflektieren, meistens alle Arten von Überzeugungen und glauben, daß jedes Problem seine eindeutige, bejahende oder verneinende, Lösung hat, die objektiv zutreffend ist und daß es die Aufgabe der Vernunft ist, diese zu finden.

Im Kontext der Toleranz scheint mir die Aufteilung von Überzeugungen in 1) wissenschaftliche (und allgemeiner: empirische) Behauptungen, 2) weltanschauliche Vorstellungen und 3) Werturteile angebracht und wichtig zu sein. Die methodologische Trennung von einerseits Fakten, Wissen und deskriptiven Sätzen und andererseits Werten, Glauben und präskriptiven Aussagen beruht darauf, daß nur der ersten Kategorie Erkenntnischarakter zugeschrieben wird. Nach der methodologischen Theorie, von der ich nicht behaupte, daß sie die einzig "rationale" ist, die ich aber anderen vorziehe, gibt es keine auf intersubjektives Wissen und logische Schlußfolgerungen gestützte Methode, um zwischen konkurrierenden Weltanschauungen und Wertsystemen zu unterscheiden. Auch unterliegen Weltanschauungen und Wertsysteme nicht dem Urteil von wahr und falsch - jedenfalls nicht in dem gleichen Sinne wie Aussagen, für die es objektive Entscheidungskriterien gibt.

Intoleranz findet jedoch vor allem dort statt und äußert sich dort in extremer Form, wo es keine objektiven Entscheidungskriterien für divergierende Überzeugungen gibt, wo wir es mehr mit Glauben als mit Wissen, mehr mit Bekennen als mit Erkennen zu tun haben.

Der Anspruch, im Besitze der einzig richtigen Antworten auf letzte Fragen der Existenz zu sein, ist im unseren Kulturkreis (im Gegensatz zu Indien) ein großes Bedürfnis sowohl religiöser als nicht religiöser Menschen. Um diese Tendenz zu veranschaulichen, zitiere ich mehrere Sätze aus dem Artikel des katholischen Autors Siegfried Hajek "Über den Spielraum der Toleranz und den Anspruch der Wahrheit" (Paderborner Studien, Heft 3-4, 1983), in dem es sich um "wahre" und "falsche" religiöse Überzeugungen handelt. "Wenn man in einer Sache von ontologischem Gewicht eine eindeutige Erkenntnis gewonnen hat, dann ist sie wahr, und das Gegenteil kann nicht auch wahr sein(...). Gebe es mehrere Wahrheiten, erhöbe sich alsbald die Frage, welche von ihnen _eigentlich wahr_ ist, welche die Kongruenz mit dem Seinsgegenstand erreicht. Wenn der andere Mensch seinerseits in der umstrittenen Sache das Wahre erkannt zu haben meint, werde ich so lange leidenschaftlich bewegt mit ihm sprechen, bis ich ihn von seinem Irrtum überzeuge." Bei dieser Einstellung würde evident ein "ökumenischer Dialog" völlig ausgeschlossen sein, wenn der Autor nicht hinzufügen würde: "Indessen bin auch ich nie gesichert gegen die Möglichkeit, selbst zu irren." Weiter fragt der Autor: "Darf man fremde Auffassungen tolerieren - in dem Sinn, daß man sie _auch_ gelten läßt?" Under antwortet: "Offenbar nicht." Um jedoch die Idee der Toleranz nicht ganz aufzugeben, findet er folgende Lösung. "Bezieht sich denn Toleranz überhaupt sinnvoller Weise auf einen Sachverhalt, einen gedanklichen Gegenstand, einen Überzeugungsinhalt? Bezieht sie sich nicht vielmehr allein auf den Menschen, der sie vertritt? (...) Toleranz (...) meint ein Verhalten des Menschen zum andern als einer Person, die unmittelbar und unvertretbar vor dem Ganzen der Wirklichkeit steht und, wie immer sie ihren geistigen Raum bestimmt, in ihrer Entscheidung ertragen werden muß: geduldig und liebevoll, nicht achselzuckend, gleichgültig oder verächtlich." Was der Autor hier vorschlägt, entspricht dem heutigen Konzept der weltanschaulichen Toleranz, wie es seit den 60-ger Jahren von der katholischen Kirche vertreten wird: doktrinäre Intoleranz, wohlwollende Einstellung zum irrenden Menschen.

Wenn wir eine Weltanschauung als die wahre bezeichnen, dann müssen wir - um konsequent zu sein - alle von ihr abweichenden Weltanschauungen als unwahr bezeichnen. Auf diese Weise scheint aktive religiöse Toleranz, deren Gegenstand ein fremder Glaubensinhalt ist, schon rein logisch unmöglich zu sein, obwohl die Idee der Ökumene, die die Anerkennung anderer Religionen als gleichberechtigt verspricht, verkündet wird. Es besteht dann auch die Versuchung (oft im Namen der Nächstenliebe und in Sorge um das Wohl des Nächsten), sich zum Kampf für den weltweiten Sieg der "einen, einzig wahren Weltanschauung" berufen zu fühlen, ihr zur Herrschaft verhelfen zu wollen. "Christen können und dürfen sich niemals mit der Spaltung der christlichen Kirche abfinden und diese tödliche Krankheit zu einer mehr oder weniger harmloser Grippe bagatellisieren", warnt ein gegenwärtiger Theologe (K.Koch in: P.Niederstein, Christen am runden Tisch, Benziger 1990). Das aggressive Aufdrängen der eigenen Weltanschauung und eine Missionstätigkeit, die auf Dominanz hinzielt, wird zwar heute als Anzeichen von Intoleranz oft abgelehnt und es wird die Bereitschaft zum Dialog angeboten (Dialog der christlichen Religionen, Dialog der Weltreligionen), wenn hier aber von "Dialog" die Rede ist, so ist es nicht immer klar, ob das im eigentlichen Sinne ein Dialog ist, ein Austausch von Ideen gleichberechtigter Partner, und was das angestrebte Ziel dieses "Dialogs" sein soll. Eine Annäherung in der Glaubensdogmatik? Würde das in den meisten Fällen nicht eine unmögliche Kompromißbereitschaft erfordern? Ich stimme Hans Küng zu, daß eine Einheit der Weltreligionen nicht möglich ist, "weil sie verschiedene Wege darstellen, die man nicht ohne weiteres gleichzeitig gehen kann", daß aber eine solche Einheit auch nicht notwendig ist. Es genügt, andere Weltanschauungen als auch legitim (was nicht heißt: auch wahr) vertreten zu lassen.

Unter "Religion" wird meistens beides verstanden, und sogar als eine untrennbare Einheit: "Glaubenslehre" und "Sittenlehre", Überzeugungen aus dem Bereich der Metaphysik und Überzeugungen aus dem Bereich der Moral. Obwohl das der Tradition nicht entspricht, scheint es mir vorteilhaft zu sein, im Kontext der Toleranz diese beiden Gebiete separat zu behandeln. Es gibt weltanschauliche, insbesondere religiöse, Überzeugungen, die ethisch relevant und die ethisch irrelevant sind. Ob z.B. das Dogma von der Dreieinigkeit Gottes auf die eine oder andere Weise gedeutet wird, daraus folgt keine konkrete Anleitung für ethisch relevantes Handeln. Selbst der Glaube oder Nichtglaube an Gottes Existenz muß Menschen durchaus nicht hinsichtlich ihrer ethischen Prinzipien und Handlungsweisen unterscheiden, jedenfalls wenn es um das Verhalten der Menschen zu Menschen oder auch der Menschen zu Tieren geht. Daß die Ablehnung einer religiösen Metaphysik für das ethische Niveau der zwischenmenschlichen Beziehungen nicht ausschlaggebend ist, bestätigt die alltägliche Erfahrung. Viele Theologen möchten aber die "Glaubenslehre" ebenso wichtig wie die "Sittenlehre" für das Verkünden und Einhalten von einem humanen Ethos wissen. Manche scheinen sich sogar enttäuscht zu fühlen, wenn sie nichtreligiösen Menschen begegnen, die sich durch edle Lebensführung auszeichnen. Es gibt auch solche, die eine gewisse Genugtuung zu empfinden scheinen, wenn ein Agnostiker oder Atheist eine sittlich böse Tat begeht. In Wirklichkeit können Menschen, die im Glauben getrennt sind, vereint sein in ihrem ethischen Streben.

Warum sollten letztlich Weltanschauungen nicht als verschiedene, aber in ihrem subjektiven Wahrheitsanspruch gleichgeordnete Versuche aufgefaßt werden, das im Grunde Unerkennbare oder in adequate Worte nicht Faßbare zu deuten? Doch bin ich mir der Einwände mancher Theologen gegen solch eine übergeordnete Sichtweise "von außen" bewußt. Sie werden auf Gefahren hinweisen: Auf die Gefahr der Verwischung weltanschaulicher Gegensätze, des religiösen Identitätsverlusts, der Indifferenz, der Relativierung von Bekenntnisformulierungen, denen als offenbart Ausschließlichkeitscharakter zukommt; sie werden warnen, daß Bekenntnisfreiheit zur Bekenntnislosigkeit führt usw. Doch scheint es zur Unduldsamkeit mit allen ihren negativen Folgen keine Alternative zu geben als Erziehung zur aktiven Toleranz, die einen Menschen in seiner eigenen Weltanschauung vielleicht weniger sicher macht, die ihn aber vor Fanatismus hütet. Weltanschauung sollte als Privatsache des Menschen angesehen werden und darf nicht zum Maßstab irgendwelcher Diskriminierungen dienen. Eine taktvolle Person wird sich in vielen Situationen enthalten, den anderen Menschen sogar schon nach seiner Weltanschauung zu fragen.

Wenn ich mich für aktive weltanschauliche Toleranz ausspreche, so meine ich Vorstellungen aus dem Gebiet der Metaphysik, die ethisch nicht relevant sind. Die Situation der ethisch relevanten ist anders. Ethische Überzeugungen führen zu ethisch relevantem Handeln und ethisch relevantes Handeln, und ethisch relevantes Handeln beeinflußt das Schicksal anderer Menschen, deshalb muß es hier Grenzen der Toleranz geben.

In der immer enger werdender Welt besteht neben dem Bedarf an Akzeptanz weltanschaulicher Pluralität auch der Bedarf an einer allgemeinen, weltweiten Anerkennung derselben ethischen Grundprinzipien. Ohne solch eine Anerkennung ist eine Gemeinschaft unter den Menschen und Völkern nicht möglich. Gewisse ethische Prinzipien müssen im Umgang der Menschen mit Menschen als universal verpflichtend gelten - unabhängig von Kultur, Nation oder Religion. Ein Verstoß gegen diese Prinzipien berechtigt zur Intoleranz. Als minimales Kriterium des evidenten Unrechts kann heute weltweit das Verletzen der Freiheitsrechte gelten, die in der Allgemeinen Erklärung der Menschenrechte enthalten sind.

Nur der ethische Gehalt sollte über eine mehr oder weniger tolerante Einstellung in bezug auf Weltanschauungen entscheiden. Albert Schweitzer beschränkte seine Bemerkung auf Religionen, man könnte sie aber auf alle Weltanschauungen erweitern: "Es ist die große Frage, die an jede Religion zu richten ist, inwieweit in ihr stetige und tiefe Antriebe zur innerlichen Vervollkommnung und zu ethischem Handeln gegeben sind."

Andreas Wildt

EINE HUMESCHE KONZEPTION DER MORALPHILOSOPHIE

In meinem Beitrag zur Theunissen-Festschrift[1] habe ich Argumente dafür vorgetragen, daß sich 1.) die normative Geltung eines moralischen Sollsatzes für eine Person so explizieren läßt, daß diese und alle anderen Personen unter Bedingungen von Rationalität und einer basalen affektiven Normalität die mit jenem formulierte Meinung notwendig haben, und daß 2.) für die moderne, universalistisch-egalitär-liberale Moral die so verstandene Geltung für uns mit Mitteln der zeitgenössischen Psychologie plausibel gemacht werden kann. Hier möchte ich zeigen, daß meine Konzeption zur Explikation moralischer Geltung einen historischen Vorläufer in der empiristischen Moralphilosophie hat, die bereits im Schottland des 18. Jahrhunderts insbes. von David Hume und Adam Smith entwickelt wurde, aber in wichtigen Hinsichten bisher wirkungslos geblieben ist. Diese Konzeption entzieht sich den üblichen klassifikatorischen Alternativen: Sie ist subjektivistisch, aber dabei kognitivistisch; deontologisch, aber naturalistisch; relativistisch, aber nicht konventionalistisch. Ich muß mich hier auf kurze Analysen zum Ansatz von Hume und abschließende Thesen zu Smith beschränken.

(1) Daß Hume einen neuen Typus von normativer Moralphilosophie konzipiert hat, blieb lange Zeit schon deshalb unbemerkt, weil man ihm das sog. "Humesche Gesetz" der Unableitbarkeit von Sollens- aus Seinssätzen zuschrieb. Dementsprechend wird Humes Moralphilosophie heute oft als rein deskriptive Moralwissenschaft verstanden.[2] Hume hatte jedoch im ersten Abschnitt des dritten, die Moral betreffenden Buches seines frühen *Traktats über die menschliche Natur* lediglich darauf hingewiesen, daß der Übergang von Seins- zu Sollenssätzen in den bisherigen Moralsystemen nicht begründet wird, daß es aber gerade auf diese Begründung ankäme (T III 211 f.)[3].
Zuvor hatte Hume festgestellt, daß Tugend und Laster in dem Sinne keine Tatsachen sind, daß sie nicht in den Gegenständen moralischer Beurteilung vorhanden sein können, die von dem beurteilenden Subjekt (normalerweise) unabhängig sind:

"Das >Laster< entgeht Euch gänzlich, solange Ihr nur den Gegenstand betrachtet. Ihr könnt es nie finden, wofern Ihr nicht Euer Augenmerk auf Euer eigenes Innere richtet, und dort ein Gefühl von Miß-/billigung entdeckt, das in Euch angesichts dieser Handlung entsteht. Auch dies ist eine Tatsache, aber dieselbe ist Gegenstand des Gefühls, nicht der Vernunft. Sie liegt in Euch selbst, nicht in dem Gegenstand. Erklärt Ihr eine Handlung oder einen Charakter für lasterhaft, so meint Ihr nichts anderes, als daß Ihr zufolge der Beschaffenheit Eurer Natur ein unmittelbares Bewußtsein oder Gefühl des Tadels bei der Betrachtung dieser Handlung oder dieses Charakters habt. Laster und Tugend können insofern mit Tönen, Farben, Wärme und Kälte verglichen werden" (ebd. 210 f.).

Hume vergleicht hier die moralischen Qualitäten mit den "sekundären Qualitäten" der neueren, physikalisch orientierten Erkenntnistheorie der Wahrnehmung. Schon Hutcheson hatte diese Analogie als Argument für die Annahme eines "moral sense" benutzt. Allerdings sind die moralischen Qualitäten in einem radikaleren Sinne "subjektiv", weil ihnen i.U. zu den Sinnesqualitäten keine physikalischen Attribute der Objekte entsprechen. Das besagt aber nicht, daß moralische Sachverhalte gar keine Tatsachen sein können, sondern nur (subjektiver) Schein sind. Jedenfalls handelt es sich doch bei den Gefühlen der moralischen Billigung und Mißbilligung um Realitäten.

Nun kann freilich die normative Tatsache der Lasterhaftigkeit oder moralischen Falschheit einer Handlung oder eines Charakters nicht einfach darin bestehen, daß diese von einigen Leuten als moralisch tadelnswert empfunden werden. Denn das besagt ja nur, daß jene diesen tadelnswert *scheinen*. Aber Hume hatte auch mehr gesagt: "Erklärt Ihr eine Handlung oder einen Charakter für lasterhaft, so meint Ihr nichts anderes, als daß Ihr zufolge der Beschaffenheit Eurer Natur ein unmittelbares Bewußtsein oder Gefühl des Tadels bei der Betrachtung dieser Handlung oder dieses Charakters habt" (s.o.). Hume will offenbar sagen, daß etwas genau dann eine bestimmte moralische Eigenschaft oder einen bestimmten moralischen Wert besitzt, wenn wir es nicht aus kontingenten Gründen, sondern zufolge unserer Natur, also jedenfalls notwendigerweise so empfinden.

Humes Rede von der "Beschaffenheit Eurer Natur" bedürfte natürlich einer näheren Aufklärung. An der zitierten Stelle wird diese aber schon dadurch verhindert, daß Hume hier die Frage nach dem Wesen moralischer Tatsachen mit der elementareren Frage nach einem allgemeinen, deskriptiven Moralbegriff vermischt. Explizit behauptet Hume nämlich hier gar nichts über moralische Tatsachen, sondern darüber, was wir *meinen*, wenn wir ein moralisches Werturteil fällen. Als Antwort auf diese Frage ist Humes These aber problematisch; denn wenn etwa jemand, der eine theologische Konzeption von moralicher Geltung vertritt, eine moralische Meinung hat, so ist das (jedenfalls primär) keine Meinung über die Beschaffenheit der menschlichen Natur, sondern über den Willen Gottes. Bei Hume fehlt also hier eine Analyse der allgemeinen Natur moralischer Urteile und Gefühle. Deshalb fehlt auch der Frage danach, worin die normative Geltung einer moralischen Überzeugung genauer bestehen könnte, der methodische Leitfaden. In seiner späteren *Untersuchung über die Prinzipien der Moral* hat Hume dazu jedoch erste Schritte unternommen.

(2) In der Durchführung seiner Moralphilosophie im *Traktat* arbeitet Hume bekanntlich mit der Unterscheidung von "natürlichen" und "künstlichen" Tugenden und beginnt die Analyse mit letzteren, insbes. mit der Tugend der Gerechtigkeit. Daß Gerechtigkeit eine künstliche Tugend ist, besagt dabei, "daß das Gefühl für Recht und Rechtswidrigkeit *nicht aus der Natur entspringt*, sondern künstlich, wenn auch notwendigerweise, durch die Erziehung und menschliche Übereinkunft erzeugt wird" (T III 226). In diesem Sinne sind jedoch alle spezifisch moralischen Tugenden künstliche Tugenden, da Vorstellungen und Gefühle von Verpflichtung weder von Geburt aus vorhanden sind noch endogen, sondern durch Internalisierung entstehen. Humes Rede von "natürlichen Tugenden" ist letztlich nur dadurch zu erklären, daß sein Begriff der "Tugend" und auch der "Moral" viel weiter reicht, als dies für den Begriff "Moral" heute gilt, insbes. im Deutschen.

In seiner Theorie des Ursprungs der künstlichen Tugenden geht Hume bekanntlich mit Hobbes von der Vorteilhaftigkeit für alle einer elementaren Moral- und Rechtsordnung aus. Hume folgert daraus aber nicht nur, daß es im Interesse aller ist, daß diese normative Ordnung durch Gewalt und Gewaltandrohung erzwungen wird, sondern außerdem, daß es im Interesse aller ist, wenn alle diese Ordnung effektiv internalisieren (T III 242 ff.).[4]

Dieser hobbesianische Ansatz legt nun zunächst eine Explikation moralischen Verpflichtetseins nahe, die gar nicht auf eine empirische Unvermeidlichkeit moralischer Gefühle bezugnimmt. Ihr zufolge ist jemand vielmehr genau dann zu einer Handlung moralisch verpflichtet, wenn es für ihn gut i.S. von zweckrational ist oder wäre, die entsprechende Norm internalisiert zu haben.
Gegen diese Konzeption spricht nun zunächst, daß sie unter den tatsächlichen Bedingungen der natürlichen und sozialen Ungleichheit menschlicher Individuen höchstens dazu geeignet wäre, einen engen Minimalbestand moralischer Normen zu begründen. Das ließe sich allerdings dadurch beheben, daß man nicht vom gegenwärtigen Zustand, sondern von einem kontrafaktischen Zustand faktischer Gleichheit ausgeht. Dann wäre jedoch zunächst unverständlich, was die Zweckmäßigkeit der Internalisierung unter dieser fiktiven Bedingung mit der normativen Geltung in der Realität zu tun hat.
Ein Ausweg läge vielleicht darin, den irrealen Zustand als den der Phase der Vergangenheit des Individuums zu verstehen, in der es mindestens einen Kern seiner Moral internalisiert hat. Das Entscheidende kann dann aber nicht mehr sein, daß diese Internalisierung damals zweckmäßig für das Individuum war, sondern daß die Tatsache dieser Zweckrationalität dafür spricht, daß das Individuum diese Internalisierung (im Normalfall) tatsächlich vollzogen hat und so auch jetzt noch mindestens eine Disposition dafür hat, an die Geltung der fraglichen moralischen Norm in einer affektiven Weise zu glauben, die gegenüber kritischer Selbstreflexion widerständig ist. Der Ansatz bei der Zweckrationalität der Internalisierung wird auf diesem Wege doch noch zu einem, vielleicht zentralen Argument für die empirisch-gefühlstheoretische Explikation moralischer Geltung, derzufolge die Gefühle für das moralisch Verpflichtende genau die moralischen Gefühle sind, die "notwendigerweise durch die Erziehung und menschliche Übereinkunft erzeugt" werden (T III 226, vgl. 244). In jedem Fall aber müßten Annahmen über die primäre moralische Sozialisation durch Annahmen über spätere Veränderungen der Internalisierung ergänzt werden.[5]

(3) Hume ist es im Schlußteil seiner *Untersuchung über die Prinzipien der Moral*" gelungen, seinen moralphilosophischen Ansatz angemessener zu formulieren als im früheren *Traktat*. Hume betimmt hier nämlich "den Begriff der Moral" durch zwei notwendige Bedingungen, die beide Formen von Allgemeinheit sind:

"Der Begriff der Moral schließt ein allen Menschen gemeinsames Gefühl ein, das denselben Gegenstand der allgemeinen Zustimmung empfiehlt; und das alle oder die meisten Menschen veranlaßt, sich davon die gleiche Meinung zu bilden oder darüber dieselbe Entscheidung zu treffen. Dieser Begriff der Moral schließt ferner ein Gefühl ein, das so universell und umfassend ist, daß es sich auf die gesamte Menschheit erstreckt; und das die Handlungen und das Verhalten selbst ganz fernstehender Personen zu einem Gegenstand des Beifalls und das Tadels macht, je nachdem, ob diese mit jenem anerkannten Rechtsgrundsatz übereinstimmen oder nicht. Diese beiden notwendigen Bedingungen treffen allein auf das Gefühl der Menschlichkeit zu, auf das hier Gewicht gelegt wurde. Andere Neigungen erzeugen in jeder Brust viele starke Gefühle des Verlangens und des Widerwillens, der Zuneigung und des Hasses; aber diese werden weder so allgemein empfunden, noch sind sie umfassend genug, um Grundlage irgendeines allgemeinen Systems oder einer anerkannten Theorie des Tadels und der Billigung sein zu können" (U 200)[6].

Hume formuliert die erste Form von Allgemeinheit im folgenden noch genauer. Demnach drückt jemand nur mit der spezifisch moralischen Sprache

"Gefühle aus, von denen er erwartet, daß alle seine Zuhörer darin mit ihm übereinstimmen. Er muß daher in diesem Fall von seiner privaten und besonderen Situation absehen und einen Standpunkt wählen, den er mit anderen gemeinsam hat; er muß auf ein allgemeines Prinzip der menschlichen Natur einwirken und eine Seite anschlagen, die bei allen Menschen harmonisch widerklingt" (ebd. 201).

Wichtig ist hier zunächst der Hinweis darauf, daß zu den moralischen Gefühlen nicht schon die Tatsache oder auch das Wissen, sondern lediglich die *Erwartung* gehört, daß alle anderen darin übereinstimmen. In dieser Erwartung liegt zunächst: Wenn A meint, daß B dazu moralisch verpflichtet ist, unter bestimmten Umständen x zu tun, so unterstellt er damit erstens, daß auch alle anderen B, C, D usw. Grund zu der Meinung haben, daß B diese Verpflichtung hat, und zweitens, daß alle A, C, D usw., wenn sie in einer entsprechenden Situation sind wie B, ebenfalls verpflichtet sind, x zu tun. Diese beiden formalen Merkmale sind allerdings noch nicht für

moralische Werurteile spezifisch, sondern unterscheiden alle Werturteile von bloßen Wunschsätzen und Imperativen.
Die erwartete allgemeine Übereinstimmung bezieht sich nach Hume jedoch nicht nur auf die Zustimmung zu der moralischen Meinung, die in dem moralischen Gefühl und dessen Ausdruck liegt, sondern auch auf das Fühlen, mindestens das Mitfühlen dieses Gefühls und damit auf die Einstellung der intersubjektiven Billigung oder Mißbilligung, der Bejahung oder Ablehnung von Personen.
Hume hat damit das entscheidende Charakteristikum moralischer Urteile und Gefühle getroffen. Wenn jemand ein nichtmoralisches Werturteil fällt, so beansprucht er natürlich auch, daß alle kompetenten Beurteiler mit diesem Urteil übereinstimmen müssen und daß das Urteil auch in analogen Situationen gilt. Er rechnet aber gleichzeitig damit, daß die behauptete Tatsache mindestens einigen anderen gleichgültig ist. Das ist bei Urteilen über zweckrationale Richtigkeit ganz offensichtlich der Fall, es gilt aber auch dann teilweise, wenn jemand Handlungen nach Maßstäben der Schönheit, des Geschmacks und der Kultiviertheit beurteilt; denn diese Maßstäbe sind offensichtlich manchen Leuten gleichgültig, die durchaus interaktionell und moralisch kompetent sind. Mindestens von allen Leuten, die ich überhaupt sinnvollerweise moralisch beurteilen kann, setze ich jedoch voraus, daß sie Gründe haben, meine moralischen Gefühle und die darauf beruhenden Einstellungen von menschlicher Bejahung oder Ablehnung zu teilen.[7]
Hume ist allerdings etwas unklar hinsichtlich der Frage, wieweit der Allgemeinheitsanspruch moralischer Meinungen und Äußerungen reicht. Zu einer aufgeklärten Moral gehört m.E. wesentlich die Berücksichtigung der Möglichkeit, daß es Personen geben kann, die gar keine moralischen Gefühle haben und deshalb auch keine Verpflichtungen. Und eine partikularistische Moral hat kaum ein Motiv, Annahmen darüber zu machen, ob die Personen, denen gegenüber sie keine Verpflichtungen anerkennt und denen sie deshalb auch keine Rechte zuschreibt, gleichwohl die Verpflichtungen dieser Moral haben.
Daß Hume nun den Allgemeinheitsanspruch moralischer Urteile im wesentlichen auf strikt alle Menschen bezieht, hängt mindestens auch damit zusammen, daß er nicht zwischen der Frage eines allgemeinen

Moralbegriffs und der nach dem Wesen moralischer Geltung unterscheidet. Deshalb rekurriert er an den angegebenen Stellen auf das allgemein menschliche Gefühl der Sympathie, das seiner eigenen Theorie nach die Basis normativ-moralischer Geltung ist. Es scheint mir jedoch ein folgenschwerer Irrtum der Klassiker der empiristischen Moralphilosophie (von Hutcheson bis Smith), daß eine gefühlstheoretische Begründung moralischer Normen Annahmen über eine invariante moralische Natur des Menschen benötigt. Sie kann vielmehr durchaus die Möglichkeit berücksichtigen, daß es Individuen mit unterschiedlichen oder gar keinen moralischen Gefühlsdispositionen gibt. Konstitutiv ist für sie nur die Annahme, daß die gegebenen moralischen Meinungen mit den tieferliegenden Gefühlsdispositionen nicht ohne weiteres übereinstimmen, die durch die Sozialisation systematisch gebildet werden. Daß jemand eine moralische Verpflichtung hat, besagt demnach, daß er diese, wenn er nur hinreichend reflektiert, anzuerkennen nicht umhin kann, nämlich aufgrund der moralischen Gefühlsdispositionen, die er und mit ihm alle psychisch normalen Personen seiner Kultur auf nichtkontingente Weise erworben hat.

(4) Adam Smith hat in seiner *Theory of Moral Sentiments* eine Gefühlstheorie der Moral entwickelt, die auf viele Phänomene der Moral genauer eingeht als die bisherige Moralphilosophie. Smith zeigt in erster Linie, daß die klassische Tugendlehre die fundamentalste moralische Tugend kaum gesehen hat, nämlich die affektive Sensibilität gegenüber anderen Subjekten, die Offenheit zum sympathetischen Mitschwingen mit den Gefühlen anderer.[8] In diesem Zusammenhang erhält auch die klassische Tugend der Sellbstbeherrschung eine neue, allererst moralspezifische Begründung.
Smith entwickelt aber nicht nur eine normative Tugendlehre. Im letzten Teil seines Werkes lehrt er, daß die Moralphilosophie zwei Fragen behandeln muß, erstens die nach dem "Wescn der Tugend" und zweitens die nach dem "Prinzip der Billigung", d.h. nach der Kraft oder dem Vermögen der Seele, uns die Tugend zu empfehlen.[9] Sieht man von der vermögenspsychologischen Einkleidung ab, so betrifft die zweite Frage zunächst alles das, was uns zum moralischen Handeln zu motivieren vermag, aber auch das, was unsere moralischen

Wertüberzeugungen selbst motiviert. Sie ist damit die psychologische Form der Frage nach einer Explikation moralischer Geltung. Auch Smith' erste Frage reicht theoretisch tiefer, als sein eigenes, normatives Verständnis dieser Frage suggeriert. Jedenfalls ist Smith' Fragestellung in den ersten drei Teilen seines Werkes nur teilweise normativ; in erster Linie analysiert er hier die Gefühle für Schicklichkeit, Verdienst, Schuld und Pflicht sowie die Struktur des Gewissens. Smith versucht damit also der Sache nach eine Explikation eines allgemeinen, deskriptiven Moralbegriffs. Daß er die verschiedenen Fragestellungen nicht genügend auseinanderhält, hängt m.E. wesentlich daran, daß er seinen Grundbegriff der "Sympathie" systematisch vieldeutig verwendet, nämlich vor allem einerseits für das affektive Mitschwingens, die Teilhabe an den Gefühlen anderer, andererseits für die bloße Übereinstimmung, das "Teilen" dieser Gefühle. Nur die letztere Bedeutung ist relevant für den allgemeinen Moralbegriff, während die erstere grundlegend ist für Smith' normative Fragestellungen.

Anmerkungen

1) A. Wildt, >Moralisches Sollen und seelisches Sein. Ein Programm zur empirisch-psychologischen Moralbegründung<, in: *Dialektischer Negativismus*, hg. v. E. Angehrn u.a. (Suhrkamp 1992) S. 57-81.

2) S. insbes. J.L. Mackie, *Hume's Moral Theory*, (Routledge & Kegan Paul 1980) S. 6; J. Kulenkampff, *David Hume*, (Beck 1989) S. 97.

3) Abkürzung für: D. Hume, *Ein Traktat über die menschliche Natur*, übers. v. Th. Lipps, hg. v. R. Brandt (Meiner 1978) Bd. 2, Drittes Buch: Über Moral, S. 211 f.

4) Zu dieser Deutung s. insbes. Mackie a.a.O.

5) Vgl. Wildt, a.a.O. S. 80 f.

6) Abkürzung für: D. Hume, *Eine Untersuchung über die Prinzipien der Moral*, übers. und hg. v. G. Streminger (Reclam 1984) S. 200.

7) Für eine genauere Analyse vgl. A. Wildt, >Die Moralspezifizität von Affekten und der Moralbegriff<, in: *Zur Philosophie der Gefühle*, hg. v. H. Fink-Eitel/G. Lohmann (Suhrkamp 1993) 188-217.

8) Das hat E. Tugendhat herausgearbeitet in der 15. seiner *Vorlesungen über Ethik*, die im Herbst 1993 bei Suhrkamp erscheinen.

9) A. Smith, *Theorie der ethischen Gefühle*, übers. und hg. v. W. Eckstein (Meiner 1985) S. 448.

Anthroponomie

Thesen im Anschluß an Kant

von Uwe Justus Wenzel

Die nachfolgenden programmatischen Thesen skizzieren Schritte eines Versuchs, die Kantische Autonomietheorie aus ihr selbst heraus in Richtung auf eine negativistische Fundamentalanthropologie und Sozialphilosophie zu transformieren. Das Schwergewicht liegt — noch — auf der kritischen De- und Rekonstruktion jener Theorie. Ihr in allem Gerechtigkeit widerfahren zu lassen, ist nicht die Absicht dieses Versuchs; ebensowenig freilich, sie bis zur Unkenntlichkeit zu entstellen. Ob Kants Autonomietheorie lediglich eine Leiter gewesen sein wird, die nach Gebrauch fortzustoßen sei, bleibe einstweilen noch offen.

1. Anthroponomie: Bestandsaufnahme, Kantisch

Anthropologie ist nach Kant das Wissen von den empirischen Bedingungen menschlichen Daseins und als solches teilweise mit rational-empirischer Psychologie kongruent: als "Anthropologie des inneren Sinns".[1] Ob "physiologisch" oder "pragmatisch"[2], Anthropologie ist außerstande, die Frage "Was ist der Mensch?" definitiv zu beantworten.[3] Was ihr verwehrt ist, der Praktischen Philosophie scheint es zu gelingen: "Das Erkenntnis seiner selbst nach derjenigen Beschaffenheit, was er [der Mensch nämlich; ujw.] an sich selbst ist, kann durch keine innere Erfahrung erworben werden und entspringt nicht aus der Naturkunde vom Menschen, sondern ist einzig und allein das Bewußtsein seiner Freiheit, welche ihm durch den kategorischen Pflichtimperativ (...) kund wird", heißt es in der Rostocker Anthropologiehandschrift.[4]

Nimmt man die Formulierung der dritten *Kritik* ernst, derzufolge die Vernunft durch ihr "praktisches Gesetz a priori" dem intelligiblen Substrat in uns, auf das der Verstand "Anzeige" gegeben, das er aber "gänzlich *unbestimmt*" gelassen habe, die "Bestimmung" gebe[5], was läßt sich dann über das nicht empirisch-anthropologische 'Wesen' des Menschen sagen? Zunächst dies: Dem intelligiblen Substrat wird zuerkannt, 'sich selbst' bestimmen zu können. Bestimmt wird der Mensch als ein Wesen, das sich selbst bestimmt; genauer: als ein Wesen, das dazu bestimmt ist, sich selbst zu bestimmen. Zu erinnern ist hier an die Religionsschrift, in der Kant vom "Begriffe des Menschen, als eines freien, eben darum aber auch sich selbst durch seine Vernunft an unbedingte Gesetze bindenden Wesens" spricht.[6]

Die Relation von praktischer Selbstbestimmung und fundamentalanthropologischer (im

---

[1] KU B443; vgl. KrV B869f., B876f., Prol. A81, MST A47.
[2] Anthr. B III.
[3] Ed. Weischedel Bd.XII, S.428; vgl. Logik A25.
[4] Ebd., S.429. Also dadurch kund wird, daß ich kann, weil ich soll (vgl. Anthr. B38, KpV A54, Gemeinspr. A229).
[5] KU B LVf.
[6] Rel. B III.

Unterschied zu empirisch-anthropologischer) Bestimmtheit ist die einer Wechselimplikation; ihr Begriff der der "Anthroponomie".[7] Dem Wortlaut seines Kontextes nach zu urteilen verwendet Kant den Begriff — ein hapax legomenon — bloß, um ihn — als "von der unbedingt gesetzgebenden Vernunft aufgestellt" — gegen "die *Anthropologie*, welche aus bloßen Erfahrungserkenntnissen hervorgeht" (MST A47), abzugrenzen und die praktische Realität des sittlichen Ideals gegen die Unzulänglichkeit seiner faktisch empirischen Realisierung zu behaupten. Der Begriff eignet sich indes darüberhinaus dazu, die Grundstellung der Subjektivität, die Gleichursprünglichkeit von Autonomie und negativer Anthropologie, zu fassen.

Zunächst ist der Begriff Anthroponomie so zu verstehen, wie er von Kant in der Einleitung zur *Tugendlehre* verwendet wird, d.h. gerade nicht in Analogie zum Begriff der Autonomie: nicht als 'Menschengesetzgebung' im Sinne von Selbstgesetzgebung. Anstatt die durch den Menschen erfolgende Gesetzgebung zu bezeichnen, hat er vielmehr die Bedeutung eines *für* den Menschen geltenden 'nomos'. Doch ebenso wie im Begriff der Autonomie dessen Reflexivität einen doppelten Richtungssinn hervorbringt — die vom Selbst ausgehende Setzung geht auf es zurück — kann der 'anthropos' *sodann* umgekehrt auch den Ursprung des 'nomos' anzeigen. *Schließlich* ist der 'anthropos' nicht allein Ursprung und Adressat des 'nomos', er ist zugleich so etwas wie der 'Inhalt' des Gesetzes, das Telos. Die Konstellation der drei Gesichtspunkte repräsentiert eine Kants Grundlegungsversuch als ganzen kennzeichnende Struktur. *Faktizität* der Gesetzesunterworfenheit — *Spontaneität* der Selbstgesetzgebung — *Normativität* des Selbstverhältnisses: so lauten die zueinander in Beziehung zu setzenden Grundelemente. In der Unverfügbarkeit der eigenen Natur, in der Tatsache, daß der Mensch kraft Freiheit und Vernunft zu einer autonomen allgemeinen Gesetzgebung "durch seine eigene Natur schon bestimmt war"[8], sind alle drei Aspekte zusammengefaßt. Dergestalt versammeln sie die "Bestimmung des Menschen"[9] in sich. "Autonomie" ist dabei nicht schon als moralische verstanden, vielmehr im Sinne jenes Prinzips der Autonomie, das zur Beantwortung der Frage nach der Geltung eines Gebots das Kriterium der "eigenen und dennoch allgemeinen Gesetzgebung" (GMS 432=B73) an die Hand gibt.

Als im weiten Sinne anthropologische betrachtet, käme der anthroponomen Relation lediglich der Status eines minimalen Anthropologicums zu. Darauf weist Kant selbst in der "Anthropologischen Charakteristik" hin. Einen "Charakter" zu haben, heißt es dort, bedeute, sich selbst an praktische Prinzipien zu binden. Und dies sei "das Minimum (...), was man von einem vernünftigen Menschen fordern" könne, "zugleich aber auch das Maximum des inneren Werts (der Menschenwürde)".[10]

2. Der Mensch als Zweck an sich selbst

Der Gedanke der Anthroponomie findet seinen bezeichnendsten Ausdruck in der

---

[7] MST A47.
[8] GMS B79.
[9] KrV B868.
[10] Anthr. B264, B270.

Formulierung der "Grundlegung", der Mensch existiere als "Zweck an sich selbst".[11] Kants kopernikanische Wendung in der Praktischen Philosophie — nicht mehr das Verfolgen eines an sich guten Zwecks, sondern das Befolgen eines selbstgegebenen Gesetzes qualifiziert einen Willen als guten Willen — ist interpretierbar als "Inversion der Teleologie"[12]; der Mensch als sich selbst 'bezweckender' Zweck (sich selbst wollender Wille) gleichsam ein Resultat dieser Inversion. Georg Picht hat jenen Satz als einen der "ungeheuren" Sätze der Philosophiegeschichte apostrophiert.[13] Und in der Tat: In ihm ist aufbehalten, was den Grund der "Menschenwürde" ausmacht. Als Selbstzweck ist der Mensch sich in der Weise der Selbstgegebenheit vor- und als solcher aufgegeben. Freigesetzt aus einer ihn tragenden teleologischen Ordnung und keinem essentialistischen Wesensbegriff gehorchend, ist er weder natural noch supranatural determiniert. Freiheit allein, verkündet Kant im Naturrechtskolleg 1784/85 seinen Hörern, "macht, daß wir Zweck an sich selbst sind"; ohne sie wäre "mein Wille nicht mein eigner, sondern der Wille der Natur."[14]

Kants ungeschriebene Fundamentalanthropologie trägt derart Züge einer negativen Anthropologie, in der jede Fest-Stellung des Menschen abgewiesen, das intelligible Substrat auf Spontaneität reduziert ist. Das die Moralphilosophie beeinflussende metaphysische Motiv, theoretische Intentionen — die Erkenntnis des Ansich — 'praktisch' einzulösen (s.o. Nr.1) und den Begriff eines unverursachten Ursacheseins zu realisieren[15], muß daher keinen Rückfall in vorkritische, rationalistische Metaphysik bewirken.

3. Der Zweck an sich selbst als Grund des kategorischen Imperativs
Daß der Mensch bzw. die "vernünftige Natur" als Zweck an sich selbst "existiert", ist nach Kant der "Grund" des kategorischen Imperativs und — mithin — seiner "Verbindlichkeit".[16] An der Zweck-an-sich-Figur lassen sich elementare Bestimmungen ablesen, durch die ein deskriptiver Zugang zu dieser — von Kant ungelöst[17] hinterlassenen — Begründungsproblematik eröffnet wird. Neben der hermeneutischen Komponente ("So stellt sich notwendig der Mensch sein eigenes Dasein vor..."[18]) ist es vor allem der

---

[11] GMS B64.
[12] Vgl. Robert Spaemann: Reflexion und Spontaneität. Studien über Fénelon. Stuttgart 1963, S.53f.; vgl. ders. / Reinhard Löw: Die Frage Wozu? Geschichte und Wiederentdeckung des teleologischen Denkens. München 1985, S.105ff. Zu den Differenzen in der Interpretation jener Inversion vgl. Vf.: Anthroponomie. Kants Archäologie der Autonomie. Berlin 1992, S.85ff.
[13] Georg Picht: Kants Religionsphilosophie. Stuttgart 1985, S.517.
[14] Ak.-Ausg. Bd.XXVII, S.1322.
[15] Vgl. Prol. A152 Anm.; GMS B97f.
[16] GMS B66 in Verb. mit B VIII.
[17] Die Deduktionsproblematik hat im Werk Kants — der zweiten *Kritik* zum Trotz — keine abschließende Fassung erhalten. Daß und inwiefern sie Kant keine Ruhe lasse, gibt insbesondere die Religionsschrift zu erkennen, mit der Kant in manchem wieder an den dritten Abschnitt der *Grundlegung* anknüpft: «Was der Mensch ist, oder werden soll, gut oder böse, dazu muß er sich selbst machen, oder gemacht haben. Beides muß eine Wirkung seiner freien Willkür sein; denn sonst könnte es ihm nicht zugerechnet werden, folglich er weder moralisch gut noch böse sein.» (Rel. B48)
[18] GMS B66.

Aspekt des Selbstvollzugs, auf den der Blick zu lenken ist. Nur in der Weise eines Selbstvollzugs ist die Existenz eines Zwecks an sich selbst beschreibbar, und zwar so, daß der Vollzug eine Differenz zu sich, die Differenz zwischen Sich-Haben und Sich-Wollen, vollzieht. Keiner externen Instanz unterstehend, ist die so vollzogene Selbst-Bestimmung — der "Actus der Freiheit", in den die Religionsschrift die "Natur des Menschen" zurückgründet[19] — der Ursprung jedes Anspruchs, auch des moralischen, als eines Selbstanspruchs; jedes Sollens als eines Wollens.[20] In solcher prä- und aber protomoralischen Vollzugsstruktur sind Spontaneität und Faktizität ineinander verschränkt; in ihr gründet auch die unvertretbare Selbstverantwortung der sich selbst Überantworteten.

Inwiefern ist diese prämoralische Subjektivitätsfigur protomoralisch zu nennen? Insofern, als bereits mit der Verschränkung von Spontaneität und Faktizität eine basale Verbindlichkeits-, eine Verpflichtungsstruktur gegeben ist: die Verpflichtung zur Selbstbestimmung. Problematisch allerdings dürfte dabei sein, daß in einer solchen Verpflichtung Sollen und Müssen ungeschieden zu sein scheinen. Da es mir indes nicht darum zu tun ist, zu begründen, zu legitimieren oder zu deduzieren, sondern darum, zu beschreiben, will heißen: nachzuvollziehen, welche 'Grundbewegung' die Figur des Zwecks an sich selbst beschreibt, bietet die mögliche Indifferenz von Sollen und Müssen kaum die Handhabe eines Einwands. In einem weiteren Schritt könnte die protomoralische Verpflichtung zur Selbstbestimmung bestimmt werden als eine mit dem Vollzug der Existenz als Zweck an sich selbst isomorphe Selbstverpflichtung, über zeitliche Distraktionen hinweg Übereinstimmung mit sich zu intendieren (etwa als Bedingung der Möglichkeit dafür, überhaupt ein Intendiertes festzuhalten und dessen Identität oder Nichtidentität zu konstatieren)[21]. Es wäre dies eine Selbstübereinstimmung (Identität), auf die — vermittelt — das 'Wollenkönnen' abzielte, welches der kategorische Imperativ zum Kriterium erhebt. Die Selbstübereinstimmung, die dieser in praxi gebietet und ermöglicht, wäre eine bloß punktuelle und transitorische; sie zu erlangen, eine unendliche Aufgabe. Darin liegt: Sowenig die strukturelle Differenz zwischen Sich-Wollen und Sich-Haben durch ihren Vollzug getilgt werden kann, sowenig gibt es das "eigentliche Selbst"[22] als einen kompakten Ich-Kern oder dergleichen. Heidegger mutmaßt so betrachtet zu Recht, mit dem Philosophem vom Menschen als einem Zweck an sich selbst präludiere Kant den Tatbestand der "Sorge" als des Seins des Daseins, dem es in seinem Sein um sein Seinkönnen gehe.[23]

---

[19] Rel. B6.

[20] Vgl. GMS B113: «Das moralische Sollen ist also eigenes notwendiges Wollen...»

[21] Hierzu s. Bernward Grünewald: «Praktische Vernunft, Modalität und transzendentale Einheit. Das Problem einer tranzendentalen Deduktion des Sittengesetzes», in: H.Oberer, G.Seel (Hrsg.), Kant. Analysen — Probleme — Kritik. Würzburg 1988, S.127ff. Grünewald läßt in seinem Versuch, die praktische Geltung des kategorischen Imperativs aus der internen Struktur des Wollens als einer Selbstverpflichtung herzuleiten, den Gedanken des Zwecks an sich selbst allerdings ungenutzt.

[22] GMS B118.

[23] Martin Heidegger: Logik. Die Frage nach der Wahrheit. Vorlesung Wintersemester 1925/26 (GA Bd. 21). Frankfurt am Main 1976, S.220f. Freilich ist Heideggers «Dasein» gleichsam reicher ausgestattet als Kants «Zweck an sich selbst», der das praktisch-voluntative Moment hervorkehrt. Sogar Sartres

4. Der negativistische Grundzug der Autonomie

In die Zweck-an-sich-Figur müßten (und können) weitere Komponenten eingefügt werden, um sie als ein Modell der Anthroponomie zu rekonstruieren: Zeitlichkeit, Räumlichkeit, Situativität des Weltbezugs, Leiblichkeit, Soziabilität,... Hervorzuheben ist für den in Rede stehenden Kontext das Moment der "Unbestimmtheit zu sich"[24]. Es ist in gewisser Weise das Erbe der transzendentalphilosophischen Konstruktion, der transzendentalen Ortlosigkeit und des Indeterminismus des theoretischen Subjekts, kann aber zugleich als notwendiger Aspekt der impliziten negativen Anthropologie des homo absconditus [25] betrachtet werden. Zudem scheint in ihm die geschichtlich virulent gewordene Möglichkeit wider, daß Freiheit und Vernunft, Spontaneität und Selbstgesetzgebung divergieren. Übersetzt in den Kontext der Begründungsproblematik, wird aus der Unbestimmtheit des "Bestimmenden in mir"[26] die Gefahr der "Gesetzlosigkeit"[27]. In der fundamentalanthropologischen Ursprungskonstellation sind, so betrachtet, Unbestimmtheit zu sich und Selbstbestimmung, Anomie und Autonomie gleichursprünglich. Der Begriff ihrer Verknüpfung wäre der der *Negation der Anomie*. Autonomie als die "formale Bedingung", unter der ein freier, spontaner Wille "allein bestimmt werden kann"[28], schließt, gerade weil der Wille frei, weil er — auch — Willkür ist, die Negation von Anomie konstitutiv ein. Wird dies beachtet, vermag auch der begründungstheoretische Dezisionismus — durch seine Anerkennung — gemildert zu werden, der infolge des radikalen Ansetzens Kants bei der individuellen Freiheit droht und dem so manche Moralphilosophie der Gegenwart, ohne sich darüber im klaren zu sein, ausgeliefert ist. Daß wir "reine selbständige Vernunft haben", könnte man in Anlehnung an die Theorie des Erhabenen[29] sagen, beweist sich nur durch den "Widerstreit" von Anomie und Autonomie hindurch.— Mit dem Gedanken einer 'Negation der Anomie' ließe sich auch die in Kants Lehre vom intelligiblen Charakter implizierte 'Selbstwahl' präzisieren. In der zu überwindenden Unbestimmtheit des Selbst(anfangs) wird mit der Gesetzlosigkeit, der totalen Unverbindlichkeit zugleich der Selbstverlust negiert, auch der durch Suizid.[30] Daß es der kritischen Philosophie Kants nicht zuwider laufen muß, einen derartigen negativistischen Ursprung der Autonomie zu erwägen, zeigt nicht allein seine unüberseh-

---

Kennzeichnung des Für-sich-seins: das «ist, was es nicht ist», und nicht ist, «was es ist» (Das Sein und das Nichts. Deutsch von H.Schöneberg und T.König, Reinbek 1991, S.164), ließe sich an den Terminus "Zweck an sich selbst" anschließen.

[24] Der Ausdruck ist Helmuth Plessner entlehnt: "Macht und menschliche Natur. Ein Versuch zur Anthropologie der geschichtlichen Weltansicht" (1931), in: ders., Gesammelte Schriften V, Frankfurt am Main 1981, S.188.

[25] Freilich ist Kants Geschichtsphilosophie nicht frei von der Tendenz, eine Selbstenthüllung des Menschen in der Geschichte des Fortschritts zu supponieren.

[26] KrV B158 Anm.

[27] KrV B597; Ak.-Ausg. Bd. XXVII, S.1320, 1322.

[28] GMS B124.

[29] KU B99.

[30] Hans Ebeling: Selbsterhaltung und Selbstbewußtsein. Zur Analytik von Freiheit und Tod. Freiburg/München, 1979, hat den Gedanken der Selbstwahl als Suizidalität zu reformulieren (entmystifizieren) gesucht: als Selbsterhaltung im Bewußtsein der Möglichkeit, die eigene Existenz auszulöschen.

bar konstitutive Inanspruchnahme einer bestimmten Negation der Heteronomie[31], die von der der Anomie freilich noch einmal zu unterscheiden ist. Auch eine Notiz des späten Kant weist allgemein in diese Richtung: Transzendentalphilosophie habe ihren Namen davon, "daß sie an das Transcendente grenzt und in Gefahr ist nicht blos ins Übersinnliche sondern gar in das Sinnleere zu fallen"[32]. Nicht weniger einschlägig — jedenfalls, wenn man Anfänglichkeit als Indiz für Ursprünglichkeit zu deuten bereit ist — dürfte Kants Spekulation sein, ein neugeborenes Menschenkind scheine, "zum Unterschiede von allen andern Tieren, bloß deswegen mit lautem Geschrei in die Welt zu treten; weil es sein Unvermögen, sich seiner Gliedmaßen zu bedienen, für Zwang ansieht, und so einen Anspruch auf Freiheit (wovon kein anderes Tier eine Vorstellung hat) so fort ankündigt."[33]
Der negativistische Ursprung der Autonomie pflanzt sich im kategorischen Imperativ, den Kant ein "negatives Prinzip" nennt[34], fort. Statt ein Seinsollendes zu entwerfen, gibt der kategorische Imperativ die Regel an die Hand, um es dem Nichtseinsollenden zu entnehmen. Der Primat der Negation kommt darin zum Vorschein, daß durch den Imperativ zunächst die nicht-verallgemeinerungsfähigen Maximen ausgegrenzt, verboten werden. Ihnen stehen die verallgemeinerungsfähigen als erlaubte gegenüber, nicht schon als gebotene. *Ohne* den Begriff des Verbotenen läßt sich gemäß der Vorschrift des kategorischen Imperativs eine gebotene Handlung gar nicht ermitteln.[35] Neben ihm ist der handlungstheoretische Begriff des "praktischen Gegenteils" erforderlich, um mit Hilfe des modallogischen Äquivalenzprinzips diejenigen Handlungen als geboten auszeichnen zu können, deren praktisches Gegenteil verboten ist.[36]

5. Reine Autonomie — ein Ausnahmezustand
Für die unter Nr.3.+4. aufgeführten Momente des Zweck an sich selbst genannten Selbstverhältnisses läßt sich zumindest eine heuristische Funktion im Rahmen einer fundamentalanthropologischen Subjektivitätstheorie (Theorie der Anthroponomie) beanspruchen. Im Normalfall ist die Unbestimmtheit zu sich im Vollzug der Selbstbestimmung aufgehoben (zu denken). Ihre praktische — existentialpragmatische — Bedeutung entfalten jene Momente in Grenzsituationen. In Situationen, in denen moralisch relevante Probleme nicht mehr durch Rückgriff auf bewährte Orientierungsmuster (und seien sie bereits 'posttraditional') bewältigt werden können. Aller eingeübten Rollen entkleidet, ist

---

[31] GMS B74. Vgl. zur Negation der Heteronomie Otfried Höffe: «Kantische Skepsis gegen die transzendentale Kommunikationsethik», in: W.Kuhlmann, D.Böhler (Hrsg.), Kommunikation und Reflexion. Zur Diskussion der Transzendentalpragmatik. Antworten auf Karl-Otto Apel. Frankfurt am Main, S.521.
[32] Op.post., Ak.-Ausg. Bd.XXI, S.74.
[33] Anthr. B230.
[34] MST A19.
[35] Wie Theodor Ebert: «Kants kategorischer Imperativ und die Kriterien gebotener, verbotener und freigestellter Handlungen», in: Kant-Studien 67 (1976), S.570ff., überzeugend dargetan hat.
[36] Ebd. S.577ff. Vgl. auch Albrecht Wellmer: Ethik und Dialog. Elemente des moralischen Urteils bei Kant und in der Diskursethik. Frankfurt am Main 1986, S.22. Zu Einzelheiten des vom kategorischen Imperativ vorgeschriebenen Gesetzgebungsexperiments vgl. Vf.: Anthroponomie. Kants Archäologie der Autonomie. Berlin 1992, S.236ff.

das Individuum auf sich als Zweck an sich selbst zurückgeworfen. Die *Grundlegung zur Metaphysik der Sitten* liefert für diese Sicht mit der in ihr beschriebenen Bewegung der — durch eine "natürliche Dialektik"[37] angestoßenen — Grundfreilegung das Modell. Das Prinzip der Moral und seine Applikation, Begründungs- und Anwendungsdiskurs sind, wiewohl unterscheidbar, so doch nicht geschieden; Geltungs- und Verpflichtungsgrund koinzidieren in actu, sonst gäbe es keine Handlung[38]: Stellt sich die Frage "Was soll ich tun?" in aller Radikalität, so mit ihr zugleich die Frage, in der die Deduktionsproblematik zentriert: "Warum aber soll ich mich denn diesem Prinzip [dem kategorischen Imperativ; ujw.] unterwerfen...?"[39] Beide müssen beantwortbar sein, damit radikal Zweifelnde sich moralische Gewißheit zu verschaffen vermögen.

In solchen und nur in solchen fundamentalen Zweifelsfällen muß ein guter Wille *hervorgebracht, gegründet*[40] werden; ist die "Erkenntnis seiner Selbst als einer Person, die sich selbst zum Princip constituiert und ihres Selbst Urheberin ist"[41], erfordert. Der nicht nur Kants Praktische Philosophie durchherrschende 'technologische' Impetus, der sie als Gestalt der neuzeitlichen Metaphysik ausweist, gewinnt auf diese Weise übrigens einen guten — soll heißen: vertretbaren — Sinn: Selbstherstellung als Limesgestalt praktischer Extremsituationen. — Akzentuiert wird mit dieser Zuspitzung, was den kategorischen Imperativ ohnehin auszeichnet: sein Situationsbezug, seine Kontextsensitivität.

6. Monologik und ihr praktischer Sinn

So wie Kant ihn konzipiert, ist der kategorische Imperativ monologisch strukturiert. Ebendies — daß nur je ich meine konkrete Handlungsweise (Maxime) dem Verallgemeinerungstest zu unterziehen habe — wird durch die Grenzfallperspektive in ein anderes Licht gerückt. Es sind Fälle vollendeter Desorientiertheit denkbar, in denen nicht nur der Rückgriff auf eingelebte Moralen untauglich, sondern auch der Weg zu den Anderen versperrt ist. Den in diesen Situationen Vereinzelten kann der kategorische Imperativ als Entscheidungskriterium dienen. Er stiftet eine provisorische Allgemeinheit und insoweit auch eine provisorische Intersubjektivität. Eine Unterscheidung kann helfen, hierbei Mißverständnisse zu vermeiden: die Unterscheidung der monologischen 'Anwendbarkeit' des Imperativs (sowie der so gearteten dissoziativen Situation) von dem den "absoluten Horizont des ganzen menschlichen Geschlechts"[42] antizipierenden (fingierenden) Maßstab der Verallgemeinerungsfähigkeit. Um diesen Horizont zu projizieren, ist es nicht nötig, wie in der "Operation der Reflexion" des sensus communis, "sich in den Standpunkt anderer"[43] zu versetzen. Es reicht hin, aus (m)einer faktischen Handlungsmaxime

---

[37] GMS B23.
[38] Dies folgt schon aus dem Autonomiebegriff. Conditio sine qua non der Gültigkeit moralischer Gesetze ist, daß die Betroffenen sie sich selbst geben. Solche Selbstgesetzgebung schließt in actu den Willen zur Befolgung des Gesetzes ein.
[39] GMS B102.
[40] GMS B7.
[41] Op.post., Ak.-Ausg. Bd.XXII, S. 54.
[42] Logik A58.
[43] KU B159.

den Zustand ihrer allgemeingesetzlichen Geltung zu extrapolieren und nach dessen Konsistenz mit der Maxime zu fragen. Die Konzeption einer 'Grenzfall-Ethik' schließt deren Erweiterung zu einer Ethik des Dialogs (im Sinne A.Wellmers) nicht aus, auch wenn die 'Transzendentalisierung' zunächst in die Vereinzelung führt. Explizite Dialogverweigerung dürfte in den wenigsten moralischen Konfliktfällen verallgemeinerungsfähig sein.

Von dieser Problematik ist die Frage nach dem 'sozialontologischen' Verhältnis von Egoität, Alterität und Sozia(bi)lität noch einmal zu unterscheiden. Was dies anbetrifft, muß man, so scheint mir, keine kommunikationslosen Monaden konstruieren, um für die *Unhintergehbarkeit von Individualität* ("Jemeinigkeit") Argumente zu finden. Auch und noch der Gedanke der Gleichursprünglichkeit von Alterität und individueller Subjektivität läßt sich so fassen, daß er — im Falle einer dialogischen Situation — eine doppelt wechselseitige Asymmetrie: einen Vorrang individueller Perspektiven also, einschließt (sowie eine wechselseitige Entzogenheit). Freilich bleibt die Frage der 'Einwirkung' der Anderen; mutatis mutandis die Frage, ob Verpflichtung primär durch Andere oder durch Selbstbegrenzung oder durch beides statthabe. Kants Formel von der "ungeselligen Geselligkeit", die ihre autonomietheoretische Entsprechung in der "eigenen und dennoch allgemeinen Gesetzgebung" findet, spricht für letzteres.[44]

7. Begrenzte Zuständigkeit von Moralphilosophie

Die Restriktion des kategorischen Imperativs auf grundstürzende Zweifelsfälle verweist auf die Beschneidung der Zuständigkeit von Moralphilosophie überhaupt. Erst wenn die geschichtlich 'existierende', sozialen Beziehungen (faktisch kontrafaktisch) innewohnende normative Kraft nicht hinreicht, um moralische Zweifel zu beseitigen oder Konflikte zu schlichten, tritt der Verallgemeinerungsgrundsatz auf den Plan. Im Zentrum der so verstandenen moralphilosophischen Problematik steht nicht die Normenbegründung (die ist vornehmlich in der Sphäre des Rechts zuhause), sondern die kritische Prüfung von "Maximen". Weiterreichende Fragen sind weniger eine Angelegenheit von Moralphilosophie denn von Sozialphilosophie.

ujw.

---

[44] Idee zu einer allgemeinen Geschichte in weltbürgerlicher Absicht: A392; GMS B73. Abstandnahme oder — in physikalischer Analogie — *"Abstoßung"* erhebt Kant in den Rang eines subjektivitätstheoretischen Prinzips, ebenso wie den Gegenbegriff der *"Anziehung"* (MST §24; vgl. MST §46; MSR §E; Op.post., Ak.-Ausg. Bd.21, S.35). Was in der Wendung von der *"ungesellige(n) Geselligkeit* der Menschen" so treffsicher als Anthropologicum exponiert wird, expliziert Kant in der *Metaphysik der Sitten* in moralphilosophischer Hinsicht. "Vermöge des Prinzips der *Wechselliebe* " seien die Menschen "angewiesen, sich einander beständig zu *nähern* , durch das der *Achtung*, die sie einander schuldig sind, sich in *Abstande* von einander zu erhalten" (MST §24). Vgl. hierzu v. Vf.: «Moral im Abstand. Die 'Operation der Reflexion' im moralischen Grenzfall», in: Akten des 7. Internationalen Kant-Kongresses, Bonn 1991, S.399-413.

Die Leistung formaler Eigenschaften moralischer Aussagen
für die Moralbegründung

Walter Pfannkuche,   Berlin

Einleitung

Wie kann man eine moralische Frage rational entscheiden? Welche Möglichkeiten haben wir, in einem Streit über das moralisch Richtige zu einem rationalen, gemeinsamen Resultat zu kommen?

Eine gute Methode ist sicher die von Platon in den meisten seiner Dialoge verwandte, die in letzter Zeit unter dem neuen Titel 'reflective equilibrium' von Rawls wieder in die Debatte gebracht wurde. Bei dieser Methode erkennt man an, daß die Frage nach dem Richtigen nie wie eine Informationsfrage gestellt wird, wie etwa "Was ist ein Kreis?". Wenn es nur die Frage nach der Bedeutung eines uns unbekannten Wortes wäre, müßten wir mit jeder Antwort zufrieden sein. Das sind wir offenkundig aber nicht, und dies zeigt, daß wir irgendwie schon in die Sache involviert sind, schon ein paar materiale Überzeugungen darüber haben. Darauf baut das Verfahren auf. Moralisches Überlegen bedeutet nun, daß man von den stabilsten dieser Überzeugungen ausgeht, diese zu allgemeineren Prinzipien entwickelt, diese Prinzipien miteinander zu koordinieren versucht und schließlich überlegt, ob man das, was aus diesem Prinzipien-Korpus dann folgt, auch im Einzelnen akzeptieren kann. So geht man vielleicht mehrfach hin und her, vom Besonderen zum Allgemeinen und zurück und versucht ein in sich kohärentes System zu schaffen. Dieses Verfahren wird sicher von vielen in schwierigen Sitationen verwandt. Das Problem damit ist nur, daß es nichts darüber aussagt, an welcher Stelle im Fall von inneren Unstimmigkeiten etwas zu ändern ist. Soll ich das Einzelurteil aufgeben oder die allgemeinere Regel, mit der es im Widerspruch steht? Für diesen Fall brauchte man Überlegungsregulierende Prinzipien, die wir leider weder bei Platon noch bei Rawls finden. So bleibt es möglich, daß verschiedene Personen mit der Anwendung dieses Verfahrens zu abweichenden Resultaten kommen. Ein Ergebnis wäre dann so rational wie das andere.

Das läßt es angeraten erscheinen, sich nach einem anderen Verfahren umzusehen. Es gehört zu den Einsichten von Richard Marvin Hare, daß viele moralische Diskurse deshalb in einer Sackgasse enden, weil sich die Opponenten an irgendeiner Stelle auf materiale moralische Überzeugungen berufen, die sie nicht mehr meinen diskutieren zu können. Sein Gegenvorschlag ist deshalb, daß man diese Überzeugungen beiseiteläßt und stattdessen zuerst nach der Logik der Verwendungsweise der moralischen Wörter fragt. Deren spezielle Logik sei uns als kompetenten Sprechern durch eine Art von 'linguistic intuition' vertraut.[1] Hares These und Hoffnung ist, daß diese logischen Regeln in Kombination mit empirischen Fakten den Rahmen für moralische Urteile so weit einengen

---

[1] Hare, R.M., 1981: Moral Thinking; Oxf. Clar. Pr., S.9

werden, daß wir in der Praxis gezwungen werden, alle denselben zuzustimmen.[2] Das ist eine hochfliegende Hoffnung, doch sie scheint zwischen zwei gleicherweise unattraktiven Alternativen gefangen zu sein: Entweder man beschreibt die formalen Erfordernisse moralischer Urteil in einer Weise, die es erlaubt, alle konkurrierenden Theorien einzuschließen. Dann hat man aber kein Kriterium gewonnen, eine vorzuziehen. Oder man faßt die formalen Eigenschaften so, daß bestimmte Theorien ausgeschlossen werden. Aber dann werden deren Anhänger sicher den Vorwurf erheben, die formale Beschreibung sei zu eng gewesen. Sie werden behaupten, wie Peter Singer hellsichtig gesehen hat, daß man seine eigenen moralischen Überzeugungen in die Definition des Moralischen hingeschmuggelt hat.[3]

Was also ist zu tun? Ich werde in einer Analyse von Hares Theorie zu zeigen versuchen, daß dieser die von ihm herausgearbeiteten formalen Eigenschaften moralischer Urteile in der tat zu stark interpretiert hat. Für Hare implizierte schließlich die formale Analyse der Moralwörter allein, daß moralisches Denken utilitaristisch zu sein hat. Das ist nicht haltbar. Ich werde stattdessen eine schwächere Interpretation der formalen Kriterien anbieten, die besser geeignet ist, verschiedene Moraltheorien zu umfassen. Die verschiedenen bekannten Moraltheorien ergeben sich dann durch die Anreicherung dieses formalen Kerns mit zusätzlichen Elementen. Die Frage nach der richtigen Moral muß dann als Frage nach der Vorzüglichkeit solcher Zusatzelemente geführt werden. Dies wird m.E. zur Bevorzugung des kontraktualistischen Ansatzes vor dem utilitaristischen führen.

Hares These ist, daß der Gebrauch von 'gut' im moralischen Sinn auf 'sollte' verweist. Wenn man, so Hare, eine Handlung oder einen Menschen im moralischen Sinn als gut bezeichnet, dann muß man auch anerkennen, daß man sich in einer ähnlichen Situation ebenso verhalten sollte. Dies ist deshalb so, weil wir mit einer moralischen Empfehlung einen Menschen nicht in einer speziellen Funktion loben, z.B. als guten Architekten, sondern als Menschen schlechthin. Da wir zwar nicht notwendig Architekten sein müssen, aber doch Menschen notwendig sind, müssen wir Aussagen über moralische Güte unvermeidlich auch auf uns selbst beziehen. Wenn wir moralische Prädikate verteilen, müssen wir akzeptieren, daß wir auch selbst so sein sollen.[4] Darin sind bereits die beiden Kriterien enthalten, die Hare später deutlicher als notwendige Bestandteile der Verwendung von 'sollen' herausgearbeitet hat - Präskriptivität und Universalisierbarkeit. Wenn, so seine These, wir uns überlegen, was wir tun sollen, "dann halten wir dabei ... nach einer Handlung Ausschau, auf die wir uns selbst festlegen können (Präskriptivität), von der wir aber auch zugleich bereit sind, sie als Beispiel für einen Handlungsgrundsatz zu akzeptieren, der auch für andere in ähnlichen Situationen als Vorschrift zu gelten hat

---

[2] ibid., S.6
[3] Singer, P., 1979: Praktische Ethik; Stuttgart, S. 22. Ironischerweise ist Singer in diesem Buch selbst eben dieser Versuchung erlegen.
[4] Hare, R.M., 1983a: Die Sprache der Moral; Frankfurt a.M., S.176-78

(Universalisierbarkeit)".[5] Beide Eigenschaften sind dringend erklärungsbedürftig. Ich werde sie im Folgenden je für sich untersuchen.

Präskriptivismus und die Herausforderung des Amoralismus

Die Frage ist hier, was es heißt, sich auf eine Handlung festzulegen. Hare gibt hierfür eine negative Erklärung: Wenn moralische Soll-Sätze nicht präskriptiv wären, also keine solche Festlegung enthielten, dann wäre es möglich, zuerst zuzustimmen, daß man selbst und jeder in gleichen Umständen X tun sollte, es dann aber nicht tun, und dies ohne andeuten zu müssen, daß man damit hinter die ursprüngliche Zustimmung zurückgegangen ist.[6] Oder positiv: Die Präskriptivität moralischer Urteile bedeutet, daß es ein Widerspruch ist, erst zu sagen, daß man X tun sollte und dann nicht so zu handeln, obwohl man physisch und psychisch dazu in der Lage ist.[7] D.h. man kann den Satz 'Ich sollte X tun' nur dann aufrichtig äußern, wenn man, exzeptionelle Umstände einmal beiseitegelassen, auch so handelt. Da Handlungen aber Gründe oder Motive verlangen, ist es schließlich der präskriptivistischen These zufolge nicht möglich zuerst zu behaupten, daß eine Handlung richtig ist, und gleichzeitig zu sagen, es gäbe nicht den geringsten Grund, sie auch durchzuführen.[8]

Das führt unmittelbar zu einem schwerwiegenden Problem. Wenn moralische Urteile in diesem Sinn präskriptiv wären, dann wäre es begrifflich unmöglich, daß jemand zwar ein moralisches Urteil aufrichtig äußert, im Handlungsfall aber völlig unbewegt bleibt. Wir alle wissen aber, so der Einwand David Brinks, daß es Menschen, die so unbewegt bleiben, tatsächlich gibt - die Amoralisten nämlich. Diese sehen evtl. nicht nur keinen überragenden Grund, das zu tun, was sie für moralisch richtig halten, sondern vielleicht sogar überhaupt keinen Grund dazu. Und weil der Präskriptivismus die Existenz solcher Personen konzeptionell ausschließt, so Brinks Folgerung, muß der Präskriptivismus falsch sein.[9]

Ein Internalist kann sich hiergegen mit dem Hinweis verteidigen, daß die Amoralisten solche Sätze eben nicht aufrichtig äußern. Sie gäben damit gar nicht ihre eigenen moralischen Überzeugungen wieder, sondern berichteten nur über eine Konvention, über die moralischen Überzeugungen anderer.[10] Aber warum muß dies so sein? Weshalb sollen wir uns einen Amoralisten nicht so vorstellen können, wie Brink ihn skizziert - als jemanden, der zwar moralische Fakten und Forderungen als solche

---

[5] Hare, R.M., 1983b: Freiheit und Vernunft; Frankfurt a.M., S.108

[6] Hare, 1983b, S.90

[7] Hare, 1983b, S.96; vgl. Hare, 1983a, S.211

[8] Hare, 1981, S.91

[9] Brink, D.O.,1989: Moral Realism and the Foundation of Ethics; Cambr. Univ. Pr., S.46-48

[10] So hat sich etwa R.M. Hare verteidigt (vgl. 1981, S.184 und 1983b, S.213).

anerkennt, der aber gleichwohl noch keinen Grund sieht, sich entsprechend zu verhalten? Hare könnte sein Argument hier noch verstärken, indem er auf eine besondere Form von moralischen 'Fakten' hinweist: In vielen Fällen wird die Anerkennung von "Ich sollte X tun" implizieren "Es ist meine Pflicht, X zu tun". Die Frage ist dann, wie der Amoralist einerseits anerkennen kann, eine Pflicht zu haben, und gleichzeitig nicht den geringsten Grund sehen, entsprechend zu handeln? In welchem Sinn erkennt er dann überhaupt noch an, eine Pflicht zu haben? Der Amoralist kann sich nur retten, indem er behauptet, die basale Kategorie im Moralischen sei die des Richtigen und des Falschen. Alle Sätze wie "Ich sollte X tun" oder "Ich habe die Pflicht, X zu tun" müssen sich für ihn reduzieren auf "Das Tun von X ist moralisch richtig". Solche Richtigkeit, so müßte seine These lauten, kann man erkennen, und solange man mit Sollte- und Pflicht-Sätzen nicht mehr meint als dies, sind sie auch vertretbar. Sobald man damit aber mehr meint, etwa das Unterworfensein unter einen Imperativ unabhängig von Wünschen, werden sie mythologisch.

Diese Sichtweise scheint immerhin möglich. Und das zeigt zweierlei: 1. Hares starker Begriff von Präskriptivität ist kein notwendiges Charakteristikum für ein moralisches Urteil. 2. Die basale Kategorie des antipräskriptiven Amoralisten, die moralische Richtigkeit, hilft zur Charakterisierung eines moralischen Urteils auch nicht weiter. Zu klären wäre ja gerade, was moralische Richtigkeit von theoretischer oder instrumenteller unterscheidet. Es ist daher ratsam, nun zu untersuchen, was Hares zweites Kriterium, die Universalisierbarkeit, dazu beitragen kann. Hierbei wird sich zugleich zeigen, daß eine anders verstandene Präskriptivität durchaus konstitutiv für moralische Urteile ist.

Universalisierbarkeit und Utilitarismus

Universalisierbar ist eine Handlungsregel dann, wenn man bereit ist, sie als Prinzip für alle anderen in der gleichen Situation vorzuschreiben. Die Frage ist nun: Was bedeutet es, bereit zu sein, ein Prinzip in dieser Weise für alle vorzuschreiben. In *Moral Thinking* erklärt Hare es so: Es folgt aus der Universalisierbarkeit, daß meine Überzeugung, daß etwas einer Person angetan werden soll, mich zu der Sichtweise verpflichtet, daß genau dies auch mir angetan werden sollte, wenn ich in der Rolle dieser Person wäre. Wenn ich aber herausfinde, daß ich in seiner Situation nicht so würde behandelt werden will, dann muß ich meinen Vorschlag, daß diese Person so behandelt werden soll, zurückziehen. Ich kann ihn als moralisches Prinzip dann nicht aufrechterhalten.[11] Die Bedingung der Universalsierbarkeit erweist sich somit als eine neue Formulierung der altvertrauten Goldenen Regel, als ein role-reversal Test.[12]

---

[11] Hare, 1981, S.108/9
[12] vgl. Williams, B., 1985: Ethics and the Limits of Philosophy; Harv. Univ. Pr., S.82

Es wird deutlich, daß die Universalisierbarkeit moralischer Urteile zwar in zwei Punkten mit der anderer praktischer Urteile, mit deren Analyse Hare begonnen hatte, übereinstimmt, aber in einem wichtigen Punkt davon abweicht.
Die Gemeinsamkeiten sind diese:
- Auch wenn man z.b. mit einem Freund über dessen Gesundheitsprobleme spricht und schließlich sagt "Es ist gut (oder richtig), jetzt zum Arzt zu gehen", heißt dies, daß es angesichts der Interessen des Freundes, angesichts seines Zustands und angesichts der Möglichkeiten der ärztlichen Kunst einfach rational wäre, einen Arzt aufzusuchen. Das impliziert dann, daß es für jeden mit solchen Interessen in solchen Umständen rational wäre, zum Arzt zu gehen. In diesem Sinn ist die Universalisierbarkeit von Urteilen ein logisches Erfordernis.
- Um jemandem einen Rat geben zu können, muß man sich in die Perspektive des anderen hineinversetzen, sich auf dessen manifeste oder vermutbare Interessen beziehen. Zwar kann man jemandem auch raten, seine Interessen oder deren Prioritätengefüge zu ändern, doch ist auch dies für den anderen nur dann rational nachvollziehbar, wenn dabei auf andere, vielleicht basalere seiner Interessen Bezug genommen wird. Auch hiervon kann man sagen, es gehöre zur Logik solcher Urteile. Dies deshalb, weil es zur Struktur von Rationalität gehört, daß von irgendetwas ausgegangen, an etwas folgernd angeknüpft wird. Die Abweichung besteht darin daß für einen solchen Rat normalerweise die Überlegung, was wohl der Arzt von derartigen Patientenbesuchen halten würde, völlig unerheblich ist. Nicht so bei den moralischen Urteilen. Hier soll es nach Hares These zur Universalisierbarkeit gehören, daß die Reaktion von Handlungsbetroffenen in der Weise mit berücksichtigt werden, daß ich mich fragen muß, ob ich so behandelt werden möchte.[13]

Doch dieses Verständnis von Universalisierung führt direkt in eine Sackgasse. Das wird an einem Argumentationsmuster klar, das Hare selbst an anderer Stelle vorführt. Warum, fragt er dort, sollte sich ein Dieb vor seinem Richter nicht so verteidigen: 'Sie an meiner Stelle würden würden ja auch nicht ins Gefängnis geschickt werden wollen. Wie können Sie also ihre Vorschrift, Diebe ins Gefängnis zu stecken, universalisieren?' Wenn die Vorschrift aber nicht universalisiert werden kann, dann kann es auch keine moralische Vorschrift sein und Diebe könnten somit nicht mit moralischem Anspruch bestraft werden.[14] Damit ist das Problem offenkundig. Wenn Universalisierbarkeit bedeuten soll "Ich würde es mögen, dem Prinzip entsprechend zu handeln und behandelt zu werden in welcher Position ich auch immer sein mag", dann wäre gar kein Prinzip universalisierbar, weil vermutlich kein Krimineller es mögen wird, bestraft zu werden. In diesen Fall würde das angebliche Moralprinzip die Moral aufheben, weil kein moralisches Urteil diesen Test überstehen würde.

Um diese Hürde zu nehmen, hat Hare die Bedeutung von 'universalisierbar' radikal geändert. Er läßt den Richter antworten, daß in dem Fall, daß es sich nur um den Dieb und ihn handeln würde, sein Urteil in der Tat kein moralisches sein könnte. Als

---

[13] vgl. Mackie, J.L, 1981: Ethik; Stuttgart 1981, S.104-23, der hier zu recht darauf hinweist, daß sich in Hares Universalisierungsbegriff drei Stufen verbergen.

[14] Hare, 1983b, S.135/6

Richter habe er aber die Aufgabe, die Konsequenzen seiner Entscheidung für die ganze Gesellschaft zu bedenken. Und in Anbetracht der generellen Unsicherheit, die sich aus der Nichtbestrafung von Dieben ergeben würde, falle es ihm schon leichter, sein Urteil zu universalisieren.[15] Dieser Wandel ist dramatisch, weil es nun nicht mehr länger notwendig ist, daß der Kriminelle selbst mit seiner Bestrafung einverstanden ist, sondern nun ist nur noch seine Abneigung dagegen zu registrieren und gegen die Konsequenzen für die Wünsche aller anderen zu gewichten. 'Bereit sein vorzuschreiben' heißt nun so etwas wie 'Die allgemeinen Konsequenzen dieser Regelung sind besser als die jeder möglichen anderen'. Mit diesem einzigen Schritt ist Hare, wie er selbst sagt, bei einer Form des Akt-Utilitarismus angelangt.[16]

Das ist natürlich eine enorm starke These. Wenn moralische Urteile universalisierbar sein müssen, und wenn Hares Idee von Universalisierung die einzig mögliche ist, dann würde es zu einer analytischen Wahrheit, daß moralisches Denken utilitaristisch sein muß. Doch warum muß Universalisierbarkeit gerade so gedacht werden muß, wie Hare das tut? Was sollen die Gründe sein, die jemanden geneigt machen, ausgerechnet die utilitaristische Lösung als universale Vorschrift zu akzeptieren? In *Moral Thinking* hat Hare diesen Schritt mit einer Theorie der imaginativen Identifikation zu untermauern versucht. Wenn man, so seine These, darüber nachdenkt, wie andere in einer Situation behandelt werden möchten, dann erwirbt man - qua Identifikation - deren Präferenzen und Erwartungen in dieser Situation. Die können von meinen eigenen Präferenzen natürlich stark abweichen. Doch durch die imaginative Identifikation hat sich der interpersonelle Konflikt in einen intrapersonellen verwandelt. Man kann nun seine eigenen und die erworbenen Präferenzen miteinander vergleichen. Und weil wir in solchen intrapersonellen Konflikten der Methode der Maximierung von Wunschbefriedigung folgen, so die Schlußfolgerung, ist die utilitaristische Methode der richtige Weg, um ein universalisierbares Urteil zu finden.[17]

Doch dieser Übergang ist nicht überzeugend. Die Maximierung der Befriedigung mag die geeignete Strategie zur Lösung intrapersoneller Konflikte sein, aber sie ist sicher nicht die einzig akzeptable Strategie in Rollentausch-Verfahren. Stellen wir uns eine Gesellschaft vor, in der Sex zwischen den Geschlechtern verpönt ist. Anständige Menschen, so die herrschende Meinung, haben nur gleichgeschlechtlichen Sex. Die zur Erhaltung des Menschengeschlechts notwendigen Befruchtungen sind deshalb mit technischen Mitteln durchzuführen. Nun gibt es eine Minderheit, an der die gesellschaftlichen Idealbildungen irgendwie versagt haben. Diese Menschen wollen mit andersgeschlechtlichen Partnern so zusammenleben, wie es in ihrer Gesellschaft nur für Menschen gleichen Geschlechts erlaubt ist. Die Mehrheit ist von diesem Ansinnen angeekelt. Zur Lösung des Konflikts wenden sie nun Hares Verfahren der imaginativen Identifikation an. Danach ist klar, daß der Ekel der Mehrheit die Frustrationen der Minderheit bei weitem überwiegen wird. Es

---

[15] ibid., S. 137
[16] Hare, 1981, S.42/3
[17] Hare, 1981, S.110/11

ist daher moralisch völlig korrekt, wenn die Minderheit an der Realisierung ihrer Pläne gehindert wird. Der springende Punkt ist, daß sich die Minderheit an dieser Stelle vermutlich mit der Forderung verteidigen wird, daß solche Fragen gar nicht nach der Methode der imaginativen Identifikation entschieden werden sollten. Da für Hare diese Methode aber konstitutiv für moralisches Denken ist, muß diese Forderung bereits aus dem Reich der moralisch sinnvollen Rede herausfallen. Die Forderung der Minderheit wäre als Verstoß gegen die Logik des moralischen Redens abzulehnen. Wenn man bereit ist das Ansinnen der Minderheit als moralisches anzuerkennen, dann zeigt dies, daß moralisches Denken nicht notwendig der von Hare favorisierten Methode folgen muß. Die Methode der imaginativen Identifikation begeht wiederum den alten utilitaristischen Fehler - sie vernachlässigt die Getrenntheit der Individuen.

Akzeptanz jenseits des Utilitarismus

Von Hares Analysen läßt sich m.E. zweierlei halten:
1. Moralische Urteile müssen die Form allgemeiner Aussagen haben, oder auf solche verweisen.
2. Moralische Urteile müssen aus allen dadurch definierten Standorten, d.h. durch das Rollentausch-Verfahren hindurch aufrecht erhalten werden können. Wenn ich meine, daß Diebstahl bestraft werden soll, dann muß ich als Dieb auch irgendwie akzeptieren, daß ich selbst bestraft werde.[18]

Zu erklären bleibt, wie diese letzte Akzeptanz zu denken ist. Es ist klar geworden, daß dies nicht eine Akzeptanz infolge der situativen eigenen Interessen sein kann (ein Dieb wünscht normalerweise nicht, bestraft zu werden) und daß diese Akzeptanz nicht unbedingt dem utilitaristischen Maximierungs-Kalkül folgen muß. Man muß deshalb nach einer Form der Akzeptanz suchen, die sich aus schwächeren Voraussetzungen ergibt und die zugleich auch die utilitaristische Lösung als möglich zuläßt. Beides kann m.E. durch das folgende Modell gewährleistet werden:
i. Moralisches Denken bedeutet über Regeln nachzudenken, die man aus allen Positionen akzeptieren kann.
ii. Diese Akzeptanz bedeutet, eine Regel nach Aufrechung ihrer Vor- und Nachteile, so wie sie aus verschiedenen Positionen erscheinen, als meinem Gesamtwohl zuträglicher zu begreifen als jede mögliche Alternative.

Bei der so beschriebenen moralischen Akzeptanz handelt es sich um eine hypothetische Billigung. Da sie auf einem Vergleich beruht, ist etwa die Billigung der Regel 'Diebstahl wird bestraft' unabhängig davon, daß man später ggf. in einer Situation ist, in der man gerne stehlen würde, oder gar in einer, in der man eine Bestrafung erleiden muß. Entscheidend für die Billigung der Regel ist, daß der Vergleich aller Vor- und Nachteile und der Vergleich mit den Vor- und Nachteilen anderer möglicher Regeln zu

---

[18] Diese beiden Punkte wurden auch von Mackie (1981, Kap.4) in seiner Kritik an Hare akzeptiert.

ihren Gunsten ausfällt. Eine solche Überlegung ist zudem für uns besonders naheliegend, weil wir erstens wissen, daß wir unser Glück notwendig in einer Gesellschaft mit irgendwelchen Regeln suchen müssen. Und zweitens ist für rationale Wesen die Bezugnahme auf ihr Leben im Ganzen unvermeidlich. Auch wer sich für ein spontaneistisch-situatives Lebenskonzept entscheidet, muß diese Entscheidung vor dem Hintergrund seines Lebensganzen treffen.

Es zeigt sich nun, daß auch in dieser Form der Billigung ein präskriptives Element steckt. Da sich die Billigung der Regel erst aus dem Vergleich von Vor- und Nachteilen in verschiedenen Situationen ergab, ist es klar, daß die Billigung der Regel nicht implizieren kann, daß man ein Motiv hat, in einer der fraglichen Situationen der Regel entsprechend zu handeln. Aber die Akzeptanz der Regel beinhaltet ein präskriptives Moment in dem Sinn, daß man mit der Akzeptanz der Regel auch wollen muß, daß diese in der Gesellschaft gilt, d.h. durch eine der Sanktionsformen Strafe, Tadel oder Lob aufrechterhalten wird.

Dieses Überlegungsmodell schließt die Befürwortung der utilitaristischen Lösung nicht logisch aus, es läßt sie aber auch nicht als die einzig mögliche erscheinen. Es wird deutlich, daß die utilitaristische Lösung nur bei zwei sehr starken empirischen Zusatzprämissen gewählt werden würde:
1. Die solcherart über Regeln Nachdenkenden müßten über eine erhöhte Risikofreudigkeit oder einen besonderen Altruismus verfügen. Denn für einen Utilitaristen wäre es akzeptabel, daß einige Mitglieder der Gesellschaft, eventuell auch man selbst, sehr schlecht gestellt werden, solange dabei nut ein größerer Gesamtnutzen eintritt, als bei größerer Gleichheit.
2. Man muß bereit sein, das ganze Leben in eine moralische Veranstaltung zu transformieren, weil der Utilitarismus unspezifisch auf die Steigerung des Gesamtwohls in allen Hinsichten zielt. Da jedes moralische System zu seiner Selbsterhaltung versuchen muß, seine Mitglieder in seinem Sinn zu erziehen, wird die Zustimmung zum utilitaristischen System deshalb einschließen, daß sich die Mitglieder für die Steigerung des Gesamtwohls in jeder Hinsicht auch affektiv zuständig fühlen. Und dies würde den Charakter unseres Lebens von Grund auf ändern.

Aus beiden Gründen heraus, wird im Sinn einer vormoralischen Akzeptanz für die meisten eine kontraktualistische Lösung weitaus vorteilhafter erscheinen. Der wesentliche Unterschied ist der, daß man sich im Kontraktualismus gar nicht auf ein so vages Ziel wie die Steigerung des Gesamtnutzens bezieht, sondern daß man versucht, sich mit einer endlichen Liste von garantierten Grundgütern gegen einige Grundübel des gesellschaftlichen Lebens abzusichern. Diese Liste wird bei rationaler Abwägung sicher umfangreicher sein, als das, was wir heute einander als Grundgüter garantieren. Sie wird aber auch nicht ausufern, weil sich jeder zugleich darüber klar sein wird, daß er mit der Einführung eines zu garantierenden Grundgutes auch die Einrichtung von Institutionen befürworten muß, die ihn zwingen werden, zu dessen Sicherstellung beizutragen.

Ulrike Heuer

DIE GRÜNDE DES INTERNALISTEN

<u>Internalistische Auffassungen praktischer Begründungen: zwei Möglichkeiten</u>

1. Einleitung

Unter Handlungsgründen kann man zumindest zweierlei verstehen: einerseits Kausalerklärungen, oder etwas spezieller: Erklärungen, die die Motive der Handlung benennnen; andererseits rechtfertigende oder normative Gründe.

Die Moralphilosophie hat es gewöhnlich ausschließlich mit rechtfertigenden Gründen zu tun. Die gegenwärtig in der englischsprachigen Philosophie geführte Debatte um internalistische und externalistische Auffassungen praktischer Begründungen versucht dagegen, das Verhältnis beider zu klären.

Ausgangspunkt dieser Diskussion ist Humes These (er selbst würde es wohl eher eine empirische Beobachtung nennen), daß Moralität in der Lage ist, Personen zu entsprechenden Handlungen zu bewegen (T 457).[1] Moralität ist aber zugleich das klarste Beispiel für den Bereich normativer Urteile. Wie ist es zu verstehen, daß Moralität zugleich normativ und motivational relevant ist?

Daß diese Frage beantwortet werden muß, kann man als Adäquatheitskriterium für die Analyse moralischer Begründungen auffassen: Jede Analyse moralischer (oder allgemeiner: praktischer) Begründungen muß nicht allein ihre rechtfertigende Funktion erklären, sondern auch das Faktum ihrer motivationalen Relevanz.

Internalisten und Externalisten beantworten die gestellte Frage allerdings unterschiedlich. Die internalistische Antwort lautet: es sind die rechtfertigenden Gründe als solche, die motivational relevant sind. Der Externalist dagegen glaubt, die rechtfertigende Funktion praktischer Gründe ohne Rücksicht auf ihre motivationale Rolle klären zu können. Humes Beobachtung kann er dann in einem zweiten Schritt aufnehmen, indem er die empirisch-psychologischen Bedingungen der motivationalen Relevanz solcher Gründe untersucht. Diesen Weg gehen z. B. Theorien moralischer Begründung, die moralische Motivation als Ergebnis von Erziehung betrachten. Der Zusammenhang zwischen Motivation und Rechtfertigung ist demnach

---

[1] David Hume: A Treatise of Human Nature. Oxford 1978 (Selby-Bigge & Nidditch [edd.]). Im folgenden abgekürzt als "T".

kontingent, nicht begrifflich notwendig.[2] Dieser Zusammenhang ist von Externalisten unterschiedlich aufgefaßt worden. Frankena z. B. ist der Meinung, daß es so etwas wie ein spezifisch moralisches Motiv gibt: den Wunsch, seine Pflicht zu tun, dessen Wirksamkeit durch rechtfertigende Gründe ausgelöst wird.[3] Man kann aber natürlich auch (wie etwa Mill) der Meinung sein, daß es nicht-moralische Motive sind, die zur moralischen Handlung führen.

Was genau ist demgegenüber die Position des Internalisten? Was es heißt, einen notwendigen Zusammenhang zwischen Motivation und Rechtfertigung anzunehmen, ist nicht unbedingt evident. Erläuternd kann man vielleicht sagen, daß eine bestimmte moralische Intuition in diese Richtung weist: eine Handlung ist nicht bereits dadurch moralisch, daß sie moralisch rechtfertigbar ist, sondern daß eine Person sie für gerechtfertigt hält, muß das Motiv ihres Handelns sein. Andernfalls wäre die Handlung zwar im Einklang mit Moral, aber nicht eigentlich moralisch.

Dennoch wird der Internalismus gewöhnlich als eine skeptische Position aufgefaßt: skeptisch gegenüber der Möglichkeit moralischer, wenn nicht gar rechtfertigender Begründungen im allgemeinen. Frankena ist z. B. der Meinung, daß man mit einer Entscheidung zwischen zwei Alternativen konfroniert ist: entweder rechtfertigende Gründe auf gegebene Motivationen zuzuschneiden und damit einen entscheidenden Bereich des Moralischen zu verlieren: nämlich die Möglichkeit, moralische Urteile an unwillige Adressaten zu richten, oder aber an einem traditionelleren Verständnis der Reichweite moralischer Begründungen festzuhalten, dann jedoch um den Preis, daß ihre motivationale Relevanz nicht mehr unmittelbar verständlich ist.[4] Demnach limitiert der Internalismus die Möglichkeit von Rechtfertigungen.

Ich will im folgenden zu zeigen versuchen, daß ein bestimmtes Verständnis von Internalismus, nämlich das Humes und B. Williams, diese Möglichkeit nicht allein limitiert, sondern aufhebt. Der Humesche Skeptizismus, dem B. Williams sich anschließt, führt zu radikaleren Konsequenzen als von beiden explizit behauptet wird. Ich möchte dann aber zu zeigen versuchen, daß es eine internalistische Alternative gibt, vor deren Hintergrund beide: der

---

[2] Das klarste Beispiel einer solchen Auffassung ist vielleicht J. St. Mill: Utilitarianism.
[3] William Frankena: "Obligation and Motivation in Recent Moral Philosophy". In: Perspectives on Morality: Essays of W. F. (K. E. Goodpaster, ed.), Notre Dame, Ind. UP, 1976, pp. 49-73.
[4] a. a. O. (Anm. 3)

oben skizzierte Externalismus und der Humesche Internalismus, als Mißverständnis über den Begriff rechtfertigender Gründe erscheinen.

2. Der Internalismus Humes

Hume bestreitet die Möglichkeit praktischer Vernunft aus zwei Gründen: (1) Vernunft kann nicht das Motiv einer Handlung sein und (2) sie kann sich der Richtung des Wollens, die durch "passions" bestimmt ist, nicht widersetzen. (T 413) Die erste Möglichkeit ist ihr versperrt, weil nur "passions" Motive sein können und Vernunft nicht in der Lage ist, sie hervorzubringen. Der zweite Punkt führt auf den ersten zurück: Sie kann keinen Einfluß nehmen, weil dies auch nur möglich wäre, wenn sie ein Motiv hervorbringen könnte, und das eben kann sie nicht.[5] Wenn es praktische Gründe geben soll, muß Vernunft motivational relevant sein - das ist die internalistische These. Sie kann aber nicht motivational relevant sein, weil nur "passions" Motive sind und Vernunft keinen Einfluß auf sie hat - das ist die skeptische Schlußfolgerung. Daraus zieht Hume seine berüchtigte Konsequenz: "Reason is, and ought only to be the slave of the passions" (T 415).

Was bleibt denn nach dieser allgemeinen Zurückweisung als Sklavenfunktion der Vernunft übrig? Hume setzt sich mit den in der philosophischen Tradition diskutierten drei Möglichkeiten praktischen Begründens auseinander: mit rationalistischen Begründungen der Moral (T 456) und mit prudentieller (T 418, 438) und instrumenteller (T 415 f.) Rationalität. Er weist moralischen Rationalismus und prudentielle Rationalität zurück, allerdings mit Gründen, die eher polemisch sind und einen heutigen Gegner kaum überzeugen würden. Berüchtigt ist hier etwa seine Ablehnung prudentieller Rationalität durch Beispiele wie: "'Tis not contrary to reason to prefer the destruction of the whole world to the scratching of my finger." (T 416)

Was schließlich übrig bleibt als praktisch vernünftig, ist Zweckrationalität. Obwohl Hume das Prinzip instrumenteller Rationalität nicht ausdrücklich formuliert, scheint er es doch zu verteidigen. Das Prinzip könnte man folgendermaßen formulieren: Es ist vernünftig für eine Person, die (ihr bekannten) Mittel, die notwendig sind, um gegebene Zwecke zu verwirklichen, anzuwenden. Dies ist ein normatives Prinzip, aus dem folgt, daß eine Person Grund

---

[5] "Nothing can oppose or retard the impulse of passion, but a contrary impulse" (T 415). Für eine ausführlichere Diskussion vgl. C. Korsgaard: "Skepticism about Practical Reason", Journal of Philosophy, 1986, pp. 5-25.

hat, die Handlungen auszuführen, die als Mittel zur Verwirklichung ihrer Zwecke nötig sind.

Zeigt Hume, daß dies ein gültiges Prinzip ist? Er weist zunächst darauf hin, daß es eine der von ihm angenommenen theoretischen Vernunftfunktionen ist, Kausalzusammenhänge aufzudecken. Zweck-Mittel-Relationen beruhen auf kausalen Zusammenhängen. Indem Vernunft die Mittel zu gegebenen Zwecken entdeckt, hat sie dann doch eine leitende Funktion für das Handeln. Erweist diese Überlegung die Gültigkeit des oben formulierten Prinzips? Nein. Das kann man sich am besten klar machen, wenn man darauf achtet, was Hume als Verstoß gegen dieses Prinzip ansehen würde. Nach Hume verhält sich derjenige unvernünftig, dessen Überzeugungen über Zweck-Mittel-Zusammenhänge, die dem instrumentellen Handeln zugrundeliegen, falsch sind (T 416). Das Prinzip, gegen das dadurch verstoßen wird, müßte aber lauten: Es ist vernünftig, keine falschen Meinungen zu haben. In jedem Fall ist es ein Prinzip theoretischer Vernunft. Ein Verstoß gegen das oben formulierte Prinzip instrumenteller Rationalität besteht demgegenüber darin, daß eine Person die ihr bekannten Mittel zu ihren Zwecken nicht ergreift. Das ist aber ein Fall, den Hume für ausgeschlossen hält. Ein Prinzip, das keinen Verstoß zuläßt, kann aber nicht als normatives Prinzip aufgefaßt werden. Die naheliegendste Art, Hume zu verstehen, ist, daß er gar nicht die Absicht hat, ein normatives praktisches Prinzip instrumenteller Vernunft zu etablieren, sondern die sog. "Zweckrationalität" selbst für ein kausales Prinzip hält: Menschen sind solche Wesen, die Mittel zu Zwecken notwendigerweise ergreifen. Die Fälle, in denen dies nicht zu stimmen scheint, lassen sich immer so erklären, daß man dann eben den Zweck nicht "wirklich" verfolgt hat (was immer das heißen mag).

Da dies der einzige Fall war, in dem Hume rechtfertigende Gründe zunächst zuzulassen schien, sich aber gezeigt hat, daß er tatsächlich nicht dafür argumentiert, ist die Rede von rechtfertigenden Gründen im Rahmen der Humeschen Position sinnlos geworden.

Das allgemeine Problem, das sich m. E. dahinter verbirgt und das mit dem Humeschen Internalismus zusammenhängt, ist folgendes: Um auch nur ein so harmloses Prinzip wie das der Zweckrationalität als normatives praktisches Prinzip aufstellen zu können, muß man davon ausgehen, daß es als solches, als rationales Prinzip motivational relevant ist. Es gibt keine weitere Begründung, warum man Mittel zu Zwecken anwenden sollte, und auch sicher keinen allgemeinen Wunsch mancher Personen, ein zweckrationales Wesen sein zu wollen, kurz: keine externalistische Erklärung der motivationalen Relevanz des Prinzips. Die internalistische Erklärung, daß das Prinzip als solches motivierend ist, scheitert an der Humeschen Vorentscheidung, daß nur "passions" motivational relevant sind, rationale Prinzipien dagegen nicht. Es ist der Preis dieser Entscheidung, daß Humes Position auf einen radikalen Skeptizismus hinausläuft. Vielleicht würde Hume dieser Folgerung ohne allzu großes Bedauern zugestimmt haben. Das gilt aber sicher nicht für B. Williams, der in der gegenwärtigen Diskussion die am stärksten an Hume orientierte Position vertritt.

3. B. Williams

Williams geht es viel expliziter als Hume darum, die Rede von praktischen Gründen zu analysieren.[6] Seiner Meinung nach hat eine Person Grund, etwas zu tun, wenn es der Verwirklichung ihrer gegebenen Motive dient. Er unterscheidet dann verschiedene Fälle, in denen eine Person glaubt, Grund zu einer Handlung zu haben, sich aber darin täuscht. Wie bei Hume beruhen sie alle auf theoretischen Fehlern. Indem Williams diese Fälle diskutiert, will er offenbar eine normative Verwendung praktischer Begründungen etablieren: Nicht alles, was jemand für einen Grund halten mag, ist deshalb schon einer. Gegen diese Auffassung ließe sich das wiederholen, was ich bereits gegen (oder mit?) Hume zu zeigen versucht habe: Wenn es keine praktische, sondern nur theoretische Irrationalität gibt, gibt es auch keinen spezifisch praktischen Sinn von Rationalität. Auf diesem Weg kann Williams noch nicht einmal die einfachsten praktischen Prinzipien wie das der Zweckrationalität einführen. Tatsächlich spricht Williams von Gründen auch eher im Sinn von Handlungserklärungen als von rechtfertigenden Gründen. Wenn es aber um Erklärungen geht, warum werden dann überhaupt normative Gesichtspunkte eingeführt? Erklärend ist für eine Handlung alles, was zu ihr geführt hat: falsche Überzeugungen ebensogut wie wahre. Warum versucht Williams eine Zwitterposition zu etablieren, die die rechtfertigende Rolle praktischer Gründe mithilfe von Kriterien für theoretische Rationalität verteidigt?

Ein Grund dafür ist, daß sein an Hume orientierter Internalismus es nicht erlaubt, praktische Prinzipien zu rechtfertigen: praktische Prinzipien müssen motivational relevant sein, und das können sie nicht, weil nur Wünsche motivierend sind. Daraus ergibt sich m. E. ein Selbstwiderspruch von Williams Position: Daß man Grund hat, das zu tun, was der Verwirklichung gegebener

---

[6] Bernard Williams: "Internal and external reasons". In: B. W.: Moral Luck, Cambridge UP 1981, pp. 101-113.

Wünsche dient, ist selbst ein praktisches Prinzip, das - wie jedes andere - an dieser Bedingung scheitern müßte. Warum vertritt Williams also nicht einen radikalen Skeptizismus gegenüber praktischen Begründungen?

Ich will versuchen, eine Antwort auf diese Frage zu geben, von der ich nur vermute, daß Williams ihr zustimmen würde, die aber m. E. zu der zentralen Voraussetzung subjektiver Werttheorien führt.

Sie lautet: Diesen Skeptizismus vertritt deshalb niemand, weil er unsinnig ist. Er ergibt sich nur dann, wenn man den Begriff der Rechtfertigung unnötig hoch hängt und dabei ihre natürliche Basis außeracht läßt. Erklärende und rechtfertigende Gründe liegen nicht so weit auseinander, wie hier behauptet wird. Im Kern sind beide durch dasselbe konstituiert, nämlich durch Wünsche. Normativität kommt praktischen Gründen nicht so sehr deshalb zu, weil sie sich aus spezifisch praktischen normativen Prinzipien ableiten, als vielmehr aufgrund der intrinsischen Normativität von Wünschen. Wünsche sind per se rechtfertigende Gründe, aber sie sind auch Motive und damit mögliche Kandidaten für Kausalerklärungen. Der Unterschied zwischen den beiden Arten des Begründens besteht eben nur darin, daß Kausalerklärungen auch mit schlechten Gründen, solchen, die von falschen Überzeugungen abhängen, gegeben werden können, Rechtfertigungen aber nicht.

Obwohl ich diese Auffassung hier in einer Weise präsentiert habe, die weitere Nachfragen abschneidet, und obwohl diese Antwort manchmal als die letzte betrachtet wird, die man geben kann, scheint es mir richtig und möglich hier weiterzufragen: Was ist es an Wünschen, das sie zu rechtfertigende Gründen macht?

Die Normativität von Wünschen wird häufig mit dem Hinweis auf ihre "direction of fit" erläutert.[7] Da es m. W. kein deutsches Äquivalent gibt, werde ich den Terminus hier beibehalten. Gemeint ist folgendes: Wer einen Wunsch hat, betrachtet dessen propositionalen Gegenstand als etwas, das nicht bereits der Fall ist, sondern herbeigeführt werden soll. Im Unterschied dazu hält jemand, der etwas glaubt, die Proposition für wahr. Der Wünschende sieht sie dagegen als etwas an, das wahr gemacht werden soll, und manchmal findet man dies beschrieben als: es wäre gut, wenn es wahr wäre. In diesem Sinn sind alle Wünsche evaluativ, und zwar aufgrund ihrer "direction of fit". Das führt dann zu einer Auffassung,

---

[7] vgl. dazu: M. Smith: "The Humean Theory of Motivation", Mind, 1987, pp. 36-61; J. D. Velleman: "The Guise of the Good", Nous, 1992, pp. 3-26; L. Humberstone: "Direction of Fit", Mind, 1992, pp. 59-89; eingeführt wurde der Begriff von G. E. M. Anscombe: Intention, Ithaca, N. Y., Cornell UP 1963.

die z. B. Velleman folgendermaßen charakterisiert (selbst aber für falsch hält): "being guided by a desire's direction of fit entails being guided by its evaluative aspect, which lends the desire its mentally accessible justificatory force. We might then conclude that being motivated by a desire can amount to acting for a reason." (S. 9)[8] Er selbst hält diese Schlußfolgerung für falsch: Um sagen zu können, daß jemand aufgrund eines evaluativen Urteils handelt, genügt es nicht, darauf hinzuweisen, daß er einen entsprechenden Wunsch hat, der seinerseits durch die Wünschen eigene "direction of fit" charakterisiert ist. Denn darin ist nicht enthalten, daß die Person sich auf den Inhalt ihres Wunsches als auf etwas Gutes bezieht. Der Inhalt ihres Wunsches ist sein propositionaler Gegenstand, aber nicht, daß es gut ist, ihn zu verwirklichen. Von rechtfertigenden evaluativen Urteilen müßte aber genau das gelten. "... to say that a belief in p involves regarding p as true is not to say that it consists in a judgment whose object is the proposition 'p is true'. That way lies a vicious regress of propositional attitudes. Similarly, to say that the desire involves regarding p as good is not to say that it consists in a judgment with an evaluative proposition as its object." (S. 8)

Diesen Unterschied kann man sich noch auf andere Weise klar machen: Wünsche, verstanden als gegebene Impulse zu handeln, sind als solche keine rechtfertigenden Gründe, entsprechend zu handeln. Sie sind es auch nicht für denjenigen, der sie empfindet. Man kann sich ohne Schwierigkeiten Situationen ausmalen, in denen man einen Impuls zu handeln nicht im geringsten als Rechtfertigung für die entsprechende Handlung ansehen würde. Es ist auch wenig plausibel zu behaupten, sie seien eben prima-facie-Gründe, die durch andere, stärkere aus dem Feld geschlagen werden können. Selbst wenn sie nicht durch andere überwogen werden, wenn man dem Impuls folgt, kann es doch sein, daß man die daraus resultierende Handlungsweise für ungerechtfertigt hält.

Gegen die Auffassung, daß Wünsche per se Gründe sind, spricht m. E. auch, daß das auf eine naturalistische Erklärung von Normativität hinausläuft. Wünsche, als passiv gegebene, faktische Zustände von Personen, sind die "natürliche" Quelle von Normativität. (Daß eine solche Erklärung möglich wird, kann man natürlich auch für einen Vorteil halten. - Aber das ist ein eigenes Thema.)

Soll das nun heißen, daß Wünsche <u>keine</u> Handlungsgründe sind? Sicher nicht. Die Alternative zu dieser Auffassung wäre eher, daß sie es nicht immer sind: Wünsche sind dann rechtfertigende Gründe, wenn es zum bewußten Inhalt des Wunschs gehört, daß es

---

[8] a. a. O. (Anm. 7)

sich bei dem Gewünschten um etwas Gutes handelt.[9] Das heißt aber, eine Person muß sich auf ihre Wünsche, verstanden als passiv gegebene Impulse beziehen und sie - kantisch gesprochen - zu ihrem Willen machen, um Gründe zum Handeln zu haben.

Was ergibt sich aus diesen Überlegungen für die eingangs formulierte Frage nach dem Internalismus praktischer Gründe? M. E. das folgende: Wenn man nicht davon ausgeht, daß Wünsche, verstanden als gegebene Impulse, die naturalistische Basis von Rechtfertigungen sind, gibt es keinen weiteren Grund, jede Art praktischer Normativität von Wünschen abzuleiten. Ohnehin gibt es keine konsistente Position (außer dem radikalen Skeptizismus), die ohne minimale rationale Prinzipien wie das Prinzip instrumenteller Rationalität auskommt. Dessen motivationale Relevanz kann nicht externalistisch erklärt werden. Das läßt sich hier nur plausibilisieren (nicht schlüssig begründen): Es kann kein weiteres Motiv geben, sich nach diesem Prinzip zu richten. Das würde einfach zu einer Iteration führen: es wäre die Frage nach einem zweckrationalen Motiv für Zweckrationalität. Also muß man zumindest für dieses Prinzip davon ausgehen, daß seine motivationale Geltung internalistisch zu verstehen ist: es ist als solches motivierend. (Das heißt nicht, daß es keine Verstöße - Fälle von Irrationalität oder Willensschwäche - geben darf. - Im Gegenteil: wir hatten gesehen, daß sein Status als normatives Prinzip davon abhängt, daß es sie geben kann.) Daß nur Wünsche motivierend sein können, ist ohnehin eine rein dogmatische Voraussetzung, die von manchen Internalisten, wie Hume und Williams, gemacht wird. Externalisten, wie Frankena, wenden sich wohl vor allem gegen den Skeptizismus, der aus dieser Voraussetzung folgt, lassen dabei aber außeracht, daß sie nicht identisch ist mit der allgemeinen These des Internalismus, daß Rechtfertigungen motivierend sein müssen.

Wenn man auf dieses Dogma verzichtet, ergibt sich ein anderes Bild: Es kann rechtfertigende rationale Prinzipien geben, die internalistisch aufgefaßt werden können. Wünsche dagegen müssen bewertet werden, um rechtfertigend zu sein. Ob es hier weitere rationale Prinzipien gibt, die das ermöglichen, kann ich an dieser Stelle nicht mehr diskutieren. Es ist aber jedenfalls nicht durch den Internalismus ausgeschlossen.

---

[9] Einen ähnlichen, weiter ausgearbeiteten Vorschlag macht Christine Korsgaard in "The Scources of Normativity", The Tanner Lectures of Human Values; erscheint demnächst.

Peter Bachmaier, München

Ist kommunikatives Handeln angesichts der Wirklichkeit Utopie?

Apel hat schon lange gefragt, ob die Diskursethik Utopie sei[1], und er hat die Diskursethik klar von der Utopie abgegrenzt. Ich will in Apels Sinne fragen, ob kommunikatives Handeln angesichts der Wirklichkeit - man denke an die Krisenherde der Welt - eine Utopie ist.

Kommunikatives Handeln ist dadurch bestimmt, daß es mit Hilfe illokutionärer Akte verständigungsorientiert ist. Ziel des kommunikativen Handelns ist die Verständigung mittels illokutionärer Akte. Dazu müssen wir den Gesprächspartner als gleichberechtigt akzeptieren und ihm das Recht zubilligen, illokutionären Akte gleichberechtigt zu vollziehen.

Nun ist unsere Welt nicht kommunikativ ausgerichtet. Um das festzustellen, genügt ein Blick in den Alltag. Unser alltägliches Handeln scheint eher strategisch bestimmt zu sein. Jeder Mensch ist ein Selbstbehauptungssystem und die meisten Menschen nehmen viel mehr Verantwortungspositionen ein. Das reicht von der Familie über die Firma bis zu Verbandsinteressen und politischen Verantwortungsverhältnissen. Solche Rollenverhältnisse setzen voraus, daß wir jeweils nach Maßgabe von Recht und Moral die Interessen der vertretenen Systeme wahrnehmen. Das geht oft nur strategisch.

Sollen wir deshalb aber strategisches Handeln dem kommunikativen vorordnen? Ich glaube nicht, denn in jeder wirklichen Selbst- und Fremdverständigung setzen wir die Regeln des kommunikativen Handelns voraus. Insofern ist kommunikatives Handeln mehr als ein Regulativ; es ist aber nur Regulativ, sofern wir es in unserem Handeln anstreben sollen. Auch wenn wir strategisch handeln müssen, müssen wir für Legitimationszwecke kommunikatives Handeln voraussetzen. Dies ist die Pointe meines Vortrags.

Um das aber zu beweisen, müssen wir erst strategisches und kommunikatives Handeln differenzieren. Strategisches Handeln ist nicht irrational, es ist in vielen Handlungssituationen geboten. Beim strategischen Handeln gibt es zwei Typen, das verdeckt und das offen strategische Handeln. Das verdeckt strategische Handeln benützt einen illokutionären Akt, um ein anderes Ziel als die Verständigung zu erreichen. Habermas skizziert das sehr richtig mit Austins perlokutionären Akten.[2] Im perlukotionären Sprechakt versuche ich ein anderes Ziel zu erreichen, als ich illokutionär aussage. Das können so harmlose Dinge sein, wie die Aufklärung über den Schutz von Kondomen vor AIDS beim Geschlechtsverkehr. Das mag lächerlich klingen, es ist aber empirisch ein weltweites Problem angesichts der Äußerungen des Papstes zur Geburtenregelung und der Verbreitung der Krankheit. Aufklärung wird immer mit strategischen Elementen vermischt sein, denn es geht darum, den Aufzuklärenden von etwas zu überzeugen. Habermas nennt die perlokutive Sprechhandlung "parasitär"[3], weil sie nicht ausspricht, was das Handlungsziel ist. In illokutionären Akten sprechen wir das Handlungsziel aus, in perlokutionären Akten wollen wir ein Ziel erreichen, das über den illokutionären Akt hinausgeht.

Die perlokutionäre Sprechhandlung ist 'parasitär', weil sie sich eines illokutionären Aktes bedient, um ein verdecktes zweckrationales Handlungsziel zu erreichen. Das gilt aber nur für das verdeckt strategische Handeln. Das offen strategische Handeln gibt durch Druck, Sanktionsandrohungen etc. sein Handlungsziel preis.[4] Das offen strategische Handeln klärt mit dem illokutionären Akt das Handlungsziel auf. Es stellt sich deshalb die Frage, ob man es noch als parasitär bezeichnen kann. Dies kann man nur, wenn man auf die Legitimation pocht, wenn man denjenigen, der einen Machtanspruch geltend macht, dazu zwingt, die Legitimität seines Machanspruchs diskursiv zu rechtfertigen.

Damit ist aber strategisches Handeln nicht irrational. Nichts liegt mir auch ferner, als strategisches Handeln als irrational zu verdammen. Jeder Verkäufer muß eine Strategie haben, um seine Ware an den Mann zu bringen, und irgendwie sind ja auch wir Schriftsteller Verkäufer. In unserer Lebenswelt ist strategisches Handeln angesagt. Kein Interessenvertreter kommt um strategisches Handeln herum. Strategisches Handeln ist im Weberschen Sinne zweckrationales Handeln und damit sinnvoll. Es ist aber ein

Handeln, das den Sinn außer sich hat. Strategisches Handeln verfolgt einen Zweck; dieser Zweck ist aber nicht der der illokutionären Verständigung, sondern der, mit Hilfe sprachlicher Mittel einen Zweck zu erreichen, der im illokutionären Akt nicht ausgesprochen ist.

Strategisches Handeln verfolgt einen äußeren Zweck. Beim strategischen Handeln werden Mittel eingesetzt, die einen Zweck verfolgen, der über die reine kommunikative Verständigung hinausgeht. Wer in der Aufklärung über Kondome beabsichtigt, daß diese auch eingesetzt werden, der will mehr als er illokutionär sagt. Wenn ein Mafia-Boss eine Bitte mit vorgehaltener Pistole vorträgt, dann will er einen über die Bitte hinausgehenden Zweck erreichen. Wenn ein Politiker mit Zollschranken droht oder ein Gewerkschaftsboss mit Arbeitskampf, dann wollen sie nich nur, daß ihre Rede verstanden wird, sondern sie zeigen – wie der Mafiaboß –, daß sie ihr Ziel erreichen wollen. Strategisches Handeln verfolgt also einen Zweck, der über die illokutionäre Verständigung hinausgeht.

Damit sind wir zurückgekehrt zum verständigungsorientierten Handeln. Verständigungsorientiert verhält sich der, der mit Hilfe eines illokutionären und eines propositionalen Aktes nicht mehr erreichen will als bloße Verständigung. Was der Hörer daraus macht, das ist im illokutionären Akt nicht von Bedeutung. Im illokutionären Akt darf nur die Verständigung eine Rolle spielen und nicht ein darüber hinausgehender Zweck.

Somit ist strategisches Handeln und kommunikatives Handeln vorläufig unterschieden. Dadurch ist aber die Ausgangsfrage noch nicht entschieden, ob kommunikatives Handeln eine Ideologie sei. Zunächst sieht es ja so aus, als ob das strategische Handeln das dem Menschen angemessene Handeln sei. Such dir einen Zweck und handle danach! Welch eine Maxime? Nur ist dabei die Rechtfertigung des Zwecks vergessen. Wenn wir uns um ethische Fragen bemühen, müssen wir auch den Zweck rechtfertigen können. Und hier stellt sich spätestens die Frage: "Wie können wir einen Zweck rechtfertigen?"

Einen Zweck können wir rechtfertigen, indem wir die Geltungsfrage stellen. Und wo stellen wir die Geltungsfrage? Im Diskurs.

Nur im Diskurs werden vorher nicht problematisierte Geltungsfragen zum Problem erhoben. Der Diskurs unterscheidet sich vom Alltagsgespräch, das auf eingefußten Normen und eingespielten Regeln beruht, dadurch, daß in ihm die im Alttagsgespräch als selbstverständlich vorausgesetzten Regeln und Normen ausdrücklich thematisiert werden. Ein solcher Diskurs setzt nun selbst Regeln bzw. Normen voraus. Solche Normen sind z. B. die Anerkennung des Diskurspartners als gleichberechtigten Partner, was einschließt, daß jeder Diskurspartner alle illokutionären Akte in gleicher Weise verwenden kann. Kommunikatives Handeln ist diskursives Handeln. Das bedeutet aber noch nicht, daß dieses Handeln allein rational sei.

Apel unterscheidet u. a. in <u>Grenzen der Diskursethik?</u>[5] fünf Rationalitätstypen. Das sind 1. "<u>mathematisch-logische Rationalität</u>", 2. "<u>technisch-szientifische Rationalität</u>", 3. "<u>strategische Rationalität</u>", 4. "<u>konsensuell-kommunikative Rationalität</u>" und 5. "<u>Diskursrationalität</u>". Die Unterscheidung zwischen Diskursrationalität und konsensuelle-kommunikativer Rationalität erscheint mir dabei zwar nicht mehr sehr sinnvoll, weil wir auch bei der konsensuell-kommunikativen Rationalität die diskursive Verständigung über Handlungsziele voraussetzen. Aber Apel hat sich dabei ja etwas gedacht. Er unterscheidet diese Typen dadurch, daß er 4. nennt "im Sinne der möglichen kommunikativen Handlungskoordination aufgrund der vier universalen Geltungsansprüche von Sprechakten" und 5. "im Sinne der kritischen Infragestellung und reflektiven Einlösung der Geltungsansprüche der konsensualkommunikativen Rationalität durch handlungsentlastete konsensualkommunikative Rationalität gemäß dem Prinzip vom zu vermeidenden performativen Selbstwiderspruch der Argumentierenden"[6].

Habermas macht diese Unterscheidung meines Wissens nicht. Bei ihm ist der Diskurs und reines kommunikatives Handeln handlungsentlastet. Ich beschränke mich deshalb in meinem Vortrag fernerhin auf reines kommunikatives Handeln. Und die Frage ist, ob kommunikatives Handeln angesichts der Wirklichkeit eine Utopie sei. Kommunikatives Handeln muß selbstverständlich handlungsentlastet und performativ widerspruchsfrei sein. Meine Frage geht dahin, ob solches Handeln angesichts der widerspruchsvollen

Wirklichkeit eine Utopie ist.

Wenn wir in die Realität schauen, scheint das zweckrationale oder strategische Handeln angebracht zu sein. Ich möchte sogar noch weitergehen und die Behauptung aufstellen, daß kommunikatives Handeln angesichts der Wirklichkeit **Blaustrümpfigkeit** ist. Wer sich im wirklichen Leben konsensuell-kommunikativ verhält, der wird notwendig Schiffbruch erleiden. Unsere Welt ist - nicht nur scheint - so eingerichtet, daß wir uns von frühester Kindheit an strategisch verhalten müssen. Ich will deshalb meine Frage zuspitzen: "Macht kommunikatives Handeln überhaupt Sinn?"

Diese Frage hat zwei Seiten. Erstens frage ich danach, ob kommunikatives Handeln sinnvoll ist. Zweitens frage ich danach, welchen Zweck wir mit der Idee des kommunikativen Handelns erreichen wollen. Die zweite Frage ist mir dabei die wichtigere, obwohl die erste Frage natürlich fundamentalen Charakter hat. Gehen wir aber von der zweiten Frage aus. Welchen Zweck hat die Idee des kommunikativen Handelns? Nach unserer bisherigen Definition ist es selbst zwecklos außer dem internen Zweck der Verständigung. Wozu aber dann solch einen Zauber? Ist es denn überhaupt sinnvoll, die Idee eines kommunikativen Handelns zu entwerfen, wenn ein solches angesichts der Wirklichkeit ohnehin aussichtslos oder gar sinnlos ist?

Dazu ist zunächst zu sagen, daß kommunikatives Handeln höchstens in gut geführten Seminardiskussionen oder im Gespräch unter gleichgesinnten Fachkollegen möglich ist. Im Alltagsgespräch kommt kommunikatives Handeln als rein kommunikatives Handeln in der Regel nicht vor; auch nicht in Politiker- oder Diplomatengesprächen. Das kommunikative Handeln als rein kommunikatives Handeln ist eine regulative Idee, anhand derer wir zeigen können, wie verständigungsorientiertes Handeln ablaufen könnte. Aber es ist auch nicht nur eine reine regulative Idee, weil wir es in jedem ernsthaften Dialog über Wahrheit, moralische Richtigkeit oder ästhetische Angemessenheit immer schon kontrafaktisch voraussetzen. Damit ist das kommunikative Handeln mehr als nur eine regulative Idee, aber es ist auch weniger als eine Utopie, denn es setzt keine konkrete Lebensform voraus. Wer erwarten würde, daß wir uns eines Tages nur noch konsensuell-kommunikativ auf der Welt verhalten würden, der wäre ein Utopist. Immerhin sagt Apel im oben angeführten Utopismus-Aufsatz mit Kant noch, daß das konsensuell-kommunikative Handeln eine "regulative Idee" ist, "der nichts Empirisches völlig korrespondieren kann"[7]. Der regulativen Idee des rein verständigungsorientierten Handelns kann niemals irgend etwas Reales völlig korrespondieren. Wir können nur annäherungsweise versuchen, die regulative Idee nachzuahmen; gänzlich erreichen werden wir sie nie.

Ist deshalb aber die Idee des kommunikativen Handelns eine Utopie? Ich glaube, daß wir auf diese Frage mit einem glatten 'Nein' antworten können. Es ist zwar keine rein regulative Idee, weil wir sie im verständigungsorientierten Suchen nach Wahrheit, Richtigkeit oder ästhetischer Stimmigkeit kontrafaktisch voraussetzen, aber es ist auch keine konkrete Utopie, die wir als zukünftige Lebensform vorwegnehmen, weil wir wissen, daß wir sie nie gänzlich erreichen können. Habermas sprach deshalb in seinem ersten Entwurf sehr richtig von einem "transzendentalen Schein"[8]. Die Idee des kommunikativen Handelns leuchtet auf, wenn wir uns ernsthaft um um einen Konsens in strittigen Fragen bemühen. Insofern ist sie auch der Vorschein einer Lebensform, der wir uns in the long run (Peirce) annähern sollen.

Kommunikatives Handeln ist aber keine konkrete Gesellschaftsutopie, es scheint nur vor, wenn wir uns ersthaft mit illokutionären Akten um Wahrheit, moralische Richtigkeit oder ästhetische Stimmigkeit bemühen. Es ist deshalb sinnvoll, zur Frage 1 überzugehen, ob kommunikatives Handeln angesichts der Wirklichkeit sinnvoll ist. Diese Frage ist nämlich sehr schwer zu beantworten. Erstens können wir nicht von einem 0-Punkt der Geschichte ausgehen.[9] Zweitens kann es angesichts realer Verhältnisse geboten sein, strategisch zu handeln. Apel schreibt in Grenzen, daß die verantwortlichen Personen gar nicht damit rechnen dürfen, daß sich der andere kommunikativ verhält.[10] Damit scheint das kommunikative Handeln selbst wieder utopisch zu werden.

Eine solche Antwort wäre aber ein Irrtum. Wir brauchen kommunikatives Handeln als Handlungsrationalität, um die

Rationalität unserer Handlungen zu bestimmen. Kommunikatives Handeln ist ein rationales Regulativ unserer Handlungsrationalität. Es dient uns zur Bestimmung unserer Handlungsrationalität und ist somit Vorschein einer Lebensform, die es on the long run zu erreichen gilt. Daß wir unmittelbar nicht konsensuell-kommunikativ handeln können, liegt an den Umständen der Realität, wobei zu sagen ist, daß im demokratischen Rechtsstaat schon sehr viele Institutionen eingebaut sind, die kommunikatives Verhalten rechtfertigen. Um dies auszuführen bedürfte es aber seit Habermas' Buch, Faktizität und Geltung[11], eines neuen Aufsatzes, wenn nicht Buches, denn Habermas ist der erste, der eine Demokratietheorie geschrieben hat im Rahmen des kommunikativen Handelns.

Bleiben wir aber bei der Hauptfrage, ob kommunikatives Handeln eine Utopie ist oder nicht. Diese Frage möchte ich dahingehend beantworten, daß sie im Sinne einer regulativen Idee die Vorwegnahme einer künftigen Lebensform ist. Das heißt aber nicht, daß sie uns eine zukünftige Lebensform in konkreto voranstellt, sondern daß sie eine Möglichkeit der Lebensgestaltung auf lange Sicht wäre.

Angesichts der Krisenherde in der Welt und der Zustände in unserem deutschen Land können wir uns keine kommunikative Lebensform vorstellen. Heutzutage kommunikativ zu handeln wäre auch blaustrümpfig. Unsere Welt ist so organisiert, daß strategisches Handeln angesagt ist. Letztendlich strategisch argumentiere ich auch in meinem Vortrag hier in Berlin. Ich nehme nicht an, daß einer unter den Zuhörern ist, der bereit ist, sich konsensuell-kommunikativ über ein Wahrheitsproblem, über ein ethisches Proplem oder über ein ästhetisches Problem zu unterhalten.

Apel hat deshalb schon im Funkkolleg[12] 1984 eine Moralstrategie entworfen. Wir müssen dem kommunikativen Handeln Freiräume schaffen, aber wir dürfen nicht denken, daß wir einfach so konsensuell-kommunikativ handeln könnten. Das kommunikative Handeln setzt, wie ich schon sagte, die Anerkennung des Gesprächspartners als gleichberechtigten Partner voraus. Und das bedeutet, daß jeder Sprecher dazu berechtigt ist, illokutionäre Akte in gleicher Weise zu verwenden. Davon sind wir weit entfernt. Unsere Gesellschaft ist gekennzeichnet durch Abhängigkeitsverhältnisse, was jeder abhängig Angestellte zu spüren bekommt. Nach Apel müssen wir on the long run die Bedingungen schaffen, in denen kommunikatives Handeln möglich ist. Diese Bedingungen können wir aber nur schaffen, wenn wir hermeneutisch-zirkulär zugleich das konsensuell-kommunikative Handeln als Regulativ voraussetzen. Wir müssen die Bedingungen herstellen wollen und wir müssen zugleich die Bedingungen schaffen, daß wir sie herstellen können. Das hängt mit dem Auseinanderklaffen von idealer und realer Kommunikationsgemeinschaft zusammen. Nur, wenn wir dieses Auseinanderklaffen beheben können, haben wir eine reale Chance, eines Tages Verhältnisse zu erreichen, die kommunikatives Handeln ermöglichen. Ob wir diesen Tag aber erreichen, das steht in den Sternen.

Anmerkungen:
1. K.-O. Apel, Ist die Ethik der Kommunikationsgemeinschaft eine Utopie?, in: Utopieforschung, hrsgg. von W. Voßkamp, Ffm. 1985.
2. Vgl. J. Habermas, Theorie des kommunikativen Handelns, Bd. 1, Ffm. 1981, Kap. 3, S. 388ff.
3. A. a. O., S. 388.
4. Vgl. K.-O. Apel, Sprachliche Bedeutung, Wahrheit und Normative Gültigkeit. Die Soziale Bindekraft der Rede im Lichte einer Transzendentalen Sprachpragmatik, in: Archivio di Filosofia, Jg. LV, 1987, S. 51ff, hier, S. 80ff.
5. K.-O. Apel, Grenzen der Diskursethik? Versuch einer Zwischenbilanz, In, Zeitschrift für Philosophische Forschung, Bd. 40, 1986, S. 3ff., hier S. 23f.
6. Ebd.
7. Apel, Utopismusaufsatz, vgl. Fn. 1., S. 342.
8. J. Habermas, Vorbereitende Bemerkungen zu einer Theorie der kommunikativen Kompetenz, in: J. Habermas/N. Luhmann, Theorie der Gesellschaft oder Sozialtechnologie, Ffm. 1971, S. 101ff, hier S. 141.
9. Apel, Grenzen, vgl. Fn. 5, S. 21.
10. Ebd.
11. J. Habermas, Faktizität und Geltung. Beiträge zur Diskurstheorie des Rechts und des demokratischen Rechtsstaats, Ffm. 1992.
12. K.-O. Apel, Ist die philosophische Letztbegründung moralischer Normen auf die reale Praxis anwendbar?, in: K.-O. Apel, D. Böhler und K. Rebel, Praktische Philosophie/Ethik, Studientexte 2, Funkkolleg, Bd. 2, S. 606ff.

Jolán Orbán. Pécs Ungarn

IN-DIFFERENTIA-ETHICA
- VERSUCH ÜBER DIE ETHIK DER DEKONSTRUKTION -

"*l instance éthique travaille la littérature au corps.*"
Jacques Derrida, *Signéponge*

Unter den Gegenargumenten bezüglich der Textinterpretationen und Textbehandlungen der Dekonstruktion - wie z.B. sie seien parasitär, nihilistisch, antihumanistisch, antimimetisch, antireferentiell, antihistorisch, und sogar neokonservativ[1] - ist eine der üblichsten, dass sie eine gewisse Indifferenz gegenüber ethischen Fragen und allgemein gegenüber Ethik aufweisen.

Aufgrund der Untersuchung der Texte von Jacques Derrida und der amerikanischen Dekonstruktivisten - Harold Bloom, Paul de Man, Geoffrey H.Hartman, J.Hillis Miller -, ihre Literaturkonzeption, textdeutende Strategien und Taktiken in Betracht gezogen, können wir den Begriff *Indifferenz* bezüglich der Ethik gerade mithilfe der durch sie geübten disseminatorischen Aktivität als In-Differenz aufteilen und wir könnten versuchen, über eine *Ethik der In-Differenz* sprechen. Über eine Ethik also, die sich gerade in den Unterschieden und in der bewussten Akzeptanz der Unterschiede manifestiert. Wir können vielleicht sagen, dass die In-Differenz-Anschauung ein charakteristischer Zug gewisser sich seit den sechziger Jahre herausbildenden literaturtheoretischen und philosophischen Diskurse ist. Das differenzielle Denken, das den Dissens akzeptiert und sogar betont, finden wir nicht nur in der Philosophie, in der Literaturtheorie, in den Sozialwissenschaften und in der Psychologie, sondern dieses Denken macht eine Art Ethik möglich, die eigentlich rekursiv dieses Denken ermöglicht. Das differenzielle Denken skizziert implizit die Umrisse einer differenziellen Ethik. Diese "Entwicklung" impliziert eigenartige Annäherungsweisen und Denkattitüde, die Lyotard als "die Fähigkeit des Ertragens der Inkommensurabilitäten" formuliert. "Le savoir postmoderne ... raffine notre sensibilité aux différences et renforce notre capacité de supporter l´incommensurable."[2]

Diese Art der Sensibilität wird von *Charles Jencks* als die Bewegung von der konsistenten Sensibilität zur kaleidoskopischen Sensibilität aufgefasst, die nicht nur die Charakteristik einer historischen Epoche ist, sondern auch als die Seinsempfindungs-weise des Kognitariats erscheint.[3]

---

[1] Zu den Gegenargumenten bezüglich der Dekonstruktion siehe: Meyer Howard Abrams, "How to do things with Text", *Partisan Review,* 46 (Autumn) 1977; Walter Jackson Bate, "The Crisis of English Studies", *Harvard Magazine* 1982; Jürgen Habermas, "Die Moderne - ein unvollendetes Projekt", Kleine Politische Schriften I-IV. Frankfurt am Main 1981; Manfred Frank, *Was ist Neostrukturalismus?* Frankfurt am Main 1984.

[2] J.-F.Lyotard, *La condition postmoderne,* Paris: Minuit 1979, 8-9.

[3] Vgl. Charles Jencks, *What is Post-Modernism?* London: Academy Editions 1986, 40-50.

Diese Art der musealen Sensibilität zieht die Ausdrucks-Modalitäten der in ihr und durch sie formulierten Attitüde nach sich. Man kann hier nicht so sehr über die Ethik, die als Meta-Diskurs oder "grand-récit" wirkt, sprechen, sondern über Ethiken der vielen "petit-récit" und ihre Implikationen. Ethik steht hier in Plural, da man nicht mehr über eine Theorie sprechen möchte, die von einem Gesichtspunkt, einem Prinzip, einer Klasse gelenkt und geschrieben wird, sondern über geteilte, fragmentierte Sprachspiele, die oft auf der Ebene der Geste erscheinen und auch eine Praktizität involvieren.

Distanz gegenüber der Te(rr)orethik
- Möglichkeiten einer Krisenbehandlung -

Falls ein Konsens zwischen zeitgenössischen Literaturkritikern existiert, dann der, wonach sich Literaturtheorie und Literaturkritik in der Krise befindet. Es stellt sich sofort die Frage, und hier ist der Dissens unangefochten, worin diese Krise besteht und seit wann sie existiert. Die Antwort hängt natürlich davon ab, wie diese Krise bestimmt wird und ob sie als ein ständiger Prozess aufgefasst wird, oder nur zeitlich und disziplinär temporär gehalten wird. Wir können von beliebigen dieser Auffassungen ausgehen, der Ursprung der Krise ist in der Differenz zu suchen, in der Tatsache des Unterschiedes des auf nichts zurückführbaren Anderssein, das - wie ich argumentieren werde - auch eine ethische Haltung impliziert. Wie Derrida sagt: "Il n´y a pas d´éthique sans présence de l´autre mais aussi et par conséquent sans absence, dissimulation, détour, différance, écriture. L´archi-écriture est l´origine de la moralité comme de l´immoralité. Ouverture non-éthique de l´éthique. Ouverture violente. Comme on l´a fait pour le concept vulgaire d´écriture, il faut sans doute suspendre rigoureusement l´instance éthique de la violence pour répéter la généalogie de la morale."[4]

In diesem Sinne könnte man die Thematisierung der Krise im kritischen Denken und in der Literaturtheorie bis Platon zurückführen. Das kritische Denken versucht gerade Methoden und Verfahrensweisen zur Behandlung der Krise herauszuarbeiten.

Im Spannungsfeld Strukturalismus-Poststrukturalismus ist einleuchtend, dass die Poststrukturalisten versuchen, die theoretischen Diskurse von der wissenschaftlichen Rigorosität der Strukturalisten zu befreien, und von der terroristischen Wirkung der ethischen Gesetze, von der *Te(rr)orethik*. Diejenigen Denker aber, die sich zu einer anderen Tradition verpflichten, qualifizieren diese Attitüde

---
[4] Jacques Derrida, *De la grammatologie*, Paris: Minuit 1967, 202.

für *im*-moral - wie z.B. Manfred Frank.[5] Die vom ethischen Gesichtspunkt aus relevanten Fragen bleiben: wie und wovon will man die befreienden Gesti ausüben und wie können sie die *Im*-Moralität zeigen? Bei den ersteren kann selbst die befreiende Geste als eine terroristische Handlung wirken, und zwar in den Momenten der Auflösung, Zerstückelung und Fragmentierung, und dies kann zur Elimination des Autors führen, was ein klarer Gewaltakt ist. Bei dem letzteren Standpunkt hingegen könnten wir die Intoleranz gegenüber dem *Im*-Moralischen als Gewalt erklären.

Distanz gegenüber dem Autor
- Das Verschwinden und das Zum-Verschwinden-Bringen des literarischen Autors -

Es scheint so, als ob die Dekonstruktion das poststrukturalistische Prinzip weiterführen würde, das den ausser Acht gelassenen Autor zum Tode und ihn während der Interpretation ignoriert. Mit dem von Foucault formulierten "Tod des Menschen" und von Barthes ausgesagten "Tod des Autors" werden wir, (und zwar nicht gerade auf ethische Art und Weise,) von dem Bewusstsein, der Psyche und Intention des Autors, die in den früheren Interpretationsschulen - wie besonders ausgeprägt in der phänomenologisch orientierenden Genfer Schule - eine sehr wichtige Rolle gespielt haben, befreit. Das Verschwinden und das Zum-Verschwinden-Bringen des Autors zeigen ein differenzierteres Bild, falls wir die einzelnen Texte der verschiedenen Theoretiker untersuchen.

Derrida dekonstruiert in seinem Artikel *La structure, le signe et le jeu dans le discours des sciences humaines*[6] den Stukturbegriff des Strukturalismus, wobei er den Text in seinem Strukturierungsprozess entlang der Bruchlinien und der Verdoppelungen aufflechtet. Er zeigt die totalisierenden und terroristischen Neigungen der aufgrund eines Leitprinzips funktionierenden strukturalistischen Interpretationen. Er zeigt mithilfe des Begriffes des Spiels die Unterschiede zwischen den strukturalistischen und poststrukturalistischen Standpunkte. Der Strukturalismus lenkt und organisiert die Koheränzen des Systems, erlaubt ein gewisses Spiel, dessen Grenzen er selbst bestimmt. Das von Derrida gesetzte "Spiel ohne Sicherheit" setzt hingegen keine Grenzen, sondern öffnet den Raum und die Zeit für das Spiel. "Mit diesem Augenblick bemächtigt sich die Sprache des universellen Problemfeldes. Es ist dies auch der Augenblick, da infolge der Abwesenheit eines Zentrums oder eines Ursprungs alles zum Diskurs wird - vorausgesetzt, man

---

[5] M.Frank, op.cit.16-17.

[6] J.Derrida, *L'écriture et la différence*, Paris: Seuil 1967, 409-428. In diesem Aufsatz werde ich die folgende deutsche Ausgabe zitieren: "Die Struktur, das Zeichen und das Spiel im Diskurs der Wissenschaften vom Menschen", *Die Schrift und die Differenz*, (übersetzt von Rodolphe Gasché), Frankfurt: Suhrkamp 1976, 422-442.

kann sich über dieses Wort verständigen -, das heisst zum System, in dem das zentrale, originäre oder transzendentale Signifikat niemals absolut, ausserhalb eines Systems von Differenzen, präsent ist. Die Abwesenheit eines transzendentalen Signifikats erweitert das Feld und das Spiel des Bezeichnens ins Unendliche."[7]

Dieser Augenblick ist der Augenblick des Zum-Diskurs-Werdens, welcher den Prozess der Diskursivierung und der Textualisierung in Gang setzt, wobei sich auch selbst der Autor textualisiert. Er verliert seine Alleinherrschaft über den Text und seine Rolle als Referenzpunkt im Prozess der Interpretation. In dem Disput nach der Baltimore-Konferenz, hat man nach der durch Derrida aufgezeichneten mittelpunktlosen Struktur gefragt und nach der Rolle des Autors. Derrida antwortete auf die Frage von Serge Doubrovsky: "First of all, I didn't say that there was no center, that we could get along without the center. I believe that the center is a function, not a being - a reality, but a function. And this function is absolutely indispensable. The subjekt is absolutely indispensable. *I don't destroy the subject; I situate it.*"[8]

Der Satz von Derrida, dass er das Subjekt nicht zerstört, sondern situiert, zeichnet dasjenige ethische Moment, das sich in seinen Texte so gegenüber dem Autor wie gegenüber dem Text manifestiert. Das *"instance éthique"* kommt hier im Moment des Situierens und der Zurückweisung des Zerstörens zum Ausdruck. Die Qualifikation des Verfassers zur Funktion ist keine Gewalt gegen den Autor, sondern die Feststellung derjenigen Veränderung, die im geschichtlich-sozialen Kontext stattgefunden hat und die sich genauso in Literatur und Literaturtheorie schreibt, wie in der Philosophie. Begriffe wie De-Personalisation, Post-Humanismus, post-humanistisch oder *post-man*, sind nicht nur Sprachspiele, sonder sprachliche Formulierungen von "Tatsachen". Der von Derrida, Barthes und Foucault thematisierte Prozess des Verschwindens des Autors sind keine Sprechakte, die eigenwillige und morbide Neigungen ausdrücken, sondern sie sind Hinweise auf die um sie ablaufenden Prozesse. Das Verschwinden, der Zerfall und die Marginalisation des Subjekts sind für die Poststrukturalisten entscheidende Seinserfahrung, Realität. Nach der Feststellung des Verschwindens des Subjekts haben sie keine andere Aufgabe haben können, als nach den Umständen dieses Schwundes zu fragen, auf die Restabhängigkeiten hinzuweisen und die befreite Landschaft neu zu gestalten.

Parallel zum Verschwinden des Autors kann man auch das Verschwinden der Frage nach der Referenz und der

---

[7] J.Derrida, op.cit.424.
[8] Derrida im Diskussion nach seinem Vortrag, *Le structure..*, R.C.Davies and R.Schleifer (ed.), *Contemporary Literary Criticism*, New York: Longman 1989, 247. (Heraushebung J.O.)

Referenzialität beobachten, das ein weiteres Kennzeichen des Poststrukturalismus ist. Gerade wenn Derrida den Autor "textualisiert", versieht er die Referenzialität mit einem Fragezeichen: "Or l´espacement comme écriture est le devenir-absent et le devenir inconscient du sujet. Par le mouvement de sa dérive, l´émancipation du signe constitue en retour le désir de la présence. Ce devenir - ou cette dérivé - ne survient pas au sujet qui le choisirait ou s´y laisserait passivement entrainer. Comme rapport du sujet à sa mort, ce devenir est la constitution meme de la subjectivité. A tous les niveaux d´organisation de la vie, c´est-a-dire de *l´économie de la mort*. Tout grapheme est d´essence testamentaire. Et l´absence originale du sujet de l´écriture est aussi celle de la chose ou du référent."[9]

Das doppelte Zum-Verschwinden-Bringen vollzieht sich also in den differierenden Momente des *espacement* als Schrift, und des *architrace* als die Artikulation des *differance*. Das Verschwinden des Autors und der Referenz können wir in den Begriffen des *espacement* und im In-Frage-Stellen der Rolle des Eigennamens aufspüren, wodurch auch die Bewegung der Dekonstruktion verfolgbar wird. Der Dekonstruktion folgt die Vernetzungen der Texte, ihrer Risomen und Risom-Räume. Es wird dabei offensichtlich, dass Derrida nicht den Autor, die Referenz für nichtig erklärt, sondern gewisse autorenzentrische und referenzorientierte Auffassungen für überholt hält, wie er dies in seiner Schrift *Les fins de l´homme* - Kant, Sart, Heidegger und Foucault zitierend - zeigt.[10]

Distanz gegenüber dem Text
- Die Modalitäten der Textbehandlung -

Die Methode der Textbehandlung ist einer jenes Aspekte, wodurch die ethischen Implikationen der Dekonstruktion vielleicht am besten begriffen werden können. Die Dekonstruktivisten werden neben der De-Subjektivierung auch wegen ihrer Textbehandlung angegriffen, mit solchen Klagen wie Antimimetizität, Antirereferenzialität, und Parasitizität. Der meistzitierte Text, besser gesagt Textfragment von Derrida ist, "il n´y a rien hors de texte"[11], es gibt nichts ausserhalb des Textes. Dieses Fragment wird aber oft aus seinem Kontext herausgerissen und einmal als die Verneinung der Referenzialität, ein anderes Mal als Deklaration der Gleichwertigkeit von Text und Welt interpretiert. Im Text von Derrida erscheint der Satz wie folgt, wobei auf die Schrift von Rousseau, *Essai sur*

---

[9] Jacques Derrida, *De la grammatologie*, 100-101.
[10] Jacques Derrida, "Les fins de l homme", *Marges de la philosophie*, Paris: Minuit 1972, 129-164.
[11] Jacques Derrida, *De la grammatologie*, 233.

l'origine des langues, hingewiesen wird: "(Rousseau - J.O.) nous dit dans le texte ce qu est un texte, dans l'écriture ce qu est l'écriture, dans l'écriture de Rousseau le désir de Jean-Jacques, etc. Si nous considérons, selon le propos axial de cet essai, qu il n'y a rien hors du texte, notre ultime justification serait donc la suivante: le concept de supplément et la théorie de l'écriture désignent, comme on dit si souvent aujourd hui, *en abyme*, la textualité elle-meme dans le texte de Rousseau. (...) Rousseau inscrit donc la textualité dans le texte."[12]

Die Textualität ist also nicht eine prä-textuale, extra-textuale, sub-textuale und post-textuale Dimension, sondern eine intra-textuale Aktivität, das Funktionieren, die Dynamik der Texte in sich selbst, ein mehrdimensionaler Prozess der Textualisierung. Parallel zur Strukturalität der Struktur wirkt die Textualität des Textes in Richtung Befreiung des Spielraumes und des Ineinanderspielens der Textoberflächen, und als solche tritt sie über die als wohlgehütet geglaubten Grenzgebiete der verschiedenen Objektbereiche und Texttypen, und durch die Permeabilität der Grenzen erweitert sie den Begriff des Textes. Die Textvernetzung und Texttextur wird bei Derrida durch die Schrift zustandegebracht, und wie der Begriff der Schrift bei ihm zweideutig ist, so ist auch der durch sie entstandene Text.

Derridas Textbehandlung ist äusserst zurückhaltend und diskret. Dies manifestiert sich vor allem darin, dass er die Texte in ihrem gesetzten Horizont analysiert. Die Dekonstruktion vernichtet nicht die Texte, sondern legt die Schichten frei, zeigt die inneren Zusammenhänge auf und entblösst die Oberflächen, die dann geschichtet, alinear, im Prozesse ihrer *temporisation* und ihrem *espacement* vor uns stehen. Die Gegensn manifestierttze und die Paradoxe zeigen sich uns ohne übergeordnetes und alles zudeckendes Strukturprinzip - dies erfahren wir aber nicht als Fehler oder Missverständnis, sondern als Zugehörigkeit zu einer Epoche. Derrida vernichtet nicht die Texte, sondern befragt sie gerade nach denjenigen Prinzipien, die die Texte mit sich bringen. Derrida macht also keine Textanalyse und präpariert die Texte nicht mithilfe textexterner theoretischer Konstruktionen und Gesichtspunkte, sondern versucht durch seine langsame und differenzierte Lesart die textuale Prozesse zu verfolgen, wobei auch eine gewisse kritische Distanz bewahrt bleibt. Er lässt seine innovativen und sprachschöpferischen Aktivitäten zusammen mit den Gesten der Zurückweisung und Distanz wirken. Mit seinem ständigen Perspektivenwechsel, seinen parallelen Denkbewegungen macht er eine zentrierte Textinterpretation unmöglich und zwingt uns ständig das Gelesene und seine Gesichtspunkte neu zu

---

[12] Jacques Derrida, a.a.O.

befragen. Selbst der Leser wird dabei in den Prozess der Intertextualisierung einbezogen. Das kritische Denken, die Textinterpretation und die Literaturkritik ist von Anfang an eine intertextuale Aktivität. Aus diesem "inter"-Zustand folgt die Krisensituation, die selbst das kritische Denken ist und wofür das kritische Denken Krisenmanadgement-Projekte ausarbeiten wollte. Der "inter"-Zustand, der Übergang, ist gerade die Manifestation des Unterschiedes.

Distanz gegenüber dem Empfänger
- Die Möglichkeiten der Interpretation -

Die Dekonstruktion führt bezüglich der Textinterpretation solche Begriffe ein, bzw. deutet sie neu, wie "kritische Lektüre", "doppelte Lektüre", *misinterpretation, misprision*, die im Unterschied zu den früheren Textanalysen der Interpretation eine grössere Freiheit einräumen. Dies folgt aus ihrer Textkonzeption, da der Text nicht aufgrund eines Leitprinzips funktioniert; er ist also unerschöpflich und nicht aufschliessbar - deshalb kann auch seine Lesung nicht als die einzige und endgültige aufgefasst werden.

Derrida erwähnt in seinem Essay *Die Struktur, das Zeichen und das Spiel im Diskurs der Wissenschaften vom Menschen* zwei Möglichkeiten der Interpretation: "Die eine träumt davon, eine Wahrheit und einen Ursprung zu entziffern, die dem Spiel und der Ordnung des Zeichens entzogen sind, und erlebt die Notwendigkeit der Interpretation gleich einem Exil. Die andere, die dem Ursprung nicht länger zugewandt bleibt, bejaht das Spiel und will über den Menschen und den Humanismus hinausgelangen, weil Mensch der Name des Wesens ist, das die Geschichte der Metaphysik und der Ontotheologie hindurch, das heisst im Ganzen seiner Geschichte, die volle Präsenz, den versichernden Grund, den Ursprung und das Ende des Spiels geträumt hat.".[13]

Derrida skizziert hier aufgrund der hier aufgezeigten zwei interpretatorischen Strategien zwei Arten des Lesens und der Lesung. Die eine ist das schnelle, lineare Lesen und die dadurch entstandene metaphysische oder transzendente Lesung, die andere ist das nicht-lineare, "vorsichtige, langsame, differenzierte und schichtartige Lesen"[14] und die dekonstruktive Lesung. Derrida unterscheidet in seiner Schrift *Les fins de l'homme*[15] aufgrund der Beziehung zum interpretierenden Text zwei Arten der Dekonstruktion. Die Strategie der einen ist, dass sie den Ausgangspunkt des originalen Textes nicht verändert, innerhalb des Systems bleibt und versucht, ihn entlang seiner ihn gründenden

---

[13] Jacques Derrida, "Die Struktur ...", 441-442.

[14] Jacques Derrida, *La dissémination*, Paris: Seuil 1972, 40.

[15] Jacques Derrida, "Les fins de l homme", *Marges de la philosophie*, Paris: Minuit 1972 131-184.

Begriffe dekonstruieren. Dies ist aber mit dem Risiko verbunden, dass sie in der begrifflichen Struktur des zu dekonstruierenden Systems verhaftet bleibt. Die andere verändert den Ausgangspunkt, setzt sich ausserhalb des Systems und der begrifflichen Welt des gegebenen Textes, schöpft eine "neue" begriffliche Sprache. Diese Version riskiert aber Blindheit und Naivität. Die erste interpretatorische Strategie entspricht nach der Meinung von Derrida der heideggerschen Problematisierung und bringt eine eigenartige Art von Lesung zustande, die *explicitation*, die erklärende Deutung. Die zweite Art von Deutungsstrategie wird nach Derrida in unserer Zeit in Frankreich geübt. Die Wahl zwischen den beiden Möglichkeiten ist nicht einfach, und Derrida folgert: "Eine neue Schrift muss zwei Motive ineinander weben und flechten. Daraus folgt (...), dass man zugleich mehrere Sprachen sprechen und mehrere Texte zustande bringen muss."[16]

Wenn man aber anders zu schreiben beginnt, in mehreren Sprachen, in mehreren Stilen, mehrfach, das lineare Modell und die lineare Sicherheit aufgebend, dann beginnt man auch anders zu lesen. Das durch Derrida geübte dekonstruktive und doppelte Schreiben und Lesen verwirklicht gerade diese Möglichkeit. Er nimmt auf beide Stategien Rücksicht, und dadurch beleuchtet er den Text von mehreren Seiten. In seinen Lesungen zerlegt er gerade deshalb die Texte in Schichten, legt die textualen Dimensionen der Schreibbarkeit und Lesbarkeit frei. Vielleicht unterscheidet sich die Interpretationsweise von Derrida gerade dadurch von allen früheren Interpretationen, da er nach dieser den Text in Schichten zerlegenden Aktivität, was nicht aufgrund eines linear-epischen Modells geschieht, die sich ergebenden Textfetzen nicht linearisiert, integriert und strukturiert. Er re-konstruiert also die Texte nicht, sondern belässt sie in ihrem de-konstruierten Zustand. Er konstruiert nicht, erklärt nicht, sondern schreibt und fixiert das Schreiben in seiner Prozessartigkeit. - Diejenige Anklage also, die oft bezüglich Derridas und der Dekonstruktivisten zu hören ist, die als die Indifferenz gegenüber der Ethik und jeder früheren Norm formuliert ist, lässt also eher die Inskription der Umrisse einer neuen "Ethik" - einer Ethik in Anführungszeichen - vermuten, der *In-Differentia-Ethica*, wobei kaum noch über eine Ethik im Singular die Rede sein kann, sondern eher über Ethiken gesprochen werden sollte. Diese sind Ethiken, die sich in Plural schreiben, denen man nur noch dämmerhafte oder nebelhafte Formulierungen geben könnte, wie zum Beispiel Versuche, die die Differenzen und die Differierungen anerkennen möchten. Die Umrisse dieser Ethik sind schon zu vermuten in den Schriften von Derrida, Lyotard, Levinas, Foucault, Rorty und noch anderen.

---

[16] Op.cit.163. (Deutsche Übersetzung von mir, J.O.)

Włodzimierz Galewicz

DAS DILEMMA SPEZIELLER ETHIK

Es gibt viele normativ-ethische Disziplinen – solche wie medizinische Ethik, ökologische Ethik, pädagogische Ethik usw. – die gewöhnlich als Teile der "speziellen Ethik" charakterisiert werden. Um uns gewisse Probleme klar zu machen, die diese Charakterisierung mit sich bringt, müssen wir auf zwei Fragen eingehen: (1) was ist gemeint, wenn man von einer <u>ethischen</u> Disziplin spricht und (2) was soll man unter einer <u>speziellen</u> (normativen) Disziplin verstehen?

Eine ethische normative Disziplin ist eine solche, in der ethische Normen aufgestellt werden. Wie ethische Normen zu bestimmen sind, ist bekanntlich eine umstrittene Frage. Wir schlagen hier die folgende Definition vor, die bei angemessener Präzisierung den intuitiven Kern einer klassischen Konzeption der ethischen Normen gut wiedergeben kann.

(Df A) Damit eine Norm N als eine ethische angesehen werden kann, ist zweierlei gefordert: erstens muß die Norm N <u>ethisch relevant</u> sein, was dann der Fall ist, wenn sie solche normativen Ausdrücke wie "soll" oder "darf", "richtig" oder "zulässig" usw. in deren ethischem Sinne enthält; zweitens muß die Norm N (in einem noch zu präzisierenden Sinn) <u>normativ kategorisch</u> sein.

Den ethischen Normen stellen wir die instrumentalen Normen entgegen. Zu dieser Gruppe gehören die Normen von der Form: "Wenn du das Ziel A erreichen willst, dann sollst du so und so handeln" ebenso wie diejenigen von der Form: "Wenn das Ziel A das richtige ist, dann sollst du das und das machen". Als ein nicht ethischer, sondern rein instrumentaler normativer Satz gilt uns also sowohl die Norm: (S1) "Wenn es richtig ist, das menschliche Leben in jedem Fall zu erhalten, dann ist die Euthanasie unter keinen Umständen zulässig" als auch die Norm: (S2) "Wenn du dir möglichst schmerzlos das Leben nehmen willst, sollst du dieses Gift einnehmen". Der Satz (S1), der die Unzulässigkeit der Euthanasie unter der Bedingung der Unantastbarkeit des menschlichen Lebens feststellt, ist zwar ethisch relevant, aber rein hypothetisch. Mit dem Satz (S2), der ein Gift als das angemessene Mittel zu einem schmerzlosen

Włodzimierz Galewicz, Krakau und Fribourg

Selbstmord empfiehlt, verhält es sich umgekehrt: er ist normativ kategorisch (in dem Sinn, den wir noch präzisieren werden), dafür aber ebensowenig ethisch relevant, wie ein kulinarisches Rezept ethisch relevant ist.

Die erste Bedingung, die eine ethische Norm zu erfüllen hat, braucht uns hier nicht länger aufzuhalten. Sie setzt natürlich voraus, daß wir die intuitive Fähigkeit haben, den ethischen Sinn von "soll", "darf" oder "richtig" von den anderen Bedeutungen dieser Wörter zu unterscheiden, die sie in kulinarischen Rezepten oder in solchen ethisch oder sogar normativ irrelevanten Sätzen wie (S3)"Morgen soll schönes Wetter sein" aufweisen. Diese Voraussetzung ist jedoch wenig riskant, wenn sie mit einer anderen Auffassung nicht verwechselt wird, die außer dem generell ethischen noch einen speziell moralischen Sinn von "soll" oder "gut" annimmt.

Mehr Aufmerksamkeit müssen wir der zweiten Bedingung für den ethischen Charakter einer Norm widmen. Was bedeutet, daß eine Norm "normativ kategorisch" ist? Es ist am naheliegendsten, die normativ kategorischen Sätze mit den logisch kategorischen, d.h. nicht hypothetischen normativen Sätzen gleichzusetzen. Diese einfachste Bestimmung ist jedoch offensichtlich zu eng, wenn sie uns dazu dienen soll, die Klasse der ethischen Sätze richtig abzugrenzen. Sie schließt nämlich aus dem ethischen Bereich nicht nur solche Sätze wie den oben angeführten rein hypothetischen Satz (S1) von der eventuellen Unzulässigkeit der Abortion aus. Auch derartige Sätze wie: (S4)"Wenn die Beschauung brutaler Szenen bei jungen Leuten den Aggresionstrieb entfesselt, dann sollen sich die Jugendlichen diesen Film nicht anschauen" oder (S5) "Wenn es wahr ist, daß ein menschlicher Embryo bereits von einer frühen Phase an ein psychisches Leben hat und Schmerz empfinden kann, dann ist die Abortion in keinem Fall zulässig", oder (S6)"Wenn das Leben dem Menschen von Gott geschenkt ist, dann darf man unter keinen Umständen Selbstmord begehen" müßten nach dieser Definition als nicht-ethische angesehen werden. Es gibt jedoch keinen Grund, den ethischen Charakter einem ethisch relevanten Satz abzustreiten, der zwar in seiner logischen Struktur

Włodzimierz Galewicz, Krakau und Fribourg

hypothetisch oder konditional ist, dessen normativer Gehalt aber allein an eine deskriptive, z.B. psychologische, anthropologische oder metaphysische Bedingung gebunden ist.

Die letzte Bemerkung legt eine andere Möglichkeit nahe, die normativ kategorischen Sätze gegen die normativ hypothetischen abzugrenzen. Man könnte nämlich sagen, daß eine Norm nur dann <u>normativ</u> hypothetisch ist, wenn die Geltung ihres eigentlichen normativen Gehalts in Abhängigkeit von der Erfüllung einer <u>normativen</u> Bedingung gesetzt wird, wie es bei allen Normen der Fall ist, die von der Richtigkeit einer zweckmäßigen Verhaltensweise unter der Voraussetzung der Richtigkeit des diesbezüglichen Zwecks sprechen. Anderenfalls wäre ein normativer Satz als ein normativ kategorischer anzuerkennen, auch wenn er logisch gesehen eine konditionale Struktur hat. Demgemäß könnte man die folgende "starke" Definition der normativ kategorischen Sätze vorschlagen:

(Df*B) Daß ein normativer Satz N ein normativ kategorischer ist, gilt stets und nur dann, wenn einer der beiden Fälle vorliegt: (1) entweder ist der Satz N logisch kategorisch oder (2) falls er einen logisch hypothetischen Satz von der Form: "Wenn p, dann q" darstellt, dann ist sein konditionaler Vorsatz p von rein deskriptiver Natur.

Ist diese letzte Definition der normativ kategorischen Sätze auch nicht so eng wie die vorhin erwähnte, die noch keinen Unterschied zwischen den normativ kategorischen und logisch kategorischen Normen kannte, so scheint doch die ihr entsprechende Version der Definition (Df A) der ethischen Normen, die wir unter Hinzunahme der Bedingung der ethischen Relevanz erlangen, immer noch nicht weit genug zu sein. Wie wir gleich sehen werden, würde eine ganze Kategorie von höchst bedeutsamen ethischen Normen, und zwar die Normen der speziellen Ethik, im Lichte dieser Definition außerhalb des eigentlich ethischen Bereichs liegen.

Damit gehen wir schon zu unserer zweiten Frage über: Was versteht man unter "spezieller Ethik", wenn man z.B. die medizinische Ethik, die ökologische Ethik usw. als <u>eine</u> spezielle Ethik oder als einen Teil <u>der</u> speziellen Ethik

Włodzimierz Galewicz, Krakau und Fribourg

bezeichnet? Merken wir zuerst an, daß die spezielle Ethik nicht selten auch "angewandte Ethik" genannt wird. Die letztere Bezeichnung scheint jedoch weniger passend zu sein. Die Rede von "angewandter Ethik" legt nahe, daß allgemeine ethische Prinzipien auf ein besonderes Gebiet einfach übertragen oder eben "angewandt" werden. Mit "spezieller Ethik" dagegen ist wesentlich mehr gesagt: Was eine spezielle Ethik auszeichnet, ist nicht nur ein spezielles Gebiet oder Objekt, mit dem sie sich jeweils beschäftigt; sie ist vielmehr immer auch durch einen spezifischen <u>Gesichtspunkt</u> charakterisiert, unter welchem dieses Objekt in ihrem Rahmen betrachtet und beurteilt wird.

Um den Unterschied zwischen der so verstandenen speziellen und der allgemeinen Ethik terminologisch zu fixieren, empfiehlt es sich, zwei Klassen von ethischen Normen zu unterscheiden. Die Normen der ersten Klasse, die für die spezielle Ethik kennzeichnend sind, nenne ich die <u>perspektivischen</u>, die Normen der zweiten Klasse, die in der allgemeinen Ethik auftreten, mögen hier die <u>globalen</u> Normen genannt werden. In einer perspektivischen Norm wird ein Objekt - z.B. eine Handlung - als richtig, zulässig oder unzulässig <u>von einem bestimmten Gesichtspunkt aus</u> beurteilt. Eine globale Norm beansprucht dagegen, ihr Objekt unter Berücksichtigung aller relevanten Gesichtspunkte zu betrachten und dementsprechend als richtig, zulässig oder unzulässig <u>schlechthin</u> beurteilen zu können.

Die perspektivischen Normen können verschiedene Formen annehmen. Ihre einfachste Form bilden die normativen Sätze, die von der Richtigkeit (bzw. Zulässigkeit oder Unzulässigkeit) <u>im Hinblick auf ein bestimmtes Ziel</u> sprechen. So kann z.B. jemand sagen: (S7) "Aus ästhetischen Gründen würde sich vielleicht empfehlen, alle Bäume in den Straßen unserer Stadt ungestört wachsen zu lassen, aber im Hinblick auf die Sicherheit der Passanten wäre das dennoch nicht richtig".

Eine andere Gruppe von perspektivischen Normen mit etwas komplizierterer Struktur bilden diejenigen, deren Beurteilungs-Gesichtspunkt mit einem Ausdruck A bestimmt wird, der eine Klasse von Handlungen bezeichnet. Hierzu gehören z.B. die Normen, die von dem pädagogischen oder medizinischen

Włodzimierz Galewicz, Krakau und Fribourg

Gesichtspunkt aus aufgestellt werden. "Die Handlung H ist medizinisch richtig" heißt soviel wie: Die Handlung H ist richtig im Hinblick auf das eigentliche Ziel der medizinischen Handlungen. Allgemein gefaßt:

(Df C) "Die Handlung H ist richtig vom Gesichtspunkt A aus" (wobei dem Ausdruck "A" eine Klasse von Handlungen entspricht) heißt soviel wie: Die Handlung H ist richtig im Hinblick auf das eigentliche Ziel (oder das angemessene System von Zwecken) der Handlungen aus der Klasse A.

Die letztgenannte Form der perspektivischen Normen setzt die vorige, einfachere voraus. Es ist also diese einfachere, die wir zunächst explizieren müssen. Was heißt, daß eine Handlung oder Verhaltensweise "richtig im Hinblick auf das Ziel A" (z.B. im Hinblick auf die Sicherheit der Passanten) ist?

Die naheliegendste Explikation von solchen normativen Aussagen ist die instrumentalistische. Es können dabei die beiden oben unterschiedenen Formen der instrumentalen Normen herangezogen werden. Man kann also entweder sagen:

(Df*Da) "Die Handlung H ist richtig im Hinblick auf das Ziel A" heißt soviel wie: Wenn man das Ziel A erreichen will, dann ist es richtig, die Handlung H zu vollziehen.

Oder man kann die instrumentalistische Explikation derselben Norm in die folgende Form kleiden:

(Df*Db) "Die Handlung H ist richtig im Hinblick auf das Ziel A" heißt soviel wie: Wenn das Ziel A richtig ist, dann soll man die Handlung H vollziehen.

Sind auch die beiden Formen der instrumentalistischen Explikation der perspektivischen Normen äußerlich voneinander verschieden, so laufen sie doch beide letzten Endes auf denselben Gedanken hinaus: auf den Gedanken, daß die Richtigkeit im Hinblick auf ein Ziel nichts mehr als instrumentale Zweckangemessenheit ist, die im Grunde ein rein deskriptives Verhältnis zwischen dem gegebenen Ziel und einem Mittel ausmacht und sich danach bemißt, wie effektiv und wie sicher (d.h. in welchem Ausmaß und mit welcher Wahrscheinlichkeit) das Ziel von dem Mittel realisiert wird.

Włodzimierz Galewicz, Krakau und Fribourg

So gesehen scheint jedoch das Konzept einer "speziellen ethischen Disziplin" in sich widersprüchlich zu sein. Es hat den Anschein, daß eine normative Disziplin entweder ethisch aber nicht speziell, oder speziell aber nicht ethisch sein kann. Das erstere ist der Fall, wenn sie allgemeine ethische Normen durch rein begriffliche Subsumption auf ein besonderes Objekt anwendet, ohne daß sie sich bemüht, dieses Objekt unter eine spezielle Beurteilungs-Perspektive zu bringen. Dann kann sie eigentlich nur als eine angewandte und nicht als spezielle Ethik bezeichnet werden, da ihre Normen keine perspektivischen sind. Sind dagegen die Normen einer normativen Disziplin echt perspektivische Normen, die nicht nur in bezug auf ein besonderes Objekt, sondern auch unter einem speziellen Gesichtspunkt aufgestellt werden, dann können sie - nach der in Rede stehenden Explikation (Df*D) - allein als instrumentale, mithin nicht-ethische Normen aufgefaßt werden.

Das umrissene Dilemma - man kann es das <u>Dilemma spezieller Ethik</u> nennen - bleibt unlösbar, solange die perspektivischen Normen gemäß der rein instrumentalistischen Definition (Df*D) expliziert werden. Das Erste, was wir machen müssen, ist also, diese Explikation, die offensichtlich nicht adäquat ist, durch eine andere zu ersetzen, die dem spezifischen Sinn der "Richtigkeit im Hinblick auf ein Ziel" besser Rechnung trägt. Dieser erste Schritt reicht jedoch für sich noch nicht. Selbst wenn die perspektivischen Normen auf eine angemessenere Weise gedeutet werden, muß man sie nicht als ethische, sondern als instrumentale Normen klassifizieren, solange man an der oben formulierten, "starken" Definition (Df*B) der normativ kategorischen Sätze und der ihr entsprechenden Version der Bestimmung (Df A) der ethischen Normen festhält. An die Stelle dieser zu strengen Definition eine lockerere einzuführen, ist also die zweite Aufgabe, die wir erledigen müssen, um einen Ausweg aus dem Dilemma spezieller Ethik zu finden.

Wir schlagen zuerst die folgende Explikation des Ausdrucks "richtig im Hinblick auf das Ziel A" vor:

(Df D) "Die Handlung H ist richtig im Hinblick auf das Ziel A" heißt soviel wie: die Handlung H ist richtig in allen

Włodzimierz Galewicz, Krakau und Fribourg

Situationen außer derjenigen, in denen es ein anderes Ziel B gibt, derart, daß (1) die Handlung H in bezug auf das Ziel B nicht angemessen ist und (2) das Ziel B in der gegebenen Situation gegenüber dem Ziel A einen Vorrang hat.

Auch nach der letzten Explikation stellt jeder normative Satz, in dem von der Richtigkeit einer Handlung im Hinblick auf ein Ziel die Rede ist, einen konditionalen Satz dar. Er behauptet, daß die bezügliche Handlung immer richtig ist, außer wenn eine bestimmte exzeptionelle Situation vorliegt. Diese exzeptionelle Situation kann auch als eine solche umschrieben werden, in der die Handlung H im Hinblick auf ein im Vergleich zum Ziel A noch wichtigeres Ziel B unzulässig wäre. Dann nimmt die angegebene Explikation die folgende Form an:

(Df D') "Die Handlung H ist richtig im Hinblick auf das Ziel A" heißt soviel wie: die Handlung H ist immer richtig, außer wenn sie im Hinblick auf ein anderes Ziel B unzulässig ist, das vor dem Ziel A im gegebenen Fall einen Vorrang hat.

Nehmen wir z.B. den Satz: (S8) "Im Hinblick auf die Ausbildung eines guten Gedächtnisses bei Schulkindern ist es richtig, daß sie viele Gedichte zum Auswendiglernen erhalten". Nach der (Df D) heißt dieser Satz soviel wie: Den Schülern viele Gedichte zum Auswendiglernen aufzugeben, ist richtig in allen Fällen, in denen (oder in dem Maße, in dem) dadurch kein anderes Ziel beeinträchtigt wird, dem vor dem Ziel der Ausbildung des guten Gedächtnisses ein Vorrang einzuräumen ist.

Ziehen wir nun zum Vergleich eine ähnliche, aber rein instrumentale Norm heran: (S9) "Wenn es richtig ist, sich um die Ausbildung des guten Gedächtnisses bei Schulkindern zu kümmern, dann sollen die Schüler viele Gedichte zum Auswendiglernen erhalten". Logisch gesehen haben die beiden angeführten Normen die gleiche konditionale Struktur "Wenn p, dann q", wobei sowohl für "p" wie für "q" ein normativer Satz einzusetzen ist. Nach der oben formulierten Definition (DF*B) der normativ kategorischen Sätze müßten also die beiden Sätze als normativ nicht-kategorisch, mithin nicht-ethisch klassifiziert werden. Das zeugt jedoch nur davon, daß die Definition (Df*B) - sofern sie solche Sätze wie (S8) und (S9) ohne Unterschied als

Włodzimierz Galewicz, Krakau und Fribourg

normativ hypothetisch behandelt - zu grob und deswegen auch zu eng ist. Der Unterschied ist intuitiv greifbar: Wenn auch die beiden Sätze die gleiche logische Struktur "Wenn p, dann q" haben, so unterscheiden sie sich doch dadurch, daß bei dem Satz (S9), der eine rein instrumentale Norm ausdrückt, der Nachsatz q im Verhältnis zum Vordersatz p mit seinem normativen Inhalt sozusagen nichts Neues bringt, wohingegen beim Satz (S8), der eine echt ethische perspektivische Norm beinhaltet, der Nachsatz q gleichsam normativ stärker als der Vordersatz p ist, was sich auch darin zeigt, daß im Vordersatz p nur von der Zulässigkeit die Rede ist, während im Nachsatz q der strengere normative Begriff der Richtigkeit auftaucht. Um über diese intuitiven Formulierungen hinauszugehen, führen wir die folgenden Hilfsdefinitionen ein:

(Df E) "Die Norm N bildet eine <u>normativ unmittelbare Konsequenz</u> von der Norm M" heißt soviel wie: Die Norm N stellt eine logische Konsequenz der Norm M und einer Gruppe von lauter deskriptiven Sätzen dar.

Mit Hilfe des so bestimmten Begriffs der normativ unmittelbaren Konsequenz können wir nun der Definition der normativ kategorischen Sätze die folgende Gestalt geben:

(Df B) Die Norm N ist eine normativ kategorische, wenn eine der folgenden Situationen vorliegt: (1) die Norm N ist eine logisch kategorische oder (2) die Norm N ist eine Norm von der Struktur "Wenn p, dann q", wo der konditionale Satz p rein deskriptiv ist, oder (3) falls die Norm N eine Norm von der Struktur "Wenn p, dann q" darstellt, wo der Satz p ein normativer ist, dann ist der Satz q keine normativ unmittelbare Konsequenz von dem Satz p.

Legen wir diese Definition der normativ kategorischen Sätze zugrunde und nehmen wir die schon am Anfang postulierte Bedingung der ethischen Relevanz hinzu, dann gelangen wir zu einer plausibleren Deutung der Definition (Df A) der ethischen Normen, die uns erlaubt, auch bestimmte perspektivische Normen als ethische anzuerkennen und in der Folge auch von streng verstandener "spezieller Ethik" (im Unterschied zu bloß angewandter Ethik) ohne Widerspruch zu sprechen.

Helmut Linneweber-Lammerskitten, Bern

X hat als Y ein Recht auf Z.

Der folgende Vortrag ist formal-systematischer Natur - ich werde, auch wenn ich an einer ethischen Fragestellung anknüpfe, kein ethisches Problem lösen, sondern möchte nur etwas zur logischen Struktur von Sätzen des Typs "X hat als Y ein Recht auf Z" sagen, und auch hier geht es mir nicht um eine dogmatische *Lösung* im Sinne der "klassischen" Logik, sondern um eine Skizzierung von Alternativen, die sich aus gewissen Grundideen und Intentionen neuerer Logikunternehmungen (den sog. "nicht-monotonen Logiken") anbieten. Ausgangspunkt meiner Überlegungen ist eine argumentative "Zwickmühle" die Peter Singer in "Practical Ethics" ("PE") für diejenigen bereit hält, die an einer ethisch relevanten Auszeichnung von Menschen gegenüber Tieren festhalten und versuchen, dies mit Hilfe der besonderen individuellen Eigenschaften der ersteren zu begründen. Ich möchte deshalb zunächst an einer Passage aus Peter Singers PE anknüpfen, um dann ausgehend von dem Beispielsatz

1) "Paul hat als Mensch ein Recht auf z"

des Titelschemas (wobei "z" eine Konstante ist, dergestalt, daß derjenige, der den Satz äußert, davon überzeugt ist, daß Paul *als Mensch* ein Recht auf z hat) einige in logischer Hinsicht verschiedene Interpretationen unterscheiden, die schrittweise zu einer Position hinführen, die die Geltungsbedingungen von Sätzen wie (1) so versteht, daß ein solcher Satz auch dann noch wahr sein kann, wenn Paul genau diejenigen Eigenschaften/Dispositionen nicht besitzt, die der Grund dafür sind, daß jemand wie Paul ein Recht auf z hat. Diese zunächst skurril anmutende Position möchte ich in Beziehung bringen zu einer verwandten Problemstellung nicht-monotoner Logiken - dazu werde ich in einem dritten Schritt zunächst die nötigen Grundbegriffe der Default-Logik erklären und in einem vierten Schritt eine Default-logische Interpretation von Sätzen wie (1) versuchen.

1. Singers Zwickmühle bezüglich einer ethischen Sonderstellung des Menschen

In "Practical Ethics" bietet Peter Singer denen, die seine Position bezüglich der Anwendung des *Prinzips der gleichen Interessenerwägung* auf Tiere nicht teilen, in gewisser Weise eine Zwickmühle dar, die sich, etwas pointiert, wie folgt zum Ausdruck bringen läßt: was auch immer als Eigenschaft eines Individuums der Spezies Mensch als Grund für einen Sonderstatus der Individuen dieser Spezies angeboten wird - ich werde entweder zeigen, daß es sich um eine Eigenschaft ohne moralische Signifikanz handelt, oder aber ich werde zeigen, daß diese Eigenschaft nicht allen Mitgliedern der Spezies zukommt; somit werden diejenigen, die auf einer Unterscheidung in der Einstufung von Mensch und Tier nach Maßgabe einer individuellen

Helmut Linneweber-Lammerskitten, Bern

Eigenschaft beharren, sich entweder dem Vorwurf des Speziesismus / Rassismus aussetzen, oder aber in Kauf nehmen müssen, daß von dieser Unterscheidung der Einstufung und den darauf beruhenden Konsequenzen auch menschliche Wesen betroffen sind. Wie die Zwickmühle funktioniert, möchte ich an der von Singer selbst - allerdings zu einem anderen Zweck - vorgeschlagenen Unterscheidung von "member of the species homo sapiens" und "person" als möglichen Präzisierungen des Terminus "human being" verdeutlichen.

Die Unterscheidung von "member of the species homo sapiens" und "person" bei Singer ist der Sache nach eine Unterscheidung zweier *Mengen*, die auf gewisse gemeinsame *Eigenschaften* der Elemente Bezug nimmt: zur Menge der Mitglieder der species homo sapiens gehören alle diejenigen Entitäten, die die *Eigenschaft* haben, daß ihre Chromosome von einer bestimmten Beschaffenheit sind (diese Eigenschaft haben Föten menschlicher Eltern ebenso wie "the most grossly and irreparably retarded 'human vegetable'" (PE74)); zur Menge der Personen gehören alle diejenigen Entitäten, die die *Eigenschaft* der Rationalität verbunden mit Selbstbewußtsein besitzen (diese Eigenschaft fehlt den erstgenannten Entitäten, ja selbst den Neugeborenen (PE75)). Nun kann der Wert, den das Leben eines Individuums besitzt - so Singer - nicht von der Zugehörigkeit dieses Individuums zu einer bestimmten Spezies abhängig gemacht werden. (PE76), da die biologischen Fakten auf der die Grenzziehung beruhe, moralisch nicht signifikant seien (ebd.) - ja dem Leben eines Individuums einen höheren Wert einzuräumen, einfach deshalb, weil es zu unserer Spezies gehört, würde uns auf die gleiche Stufe mit Rassisten stellen, welche den Mitgliedern ihrer Rasse einen höheren Wert einräumen (ebd.). Soweit der erste Teil der Zwickmühle - wie der zweite Teil funktioniert, ist offensichtlich: zwar hat die Eigenschaft der mit Selbstbewußtsein verbundenen Rationalität eine gewisse ethische Relevanz (PE78f.) - wenngleich Singer sich bemüht, diese mit Bezug auf den "Wert des Lebens"(ebd.) resp. das "Recht auf Leben"(PE82f.) herunterzuspielen - aber genau diese Eigenschaft fehlt den oben genannten "human beings". Auf den taktischen Nutzen dieses zweiten Teils der Zwickmühle weist Singer selbst in einer methodischen Reflexion hin:

> *There is another possible reply to the claim that selfconsciousness, or autonomy, or some similar characteristic, can serve to distinguish human from nonhuman animals: recall that there are mentally defective humans who have less claim to be self-conscious or autonomous than many nonhuman animals. If we use these characteristics to place a gulf between humans and other animals, we place these unfortunate humans on the other side of the gulf; and if the gulf is taken to mark a difference in moral status, then these humans would have the moral status of animals rather than humans.*
> *This reply, which has been dubbed 'the argument from marginal cases' (because grossly defective humans are thought of as being at the margins of humanity) is very forceful, because most of us find horrifying the idea of using mentally defective humans in painful experiments, or fattening them for gourmet dinners."* (PE65)

Ich möchte keinen Vorschlag in der Hoffnung machen, dieser Zwickmühle durch die geschickte Wahl einer bestimmten individuellen Eigenschaft zu entgehen, sondern möchte zu der unterstellten Voraussetzung, daß es sich bei einem Gegenvorschlag immer um etwas handeln muß, was auf bestimmte individuelle Eigenschaften abhebt, eine logische Alternative skizzieren. Offensichtlich spielen drei verschiedene Größen

Helmut Linneweber-Lammerskitten, Bern

in dieser Zwickmühle eine Rolle: ein Individuum, eine Spezies (im logischen Sinne) und die Zuordnung einer gewissen Sonderstellung (was z.B. den Wert überhaupt oder den Wert des Lebens, oder auch das Recht überhaupt oder das Recht auf Leben etc. angeht), wobei der Spezies innerhalb dieser Zwickmühle eine vermittelnde Funktion zukommt, die sie nicht erfüllen kann: das Problem scheint darin zu bestehen, eine bestimmte individuelle Eigenschaft zu finden, die erstens allen Mitgliedern dieser Spezies gemeinsam ist, und die zweitens in moralischer Hinsicht als relevant dafür angesehen werden kann, den Mitgliedern dieser Spezies eine Sonderstellung (bzgl. ihres Wertes / ihres Rechtes) einzuräumen. Ich möchte diese dreiteilige Struktur am Beispiel des Rechts (auf etwas Bestimmtes z) untersuchen, und sie durch die Wendung

X hat als Y ein Recht auf Z

zum Ausdruck bringen.

2. Verschiedene Interpretationen des logischen Schemas X hat als Y ein Recht auf Z.

Ein erstes und sicher nicht unzutreffendes Verständnis von Sätzen wie (1) geht dahin, in ihnen eine Behauptung samt ihrer Begründung zu sehen, wobei das zugrundeliegende Begründungsverhältnis das eines kategorischen Syllogismus (mit einer singulären Prämisse) ist: die eigentliche Behauptung ist der Satz, der sich in der Konklusion findet, seine Begründung liefern die beiden Prämissen:

2a) *"Paul ist ein Mensch"*
2b) *"Alle Menschen haben ein Recht auf z"*
2c) *"Paul hat ein Recht auf z"*

Bei einer *extensionalen* Interpretation der Behauptung (1), d.h. bei einer Interpretation, bei der die Gesamtaussage bloß als eine Aussage betrachtet wird, die etwas über die *Klassenzugehörigkeit von gewissen Individuen* aussagt, werden die Sätze des genannten Syllogismus näherhin wie folgt verstanden:

3a) *"Paul gehört zur Menge der Menschen"*
3b) *"Alle Elemente der Menge der Menschen gehören zur Menge derjenigen, die ein Recht auf z haben"*
3c) *"Paul gehört zur Menge derjenigen, die ein Recht auf z haben"*

Die folgende vom extensionalen Ansatz induzierte *intensionale* Interpretation bezieht sich auf das, was allen Individuen des mittleren Terms (vermeindlich) gemeinsam ist:

4a) *"Paul ist ein Wesen mit der Eigenschaft φ."*
4b) *"Alle Wesen mit der Eigenschaft φ haben ein Recht auf z."*
4c) *"Paul hat ein Recht auf z".*

Aufgrund der letzteren Analyse kann man leicht zu der Auffassung kommen, es gehöre zu den *Geltungsbedingungen* von Sätzen wie (1), daß es eine Eigenschaft φ gibt, die als Grund sowohl für die Zugehörigkeit zu einer bestimmten Klasse von Individuen, als auch für das Zusprechen von Rechten ins Feld geführt werden kann. Tatsächlich ist es aber gar nicht notwendig, daß man beim Übergang von der extensionalen zur intensionalen Analyse bei beiden Sätzen auf *dasselbe* Merkmal referiert, es reicht, daß

Helmut Linneweber-Lammerskitten, Bern

man sich jeweils auf eine Eigenschaft bezieht, die allen Individuen der Klasse gemeinsam ist: der Grund für die Zugehörigkeit eines Individuum zur Klasse der Menschen muß nicht mit dem Grund für das Zusprechen von Rechten z zusammenfallen. Entsprechend wären die Sätze (4a)-(4c) durch die folgenden zu ersetzen:

5a) *"Paul ist ein Wesen mit der Eigenschaft φ."*
5b) *"Alle und nur Wesen mit der Eigenschaft φ sind Wesen mit der Eigenschaft ψ."*
5c) *"Alle Wesen mit der Eigenschaft ψ haben ein Recht auf z."*
5d) *"Paul hat ein Recht auf z".*

Ich möchte indessen noch einen Schritt weitergehen und die Voraussetzung (5b) dahingehend abschwächen, daß die Möglichkeit offenbleibt, auch Individuen ein Recht auf z zuzusprechen, die (gewissermaßen als Ausnahmen zu einer generellen Regel) die Eigenschaft φ, nicht aber die Eigenschaft ψ besitzen - im genannten Beispiel etwa Menschen, die nicht, noch nicht oder nicht mehr diejenige Eigenschaft besitzen, die der Grund für das Zusprechen von Rechten z darstellt. In der so abgeschwächten Interpretation umfaßt (1) die Teilbehauptungen:

6a) *"Paul ist ein Wesen mit der Eigenschaft φ."*
6b) *"Wesen mit der Eigenschaft φ sind in der Regel Wesen mit der Eigenschaft ψ"*
6c) *"Alle Wesen mit der Eigenschaft ψ haben ein Recht auf z."*
6d) *"Paul hat ein Recht auf z"*

Allerdings ist bei dieser Abschwächung zunächst einmal nicht mehr gesichert, daß der letzte Satz aus den vorhergehenden folgt, da die Prämisse (6b) mit Mitteln der "klassischen" Logik nicht angemessen berücksichtigt werden kann. Zwei Möglichkeiten bieten sich an: zum einen kann man (6b) einfach als *vagen* Satz auffassen, der erst (durch explizite Angabe aller möglichen Ausnahmen) präzisiert werden muß, um dann (möglicherweise) in einem klassischen Syllogismus Anwendung zu finden. Die andere Möglichkeit besteht darin, (6b) als ohne weitere Präzisierung zu tolerierende Prämisse im Sinne der *Default-Logic* aufzufassen: "Sofern nicht ausdrücklich anders bestimmt, ist jedes φ-Wesen als ψ-Wesen anzusehen." Diesen zweiten Weg will ich im folgenden verfolgen und dazu zunächst die Grundzüge der Default-Logik skizzieren.

3. Grundbegriffe der Default-Logik.

Eine Reihe von sog. "nicht-monotonen" Logiktheorien innerhalb der Forschung zur künstlichen Intelligenz beschäftigt sich mit dem Problem, "Ausnahmen von einer Regel" bzw. "Regeln, zu denen es Ausnahmen gibt" logisch in den Griff zu bekommen, um Verfahren für die Computerprogrammierung nutzbar machen zu können, wie sie uns im alltäglichen Gebrauch zur Gewinnung eines "berechtigten Glaubens" durchaus vertraut sind. Ich will im folgenden nur einen dieser Ansätze, nämlich den der Default-Logik, zunächst anhand eines Beispiels, und dann, jedoch nur soweit es für das weitere Verständnis unerläßlich ist, formal skizzieren. Gegeben etwa die Information, daß Tweedy ein Vogel ist, so werden wir, soweit nichts Gegenteiliges bekannt ist, im Alltag davon ausgehen, daß Tweedy auch fliegen kann, und zwar deshalb, weil

Helmut Linneweber-Lammerskitten, Bern

Vögel normalerweise fliegen können. Wir halten an dieser Vorstellung fest, obwohl wir wissen, daß es Vogelarten, wie etwa die Pinguine, gibt, die nicht fliegen können, oder daß es kranke oder verletzte Vögel gibt, Vögel, die noch zu jung, und andere, die schon zu alt zum Fliegen sind. Sicherlich werden wir dann, wenn wir gefragt werden, ob *alle* Vögel fliegen können, (und wir es logisch genau nehmen) nicht mit "ja" antworten, vielmehr würden uns durch die Frage angeregt im Gegenteil wahrscheinlich eine Reihe von Ausnahmen einfallen, so daß wir schließlich, wenn wir *alle* diese Ausnahmen erfaßt hätten, einen exzeptiven Allsatz formulieren könnten wie: "Alle Vögel mit Ausnahme der ..., der ... und der ... können fliegen." Damit wäre zwar ein (so nehmen wir an) wahrer Allsatz erzielt, aber aus ihm läßt sich mit Bezug auf Tweety nichts erschließen, solange wir lediglich wissen, daß Tweety ein Vogel ist, und so würde es uns auch mit allen anderen Entitäten ergehen, von denen wir nur wissen, daß sie Vögel sind. Nun gibt es angesichts unserer Endlichkeit zwei Möglichkeiten, wie wir uns entscheiden können: wir können unser Urteil über das Fliegenkönnen von Tweety zurückhalten bis wir genügend Informationen darüber haben, ob Tweety zu den Ausnahmen gehört, oder wir können uns dazu entscheiden, jeweils nach Maßgabe der Informationen, die wir zur Verfügung haben, über die Flugfähigkeit zu urteilen, d.h. nach der Regel zu verfahren, daß soweit nicht eine der Ausnahmen vorliegt, aus der Prämisse, daß Tweety ein Vogel ist, darauf zu schließen ist, daß Tweety fliegen kann. Entscheiden wir uns für die zweite Möglichkeit, so können wir entweder alle Ausnahmen in die Formulierung der Regel aufnehmen:

Vogel(Tweety):~Pinguin(Tweety),~...(Tweety),~...\Fliegen(Tweety)

oder aber schlicht sagen: "sofern nichts Gegenteiliges bekannt ist" (i.e. sofern aus den Informationen nicht das Negat des Satzes "Tweety kann fliegen" ableitbar ist), ist zu erschließen: "Tweety kann fliegen":

Vogel(Tweety):Fliegen(Tweety)\Fliegen(Tweety)

Die verwendete Schreibweise ist die, daß vor dem Doppelpunkt die *Vorbedingung* und hinter dem Backslash das zu erschließende *Konsequens*[1] steht, dazwischen, durch Kommata abgetrennt, stehen die *Rechtfertigungen*, deren *Negat* nicht aus den Informationen folgen darf, soll der Übergang erlaubt sein. Der ganze Ausdruck heißt *"Default"*, ein Default der zweiten Art (i. e. ein Default des Typs "V:C\C") heißt *"normaler Default"*; ein Default, bei dem als Vorbedingung, Konsequens und Rechtfertigung nur *geschlossene Formeln* (i.e. Aussagen, nicht Aussageformen) vorkommen, heißen *"geschlossene Defaults"*. Eine *Defaulttheorie* ist ein Paar (D,W) bestehend aus einer Menge von Defaults D und einer Menge von Informationen über Fakten W.

Eine Defaulttheorie *zu akzeptieren*, bedeutet für ein urteilendes Subjekt mithin, dazu bereit zu sein, eine Reihe von Informationen über Fakten als zutreffend zu akzeptieren, und zweitens von einer Reihe von Schlußregeln nach Maßgabe der Informationen Gebrauch zu machen. Da bereits per Default Erschlossenes

---

[1] Die geläufigen englischen Bezeichnungen sind: "prerequisite", "consequent" und "justification".

Helmut Linneweber-Lammerskitten, Bern

bei weiteren Anwendungen wiederum mitberücksichtigt werden muß, ist die Definition einer *Extension einer Defaulttheorie* (anschaulich: die Menge all dessen, was durch iterative Anwendung von D, W und logischen Schlußregeln folgt) bereits für eine *geschlossene Defaulttheorie* (i.e. eine Defaulttheorie deren Defaults alle geschlossen sind) technisch etwas aufwendig.[2]

Als etwas, was von einem urteilenden Subjekt akzeptiert werden kann, kommt den Defaults eine merkwürdige Zwischenstellung zwischen normalen Aussagen und Schlußregeln zu, deshalb kann man Defaults dazu benutzen, um zu erklären, was es heißt, einen Satz wie "Vögel können normalerweise fliegen" (abgekürzt: "V-Wesen sind normalerweise F-Wesen") zu akzeptieren: einen Satz wie "V-Wesen sind normalerweise F-Wesen" zu akzeptieren, soll im folgenden heißen, dazu bereit zu sein, die Menge aller geschlossenen normalen Defaults der Form

$V\text{-}Wesen(x): F\text{-}Wesen(x)\backslash F\text{-}Wesen(x)$

zu akzeptieren.

4. Default-logische Interpretation von "X hat als Y ein Recht auf Z".

In welcher Weise könnte man nun die Default-Logik für eine logisch befriedigende Interpretation wie sie am Ende des zweiten Abschnitts angedeutet ist, nutzen? Betrachten wir einen Satz wie (1) als etwas, was nicht schon als eine vollständige Behauptung in einem Dialog zählt, sondern beim Dialogpartner die klärende Nachfrage "Wieso meinst du das?" provoziert, auf die der Behauptende mit einer zusätzlichen Information der Form "Weil φ-wesen normalerweise ψ-Wesen sind" oder der stärkeren Behauptung "Weil alle φ-wesen ψ-Wesen sind" antwortet, wobei natürlich zugelassen ist, daß anstelle des Terminus "ψ-Wesens" auch der Term "φ-Wesen" stehen kann, was dem umgangssprachlichen "Weil φ-Wesen eben φ-Wesen sind" entspräche. Ich skizziere zuerst in etwas allgemeinerer Form die Lösung und werde sie dann am Beispiel veranschaulichen.

Interpretationsvorschlag: Die Behauptung, die aus dem Satz "Das Individuum P ist als M-Wesen ein R-Wesen" zusammen mit der Begründung a) "Weil M-Wesen normalerweise V-Wesen sind" resp. b) "Weil alle M-Wesen V-Wesen sind" besteht, wird von einem Diskussionspartner genau dann akzeptiert, wenn er die folgende Defaulttheorie akzeptiert, deren Defaultmenge aus allen Einsetzungen von

$M\text{-}Wesen(x): R\text{-}Wesen(x)\backslash R\text{-}Wesen(x)$ $(D1(x))$
$M\text{-}Wesen(x): V\text{-}Wesen(x)\backslash V\text{-}Wesen(x)$ $(D2(x))$

und deren Faktenmenge im Fall a) aus den beiden ersten folgenden Sätzen, im Fall b) aus den drei folgenden Sätzen besteht:

---

[2] Vgl. z.B. Brewka (1991), 31f.

(i)   *M-Wesen(P)*   *(W1)*
(ii) ∀ *x [V-Wesen(x) -> R-Wesen(x)]*   *(W2)*
[(iii) ∀ *x [M-Wesen(x) -> V-Wesen(x)]*   *(W3)]*

Daraus ergibt sich für unser Beispiel folgendes. Nehmen wir an, der Behauptende präzisiert seine Behauptung, daß Paul als Mensch ein Recht auf z besitze, mit dem Zusatz "Weil Menschen normalerweise rationale, selbstbewußte Wesen sind". Dann sind in dieser Behauptung implizit bereits die folgenden Behauptungen enthalten

(i)   "Paul ist ein Mensch"   *(W1)*
(ii) "Alle rationalen, selbstbewußten Wesen haben ein Recht auf z"   *(W2)*

welche die Faktenmenge W der Default-Theorie (D,W) bilden, ferner die Defaultmenge D die ausschließlich Defaults der folgenden Form enthält:

x ist ein Mensch: x hat ein Recht auf z \ x hat ein Recht auf z (D1(x))
x ist ein Mensch: x ist ein rationales, selbstbewußtes Wesen \ x ist ein rationales, selbstbewußtes Wesen (D2(x))

Insbesondere enthält D also die beiden Defaults

Paul ist ein Mensch: Paul hat ein Recht auf z \ Paul hat ein Recht auf z (D1(Paul))
Paul ist ein Mensch: Paul ist ein rationales, selbstbewußtes Wesen \ Paul ist ein rationales, selbstbewußtes Wesen (D2(Paul))

via Default D1(Paul) läßt sich der Satz

(iii)   "Paul hat ein Recht auf z"

ableiten, selbst dann, wenn als zusätzliche Prämisse

(iv)   "Paul ist kein rationales, selbstbewußtes Wesen"

aufgenommen wird, denn der deduktive Abschluß aus (i) (ii) (iii) und (iv) bildet eine *Erweiterung* der Default-Theorie.

Soweit die Explikation meines Vorschlags - aber ist dies eine angemessene Interpretation eines Satzes wie "Paul hat als Mensch ein Recht auf z" zusammen mit der Ergänzung "Menschen sind gewöhnlich vernünftige, selbstbewußte Wesen"? Sehen wir zu, wie jemand, der die beiden Sätze im Sinne meiner Interpretation vertritt, argumentieren kann, um seine Position zu stützen. Er könnte sagen: "Weil ich weiß, daß a) Menschen normalerweise vernünftige, selbstbewußte Wesen sind, und b) alle vernünftigen selbstbewußten Wesen ein Recht auf z haben, akzeptiere ich die Vorstellung, daß Menschen normalerweise ein Recht auf z haben; und das bedeutet, daß ich dann, wenn ich weiß, daß Paul ein Mensch ist, solange mir nicht ausdrücklich Gegenteiliges bezüglich seines Rechts auf z bekannt ist, schließe, daß er dieses Recht auch tatsächlich besitzt."

Das heißt, er könnte einen Teil dessen, was gemäß meiner Interpretation in einem solchen Satz steckt, dazu benutzen, um seine *Entscheidung zu rechtfertigen, ein bestimmtes Verfahren anzuwenden* (nämlich eine bestimmte Menge von Defaults zu akzeptieren: die Menge der Defaults, die die Form "M-Wesen(x):R-

Helmut Linneweber-Lammerskitten, Bern

Wesen(x)\R-Wesen(x)" haben) und den Rest dazu, gemäß diesem Verfahren zu dem Ergebnis "Paul hat ein Recht auf z" zu kommen. Man muß dabei im Auge behalten, daß der Übergang von den beiden Sätzen "Alle vernünftigen, selbstbewußten Wesen haben ein Recht auf z" und "Menschen sind gewöhnlich vernünftige, selbstbewußte Wesen" zu "Menschen haben gewöhnlich ein Recht auf z" zwar nicht zwingend ist, aber naheliegt (wie in ähnlicher Weise auf tieferer Ebene der Übergang von "Vögel können gewöhnlich fliegen" und "Tweety ist ein Vogel" zu "Tweety kann fliegen" vernünftig erscheint).

Was wäre hingegen im Fall, daß der Sprecher statt des Defaultsatzes den Zusatz "Weil ein Mensch eben ein Mensch ist" im Sinne meiner Interpretation verwendet? In diesem Fall könnte er zur Rechtfertigung seines Entschlusses, die oben genannte Defaultmenge zu akzeptieren, keine weiteren Argumente geben - allenfalls auf ihn könnte der Verdacht des Speziesismus fallen.

Im Falle des Zusatzes "Weil alle Menschen vernünftige, selbstbewußte Wesen sind" schließlich wäre für die Rechtfertigung des Akzeptierens der entsprechenden Defaultmenge natürlich ein noch viel stärkeres Argument als im ersten Fall gegeben, aber entweder wäre die Behauptung als ganze falsch, da der Zusatz falsch ist, wenn wir "Mensch" im Sinne von Singers "member of the human species" verstehen, oder sie würde sich dem "argument from marginal cases" aussetzen, wenn wir "Mensch" im Sinne von "person" verstehen.

Mit meinem Vorschlag zum Verständnis der logischen Struktur habe ich die Frage, ob der Mensch Paul oder irgendein Mensch ein Recht auf etwas bestimmtes z (oder auch nur Rechtlichkeit überhaupt) besitzen kann natürlich unbeantwortet gelassen, aber hoffentlich zeigen können, daß es keinen *logischen* Grund gibt, sich bei einer entsprechenden Behauptung in die skizzierte Zwickmühle zu begeben.

Besnard, Philippe, 1989, *An Introduction to Default Logic*, Springer-Verlag.
Brewka, Gerhard, 1991, *Nonmonotonic Reasoning: Logical Foundations of Commonsense*, Cambridge e.a., Cambridge University Press.
Delgrande, James P., 1988, An Approach to Default Reasoning Based on a First-Order Conditional Logic: Revised Report, *Artificial Intelligence* 36.
Etherington, David W., 1987, A semantics for default logic. In *Proceedings of the Tenth International Joint Conference on Artificial Intelligence (Milan, Italy, 1987)*, Los Altos, 495-498.
Lukaszewicz, Witold, 1988, Considerations on default logic. *Computational Intelligence* 4, 1-16.
Reiter, Raymond, 1980, A logic for default reasoning. *Artificial Intelligence* 13, 81-132.
Singer, Peter, 1979, *Practical Ethics*, Cambridge University Press, Cambridge e.a.

Ist es rational, religiös zu leben?
Mathematische Modelle im Anschluß an Pascals Wettargument
von Wolfgang Malzkorn, Bonn

I

In der philosophischen Literatur hat sich seit Immanuel Kants "Kritik der reinen Vernunft" (1781) die Auffassung durchgesetzt, daß es kein schlüssiges Argument gibt, das die Bezeichnung "Gottes*beweis*" verdient und die Bedingungen erfüllt, die z.B. der christlich-abendländische Gottesbegriff impliziert. Selbst wenn es einen solchen Beweis gäbe oder wenn er in Zukunft gefunden würde, so beruhte er auf Prämissen, die akzeptiert oder zurückgewiesen werden könnten; denn jede deduktive Begründung einer These nimmt letztlich ihren Ausgangspunkt bei Voraussetzungen, die in der Theorie, der diese These angehört, nicht weiter begründet werden können. Nimmt man für solche Voraussetzungen *Evidenz* in Anspruch, so bessert sich ihre Lage nicht. Was mir evident erscheint, muß einer anderen Person nicht notwendig ebenso erscheinen. Überdies gibt es eine ausreichende Anzahl von Beispielen dafür, daß sich ein zunächst evidenter Sachverhalt als unzutreffend erwiesen hat; Evidenzen sind nicht verläßlich.

Ein vorsichtiger Mensch könnte die Prämissen eines solchen Beweises, auch wenn sie ihm prima facie unverdächtig erschienen, angesichts einer derart starken Behauptung, wie sie eine Existenzaussage über Gott darstellt, zurückweisen. Er könnte im Bezug auf seinen Glauben an die Existenz eines Gottes unentschieden bleiben, d.h. er könnte die Existenz eines Gottes weiterhin für ebenso *wahrscheinlich* halten wie die Nicht-Existenz. Selbstverständlich könnte auch ein Atheist die Prämissen des Beweises ablehnen und weiterhin von der Nicht-Existenz eines Gottes überzeugt sein.

Nun kann die persönliche Überzeugung hinsichtlich der Existenz oder Nicht-Existenz eines Gottes Auswirkungen auf das *Handeln* haben. Für einen Menschen, der nicht an die Existenz eines Gottes glaubt, entfällt zweifellos die Verbindlichkeit *religiöser* Handlungsnormen. Obwohl selbstverständlich auch nicht-gläubige Menschen moralisch handeln können, wenn sie einem anderen Moralkodex, der sich mit religiösen Kodizes überschneiden kann, aber nicht muß, verpflichtet sind, kann die Tatsache, daß ein Mensch an die Existenz eines Gottes glaubt, Beweggrund für sein Handeln sein. Glaubt ein Mensch an die Existenz eines *christlichen* Gottes, so sind vor allem drei Implikationen des christlichen Gottes*begriffs* für sein Handeln relevant:
(1.1) Gott ist allwissend,
(1.2) Gott bestraft Sünden, die bewußt und ohne Reue begangen werden, ("*Hölle*"),

Wolfgang Malzkorn, Bonn

(1.3) Gott belohnt ein religiöses Leben ("*Himmel*")[1].
Im Gegensatz zu einem Straftäter im Sinne des Strafgesetzbuchs eines Staates kann ein Christ, der eine Sünde begeht, aufgrund von (1.1) nicht darauf hoffen, daß seine Handlung der (göttlichen) Justiz unbekannt bleibt. Daher ist für einen Christen neben (1.2) und (1.3) auch (1.1) relevant, wenn es um die Einhaltung der göttlichen Gebote geht.

Wenn es keinen Beweis für die Existenz eines Gottes geben kann, der jede rationale Person von der Existenz eines Gottes überzeugen muß, gibt es andere Argumente, die jede rationale Person dazu veranlassen können, religiös zu leben?

Der Mathematiker und Philosoph Blaise Pascal (1623-1662) hat versucht, ein solches Argument zu formulieren.[2] Dieses Argument beruht auf Überlegungen, die im Rahmen der modernen Entscheidungslogik weiterentwickelt und präzisiert werden können. Da Pascal nur zwei, sich zueinander nicht kontradiktorisch verhaltende, Handlungsumstände berücksichtigt und diesen *objektive* Wahrscheinlichkeiten zuordnet, derart daß die Gesamtwahrscheinlichkeit gleich 1 ist, hat man sein Argument zurecht kritisiert. So wendet z.B. J.L.Mackie ein: "An dieser Stelle kommen nun Pascals weitere Voraussetzungen ins Spiel. Er berücksichtigt ausschließlich die folgenden Alternativen: Erstens, es gibt einen Gott, der mit ewiger Seligkeit all jene belohnt, die aus welchen Motiven auch immer an ihn glauben; zweitens, es gibt keinen Gott und die eigene Existenz hört mit dem Tod völlig auf. Offensichtlich aber sind weitere Möglichkeiten denkbar. ..... Sobald einmal die ganze Fülle von Möglichkeiten in den Blick kommt, fällt Pascals Argument auf der

---

[1] Es liegt nahe, bereits an dieser Stelle einzuwenden, der Begriff des *religiösen Lebens* sei unklar: "Was verstehst Du unter einem religiösen Leben?", könnte man einen Christen fragen; "Ist ein religiöses Leben ein Leben ohne Sünde? - Dann gibt es wohl keinen Menschen, der religiös lebt!" - Eine genaue Antwort auf die Frage "Was ist religiöses Leben?" zu finden, ist, wie ich meine, weitgehend Aufgabe der entsprechenden Theologen der Religion, auf die sich das Adjektiv "religiös" bezieht. Für den hier verfolgten Zweck ist es ausreichend, darauf hinzuweisen, daß ein religiöses Leben weitgehend von dem *Bemühen* geprägt ist, die entsprechenden Gebote zu achten, und von *Reue*, wo dies im Einzelfall nicht gelingt.

[2] Vgl. B.Pascal: Über die Religion (Pensées), übers. von E.Wasmuth; Heidelberg ^{6}1963, Frg.233

Basis vergleichbarer Gewinnaussichten in sich zusammen."[3]

II

Es ist nun aber, wie gezeigt werden wird, möglich, unter gewissen Modifikationen den entscheidungstheoretischen Ansatz Pascals für die Frage nach der Rationalität religiösen Lebens fruchtbar zu machen und dabei die fehlerhafte Voraussetzung Pascals zu vermeiden.
Ich unterscheide dazu zwei Sachverhalte:
(2.1) p_1 := es gibt einen Gott (der (1.1)-(1.3) erfüllt),
(2.2) p_2 := nicht-p_1.
Die beiden Handlungen, deren Rationalität infrage steht, werden folgendermaßen bezeichnet:
(2.3) $F_1(a)$:= Person a lebt religiös,
(2.4) $F_2(a)$:= nicht-$F_1(a)$.
Es wird also als *Handlung* nicht, wie bei Pascal, der Glaube einer Person a an Gott betrachtet, sondern das religiöse Leben von a. Dabei soll sich das Adjektiv "religiös" immer auf diejenige Religion beziehen, auf deren Gottesbegriff in den *Handlungsumständen* (2.1) und (2.2) Bezug genommen wird. Es soll hier nicht *ein* Gottesbegriff zugrundegelegt werden; dies ist für die folgenden entscheidungstheoretischen Untersuchungen nicht nötig. Der Gottesbegriff wird nur insofern eingegrenzt, als er die Implikationen (1.1)-(1.3) erfüllen muß.
Glauben wird hier nicht als Handlung aufgefaßt, wie bei Pascal, sondern als *persönliche Disposition*. Der Glaube einer Person a, daß ein Sachverhalt p besteht, soll dabei metrisierbar sein: Die *subjektive* Wahrscheinlichkeit, die a für p angibt, legt den Grad des Glaubens von a an p fest. Den Grad ihres Glaubens an die in (2.1) und (2.2) definierten Handlungsumstände p_1 und p_2 kann eine Person a dann durch subjektive Wahrscheinlichkeitswerte $prob_a(p_1)$ und $prob_a(p_2)$ angeben. Es ist somit möglich, bei der Frage nach der Rationalität eines religiösen Lebens nur die Umstände p_1 und p_2 zu betrachten, ohne die von Mackie gegen Pascal "ins Spiel gebrachten" übrigen möglichen Handlungsumstände $p_3,\ldots,p_n$ fehlerhaft auszuschließen. Man nehme einfach an, die Person a sei in einer religiös geprägten Gesellschaft aufgewachsen, und aus ihrer Glaubensdisposition ergäbe sich $prob_a(p_3)=\ldots=prob_a(p_n)=0$. Dann kann man sich, ohne einen Fehler in den Voraussetzungen

---

[3] Vgl. J.L.Mackie: Das Wunder des Theismus. Argumente für und gegen die Existenz Gottes, übers. von R.Ginters; Stuttgart 1987, S.317-323

Wolfgang Malzkorn, Bonn

zu begehen, auf die Betrachtung von p_1 und p_2 beschränken. Für die Wahrscheinlichkeitsfunktion $prob_a: S \mapsto R$ (mit S als der Klasse aller Sachverhalte) möchte ich nun die üblichen Bedingungen der Nicht-Negativität, Normiertheit und Additivität fordern:

(2.5) (a) $0 \leq prob_a(p)$,
   (b) $prob_a(p) = 1$, falls p logisch wahr ist,
   (c) $prob_a(p \vee q) = prob_a(p) + prob_a(q)$, falls p & q logisch falsch ist.

Da eine Person a nicht wissen kann, ob p_1 oder p_2 der Fall ist, kann sie auch nicht wissen, welche *Handlungsfolge* eintritt, wenn sie F_1 tut, und welche Folge eintritt, wenn sie F_2 tut. Die Folge der von ihr gewählten Handlung hängt von dem Bestehen der Handlungsumstände ab. Die Entscheidung, ob sie F_1 oder F_2 tun soll, ist für die Person a also eine *Entscheidung unter Risiko*. Aus der Kombination der beiden Umstände p_1, p_2 mit den beiden Handlungen F_1, F_2 erhält man die folgende Konsequenzenmatrix:

	p_1	p_2
F_1	$p_{1,1}$	$p_{1,2}$
F_2	$p_{2,1}$	$p_{2,2}$

Wie man aus der Matrix ersieht, gibt es für jede Handlung zwei mögliche Folgen, deren Eintreten von der Gültigkeit von p_1 bzw. p_2 abhängt. Um eine Entscheidung zwischen F_1 und F_2 treffen zu können, ist es nun wichtig, die vier möglichen Folgen zu unterscheiden. Gemäß den Aussagen (1.1)-(1.3) wird man sagen:

$p_{1,1}$ = Gott existiert und Person a hat religiös gelebt ($\rightarrow$ "Himmel"),
$p_{1,2}$ = Gott existiert nicht und Person a hat religiös gelebt ($\rightarrow$ unnötiger Verzicht auf einige Annehmlichkeiten des Lebens),
$p_{2,1}$ = Gott existiert und Person a hat nicht religiös gelebt ($\rightarrow$ "Hölle"),
$p_{2,2}$ = Gott existiert nicht und Person a hat nicht religiös gelebt ($\rightarrow$ Möglichkeit des repressalienfreien Genusses aller Annehmlichkeiten des Lebens)

Da das Handeln einer Person a offenbar keinen Einfluß darauf hat, ob ein Gott existiert oder nicht, ist es für a darüberhinaus vernünftig, die folgenden beiden Aussagen über die Wahrscheinlichkeiten der Handlungsfolgen als gültig anzunehmen:

(2.6) $prob_a(p_1) = prob_a(p_{1,1}) = prob_a(p_{2,1})$.

Wolfgang Malzkorn, Bonn

(2.7) $prob_a(p_1) = prob_a(p_{1,2}) = prob_a(p_{2,2})$.

Nun können die vier *möglichen* Handlungsfolgen für eine Person offensichtlich unterschiedlich wünschbar sein. So möchte jeder gläubige Christ offenbar lieber in den "Himmel" als in die "Hölle" kommen, um ein einfaches Beispiel zu nehmen. Das heißt aber nichts anderes, als daß die Wünschbarkeiten der unterschiedlichen Handlungsfolgen miteinander vergleichbar sind. Darüberhinaus geht die Entscheidungstheorie davon aus, daß eine Person a bestimmten Sachverhalten hinsichtlich ihrer Wünschbarkeit sogar Zahlen, sogenannte "*Wünschbarkeitswerte*", zuordnen kann. Die Wünschbarkeitsverteilung einer Person a, $w_a : S \mapsto \mathbf{R}$, wird als eine Funktion gedeutet, die jedem Sachverhalt p eine reelle Zahl x als Wünschbarkeitswert zuordnet. Aus den Wahrscheinlichkeiten, die eine Person a den verschiedenen Folgen $q_{i,j}$ einer Handlung G_i unter den Umständen $q_1,\ldots,q_n$ zuordnet, und den entsprechend zugeordneten Wünschbarkeiten errechnet sich der sogenannte "*Erwartungswert des Nutzens für a*" ($Erw_a(G_i)$) der Handlung:

(2.8)
$$Erw_a(G_i) =_{Df} \sum_{j=1}^{m} prob_a(q_{i,j}) w_a(q_{i,j})$$

Nach dem sogenannten "Bayesschen Modell des vernünftigen Handelns" handelt eine Person a in einer Entscheidungssituation unter Risiko nun genau dann rational, wenn sie unter den (ihrer Ansicht nach) alternativ zur Verfügung stehenden Handlungen $\overline{G_1},\ldots,G_n$ eine derjenigen Handlungen wählt, deren Erwartungswerte am höchsten sind. Es muß nicht immer genau eine Handlung sein, deren Erwartungswert die Erwartungswerte der übrigen Handlungen übersteigt; mehrere Handlungen können einen maximalen Erwartungswert haben. In einem solchen Fall handelt die Person genau dann rational, wenn sie irgendeine der Handlungen mit maximalem Erwartungswert auswählt.
Diese Eigenschaft des "Bayesschen Modells" kann man ausnutzen, um die hier diskutierte Entscheidungssituation zu vereinfachen: Statt für jeden Gottesbegriff, der (1.1)-(1.3) erfüllt, zwei Handlungsbedingungen anzugeben, und entsprechend für jede Religion, deren Gottesbegriff (1.1)-(1.3) erfüllt, zwei Handlungen anzugeben, kann man sich, wie hier geschehen, auf zwei Handlungsbedingungen und zwei Handlungen beschränken, wobei Gottesbegriff und Religion bis auf die notwendigen Bedingungen (1.1)-(1.3) variabel bleiben. Das Ergebnis der hier angestellten Betrachtungen wird dann auf den konkreten Gottesbegriff jeder Religion analog anwendbar sein.

Wolfgang Malzkorn, Bonn

III

Nun bin ich der Ansicht, daß es möglich ist, hinsichtlich der hier diskutierten Konsequenzen $p_{i,j}$ (i=1,2; j=1,2) Annahmen über die Präferenzenordnung von beliebigen Personen zu treffen, während mir diese Möglichkeit, was die Wahrscheinlichkeitsverteilungen von Personen betrifft, nicht gegeben scheint. Daher möchte ich im folgenden untersuchen, welche allgemeinen Annahmen man über die Präferenzenornungen von Personen in der hier diskutierten Entscheidungssituation treffen kann, und ob es unter diesen Annahmen für alle Personen, unabhängig von ihrer subjektiven Wahrscheinlichkeitsverteilung, rational ist, religiös zu leben.

Dem intuitiven Verständnis der Begriffspaare "*einige Annehmlichkeiten*"/"*alle Annehmlichkeiten*" und "*Ewigkeit*"/"*irdisches Leben*" gemäß wird man die folgenden Annahmen treffen:

(3.1) $w_a(p_{2,2}) < w_a(p_{1,1})$ - D.h. es ist wünschbarer, auf *einige* Annehmlichkeiten des Lebens zu verzichten und dafür "*auf ewig in den Himmel zu kommen*", als *alle* Annehmlichkeiten des Lebens *ohne Repressalien* zu genießen.

(3.2) $w_a(p_{1,2}) < w_a(p_{2,2})$ - D.h. *es ist wünschbarer, alle* Annehmlichkeiten des Lebens *ohne Repressalien* auszukosten, als *unnötig* auf einige Annehmlichkeiten des Lebens zu verzichten.

(3.3) $w_a(p_{2,1}) < w_a(p_{1,2})$ - D.h. es ist wünschbarer, *unnötig* auf *einige* Annehmlichkeiten des Lebens zu verzichten, als *alle* Annehmlichkeiten des Lebens auszukosten und dafür "*auf ewig in der Hölle zu schmoren*".

Die sich daraus ergebende Präferenzenordnung möchte ich im folgenden für alle Personen voraussetzen, da ich sie für intuitiv plausibel halte und glaube, daß Einwände gegen dieselbe auf dem Einfluß von Wahrscheinlichkeitsüberlegungen beruhen. Letztere müssen aber bei der Erstellung einer Präferenzenordnung unberücksichtigt bleiben.

Unter diesen Annahmen kann nun die erste Feststellung getroffen werden:
(3.4) *Für einen Atheisten ist es irrational, religiös zu leben.*
Zur Begründung dieser Behauptung soll definiert werden:
(3.5) Eine Person a ist ein Atheist $\rightleftharpoons_{Df}$ $prob_a(p_1)=0$.
Dann gilt:

$$Erw_a(F_1) = prob_a(p_1)w_a(p_{1,1}) + (1-prob_a(p_1))w_a(p_{1,2}) = w_a(p_{1,2})$$

und

$$Erw_a(F_2) = prob_a(p_1)w_a(p_{2,1}) + (1-prob_a(p_1))w_a(p_{2,2}) = w_a(p_{2,2});$$

mit Annahme (3.2) gilt also: $Erw_a(F_1) < Erw_a(F_2)$.

Aus (3.4) folgt, daß die Annahmen (3.1)-(3.3) nicht hinreichend sind, um die Rationalität religiösen Lebens zu begründen; als zusätzliche Annahme über die Wahrscheinlichkeitsverteilung einer Person a muß also gefordert werden:

(3.6) $prob_a(p_1) > 0$.

Aber auch die Bedingungen (3.1)-(3.3) und (3.6) sind nicht stark genug, um das angestrebte Argumentationsziel, $Erw_a(F_2) \leq Erw_a(F_1)$, mathematisch abzuleiten, was offenbar von Annahme (3.2) abhängt.[4]

Hier liegt es nun nahe, in Anlehnung an Pascals Wettargument zusätzlich eine der beiden folgenden Annahmen zu treffen:

(3.7) Die Wünschbarkeit, auf einige Annehmlichkeiten im Leben zu verzichten und dafür "*auf ewig in den Himmel zu kommen*", ist *positiv unendlich* (größer als jede reelle Zahl).

(3.8) Die Wünschbarkeit, alle Annehmlichkeiten des Lebens auszukosten und dafür "*auf ewig in der Hölle zu schmoren*", ist *negativ unendlich* (kleiner als jede reelle Zahl).

Da, wie man leicht einsieht, unter den Annahmen (3.6) und (3.7) der Erwartungswert für F_1 positiv unendlich wird, und unter (3.6) und (3.8) der Erwartungswert für F_2 negativ unendlich, gilt unter den Voraussetzungen (3.1)-(3.3):

(3.9) *Für eine Person a ist es rational, religiös zu leben, wenn a (3.6) und (3.7), oder (3.6) und (3.8) erfüllt.*

Gegen dieses, der Intention nach Pascalsche Argument kann man jedoch schwerwiegende Einwände erheben: Erstens verläßt man mit der Annahme positiv bzw. negativ unendlicher Werte für $w_a(p_{1,1})$ bzw. $w_a(p_{2,1})$ den Boden des zugrundegelegten entscheidungstheoretischen Modells, das ja die Wünschbarkeitsfunktion w_a als reellwertig voraussetzt. Zweitens wird man nicht für jede Person eine klare Vorstellung von positiv unendlicher bzw. negativ unendlicher Wünschbarkeit in Anspruch nehmen dürfen.

Diesen Bedenken Rechnung tragend, möchte ich nun untersuchen, welche Konsequenzen sich für die Beantwortung der Frage nach einem allgemeingültigen entscheidungstheoretischen Argument ergeben, wenn man auf die Annahmen (3.7) und (3.8) verzichtet. Die Feststellung (3.4) zeigt für den Sonderfall

---

[4] Wäre die Beziehung zwischen $w_a(p_{1,2})$ und $w_a(p_{2,2})$ umgekehrt, so folgte das angestrebte Resultat wegen (2.6) und (2.7) sofort; vgl. R.C.Jeffrey: Die Logik der Entscheidungen, übers. von T. Cornides; Wien-München 1967, S.18f.

Wolfgang Malzkorn, Bonn

des Atheisten, daß es Personen geben kann, die eine solche Wahrscheinlichkeitsverteilung aufweisen, daß es für sie irrational ist, religiös zu leben. Daher kann es ein allgemeingültiges Argument für religiöses Leben, das auch für Atheisten gilt, nicht geben. Nun mag man fragen, ob es ein solches Argument geben könne, wenn man den Sonderfall des Atheisten ausschließt. Diese Frage könnte z.B. durch die Überlegung motiviert sein, daß es für einen radikalen Atheismus, wie er in (3.5) definiert wird, ebenso wenig gute Gründe gibt, wie für einen radikalen Theismus.

Hier gilt nun:

(3.10) *Für jede Person a, die (3.1)-(3.3) und (3.6) erfüllt, gibt es eine Wahrscheinlichkeitsverteilung $prob_a(p_1)$, so daß es für a irrational ist, religiös zu leben.*

Ich möchte mich darauf beschränken, die Beweisidee zu dieser Behauptung anzugeben: Man wähle

$$prob_a(p_1) < \frac{w_a(p_{2,2}) - w_a(p_{1,2})}{[w_a(p_{1,1}) - w_a(p_{1,2})] - [w_a(p_{2,1}) - w_a(p_{2,2})]}.$$

Unter Benutzung der Anordnungsaxiome für die reellen Zahlen erhält man daraus durch einfache Umformungen: $Erw_a(F_1) < Erw_a(F_2)$. Da der Bruch auf der rechten Seite der Ungleichung wegen (3.1)-(3.3) immer positiv ist, gibt es stets ein $prob_a(p_1) > 0$, das die Ungleichung erfüllt.

Ich möchte dieses Ergebnis wie folgt deuten: Wenn man auf die der Intention nach Pascalschen Annahmen (3.7) und (3.8) verzichtet, so gibt es selbst dann kein allgemeingültiges entscheidungstheoretisches Argument für religiöses Leben, wenn man Atheisten (im Sinne von (3.5)) von der Betrachtung ausschließt. Dies heißt jedoch nicht, daß eine Person, die religiös lebt, irrational handelt. Sie könnte eine für die Proposition p_1 so günstige Wahrscheinlichkeitsverteilung annehmen, daß der Erwartungswert des Nutzens von F_1 den Erwartungswert des Nutzens von F_2 übersteigt, ohne daß ihre Wünschbarkeitswertverteilung einer der Bedingungen (3.7) oder (3.8) genügt. Dies scheint mir bei den meisten Menschen, die religiös leben, auch der Fall zu sein.

Seminar für Logik und Grundlagen-
forschung an der Universität Bonn
Lennéstr. 39
D-W-5300 Bonn 1

Sektion 20

Ethik als Schulfach

Ruth Dölle-Oelmüller (Münster)

Ethik als philosophisches Orientierungswissen
Philosophieunterricht oder Schulfach Ethik?

In der Geschichte und Gegenwart kenne ich im Blick auf die Inhalte und die organisatorischen Formen weder auf der Ebene der Wissenschaften noch auf der Ebene der Schulen *die* Philosophie und *die* Ethik. Ich kenne nur verschiedene Perspektiven und Konzepte von Philosophie und Ethik, die sehr voraussetzungsreich, begrenzt verallgemeinerungsfähig und daher erfahrungsgemäß auch nur begrenzt zustimmungsfähig sind. Das hier zur Diskussion gestellte Konzept versteht Ethik als philosophisches Orientierungswissen. Mir geht es hierbei nicht um Worte, erst recht nicht um einen Streit um das heute vieldeutige Wort Orientierungswissen. Was ich unter Ethik als philosophischem Orientierungswissen verstehe bzw. nicht verstehe, erläutere ich (1.) durch drei allgemeine Thesen und Überlegungen sowie (2.) durch einige Stichworte zu drei Themen, die ich im Philosophieunterricht behandelt habe. Welche Orientierung ein so verstandener Unterricht leisten kann, deute ich zum Schluß (3.) an.

1. Allgemeine Thesen und Überlegungen

1.1. *Herausforderungen für unsere gegenwärtige Lebensbedingungen.* Die Gründe für die in der Öffentlichkeit viel diskutierte zunehmende Orientierungslosigkeit auf verschiedenen Ebenen und die Suche nach ethischen Orientierungswissen sind vielfältig. Orientierungslos sind nicht nur Jugendliche, und der Mangel an ethischem Orientierungswissen bei ihnen ist sicher nicht allein dem häufig als einzige Ursache benannten Versagen von Elternhaus, Schule und Kirchen zuzuschreiben. Ganz allgemein sind bisherige Orientierungen frag-würdig geworden. Durch die neuen Herausforderungen verlieren viele bürgerliche und sozialistische Konzepte der Aufklärung und der Moderne immer mehr an Glaubwürdigkeit. Nicht nur Ideologien und "Weltanschauungsweisen" (Hegel) des sog. 'Überbaus', die Hoffnung auf mehr Fortschritt, Freiheit, Vernunft und Rationalität versprachen, brechen zusammen, sondern auch die durch sie legitimierten wirtschaftlichen, politischen und sozialen Systeme. Nach den anfangs überzogenen Hoffnungen auf neue Chancen in Ost und West dominiert heute statt des 'Prinzips Hoffnung' (Bloch) bei vielen das 'Prinzip Angst' (Nenning). Viele Herausforderungen sind weltweit und treten erstmals in der Geschichte auf: die Zerstörung der natürlichen Lebensbedingungen, die nicht nur politisch, sondern auch durch das rapide Wachstum der Weltbevölkerung bedingten riesigen Flüchtlingsbewegungen auf der Welt, die Ambivalenz der wissenschaftlichen, technischen, medizinischen und wirtschaftlichen Fortschritte. Auch die Grenzen der in Europa entwickelten nationalen und zwischenstaatlichen rechtlichen und politischen Institutionen und Verfahren zur Sicherung des Friedens und des humanen Zusammenlebens werden immer deutlicher in Kriegen, brutalem Rassismus, Fundamentalismus, Nationalismus und Fremdenhaß. Jeder könnte Beispiele nennen für die täglich sichtbarer werdenden neuen und alten Herausforderungen. Die Gegenkonzepte und Gegenbewegungen zu den bisherigen tragenden Vorstellungen des sittlichen und politischen Handelns und die pauschale Totalkritik der modernen westlichen Aufklärung und der westlichen Zivilisation sowie die Gegenkonzepte zur Aufklärung nehmen in erschreckendem Maße zu.

1.2. *Weiterführung der Aufklärung.* Es gibt jedoch meiner Meinung nach keine ernsthafte Alternative zur Weiterführung der Aufklärung, wenn man einige proklamierte Gegenkonzepte und ihre Folgen betrachtet.

1.2.1. Die *Alternativen zur Aufklärung* gehen in verschiedene Richtungen:
- Aufklärung und Moderne sollen mit der Forderung von Emanzipation, Autonomie und Mündigkeit und ihren Vorstellungen von der autonomen Freiheit des Menschen, dem Gewissen des Einzelnen als letzter Instanz, dem

Ruth Dölle-Oelmüller

modernen Rechts- und Verfassungsstaat und seiner Unterscheidung bzw. Trennung von Staat und Religion die Urteilskraft und Vernunft der Menschen überschätzt und die stabilisierenden einheitlichen traditionellen Wertvorstellungen zerstört haben. Darum sollen *die prämodernen Lebens- und Ordnungsvorstellungen und Tugenden* wiederhergestellt werden. Für einen ethisch orientierenden Unterricht wird von Vertretern solcher Vorstellungen gefordert, daß den Jugendlichen auch in unserer multikulturellen Gesellschaft ganz bestimmte, angeblich für alle verbindliche Werte vermittelt werden müssen. Sicher ist ein konfessionell gebundener Religionsunterricht dem verpflichtet, was die jeweiligen Kirchen als ethisches Handeln für verbindlich erklären. Aber der Religionsunterricht erreicht nicht mehr alle Schüler. Es gibt auch in Deutschland verschiedene Religionen mit verschiedenen Normen; der Islam z.B. ist drittgrößte Religionsgemeinschaft. Deshalb wird - trotz des Scheiterns der Grundwertedebatte in den 70er Jahren - ein Unterricht gefordert, der für alle verbindliche Grundwerte vermitteln soll, die über Grundgesetz und Grundrechte hinaus im Sinne einer Zivilreligion zur Stabilisierung zumindest der politischen Ordnung beitragen soll. Daß es auch eine "Tyrannei der Werte" (Carl Schmitt) gab und gibt, wird offenbar nicht gesehen.

- Aufklärung und Moderne sind so sehr nur an europäischen Traditionen und an einlinige geschichtsphilosophische Fortschrittskonzepte gebunden, vor allem zu sehr verknüpft mit Inhalten der griechischen und jüdisch-christlichen Tradition. Dies entspricht nicht mehr unserer multikulturellen Lebenswelt. Daher erfolgt *ein Plädoyer für postmoderne Beliegigkeit* und Offenheit für viele neue Lebensformen, die für jeden Einzelnen Freiheiten und Selbstverwirklichung ermöglichen können. Bestimmte Konzeptionen von Ethikunterricht glauben daher, ethische Orientierung könne darin bestehen, den Jugendlichen die Vielfalt der Lebensformen, Religionen, politischen Vorstellungen mit ihren Vor- und Nachteilen bewußt zu machen. Nicht das Kennenlernen der Vielheit ist dabei problematisch, sondern die dahinter stehende Haltung: Hier stehe ich, aber ich kann auch ganz anders.

- Ein Gegenkonzept zur Aufklärung und Moderne ist auch die totale *Ablehnung jeder Rationalität* durch Hinwendung zu alten und neuen, harmlosen und gefährlichen *Mythen*. Das "rationale Denken hat uns ... in Teufels Küche gebracht", sagt z.B. Erfolgsautor Michael Ende; wir müssen ein Gegengewicht schaffen durch "Eintauchen in das Mysterium" des Mythos. Dies erklärt auch in West- und Osteuropa die Zuwendung zu alten und neuen Mythen, westlichen und östlichen Meditationen und Religionen sowie zu neuer Innerlichkeit. Es erklärt auch die Abwendung mancher Jugendlicher von Wissenschaft und Politik und ihre Zuwendung zu alternativen Lebensformen.

- Gegenbewegungen zur Aufklärung sind auch eine *Vielzahl neuer Sinnvermittler*, vor allem synkretistische Religionen, die Östliches und Westliches, Wissenschaft und Ganzheitsvorstellungen vereinigen wollen.Capra proklamiert am 'New Age' eine neue "ganzheitliche Schau der Wirklichkeit" mit "transpersonalen Erfahrungen" der Harmonie des Kosmos. Und Scientology verspricht durch eine "neue Wissenschaft vom Geist" eine Technologie zum Erreichen höherer geistiger Fähigkeiten und zur Selbsterlösung. Vielen scheint dies eine modernere Orientierung.

- Diese vier Konzepte sind meiner Meinung nach keine Lösung, sondern Anzeigen für die Orientierungslosigkeit der Gegenwart. Angesichts der gegenwärtigen Herausforderungen bieten meiner Meinung nach auch einige z.Zt. diskutierte *Projekte einer neuen Ethik*, die ich nur kurz benenne, keine Lösung: Die Letztbegründung einer planetarischen Ethik in einer angeblich posttraditionellen Moderne (Apel) oder das Prinzip einer universalen Verantwortung für alle künftigen Generationen (Jonas) oder die Begründung des "Friedens mit der Natur" (Meyer-Abich) durch eine "kosmische Rechtsgemeinschaft aller Dinge" sind zu weit weg von den konkreten Problemen und dem, was die Einzelnen und die gesellschaftlichen und politischen Gruppen zu deren Lösung tun müssen. Wir können aber auch nicht, wie z.B. Robert Spaemann, ausgehend von einem in bestimmter Weise interpretierten Naturrecht, das die "Richtung" anzeigt für gutes und gerechtes Handeln, darauf vertrauen, daß alle Menschen "das 'Natürliche' als eine in gewisser Weise kulturinvariante, basale Normalität anerkennen". Wir können ebenfalls nicht, wie etwa Hermann Lübbe, unterstellen, daß heute noch common sense darüber besteht, was gut und richtig ist.

1.2.2. Wir brauchen eine *Weiterführung der Aufklärung*. Wir können eine Lösung der gegenwärtigen Probleme nur dann erhoffen, wenn diese Lösungen berücksichtigen, daß wir in einer pluralen Gesellschaft leben mit verschiedenen Normen und Wertvorstellungen. Dies gilt auch für die Schulen. Im Ruhrgebiet sind z.B. im Philosophieunterricht z.T. mehr als 50 % Muslime. Weiterführung der "unbefriedigten Aufklärung" (Hegel) bedeutet einen "Prozeß von Traditionskritik und Traditionsbewahrung"[1], der Orientierung im Denken sucht durch kritische Erinnerung an letzte Fragen, durch Kritik unglaubwürdiger Antwortversuche sowie durch Suche, Entwicklung und Diskussion neuer

---

[1] S. hierzu: W. Oelmüller, Die unbefriedigte Aufklärung. Beiträge zu einer Theorie der Moderne von Lessing, Kant und Hegel, stw 263, Frankfurt ²1979, darin die Einleitung zur Neuausgabe: Aufklärung als Prozeß von Traditionskritik und Traditionsbewahrung, I-XLVI; s. ferner: ders., Durch Grenzerfahrungen herausgefordert. Philosophie der unbefriedigten Aufklärung heute, in: Herder-Korrespondenz, 47.Jg. H.3 (1993) 134-140.

Ruth Dölle-Oelmüller

Antworten. In sehr verschiedener Weise gehen heute so verschiedene Denker wie Kolakowski, Popper, Putnam, Habermas, Oelmüller von der Notwendigkeit aus, auf unerledigte und lebendige Traditionspotentiale, auch auf solche der monotheistischen Gottesrede, zurückzugreifen, wenn wir die Aufklärung weiterführen wollen, um die gegenwärtigen Herausforderungen bewältigen zu können.[2] Mit verkürzten Begriffen von Liberalismus, Vernunft, Rationalität, Subjektivität, Freiheit, Humanität und Toleranz können für sie alle keine überzeugenden Gegenwartsorientierungen begründet werden. Der Rückgriff auf unerledigte Traditionspotentiale gehört für sie zu den Voraussetzungen einer überzeugenden Philosophie der nicht beendeten Aufklärung und Moderne.

3. *Ethik als philosophisches Orientierungswissen.* Für eine ethische Orientierung, die für Jugendliche, aber nicht nur für sie, hilfreich ist, bedeutet dies: Kritik unglaubwürdiger 'frag-würdiger' Antworten auf letzte Fragen und Entwicklung neuer Antwortversuche. Die 'letzte' Frage: Was soll ich tun? in ihrer individuellen, gesellschaftlichen und politischen Dimention "belästigt" nach Kant ebenso wie die anderen letzten Fragen: was kann ich wissen? was darf ich hoffen? was ist der Mensch? die Menschen auch heute, weil sie diese nicht abweisen können, aber auch nicht endgültig beantworten können. Der Diskurs über letztes Orientierungswissen ist heute *eine* Möglichkeit des Philosophierens. Es geht hier nicht um formales oder nur historisches Wissen. Philosophisches Orientierungswissen versucht, mit Gründen und Argumenten auf letzte Fragen *inhaltlich* bedeutsame, ja verbindliche Antworten zu entwickeln und zu diskutieren. Gelungene Diskurse können in unserer multikulturellen Lebenswelt, in der verschiedene Menschen und soziale Gruppen (Deutsche, Europäer, Asiaten, Afrikaner, Juden, Christen, Muslime, Atheisten) von verschiedenen letzten Voraussetzungen und Traditionen aus miteinander leben und handeln, nicht mit einer inhaltlichen Übereinstimmung in allen Punkten enden. Die letzten Gründe von Menschen für ihr Handeln, die für sie verbindlich sind und die sie nicht beliebig zur Disposition stellen, sind nicht unbegrenzt universalisierbar, sondern nur begrenzt verallgemeinerungsfähig. Sie sind unterschieden von einer angeblich für alle verbindlichen Letztbegründung.

Wenn man Philosophie so als philosophisches Orientierungswissen versteht, dann ist das Ziel des Unterrichts in der Schule kein anderes als das anderer philosophischer Diskurse von 'philosophischen Köpfen' (Schiller) innerhalb und außerhalb der Wissenschaften. Die Schüler, die auch schon vor der Begegnung mit Philosophie Erfahrungen gemacht haben, die ihr Leben als ganzes betreffen, können Hilfen erhalten für die Selbstverständigung in den Zusammenhängen ihres alltäglichen Lebens: der naturhaften und gesellschaftlich-geschichtlichen Wirklichkeit, des mehr oder weniger freien und vernünftigen Handelns, der Möglichkeit, Widerfahrnisse von Leiden zu bewältigen. Es geht um die Auseinandersetzung mit Problemen, die sich ihnen in ihren konkreten Lebenszusammenhängen stellen. Dazu müssen auch Texte herangezogen werden, nicht als die 'klassische' Antwort, sondern als Argumente für einen gegenwärtigen Diskurs. Eine so verstandene Philosophie kann nicht direkte Handlungskonzepte liefern, auch nicht für alle Menschen ohne Ausnahme überzeugende universale Antworten geben. Sie kann jedoch eine kritische Selbstverständigung für Menschen mit verschiedenen letzten Voraussetzungen und Traditionen befördern. Sie kann auch heute

---

[2] S. z.B. H. Putnam, Vernunft, Wahrheit und Geschichte, übers. von J. Schulte, Frankfurt 1982, 284-285: "Wir können nur dann hoffen, eine rationalere *Auffassung* der Rationalität bzw. eine bessere *Auffassung* der Moral auszubilden, wenn wir ausgehen vom *Innern* unserer Tradition (mit ihren Anklängen an die griechische Agora, an Newton usw. im Falle der Rationalität, und mit ihren Anklängen an die heilige Schrift, an die Philosophen, an die demokratischen Revolutionen usw. im Fall der Moral)." Und: J. Habermas, Nachmetaphysisches Denken. Philosophische Aufsätze, Frankfurt 1988, 23.:"So glaube ich nicht, daß wir als Europäer Begriffe wie Moralität und Sittlichkeit, Person und Individualität, Freiheit und Emanzipation -... - ernstlich verstehen können, ohne uns die Substanz des heilsgeschichtlichen Denkens jüdisch-christlicher Herkunft anzueignen."

Ruth Dölle-Oelmüller

nach dem Schwund der Überzeugungskraft vieler bisheriger bürgerlicher und sozialistischer, idealistischer und materialistischer Aufklärungskonzepte z.B. mit Blick auf die Deutung des Menschen als Subjekt bzw. mit Blick auf eine Begründung, Kodifizierung und Durchsetzung von Menschenrechten angesichts der pauschalen Menschenrechtskritik eine Orientierungshilfe sein.

2. Einige Stichworte zu drei Themen

Sie deuten an, wie im Unterricht (aber nicht nur dort, sondern auch an Hochschulen, Akademien u.a.) ethisches Orientierungswissen für das sittliche, gesellschaftliche und politische Handeln entwickelt werden kann.[3]

a) *Der Mensch als Subjekt*. Jedem ethischen Orientierungswissen liegt explizit oder implizit eine bestimmte Deutung des Menschen und seiner Handlungsmöglichkeiten zugrunde. Ob menschliches Handeln nur von einer politischen Ordnung aus gerechtfertigt werden kann und nur durch sie legitimiert ist oder ob die politische Ordnung nur die Funktion hat, die dem Menschen als Menschen von der Aufklärung zugeschriebene Freiheit und Würde des Subjekts zu schützen und das Gewissen des einzelnen Subjekts als letzte Instanz des Handelns setzt, das macht einen fundamentalen Unterschied aus. Für Platon und Marx sind bei allen Unterschieden das gute Leben für den Einzelnen und den Staat bzw. die Gesellschaft dasselbe. Für den Menschen als Subjekt gibt es Dimensionen und Freiheitsmöglichkeiten, die den politischen und gesellschaftlichen Organisationen voraus- und zugrundeliegen. Wer heute die Aufklärungsforderungen nach einem sittlich frei und selbstverantwortlich handelnden Subjekt verteidigen will, der wird etwa mit Kant (Met.d.Sitten § 13) daran festhalten, daß jeder Mensch Gewissen hat und nicht zulassen darf, daß irgendeine Instanz, gleich ob Staat oder Kirche, sich anmaßen darf, für ihn Gewissen zu sein. Für Kant hat sich der Einzelne mit seiner Gewissensentscheidung nicht nur, wie der 'praktische Imperativ' es formuliert, vor sich selbst und dem Anderen, sondern letztlich vor Gott zu verantworten, der "Richter" des Gewissens ist; dies ist für ihn die Gottesvorstellung der jüdischen und christlichen Tradition, zu der bei allen sittlichen Handlungen - diesseits der Unterscheidung von Egoismus und Altruismus - konstitutiv das Herausgefordertsein durch den Anderen als Mitmenschen gehört, was auch zum Kern der islamischen Religion gehört. Die Vorstellungen vom Subjekt, seinen Freiheitsrechten und seinem verantwortlichen Handeln werden heute auch bei Jugendlichen vor allem infrage gestellt durch solche von der vollständigen "Machbarkeit" des Menschen. Wenn Skinner sein Buch 'Jenseits von Freiheit und Würde'(1973) mit dem Satz beendet: "Wir haben noch nicht erkannt, was der Mensch aus dem Menschen machen kann", dann wird das in bewußter Negierung der traditionellen Deutungen des Menschen von den Voraussetzungen einer Verhaltenstechnologie aus formuliert, die durch Experimentieren mit menschlichen Verhaltensweisen eine aggressionsfreie Gesellschaft schaffen will. Und nur dann, wenn man Vernunft auf Logik reduziert, glaubt man an die Macht der Computer. Weizenbaums These in 'Die Macht der Computer und die Ohnmacht der Vernunft' (1977) ist, daß "die relevanten Probleme weder technischer noch mathematischer, sondern ethischer Natur" sind, und sie können daher

---

[3] Die in den folgenden Skizzen beispielhaft erwähnten Namen und Positionen deuten an, mit welchen Autoren und Texten solche Fragen behandelt werden könnten. Sie könnten und müßten ergänzt und erweitert werden, um eine vollständige Konzeption für einen ethisch orientierenden Unterricht zu bilden. In verschiedenen Aufsätzen habe ich solche Unterrichtskonzeptionen vorgestellt und ausführlich erläutert: Unterrichtsreihen zu Fragen der praktischen Philosophie, in: Aufgaben und Wege des Philosophieunterrichts, H.6 (1973); Neuere Ansätze zur Normendiskussion und ihre Behandlung im Philosophieunterricht der Sekundarstufe II, in: Philosophie. Anregungen für die Unterrichtspraxis 5 (1981); Anfänge des Philosophierens, in: Philosophie 13 (1985); Metaphysik heute als philosophisches Orientierungswissen für unser Denken, Handeln und Erleiden, in: Philosophie 20 (1988); Sinn- und Werterziehung im Philosophieunterricht? in: Zeitschrift für Didaktik der Philosophie, H.3 (1990); Die Ambivalenz der Fortschrittsbegriffe in der modernen Politik, in: Philosophie 28 (1993).

Ruth Dölle-Oelmüller

nicht durch eine halbierte instrumentelle Vernunft gelöst werden. Notwendig ist heute nicht nur eine Kritik des reduzierten, halbierten Begriffs von Wissenschaft, Rationalität und Vernunft, sondern auch eine Kritik der neuen religiösen Selbsterlösungs- und Sinnsuchbewegungen und der neuen Arbeit am Mythos. Der neue Mythos, etwa der des New Age, soll angeblich den wissenschaftlichen Erkenntnissen besser genügen als die alten Religionen. Nietzsche hat bekanntlich vom 'Tod' Gottes gesprochen. Für ihn folgt daraus der 'Tod' des Menschen in dem Sinne, daß mit dem Tod Gottes auch alle in der europäischen Tradition entwickelten Aussagen über die Würde des Menschen, seine Freiheit und Verantwortung zur erledigten Vergangenheit werden. Dies ist bedenkenswert, wenn man heute vom Verschwinden des Subjekts spricht oder nach neuen Formen des Subjekts sucht, für die gerade nicht die Bindung an den Anderen konstitutiv ist. Levinas und andere jüdisch-christliche Denker arbeiten heute an einer radikaleren Bestimmung des Subjekts vom Anderen her in Traditionen der monotheistischen Gottesrede.

b) *Sittliches, gesellschaftliches und politisches Handeln im modernen Rechts- und Verfassungsstaat.* Die Rechtfertigung und Begründung von Menschenrechten und sittliches Handeln im modernen Rechts- und Verfassungsstaat unterscheiden sich grundsätzlich von einer religiösen und metaphysischen Legitimation von rechtlichen, politischen und staatlichen Ordnungen. Der moderne Staat kann sich etwa nicht den in der Kosmosordnung begründeten göttlichen, wohlgeordneten, immerseienden Staat zum Vorbild nehmen und beanspruchen, solche Gesetze zu erlassen, die "unseren Brüdern, den Gesetzen im Hades" (Platon) möglichst ähnlich seien. Auch aus einer christlichen Heils- und Schöpfungsordnung sind heute für den modernen Menschen keine Legitimationen für Recht und politische Ordnungen zu gewinnen (Thomas von Aquin). Moderne Aufklärungskonzepte fordern von Anfang an zur Begründung, Kodifizierung und Durchsetzung von Menschenrechten bestimmte Vorstellungen vom Menschen als Subjekt. Anders als in traditionellen Gesellschaften, anders aber auch als in modernen Staaten mit einer Zivilreligion im Sinne Rousseaus oder einer Ideologie im Sinne des Marxismus ist die Bürgerrechtsfähigkeit von der Zugehörigkeit zu einer bestimmten Religion oder Ideologie abgekoppelt. Zu den zentralen "Grundrechten" unserer Verfassung, die "in keinem Fall" durch Änderung oder Einschränkung "in seinem Wesensgehalt angetastet werden" dürfen (Art. 19.2) gehören die Unantastbarkeit der Würde des Menschen (Art. 1.1) und die Unverletzlichkeit der "Freiheit des Glaubens, des Gewissens und der Freiheit des religiösen und weltanschaulichen Bekenntnisses" (Art. 4.1). Wir leben in unseren modernen Staaten in pluralen, multikulturellen Gesellschaften. D.h.: Trotz vieler Gemeinsamkeiten bestehen oft wesentliche Unterschiede bei der Beurteilung der Würde des Menschen. Ob für Menschen Tod das absolute Ende ist oder ob für Menschen Tod und Untergang nicht das schlechthin Letzte sind, ob sie die Würde des Menschen von Gott her verstehen oder naturalistisch oder evolutionstheoretisch von der Natur her, das macht einen großen Unterschied. Ob unter Person eine von Gott her verstandene und von Tieren unterscheidbare besondere Würde des Menschen verstanden wird oder - wie bei Singer - nur eine besondere Fähigkeit des Menschen, ist von entscheidender Bedeutung für das individuelle sittliche Handeln, aber, wie die gegenwärtigen öffentlichen Auseinandersetzungen über § 218, Gentechnologie, Euthanasie zeigen, auch Grund für Konflikte im gesellschaftlich-politischen Bereich. Bei konkreten Entscheidungen in solchen Fragen sind die letzten Voraussetzungen des Denkens, Handelns und Hoffens von ausschlaggebender Bedeutung. Wenn wir anerkennen, daß zum modernen, pluralen, freiheitlichen, säkularisierten Staat konstitutiv die Entkoppelung der Bürgerrechtsfähigkeit von der Zugehörigkeit zu einer bestimmten Religion oder Weltanschauung gehört und die Unterscheidung von Moral und Politik, dann gilt das,

Ruth Dölle-Oelmüller

was Böckenförde sagt: "*Der freiheitliche, säkularisierte Staat lebt von Voraussetzungen, die er selbst nicht garantieren kann.* Das ist das große Wagnis, das er, um der Freiheit willen, eingegangen ist. Als freiheitlicher Staat kann er einerseits nur bestehen, wenn sich die Freiheit, die er seinen Bürgern gewährt, von innen her, aus der moralischen Substanz des einzelnen und der Homogenität der Gesellschaft, reguliert. Anderseits kann er diese inneren Regulierungskräfte nicht von sich aus, das heißt mit den Mitteln des Rechtszwanges und autoritativen Gebots, zu garantieren suchen, ohne seine Freiheitlichkeit aufzugeben und - auf säkularisierter Ebene - in jenen Totalitätsanspruch zurückzufallen, aus dem er in den konfessionellen Bürgerkriegen herausgeführt hat. Die verordnete Staatsideologie ebenso wie die Wiederbelebung aristotelischer Polis-Tradition oder die Proklamierung eines 'objektiven Wertsystems' heben gerade jene Enzweiung auf, aus der sich die staatliche Freiheit konstituiert."[4]

Für die Begründung, Kodifizierung und Durchsetzung von Gesetzen, bei denen - wie z.B. bei der Euthanasiefrage - verschiedene letzte Gründe eine Rolle spielen, die der Einzelne vor seinem Gewissen zu verantworten hat, kann und darf der säkularisierte plurale Staat nicht *eine* inhaltliche Meinung, gleich ob einer Mehrheit oder Minderheit, als für alle gültig durchsetzen, wenn er Fundamentalismus bei sittlichen und politischen Entscheidungen vermeiden will. Ein fundamentalistischer "Totalitätsanspruch" würde alle Errungenschaften von Aufklärung, individueller Freiheit des Subjekts und des Gewissens preisgeben, um *ein* Wertsystem, *eine* religiöse oder moralische Überzeugung unter Umständen gewaltsam durchzusetzen. Um jedes Mißverständnis zu vermeiden: Dies bedeutet nicht, daß Menschen sowie religiöse und soziale Gruppen ihre letzten Überzeugungen zur Disposition stellen sollen. Im Gegenteil: Sie können und sollen versuchen, andere von ihren Gründen zu überzeugen. Anderseits muß der Staat Beliebigkeit und Relativismus vermeiden. D.h., er ist auf "die moralische Substanz des einzelnen" und auf eine gewisse "Homogenität der Gesellschaft", die auch an die Bewahrung bestimmter Traditionen gebunden ist, angewiesen bei Mehrheitsentscheidungen in den Fragen, bei denen letzte Gründe der Bürger eine Rolle spielen. Zum Konflikt und zur Spannung zwischen den letzten Gründen von Menschen und dem, was im modernen Rechts- und Verfassungsstaat mehrheitsfähig durchsetzbar ist, gibt es keine Alternative.

c) *Was kann letzte Orientierungen für unser Handeln liefern: der Mythos, die Religion, die Metaphysik, die Wissenschaft?* 1) *Mythen* bilden die früheste Orientierung. Der authentische Mythos erklärt die Gesamtwirklichkeit und bildet den Rahmen für sittliches Handeln. Dies gilt für verschiedene Völker und Kulturen, für Babylon (Atramchasis-Epos), für die Juden (Schöpfungsberichte des AT), für die Griechen (Hesiods Weltaltermythos, Deukalion und Pyrrha, Prometheus). Für Platon (Phaidon, Staat) gibt der Mythos dann noch Auskunft, wenn die Vernunft an ihre Grenze gelangt ist; nach Blumenberg muß der Dialog der Philosophie bei letzten Fragen der Menschen scheitern: "Der Mythos löst die Aporie des Logos auf." 'Die Gegenwärtigkeit des Mythos' (Kolakowski) zeigt sich heute in dem weiten Mißtrauen gegen Rationalität und in der Totalkritik der Aufklärung. Angeblich hat "nur der Mythos ... die Kraft, die Gleichgültigkeit der Welt aufzuheben". 2) Nicht nur Blumenberg und Marquard sehen in den vielen Göttern der Mythen auch heute ein Element der Freiheit gegenüber den *monotheistischen Religionen*. Aber von der jüdischen Aufklärung (z.B. Deuterojesaja) und der griechischen Aufklärung (z.B. Xenophanes) an erfolgt die Kritik mythischer Gottesvorstellungen in der Absicht, eine moralischere, glaubwürdigere Vorstellung des einen Gottes gegen diese

---

[4] E.-W. Böckenförde, Die Entstehung des Staates als Vorgang der Säkularisation (1967), in: ders. Staat, Gesellschaft, Freiheit. Studien zur Staatstheorie und zum Verfassungsrecht, stw 163, Frankfurt 1976, 42-64, hier: 60.

Ruth Dölle-Oelmüller

anthropomorphistischen Gottesvorstellungen abzugrenzen. Für Nietzsche folgt aus dem Tod Gottes nicht, wie z.B. Feuerbach und andere annahmen, die Vergöttlichung des Menschen, sondern der Tod des Menschen als Subjekt im Sinne der Aufklärungstradition. Gegenüber psychologischen (Freud), soziologischen (Luckmann) und funktionalistischen Religionsvorstellungen, z.B. als "Kontingenzbewältigungspraxis" (Lübbe), kann die Philosophie, z.B. im Anschluß an Levinas, zeigen, wie auch heute Menschen Orientierung in letzten Fragen von dem monotheistischen Gott aus finden können, der anwesend und abwesend ist und dessen Spur sich nur in dem Anderen, dem Mitmenschen und Gott, zeigt. Eine solche Auseinandersetzung mit Mythos und Religion kann eine Hilfe sein für die gegenwärtige Auseinandersetzung mit neuen Religionen und Arbeiten an neuen und alten, guten und bösen Mythen, die gerade nicht Freiheiten sichern, sondern zerstören, z.b. neue Religionen ohne Gott wie Scientology, politische Mythen wie Rosenbergs 'Mythus des 20. Jahrhunderts'. 3. Die "positive" *Metaphysik* (z.B. Platon, Thomas von Aquin) glaubte, durch Zugang zur letzten, das Ganze bestimmenden Wirklichkeit Orientierungswissen für das Denken und Handeln zu besitzen. Nach der Kritik der dogmatischen Metaphysik (Kant) und der Totalkritik der Metaphysik durch die Erklärung ihrer "Harmlosigkeit für die Zukunft" (Nietzsche) und ihrer "Sinnlosigkeit" (Hume, Carnap) bedeutet das dennoch nicht das Ende letzter Fragen und des sogenannten "metaphysischen Bedürfnisses im Menschen" (Schopenhauer). In der Spannung zwischen Wissenschaft und Religion kann "negative Metaphysik" nach Adorno zwar keine positiven Antworten geben, aber die letzten Fragen der Menschen nach "Perspektiven" der Erlösung offenhalten. 4) Kann die *Wissenschaft* letztes Orientierungswissen vermitteln? Die Unglaubwürdigkeit solcher Konzeptionen, die z.B. allein vom Fortschritt der Wissenschaften die Lösung aller Probleme erhofften (z.B. Bacon, Comte) ist überdeutlich. Dennoch erwarten auch heute oft Menschen allein von der Wissenschaft Orientierung auch in ihren letzten Fragen des Handelns, gleich ob diese Hoffnung sich auf evolutionstheoretische Vorstellungen stützt (z.B. Monod) oder auf Überlegungen zur künstlichen Intelligenz (Moravec, Weizenbaum). Wo sind die Grenzen der Wissenschaften? Diskussionen über Leistungsfähigkeit und Grenzen der verschiedenen letzten Orientierungsinstanzen könnten deutlicher machen, was philosophisches Orientierungswissen für unser Handeln leisten kann.

Die hier vorgetragenen Hinweise auf drei Themen beziehen sich auf Grundkurse im Philosophieunterricht, in denen ich diese Themen in Übereinstimmung mit den Richtlinien für den Philosophieunterricht in der gymnasialen Oberstufe Nordrhein-Westfalen mehrfach behandelt habe.

5. Welche Orientierungsleistung kann ein so verstandener Unterricht erbringen?

Ein als philosophisches Orientierungswissen verstandener Philosophie- oder Ethikunterricht kann folgendes leisten: 1. Wenn die Schüler letzte Fragen und Antwortversuche und deren sachlichen und geschichtlichen Voraussetzungen sehen und ihre Leistungsfähigkeit für gegenwärtige Problemlösungen diskutieren, um sie anzunehmen, zu verändern oder auch abzulehnen, dann gewinnen sie zunächst einmal größere Klarheit, z.B. über das, was der Mensch ist und sein kann, was er wissen kann, was er tun kann und soll, was er hoffen darf, was sein Leben in Politik und Geschichte bestimmt, was die letzte das Ganze umgreifende Orientierung ist, über Leistungen der Religionen, der Wissenschaften, der Sprache usw.[5]. Eine solche Klarheit über Argumente, ihre Prämissen und Konsequenzen, ist

---

[5] In den in der UTB herausgegebenen 8 Bänden: W. Oelmüller - R. Dölle-Oelmüller (Hrsg.), Philosophische Arbeitsbücher (1977-1991) für die Arbeit an Universitäten, in den Schulen und zum Selbststudium haben wir durch konkrete Sachinformationen, didaktisch-methodische Einführungen und Hinweise im Sinne des hier angedeuteten philosophischen Ansatzes gezeigt, wie man Fragen zu den Themen: Diskurs: Politik, Sittliche Lebensformen, Religion, Geschichte, Kunst und Schönes, Metaphysik, Mensch

dann wichtig, wenn es nicht nur um die Befriedigung einer theoretischen, aber folgenlosen Neugierde geht, sondern um die Orientierung in Fragen, die sich Schülern in ihrer Lebenswelt stellen. Hier liegt eine spezifische Leistung eines philosophischen Orientierungswissens, das nicht nur auf sogenannte Sinn- und Wertfragen bzw. ethische Fragen im engen Sinne reduziert werden sollte.

2. Der so verstandene Philosophieunterricht gibt weder *eine* (dogmatische) Antwort für alle, aber er gibt auch nicht ein beliebiges, zusammenhangloses Nebeneinander zufälliger Antworten. Wir leben auch in der Schule in einer multikulturellen und multireligiösen Welt. Dies ist ein Faktum, kein Programm. Auch in der Philosophie kommt alles darauf an, wie Menschen mit ihren verschiedenen letzten Voraussetzungen und Traditionen mit ihren Mitmenschen umgehen, die nicht in jeder Hinsicht die gleichen letzten Orientierungen haben. Wenn die Schüler begreifen, daß Menschen für ihr Leben letztlich verbindliche, nicht beliebig änderbare ihr Handeln bestimmende Gründe gesucht und gefunden haben, dann ist dies eine Hilfe, sich über die eigenen letzten Gründe klar zu werden und sie auch als Handlungsorientierung für das eigene Leben zu akzeptieren. Dies erzieht zur gelebten Toleranz und zur Achtung vor denjenigen, die ein anderes Zentrum des Denkens, Handelns, Leidens und Hoffens für sich als verbindlich anerkennen. Die Wissenschaften sowie die technischen und wirtschaftlichen Fortschritte - auch nicht die zunehmende Kenntnis über sie - garantieren nicht, wie wir täglich erfahren, die Fähigkeit zum mitmenschlichen Umgang und zur Bewältigung der gegenwärtig drängenden gesellschaftlichen und politischen Probleme innerhalb und außerhalb Europas.

3. Die letzten Gründe ohne für alle verbindliche Letztbegründung, die im philosophischen Orientierungswissen zur Sprache kommen, sind vor allem solche der europäischen Tradition. Dies schließt den kritischen Rückgriff auf andere Traditionspotentiale anderer Kulturen natürlich nicht aus. Die bewußte Reflexion und Selbstverständigung durch bestimmte Traditionskritik und Traditionsbewahrung schärft bei Schülern das Bewußtsein dafür, daß wir nicht alle geschichtlich gewordenen Bestände unseres Lebens beliebig zur Disposition stellen können.

Ob in den verschiedenen Bundesländern Deutschlands das Schulfach Philosophie oder Ethik genannt wird, welche Richtlinien für diesen Unterricht erlassen werden, das hängt erfahrungsgemäß von vielen 'pragmatischen' Gründen ab: z.B. von den kultur-, ja parteipolitischen Zielen der jeweiligen Landesregierung, dem Einfluß bzw. Nichteinfluß einzelner Kirchen, dem Potential an durch Hochschulen qualifizierten Lehrern. Ob das Schulfach, das in dem angedeuteten Sinne ethisches Orientierungswissen vermitteln will und kann, den Namen 'Philosophie' oder 'Ethik' erhält, ist letztlich nicht entscheidend. Entscheidend ist wohl, daß es nicht einfach aus einer Addition verschiedener Fächer mit verschiedenen Zielsetzungen und Inhalten besteht, sondern eine klare Zielsetzung und eine überzeugende einheitliche Konzeption erhält. Ich privilegiere den Namen 'Philosophie', weil er diese Eindeutigkeit erfahrungsgemäß besser sichert. In 35 Jahren Tätigkeit als Philosophielehrerin in Nordrhein-Westfalen habe ich die Erfahrung gemacht, daß der Philosophieunterricht - in dem, auch vor der Einführung als Ersatzfach für Religion 1989, immer schon sehr viele Schüler und Schülerinnen waren, die sich vom Religionsunterricht abgemeldet hatten, diese ethische Orientierung vermittelt werden konnte.

---

und Sprache (so die Titel der Bände) behandeln kann.

Meinert A. Meyer, Münster/Berlin

Curriculumtheoretische Betrachtungen zu den Problemen der Entwicklung eines Lehrplans Ethik

Die Curriculumtheorie ist in Deutschland Ende der sechziger Jahre durch Saul B. Robinsohn vom Max-Planck-Institut für Bildungsforschung, Berlin, bekannt geworden. Sie beschäftigt sich mit der begründeten Bestimmung von Lehrplänen. Robinsohn erhoffte sich für Deutschland durch die Curriculumrevision eine Bildungsreform, wie sie von vielen Seiten in Wissenschaft und Bildungspolitik gefordert wurde. Curriculumplaner, so sein Vorschlag, sollten sorgfältig untersuchen, wie die "Lebenssituationen", die zukünftige Lebenswelt der Schüler aussieht. Aus der Analyse der Lebenswelt heraus sollten dann in den Curricula die "Qualifikationen" bestimmt werden, die für die Bewältigung dieser Situationen erforderlich wären, und diese angestrebten Qualifikationen sollten dann in einem dritten deduktiven Schritt in Lehrpläne umgeschrieben werden, in "Bildungsinhalte", die einen geordneten und zielstrebigen Kompetenzaufbau der Schüler ermöglichen (Robinsohn 1971/1975, S. 45).

Den Forderungen Robinsohns entsprechende Modelle gab es nicht nur in der Bundesrepublik Deutschland und dem zuvor in den Vereinigten Staaten. Es gab und gibt sie überall, derzeit in England im Rahmen der Diskussion um die Einführung eines National Curriculum gemäß dem Education Reform Act aus dem Jahre 1988.

Obwohl das deduktive Verfahren für die Bestimmung von Lehrinhalten also weitverbreitet ist, ist es problematisch. Man negiert dabei nämlich weitgehend, daß wir uns bezüglich der Anforderungen, die das zukünftige Leben an die nachwachsende Generation stellen wird, meist keine konkreten Vorstellungen machen können. Wir wissen noch nicht, was die Schüler von heute im nächsten Jahrhundert wirklich an Qualifikationen und an Kenntnisse, an Haltungen und Wertsetzungen benötigen werden.

Es leuchtet deshalb ein, wenn ein in Deutschland wesentlich populärerer Ansatz für die Lehrplanbestimmung von "epochaltypischen Schlüsselproblemen" ausgeht. Wolfgang Klafki beansprucht, daß man für unsere heutige Lebenswelt große Problembereiche identifizieren kann, die dementsprechend Gegenstand eines allgemeinbildenden Unterrichts werden sollten.

- die Friedensfrage
- die Umweltfrage
- gesellschaftlich produzierte Ungleichheit
- die Gefahren und die Möglichkeiten der neuen technischen Steuerungs-, Informations- und Kommunikationsmedien im Hinblick auf die Weiterentwicklung der Arbeitswelt
- die Erfahrung der Liebe, der menschlichen Sexualität, des Verhältnisses zwischen den Geschlechtern oder gleichgeschlechtlicher Beziehungen (Klafki 1991, S. 56-60).

Klafkis Verfahren ist einen Schritt konkreter als das von Robinsohn und insofern weniger problematisch. Allerdings kann auch er keine kontrollierbare, intersubjektiv überzeugende Methode für die Erzeugung des Katalogs der Schlüsselprobleme und ihrer inhaltlichen Auslegung präsentieren. Er kann nur an unsere Vernunft appellieren und hoffen, daß uns seine Vorschläge einleuchten. Außerdem muß Klafki hypostasieren, daß die großen Probleme von heute geeignet sind, die nachwachsende Generation auf die Probleme der Zukunft vorzubereiten. Auch dies erfolgt letztlich in einem unbegründeten Appell an die Vernunft. Es sei deshalb ausdrücklich darauf verwiesen, daß Klafki mit seinen Überlegungen zur Bestimmung allgemeiner Bildung, in deren Rahmen die Schlüsselprobleme Verwendung finden, trotz dieser Probleme große Resonanz gefunden hat.

Warum dies so ist, wird verständlich, wenn man sich die historische Alternative ansieht, von der sich Klafkis Modell abhebt. Wilhelm von Humboldt hat in seinem Gymnasialprogramm bewußt die Erarbeitung der uns zunächst sehr fremdartigen grichisch-römischen Antike als bildend verstanden und dementsprechend das Studium des Griechischen und des Lateinischen als wichtigste Aufgabe der Schule ausgewiesen, neben Deutsch und Mathematik. Durch die Auseinandersetzung mit der Antike, mit der fremden Weltansicht, die durch die Sprache, die Literatur und Kultur der Griechen und Römer erschlossen wird, entwickelt sich das Subjekt, kommt es zu sich selbst.

Man ist als Curriculumplaner, wenn man so wie Humboldt das Fremde als ausgezeichneten, "formalbildenden" Inhalt des Lehrplans festschreibt, das Problem los, die Schlüsselprobleme der eigenen Epoche (noch) nicht identifizieren zu können und die Probleme der Zukunft noch nicht zu kennen. Man erzeugt damit aber zugleich ein anderes Problem, den Vorwurf der mangelnden "Nützlichkeit" des Erlernten. Ein Studium des Griechischen und des Lateinischen diente und dient eigentlich nur der "allgemeinen" Bildung, hat

– wenn man vom Beruf des Altphilologen absieht – keinen direkten Berufsbezug. Ein Studium des Griechischen und Lateinischen konnte und kann sich eigentlich nur eine gesellschaftlich gehobene Schicht für ihre Kinder leisten, die "leisure class", wie John Dewey bemerkt.

Wesentlich akzeptabler ist deshalb für mich der Ansatz John Deweys, in dem ausdrücklich der Schule die Aufgabe zugewiesen wird, sich um eine bessere Welt zu bemühen. Dewey fordert im Rahmen seines Modells einer <u>Progressive Education</u> eine Analyse der Historie und eine Aufarbeitung der Geschichte der Menschheit im Curriculum, um so die heranwachsende Generation für die Zukunft handlungsfähig zu machen. Man muß im kleinen, in der <u>miniature community</u> der Schule, die bessere zukünftige Gesellschaft lebendig werden lassen und soll dafür die eigene Geschichte, die Geschichte der Menschheit, aufarbeiten – nicht in beliebiger Perspektive, sondern bezüglich der großen Fragen, die die Aktivitäten der Menschen bestimmt haben, und in einer kommunikativ-kooperativen Atmosphäre, die der zunehmenden Verwirklichung einer Gesellschaft mit demokratischen Rechten für alle förderlich ist:

"A society which makes provision for participation in its good of all its members on equal terms and which secures flexible readjustment of its institutions through interaction of the different forms of associated life is in so far democratic. Such a society must have a type of education which gives individuals a personal interest in social relationships and control, and the habits of mind which secure social changes without introducing disorder." (Dewey 1916/1966, S. 99)

Mir erscheint Deweys Modell vernünftig, weil es die Geschichte der Menschheit in den Lehrplan integriert und zugleich ausweist, auf welches Ideal hin das Schulleben ausgerichtet werden soll. "<u>Directed living</u>" ist Aufgabe der Schule, ein Leben also, das nicht einfach nur die schlechte Gegenwart der eigenen Gesellschaft simuliert, sondern diese kritisch aufarbeitet und auf die antizipierte Zukunft projiziert. Unklar ist aber in Deweys Modell, woher man in einer modernen, hochkomplexen und zugleich pluralistischen Gesellschaft die moralischen Standards bekommt, die dem <u>directed living</u> die Richtung geben.

Ich kann mich jetzt der Frage zuwenden, die das Thema unserer Sektion insgesamt darstellt und die mein spezielles Thema identifiziert. Kann man einen begründeten Lehrplan der Ethik entwickeln?

Fassen wir zunächst die Problemlage, wie ich sie jetzt im Exkurs in die Geschichte der Curriculumtheorie angedeutet habe, zusammen. Wenn man das Curriculum für den Ethikunterricht analysieren oder – demzuvor – entwerfen will, muß man berücksichtigen,

- daß es keine akzeptierten Verfahren gibt, die zukünftigen Lebenssituationen der Schüler vorherzusagen (Argument gegen Robinsohn),
- daß es keinen Konsens über epochaltypische Schlüsselprobleme gibt, der einer wissenschaftlichen Überprüfung standhielte, und daß unklar ist, welche Relevanz die Probleme der Epoche für die Zukunft der Kinder haben (Argument gegen Klafki),
- daß wir uns offensichtlich eine allgemeine Bildung, die die Nützlichkeit des Erlernten ausblendet, nicht leisten können (Argument gegen Humboldt);
- und daß es offensichtlich für die Konzeption und Realisation einer besseren zukünftigen Lebenswelt in der Schule in unserer Gesellschaft keinen moralischen Konsens gibt.

Diese Problemlage veranlaßt mich, bezüglich der Dienstleistungen, die die Curriculumtheorie für die Legitimierung und inhaltliche Gestaltung eines Lehrplans Ethik liefern kann, skeptisch zu sein. Selbstverständlich kann man Ethik lehren. Aber das ist dann ein "Fach" wie andere Fächer auch. Der "kategorische Imperativ" wird dann genauso gut oder genauso schlecht abgehandelt wie Newtons Trägheitsgesetz oder Goethes "Faust" oder das Futur im Englischen. Wer meint, in einer säkularisierten Welt durch Ethikunterricht einen Religionsersatz erzeugen zu können, befindet sich vermutlich auf dem Holzwege. Erst wenn es gelänge, Konsens über eine neue Ethik zu erzeugen und diese neue Ethik in der Schule zu leben, könnte im Sinne Deweys der Hoffnung nachgegangen werden, diese neue Ethik zu realisieren.

Wenn ich mich in dieser Problemlage mit dem Lernbereich "Lebensgestaltung – Ethik – Religion" auseinandersetze, wie er in einer Schrift des Pädagogischen Landesinstituts Brandenburg curricular entwickelt wird, führt mich dies zu folgenden kritischen Kommentaren:

- Das Curriculum wird stringent nach der Robinsohn-Methode entwickelt, wobei allerdings durchgehend im Sinne Klafkis von der <u>heutigen</u> Situation der Jugendlichen gesprochen wird, die den neuen Lernbereich kennenlernen sollen.
- Die heutige Situation ist durch den Zusammenbruch der DDR, durch Erfahrungsverlust aufgrund der neuen Medien, durch Aggressivität, beziehungslose Selbstverwirklichung und Suche nach eigener Identität gekennzeichnet.

In dieser Situation erscheint den Lehrplanautoren die Aufgabenbestimmung für den neuen Lernbereich klar. Er soll u.a. fördern:

- die Fähigkeit zur Lebensfreude und zur Wahrnehmung von sich selbst, anderer Menschen und der Natur,
- das Selbstbewußtsein und die Fähigkeit, Probleme und Aufgaben des eigenen Lebens und der Gemeinschaft wahrzunehmen, anzunehmen und zu bewältigen,
- mehr Offenheit und Echtheit im Umgang mit sich selbst, mit anderen und kritische Auseinandersetzung mit den unterschiedlichsten Problemen der Welt und der Gesellschaft,
- Aufgeschlossenheit und exemplarisches Wissen zu Kulturen, Religionen und Weltanschauungen,
- die Fähigkeit, Andersdenkende, Anderslebende und Andersglaubende in ihrem Selbstverständnis wahrzunehmen und ihnen in Achtung, kritischer Auseinandersetzung und, falls erforderlich, mit demokratischem Widerstand zu begegnen. (Lebensgestaltung, Ethik, Religion, PLIB-Werkstattheft 9, 1993, S. 12).

Dieser Kompetenzenkatalog wird dann zunächst umgelegt auf thematische Felder (S. 13f.), um dann durch die "Art des Lernens" methodisch bestimmt zu werden. Der Unterricht soll in einer Atmosphäre gegenseitiger Achtung gestaltet werden. Die Themen sollen nach den Gesichtspunkten der Schülerorientierung, der Problemorientierung und des Lebens- und Erfahrungsbezuges exemplarisch ausgewählt werden. Und die Lehrerinnen und Lehrer sollen sich zu einer ganzheitlichen Gestaltung des Lernens verpflichten, was heißt, daß im Unterricht alle Seiten der Persönlichkeit der Schülerinnen und Schüler angesprochen werden sollen:

- Alle ihre Sinne wie z.B. Hören, Sehen, Riechen, Schmecken und Begreifen, staunendes Entdecken, ihre Gefühle, Phantasien, ihr Kontakt- und Mitteilungsbedürfnis, ihr Bewegungsdrang und ihr Interesse, durch konkretes Handeln in ihrer Umwelt praktische Veränderungen herbeizuführen. (PLIB-Werkstattheft 9, 1993, S. 16)

Der Lehrplan findet seinen Abschluß in der Aufforderung an die Lehrerinnen und Lehrer, den Schülern zu helfen, ihr Leben selbst zu gestalten:

> "An vielen Stellen unseres Lebens sind wir eingebunden in Zwänge und Gegebenheiten, die es nötig machen, davon zu sprechen, daß wir ein ganzes Stück auch "gelebt werden". Wenn es gelingt, Schülerinnen und Schülern zu helfen, bewußter zu handeln, zu leben, ihre Chancen wahrzunehmen und mit Begrenzungen umzugehen, ist ein wichtiger Schritt hin zu selbstverantwortetem Leben geleistet." (PLIB-Werkstattheft 9, 1933, S. 17)

Ich habe diesen Zielkatalog so ausführlich referiert, weil er verdeutlicht, wie das mit Bezug auf John Dewey formulierte Problem der Lehrplangestaltung exemplarisch analysiert werden kann. Angestrebt werden die Fähigkeit zur selbstverantworteten Lebensgestaltung, zu Kooperation und Toleranz. Aber erreicht werden soll dies durch die "Behandlung" von relevanten Themen, durch kognitive Leistungen also, und gerade nicht durch eine neue Gestaltung des Schullebens.

Außerdem wäre aus philosophischer Perspektive zu fragen, wie der für das Lehren vorausgesetzt moralische Konsens bezüglich des Lebens in der pluralistischen Gesellschaft legitimiert werden kann.- in kritischem Bezug auf John Dewey.

Der Lehrplan demonstriert damit ein altes, schon von Friedrich Schleiermacher identifiziertes Problem. Fertigkeiten und Kenntnisse lassen sich lehrgangsmäßig vermitteln, Gesinnung entsteht dagegen im gemeinsamen Leben. Erst wenn die Schule zu einer neuen Lebenswelt würde, in der nicht nur über richtige Gesinnung nachgedacht wird, in der vielmehr die Schüler das Zusammenleben in einer neuen Gesellschaft zusammen mit den Lehrern erproben können, bestünde die Chance, die durch den Lernbereich "Lebensgestaltung - Ethik - Religion" angestrebten Zielsetzungen zu erreichen (vgl. Schleiermacher 1826/1957, S. 139ff.). Ein solches Vorgehen wäre riskant, weil die Lehrer nur die sich entwickelnde Freiheit der Schüler fördern, sie aber nicht durch Belehrung steuern dürften. Das Fach Ethik erhielte aber so im neuen Lernbereich der Sekundarstufe I eine vernünftige Funktion.

Literatur:

John Dewey: Democracy and Education. New York u. London, 1916/1966

Wilhelm von Humboldt: "Theorie der Bildung des Menschen". In: A. Flitner/K. giel (Hrsg.): Werke in fünf Bänden. I, Darmstadt 1963, S. 234-241

Lebensgestaltung - Ethik - Religion. Christian Lange, Peter Kriesel u.a., PLIB-Werkstattheft 9, Pädagogisches Landesinstitut Brandenburg, Ludwigsfelde 1993

Wolfgang Klafki: Neue Studien zur Bildungstheorie und Didaktik. 2., erw. Aufl., Weinheim und Basel 1991

Saul B. Robinsohn: Bildungsreform als Revision des Curriculum. Neuwied und Berlin 1971, 5. unveränd. Aufl. 1975

Friedrich E.E. Schleiermacher: Pädagogische Schriften, hrsg. v. Erich Weniger und Theodor Schulze. Bd. I: Die Vorlesungen aus dem Jahre 1826. Düsseldorf und München 1957

Winfried Franzen, Erfurt

Ethik-Studiengänge für das Lehramt - Perspektiven und Probleme
von Winfried Franzen (Erfurt)*

1. Hinweise und Informationen

1.1 Als größtenteils bekannt darf ich die Entwicklung voraussetzen, in deren Verlauf es in der (alten) Bundesrepublik in den letzten gut zwei Jahrzehnten dazu kam, daß *Ethik* Eingang in den schulischen Unterricht fand, nämlich als Ersatz- bzw. Alternativfach für Schülerinnen und Schüler, die nicht am Religionsunterricht teilnehmen. Im einzelnen ist die Situation allerdings recht unübersichtlich und teilweise von Bundesland zu Bundesland verschieden. Dies gilt beispielsweise auch in bezug darauf, ab welcher Klasse bzw. Jahrgangsstufe das Fach *Ethik* unterrichtet wird (*falls* es im konkreten Fall unterrichtet wird - das muß man ja immer hinzufügen). Dazu gehört etwa auch, daß in den alten Bundesländern Ethik-Unterricht *an der Grundschule* nur in Bayern und Rheinland-Pfalz stattfindet. Teilweise uneinheitlich über die (alten) Bundesländer hinweg ist bekanntlich auch die *Bezeichnung* des Ersatzfachs; in den meisten Fällen lautet sie zwar *Ethik* (bzw. *Ethik-Unterricht* oder auch *Allgemeine Ethik*), in Niedersachsen jedoch *Werte und Normen*. Und eine Differenz, die mehr als nur eine des Namens ist, zeigt sich darin, daß in Schleswig-Holstein und Nordrhein-Westfalen - jedenfalls teilweise, zu anderen Teilen stehen Regelungen noch aus - die Funktion des Ersatzunterrichts nicht einem neuen und eigens dafür eingerichteten Fach zugewiesen wird, sondern der Philosophie, die zumindest in Nordrhein-Westfalen vielfach auch schon vorher und unabhängig von einer Ersatzfach-Regelung in den oberen Klassen als echtes Fach unterrichtet wurde und wird.

1.2 Mir liegen keine repräsentativen Angaben darüber vor, in welchem Maße in den alten Bundesländern Schülerinnen und Schüler - bzw. in der unterrichtlichen Konkretisierung dann die Schulen - von der Ersatzfach-Regelung Gebrauch machen. Teilweise ist dies wohl in beträchtlichem Maße der Fall, vor allem in Ballungsgebieten, zumal in solchen mit hohem Anteil an Ausländern nicht-christlicher Religionszugehörigkeit. Im Durchschnitt jedoch spielt der Ethik- bzw. ein anderer Ersatz-Unterricht in den westlichen Bundesländern quantitativ wohl nur eine untergeordnete Rolle. Aus dem Hessischen Kultusministerium z.B. verlautete im Februar 1993, daß im laufenden Schuljahr 90 % der evangelischen und 91 % der katholischen Schüler an allgemeinbildenden Schulen in Hessen den Religionsunterricht besuchten und sich nur 3,8 % der evangelischen sowie 3,4 % der katholischen Schüler aus dem Religionsunterricht abgemeldet hätten.[1] Ich kann hier keine Mußmaßungen darüber anstellen, wie solche Zahlen angesichts der eindeutig gegenläufigen Tendenz bei der religösen Orientierung der Gesamtbevölkerung zu interpretieren sind.[2] Festzuhalten bleibt, daß jedenfalls bisher in den westlichen Bundesländern der neue Ethik-Unterricht im Verhältnis zum alten Religionsunterricht nur eine untergeordnete Rolle spielt.

Ob sich dies in Zukunft ändern wird, bleibt abzuwarten. Klar ist dagegen, daß die entsprechende Situation in den *östlichen* Bundesländern größtenteils anders sein wird bzw. es jetzt schon ist. Die Gründe liegen auf der Hand: In der DDR gehörte der erklärte Atheismus zur staatsoffiziell propagierten und auch das Erziehungssystem prägenden

Winfried Franzen, Erfurt

Weltanschauung – mit dem Effekt, daß nach vierzig Jahren der bei weitem größte Teil der Bevölkerung kirchen- und religionsfern eingestellt ist und auch keiner Glaubensgemeinschaft angehört. Es war daher von vorneherein zu erwarten, daß hier viele Schülerinnen und Schüler (bzw. deren Eltern) statt zum Religionsunterricht, der nun auch in den meisten neuen Bundesländern in irgendeiner Form Eingang in die Schule fand, zu einem eventuellen Alternativ-Unterricht tendieren würden. Allerdings läßt sich die faktische Situation (im Frühjahr 1993) noch nicht genauer überblicken, weil die Um- und Neustrukturierung des östlichen Bildungs- und Schulsystems noch voll im Gange ist und manche der neuen Regelungen zwar schon angebahnt und in Kraft gesetzt sind, zur Zeit aber noch nicht voll greifen bzw. noch nicht konsequent umgesetzt werden. Konkret kann beispielsweise der im *Vorläufigen Bildungsgesetz* des Landes Thüringen vom März 1991 vorgeschriebene Unterricht in *Religion* bzw. im Ersatzfach *Ethik* bislang an vielen Schulen deshalb nicht stattfinden, weil einfach die Lehrkräfte fehlen, die dazu bereit und insbesondere - sei's auch nur provisorisch - qualifiziert wären.

Daraus ergibt sich, daß viele Schülerinnen und Schüler (bzw. Eltern) *de facto noch nicht* vor der Wahl '*Religion* oder *Ethik*' gestanden haben, und aus diesem Grunde ist zur Zeit eine gesicherte quantitative Einschätzung der entsprechenden Optionen noch nicht möglich. Gleichwohl dürfte der Eindruck, den ich aus Gesprächen oder Berichten und aus vielem, 'was man so hört', gewonnen habe, nicht trügen, nämlich daß es in den neuen Bundesländern eine deutliche Mehrheitstendenz zu**un**gunsten des Religions- und zugunsten des Ethik- oder eines anderen Alternativ-Unterrichts gibt bzw. geben wird.[3]

1.3 Dieser Hintergrund war es denn auch hauptsächlich, vor dem sich in Thüringen das Kultusministerium, wenn auch erst nach einigem Zögern, im Herbst 1991 dazu entschloß, daß Ethik-Lehrer aller Schularten und -stufen in *regulären* (Teil-) Studiengängen für die verschiedenen Lehrämter ausgebildet werden sollen. Entsprechende (Ergänzungen zu den) Prüfungsordnungen sind bisher, nämlich im August 1992, in Kraft getreten für das Lehramt an Grundschulen und für das Lehramt an Regelschulen (d.h. Schulen der nicht-gymnasialen Klassen 5 bis 10). Studierende für das Lehramt an Grundschulen können als zweites der beiden Fächer, für die sie sich neben der Ausbildung in Erziehungswissenschaften und Grundschulpädagogik entscheiden müssen, auch *Ethik* wählen (aus einem Spektrum, welches außerdem Fächer wie *Musik*, *Sport*, *Evangelische* bzw. *Katholische Religionslehre* u.a.m. enthält). Studierende für das Lehramt an Regelschulen können *Ethik* als eines ihrer beiden (gleichberechtigten) Fächer wählen. Entsprechende Studienordnungen, die auf der Basis der Prüfungsordnungen erarbeitet wurden und die deren Bestimmungen konkretisieren, treten im April 1993 in Kraft.

Bei den Studierenden gibt es ein erhebliches Interesse an dem neuen Fach. Im WS 1992/93 waren in Erfurt 47 Studierende für das Fach *Ethik* immatrikuliert. Übrigens hatten die meisten davon - mit Ausnahme derer, die erst mit dem Studium begannen - eines ihrer früheren Fächer durch *Ethik* ersetzt. 80 bis 90 weitere Studierende, die für einen solchen Fachwechsel schon in einem zu hohen Semester waren, absolvieren gleichwohl *faktisch* ein Ethik-Studium, welches sie nicht lange nach ihrem ersten Staatsexamen durch eine Erweiterungsprüfung abschließen wollen, um so eine zusätzliche Lehrbefugnis zu erlangen. Außerdem gibt es zahlreiche Thüringer Lehrerinnen und Lehrer (im Alter zwischen Ende 20 und Ende 50), die zur Zeit erst einmal über Fortbildungsmaßnahmen zu einer

anfänglichen und natürlich noch sehr provisorischen Unterrichtskompetenz in *Ethik* kommen, von denen viele aber für später ein richtiges Staatsexamen anstreben, welches dann gleichfalls als - zur offiziellen Lehrbefugnis verhelfende - Erweiterungsprüfung abzulegen ist. An entsprechenden Regelungen für ein solches berufsbegleitendes Ergänzungsstudium wird zur Zeit gearbeitet, mit Blick auf einen Beginn im WS 1993/94. In bezug auf Erfurt wird dies voraussichtlich bedeuten, daß zu den bisherigen Studierenden des Faches *Ethik* etwa 100 weitere hinzukommen.[4]
Auch wenn man davon ausgeht, daß von den - sei's studentischen, sei's schon berufstätigen - Aspiranten auf eine Staatsprüfung noch so manche wieder 'abspringen' werden, ist doch zu erwarten, daß in Erfurt bis etwa 1996 zwischen 100 und 200 Studierende bzw. Lehrerinnen und Lehrer im neuen Fach *Ethik* eine echte Lehrbefugnis für die Grund- oder Regelschule erworben haben werden.
Es ist dies vermutlich - bzw. soviel ich jedenfalls weiß - in Deutschland das erste Mal, daß es reguläre Hochschul-Studiengänge für das Schulfach *Ethik* gibt. Im Westen jedenfalls gibt es sie bis heute in keinem einzigen Bundesland, woran sich, wie es aussieht, auch in nächster Zukunft nichts oder kaum etwas ändern wird.[5] Was allerdings die neuen Bundesländer betrifft, so geht man zwar nicht durchweg, aber doch vielerorts wohl auf mehr oder weniger ähnliche Regelungen zu wie in Thüringen.[6]

1.4 Nun noch einige Hinweise auf die Grundstruktur der beiden Erfurter Studienordnungen, die im Frühjahr 1993 in Kraft treten. Die Zahl der Semesterwochenstunden (SWS), die im Fach *Ethik* - wie auch in anderen jeweils auf derselben Ebene wählbaren Fächern - zu absolvieren sind, ist durch übergeordnete Regelungen vorgegeben. Sie beträgt beim Studiengang für das Lehramt an Grundschulen 24 (bei einer Regelstudienzeit von sechs Semestern plus einem Prüfungssemester). Dieses Deputat ist in drei Studienbereiche gegliedert: (1) **Philosophie** mit (mindestens) 12 SWS; (2) **Andere Fächer** mit (mindestens) 6 SWS und (3) **Didaktik des Ethikunterrichts** mit 4 SWS. Der erste Studienbereich ist noch einmal unterteilt in den Unterbereich *Allgemeine Philosophie* (mit den Hauptrubriken 'Einführung in die Philosophie' und 'Philosophische Anthropologie') sowie - und dies macht den eigentlichen Kern dieses Studiengangs aus - den Unterbereich *Philosophische Ethik* (mit den Rubriken: 'Grundlagen der Ethik und Moralphilosophie', 'Angewandte Ethik' und 'Geschichte der Ethik'). Der Studienbereich **Andere Fächer** hat zum kleineren Teil die Aufgabe, mit ausgewählten psychologischen und sozialwissenschaftlichen Aspekten des ethisch-moralischen Problemfeldes bekannt zu machen. Zum größeren Teil jedoch besteht er aus dem Unterbereich *Religionswissenschaft*; in diesem geht es um ein - weltanschaulich neutral zu vermittelndes - Grundverständnis des Phänomens 'Religion', des Christentums sowie anderer Religionen und ihrer Sinn- und Wertsysteme.[7,8]
Im Prinzip und auch in den meisten Einzelheiten analog aufgebaut ist der Ethik-Studiengang für das Lehramt an Regelschulen, nur beträgt das Studiendeputat hier - bei einer Regelstudienzeit von sieben Semestern plus einem Prüfungssemester - 50 SWS, also etwa das Doppelte. Zusätzlich hinzu kommen im Unterbereich *Allgemeine Philosophie* die Rubriken 'Sprachlich-logische Grundlagen des Argumentierens' und 'Erkenntnistheorie'.[9]

2 Einige Probleme

Die Einrichtung von regulären Ethik-Studiengängen eröffnet der Philosophie ein zusätzliches Aufgabenfeld und damit neue Chancen und Möglichkeiten. Darüber wäre manches zu sagen, aber es scheint mir an dieser Stelle wichtiger zu sein, einige der damit ja auch verbundenen *Probleme* anzusprechen. Bei den Ethik-*Studiengängen* reproduzieren sich nämlich, wenn auch zum Teil in etwas anderer Form, die meisten Streit- und Grundsatzprobleme, die es auch im Zusammenhang mit dem *schulischen* Ethik-Unterricht gibt. In bezug auf den letzteren haben in den vergangenen zwei Jahrzehnten ausgiebige Diskussionen stattgefunden. Diese auch nur halbwegs aufzugreifen, ist hier nicht möglich.[10] Immerhin möchte ich aber einige Punkte schnell erwähnen (s. 2.1), um dann am Schluß kurz auf eine der zentralen Fragen der Lehrerausbildung für *Ethik* einzugehen (s. 2.2).

2.1 Mir scheint alles dafür zu sprechen, den Gegenstand des Schul- wie dann natürlich auch des Studienfaches *Ethik* möglichst weit aufzufassen. Zu seinem Kernbereich gehört zwar sicherlich die moralische Erziehung, zumal im Sinne von moralischer Sensibilisierung und Urteilsbildung, aber darüberhinaus darf und muß *Ethik* sich auch verstehen als Hilfe bei der Suche nach Orientierung und - im Einklang mit einer langen Tradition - als etwas, bei dem es um Lebengestaltung und Lebensbewältigung geht, d.h. als Lebenskunde oder - altmodisch formuliert - Anleitung zur Lebenskunst.[11]

Natürlich darf *Ethik* als Schulfach sich dabei nicht übernehmen, weder im Sinne von eifersüchtigen Revieransprüchen gegenüber anderen Instanzen oder auch Fächern noch durch Nichtwahrhabenwollen der Beeinflussungs- und Wirksamkeitsgrenzen, die der Sphäre von Schule und Unterricht in der modernen Gesellschaft nun einmal gesetzt sind. Aber wie auch immer - sehr schön hat, so meine ich, Heinz Schmidt das Ziel des Ethikunterrichts gekennzeichnet, nämlich: bei Kindern und Heranwachsenden alle Vorgänge der "inneren Beratung" zu fördern.[12] Man mag dies durchaus auf die zweite der philosophiedefinierenden Fragen Kants "Was soll ich tun?" fokussieren, sollte dabei aber auch das alltagssprachliche Bedeutungsspektrum gebührend beherzigen, demgemäß diese Frage häufig oder sogar überwiegend darauf zielt, was für mich gut und richtig und wichtig ist (in welchem näheren Sinne auch immer), und nicht nur darauf, was ich tun darf oder tun muß.[13]

Wer über Sinn und Zweck des Ethik-Unterrichts nachdenkt, bewegt sich unwillkürlich auch in einem der Hauptspannungsfelder von Erziehung oder Bildung *überhaupt*, nämlich daß selbige einerseits vor allem um des Kindes und Heranwachsenden willen zu geschehen hat, andererseits aber unverzichtbarerweise auch auf so manches hinwirken und 'hinerziehen' muß, was im Interesse der Gesellschaft - oder mit etwas anderem Akzent: um eines leidlichen Zusammenlebens der Menschen willen - unabdingbar ist. Dieser Spannung wird auch kein Ethik-Unterricht entgehen. Aber er sollte durch sie auch nicht zu sehr beirrt werden - bietet sich doch mit der Idee von Mündigkeit oder Autonomie ein Erziehungsziel an, unter dessen Maßgabe sich dieses Spannungsverhältnis zwar nicht aufhebt, aber doch entschärft. Denn daß ich selbst derjenige bin, der entscheiden soll, dies läßt sich als Anzustrebendes sowohl auf das beziehen, was für *mich* gut ist, als auch auf das, was ich ggf. unter Hintanstellung *meiner* Interessen tun muß: auch in bezug *darauf* ist es besser, wenn die Gründe, die mich dazu bringen, eigene oder mir zu eigen gemachte sind.

Winfried Franzen, Erfurt

Eine weitere Spannung, der der Ethikunterricht ausgesetzt ist, liegt in der möglichen und häufig auch wirklichen Diskrepanz zwischen Urteilen und Handeln (oder Denken und Tun). Wirkt sich, so ein Standardzweifel, die Erhöhung der moralischen Urteilsfähigkeit, die ja doch wohl kein bloßer Selbstzweck sein soll, überhaupt auf das wirkliche moralische Verhalten aus? Dies ist in der Tat ein sehr ernstes Problem, natürlich nicht nur in bezug auf den Ethik*unterricht*, sondern auf die ethisch-moralische Dimension überhaupt. Die Sache ist freilich zu vielschichtig, als daß sie mit dem soeben erwähnten Standardzweifel auch nur halbwegs erschöpfend charakterisiert wäre - vielschichtig nicht nur in philosophischer oder pädagogischer Hinsicht, sondern auch in empirischer. Dies zumal in bezug auf die im Prinzip mit psychologischen Methoden anzugehende, aber sehr sperrige Frage, wie stark oder schwach moralisches Urteilen und moralisches Verhalten faktisch korrelieren.[14] Wie auch immer, in diesem Spannungsfeld dürfte es manches Dilemma geben, das letztlich unauflösbar bleibt, so daß Ethik und Ethikunterricht nur versuchen können und versuchen müssen, damit zu leben.

Ich kann mich diesen Fragen hier nicht stellen, möchte aber immerhin als einen Punkt zu bedenken geben, daß man sich auch in bezug auf Moralerziehung und Ethikunterricht vor Maximalvorstellungen hüten muß. Wer Moralerziehung betreiben *und zugleich* auf Mündigkeit und Autonomie hin erziehen, folglich auch Indoktrination und Manipulation vermeiden will, kann vielleicht gar nicht umhin, mehr auf Kompetenzen als auf Performanz hinzuwirken. "Ziel der moralischen Erziehung" - so hat kürzlich W. Herzog formuliert - "kann es ... nicht sein, Kinder gut zu machen, sondern ihnen bei der Interpretation und Anwendung ihrer moralischen Intuition behilflich zu sein."[15] Dies scheint mir, auch wenn es vielleicht nicht mit solcher Ausschließlichkeit formuliert werden müßte, sehr bedenkenswert zu sein.

2.2 Was folgt aus der Existenz solcher Grundsatzprobleme für die Frage nach Ethik-Studiengängen für das Lehramt? Dies kann man sich vielleicht auch von folgendem Aspekt her überlegen: Nicht selten wird argumentiert, ethische und moralische Erziehung könne nicht eigentlich Sache eines entsprechenden Fachunterrichts, sondern nur integrierender Bestandteil von Erziehung insgesamt sein. Man kann dafür sicher gute Gründe anführen, insbesondere wenn es um die unteren Klassen geht.[16] Es gibt aber auch Argumente für eine andere Sichtweise.[17] Nur eines davon möchte ich im Zusammenhang mit meinem jetzigen Thema zu bedenken geben:

Gerade *weil* Ethikunterricht mit schwierigen und heiklen Problemen in einem spannungsreichen Feld zurechtkommen muß, bedarf es dafür gut ausgebildeter Lehrkräfte. Eine wirklich gründliche und tief genug schürfende Ausbildung ist aber kaum anders als in Form einer echten *Fach*ausbildung möglich. Hier könnte der Einwand kommen, dies hieße doch wohl, das Pferd beim Schwanz aufzuzäumen, nämlich 'Ethik als *eigenes Unterrichtsfach*' - unter Verkehrung der Begründungserfordernisse - aus der Notwendigkeit von Ethik als eigenem *Studienfach* abzuleiten. Indessen sollte es sich, was die Begründungsrichtungen angeht, eher um ein Wechselverhältnis handeln, aber außerdem wird auch der Status als mehr oder weniger selbständiges Fach eben nicht zuletzt durch die Notwendigkeit einer speziellen Ausbildung indiziert.[18]

Den vorstehenden Andeutungen sind, wie mir scheint, auch wichtige Argumente dafür zu entnehmen, daß Ethik-Studiengänge überwiegend philosophisch ausgerichtet sein sollten -

Winfried Franzen, Erfurt

und zwar über die Selbstverständlichkeit hinaus, daß ethische Reflexion eben genuin in der Philosophie beheimatet ist. Die künftige Ethik-Lehrerin bzw. der künftige Ethik-Lehrer muß nämlich vor allem auch die Fähigkeit und Bereitschaft entwickeln, mit den verschiedenen Dilemmas von Ethikunterricht und Moralerziehung zu leben und umzugehen. Die dazu nötige Art von intellektueller Souveränität ist aber wohl am ehesten im Medium anspruchsvollen Philosophierens zu erlangen. Dies gilt wohlgemerkt weitgehend unabhängig davon, in welchem Maße dann auch der *schulische* Ethikunterricht philosophienahen oder sogar ausgesprochen philosophischen Charakter hat.[19]

Die gerade vorgetragene Überlegung läßt sich noch folgendermaßen verstärken. "Moralerziehung" - schreiben Oser und Althof - "steht zwischen zwei Abgründen. Auf der einen Seite steht die Skylla der Wertrelativität ('alle Werte sind gleichwertig'), auf der anderen die Charybdis der Indoktrination."[20] Dem liegt natürlich eines der bedrängendsten Probleme der Moralphilosophie selbst zugrunde, nämlich an welchem Punkt die Pluralität von Werten und Normen aufhört und Universalität anfängt bzw. umgekehrt. Darauf gibt es keinerlei auch nur halbwegs lehrbuchartige Antworten. Deshalb - und zusätzlich durch die spezielle pädagogische Situation - wird der Ethik-Lehrerin und dem Ethik-Lehrer ein Spagat abverlangt, der es in sich hat. "Der Unterricht darf" - so formuliert es ein neuerer Lehrplan-Text - "in keiner Weise ideologisch indoktrinieren, muß aber auch die Gefahr der Indifferenz vermeiden."[21] Dem ist selbstverständlich zuzustimmen. Freilich - als Lehrerin oder Lehrer gegenüber den Kindern und Heranwachsenden einerseits eine Haltung des Geltenlassens sowie größtmöglicher Toleranz und Offenheit einzunehmen, ohne andererseits den Eindruck weitgehender Standpunktlosigkeit zu erwecken, dies ist leichter gesagt als getan. Gelingen dürfte es aber umso eher, je gründlicher man sich bereits zuvor, und d.h. gerade auch in Ausbildung und Studium, in genau diese Konstellation gleichsam eingelebt hat und mit ihrer inneren Logik - oder Dialektik oder zum Teil auch Aporetik - vertraut geworden ist. Dies aber sollte wiederum am ehesten auf philosophische und philosophierende Weise möglich sein. Das erfordert allerdings auch, daß die akademische Philosophie, soweit sie wirklich für diese Art von Ausbildung zuständig wird, bereit sein muß, sich darauf nicht nur halb-, sondern ganzherzig einzulassen. Hier wird es sicher noch vieler Überlegungen, Erfahrungen und Kontroversen bedürfen.

* Die folgenden Hinweise und Überlegungen ergeben sich aus der Tätigkeit, die ich seit September 1991 an der Pädagogischen Hochschule Erfurt/Mühlhausen ausübe - und zwar im Zuge des Aufbaus eines Instituts für Philosophie, dessen zwar nicht einzige, aber zur Zeit wichtigste Aufgabe in der Entwicklung und Durchführung von neuen Ethik-Studiengängen für das Lehramt besteht. Ich möchte mit diesem kleinen Referat u.a. den am Schul- bzw. Studienfach *Ethik* Interessierten einige Informationen vermitteln, bin aber auch selbst an Informationen, z.B. über Details der diesbezüglichen Situation in den verschiedenen Bundesländern, interessiert. Für entsprechende Hinweise und Anregungen wäre ich daher ausgesprochen dankbar (PH Erfurt/Mühlhausen, Institut für Philosophie, Nordhäuser Str. 63, O-5064 Erfurt).

1 *Gießener Allgemeine Zeitung* vom 20.2.1993.
2 Vgl. die im *Spiegel* vom 15.6.1992 veröffentlichten Ergebnisse einer Emnid-Umfrage ('Abschied von Gott - Was glauben die Deutschen?', S. 36ff.).
3 Dazu wenigstens ein kleines Schlaglicht mit empirischem Charakter: Das *Institut für Allgemeine Erziehungswissenschaft und Empirische Bildungsforschung* der PH Erfurt hat zum 23.2.1993 Ergebnisse eines Forschungsprojekts 'Schule in Thüringen im Wandel' vorgelegt (Leitung: Peter Zedler). Die Daten wurden durch Befragungen von Lehrern, Schülern und Eltern an elf Erfurter Schulen im Frühsommer 1992 erhoben, ca. ein Jahr nach der Einführung des neuen Schulsystems in Thüringen. Eine Frage an die Eltern lautete,

Winfried Franzen, Erfurt

welche Inhalte im Unterricht mehr und welche weniger betont oder behandelt werden sollten (wohlgemerkt: im Verhältnis zum Zustand im Sommer 1992). In bezug auf *Religion* waren nur 18 % der Eltern der Meinung, dieses Fach solle mehr, die anderen dagegen, es solle weniger zur Geltung kommen. In bezug auf den Bereich 'Ethik und Moral' dagegen meinten 79 % der Eltern, daß er stärker berücksichtigt werden sollte. (Diese Angaben sind einem internen Papier entnommen; die ausführlichen Ergebnisse werden in einem Sammelband *Thüringer Schulen im Wandel* dargestellt, der vermutlich im Sommer 1993 herauskommt.)

4 An der Universität Jena gibt es ähnliche und z.T. parallele Planungen und Aktivitäten, vor allem für das Lehramt an Gymnasien.

5 Vgl. hierzu auch die Hinweise in: Reiner Baumann, Manfred Pöpperl, Fritz Zimbrich: *Ethik-Unterricht. Einführung eines neuen Faches* (Materialien zur Schulentwicklung - Heft 9), Wiesbaden: Hessisches Institut für Bildungsplanung und Schulentwicklung (HIBS), 1986, besonders S. 50ff. und 70. In den alten Bundesländern ist die Qualifikation für den Ethik-Unterricht in einigen Fällen an die Lehrbefugnis für Philosophie gebunden, in anderen Fällen erfolgt sie im wesentlichen durch Fortbildungsmaßnamen (die meistens von den entsprechenden Landes-Instituten organisiert werden). Nicht selten wird aber *Ethik* wohl auch ohne nennenswerte zusätzliche Ausbildung der Lehrerin oder des Lehrers unterrichtet. Andererseits können z.B. in Hessen - organisiert vom HIBS (s. die Literaturangabe oben in dieser Anmerkung) - Lehrerinnen und Lehrer an einer Ethik-Ausbildung teilnehmen, die nach Niveau und Inhalt an ein Ergänzungsstudium heranreicht und bald auch offiziell einen solchen Status erhalten soll. Freilich - einen *regulären* (statt nur Ergänzungs-) Studiengang für *Ethik* einzurichten, daran wird wohl zur Zeit noch in keinem einzigen der alten Bundesländer gedacht. (Für anderslautende Informationen wäre ich dankbar.)

6 Allerdings ist in den neuen Bundesländern die Situation noch ziemlich unübersichtlich, auch deshalb, weil viele Regelungen noch vorläufigen Charakter haben. Daß *Ethik* auch schon in der *Grund*schule Alternativfach zum Religionsunterricht ist, gilt bisher, soviel ich weiß, nur in Thüringen (möglicherweise bald auch in Sachsen-Anhalt). Bezüglich des Unterrichts ab der 5. (oder auch einer noch höheren) Klasse verhält es sich in Thüringen, Sachsen und Sachsen-Anhalt so (bzw. scheint es darauf hinauszulaufen), daß Schülerinnen und Schüler *Religion* durch *Ethik* ersetzen oder von vorneherein frei zwischen beiden wählen können und daß auch reguläre Ethik-Studiengänge für das Lehramt eingerichtet werden. In Mecklenburg-Vorpommern ist einerseits fächerübergreifender religionskundlicher Unterricht vorgesehen, andererseits soll gemäß einem kürzlich gefaßten Beschluß ab der 5. Klasse *Philosophieren mit Kindern* versucht werden. (Mitteilung von Heiner Hastedt, Rostock; damit würde auf ziemlich breiter Basis eine programmatische Idee umgesetzt, die zuerst in den USA - besonders von Matthew Lipman und Gareth Matthews - entwickelt und dann auch in verschiedenen europäischen Ländern aufgegriffen wurde; vgl. die Darstellung von Ekkehard Martens: *Sich im Denken orientieren. Philosophische Anfangsschritte mit Kindern*, Hannover: Schroedel, 1990). In Brandenburg schließlich wird - worüber ja zum Teil öffentlich-heftig diskutiert worden ist - ein Unterrichtsfach *Lebensgestaltung/Ethik/Religion* konzipiert und anfänglich erprobt, mit dem sowohl die Alternative '*Ethik* oder *Religion*' als auch die Trennung nach Konfessionen unterlaufen werden soll. - In der gymnasialen Sekundarstufe II (oder sogar schon I) fällt dann teilweise, je nach Art der in den einzelnen Ländern geltenden Regelungen, der *Philosophie* die Rolle des Ersatz- oder Alternativfachs zum Religionsunterricht zu.

7 Zur Konzeption des Ethik-Unterrichts gehört in Thüringen - wie auch durchweg andernorts - das weltanschaulich neutrale Eingehen auf die Dimension des Religiösen und die Möglichkeiten religiöser Sinn- und Wertorientierung. Dies muß natürlich auch im Ethik-*Studiengang* seinen Niederschlag finden.

8 Für die Didaktik des Ethikunterrichts ist in Erfurt eine eigene Mittelbau-Stelle eingerichtet, der auch die Betreuung von Fachpraktika obliegt. - Bei der Ethik-Didaktik für die *Grund*schule gibt es in nächster Zeit sicher noch viel zu tun. Beispielsweise existieren - im Gegensatz zur Situation beim Ethik-Unterricht ab Klasse 9 (und teilweise auch schon ab Klasse 5) - kaum Unterrichtsmaterialien für Ethik in der Grundschule. Das (meines Wissens) erste richtige Schulbuch für die untersten Klassen ist gerade erst angekündigt: *Wege finden*, 2 Bde., Donauwörth: Auer (soll im Herbst 1993 erscheinen). Allerdings ist Heinz Schmidt in seiner *Didaktik des Ethikunterrichts* (2 Bde., Stuttgart: Kohlhammer, 1983/84) dankenswerterweise auch schon auf den Grundschulbereich eingegangen.

Winfried Franzen, Erfurt

9 Innerhalb des Unterbereichs *Religionswissenschaft*, der hier mit (mindestens) 8 SWS angesetzt ist, werden jeweils in einer der zu absolvierenden Lehrveranstaltungen auch moderne religiöse Bewegungen, Jugendsekten u.ä. thematisiert.

10 Die meisten der einschlägigen Fragen werden in dem (am Ende von Anm. 8 erwähnten) Werk von Heinz Schmidt diskutiert. Zum neuesten Stand vgl. jetzt auch: Fritz Oser und Wolfgang Althof: *Moralische Selbstbestimmung. Modelle der Entwicklung und Erziehung im Wertebereich - Ein Lehrbuch*, Stuttgart: Klett-Cotta, 1992.

11 Die existierenden Lehrpläne oder Richtlinien tendieren denn auch mehrheitlich zu einem solchen weiten Ethik-Verständnis, so etwa in Bayern (Lehrplan für Ethik/Grundschule von 1982), Niedersachsen (Rahmenrichtlinien für *Werte und Normen* von 1980), Rheinland-Pfalz (Lehrplan für Ethik/Grundschule von 1986) und Thüringen (Vorläufige Lehrplanhinweise von 1991); ein demgegenüber etwas engeres Verständnis liegt etwa in den hessischen Rahmenrichtlinien von 1982 vor.

12 A.a.O. (Anm. 8) Bd. 2, S. 35.

13 Lebenskunde oder Hilfe zur Lebensgestaltung ist natürlich ihrerseits in einem weiten Sinne zu verstehen; zu diesem gehört beispielweise ganz wesentlich die Förderung von Prozessen des Sich-über-sich-selbst-klar-werdens, der Vergewisserung dessen, was man will, was einem wirklich wichtig und wertvoll ist. Hier ergibt sich ein starker Bezug zu dem zeitweilig in den USA sehr wirksamen Programm der *Values Clarification*, vgl. dazu Oser/Althof a.a.O. (Anm. 10), Kapitel 13.

14 Vgl. zum ganzen Problem wiederum Oser/Althof, a.a.O. (Anm.10), Kap. 7: 'Urteilen und Handeln. Die Grundproblematik eines Bruches' sowie insgesamt den 3. Teil: 'Moralerziehung durch gerechte Gemeinschaft ...', in dem es vor allem um Lawrence Kohlbergs 'Just Community'-Ansatz geht.

15 Die Banalität des Guten, in: *Zeitschrift für Pädagogik* 37 (1991) 41-65, hier 41. - Übrigens - daß auch dann, wenn man das Ziel vor allem in der Ausbildung der moralischen Urteilsfähigkeit sieht, der Unterricht *selbst* keineswegs nur intellektuell-rational und argumentierend-disputierend vorgehen darf (und zwar umso weniger, je jünger die Schülerinnen und Schüler sind), ist wohlgemerkt eine andere Sache - und eine, die sich heute mehr oder weniger von selbst versteht.

16 Vgl. Reiner Baumann und Fritz Zimbrich: Thesen zu Sinn und Aufgabe des Ethikunterrichts angesichts der kulturellen Vielfalt in der Grundschule, in: *Die Grundschulzeitschrift* 29 (1989), 6f.

17 Dabei will ich jetzt gar nicht auf die Situation der Ersatz- oder Alternativfach-Regelung abheben, welche ja institutionell-organisatorisch einen gewissen Druck in Richtung auf einen ethischen Lernbereich *als eigenes Fach* mit sich bringt.

18 Ich bestreite freilich nicht, daß der Status des Ethikunterrichts als eigenes Fach auch einer vom Aspekt der Ausbildung der Lehrkräfte *unabhängigen* Begründung bedarf (die ich hier nicht liefern kann). Im übrigen ist aber auch zu bedenken: 'Ethik als eigenes Fach' bedeutet nicht, daß die ethisch-moralische Dimension nicht auch in anderen Fächern zur Geltung kommen kann und soll.

19 Letzteres wird umso mehr der Fall sein, je älter die zu unterrichtenden Schüler sind; dabei legt es sich nahe, zumindest ab der Sekundarstufe II (so seit kurzem beispielsweise die nordrhein-westfälische Regelung) und vielleicht sogar schon etwas vorher auch als *Unterrichtsfach* dann statt *Ethik* eben *Philosophie* anzusetzen; vgl. dazu auch Eckhard Nordhofen: Zuviel Ethik schadet der Moral. Plädoyer für den Versuch, ein Erstzfach in der Schule durch Philosophie zu ersetzen, in: *FAZ* vom 6.7.1990, S. 33. - Was das andere Ende des Altersspektrums angeht, so ist es sehr umstritten, wieweit man auch schon mit Grundschulkindern philosophieren kann (darf? soll?); ich denke aber, daß zumindest einiges von dem (in Anm. 6 erwähnten) Programm *Philosophieren mit Kindern* für den Ethik-Unterricht der Grundschule in Frage kommt.

20 A.a.O. (Anm. 10) 32, vgl. insgesamt Kapitel 4: 'Vom Relativismus in der Werterziehung'.

21 Thüringer Kultusministerium: *Vorläufige Lehrplanhinweise für Regelschule und Gymnasium: Ethik*, Juli 1991, S. 1.

Sektion 21

Philosophische Jokologie

Vom Ernst der Witze

Das Vorhaben, in der "unseriösen" Sektion "Philosophische Jokologie" über den Ernst der Witze zu sprechen, ist nicht ganz ungefährlich, birgt es doch für den Referenten das Risiko, zukünftig als Spaßmacher und Clown gehandelt zu werden, dem keine ernsthaften Gedanken mehr zuzutrauen sind.

Damit sind wir bereits beim Grundproblem, der scheinbaren Dichotomie von Witz und Ernst.

Die ernste Seite des Lebens hat mit den existenziellen Fragestellungen zu tun, mit Leben und Tod, Glück und Unglück und Tragik, die heitere, spaßige Seite des Lebens hingegen, das sind die komischen Situationen, die harmlosen Verwechslungen, die witzigen Ereignisse ohne ernste Folgen, die schrulligen Charaktere.

Diese beiden Seiten des Lebens haben ihre künstlerische Verdichtung in den entgegengesetzten literarischen Gattungen Tragödie und Komödie gefunden. Aristoteles hat in seiner Poetik die Dichotomie zwischen dem Ernsten und dem Lächerlichen in Hinsicht auf die Darstellung des Menschlichen in der Kunst deutlich herausgestellt: "In demselben Punkt trennen sich auch Komödie und Tragödie. Die eine ahmt edlere, die andere gemeinere Menschen nach, als sie in Wirklichkeit sind."[1] Speziell zur Komödie hat er formuliert:

"Die Komödie ist, wie wir gesagt haben, die Nachahmung von Gemeinerem, aber nicht in bezug auf jede Art von Schlechtigkeit, sondern nur des Lächerlichen, das ein Teil des Häßlichen ist. Das Lächerliche ist nämlich ein Fehler und eine Schande, aber eine solche, die nicht schmerzt und nicht verletzt, so wie etwa eine lächerliche Maske häßlich ist und verzerrt, aber ohne Schmerz."[2]

Halten wir uns die Aussagen des Aristoteles zum Verhältnis von Tragik und Komik vor Augen, so werden wir seiner Unterscheidung prima vista zustimmen. Das Ernste ist das Würde- und Hoheitsvolle, das Witzige und Lächerliche dagegen die Negation des Hoheitsvollen. Weil das offensichtlich immer so empfunden worden ist, deshalb konnten in einer hierarchisch geordneten Gesellschaft Ernst und Würde der Oberschicht, Burleskes und Witziges, damit aber auch Nichtiges, dem einfachen Volk zugeordnet werden.

Damit ist ein Stück neuzeitlicher Literaturgeschichte als Emanzipationsgeschichte erklärbar. Das Bürgertum hat sich seine Tragikfähigkeit erkämpfen müssen - man denke an die Entstehung des bürgerlichen Trauerspiels -, und auf der anderen Seite ist der Adel zum Objekt von Witzen geworden. Der Fürst verwandelt sich aus Richard III in den Serenissimus und der verlachte "bourgeois gentilhomme" des Molière wird abgelöst vom tragischen Menschen aus dem Volk, im extremsten Fall von Büchners "Woyzek".

Die Dichotomie von Würde und Lächerlichkeit beschränkt sich nicht auf die menschliche Sphäre, sondern erfaßt auch das Göttliche. Umberto Eco hat in seinem philosophisch-kulturgeschichtlichen Roman "Der Name der Rose" nicht nur geschildert, wie das zweite Buch der Poetik von Aristoteles, das Buch über die Komödie, durch das Verbrechen eines fanatisch ernsten Mönches der Menschheit verloren geht, sondern auch die Frage diskutieren lassen, ob Jesus auch gelacht hat.

Das ist in der Tat ein ernstes Problem. Kann und darf Gott überhaupt lachen, oder macht er sich durch zu heftiges Lachen zwar menschlich, aber auch lächerlich? Das ist ja die Furcht aller Diktatoren.

Schauen wir auf die christliche Religion in der Gesamtheit ihrer Spielarten, so müssen wir feststellen, daß das Christentum, anders als die griechische Religion, die das ganze Spektrum menschlicher Eigenschaften durch Götter repräsentieren ließ, in einseitiger Überbetonung von Leiden, Furcht, Unterwerfung, Strafe, Verdammnis, eine freudlose Weltanschauung entwickelt hat, die damit ein Fall für Freud ist. Die Verbannung des Lachens, die viele bedeutende Menschen unglücklich gemacht hat, so etwa Pascal und Kierkegaard, ist die Vorbedingung für Fanatismus und Intoleranz gewesen.

Die Konnotation von Ernst mit Würde und Höhe und auf der anderen Seite von Witz mit Lächerlichkeit, Amüsement, Niedrigkeit und Nichtigkeit wirkt in uns übrigens stärker, als wir es wahrhaben möchten.

Viele Redewendungen und Begriffspaare geben davon Auskunft, z.B. "Ernst und Spaß", "heiliger Ernst", "etwas ins Lächerliche ziehen", oder "ernst ist das Leben und heiter die Kunst".

Dieser letzte Satz, ein Ausspruch Schillers, stimmt inzwischen inhaltlich nicht mehr. Im bürgerlichen Zeitalter ist es den Künsten gelungen, das Odium des Heiteren, Vergnüglichen und darum letzten Endes nicht "Ernst-zunehmenden" loszuwerden. Die Avantgardekunst hat sich als alles andere denn als lustig definiert, und weil die Kunst so ernst geworden ist, deshalb konnte sie auch die Aura, die ursprünglich dem Numinosen zu eigen war, für sich reklamieren.

Der Fall des Joseph Beuys ist ein gutes Beispiel für den Umschlag des Lächerlichen in das Ernste. Als Beuys von aller Welt als "der mit dem Hut" angesehen wurde, als Filz- und Fettkünstler, als der Mann der abstrusen Aktionen, da war man sich darüber einig, daß hier ein Clown und Kunst-Scharlatan mit aller Gewalt Aufmerksamkeit erregen wollte. Gegenwärtig jedoch, da Beuys durch tiefsinnig philosophische Interpretation zum seriösen ernstzunehmenden Künstler geadelt worden ist, hat die Aura der Genialität alle Überbleibsel seines Lebens erfaßt. Sie werden als Reliquien gehandelt und verehrt - bei steigenden Preisen. Aber warten wir ruhig ab. Der nächste Umschlag von Ernst in Witz wird vor diesem Phänomen nicht Halt machen.

Nach diesen eher unsystematischen Bemerkungen zur Semantik von Ernst und Witz müssen wir uns aber nun der Frage zuwenden: Was hat die Philosophie mit dem Witz zu tun?

Schauen wir auf die Definition "Liebe zur Weisheit", so scheint die Antwort leicht. Philosophie ist seriös, keine Clownerie. Die Erkenntnis der Wahrheit ist der Ernstfall. Gegen das leichtfertige und skrupellose Spiel, das die Sophisten mit der Sprache betrieben haben und das in Szeptizismus und Nihilismus gipfelte, ist von den großen Philosophen Sokrates, Platon, Aristoteles die Verläßlichkeit der Begriffe gerettet worden. Dieses Programm, einen festen archimedischen Punkt zu gewinnen, auf dem alles Denken aufbauen kann, ist bekanntlich immer wieder einmal im Verlauf der Geschichte der Philosophie durchgeführt worden, und zwar immer dann, wenn die Verhältnisse, und zwar die politisch-gesellschaftlichen, derart verworren waren, daß ein Neuanfang notwendig wurde. So hat Platon versucht, in seinem Gesamtwerk erkenntnistheoretisch und politisch die richtigen Maßstäbe zu finden, und das ganze in einer Zeit politischer Instabilität in Griechenland. Die "Sophistischen Widerlegungen", mit denen Aristoteles sein Organon krönte, zeigen die Denkfehler und bewußten Verdrehungen auf, deren sich die sophistische Rhetorik im politischen Raum bediente.

Wenn man diese Schrift des Aristoteles gegen den Strich liest, dann kann man sie übrigens auch als eine Anleitung für die Verfertigung von Witzen verstehen.
In der großen Krise am Beginn der Neuzeit, als der latente und manifeste religiöse Bürgerkrieg den Bestand von Staat und Gesellschaft gefährdete, war die Philosophie erneut gefordert. Wir zehren heute noch von den Ergebnissen der Neubegründung des Denkens,

die in den komplementären Strömungen Rationalismus und Empirismus den Prozeß der abendländischen Aufklärung in Gang setzte.

Im 20sten Jahrhundert schließlich, bezeichnenderweise vor dem Hintergrund eines gewiß auch von den Philosophen zu verantwortenden weltanschaulichen Irrationalismus, der sich politisch in Nationalismus, Faschismus, Bolschewismus, Rassismus und Völkermord austobte, hat sich die Philosophie erneut um die Klärung des Denkens bemüht. Das analytische Denken hat sich zur Aufgabe gesetzt, eine an allem bisherigen Denken vermißte Exaktheit nun endlich und ein für allemal ins Werk zu setzen und zum Standard für alles künftige Denken zu machen.

Angesichts einer derartigen Aufgabenstellung der Philosophie erhebt sich die Frage nach der Funktion einer philosophischen Jokologie. Muß nicht die Jokologie aus der Philosophie verbannt werden analog zum Ausschluß der Dichter aus Platons bestem Staat?

Bekanntlich hatte Platon den Dichtern vorgeworfen, sie verbreiteten Lügengeschichten, sie ließen sich über Dinge aus, von denen sie keine Ahnung hätten, und seien damit von der Wahrheit der Ideen noch um eine Stufe weiter entfernt, als es die Menschen insgesamt schon sind. Die Künstler haben diesen Vorwurf, sie hätten es nur mit dem Schein des Scheins zu tun, natürlich nicht auf sich sitzen lassen. Sie haben die Welt und schließlich auch die Philosophen davon überzeugen können, daß Kunst eine Gestalt der Wahrheit ist.

Eine Rechtfertigung des Witzes als einer Gestalt der Wahrheit und des Ernstes vor dem Richterstuhl der Philosophie könnte sicher auf ähnliche Weise versucht werden. Als Einstieg in ein solches Vorhaben möchte ich zunächst einige historische Beispiele anführen, die belegen können, daß Witz und Ironie von jeher ein Mittel philosophischer Wahrheitssuche gewesen sind.

Das erste Beispiel bietet Sokrates, der in der Rolle des Nichtwissenden seine Mitbürger des Scheinwissens überführte. Die derart zum Opfer eines ironischen Spieles gewordenen Zeitgenossen reagierten bekanntlich nach dem psychologischen Gesetz, daß Frustation Aggression erzeugt, und wurden unversöhnliche Gegner. Das ad-absurdum-Führen einer Position durch scheinbares Akzeptieren - und das war ja der Trick des Sokrates - ist für den Betroffenen schmerzlicher als die Widerlegung durch Argumentation. Denn wenn man durch einen Witz lächerlich gemacht wird, dann ist immer ein lachendes Publikum möglich, vor dem der Widerlegte zugleich der Blamierte ist. Sokrates hat das am eigenen

Leibe von seiten des Aristophanes erfahren müssen, der ihn in einer Komödie als Witzfigur auftreten ließ.

Aus dem Beispiel der sokratischen Ironie können wir für den Ernst der Witze zunächst folgendes lernen: Nicht die Erkenntnis des Nichtwissens ist witzig, sondern die Weise, wie sie gewonnen wurde. Der Witz ist nicht der Inhalt, sondern die Form, die Präsentation. Dieses Stilmittel ist in der Philosophie eher selten anzutreffen, darum seien noch einige weitere Beispiele angeführt.

Der Spötter Lukian z.B. hat in seinem Dialog "Hermotimus oder von den philosophischen Sekten" einen Philosophiebegeisterten vorgeführt, der im Gespräch über die Philosophie sich selbst und seinen philosophischen Lehrer als Nichtphilosophen entlarvt.

Ein anderes Beispiel sind die berühmten Dunkelmännerbriefe, fiktive Briefe gegen den Humanisten Reuchlin, in verderbtem Latein abgefaßt und von plattestem Inhalt. Die Gegner Reuchlins frohlockten, als sie diese Briefe zu lesen bekamen, und lieferten damit selbst den Beweis für ihre ihnen von den Humanisten unterstellte Beschränktheit. Auf keine andere Weise hätte der Beweis derart stringent geführt werden können.

Selbstverständlich steckt auch im Namen des Landes Utopia ein Witz, eine Pointe. Hätte Morus formuliert: "Ich werde eine Gesellschaft beschreiben, die nicht existiert, wohl aber denkmöglich ist, und zu diesem Zweck lasse ich einen fiktiven Weltreisenden von einer fiktiven Insel berichten", so hätten die Leser die Information erhalten, die im Namen "Utopia" enthalten ist, aber in witzloser Form. Das Wortspiel des Morus mit "Utopia" ist von Samuel Butler im 19. Jahrhundert mit "Erewhon" weitergeführt worden, und Morus selbst wurde von seinem Freund Erasmus in der Schrift "ΜΩΡΙΑΣ ΕΓΚΩΜΙΟΝ sive laus stultitiae" zum Adressaten einer witzigen Hommage gemacht. Natürlich hätte Voltaire einen trockenen Traktat gegen Leibniz verfassen können, aber er zog es vor, seinen philosophischen Widerspruch implizit in seinem satirischen Roman "Candide" vorzuführen.

An diesen Beispielen läßt sich eine Grunderkenntnis belegen, die Freud in seiner Abhandlung über den Witz[3] formuliert hat, die da lautet: Die Aussage eines Witzes läßt sich umformulieren, sie läßt sich interpretieren. Die Pointe eines Witzes, also der Punkt, an dem unerwartet eine anfängliche Behauptung durch eine scheinbare Weiterführung umgestoßen wird, ist bestimmbar. Die Technik des Witzes kann beschrieben und zugleich kann die inhaltliche Aussage eines Witzes vernünftig rekonstruiert werden. Es gibt eine

Roland Simon-Schaefer, Braunschweig

philosophische Schule, die dieses Programm auf ihre Fahnen geschrieben hat. Der erklärte Witz ist allerdings kein Witz mehr.

Wir alle wissen um die Kunst des Witzeerzählens und um die Fehler, die man dabei begehen kann, als da sind: durch falsche Hinführung wird die Pointe voraussehbar, oder der Erzähler verdirbt die Pointe oder er hat sie vergessen etc. Schlimm ist es auch, wenn der Erzähler heftiger lacht als seine Zuhörer, schlimmer, wenn der Erzähler seinen Witz anschließend erklären zu müssen glaubt, weil er selbst ihn ursprünglich nicht verstanden hatte, am schlimmsten, wenn er uralte Witze oder immer denselben erzählt.

Das Problem, daß man über einen bekannten Witz zumeist nicht mehr lachen kann, führt uns unversehens wieder zur Frage, ob Gott lachen kann, aber nun nicht im Hinblick auf drohenden Verlust an Würde, sondern im Hinblick darauf, daß er alle überhaupt möglichen Witze schon von jeher kennt. Wir lassen diese metapysische Frage auf sich beruhen und hoffen stattdessen, daß es für uns Menschen im weiteren Gang der Weltgeschichte noch Grund zur Freude geben wird.

Lassen Sie mich nach all dem Gesagten als These folgendes festhalten: Eine philosophische Jokologie ist prinzipiell nichts Lächerliches, sie verleugnet nicht den Anspruch des Denkens auf Wahrheit, sie ist die Fortsetzung des Denkens mit witzigeren Mitteln.

Warum tritt die philosophische Jokologie gerade jetzt auf den Plan? Hierauf läßt sich eine befriedigende Antwort geben. Schauen wir zunächst auf die Literaturgeschichte und dort auf Phänomene wie Travestie, Satire und Parodie, Formen des literarischen Witzes, so läßt sich folgendes festhalten: Die genannten Formen tauchen immer dann auf, wenn ein literarisches Motiv durch allzu häufige Wiederholung öde geworden ist. Einige der berühmtesten Werke der Weltliteratur sind Parodien, so z.B. "Satiricon" von Petronius, "Don Quixote", Scarrons "Roman comique", "Tristram Shandy" von Sterne etc.

Für uns stellt sich die Frage: Wogegen protestiert die philosophische Jokologie? Die Antwort lautet: Gegen ein öde gewordenes und abgelebtes philosophisches Paradigma. Dieses Paradigma kann benannt werden, es ist die analytische Philosophie. Ursprünglich ist sie angetreten mit dem Pathos, die Welt durch Sprachreinigung zur Vernunft zu bringen. Die philosophischen Probleme sollten als Scheinprobleme entlarvt werden, die auf einer schlechten Sprache beruhten. Da die Umgangssprache die Formulierung von angeblichen Scheinbegriffen zuließ, mußte sie ersetzt werden durch eine im Gewande von Mathematik und Logik auftretende restriktive Vernunftsprache, die Scheinbegriffe gar nicht mehr zuließ. Dieses Programm erinnert ein wenig an die Sprachreinigung in George Orwells "1984".

Inzwischen, nach Niederlagen, so etwa in der Protokollsatzdiskussion und in Hinsicht auf die Abschaffung der Metaphysik, ist die analytische Philosophie zu dem durchaus begrüßenswerten Vorhaben geworden, die Sprache nicht mehr zu reinigen, sondern durch pingelige Auflistung von Bedeutungsvarianten Wortfelder aufzuarbeiten und zu katalogisieren.

Nun taucht die Frage auf, warum sich nicht alle Philosophen zur analytischen Philosophie bekennen, vor allem die Hermeneutiker. Das liegt am Auftreten der Analytiker, die immer noch so tun, als könne niemand verständlich sprechen, es sei denn, er beherrsche den von ihnen entwickelten gegenüber der Umgangssprache restringierten Code. Wilhelm Kamlah und Paul Lorenzen haben in ihrer "Logischen Propädeutik"[4] ein aufschlußreiches Beispiel vorgeführt. Die Aussage: "Matthäus, Judas, Verräter, ε zusprechen" ist nicht der verzweifelte Versuch eines des Deutschen nicht Mächtigen, sich verständlich zu machen, sondern ist die logisch präzise Umformung des umgangssprachlichen Satzes: "Matthäus nennt Judas einen Verräter."

Auch der Hermeneutiker geht vom Nichtverstehen aus, aber er weiß immerhin, daß das noch nicht Verstandene sehr wohl eine Sinneinheit darstellt, die entschlüsselt werden kann. Demgegenüber verkörpert die analytische Attitüde eine verschärfte Form von institutionalisierter Begriffsstutzigkeit. Während der Hermeneutiker, auf dem Boden der Kunsttheorie der Gebrüder Schlegel, Texte und vor allem künstlerische Texte unter dem Bild der "Arabeske" als unendlich in ihren Bezügen und Querverweisen ansieht - wir würden heute das Bild der Vernetzung verwenden, aber nicht mehr poetisch sondern primär profitorientiert ökonomisch gedacht -, sieht der analytische Philosoph vor sich ein wirres Knäuel, das er entsprechend seinem ästhetischen Empfinden in einen sehr, sehr langen Bindfaden verwandelt.

Wenn wir uns die Erkenntnis Freuds wieder ins Gedächtnis rufen, daß die Erklärung des Witzes ihn zum Verschwinden bringt, so erübrigt sich die Frage, was schlimmer ist, hermeneutische oder analytische Philosophie, denn beide kommen zum gleichen Ergebnis, der Auflösung des Erlebens. Susan Sontag hat in ihrem weltberühmten Essay "Against Interpretation" formuliert: "..Interpretation (ist) die Rache des Intellektes an der Kunst", und sie ist folgerichtig zu der Forderung gelangt: "Statt einer Hermeneutik brauchen wir eine Erotik der Kunst."[5]

Es geht also um die Rehabilitierung der Spontaneität und um eine Theorie des ersten Blicks, wie sie d'Alembert in seinen "Reflexionen über den Gebrauch und Mißbrauch der Philosophie in Fragen des Geschmacks" formuliert hat. Die philosophische Jokologie zielt auf diese Verteidigung des Erlebens. Einen Witz muß man eben unmittelbar verstehen. Wer lacht, hat verstanden, und zeigt damit, daß man ihn ernst nehmen kann. So stellt sich wie von selbst eine Rangordnung der Geister her, bezogen auf ihre Fähigkeit, Pointen zu erkennen, wobei anzumerken ist, daß es zwischen plumpen und feinen Witzen viele Abstufungen gibt. Darauf anspielend hat Karl Kraus formuliert: "Satiren, die der Zensor versteht, werden mit Recht verboten."

Ein letztes Argument zur Legitimierung der philosophischen Jokologie zum Schluß: Das Lachen ist eine Form von Staunen, und aus dem Staunen entsteht bekanntlich das Philosophieren.

Erlauben Sie mir schließlich noch einen Kommentar in eigener Sache. Es gibt Leute, die sehr ernsthaft behaupten, das Lachen mache Spaß. Um nicht für einen Hedonisten und Epikuräer gehalten zu werden, habe ich bewußt über den Ernst der Witze gesprochen. Welchen Eigenwert Witze haben, und wie sie für die Psychohygiene des Einzelnen notwendig sind, diese Fragen zu beantworten ist jeder für sich selbst aufgerufen. Wer lacht, der trägt dafür die Verantwortung.

---

[1] Aristoteles: Poetik. Hrsg. v. Olof Gigon. Stuttgart 1961, S.25.

[2] a.a.O., S.29.

[3] Freud, Sigmund: Der Witz und seine Beziehung zum Unbewußten. Frankfurt/M. 1958.

[4] W. Kamlah/P. Lorenzen: Logische Propädeutik. Mannheim 1967, S. 36.

[5] Sontag, Susan: Gegen Interpretation. In: Geist als Leidenschaft. Leipzig/Weimar [2]1990, S.9 und S.16.

Leo Hartmann, Jena

Wörter, die in keinem Lexikon stehen: Sophologie und Hypertheismus

"Es steht noch nicht im Meyer und auch im Brockhaus nicht" sagt Christian Morgenstern 1905 in den 'Galgenliedern' von dem 'auf seine Nasen laufenden' "Nasobem". Und warum nicht? Nun – einfach weil er es erfunden hat: "Es trat aus meiner Leier zum ersten Mal ans Licht" und schreitet seither, von seinem Kind begleitet, einher. Aber da gibt es nun eine Überraschung: der 'Brockhaus' konnte das ja nicht auf sich sitzen lassen, und so findet sich in seiner neusten Auflage, in Band 15 von 1991, auf Seite 341, das 'Nasobem' nicht nur mit genauen Erläuterungen in acht Zeilen Text, sondern auch mit einer Zeichnung von Gerolf Steiner, 1957, in der das 'große Morgenstern-Nasobem' als 'Nasobema lyricum' elegant auf seinen vier Nasen einherschreitet: der Zoologe schuf (anonym!) die 'Säugetierordnung Naslinge' und schrieb pseudonym über "Bau und Leben der Rhinogradentia" – auch das nicht minder anmutige 'Kind' fehlt in der Zeichnung nicht.

Wenn das keine "Jokologie" ist! Es gibt uns Mut, von zwei Wörtern zu sprechen, die vielleicht ein ähnliches Schicksal haben: im Zeitalter der 'Sprach-Analyse' ist ja alles möglich, und ebenso wie man den vorhandenen Wörtern immer wieder nur mit der größten Vorsicht begegnen muß, haben auch solche Neuschöpfungen das Recht, ganz ernstlich geprüft zu werden: vielleicht enthüllen sie bisher versteckte Geheimnisse? Die Sprache verschleiert ja nicht nur allzuoft, sie erschließt auch oft bisher Verborgenes. Man denke nur an die großartigen Untersuchungen von Friedrich Kainz, dem 1977 verstorbenen Wiener (Sprach-)Philosophen und Psychologen, der in seinem großen Werk über "Sprachverführung des Denkens" nach beiden Seiten hin Wesentliches geleistet hat: indem er Neues erschließt, vor allem aber indem er Irrtümer als sprachbedingt entlarvt und das Denken reinigt.

Das erste der beiden hier zu behandelnden Wörter stammt von meinem viel zu früh, vor der Vollendung des von ihm geplanten systematischen Hauptwerks, gestorbenen Lehrer, Mentor und ich darf sagen Freund Paul F. Linke. Er wollte einen Ausdruck schaffen für eine Art Fundamental-Wissenschaft, und so kombinierte er die beiden Bestandteile, die bei der Bezeichnung von Wissenschaften am häufigsten vorkommen: -logie und -sophie: eine 'Logosophie' gab es bereits, aber eine 'Sophologie' noch nicht; sie hat dann einen wenn auch nicht fundamentalen, so doch recht fruchtbaren Sinn bekommen: 'sophologisch' verhält sich, wer eine Ansicht mit so schlechten Argumenten vorträgt, daß ein kluger, kritischer Leser sie für falsch halten muß. Er will auch diese Lehre gar nicht vertreten, sondern sie im

Gegenteil ablehnen, hat aber Gründe, das nicht offen zu sagen – Gründe solcher Art hat es ja nicht nur in brutal-dogmatischen Zeiten, sondern bis in unsere Tage immer wieder gegeben, und das frei erfundene Wort legt also nahe, dem nachzugehen: vielleicht bekommt dadurch so manche Schrift auch unseres Jahrhunderts erst ihr eigentliches Gesicht?

Linke dachte damals zunächst an Pierre Bayle (1647 – 1706), den französischen Vorläufer der Aufklärung, zunächst Kalvinist, der vorübergehend konvertierte, 1681 Professor in Rotterdam wurde, aber 1693 wegen seiner freisinnigen und skeptischen Ansichten die Professur verlor. Er deckte viele Irrtümer von Zeitgenossen auf, indem er eine streng quellenkritische Geschichtsschreibung begründete; er bekämpfte jeden Dogmatismus und forderte unbedingte Toleranz, auch gegenüber Atheisten, sowie die Trennung von Staat und Kirche. Er hatte also allen Grund, mit der Begründung seiner Ansichten vorsichtig zu sein und also "sophologisch" vorzugehen. An Angriffen gegen ihn hat es denn ja auch nicht gefehlt; so schrieb Leibniz 1710 gegen ihn seine 'Theodizee'. Es bleibt eine Aufgabe der philosophiegeschichtlichen Forschung, weitere Fälle von "sophologischem" Vorgehen aufzudecken. Der Ausdruck "Sophologie" ist dann, ähnlich wie das 'Nasobem', tatsächlich in ein Wörterbuch eingegangen, in das von Heinrich Schmidt, dem Jenaer Schüler Ernst Haeckels und langjährigen Direktor des Haeckel-Hauses, zunächst für Monisten geschaffene philosophische Wörterbuch, das dann, ständig erweitert, bei Kröner erschien. Da steht der Ausdruck noch in einer Ausgabe von 1934 – in den späteren Auflagen ist er dann aber wieder verschwunden – und heute steht er nirgends mehr. Um so mehr möchten wir ihn noch einmal in Erinnerung bringen: er kann sich als Aufforderung zu weiterem Forschen bewähren.

Damit sind wir bereits in die Sphäre unseres zweiten Wortes gekommen, des 'Hypertheismus'. Es ist recht merkwürdig, daß es diesen Ausdruck bisher nicht gibt – er findet sich in der Tat in keinem Lexikon. Dabei hätte zum Beispiel Bayle ihn ohne weiteres für seine Ansichten verwenden können, und wir können, in einer Welt neuer Freiheit, mit Genugtuung sagen, daß wir dabei nicht 'sophologisch' vorgehen müssen. Worum geht es dabei? Zunächst bedarf der Ausdruck sprachlicher Sicherung und Abgrenzung: die Vorsilbe 'hyper' kann nämlich verschieden ausgelegt werden; sie bedeutet 'über' einmal im Sinne von 'übermäßig' – so wird sie in Biologie und Medizin vorwiegend verwendet, etwa wenn von 'Hyperthrophie' im Sinne übermäßiger Ernährung und übergroßen Wachstums die Rede ist. Ein 'Hypertheismus' wäre dann ein übersteigerter, die einzelnen Züge noch übertreibender 'Theismus'. Das ist nicht gemeint. 'Hyper-' kann ja auch einfach 'darüber hinaus' bedeuten, und diesem Sinn wollen wir nachgehen.

So ist z.B. das 1944 erschienene Buch "Le drame de l'humanisme athée" deutsch unter dem Titel "Über Gott hinaus" erschienen; es stammt von dem zunächst bekämpften, dann aber doch anerkannten französischen Vertreter einer 'Nouvelle théologie', dem 1896 geborenen, am 4.9.1991 in Paris gestorbenen Jesuiten, Professor und seit 1983 Kardinal Henri Sonier de Lubac. Das Wort 'über' kann dabei im Sinne begrifflicher Erweiterung und 'Erhöhung' gemeint sein, aber auch im Sinne einer historischen Entwicklung über den bisherigen Stand der Ansichten hinaus. Ein "Hypertheismus" will also alles beibehalten, ja sogar reiner herausarbeiten, was ihm am "Theismus" haltbar und wesentlich erscheint, und unterscheidet sich also grundlegend von einem 'Atheismus', der nur ablehnt und damit von vornherein einseitig bleibt und die Errungenschaften von Jahrhunderten ignoriert.

Zugrunde liegt der neuen Auffassung eine Kenntnis der Stufen, in denen sich religiöse Auffassungen entwickelt haben. Da ist zunächst die frühe 'magische' Stufe, die hinter allen Naturvorgängen Wesen oder Kräfte als 'Ursachen' annimmt, die man durch geeignete Maßnahmen von eigens dafür Geschulten beeinflussen kann. Auf einer weiteren Stufe werden dann daraus die vielen in der Natur waltenden 'Götter'; alle Naturerscheinungen haben so die sie liefernde Gottheit – wie etwa den Gewitter- oder Regen-Gott der meisten Völker. Eine weitere Stufe entwickelt dann aus der Vielzahl der Götter den einen, alles beherrschenden und lenkenden Gott, und an dem setzt nun die Kritik des 'Hypertheismus' an: er will alle die hier noch anhängenden Züge früherer Stufen überwinden, also alle die anthropomorphen und mythischen Züge von 'Vater' und 'Sohn', Jungfrauschaft, Wunder und Auferstehung, von einer 'Himmelfahrt' ganz zu schweigen.

Da ist noch immer viel Denkarbeit zu leisten. Erinnert sei etwa an die Gespräche über die Fragwürdigkeit des "Sühn-Opfers", die Werner Hegemann in dem erlesenen Kreise des 1871 geborenen, Anfang 1916 bei einer Fahrt im Dienste des Roten Kreuzes mit der "Alsacia" umgekommenen, überaus scharfsinnigen Deutsch-Amerikaners Manfred Ellis in dessen Villa 'Boccanegra' bei Neapel geführt und später unter dem Titel 'Der gerettete Christus' veröffentlicht hat. Umfangreiche und wesentliche Vorarbeit hat natürlich die Religions-Kritik vor allem seit dem 18. Jahrhundert geleistet, und ganz auf diesem Wege ging und geht ja auch die 'Entmythologisierung', oder, wie man vielleicht besser sagen sollte, die 'Entmythisierung', die auch von all den den wahren Kern fälschenden und verschleiernden Zutaten befreien will, auch wenn viele gerade an diesen Zügen hängen mögen.

Neu ist also der Weg zu dieser neuen 'Stufe' nicht – es geht nun vor allem darum, was dann von der bisherigen Anschauung erhalten bleibt. Und da hat ja wohl die Philosophie ein Recht, sich zu melden und darin eine Aufgabe für sie zu sehen. Der "Gott der Philosophen" hat sich ja auch bereits gemeldet. Im übrigen sind solche Erwägungen und Untersuchungen ja uralt, und wir gehen mit ihnen nicht etwa über längst Angebahntes hinaus. Erstaunlich sind dabei bereits die Vorschläge des neuplatonischen Philosophen Synesios von Kyrene um 400, der zum Christentum übertrat und 411 Bischof von Ptolemais wurde; er vertrat die Meinung, daß das Volk der Mythen bedürfe, daß aber der Gebildete sich nur an ihren philosophischen Gehalt zu halten habe – womit also der Philosophie die Aufgabe gestellt wird, diesen Gehalt herauszuarbeiten. Wir müssen darauf gefaßt sein, daß sie dabei 'über Gott hinaus' wächst.

Damit ist zunächst einmal der Sinn des Wortes 'Hypertheismus' und zugleich seine Aufgabe gekennzeichnet. Wir meinen, daß dieses Wort genau das bezeichnet, worum es eigentlich geht, im Unterschied zum Atheismus, der das Überkommene verwirft, und auch abweichend von einem 'Pantheismus', der doch wohl an dem Wesentlichen vorbeigeht. Gerade in einer Zeit zunehmender Kirchen-Austritte bleibt es eine Aufgabe der Philosophie, dabei einen ethischen Nihilismus zu verhindern: man übersieht allzu leicht, was als Kern beizubehalten ist – den darf man nicht 'mit der Schale zerquetschen'; das hieße ja, im volkstümlichen Vergleich, 'das Kinde mit dem Bade ausschütten'. Damit nähern wir uns also noch einmal der 'jokologischen' Sprechweise, von der wir unseren Ausgang nahmen. Man soll die Macht des Wortes nicht überschätzen, aber man soll auch nicht die suggestive Wirkung verkennen, die ein richtig gewählter Ausdruck hat und die sicher dem Worte "Hypertheismus" als Aufforderung zukommt.

Es bleibt die Verwunderung, daß es diesen Ausdruck nicht längst gibt: 'er steht noch nicht im Meyer und auch im Brockhaus nicht', aber noch ist Zeit: der 24., letzte Band des neuen Brockhaus soll im Juni 1994 erscheinen, mit einem 'Nachtrage'. Die 'Sophologie' freilich bleibt wohl entschwunden, aber was dem 'Nasobem' recht ist, ist ja wohl auch dem 'Hypertheismus' billig. Wir werden sehen.

Seriöse? serielle Philosophiekondensate

> *Voll Widerspruchs ist alles, sollt ich meinen;*
> *Drum widersprech' ich allem, ja, zur Not ich*
> *Mir selbst; - doch das könnt' eine Lüge scheinen:*
> *Ich tat es nie und werd' es nie, bei Gott! Ich,*
> *Der ich nur zweifle, kann auch nichts verneinen.*
> *So rein der Wahrheit <u>Quell</u>, ihr <u>Strom</u> ist kotig*
> *Und zwängt durch so viel Widerspruch den Fluß,*
> *Daß oft sie auf der Dichtung segeln muß.*
>
>   Byron, Don Juan (XV, 88), übers. v. O. Gildemeister

0. Einleitung

Die sprichwörtliche Weitschweifigkeit der Philosophen scheint in einem gewissen Gegensatz zur poetischen Verknappung zu stehen. Das Kondensat ist das Verdichtete. Die Philosophen haben bei ihren Reflexionen über Gott und die Welt, über alles und nichts, auch Reflexionen über ihr eigenes Tun und ihre spezifischen Äußerungsformen angestellt. Zu diesen philosophischen Äußerungsformen gehört auch das <u>Gedicht</u>, doch dieses wurde - wenn es nicht von HÖLDERLIN oder RILKE stammt - von den Philosophen bisher vernachlässigt.[1] Man hat vergessen, daß es Gedichte gibt, in denen philosophiert wird, und solche, in denen über Philosophie philosophiert wird. Es gibt eben auch metaphilosophische Kondensate. Das Problem, ob Philosophie überhaupt der Kondensation fähig sei, wird selbst auch im Gedicht behandelt, z.B. in dem vielzitierten Gedicht von GOTTFRIED BENN, wo es in Anspielung auf JASPERS heißt:

> *"Die Wahrheit", Lebenswerk: 500 Seiten -*
> *so lang kann die Wahrheit doch gar nicht sein!*

Philosophie und Ge-<u>dicht</u> haben also doch vielleicht einige Beziehungspunkte. Gedichte bestehen aus einer Versfolge, sie sind serielle Gebilde, aber wohl nicht immer seriös. Das gilt insbesondere von Gedichten, die sich mit Philosophie oder Philosophen einlassen, denn Philosophie hat auch etwas mit Satire, Ironie und Humor zu tun - und zwar nicht nur, weil SOKRATES sich oft der Ironie bediente. Den tieferen Grund für die Verflechtung der Philosophie mit der Jokologie kann man vielleicht am besten mit dem berühmten NAPOLEON-Wort umreißen:

> *Du sublime au ridicule il n'y a qu'un pas.*

Da die Philosophie - einmal von dem neuerdings wieder hoffähig gewordenen Kynismus abgesehen - immer auch das Erhabene behandelt, behandelt sie fast auch das Lächerliche. Leider behandelt sie auch manchmal das Lächerliche fast lächerlich. Trennt man die Tätigkeit oder intentionale Beschäftigung von ihrem Gegenstand, so entsteht das sogenannte <u>Kreuz der Philosophie</u>:

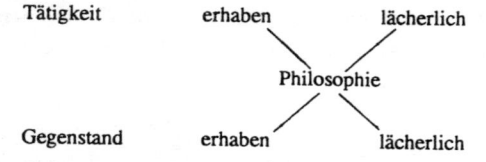

Tätigkeit   erhaben   lächerlich

                Philosophie

Gegenstand   erhaben   lächerlich

Im folgenden werde ich nur solche Gedichte über Philosophie und Philosophen betrachten, die auf irgendeine Weise im Zeichen der Verschränkung dieses Kreuzes stehen und daher auch in den Bereich der Jokologie gehören.
Philosophen, die noch dem normalsprachlichen Trend zuneigen, mögen hierbei ihre

---

[1] In dem von Gottfried Gabriel und Susanne Schildknecht herausgegebenen Sammelband *Literarische Formen der Philosophie* (Stuttgart 1990) gibt es nicht einen Beitrag über das Gedicht.

Aufmerksamkeit auf die nicht-normale Sprache der hier zu betrachtenden Texte richten, denn als Gedichte beruhen sie auf einer Abweichung von der normalen Sprache. Diese "verrückten" Texte in gebundener Sprache lassen sich dann - wie man meistens unterstellt - in solche von eher ernstem und solche von eher heiterem Charakter einteilen. Das Problem einer derartigen Grenzziehung werde ich hier nicht weiter verfolgen, weil es Thema eines eigenen Vortrags wäre. Es ist genug, die Schwierigkeit hier wenigstens erwähnt zu haben.

1. Uneigentliche Kondensate

Nicht immer ist das Ergebnis dichterischer Bemühung Kürze und Verdichtung. Jedenfalls hat sich Lord BYRON in seinem "Don Juan" sehr viele Verse erlaubt. Darunter finden sich auch solche, in denen anhand einer SHAKESPEARE-Stelle und eines MONTAIGNE-Spruchs ontologische und erkenntnistheoretische Fragen diskutiert werden.[2] Offenbar steht Don Juan unter dem Einfluß des NIKOLAUS VON KUES, denn er hält hartnäckig an der *coincidentia oppositorum* fest. Gleichzeitig nimmt er HEIDEGGER vorweg, indem er auf die Seinsfrage insistiert und das Thema "Sein und Zeit" aufgreift, wobei er allerdings das Sein als eine Todesbrücke zwischen den Zeiten versteht.

> *"Sein oder Nichtsein?" - Eh' zur Wahl ich schreite,*
> *Möchte ich doch erst, was <u>Sein</u> ist, recht verstehn.*
> ....
> *Ich meinesteils, ich tret' auf keine Seite,*
> *Eh' beide Seiten nicht zusammengehn;*
> *Mir scheint das Sein ein Tod von Zeit zu Zeit*
> *Vielmehr als bloße Lungentätigkeit.*

Das in dieser Strophe zum Ausdruck kommende Zögern wird in der folgenden in Anlehnung an die antiken Akademiker zum Skeptizismus fortgeführt, ja bis zu einem Metazweifel gesteigert.

> *"Que scais-je?"* hieß <u>Montaigne</u>'s *Spruch, so wahr*
> *Wie <u>der</u> der ältesten Akademie:*
> *Daß alles Zweifel sei auf Erden, war*
> *Ihr Lieblingssatz in der Philosophie.*
> *Gewißheit gibt es nicht, das ist so klar*
> *Wie nur des Todes Physiologie,*
> *Und da so kurz der Welt Erkenntnis mißt,*
> *So zweifl' ich, ob der Zweifel Zweifel ist.*

Don Juan bemerkt allerdings nicht, daß der Metazweifel nur paradox formulierbar ist, denn der zu bezweifelnde Zweifel muß dazu ja ohne Zweifel ein Zweifel sein. Es wäre aber zu prüfen, ob ein Metazweifel im Sinne einer Dekonstruktion möglich ist, denn man könnte ja vielleicht zunächst einen Zweifel <u>kon</u>struieren, um ihn dann durch einen Metazweifel zu <u>de</u>konstruieren.

Don Juan bleibt aber nicht beim Skeptizismus stehen, sondern schreitet in der nächsten Strophe zu einem Plädoyer für eine am Entertainement orientierten philosophischen Praxis fort, wobei er zunächst vom Wassersport der Pyrrhoniker ausgeht, sich dann aber neuen Ufern zuwendet.

> *s' ist eine hübsche Fahrt, umherzustreifen*
> *Wie <u>Pyrrho</u> auf dem Meer der Spekulation;*
> *Doch wie? wenn Strudel euer Boot ergreifen?*
> *Ihr Denker wißt nicht viel von Navigation,*
> *Und stets im Abgrund des Gedankens schweifen*
> *Langweilt doch; - eine stille, seichte Station*
> *Am Strand, wo bunte Muscheln man am besten*
> *Aufliest, genügt bescheidnen Badegästen.*

---
2 Gesang IX, Str. 16 u. 17 (Übersetzung von Otto Gildemeister).

Diese Philosophie der Bescheidenheit wird allerdings durch die zunehmende Ölverschmutzung der Weltmeere in Frage gestellt, aber durch Fragen wird der Denker eventuell wieder zurück in den Strudel des Skeptizismus geworfen. Es entsteht gleichsam ein Kreislauf zwischen Strudel der Skepsis und Strandleben. Diesen Kreislauf kann man mit Recht einen Metastrudel nennen. Ein Entkommen ist bisher nocht nicht in Sicht.

2. Kondensate einzelner Philosophen

In diesem Abschnitt werde ich solche Gedichte herausgreifen, die sich im Sinne der Jokologie mit einzelnen Philosophen oder Philosophenschulen beschäftigen. Besonders die den philosophischen Laien oder bloßen Dichtern unverständliche Philosophie HEGELS hat solche Verarbeitungen provoziert.

Ein besonders bekanntes Beispiel für eine solche HEGEL-Verarbeitung ist JOSEPH VIKTOR VON SCHEFFELS Gedicht "Ich weiß eine friedliche Stelle ...", das ich wegen seines hohen Bekanntheitsgrades nicht allzu detailiert besprechen muß. Es ist jenes Gedicht über die reinlichen Vögel im schweigenden Ozean, das zugleich über die Flüssigkeit eines poetischen Textes reflektiert. Die zweite Strophe lautet mit Bezug auf jene Vögel:

> *Sie sitzen in frommer Beschauung,*
> *kein einz'ger versäumt seine Pflicht,*
> *gesegnet ist ihre Verdauung*
> *und flüssig als wie ein Gedicht.*
> *Die Vögel sind all' Philosophen,*
> *ihr oberster Grundsatz gebeut:*
> *den Leib halte allezeit offen*
> *und alles andre gedeiht.*

Diese Vögel sind nicht etwa im Sinne des Feuerbachschen Naturalismus das, was sie essen, ganz im Gegenteil. Sie sind aber jedenfalls Philosophen, weil sie nach Goethes Begriff Wahrheit hervorbringen, denn danach gilt: "Was fruchtbar ist, allein ist wahr." Dementsprechend endet dieses Lied mit den Worten des Böblinger Repsbauern:

> *Gott segn' euch, ihr trefflichen Vögel*
> *an ferner Guanoküst,*
> *trotz meinem Landsmann, dem Hegel,*
> *schafft ihr den gediegensten Mist.*

Es sei nur angemerkt, daß SCHEFFEL bis in die Wortwahl hinein HEGEL erfaßt hat, denn "Gediegenheit" gehört zur spezifischen Begrifflichkeit der HEGELschen Logik.[3] –

Ein anderes Beispiel ist jenes HEINE-Gedicht mit dem Titel "Doktrin", von dem sich offensichtlich GÜNTER GRASS zu seiner "Blechtrommel" inspirieren ließ. In HEINES Gedicht ist die These von THOMAS S. KUHN, daß sich neue Lehren nicht aufgrund ihrer rationalen, argumentativen Triftigkeit durchsetzen, deutlich antizipiert, denn, wie HEINE zum poetischen Ausdruck bringt, setzt sich eine wissenschaftliche Doktrin oder eine Philosophie nur aufgrund von furchtlosem Einhämmern durch und mit Hilfe von Prostitution gegenüber der jeweiligen Versorgungsinstanz, bei HEINE steht paradigmatisch die "Marketenderin".

> *DOKTRIN*
> *Schlage die Trommel und fürchte dich nicht,*
> *Und küsse die Marketenderin!*
> *Das ist die ganze Wissenschaft,*
> *Das ist der Bücher tiefster Sinn.*
>
> *Trommle die Leute aus dem Schlaf,*
> *Trommle Reveille mit Jugendkraft,*
> *Marschiere trommelnd immer voran,*
> *Das ist die ganze Wissenschaft.*

---

3 G. W. F. Hegel, *Wissenschaft der Logik*, hrsg. v. G. Lasson, Hamburg 1934, I, S. 177, 193 f.; II, S. 151, 157, 351, 345, 349.

Wolfgang Breidert, Karlsruhe

Das ist die Hegelsche Philosophie,
Das ist der Bücher tiefster Sinn!
Ich hab sie begriffen, weil ich gescheit,
Und weil ich ein guter Trommler bin.

Das Trommeln wird im Gedicht formal durch die wörtliche Wiederholung zweier Verse und durch die Anapher dargestellt: Von zwölf Versen beginnen immerhin fünf mit "Das ist ...". Insgesamt dominiert die zum Trommeln gehörende Lautstärke.
Inhaltlich wird HEGELS Philosophie lapidar auf ihre martialische Durchsetzungsstrategie reduziert. Ähnlich ergeht es Schelling in HEINES Gedicht "Krichenrat Prometheus", in dem SCHELLINGS Hefte als finster abgetan werden. HEINES hegelianischer Tambour kennt den tiefsten Sinn der "Bücher" und ist "gescheit". Das ist ein Vokabular, das offenbar zu solchen Gedichten gehört, die auf die Philosophie, die auf die HEGELsche Philosophie anspielen. Auch bei ENZENSBERGER trifft man es wieder im "Untergang der Titanic" in einem Gedicht mit dem Titel "Fachschaft Philosophie". Diese entartet zu einem Hegelkongreß, und das bedeutet zu einer Versammlung von Zauberern und Esoterikern. Auch in diesem Text gibt es Wortwiederholungen. Da heißt es etwa *"Daß Vernunft Vernunft ist / und nicht Vernunft, um das zu kapieren, / braucht man nicht Hegel zu sein, dazu genügt / ein Blick in den Taschenspiegel ..."* Dann wieder: *"Wie wirklich ist das, was wirklich ist?"* An anderer Stelle: *"... Unauffällig / stehen die Posten Posten. ..."* Dem Leser ist allerdings klar, daß nach HERAKLIT und nach diesem auch nach HEGEL Wiederholungen niemals dasselbe wiederholen. Schon Heraklit hatte ja gelehrt:
In dieselben Flüsse steigen wir und steigen wir nicht ...
In ENZENSBERGERS Gedicht lächelt HEGEL schadenfroh. Vielleicht lächelt er auch über den Dichter des "Untergangs der Titanic", denn nicht alle Leser hatten begriffen, daß es sich bei diesem Katastrophen-Text um eine "Komödie" handelt, was zu einigen Irritationen führte. Es ist zu befürchten, daß es den Jokologen ähnlich ergehen wird. Gegen diese Gefahr hilft vielleicht nur noch der positivistische Rückzug in die bloße Beschreibung dessen, was ist. Und dazu gehört die Feststellung, daß die Philosophen HEGEL und PLATON, aber auch DESCARTES, gerne in hierhergehörenden Gedichten herangezogen werden.
Im folgenden werde ich das Beispiel eines Platonismus-Gedichts vorstellen. Darin geht es um einen Philosophen, der - was heute wohl kaum noch vorkommt - der Weisheit in PLATONS Spuren folgt. Ein solcher Denker wird sehr leicht zum Objekt satirischer Dichtung. In solchen Gedichten ist der Philosoph typischerweise getreu seinem Lehrer PLATON ein Verächter der schnöden Sinnenwelt, die ja kaum mehr bedeutet als ein Trittbrett zu Höherem. Als solcher Kostverächter wird der Platonist belächelt bzw. ausgelacht, oder man lacht zusammen mit dem jeweiligen Dichter über die Inkonsequenz des Philosophen, der schwach wird, weil seine auf den reinen Geist ausgerichtete Philosophie den sinnlichen Anfechtungen nicht standhält. Das hier zu betrachtende Gedicht stammt von einem Dichter, dem aufgrund seiner Biographie der Stuhl eines Ehrenpapstes unter den Jokologen gebührt: JOHANN JOACHIM EWALD. Er war einer der intensivsten Sowohl-als-auch-Dichter. Da er nicht so bekannt wie GOETHE ist, seien einige Daten seines Lebens erwähnt:
JOHANN JOACHIM EWALD wurde 1727 geboren, ob und wann er gestorben ist, wissen wir nicht. Als Sohn eines Handwerkers und Gastwirts verknüpfte er den Sinn für das Sinnlich-Konkrete mit dem für geistig Durchtränktes. Er verband deutsches Handwerk mit dem Esprit der Französischen, jedenfalls studierte er die französische Sprache und zur Unterstützung der verbindlichen Auseinandersetzungen auch Jura. Man kann seinen unsteten Lebenslauf, seine häufigen Ortswechsel und seine religiöse Konversion zum Katholizismus nur als Ausdruck der Suche nach dem Einen, dem Kallonkagathon, verstehen, und da ist es nur konsequent, daß er als Bettelmönch verschollen ist. Wir wissen also nicht von seinem Tode. Er ist gleichsam selbst unsterblich wie die platonische Idee.
EWALD verknüpfte die beiden Möglichkeiten des Platonisten, den Auf- und den Abstieg, zu einer einzigen Figur und kondensierte sie in der Gestalt und in dem Gedicht "Aspasia". EWALD erkennt, daß die Zeit die Bedingung der Möglichkeit der Vereinigung von himmlischer oder olympischer Idee und irdischer Sinnlichkeit ist. Diese KANTische oder besser: HEIDEGGERsche Lösung des platonischen Problems gelingt dem Dichter, indem er die Sorge nicht nur als Sorge-um-das-eigene-Sein-des-Daseins in die Daseinsanalytik hineinnimmt, sondern die Sorge auch auf die Sinnlichkeit ausdehnt, nicht etwa als Sorge in

der Zeit und *in* der Sinnlichkeit, sondern als Sorge *um* oder *für* die Sinne. So heißt es in dem Gedicht an entscheidender Stelle kurz vor dem krönenden Schlußvers:
  Man muß auch für die Sinne sorgen, ...
Worum geht es in diesem Gedicht? Der tiefsinnige, weise Philosoph Thirsis ist in seine mitternächtlichen Reflexionen versunken. Bei Nietzsche wird es später heißen: *"O Mensch! Gib acht! / Was spricht die tiefe Mitternacht?"*
Der weise Thirsis, der sich von dem philosophischen Imperativ Augustins "In te redde!" leiten läßt, war als Denker "in sich selbst gekehrt". Dabei war er nicht nur bedrohlich alleine, sondern war auch ganz unten, nämlich "im Thal". Wie PLATON klar erkannt hat, mag die Selbstreflexion zwar zum Wahren führen, doch, um auch gut zu sein, fehlt ihr die Schönheit. PLATON hatte auch entdeckt, daß die Schau der Idee etwas ist, was plötzlich ("exhaiphnes") kommt. Rasch tritt den Menschen nicht nur der Tod an, sondern auch die Idee des Schönen, insbesondere wenn sie nicht nur abstrakt ist. Diesen Moment der Erleuchtung in der - wenn auch schon mondhellen - Mitternacht, verdichtet EWALD in seinem zehn Verse umfassenden Gedicht "Aspasia".
ASPASIA, die "Ersehnte", war die Gemahlin des PERIKLES, des größten Staatsmannes von Athen, und damit greift EWALD die berühmte These PLATONS aus der "Politeia" auf, daß die Philosophen Staatsmänner und die Staatsmänner Philosophen sein sollten. Aspasia ist der Gestalt gewordene Versuch, diese Legierung zwischen Staatsmann und Philosoph zustandezubringen, denn sie steht zwischen PERIKLES, dem Staatsmann, und THIRSIS, dem Philosophen. Es würde den Rahmen dieser Ausführungen sprengen, würde ich auch die poetische Funktion der Gestirne und des Gebüschs in diesem Gedicht ausführlich interpretieren. Es mag die Bemerkung genügen, daß sich der platonistische Gegensatz von Oben und Unten / Idee und Konkretion auch in der Gegenüberstellung von Gestirnen ("Mond", "Sternen") und Büschen wiederfindet.

> *Aspasia*
> *Der volle Mond sand seinen Silberstrahl*
> *Durch stille Luft herab, da, wo allein im Thal,*
> *Um Mitternacht der weise Thirsis wachte,*
> *Und in sich selbst gekehrt, an strenge Weisheit dachte.*
> *Schnell tritt, noch heitrer als der Mond,*
> *Der am Olymp, umringt von Sternen, thront*
> *Aus Büschen schön Aspasia hervor.*
> *Der weise Thirsis, der den Tiefsinn nun verlor,*
> *Gedacht, als er sie sah: Man muß auch für die Sinne sorgen,*
> *An Plato denk ich morgen.*

[Nur in Parenthese sei angemerkt, daß die strenge Reimstruktur bei variabler Verslänge dem Ganzen eine besondere Lebendigkeit verleiht. Zu beachten ist, daß die Verkürzung des letzten Verses die Zeitgebundenheit PLATONS ganz besonders deutlich hervorhebt.] - Weniger wortreich, aber deswegen umso pointierter, formulierte CHRISTIAN MORGENSTERN seine Kritik an dem zu seiner Zeit weitverbreiteten Monismus. In seinem Gedicht "Der Monist" wird dieser als verführender Rattenfänger und Bierpanscher (oder Giftmischer?) skizziert:

> DER MONIST
> Wie seine Flöte
> auch immer verführt - -:
> Haeckel und Goethe
> mit Bier angerührt.

Das ist ein Meisterstück der Kondensatphilosophie. Der letzte Vers ist doppeldeutig, denn "anrühren" kann eine Einwirkung auf das Gemüt bedeuten, aber auch das Zusammenmischen, wie man einen Teig anrührt, doch auf solche Feinheiten kann ich in diesem Rahmen nicht näher eingehen. -
Mit dem berühmten Grundsatz, der das Denken und das Dasein verknüpft, hat DESCARTES nicht nur das Fundament für die neuzeitliche Philosophie gelegt, sondern auch ein Tor zu neuen jokologischen Räumen aufgestoßen. Jedenfalls gehört DESCARTES zu den verdichteten

Wolfgang Breidert, Karlsruhe

Philosophen. Als Beispiel eines DESCARTES-Gedichts wähle ich HAGEDORNS Gedicht "Das Daseyn". Es ist ein frühes Beispiel für die Kondensation des kartesianischen Ansatzes im Bereich der Thalia. Der eher HEIDEGGERSCHE Titel darf nicht darüber hinwegtäuschen, daß es sich bei diesem Gedicht um einen vom Pragmatismus und vom Fallibilismus herkommender Angriff auf DESCARTES handelt.

> *Das Daseyn*
> *Ein dunkler Feind erheiternder Getränke,*
> *Ein Philosoph, trat neulich hin*
> *Und sprach: Ihr Herren, wißt, ich bin.*
> *Glaubt mir, ich bin. Ja, ja! Warum? Weil ich gedenke.*
>
> *Ein Säufer kam und taumelt' ihm entgegen,*
> *Und schwur bei seinem Wirt und Wein:*
> *Ich trink; o darum muß ich seyn.*
> *Glaubt mir, ich trink; ich bin. Wer kann mich widerlegen?*

Der Philosoph kommt mit seinem Kampf gegen erheiternde Getränke doch nicht aus der Unverborgenheit heraus, sondern bleibt "ein dunkler Feind". Er ist ein unkritischer Kartesianer in einer emanzipationsfreien Herrengesellschaft. Er zeichnet sich als Philosoph aus, indem er eine Warum-Frage stellt. Anders als die meisten Philosophen beantwortet er diese Frage sogar und bleibt nicht, wie es unter seinen Kollegen üblich ist, in der fraglichen Fraglichkeit stehen. Der unbefangene Leser könnte in dem wiederholten "Ja" eine Unsicherheit vermuten, doch es bleibt im Rahmen der biblisch erlaubten Rede.[4] Dem kartesianischen Philosophen taumelt der Pragmatist entgegen, der nicht nur denkt, sondern auch handelt, indem er trinkt. Er bleibt nicht bei dem bloßen Recht auf Rausch, sondern zieht aus der Tat (des Trinkens) seine Daseinsgewißheit, die jedoch sofort durch die am Ende in eine rhetorische Frage verpackte Aufforderung zur Widerlegung der eigenen These unter die unumstößliche Gültigkeit des POPPERSCHEN Fallibilismus gestellt wird. Bisher fehlt noch eine plausible Erklärung dafür, daß weder die Pragmatisten noch die Fallibilisten HAGEDORN in ihre eigene Geschichtsschreibung aufgenommen haben. Auch ich sehe dafür keinen Grund.

3. Dadaismus und Wortspiele

Die dritte Klasse philosophisch-jokologischer Gedichte, nämlich die dadaistischen oder auf bloßen Wortspielen beruhenden[5], werde ich hier übergehen, um mich nicht mit unernsten bloßen Sprachspielen aufzuhalten.

4. Didaktische Gedichte

Diese Klasse fällt nur ungenau unter mein Thema, denn manchmal sind solche Gedichte keine Kondensate, sondern breitgewalzte Texte, so etwa der Versuch von CH.F. ZERNITZ (1717-1745), das *principium identitatis indiscernibilium* in einem Gedicht am Beispiel der Küsse zu erläutern. Dazu benötigt er immerhin *sechs* Strophen zu je *sechs* Versen. Mag dadurch auch klanglich formal angedeutet sein, daß Küsse irgendwas mit Sex zu tun haben können, und ist es auch bemerkenswert, daß hier in diesem Gedicht ein Autor schon im 18. Jahrhundert von "hundert Logicken" spricht, letztendlich wird der in diesem Text dargestellte Streit zwischen einem "Philosophen, der Witz und seine Schöne liebt", und seinem Gegner um die Frage, ob ein Kuß ein Kuß sei, also in dem Begriff kein Unterschied liege, oder ob kein einzelner Kuß je dem andern gleich sei, allzu weitschweifig ausgeführt. Ein dritter Gesprächspartner entscheidet am Ende den Streit gegen den Rationalisten durch den Hinweis auf dessen Geliebte. Die Küsse mögen nicht zu unterscheiden sein, aber doch wenigstens die Schönen - meint jedenfalls der dritte Kaffeegast in diesem poetischen Machwerk, das sich vor allem durch unschöne Reime auszeichnet wie z.B.:

---

[4] Matth. 5, 37.
[5] z.B. von Jandl oder Pastior

Den Satz des nicht zu Unterscheidenden,
Erweis ich dir mit deiner Lesbien.
Auch hier zeigt sich: Didaktik ist nicht immer schön.

5. Das philosophische Trinklied

Unter den hier zu betrachtenden Gedichten, bildet das philosophische Trinklied eine eigene Klasse. Diese Klasse gruppiert sich um die alkäische Verbindung von Aletheia und Oinos, die vor allem in der lateinischen Version (*in vino veritas*) bekannt wurde. Als ersten Repräsentanten dieser Klasse wähle ich LESSINGS Gedicht *Der philosophische Trinker*. Aufgrund mehrerer, in der Philosophiegeschichte üblichen Kehren war jener Trinker zu einer einsichtsvollen neuen Lebensform gekommen. Aus dem Alltagsmenschen wurde ein Mitglied der Philosophenzunft. Dort erkannte er, daß er als Philosoph ein Narr sei. LESSING sagt nicht, ob dieser Philosoph, wie CAMUS, die Absurdität der menschlichen Situation erkannte, oder ob er sich durch scholastische Spitzfindigkeiten genarrt fühlte. Jene Titelfigur bei LESSING hatte sich sowohl mit dem Vorbild rationaler Naturforscher, dem Genie NEWTON, als auch mit dem paradigmatischen Denker irrationaler Welterfassung, JAKOB BÖHME, auseinandergesetzt. Beide Richtungen der Naturphilosophie ließen ihn jedoch unbefriedigt, denn er fand auf seine, an der Gültigkeit des Kausalitätsprinzips orientierten, Warum-Fragen keine Antworten. Jedenfalls wendete sich "der Narr vom philosophschen Orden" ab und begab sich unter die Zechbrüder.

Mein Freund, der Narr vom philosophschen Orden,
Hat sich bekehrt, und ist ein Trinker worden.
Er zecht mit mir und meinen Brüdern,
Und fühlet schon in unsern Liedern
Mehr Weisheit, Witz und Kraft,
Als Jacob Böhm und Newton schaf[f]t.

In ironischer Brechung wird in diesem Gedicht die Versklavung des Menschen durch die nach Ursachen forschende und Warum-Fragen stellende Philosophie verdichtet. Eine Befreiung von dieser Unterdrückung ist nur jenseits der Logik, nämlich dort, wo Schlüsse nicht mehr unser Ohr plagen, und fern der mathematischen, NEWTONschen Physik, und das heißt: jenseits aller rationalen Naturforschung, möglich. Bedingung einer solchen Befreiung ist aber auch die Abwendung von den "spitzen Fragen" der argumentativ-methodologisch druchdrungenen Scholastik einerseits und von der Mystik, für die hier im Text JAKOB BÖHME steht, andererseits. Mit Bezug auf NEWTON und JAKOB BÖHME heißt es daher im Gedicht vom philosophischen Trinker, der immer noch in den Stricken der Philosophie hängt:

Doch bringt er seine spitzgen Fragen,
Die minder als sie [Böhme, Newton] sagen, sagen,
Noch dann und wann hervor,
Und plagt mit Schlüssen unser Ohr.

Immerhin beschäftigt sich LESSINGS Titelheld noch nicht mit dem unphilosophischen irrationalen Konditionalsatz jenes bloßen Schunkelliedes: "Wenn das Wasser vom Rhein goldner Wein wär', usw.", sondern LESSINGS Trinker fragt "Warum?", und als typischer Philosoph verallgemeinert er seinen Gedanken und dehnt ihn auf alle Gewässer aus:

Warum wohl in der Welt der Fische,
In Flüssen und im Meer,
Nicht Wein statt Wassers wär?

Einer der Zechkumpane, nämlich das poetische Ich, findet nach einigem Hin- und Herdenken, wie es in der Philosophiegeschichte Tradition hat, schließlich die Antwort, die sich etwa so analysieren läßt:

1) Im Wein liegt Wahrheit.
2) Wer Wein trinkt, wird dieser Wahrheit teilhaftig. Er wird klug.
3) Wer klug ist, läßt nur andere Lasten tragen.
4) Esel trinken aus allen möglichen Gewässern.
5) Esel sind aufgrund der Naturordnung zum Tragen von Lasten verdammt
6) Wenn alle Gewässer Wein enthielten - sozusagen "Ge-weine" wären -,
   würden Esel Wein trinken. [wegen 4]
7) Wenn Esel Wein trinken, werden sie klug. [wegen 2]
8) Wenn Esel klug werden, tragen sie keine Lasten mehr. [wegen 3]

9) Wenn Esel keine Lasten mehr tragen, verstößt dies gegen die
  Naturordnung. [wegen 5]
Es entspricht also höchster Weisheit in der Welt, daß die Gewässer keinen Wein enthalten.
Der im 18. Jahrhundert geläufige, aber in modernen Konversationslexika nicht mehr zu findende Ausdruck "Weltweisheit" ist doppeldeutig, denn er bedeutet einerseits die Wissenschaft von der Welt, die Philosophie, doch hier im Gedicht mag er auch die Weisheit bedeuten, mit der die Welt eingerichtet ist. Daher endet das LESSING-Gedicht mit dem Vers:
Drum trinket eins der Weltweisheit zu Ehren!
In diesem LESSING-Gedicht zeigt sich noch etwas anderes, nämlich daß alle philosophischen Probleme im drogengestützten Rausch hinfällig werden, denn es kommt dabei zu einer Klugheit der Verweigerung, Lasten zu übernehmen. Doch um die Möglichkeit der Realisierung dieser Verweigerung aufrechtzuerhalten, dürfen die Drogen nicht allen Lebewesen zugänglich sein. Das Recht auf Rausch muß dem Menschen vorbehalten bleiben. LESSING hat die im Wein liegende Wahrheit auch an anderen Stellen auszunutzen versucht, z.B. auch im Hinblick auf die wissenschaftsgeschichtliche Erklärung der kopernikanischen Wende. KOPERNIKUS habe nämlich den Stillstand der Sonne wohl mit Hilfe des Alkohols entdeckt. Der Wein mache eben zum Astronomen. Aber, so muß der aufgeklärte Leser leider konstatieren, der Alkohol macht wohl doch nur einen schlechten Astronomen, denn, wenn das Gedicht "Der neue Weltbau" zuträfe, so müßte die Sonne scheinbar im Westen aufgehen und im Osten untergehen, denn dort heißt es in der zweiten Strophe:
Der Wein, der Wein macht nicht nur froh,
Er macht auch zum Astronomo.
....
So kann der Wein den Witz verstärken!
Wir laufen selbst, ohn es zu merken,
Von Osten täglich gegen West!
Die Sonne ruht. Die Welt steht fest!
Mit dieser Feststellung möchte ich schließen und nur noch die Bemerkung hinzufügen, daß es trotz meiner Seminare, Vorlesungen und Projekte zur Philosophie in Gedichten bisher noch keine umfassende Arbeit über dieses Thema gibt, und daß daher auch dieser Vortrag nur als Vorarbeit zu einem diesbezüglichen Kapitel über jokologisch relevante Gedichte zu betrachten ist.

Renate Dürr, Karlsruhe

Was ist ein ...?

Es geht im folgenden nicht so sehr darum, die gelungene Lösung eines partiellen Problems darzustellen (obwohl dies großartig genug ist), sondern vielmehr um die Absicht (und zwar um meine), die Methoden und die Leistungsfähigkeit der analytischen Philosophie zu rehabilitieren bzw. überhaupt ins rechte Licht zu rücken.

Zu rehabilitieren ist die analytische Philosophie gegen die Auffassung (und ich zitiere exemplarisch ein Mitglied des Institutes, an dem ich arbeite) "die Analytiker werden maßlos überschätzt".

Ins rechte Licht zu rücken ist die analytische Philosophie gegen die allseitige erschreckende Ignoranz, die ebenfalls anhand der Aussage eines Institutsmitglieds (s.o.) exemplifiziert werden soll: Auf die in einem Seminar gestellte Frage: "Was ist analytische Philosophie?", die der Zitierte selbst beantworten mußte, weil kein Seminarteilnehmer es tat, erläuterte jener: "Analytisch heißt, daß man nichts mehr zu tun braucht, weil alles schon drin ist".

Lassen Sie mich nun zum eigentlichen Vortrag kommen. Das Thema meiner Untersuchung lautet:

Was ist ein Philosoph?

und selbstverständlich werde ich diese Frage nicht beantworten; nicht weil es sich um ein work in progress handelt (die gesamte Untersuchung wird demnächst in dem Sammelbändchen *SemAntik und GerOntologie* veröffentlicht), sondern weil - wie bekannt - essentialistische Fragen prinzipiell nicht beantwortbar sind. Die adäquaten Titel "Was bedeutet es, Philosoph zu sein?" oder schlicht "Was meinen wir, wenn wir 'Philosoph' sagen?" erschienen mir jedoch nicht reißerisch genug. Oder (um zum letzten Mal ein Institutsmitglied zu zitieren): "Der Titel macht das Werk. Der Inhalt kommt erst hernach... Die Zukunft der Philosophie lebt nicht länger vom Inhalt des Denkens, sondern von der Strategie der Überschrift".[1]

Für die philosophische Untersuchung des Philosophen stehen uns mehrere Vorgehensweisen zur Verfügung; beginnen wir mit der zeitgemäßesten: der computergestützten linguistischen, und schauen dort nach, wo das gesamte Wissen einer Sprachgemeinschaft am vorzüglichsten, vollständigsten und unangetastet von Meinungen, Wertungen, Sympathien, Antipathien bewahrt wird: im 'Thesaurus'[2]. Der Computer meldet auf Anfrage nach "Philosoph": "Nicht gefunden. Ein anderes Wort wählen!" Nun, wir haben es uns beinahe gedacht, daß in diesem frühen Stadium der Untersuchung das Philosoph (und das Neutrum ist bewußt gewählt, da uns ja keinerlei kennzeichnende Merkmale bekannt sind, es ist also dasselbe 'das' wie in 'das Ding an sich') nicht in reiner

---

1 Hartmann, S., Contra Metaphysicos, S. 1-18 in *Vielfalt*, Festschrift für W. Breidert, Typoskript Karlsruhe 1987, S.1

2 = Wörterbuch eines bestimmten Computerprogramms

Renate Dürr, Karlsruhe

Form vorkommt, denn sonst wäre ja die Analyse bereits an ihr Ende gekommen. Also erweitern wir unser Zeichen willkürlich - und siehe da, bei den Kombinationen "Philosoph*ie*" und "philosoph*isch*" bietet uns der Computer bzw. sein Wörterbuch sowohl eine Bedeutung wie auch Synonyme an: Für ersteres als Bedeutung "Weltanschauung", als Synonym "Ideologie", für letzteres als Bedeutung "weise", als Synonyme "klug", "abgeklärt". Trotzdem haben wir noch (mindestens) zwei Probleme:

1. Es nützt dem Computer (und dem computergestützten Linguisten) überhaupt nichts, wenn sie anzeigen, die *Bedeutung* von "a" sei b. Denn wir *wissen*, daß sie zwar über eine Syntax, nicht aber über eine Semantik verfügen; und eigentlich ist es uns völlig egal, daß man von der Zeichenfolge PHILOSOPHIE zur Zeichenfolge WELTANSCHAUUNG übergehen kann.

Das 2. Problem ist allerdings auf unserer Suche nach dem 'Philosoph' viel lästiger: Die kleinste bedeutungstragende Einheit ist (oder nennt man) Morphem (oder Monem). Morpheme werden in Lexeme und Grammateme eingeteilt, wobei das Lexem (auch Semantem genannt) der lexikalische Teil des Wortes ist, die Grammateme hingegen gehören zum grammatischen Inventar der Sprache. Beide Gruppen werden nochmals in 'freie' und 'gebundene' unterschieden:

	frei	gebunden
Grammateme	daß und	Hase-*n*
Lexeme	schön Haus	Schön-*heit* Haus-*frau*

Ist also 'Philosoph' überhaupt eine bedeutungstragende Einheit, wenn nur 'Philosophie' bzw. 'philosophisch' im Lexikon enthalten ist? (Übrigens: Im *Historischen Wörterbuch der Philosophie* gibt es das Stichwort 'Philosoph' auch nicht). Jedenfalls, was immer das Philosoph ist und gleichgültig welches Verständnis von Freiheit man immer zugrundelegt, es ist keinesfalls frei, und daraus folgt zwingend - aufgrund des tertium non datur -, daß es gebunden ist. Fatal ist nur, wie das Schema zeigt, daß in allen anderen Fällen das zu Bindende immer räumlich kleiner oder gleich dem Eigentlichen ist; und wir wollen doch nicht annehmen, daß ein Philosoph darauf verpflichtet ist, dem 'ie' anzuhangen. Selbst wenn wir 'gebunden' nicht als 'vorne oder hinten angebunden', sondern als 'eingebunden' interpretieren: Semantisch ist ein Philosoph vollkommen unterbestimmt; hat somit in der Menge der Lexeme nichts zu suchen und kann vom Linguisten mit Fug und Recht den Grammatemen zugeschlagen und in dem Sprachschuppen, in dem er Kasus- und Pluralendungen, sowie sonstige bedeutungslose Vor- und Nachsilben, eben die ganze Synkategorematie aufbewahrt, abgestellt werden.

Wir sehen, mit der linguistischen Analyse kommen wir höchstens bis zu Philosophie-*renden*, nicht aber zum Philosoph(en). Könnte uns da die ältere Schwester der modernen Linguistik, die Etymologie weiterhelfen?

Renate Dürr, Karlsruhe

Daß etymologisch alles, aber auch wirklich alles, so abgeleitet werden kann, wie man es gerade braucht, hat bereits der große Jokologe PLATON im 2. Kapitel des *Kratylos* gezeigt, und auf eine so billige Sache (die Etymologie, nicht PLATON) wollen wir uns hier gar nicht einlassen, sondern versuchsweise einen anderen Weg einschlagen.

Bei jedem Ausdruck, bei dem wir uns schwer tun, eine Bedeutung zu (er)fassen, liegt der Verdacht nahe, daß er gar keine hat; m.a.W., daß es sich um einen Eigennamen handelt. Gesucht[3] wäre also nicht länger eine Bedeutung, sondern ein Bezugsgegenstand. Das Referenzobjekt ist - wen überrascht das - ARISTOTELES[3].

Falls doch jemand überrascht sein sollte, lassen sie es mich kurz erläutern. Einer der Renner auf dem Markt der Wortbedeutungen ist die sogenannte kausale Referenztheorie, deren Herzstück ein Taufakt ist. Nun läßt es sich nachweisen, daß zu jener Zeit, als in unseren Breitengraden das Philosophieren in Mode kam, die Sprachgemeinschaft übereinkam, ARISTOTELES *den* Philosophen zu nennen. Und die kausale Referenztheorie besagt, daß wir jedesmal, wenn wir einen Namen benutzen, genau auf das Objekt referieren, das einstens[4] mit diesem Namen versehen worden ist.

(Sie dürfen jetzt natürlich nicht denken, nanu, das kennen wir, das ist doch der 'Mythos vom Museum': In jenem hängen die Schildchen an den *Bedeutungen*, jetzt hängen sie an den *Gegenständen* - und die Bedeutungen in der Luft. Und wie man sich das mit der Tradierung dann vorzustellen hat - wie die Information über Namensträger und getragenes Schild von Generation zu Generation erfolgen könnte - das ist ein anderes Problem.)

Aber, so mag eingewandt werden, 'Philosoph' kann durchaus in Prädikatposition stehen, was ein ordentlicher Eigennamen nicht kann. Kein Problem: Die Väter dieser Konzeption, KRIPKE und PUTNAM, haben herausgefunden, daß die kausale Referenztheorie nicht nur für Individuen gilt, sondern auch für natürliche Arten. Ob es also außer ARISTOTELES noch einen Philosophen gibt, hängt davon ab, ob Philosophen eine natürliche Art sind; allerdings kann der Term korrekt nur auf diejenigen 'Dinge' angewendet werden, die mit ARISTOTELES irgendwie philidentisch[5] sind. Davon abgesehen, daß Philosophen wahrscheinlich keine *natürliche* Art sind, müßten wir dennoch die Philidentität irgendwie zu fassen kriegen, damit im Einzelfall entschieden werden kann, ob etwas ein Philosoph ist oder nicht.

Wir sollten uns also bewährter Analysetugenden erinnern und gleichzeitig WITTGENSTEINS berühmtes Dictum "Denk nicht, sondern schau!" (im wahrsten Sinne des Wortes) nicht aus den Augen verlieren. Um Mißverständnissen vorzubeugen: Es handelt sich dabei keineswegs um ein generelles Denkverbot: Laßt uns also erst *schauen*, wie das Wort in der Sprachgemeinschaft

---

3 Das Schöne am Suchen: Es braucht kein Objekt!
3 Das Schöne am Finden: Gefunden wird immer ETWAS!
4 Angeblich soll ja Pythagoras sich als erster 'Philosoph' genannt haben, aber das gilt natürlich nicht, denn schließlich gibt es keine Privatsprachen.
5 Für dieses Wortungeheuer kann ich nichts. Putnams Exempel für eine natürliche Art ist 'Wasser' und ob etwas Wasser ist, hängt davon ab, ob es mit dem Wasser auf unserer Erde *flüssidentisch* ist. Die Analogie mit dem Wasser zeigt allerdings sehr schön, daß es Philosophen in der Tat auch schon gegeben haben könnte, als kein Mensch (nicht einmal sie selbst) wußten, daß sie Philosophen sind.

Renate Dürr, Karlsruhe

verwendet wird - aber dann *analysieren* wir, und dann *schauen* wir wieder, ob es in der Welt irgendetwas gibt, das dem Analyseergebnis strukturell gleicht.

Eine Verwendung des Ausdrucks und zwar eine besonders brauchbare für diesen Zweck (er kommt ja, wie oben gezeigt, nicht allzu häufig vor) findet sich bei Friedrich NIETZSCHE; dieser stellt fest: "Man erkennt einen Philosophen daran, daß er drei glänzenden und lauten Dingen aus dem Weg geht, dem Ruhme, den Fürsten und den Frauen".[6]

Was nun die Fürsten betrifft, so hat die Historie bereits das ihre getan: sie hat gesprochen! *Die Sache ist entschieden und muß uns nicht mehr kümmern*[7].

Beim "Ruhme" ist eine Fallunterscheidung angezeigt: Man bedenke, Nietzsche schrieb *Zur Genealogie der Moral* zwar nach der Rechtschreibkonferenz von 1878, aber vor der Orthographischen Konferenz von 1901, die nur dem Thron sein unnützes 'h' ließ. Meint Nietzsche also jenes goldgelb glänzende Getränk, das an sich nicht laut ist, wohl aber laut macht, so ist empirisch leicht nachzuweisen, ob ein potentieller Kandidat diesem aus dem Wege geht oder nicht. Fall 1 ist somit erschlagen.

Fall 2 (der Ruhm, von dem das Wörterbuch sagt, daß er zu den relativen oder bedürfnisbezogenen Werten gehört und der die Form der höchsten Steigerung der Ehre ist) fordert zu einer etwas umfangreicheren, mühseligeren Analyse heraus (in der Sprechweise der Mathematiker: "Wie man sofort sieht ..." "es ist evident ..."). Selbstredend könnte man es sich leicht machen und mit voller Berechtigung - gestützt auf empirisches Material - festhalten, daß im je zu untersuchenden Fall eine Begegnung usw. s.o. - aber so einfach sind die Verhältnisse nicht.

Da ist zuerst einmal der Begriff "Ruhm", der ganz und gar aus dem ontologischen Rahmen fällt. Fürsten und Frauen kann man sehen, hören, kneifen und somit im Bedarfsfalle aus dem Weg gehen. Wie geht man einer körperlosen Entität, die per se gar nicht auf dem Weg (oder sonstwo) *liegen* kann, aus demselben? Es drängt sich der Verdacht auf, daß "aus dem Weg gehen" vielleicht metaphorisch gemeint ist. Dann ist es eine Sprachschlamperei sondergleichen, in ein und demselben Satz ein und dieselbe Prädikatskonstruktion einmal eigentlich und einmal uneigentlich zu setzen. Es rede sich keiner auf 'Sprachökonomie' heraus.

Mit größten Bedenken, widerwillig, aber immerhin, ist die Metaphorik ins Kalkül zu ziehen und das Wort "Ruhm" näher zu untersuchen. Ist es überhaupt zu Recht ein Substantiv? Hans REINER sagt: "Ruhm ist das **Ansehen** um einer ganz besonders hervorragenden Leistung willen"[8]. Reiner sagt nicht, 'das Ansehen, das jemand genießt', er sagt nicht, 'das Angesehenwerden'. Und weil **wir** unseren Verstand nicht durch die Sprache verhexen lassen: bei 'ansehen' und seinem Synonym dem 'Ruhm' handelt es sich um ein asymmetrisches, nichttransitives, irreflexives[9] Verb im Aktiv.

---

6 Nietzsche, F., Zur Genealogie der Moral, in G. Colli/M. Montinari (Hg.), Nietzsches Werke, 6.Abt., 2.Bd., Berlin 1968, S. 372
7 Nur der Vollständigkeit halber: Nicht auf der ganzen Welt ist dieses Kriterium hinfällig, man denke an England. Aber wenn einer "den Fürsten" mal nicht aus dem Weg gegangen ist, sollten wir das nicht allzu eng sehen.
8 Reiner, H., Die Grundlagen der Sittlichkeit, Meisenheim am Glan 1974^2, S. 412
9 Für diejenigen, die das nicht einfach glauben, eine Tabelle zur Feststellung der Sinneigenschaften Symmetrie, Transitivität und Reflexivität:

Renate Dürr, Karlsruhe

Wenngleich sich Nietzsches Satz ob dieser gründlichen Analyse als (grammatikalisch) sinnlos herausgestellt hat, tun wir einfach so, als habe er Bedeutung. Es kann aber unmöglich gemeint sein, daß 'Blindheit' eine notwendige Bedingung für den wahren Philosophen sei. Es ist undenkbar, daß der Philosoph nichts und niemanden ansehen dürfe. Jetzt wird klar, die Bedingung lautet: Ein Philosoph ist ein Mensch, der nicht laut und glänzend[10] irgendwas/irgendwen ansieht. Der zweite Teil von Reiners Definition des Ruhms, das "um ... willen", kann getrost vernachlässigt werden. Seien wir doch Behavioristen, halten uns an das Beobachtbare und lassen Motive und Beweggründe außer acht. Der Fall ist also auch vom Tisch, wenden wir uns der vermeintlich problematischsten Teilaussage zu.

Es wäre schon eine leidige Sache, die mit den Frauen, aber getrost: Erstens (und eher unwesentlich) wird nicht vorgeschrieben, **wie weit** diesen aus dem Weg zu gehen ist, zweitens ist die Extension wohlbestimmt: = die Menge der lauten und glänzenden Frauen.

Für den (Begriffs-)Realisten ist es evident, daß die Menge der Philosophen und die Menge der lauten und glänzenden Frauen disjunkt sind, und für Nominalisten ist es sowieso klug, Mengen aus dem Weg zu gehen.

Zusammenfassung:

Menschen, sofern sie normalsprachlich sind, aber trotzdem etwas verstehen wollen, haben es nicht leicht in der Welt. Wie anders ergeht es da doch den Sprachanalytikern, die getreu dem alten Habsburger Motto "Andere mögen um Verständnis ringen, Du, Glücklicher, analysiere - und zwar möglichst weg!" vorgehen können.

Indem wir einen Ausdruck in seinem Gebrauch, seinem Kontext angeschaut haben, den Kontext sauber analysierten und daraus die notwendigen und hinreichenden Bedingungen für die korrekte Anwendung des Wortes gewannen, können wir nun daran gehen, verschiedenen Individuen diesen Ausdruck, sei es als Namen, sei es als Prädikat, anzuhängen, d.h., der Ausdruck kann benutzt werden. Wir finden die entsprechenden Kandidaten, denen sich etwas anhängen läßt, leicht, denn NIETZSCHE liefert weitere Hinweise: Ein sortales Prädikat sowie eine präzise Orts- und Zeitangabe: "Ein Philosoph ... ist ein **Mensch, um den herum es immer grollt und brummt und klafft und unheimlich zugeht!**"[11]

P ist symmetrisch $=_{df}$ $(x)(Pxy \rightarrow Pyx)$
  nichtsymmetrisch $=_{df}$ $\neg(x)(y)(Pxy \rightarrow Pyx)$
  asymmetrisch $=_{df}$ $(x)(y)(Pxy \rightarrow \neg Pyx)$
  transitiv $=_{df}$ $(x)(y)(z)(Pxy \& Pyz \rightarrow Pxz)$
  nichttransitiv $=_{df}$ $\neg(x)(y)(z)(Pxy \& Pyz \rightarrow Pxz)$
  intransitiv $=_{df}$ $(x)(y)(z)(Pxy \& Pyz \rightarrow \neg Pxz)$
  reflexiv $=_{df}$ $(x)((Ey)(Pxy \vee Pyx) \rightarrow Pxx)$
  nichtreflexiv $=_{df}$ $\neg(x)((Ey)(Pxy \vee Pyx) \rightarrow Pxx)$
  irreflexiv $=_{df}$ $(x)((Ey)(Pxy \vee Pyx) \rightarrow \neg Pxx)$

10 Man beachte: es ist eine Konjunktion, deren Vorderglied in jedem Fall falsch ist, so daß es gar nichts ausmacht, wenn die Augen (bspw. fieberbedingt) glänzen.
11 Nietzsche, F., Jenseits von Gut und Böse, a.a.O., S. 292 (Hervorh. R.D.)

Prof. Dr. Günter Abel
Institut für Philosophie
der Technischen Universität Berlin
Ernst-Reuter-Platz 7

W-1000 Berlin 10

Prof. Dr. Evandro Agazzi
Séminaire de Philosophie
Université de Fribourg

CH-1700 Fribourg

Prof. Dr. Dariusz Aleksandrowicz
Universitet Wroclaw (Breslau)
Instytut Filozofii
pl. Teatralny 8

PL-50-051 Wroclaw (Breslau)

Dr. Charlotte Annerl
Baumannstraße 4/14

A-1030 Wien

Dr. Felix Annerl
Institut für Wissenschaftstheorie
Universität Wien
Sensengasse 8

A-1090 Wien

PD Dr. Michael Astroh
Universität des Saarlandes
Fachrichtung 5.1 Philosophie
Sternstraße 15

W-6600 Saarbrücken

Dr. Peter Bachmaier
Kagerstraße 8 b

W-8000 München 80

PD Dr. Andreas Bartels
Zentrum für Philosophie
der Universität Gießen
Otto Behaghelstr. 10/C

W-6300 Gießen

Prof. Dr. Werner Becker
Universität Gießen
Zentrum für Philosophie
Otto-Behaghel-Str. 10/C

W-6300 Gießen

Prof. Dr. Ansgar Beckermann
Lehrstuhl für Philosophie II
Universität Mannheim
Schloß

W-6800 Mannheim

Prof. Dr. Jan P. Beckmann
Fernuniversität GHS in Hagen
Lehrgebiet Philosophie
Feithstr. 140/AVZ II

W-5800 Hagen 1

Dr. Claudia Bickmann
Verdunstraße 38

W-2800 Bremen 1

Dr. Thomas Bonk
Krokusweg 35

W-4132 Kamp-Lintfort

Dr. Claus von Bormann
Kreuzberger Straße 35

W-4800 Bielefeld

Univ.Doz. Dr. Rainer Born
Institut für Philosophie
und Wissenschaftstheorie
der Johannes-Kepler-Universität Linz

A-4040 Linz

Dr. János Boros
Janus Pannonius Universität
Ifjúság u. 6

H-7624 Pécs (Fünfkirchen)

PD Dr. Herbert Breger
Leibniz-Archiv
Waterloostr. 8

W-3000 Hannover 1

Wolfgang Breidert
Institut für Philosophie
Universität Karlsruhe
Kollegium am Schloß, Bau II

W-7500 Karlsruhe

Dr. Elke Brendel
Fachbereich Philosophie
Johann Wolfgang Goethe-Universität
Dantestr. 4-6

W-6000 Frankfurt/M.

Barbara Brüning
Johann Wolfgang Goethe-Universität
Fachbereich Philosophie
Dantestraße 4-6

W-6000 Frankfurt/M.

Prof. Dr. Alexius J. Bucher
Katholische Universität Eichstätt
Lehrstuhl für Praktische Philosophie
Ostenstr. 26-28

W-8078 Eichstätt

Dr. Jürgen Court
Deutsche Sporthochschule Köln
Postfach 45 03 27

W-5000 Köln 41

Bernhard Debatin, M.A.
Institut für Philosophie
der Technischen Universität Berlin
Ernst-Reuter-Platz 7

W-1000 Berlin 10

Ruth Dölle-Oelmüller
Studiendirektorin
Dechaneistr. 4

W-4400 Münster

Dr. Renate Dürr
Institut für Philosophie
der Universität Karlsruhe
Kollegium am Schloß, Bau II

W-7500 Karlsruhe 1

Dr. Achim Engstler
Rudolf-von-Langen-Str. 6

W-4400 Münster

Michael Esfeld
Stadtlohnweg 17 A304

W-4400 Münster

Andrea Esser, M.A.
Fürstenstr. 10

W-8000 München 2

PD Dr. Brigitte Falkenburg
Philosophisches Seminar der
Universität Heidelberg
Marsiliusplatz 1

W-6900 Heidelberg 1

Prof. Dr. med. Hans Flohr
Universität Bremen
Fachbereich 2 - Biologie, Chemie
Leobener Str.

W-2800 Bremen 33

Prof. Dr. Winfried Franzen
Pädagogische Hochschule Erfurt/Mühlhausen
Institut für Philosophie
Nordhäuser Str. 63

O-5064 Erfurt

Prof. Dr. Gerhard Frey
Philosophisches Institut
der Universität Innsbruck
Innrain 30

A-6020 Innsbruck

Dr. Josef Früchtl
Fachbereich Philosophie
Johann Wolfgang Goethe-Universität
Dantestr. 4-6

W-6000 Frankfurt/M.

Prof. Dr. Wlodzimierz Galewicz
Uniwersytet Jagiellonski
Instytut Filozofii
ul. Grodzka 52

PL-31-041 Krakow

Prof. Dr. Gunter Gebauer
Institut für Sportwissenschaft,
Sportphilosophie und Sportsoziologie
der Freien Universität Berlin
Rheinbabenallee 14

W-1000 Berlin 33

Prof. Dr. Volker Gerhardt
Institut für Philosophie
der Humboldt-Universität
Unter den Linden 6

O-1086 Berlin

Prof. Dr. Hans-Martin Gerlach
Martin-Luther-Universität
Halle-Wittenberg
Universitätsplatz

O-4020 Halle

Dr. sc. Wladimir Geroimenko
Institut für Philosophie
der Akademie der Wissenschaften
Surganov Str. 1/2

Minsk 220072/Republik Weißrußland

Dr. Thomas Gerstmeyer
Livländische Str. 11

W-1000 Berlin 31

Prof. Dr. Dimitri Ginev
University of Sofia
Center of Culturology
Ruski 15 blvd.

Sofia 1000/Bulgarien

Friedrich Glauner, M.A.
Leibnizstraße 59

W-1000 Berlin 12

Prof. Dr. Karen Gloy
Philosophisches Seminar der Theologischen
Fakultät der Universität Luzern
Pfistergasse 20

CH-6003 Luzern

Prof. Dr. Johann Götschl
Institut für Philosophie
Universität Graz
Mozartgasse 14

A-8010 Graz

Dr. Stefan Gosepath
Hochschule der Künste
Fachbereich 10 (WE 4)
Postfach 12 67 20

W-1000 Berlin 12

Dr. Gabriele Goslich
Kölnstraße 22

W-5160 Düren

Prof. Dr. Anton Grabner-Haider
Institut für Philosophie
Karl-Franzens-Universität Graz
Heinrichstraße 26

A-8010 Graz

Drs. Angela Grooten
Universiteit van Amsterdam
Faculteit der Wijsbegeerte
Nieuwe Doelenstraat 15

NL-1012 CP Amsterdam

Prof. Dr. Bernward Grünewald
Universität Bonn
Philosophisches Seminar A
Am Hof 1

W-5300 Bonn 1

Dr. Sabine Gürtler
Holländische Reihe 61

W-2000 Hamburg 50

Prof. Dr. Arsenij Gulyga
Akademie der Wissenschaften
Institut für Philosophie
Wolchonka 14

121019 Moskau/Rußland

Dr. Christa Hackenesch
Institut für Philosophie
der Technischen Universität Berlin
Ernst-Reuter-Platz 7

W-1000 Berlin 10

Dr. Frank Haney
Friedrich-Schiller-Universität Jena
Institut für Philosophie
Leutragraben 1

O-6900 Jena

PD Dr. Leo Hartmann
Wenigenjenaer Platz 2

O-6900 Jena

Dr. Reiner Hedrich
Krofdorfer Str. 62

W-6300 Gießen

Prof. Dr. Rainer Hegselmann
Universität Bremen
FB 10 - Philosophie
Postfach 33 04 40

W-2800 Bremen 33

Dr. Ludger Heidbrink
Heider Str. 25

W-2000 Hamburg 20

PD Dr. Michael Heidelberger
Philosophisches Seminar II
Albert-Ludwigs-Universität Freiburg
Postfach

W-7800 Freiburg

Prof. Dr. Gottfried Heinemann
Gesamthochschule Kassel
- Universität
Nora-Platiel-Str. 1

W-3500 Kassel

Stud.-Dir. Dr. Jürgen Hengelbrock
Markstr. 260

W-4630 Bochum 1

Ulrike Heuer
Harvard University
Philosophy
50 Irving St.

Cambridge, MA 02138/USA

Steffi Hobuß
Universität Bielefeld
Abt. Philosophie
Postfach 10 01 31

W-4800 Bielefeld 1

Prof. Dr. Ludger Honnefelder
Rheinische Friedrich-Wilhelms-Universität Bonn
Philosophisches Seminar B
Am Hof 1

W-5300 Bonn

Prof. Dr. Detlef Horster
Universität Hannover
Philosophisches Seminar
Im Moore 21

W-3000 Hannover 1

Prof. Dr. Christoph Hubig
Lehrstuhl für Praktische Philosophie
der Universität Leipzig
Augustusplatz 9

O-7010 Leipzig

Prof. Dr. Kurt Hübner
Philosophisches Seminar
der Universität Kiel
Olshausenstr. 40-60

W-2300 Kiel

Dipl.-Phys. Andreas Hüttemann
Lübbener Str. 12

W-1000 Berlin 36

Prof. Dr. Gerd Irrlitz
Humboldt-Universität zu Berlin
Institut für Philosophie
Unter den Linden 6

O-1086 Berlin

Prof. Dr. Walter Jaeschke
Institut für Philosophie
der Freien Universität Berlin
Habelschwerdter Allee 30

W-1000 Berlin 33

Prof. Dr. Peter Janich
Lehrstuhl I für Philosophie
der Philipps-Universität Marburg
Blitzweg 16

W-3550 Marburg

Prof. Dr. Hans Robert Jauss
Institut für Philosophie
Universität Konstanz
Universitätsstr. 10

W-7450 Konstanz

Dr. Eva Jelden
Institut für Philosophie
Universität Leipzig
Augustusplatz 9

O-7010 Leipzig

OSchR Dr. Eva-Maria Kabisch
Senatsverwaltung für Schule, Berufs-
bildung und Sport
Bredtschneiderstr. 5

W-1000 Berlin 19

OStR Jutta Kaehler
Adolfplatz 1

W-2400 Lübeck

Prof Dr. Klaus E. Kaehler
Philosophisches Seminar der
Universität Hamburg
Von-Melle-Park 6

W-2000 Hamburg 13

Dr. Ekaterini Kaleri
Institut für Philosophie
Universität Karlsruhe
Postfach 69 80

W- 7500 Karlsruhe

Prof. Dr. Bernulf Kanitscheider
Universität Gießen
Zentrum für Philosophie
Otto-Behaghel-Str. 10

W-6300 Gießen

Christoph Kann
Universität - GH Paderborn
Postfach 16 21

W-4790 Paderborn

PD Dr. Matthias Kaufmann
Institut für Philosophie
der Universität Erlangen-Nürnberg
Bismarckstr. 1

W-8520 Erlangen

Dr. Geert Keil
Humboldt-Universität zu Berlin
Unter den Linden 6

O-1086 Berlin

Dr. Matthias Kettner
Institut für Philosophie
Universität Frankfurt
Dantestr. 4-6

W-6000 Frankfurt/M. 1

Univ.-Doz. Dr. Endre Kiss
Stefánia Ut 21

H-1143 Budapest

Annette Kleinfeld-Wernicke, M.A.
Forschungsinstitut für
Philosophie Hannover
Lange Laube 14

W-3000 Hannover 1

Univ.-Prof. Dr. Reinhard Kleinknecht
Institut für Philosophie
der Universität Innsbruck
Innrain 52

A-6020 Innsbruck

Prof. Dr. Eberhard Knobloch
Institut für Philosophie
der Technischen Universität Berlin
Ernst-Reuter-Platz 7

W-1000 Berlin 10

Prof. Dr. Klaus Kodalle
Universität Hamburg
Seminar für Systematische Theologie
Sedanstr. 19

W-2000 Hamburg 13

Thomas Kohl
Prinz-Eugen-Str. 14

W-7800 Freiburg

Prof. Leszek Kolakowski
77 Hamilton Road
OX2 7 Q A, Summertown

GB-Oxford

Prof. Dr. Franz Koppe
Hochschule der Künste
Institut für Philosophie
und Sozialwissenschaften
Bundesallee 1-12

W-1000 Berlin 15

Dr. Dirk Koppelberg
Institut für Philosophie
Philipps-Universität Marburg
Wilhelm-Röpke-Str. 6

W-3550 Marburg

Prof. Dr. Klaus Kornwachs
Technische Universität Cottbus
Lehrstuhl für Technikphilosophie
Karl-Marx-Str. 17

O-7500 Cottbus

Prof. Dr. Sybille Krämer
Institut für Philosophie
der Freien Universität Berlin
Habelschwerdter Allee 30

W-1000 Berlin 33

Prof. Dr. Lorenz Krüger
Philosophisches Seminar
der Georg-August-Universität Göttingen
Humboldtallee 19

W-3400 Göttingen

Prof. Dr. Franz von Kutschera
Universität Regensburg
Institut für Philosophie
Universitätsstr. 31

W-8400 Regensburg

Prof. John Ladd
Department of Philosophy
Brown University

Providence, Rhode Island 02912/USA

Prof. Dr. Anton Leist
Philosophisches Seminar
der Universität Zürich
Culmannstr. 1

CH-8006 Zürich

Prof. Dr. Hans Lenk
Allgemeine Gesellschaft für Philosophie
Institut für Philosophie
Kollegium am Schloß, Bau II

W-7500 Karlsruhe 1

Dr. Helmut Linneweber-Lammerskitten
Universität Bern
Philosophisches Institut
Falkenplatz 16

CH-3012 Bern

Maria-Sibylla Lotter, M.A.
Institut für Philosophie
der Technischen Universität Berlin
Ernst-Reuter-Platz 7

W-1000 Berlin 10

Dr. Andreas Luckner
Philosophisches Seminar
der Universität Leipzig
Augustusplatz 9

O-7010 Leipzig

Prof. Dr. Hermann Lübbe
Philosophisches Seminar
der Universität Zürich
Rämistr. 71

CH-8006 Zürich

Prof. Dr. Wilhelm Lütterfelds
Universität Passau
Lehrstuhl für Philosophie
Innstraße 51

W-8390 Passau

Prof. Dr. Niklas Luhmann
Universität Bielefeld
Fakultät für Soziologie
Universitätsstr.

W-4800 Bielefeld 1

Dr. Earl MacCormac Ph.D.
410 Oberlin Road, Suite 308
P.O. Box 10711
Raleigh

North Carolina 27605/USA

PD Dr. Ferdinand Maier
Mechenstraße 55

W-5300 Bonn 1

Prof. Dr. Werner Maihofer
Universität Bochum
Universitätsstr. 150
Postfach 10 21 48

W-4630 Bochum 1

Dr. Vladimir Malachov
Institut für Philosophie
der Akademie der Wissenschaften
Volhonka 14

119842 Moskau/Rußland

Wolfgang Malzkorn, M.A.
Seminar für Logik und Grundlagen-
forschung an der Universität Bonn
Lennéstr. 39

W-5300 Bonn

Prof. Dr. Odo Marquard
Zentrum für Philosophie
der Universität Gießen
Otto-Behaghel-St. 10/C1

W-6300 Gießen

Prof. Dr. Rainer Marten
Seminar für Philosophie und
Erziehungswissenschaft
Albert-Ludwigs-Universität Freiburg
Postfach

W-7800 Freiburg

Prof. Dr. Ekkehard Martens
Biesterfeldweg 7

W- 2000 Hamburg 52

Prof. Dr. Reinhart Maurer
Institut für Philosophie
der Freien Universität Berlin
Habelschwerdter Allee 30

W-1000 Berlin 33

Prof. Dr. Georg Meggle
Lehrstuhl für Systematik und Ethik
Universität des Saarlandes
FR 5.1 - Geb. 11.1

W-6600 Saarbrücken

Dr. Arnd Mehrtens
Universität Bremen
FB 10 - Studiengang Philosophie
Postfach 33 04 40

W-2800 Bremen 33

Dr. Uwe Meixner
Institut für Philosophie
Universität Regensburg
Universitätsstr. 31

W-8400 Regensburg

Walter Mesch
Philosophisches Seminar
der Universität Tübingen
Burgsteige 8

W-7900 Tübingen

Dr. Ulrich Metschl
Universität Bayreuth
Philosophisches Seminar
Postfach 10 12 51

W-8580 Bayreuth

PD Dr. Thomas Metzinger
Zentrum für Philosophie
der Justus-Liebig-Universität
Otto-Behaghel-Str. 10/C

W-6300 Gießen

Dr. Meinert A. Meyer
Institut für Pädagogische Lernfeld- und
Berufsfeldforschung/Sozialgeschichte der
Pädagogik
Georgs Kommende 33

W-4400 Münster

Dr. Sepp Mitterer
Institut für Philosophie
Universität Klagenfurt
Sterneckstr. 15

A-9020 Klagenfurt

Dr. Dieter Münch
Jülicher Str. 30

W-1000 Berlin 65

Prof. Dr. Herta Nagl-Docekal
Universität Wien
Institut für Philosophie
Universitätsstr. 7

A-1010 Wien

Astrid Nettling
Antwerpener Str. 1

W-5000 Köln

Prof. Dr. Julian Nida-Rümelin
Georg-August-Universität Göttingen
Philosophisches Seminar
Humboldtallee 19

W-3400 Göttingen

Dr. W. F. Niebel Ph.D.
Philosophisches Seminar
Johann Wolfgang Goethe-Universität
Dantestr. 4-6

W-6000 Frankfurt/M. 1

Susanne Nordhofen
Stifterstr. 28

W-6369 Nidderau-Heldenbergen

Dr. Gertrud Nunner-Winkler
Max-Planck-Institut
für psychologische Forschung
Leopoldstr. 24

W-8000 München

Dr. Niels Öffenberger
Philosophisches Seminar
der Universität Münster
Domplatz 23

W-4400 Münster

HDoz. Dr. Peter L. Oesterreich
Universität-Gesamthochschule Essen
Fach Philosophie
Postfach 10 37 64

W-4300 Essen 1

Jolán Orbán
Lehrstuhl für Literaturtheorie
Universität Janus Pannonius
Madách u.5.B.

H-76223 Pécs

Prof. Dr. Ernst W. Orth
FB 1 - Philosophie
der Universität Trier
Postfach 38 25

W-5500 Trier-Tarforst

Axel Orzechowski, M.A.
Kolonnenstr. 38

W-1000 Berlin 62

Prof. Dr. Henning Ottmann
Universität Basel
Philosophisches Seminar
Nadelberg 6-8

CH-4051 Basel

Prof. Dr. Julián Pacho
Universidad del País Vasco
Departamento de Filosofía
Apartado 1.249

E-San Sebastián

Prof. Dr. Giridhari Lal Pandit
Department of Philosophy
University of Delhi

Delhi 110007/INDIEN

Prof. Dr. Gregor Paul
636 Nara-ken
Kitakatsuragi-gun Oji-cho

Motomachi 3-1-17/JAPAN

Prof. Dr. Ilja Pawlowska
Lodz University
Wierzbowa 38 m. 48

PL-90245 Lodz

Prof. Dr. Ante Pazanin
Fakultet Politickih
Nauka
Lepusiceva 6

41000 Zagreb/Kroatien

Prof. Dr. Heinz-Otto Peitgen
Universität Bremen
Institut für dynamische Systeme
Postfach 33 04 40

W-2800 Bremen

Dr. Walter Pfannkuche
Institut für Philosophie
der Technischen Universität Berlin
Ernst-Reuter-Platz 7

W-1000 Berlin 10

Prof. Dr. Annemarie Pieper
Philosophisches Seminar
der Universität Basel
Nadelberg 6-8

CH-4051 Basel

Dr. Aldona Pobojewska
Instytut filozofi
Uniwersytetu Warszawkiego
ul. Matejki 34 a

PL-90-237 Lodz

Prof. Dr. Hans Poser
Institut für Philosophie
der Technischen Universität Berlin
Ernst-Reuter-Platz 7

W-1000 Berlin 10

Prof. Dr. Maciej Potepa
Instytut filozofi
Uniwersytetu Warszawkiego
ul. Matejki 34 a

PL-90-237 Lodz

Prof. Dr. Matjaz Potrc
University of Ljubljana
Philosophical Faculty
Askerceva 2

SLO - 61000 Ljubljana/Slowenien

PD Dr. Peter Prechtl
Institut für Philosophie
der Universität Würzburg
Residenzplatz 2

W-8700 Würzburg

Dr. Andrzej Przylebski
Inst. Filozofii VAM
ul. Szamarzewskiego 89

PL-60-598 Poznán

Dr. Helmut Pulte
Ruhr-Universität Bochum
Institut für Philosophie
Postfach 10 21 48

W-4630 Bochum 1

Dr. Hermann Rampacher
Godesberger Allee 99

W-5300 Bonn-Bad Godesberg

Prof. Dr. Friedrich Rapp
Universität Dortmund
Abt. 14
Postfach 50 05 00

W-4600 Dortmund 50

Dr. phil. habil. Matthias Rath
Auhang 7

W-8079 Adelschlag

Prof. Dr. Hans-Christoph Rauh
Institut für Philosophie
E.-M.-Arndt-Universität Greifswald
Damerowstr. 48

O-1100 Berlin

Gisela Raupach-Strey
Wittelsbacherstr. 26

W-1000 Berlin 31

Dipl.-Psych. Matthias Rauterberg
Institut für Arbeitspsychologie
ETH
Nelkenstr. 11

CH-8092 Zürich

Dr. Walter Reese-Schäfer
Husumer Str. 1

W-2000 Hamburg 20

PD Dr. Julian Roberts
Lehrstuhl für Philosophie
Universität Bayreuth
Postfach 10 12 51

W-8580 Bayreuth

Prof. Dr. Wolfgang Röd
Philosophisches Institut
der Universität Innsbruck
Innrain 30

A-6020 Innsbruck

Prof. Dr. Ulrich Röseberg
Forschungsschwerpunkt
Wissenschaftsgeschichte
und Wissenschaftstheorie
Prenzlauer Promenade 149-152

O-1100 Berlin

Prof. Dr. Günter Ropohl
Johann Wolfgang Goethe-Universität
Institut für Polytechnik/Arbeitslehre
Dantestraße 5

W-6000 Frankfurt/M. 1

PD Dr. Arno Ros
Fachrichtung Philosophie - Fachr. 5.1
Universität des Saarlandes

W-6600 Saarbrücken

Prof. Juris Rozenvalds
Universität Lettlands/Riga
Lehrstuhl für Praktische Philosophie
Brivibas Boul. 32

LV- Riga

Dr. Klaus Sachs-Hombach
32 Grove Street

Boston, MA 02114/USA

Prof. Dr. Brigitte Scheer
FB Philosophie
der Universität Frankfurt
Postfach 11 19 32

W-6000 Frankfurt/M.

Friederike Schick
Forschungsinstitut für
Philosophie Hannover
Lange Laube 14

W-3000 Hannover 1

PD Dr. Karl Schlagenhauf
ADI Media Lab
Waldhornstr. 49

W-7500 Karlsruhe 1

PD Dr. Renate Schlesier
Cosimaplatz 1

W-1000 Berlin 41

Prof. Dr. Wilhelm Schmidt-Biggemann
Institut für Philosophie
der Freien Universität Berlin
Habelschwerdter Allee 30

W-1000 Berlin 33

Prof. Dr. Wolfdietrich Schmied-Kowarzik
Gesamthochschule Kassel - Universität
Heinrich-Plett-Str. 40

W-3500 Kassel

Prof. Dr. Herbert Schnädelbach
Institut für Philosophie
Humbold-Universität zu Berlin
Unter den Linden 6

O-1086 Berlin

Prof. Dr. Helmut Schnelle
Ruhr-Universität Bochum
Sprachwissenschaftliches Institut
Postfach 10 21 48

W-4630 Bochum 1

Dr. Bettina Schöne-Seifert
Philosophisches Seminar
der Universität Göttingen
Humboldtallee 19

W-3400 Göttingen

Hans Scholl
Salzbrunner Straße 25

W-1000 Berlin 33

Dr. Christof Schorsch
Martin-Opitz-Str. 22

W-1000 Berlin 65

Dr. phil. habil. Viola Schubert-Lehnhardt
Albert-Einstein-Str. 14

O-4090 Halle

Prof. Dr. Oswald Schwemmer
Philosophisches Seminar
der Universität Düsseldorf
Moorenstr. 5

W-4000 Düsseldorf

Dr. Eva-Maria Schwickert
Kameruner Str. 50

W-1000 Berlin 65

PD Dr. Gottfried Seebaß
Institut für Philosophie
der Freien Universität Berlin
Habelschwerdter Allee 30

W-1000 Berlin 33

Prof. Dr. Horst Seidl
Via dei Laghi km 10
(Centro Mondo Migliore)

I-00040 Rocca di Papa (Rm)

PD Dr. Geo Siegwart
Institut für Philosophie
Universität Essen
Universitätsstr. 2

W-4300 Essen 1

Prof. Dr. Marek J. Siemek
Institute of Philosophy
University of Warsawa
ul. Krakowskie Przedmiescie 3

PL-Warszawa 64

PD Dr. Roland Simon-Schäfer
Technische Universität
Carolo-Wilhelmina zu Braunschweig
Seminar B für Philosophie
Geysostr. 7

W-3300 Braunschweig

PD Dr. Werner Stegmaier
Philosophisches Seminar A
der Universität Bonn
Basteistr. 39

W-5300 Bonn 2

Prof. Dr. Pirmin Stekeler-Weithofer
Institut für Philosophie
der Universität Leipzig
Augustusplatz 9

O-7010 Leipzig

Dr. Achim Stephan
Universität Mannheim
Lehrstuhl für Philosophie II
Schloß EO 283

W-6800 Mannheim 1

Prof. Dr. Manfred Stöckler
Universität Bremen
Fachbereich 9
Postfach 33 04 40

W-2800 Bremen 33

Dr. Joachim Stolz
Universität Dortmund
FB 14: Philosophie
Emil-Figge-Str. 50

W-4600 Dortmund

Igors Suvajevs
Institut für Philosophie
Meistaru Str. 10

LV-1040 Riga

PD Dr. Bernhard H. F. Taureck
Philosophisches Seminar der
Universität Hamburg
Von-Melle-Park 6

W-2000 Hamburg 13

Dr. Dieter Teichert
Universität Konstanz
Fachgruppe Philosophie
Postfach 55 60

W-7750 Konstanz 1

Dr. Bernhard Thöle
Institut für Philosophie
der Freien Universität Berlin
Habelschwerdter Allee 30

W-1000 Berlin 33

Dr. Dieter Thomä
Universität-Gesamthochschule-Paderborn
Fachbereich 1 - Philosophie
Postfach 16 21

W-4790 Paderborn

Dr. Sabine Thürmel
Leerbichlallee 19

W-8022 Grünwald

Dr. Udo Tietz
Voßstr. 12

O-1080 Berlin

Prof. Ladislav Tondl
Institut für Theorie
und Methodologie der Wissenschaft
Tschechische Akademie der Wissenschaften
Jilská 1

110 00 Prag 1/CSFR

Prof. Dr. Jürgen Trabant
Institut für Romanische Philologie
der Freien Universität Berlin
Habelschwerdter Allee 45

W-1000 Berlin 33

Dr. Käthe Trettin
Religionswissenschaftliches Institut
der Freien Universität Berlin
Boltzmannstr. 4

1000 Berlin 33

Dipl.-Inf. ETH Samuel Urech
Institut für Informatik
Eidgenössische Technische Hochschule

CH-8092 Zürich

Dr. Peter Vollbrecht
University of Delhi
64, Friends Colony East

New Delhi 110065/INDIEN

Dr. Jochen Vollmann
Psychiatrische und Neurologische
Universitätsklinik Freiburg
Hauptstr. 5

W-7800 Freiburg

Prof. Dr. Dr. Gerhard Vollmer
Institut für Philosophie
der TU Braunschweig
Postfach 33 29

W-3300 Braunschweig

Christiane Voß, M.A.
Adalbertstr. 71

W-1000 Berlin 36

Prof. Dr. Wilhelm Vossenkuhl
Universität Bayreuth
Lehrstuhl für Philosophie
Postfach 10 12 51

W-8580 Bayreuth

Prof. Dr. Renate Wahsner
Ehem. Einstein-Laboratorium
für Theoretische Physik
Rosa-Luxemburg-Str. 17a

O-1590 Potsdam

Prof. Dr. Bernhard Waldenfels
Ruhr-Universität Bochum
Institut für Philosophie
Universitätsstr. 150f

W-4630 Bochum 1

Dr. Brigitte Weisshaupt
Rütistr. 37

CH-8044 Zürich

Saskia Wendel
Hammerschmiedstr. 10

W-7800 Freiburg

Dr. Uwe Justus Wenzel
Universität Basel
Philosophisches Seminar
Nadelberg 6-8

Ch-4051 Basel

Prof. Dr. Horst Wessel
Institut für Philosophie
der Humboldt-Universität zu Berlin
Unter den Linden 6

O-1086 Berlin

PD Dr. Franz Josef Wetz
Zentrum für Philosophie
der Justus-Liebig-Universität Gießen
Otto-Behaghel-Str. 10/C, II. OG

W-6300 Gießen

Prof. Dr. Reiner Wiehl
Universität Heidelberg
Philosophisches Seminar
Marsiliusplatz 1

W-6900 Heidelberg 1

PD Dr. Andreas Wildt
Knesebeckstr. 86

W-1000 Berlin 12

Dr. Marcus Willaschek
Department of Philosophy
Harvard University
Emerson Hall

Cambridge, MA 02138/USA

Mirko Wischke
Institut für Philosophie
der Humboldt-Universität zu Berlin
Unter den Linden 6

O-1086 Berlin

Prof. Dr. Ernest Wolf-Gazo
American University in Cairo
Dept. English/Philosophy
113 Kasr el Aini

Cairo, Ägypten

Dr. Klaus Wuttich
Schröderstr. 2

O-1040 Berlin

Prof. Dr. Walther Ch. Zimmerli
Otto-Friedrich-Universität
Lehrstuhl für Philosophie II
Markusplatz 4

W-8600 Bamberg

Prof. Dr. Jörg Zimmermann
Fachhochschule Hannover
FB Kunst und Design
Herrenhäuser Str. 8

W-3000 Hannover 21

Dr. Thomas Zoglauer
Lehrstuhl für Technikphilosophie
Technische Universität Cottbus
Karl-Marx-Str. 17

O-7500 Cottbus